FRANK DIKÖTTER

CHINA NACH ★ MAO

Der Aufstieg der Supermacht

Aus dem Englischen übersetzt von
Helmut Dierlamm und Norbert Juraschitz

KLETT COTTA

MIX
Papier | Fördert gute Waldnutzung
FSC® C014889

Klett-Cotta
www.klett-cotta.de
Die Originalausgabe erschien unter dem Titel
»China after Mao. The Rise of a Superpower« im Verlag
Bloomsbury Publishing PLC, London, Oxford, New York

Cover: Rothfos & Gabler, Hamburg
unter Verwendung einer Abbildung von
© Bloomsbury Publishing/gettyimages
Karten im Buch © John Gilkes, 2022
Gesetzt von Dörlemann Satz, Lemförde
Gedruckt und gebunden von Friedrich Pustet GmbH & Co. KG, Regensburg
Printausgabe ISBN 978-3-608-98668-6
E-Book-Ausgabe ISBN 978-3-608-12183-4

Zweite Auflage, 2023

Bibliografische Information der Deutschen Nationalbibliothek
Die Deutsche Nationalbibliothek verzeichnet diese Publikation
in der Deutschen Nationalbibliografie; detaillierte bibliografische
Daten sind im Internet über http://dnb.d-nb.de abrufbar.

Inhalt

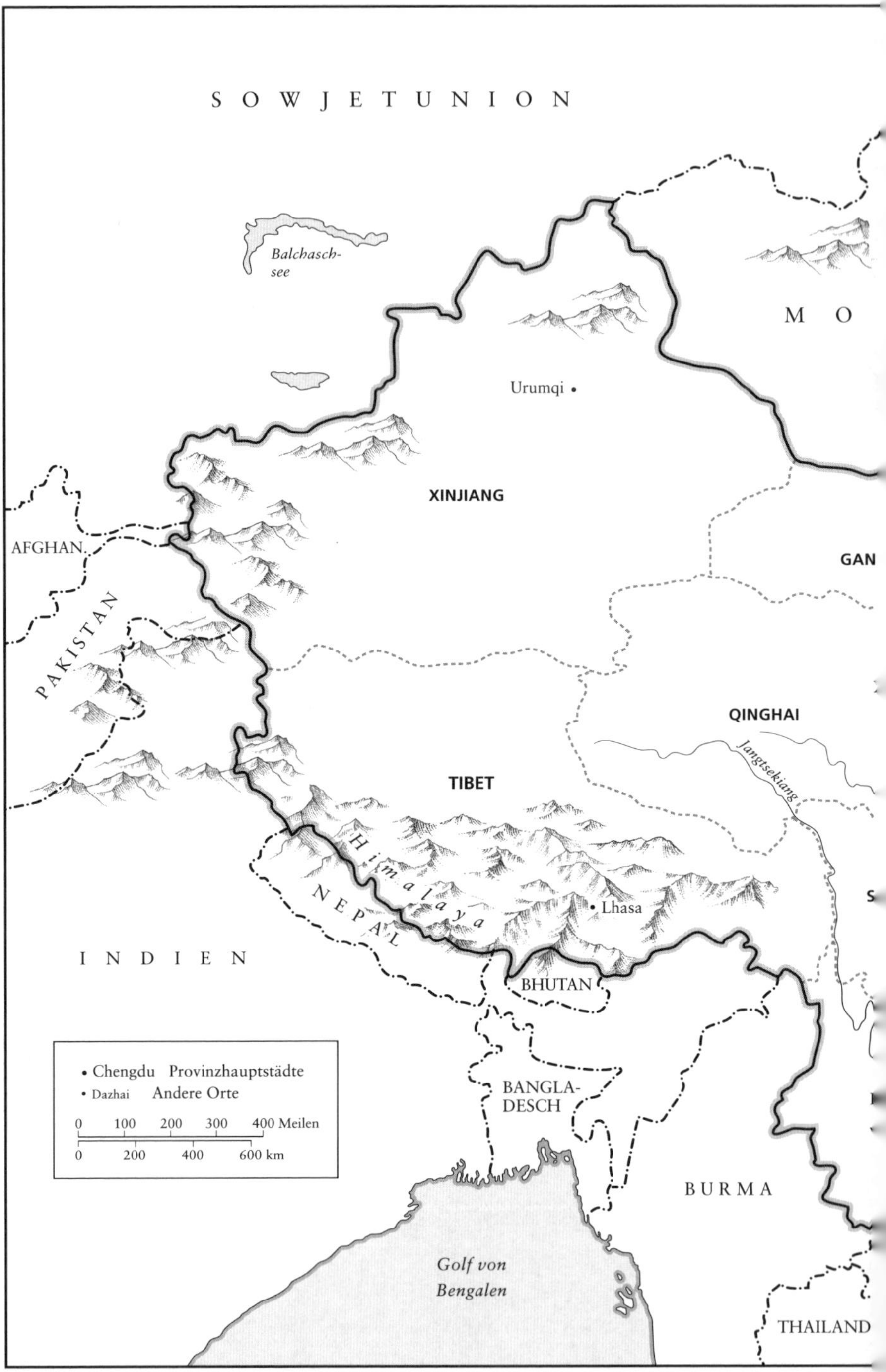
S O W J E T U N I O N
Balchasch-
see
M O
Urumqi
XINJIANG
AFGHAN.
GAN
PAKISTAN
QINGHAI
Jangtsekiang
TIBET
Himalaya
NEPAL
Lhasa
S
I N D I E N
BHUTAN
Chengdu Provinzhauptstädte
Dazhai Andere Orte
0 100 200 300 400 Meilen
0 200 400 600 km
BANGLA-
DESCH
BURMA
Golf von
Bengalen
THAILAND

kal-
HEILONGJIANG
Harbin
E I
JILIN
Changchun
INNERE MONGOLEI
Shenyang
LIAONING
NORD-
KOREA
Japanisches Meer
Hohhot
Gelber Fluss
Peking
Peking
Beidaihe
Tianjin
TIANJIN
HEBEI
Taiyuan
Dazhai
SHANDONG
Jinan
Qingdao
Yanían
SHANXI
Jangtsekiang
SÜD-
KOREA
JAPAN
Gelbes
Meer
Xian
SHAANXI
Zhengzhou
HENAN
JIANGSU
ANHUI
Hefei
Nanjing
Schanghai
HUBEI
Wuhan
Jangtsekiang
Hangzhou
Ostchinesisches
Meer
ZHEJIANG
Nanchang
Changsha
JIANGXI
HUNAN
Jing-
gangshan
Guiyang
Fuzhou
FUJIAN
Xiamen
GUANGDONG
Shantou
TAIWAN
GUANGXI
Guangzhou
Nanning
HONGKONG
HAINAN
PHILIPPINEN

Vorwort

Im Sommer 1985, als der Film *Zurück in die Zukunft* des Regisseurs Robert Zemeckis der größte Kassenschlager des Jahres wurde, machte ich mich als Student der Genfer Universität auf, um in China Mandarin zu studieren. Das chinesische Außenministerium teilte mich der Nankai-Universität in Tianjin zu, einer großen Küstenmetropole in der Nähe von Peking mit einer Bevölkerung von fünf Millionen (heute ist die Stadt drei Mal so groß). Ich flog nach Hongkong, wo ich die Grenze überschritt. Dann nahm ich mir eine Woche Zeit für die Bahnreise nach Norden und schloss unterwegs Freundschaften. Ein Freund erinnerte sich nicht an meinen Nachnamen und schickte mir später eine Postkarte, adressiert an »Frank aus Holland, Tianjin, China«. Das Postamt hatte keinerlei Schwierigkeiten, mich aufzutreiben, denn es gab in der ganzen Stadt nur achtzig Ausländer, darunter sieben Holländer und einen Frank.

Wie alle großen Städte in China hatte auch Tianjin ein Netz breiter Boulevards, die mit Hilfe sowjetischer Experten in den 1950er Jahren angelegt worden waren. Stau war ein Fremdwort: In dieser Nation von über einer Milliarde Menschen gab es nicht einmal zwanzigtausend private Fahrzeuge. Aber getrennt von den Bussen, den Lastwagen und dem einen oder anderen Auto, traten Scharen von Pendlern auf eigens ausgewiesenen Seitenstreifen gemächlich in die Pedale. Da sie schon beim ersten Morgengrauen aufstanden und noch vor Sonnenuntergang wieder heimfuhren, herrschte in der Stadt ab 21 Uhr eine Grabesstille. Manchmal hatte ich alle sechs Spuren für mich, wobei die Straßenlaternen mein Fahrrad nur schwach beleuchteten.

Anlässlich der Hundertjahrfeier der Nankai-Universität kehrte ich im Oktober 2019 zurück. Tianjin schien nun völlig verändert, die Skyline war von strahlenden Wolkenkratzern hell erleuchtet, das Stadtbild erstreckte sich weit, mit einer scheinbar endlosen Ansammlung von Apartmenthäusern und Bürogebäuden, teils fertiggestellt, teils noch im Bau. Wo man auch stand, bei klarem Himmel konnte man das Tianjin Finance Centre fast sechshundert Meter hoch in den Himmel aufragen sehen, dessen Glas wie eine gigantische Kristallnadel im Sonnenlicht glitzerte. Doch der Schein kann trügen. Meine ehemaligen Lehrer und deren Nachfolger lebten immer noch in den gleichen schäbigen Betonblöcken, deren Balkone mit Topfpflanzen vollgestellt waren; die Flure waren immer noch mit ramponierten Fahrrädern überfüllt, die für Fahrten auf dem Campus genutzt wurden. Es gab allerdings einen Unterschied, wurde mir gesagt: Die Kinder der meisten Professoren waren inzwischen in den Vereinigten Staaten.*

Vor nicht allzu langer Zeit hatte die Volksrepublik China offiziell den vierzigsten Jahrestag der »Reform- und Öffnungspolitik« gefeiert, wie man das von Deng Xiaoping im Dezember 1978 eingeleitete Programm der Wirtschaftsreformen nannte. Der rapide Wandel eines isolierten Landes, das noch unter dem Chaos der Kulturrevolution litt, zur weltweit zweitgrößten Volkswirtschaft wird durchweg als ein Wunder gepriesen. Der Untertitel eines akademischen Sammelbandes – *How the Miracle Was Created* – fasst die vorherrschende Auffassung zusammen. Einigen Experten bereitet offenbar weniger Kopfzerbrechen, ob man wirklich von einem Wunder sprechen kann, sondern ob es möglicherweise nun am Ende angelangt ist.

Aber woher wollten die Experten das wissen? Seit meinem Einzug in das Wohnheim vor 35 Jahren beobachtete ich, dass unzählige ausländische Studierende viel Zeit mit Spekulationen darüber verbrachten, was in Peking vor sich ging. Einige davon wurden zu China-Beobachtern. Ihre Methode schauten sie sich bei den Kreml-Beobachtern ab: In Ermangelung verlässlicher Informationen zogen sie notgedrungen die abstrusesten Rückschlüsse auf Indizien bezüglich Zhongnanhai, dem Hauptquartier der Partei unmittelbar neben der Verbotenen Stadt in Peking. Dazu gingen sie von der Position aus, die die jeweiligen Parteiführer auf der Tribüne bei Paraden auf dem Tiananmen-Platz (Platz des Himmlischen Friedens) ein-

* Maskuline grammatische Formen wie »Professoren«, »Lehrer«, »Studenten« usw. beziehen sich in diesem Text auf alle Geschlechter.

nahmen, oder vom Layout der Berichte in der Volkszeitung *Renmin Ribao* oder auch von der Häufigkeit bestimmter Wendungen im Rundfunk. Ich war skeptisch und zog es vor, die Vergangenheit zu erforschen.

Ich bin immer noch skeptisch. Entgegen den Annahmen, die man nach vierzig Jahren »Reform und Öffnung« erwarten sollte, unterscheidet sich die Situation heute gar nicht so sehr von früher. Vor einigen Jahren bezeichnete Li Keqiang, der seit März 2013 amtierende Ministerpräsident Chinas, die Zahlen für die Inlandsproduktion als »von Menschen gemacht und deshalb unzuverlässig«. Experten wissen das natürlich und finden Wege, das zu umgehen. Es gibt beispielsweise einen »Li-Keqiang-Index«, den der Regierungschef selbst benutzt, um die Wirtschaftsleistung zu überwachen, indem er den Gesamtstromverbrauch untersucht. Es bleibt jedoch eine Tatsache, dass wir sehr wenig wissen. Wie der China-Beobachter James Palmer unlängst meinte: »Kein Mensch weiß irgendetwas über China: einschließlich der chinesischen Regierung.«[1] Selbst das kleinste Puzzleteilchen an Information ist unzuverlässig, unvollständig oder verzerrt. Wir kennen nicht die wahre Größe der chinesischen Volkswirtschaft, weil keine lokale Verwaltung jemals korrekte Zahlen meldet, und wir kennen nicht das genaue Ausmaß fauler Kredite, weil die Banken diese verheimlichen. Jeder gute Forscher hat ständig das Paradox von Sokrates im Kopf: Ich weiß, dass ich nichts weiß. Aber mit Blick auf China wissen wir nicht einmal, was wir nicht wissen.

Unmittelbar gegenüber dem Nordtor der Nankai-Universität, auf der anderen Seite einer verstopften, achtspurigen Durchgangsstraße, beherbergt ein großes, höhlenartiges Gebäude, das von jungen Soldaten bewacht wird, das Stadtarchiv von Tianjin. Während meiner Zeit als Student wäre der Zutritt undenkbar gewesen. Aber im Jahr 1996 wurde das Gesetz, das den Zugang zu Archiven regelte, geändert und immer mehr frei gegebene Quellen wurden schrittweise Historikern zugänglich gemacht, die ein Empfehlungsschreiben vorweisen konnten. Auch wenn die sensibelsten Informationen immer noch sicher in den Archivgewölben verwahrt blieben, wurde es immerhin zum ersten Mal Forschern gestattet, tief in die Finsternis der Mao-Ära einzutauchen.

Ein ganzes Jahrzehnt lang studierte ich Tausende von Parteiunterlagen, reiste kreuz und quer durch das Land, vom subtropischen Guangdong bis in das arme und trockene Gansu, eine Provinz in der Nähe der mongolischen Wüsten. In gelben Aktenordnern fanden sich, von Hand geschrieben oder sauber abgetippt, geheime Protokolle hoher Parteiversammlungen, Ermittlungen in Fällen des Massenmordes, Geständnisse von Parteiführern, die für den Hungertod von Millionen Dorfbewohnern verantwortlich waren, Berichte über den Widerstand auf dem Land, vertrauliche Meinungsumfragen, Beschwerdebriefe einfacher Bürger und vieles mehr. Ich schrieb drei englischsprachige Bücher, die sogenannte »People's Trilogy«, über das Schicksal der einfachen Menschen unter Mao.

Der Zeitpunkt war günstig. Nach Xi Jinpings Aufstieg an die Macht im November 2012 wurden die Archive wieder eins nach dem anderen geschlossen. Ganze Stapel von Quellen zu »Maos Großem Hunger« und zur Kulturrevolution wurden seither wieder zur Verschlusssache erklärt. Aber paradoxerweise waren die letzten Jahre eine gute Phase für die Erforschung der Jahrzehnte der »Reform und Öffnung«. Denn jahrelang hatte man dem chinesischen Volk, einschließlich jedem Archivar, eingebläut, dass sich nach 1978 nichts Geringeres als ein Wirtschaftswunder ereignete, ein Wunder, das ausländischen Kapitalisten den Atem verschlug. Die Mao-Ära wird von einer finsteren Wolke verhüllt, doch diese löst sich in dem Moment auf, wo von »Wirtschaftsreform« die Rede ist. Inzwischen können wir, zum ersten Mal, tatsächlich die von der Kommunistischen Partei hinterlassenen Quellen nutzen, um die Geschichte der Partei seit 1976 zu untersuchen.

Jeder demokratische Staat verfügt über eine Flut an Bestimmungen und Regeln, die festlegen, welche amtlichen Dokumente freigegeben und wann sie der Öffentlichkeit zugänglich gemacht werden dürfen. In der Theorie halten sich die meisten an eine 30-Jahre-Regel. Jedes Jahr um die Weihnachtszeit erwarten Leser im britischen National Archives in Kew sehnsüchtig den neuesten Stapel freigegebener Quellen aus dem Büro des Premierministers oder aus dem britischen Inlandsgeheimdienst MI5 (Military Intelligence, Section 5). In der Praxis schieben jedoch Regierungsbehörden auf der ganzen Welt eine Vielfalt an Ausnahmebestimmungen vor, um Millionen von Dokumenten der Einsicht zu entziehen.

Das Gesetz in der Volksrepublik China enthält ebenfalls eine 30-Jahre-Regel; somit sollten Leser im Prinzip imstande sein, Quellen bis zum Jahr

1992 zu konsultieren. Aber China ist keine Demokratie, sondern eine Diktatur. Und wie die Regeln angewandt werden, wird häufig lokal entschieden. Als Folge weicht der Zugang zu den Dokumenten von Ort zu Ort ab. In manchen Archiven wird kein Außenstehender jemals auch nur an dem Pförtner am Eingang vorbei kommen, weil selbst ein nichtssagender Zeitungsausschnitt wie ein Staatsgeheimnis behandelt wird, während in anderen Archiven jede Quelle vor dem Jahr 1949, als die Kommunisten ihren großartigen Sieg feierten, als tabu gilt. Andererseits sind einige Archive, die über dieses riesige Land von der Größe eines Kontinents verstreut sind, verblüffend offen. Hier und da erlaubt ein lokales Archiv einem Teil der Leser, eine breite Auswahl an Primärquellen bis zum Jahr 2009 genau zu prüfen, also weit über die 30-Jahre-Regel hinaus.

Meine Darstellung stützt sich auf grob geschätzt 600 Dokumente aus gut einem Dutzend von Stadt- und Provinzarchiven, aber sie greift auch auf herkömmlichere Primärquellen zurück, von Zeitungsartikeln bis hin zu unveröffentlichten Memoiren. Allen voran sind hier die geheimen Tagebücher von Li Rui zu nennen, der Maos Privatsekretär wurde, zwanzig Jahre im Gefängnis verbrachte, weil er im Jahr 1959 einmal von einer Hungersnot gesprochen hatte, und wenige Jahre nach dem Tod des Vorsitzenden 1976 aufgefordert wurde, in das Zentralkomitee einzutreten. Viele Jahre lang war er Vizedirektor der Organisationsabteilung (des Orgbüros im Sowjetjargon), eines Zweigs der Partei, der für die Überprüfung und Ernennung von Parteimitgliedern auf jeder Ebene der Regierung zuständig war. Er wurde ein echter Demokrat, nachdem er das System bis ins Innerste kennengelernt hatte, aber im Jahr 2004 erhielt er ein Publikationsverbot. Seine Tagebücher reichen bis ins Jahr 2012 und dokumentieren sehr detailliert seine Gespräche mit hohen Parteimitgliedern. Historiker leben selbstverständlich nicht nur von Quellen, sondern auch von der richtigen Perspektive: Wenn beides schwierig wird, ist es klug, sich zurückzuziehen und andere die Fortsetzung schreiben lassen. Für mich liegt dieser Moment im Jahr 2012, als Li Rui sein Tagebuch schließt und Xi Jinping ins Rampenlicht tritt.

Eine Fülle bislang nicht zugänglicher Quellen gestattet es uns, einige verbreitete Annahmen über die Ära der »Reform- und Öffnungspolitik« zu überprüfen. Jahrzehntelang machte ein bunt zusammengewürfelter Haufen aus Politikern, Unternehmern und Experten uns weis, die Volksrepublik sei im Begriff, ein verantwortungsvoller Akteur, womöglich sogar eine blühende Demokratie zu werden. Eine politische Reform werde so sicher wie das Amen in der Kirche auf die Wirtschaftsreform folgen. Dabei hat sich zu keinem Zeitpunkt irgendein Parteiführer jemals für eine Gewaltenteilung ausgesprochen. Im Gegenteil, der Erhalt des Machtmonopols wurde wiederholt als das alles überragende Ziel der Wirtschaftsreform bezeichnet. Zhao Ziyang, der bis heute als die vielversprechendste Figur innerhalb der Partei gefeiert wird, sagte etwa im Oktober 1987 vor dem Parteitag: »Wir werden niemals die Gewaltenteilung und das Mehrparteiensystem des Westens kopieren.« Wenige Monate zuvor hatte er Erich Honecker, dem Staats- und Parteichef in Ostdeutschland, erklärt: »Wenn die Menschen in der Praxis die Überlegenheit des Sozialismus erleben können, im Laufe der Entwicklung unserer Gesellschaft die Erhöhung des Lebensstandards und die Steigerung der Arbeitsproduktivität, dann kann der Platz für die Liberalisierung langsam immer mehr verkleinert werden.« Immer wieder haben darauffolgende Führer die gleiche Botschaft wiederholt. Im Jahr 2018 warnte Xi Jinping: »China darf niemals andere Länder kopieren«, schon gar nicht die »Unabhängigkeit der Justiz« und die »Gewaltenteilung« des Westens.[2]

In den letzten zwei oder drei Jahren haben etliche Beobachter ein wenig spät ihre Ansichten geändert und rechnen nicht länger damit, dass die Kommunistische Partei Chinas stetige Fortschritte in Richtung Demokratie machen werde. Aber viele sind immer noch davon überzeugt, dass es in der Vergangenheit eine echte Wirtschaftsreform mit einem konzertierten Wechsel von der Plan- zur Marktwirtschaft, von Staatsbesitz zu privatem Unternehmertum gegeben habe. Man muss sich jedoch fragen, ob man, ungeachtet der offiziellen Propagandaverlautbarungen aus Peking, überhaupt von einer »Wirtschaftsreform« sprechen kann. Was wir bislang erlebt haben, ist allenfalls Flickschusterei an einer Planwirtschaft. Wie könnte man sonst die Tatsache erklären, dass die Partei weiter darauf besteht, Fünfjahrespläne aufzustellen? Noch wichtiger, seit 1976 hat die Partei weiterhin den Besitz der gesamten Industrie und der meisten großen Unternehmen behalten. Bis heute gehört das Land dem Staat, ein großer Teil der Rohstoffe ist in staatlichem Besitz, wichtige Industriezweige werden direkt oder indirekt vom Staat kontrolliert, und die Banken sind Staatseigentum. Nach klassisch marxistischer Lesart bleiben die »Produktionsmittel« in den Händen der Partei. Eine Wirtschaft, in der die Produktionsmittel vom Staat kontrolliert werden, wird für gewöhnlich als eine sozialistische Wirtschaft bezeichnet.

Kein einziges Mal nach 1989 zogen die Parteiführer auch nur in Betracht, ihre Volkswirtschaft einem echten marktwirtschaftlichen Wettbewerb zu öffnen. Der Grund war einfach: Sie wussten, dass ihre Volkswirtschaft im selben Moment, in dem sie das taten, zusammenbrechen würde. Immer wieder haben sie, wie die Quellen zeigen, sich größte Mühe gegeben, den privaten Sektor zu beschränken und stattdessen staatliche Unternehmen zu vergrößern. Sie sind von der Überlegenheit des sozialistischen Systems fest überzeugt, was unzählige Äußerungen in der Öffentlichkeit und hinter verschlossenen Türen belegen. Nachdem eine Traube von Dörfern in Shenzhen, unmittelbar hinter der Grenze zu Hongkong, im Jahr 1980 zur ersten Sonderwirtschaftszone des Landes umgewandelt worden war, stellte Zhao Ziyang klar: »Was wir einrichten, sind Sonderwirtschaftszonen, keine Sonderpolitikzonen, wir müssen am Sozialismus festhalten und dem Kapitalismus trotzen.«[3]

Knapp vierzig Jahre später gehören 95 der hundert führenden Privatunternehmen gegenwärtigen oder ehemaligen Parteimitgliedern. Im Kapitalismus dreht sich alles ums Kapital: Geld ist eine wirtschaftliche Ware, die den Regeln der Renditen und Gewinnspannen unterliegt. Doch in China ist Kapital eine politische Ware geblieben, von den Staatsbanken an Unternehmen verteilt, die direkt oder indirekt vom Staat zur Verfolgung politischer Ziele kontrolliert werden. Ein Markt basiert hingegen hauptsächlich auf dem Austausch von Waren zwischen Individuen. Wie kann der Besitz dieser Waren ohne eine unabhängige Justiz geschützt werden, die auf der Gewaltenteilung basiert? Jahrelang haben Kritiker dies beklagt, während Bewunderer den angeblichen »Übergang« zum »Kapitalismus« in der Volksrepublik beklatschten. Aber wenn dieses Buch etwas beweist, dann ist es die Tatsache, dass eine Marktreform ohne politische Reform keinen Bestand haben kann. Die Diskussion darüber, ob der Handel »frei« sein könne oder sollte, geht an der Hauptsache vorbei, nämlich, dass ein Markt ohne Rechtsstaatlichkeit, gestützt auf eine unabhängige Justiz und eine freie und offene Presse, überhaupt kein richtiger Markt ist. Ohne politische Freiheit gibt es keine wirtschaftliche Freiheit. Die Politik bestimmt das Wesen der Wirtschaft, nicht umgekehrt. In der Politik geht es um Macht und darum, was man damit anfängt: Sollte sie unter verschiedenen Institutionen, mit gegenseitigen Kontrollmöglichkeiten, einer zunehmend komplexen Zivilgesellschaft und unabhängigen Medien, um Missbrauch einzuschränken, aufgeteilt werden, oder sollte sie in den Händen einer Person oder einer einzigen Partei konzentriert werden? Ersteres nennt man eine Demokratie, letzteres eine Diktatur.

Diktaturen sind, genau wie Demokratien, nicht in der Zeit eingefroren. Sie passen sich unablässig an eine sich verändernde Welt an. Mosambik beschloss beispielsweise im Jahr 1982, eine Annäherung an den Westen anzustreben, indem es ein Jahr später die Wirtschaft dezentralisierte und dadurch ermöglichte, dass Familienbetriebe anstelle von Sowjet-Wirtschaften aufblühen konnten. Multinationale Konzerne wurden aufgefordert, zusammen mit der Regierung Joint Ventures zu gründen oder Aufträge anzunehmen. Samora Machel, ein Sozialist in der Tradition des Marxismus-Leninismus, der sein Land 1975 in die Unabhängigkeit geführt hatte, wandelte sich zu einem Handelsvertreter für Mosambik mit dem gleichen Elan, der ihn zu einem erfolgreichen Guerillaführer gemacht hatte. Er hofierte und begrüßte leitende Unternehmensvertreter aus der ganzen Welt, indem er lukrative Geschäfte auf der Basis billiger Arbeitskräfte anbot, die nicht einmal ein Streikrecht hatten. Mosambik war kaum ein Einzelfall. Eine ganze Reihe von Diktaturen, von Dahomey bis nach Syrien, schlossen eine ähnliche Wette ab: Um den wirtschaftlichen Zusammenbruch zu verhindern, setzten sie darauf, dass private landwirtschaftliche Flächen, kleine, städtische Privatbetriebe und ausländische Beteiligungen ihre politische Macht nicht untergraben würden. Barry Rubin, der diese Regimes ausführlich beschrieb, nannte sie »moderne Diktatoren«. Dabei handelt es sich um »Wald-und-Wiesen-Diktatoren«, die man für gewöhnlich im Gegensatz zu einer anderen Unterkategorie, nämlich den »traditionellen Diktatoren« einstuft.[4]

Gelegentlich heißt es, dass die Effizienz eines Staates wichtiger als die Rechenschaftspflicht sei. Das ist eine zweifelhafte Behauptung. Anstelle einer geordneten Machtübergabe bekommen wir in der Volksrepublik erbitterte Verleumndungen und Machtkämpfe zwischen endlos wechselnden Fraktionen zu sehen. Die meisten Funktionäre des Landes haben keine Ahnung von den Grundlagen der Wirtschaft und konzentrieren sich fast schon besessen auf eine einzige Kennziffer: Wachstum, häufig auf Kosten der Entwicklung. Das Ergebnis ist Verschwendung in einem gigantischen Ausmaß. Beispielsweise kommt es nicht selten vor, dass Staatsbetriebe den Wert mindern, was zur Folge hat, dass die Rohmaterialien, die sie verwenden, einen höheren Wert als die Fertigwaren haben, die sie produzieren. Vor allem verfügt ein Einparteienstaat, was ein wenig paradox erscheint, nicht über die Instrumente, um die Wirtschaft zu kontrollieren. Entscheidungen werden von lokalen Verwaltungen getroffen, häufig ohne Rücksicht auf das Allgemeinwohl, von den Anweisungen aus Peking ganz zu schweigen.

Hat sich das Land in der Ära der »Reform und Öffnung« tatsächlich geöffnet? Verglichen mit der Phase der Kulturrevolution definitiv. Aber in Relation zum Rest der Welt kaum. Was das Regime im Lauf der letzten vier Jahrzehnte aufbaute, ist ein relativ isoliertes System, das imstande ist, das Land von anderen Ländern abzugrenzen. Offenheit setzt voraus, dass es eine Bewegung von Menschen, Ideen, Waren und Kapital gibt. Doch der Staat kontrolliert alle diese Ströme, die häufig nur in eine Richtung fließen dürfen. Millionen von Menschen dürfen ausziehen, im Rest der Welt leben und arbeiten, aber nur sehr wenige Ausländer ziehen ein. Nach vierzig Jahren der »Reform und Öffnung« hat China nicht einmal eine Million ansässige Ausländer, das sind ungefähr 0,07 Prozent der Gesamtbevölkerung, der niedrigste Anteil aller Länder, nicht einmal die Hälfte des Anteils in Nordkorea. (Japan, das häufig als »fremdenfeindliches« Land verschrien ist, hat 2,8 Prozent.) Fertige Produkte dürfen in enormen Mengen China verlassen, aber vergleichsweise wenige dürfen tatsächlich importiert werden. Heute darf ein Fünftel der Menschheit gerade mal 36 ausländische Filme ansehen, die vom Staat genehmigt wurden. Kapital kann ins Land kommen, aber es ist schwierig, es wieder abzuziehen, weil es von einem Regime gehortet wird, das drastische Kapitalkontrollen verhängt. Wie die Archive sehr detailliert enthüllen, wurden seit 1976 unzählige Regeln, Bestimmungen, Sanktionen, Boni, Abzüge, Subventionen und Anreize in Kraft gesetzt, um ein Umfeld zu schaffen, das wohl das unfairste Spielfeld der modernen Geschichte sein dürfte.

Zweifellos gab es echtes Wirtschaftswachstum. Wie könnte es auch anders sein, wenn sich ein Land von jahrzehntelangen, von Menschenhand geschaffenen Katastrophen erholt? Aber noch im Juni 2020 erschien es vielen Beobachtern als eine Offenbarung, als Li Keqiang, der Schöpfer des gleichnamigen »Li-Keqiang-Indexes«, beiläufig die Bemerkung fallen ließ, dass in einem Land, wo sogar auf dem Land die Lebenshaltungskosten untragbar sind, rund 600 Millionen Menschen mit nicht einmal 140 Dollar im Monat auskommen müssen.[5] In Wahrheit ist alles nicht so, wie es scheint. Eine außergewöhnliche Genügsamkeit unter der einfachen Bevölkerung auf der einen Seite und ein vom Staat kontrollierter exorbitanter Reichtum auf der anderen existieren nebeneinander. Wenn Parteimitglieder für den Staat arbeiten, übernimmt ihr Arbeitgeber die Kosten für Unterkunft, Auto, Erziehung der Kinder, Auslandsreisen und vieles mehr. Einfache Leute hingegen haben kaum eine Alternative als ihre Ersparnisse bei staatlichen Banken anzulegen. Der Staat benutzt diese Einlagen wiederum, um für die Vorzüge des Sozialismus zu werben, indem er hoch aufragende Wolkenkratzer und Hochgeschwindigkeitszüge, neue Flughäfen und endlose Autobahnen baut. Außerdem benutzt er das Geld, um Staatsbetriebe über Wasser zu halten. Dank der Finanzrepression ist der Anteil der einfachen Leute am Bruttoinlandsprodukt in China der niedrigste von allen Ländern in der jüngsten Zeitgeschichte. Auf Chinesisch gibt es dafür ein passendes Sprichwort: »Der Staat ist reich, das Volk ist arm.«

Der Staat und seine Banken können, praktisch ohne Rechenschaft ablegen zu müssen, Geld ausgeben oder leihen und verschwenden es in gigantischem Ausmaß, sodass sie einen stetig wachsenden Schuldenberg anhäufen, wenn auch einen sorgfältig verborgenen. Aber wie schlimm ist die Lage? Wir wissen es nicht und erfahren es womöglich nie, weil selbst die Erbsenzähler, die der Staat beschäftigt, um sorgfältig in den Archiven versteckte Berichte über die Schulden zu schreiben, nicht alles sehen können, was sich unter der Oberfläche abspielt. Viele Menschen sind Meister des äußeren Scheins. Verdunkelung gibt es auf jeder Ebene der Hierarchie, mit fingierten Aufträgen, falschen Kunden, erfundenen Verkaufszahlen und grassierendem Buchhaltungsbetrug. Wie könnte das auch anders sein ohne Gewaltenteilung, und deshalb ohne unabhängige Presse oder unabhängige Rechnungsprüfung, ganz zu schweigen von gewählten Regierungsvertretern, die ihrer Wählerschaft Rechenschaft schuldig sind? In regelmäßigen Abständen werden Kampagnen gegen

Korruption gestartet. Das fing bereits mit dem Moment an, als die Partei 1949 an die Macht kam, aber weil die Korruption systemimmanent ist, kann sie nur zeitweilig abgeschwächt, nicht ausgemerzt werden. Wiederholt kommt die Führung zusammen, um den Notstand auszurufen, und fordert einen Stopp beim Bau von Infrastruktur. Gleichzeitig befehlen sie Unternehmen, die Ausgaben einzuschränken.

Ungefähr ein Fünftel aller Akten in den Parteiarchiven befassen sich mit Schulden, mit Krediten, um die Schulden zurückzuzahlen, weiteren Schulden aufgrund der Kredite und weiteren Krediten, um eine noch größere Schuld zu tilgen. Boom und Pleiten sind angeblich Merkmale des Kapitalismus, doch die Situation in der Volksrepublik gleicht viel mehr einem Boom und einer endlos verschleppten Pleite. Die Partei hat enorme Vermögenswerte zur Verfügung, nicht zuletzt die Ersparnisse des einfachen Volkes und einen stetigen Strom ausländischer Investitionen. Sie hat immer größere Geldsummen in großartige Projekte verschleudert, unabhängig von der Kapitalrendite, geschweige denn von faulen Darlehen. Wenn die Volkswirtschaft schneller als die Schulden wächst, werden die Schulden aufgefangen, aber die Schulden wachsen unablässig schneller als die Wirtschaft. Wie Xiang Songzuo, ein Professor für Wirtschaftswissenschaft an der Renmin-Universität in Peking und ehemaliger Vizedirektor der Chinesischen Volksbank, im Jahr 2019 erklärte: »Im Grunde ist Chinas Wirtschaft ganz auf Spekulation aufgebaut, und alles ist überbewertet.«[6]

In jeder Diktatur haben vom Führer getroffene Entscheidungen erstaunliche, unbeabsichtigte Konsequenzen. Die Ein-Kind-Politik sollte das Bevölkerungswachstum begrenzen: Inzwischen besteht ein enormer Überhang an Männern gegenüber Frauen, während die Zahl der Arbeitskräfte des Landes schrumpft. Viele vom Regime durchgesetzte Direktiven zeitigen ebenso unvorhergesehene Ergebnisse, weil in der ganzen Hierarchie so viele Parteimitglieder versuchen, die Befehle von oben umzuleiten, zu verzögern oder einfach zu ignorieren. Nach 1978 gab die Zentralregierung mehr Macht an lokale Verwaltungen ab, weil sie hoffte, das werde diese anspornen, mehr wirtschaftliche Anreize einzuführen, aber die lokalen Verwaltungen stellten sich einfach schützend vor ihre Pfründe und errichteten Barrieren, um einen Wettbewerb zu verhindern. Anstelle einer integrierten Volkswirtschaft mit mehreren großen Stahlwerken wollte jedes Dorf, jede Klein- und Großstadt ein eigenes Stahlwerk haben, sodass in einer einzigen Provinz Hunderte Seite an Seite existierten und dem Staat die spärlichen Ressourcen entzogen.

Eine lokale Verwaltung hat einen lokalen Parteisekretär: Er, und nicht der Markt, ist der Mann (in ganz wenigen Fällen die Frau), der Kapital verteilt, noch dazu auf eine Art, die seinen eigenen politischen Einfluss möglichst steigert. Selbst wenn die lokale Wirtschaft bankrottgeht, weiß er, dass er damit rechnen kann, dass die Zentralbank ihm aus der Klemme hilft. Denn das Regime fürchtet nichts mehr als »soziale Instabilität«, d. h. einen Ansturm auf die Banken und Arbeiter auf den Straßen.

Das Bild, das sich aus den Archiven ergibt, ist nicht das einer Partei, die eine klare Vision hat, wie sie das Land zum Wohlstand führt. China gleicht einem Tanker, der aus der Ferne eindrucksvoll in tadelloser Ordnung scheint, mit dem Kapitän und seinen Leutnants stolz auf der Brücke, während unter Deck die Matrosen verzweifelt Wasser pumpen und ein Leck nach dem anderen stopfen, um das Gefährt seetauglich zu halten. Es gibt keinen »Masterplan«, keine »Geheimstrategie«, sondern eine Fülle nicht vorhersagbarer Ereignisse, unvorhergesehener Konsequenzen und abrupter Kurswechsel, sowie endloser Machtkämpfe hinter den Kulissen. All dies führt, da bin ich mir sicher, zu einer besseren Geschichte.

1 Von einem Diktator zum nächsten 1976–1979

Eine riesige Steinwüste namens Tiananmen-Platz (Platz des Himmlischen Friedens) liegt im Herzen von Peking. Im Jahr 1976 war sie der weltweit größte gepflasterte Freiraum, auf dem ohne Weiteres eine Million Menschen Platz fanden. Sie war nach dem Tor des Himmlischen Friedens benannt, dem südlichen Eingang zur Verbotenen Stadt, einem weitläufigen Komplex alter Pavillons, Höfe und Paläste, der einst den Kaisern der Ming- und Qing-Dynastien als Refugium gedient hatte. Das T-förmige Areal vor dem Tor des Himmlischen Friedens bildete seit Jahrhunderten einen Teil des Zugangs zum Kaiserthron, war aber ursprünglich viel kleiner gewesen. Nicht lange nachdem die Kommunistische Partei Chinas das Land 1949 erobert hatte, befahl Mao Zedong, den Platz so weit zu vergrößern, dass er »eine Milliarde Menschen« aufnehmen konnte. Mehrere kaiserliche Tore wurden abgerissen, mittelalterliche Bauten und Abschnitte der umlaufenden Stadtmauer geschleift, dem Erdboden gleich gemacht. Die Größe des Platzes wurde vervierfacht, sodass ein riesiges, leeres Betonareal von der Größe von sechzig Fußballplätzen entstand. Der Chang'an Boulevard, der an der Oberseite des Platzes von Ost nach West verläuft, hatte im Jahr 1924 eine Straßenbahn erhalten, war jedoch eine schmale Durchgangstraße geblieben. Schrittweise wurde er zu einer achtspurigen Hauptverkehrsader erweitert, die sich bis weit über die Innenstadt hinaus erstreckt. Im Oktober 1959, anlässlich des zehnten Jahrestags der Revolution, wurden auf der westlichen Seite des Platzes die »Große Halle des Volkes«, auf der östlichen das Museum für chinesische Geschichte eröffnet. In der Mitte wurde ein Denkmal für die Volkshelden errichtet, ein gut 37 Meter hoher

Obelisk aus Granit, der den traditionellen Zugang zum Palast von Nord nach Süd blockierte. Die Hauptachse der Stadt wurde gedreht und wird nunmehr von der Kreuzung des Chang'an Boulevard mit dem Platz des Himmlischen Friedens (Tiananmen) dominiert.[1]

Unter dem Kaiser waren keine Demonstrationen erlaubt gewesen, doch nach dem Sturz der Qing im Jahr 1911 erlangte das Areal vor dem Tor des Himmlischen Friedens schon bald eine weit größere politische Bedeutung. Im Jahr 1925, als die »Nationale Volkspartei Chinas«, die Kuomintang, das Land regierte, wurde ein großes Porträt des Gründungsvaters Sun Yat-sen (1866–1925) über dem Tor aufgehängt, das 1945 durch ein Bild seines Nachfolgers Chiang Kai-shek (1887–1975) ersetzt wurde. Am 1. Oktober 1949, nachdem Chiangs Truppen gezwungen waren, nach Taiwan zu flüchten, und die Volksrepublik China ausgerufen wurde, hängte man stattdessen ein Porträt Mao Zedongs (1893–1976) auf.

Demonstranten nahmen ebenfalls bisweilen den Platz in Beschlag. Im Jahr 1919, während der »Bewegung des Vierten Mai«, versammelten sich gut viertausend Studierende, um gegen die Bestimmungen des Versailler Vertrags zu demonstrieren, der ehemalige deutsche Konzessionen in China an Japan übertrug, einen Verbündeten der Siegermächte im Ersten Weltkrieg. Die Bewegung erschütterte das ganze Land, als Demonstranten zu einem Boykott japanischer Waren aufriefen. Ganz allgemein forderten sie auch Wissenschaft und Demokratie. Im Jahr 1912, als China die erste Republik Asiens geworden war, hatte eine Wählerschaft von vierzig Millionen Menschen für dreißigtausend Wahlmänner gestimmt, die wiederum Mitglieder der Nationalversammlung und des Abgeordnetenhauses wählten. Die Hoffnungen auf eine bessere Volksvertretung hatten sich in den folgenden Jahren jedoch zerschlagen, und nunmehr verlangten Demonstranten, dass ihr Land unter der Ägide von »Herrn Wissenschaft« und »Herrn Demokratie« in das moderne Zeitalter überführt werde, anstelle von Konfuzius, des betagten Weisen, der symbolisch für die alte kaiserliche Ordnung stand.[2]

Es gab weitere Demonstrationen auf dem Platz, die zum Teil gewaltsam niedergeschlagen wurden. Am 18. März 1926 wurde der Militärpolizei befohlen, Demonstranten zu zerstreuen, die Parolen gegen den Imperialismus skandierten. Bei den anschließenden Zusammenstößen kamen 47 Menschen ums Leben. Die Empörung der Bevölkerung über das Blutbad war so stark, dass sich das Parlament gezwungen sah, das Vorgehen in einer Resolution zu verurteilen. Einen Monat später wurde die Regierung gestürzt. Lu Xun (1881–1936), der berühmte Schriftsteller des Landes, nannte die Zusammenstöße den »finstersten Tag seit der Gründung der Republik«.[3]

Während der ganzen republikanischen Ära war die Sehnsucht nach Demokratie so stark verbreitet, dass sich auch die Kommunisten gezwungen sahen, diese Botschaft aufzugreifen. Die Kommunistische Partei Chinas wurde im Jahr 1921 gegründet, aber mehrere Jahre lang beschränkte sich die Mitgliederzahl auf nur einige Hundert. Im Januar 1940 verfassten Mao Zedong und sein Ghostwriter Chen Boda, ein gelehrter, aber ehrgeiziger junger Mann, der in Moskau ausgebildet worden war, die Schrift »Über die neue Demokratie«. Das Traktat versprach ein Mehrparteiensystem, demokratische Freiheiten und den Schutz des Privateigentums. Es war ein völlig fiktives Programm, aber es übte eine allgemeine Anziehungskraft aus, denn in den folgenden Jahren traten Tausende von Studierenden, Lehrenden, Künstlern, Schriftstellern und Journalisten in die Kommunistische Partei ein, angelockt von der Vision einer demokratischeren Zukunft.

Nach 1949 wurden die Versprechen von »Über die neue Demokratie« eines nach dem anderen gebrochen. Sämtliche Organisationen, die außerhalb der Reichweite der Kommunistischen Partei agierten – Gewerkschaften, Studentenverbände, unabhängige Handelskammern, Vereine –, wurden in den ersten Jahren des neuen Regimes abgeschafft. Eine literarische Zensur sorgte dafür, dass sich Künstler und Schriftsteller den Diktaten der Partei fügten. Bereits im Jahr 1950 wurden Bücher, die als unerwünscht galten, auf riesigen Scheiterhaufen verbrannt oder tonnenweise eingestampft. Im Jahr 1956 wurden der gesamte Handel und die Industrie zu Ablegern des Staates, weil die Regierung kleine Geschäfte, private Unternehmen und große Industriebetriebe allesamt enteignete. Im Sommer 1958 wurden die Menschen auf dem Land in riesige Kollektivbetriebe, sogenannte Volkskommunen, getrieben. Das Land wurde den Bauern weggenommen, die zu Leibeigenen des Staates wurden.[4]

Protestdemonstrationen wurden verboten, doch der Tiananmen-Platz blühte als die neue politische Schaubühne des Landes auf. Zwei Mal im Jahr wurden auf dem Platz sorgfältig choreografierte Paraden veranstaltet, bei denen Soldaten, Reiterei, schwere Panzer und Panzerwagen wie mit einem Uhrwerk aufgezogen vor dem Vorsitzenden vorüber defilierten, der von der Tribüne auf dem Tor des Himmlischen Friedens aus zusah. Während der Kulturrevolution grüßte der Große Steuermann bei regelmäßigen Massenkundgebungen gut zwölf Millionen Rotgardisten, die begeistert Mao-Bibeln schwenkten.

✶

Einmal übernahm das Volk die Kontrolle über den Platz. Im Jahr 1976 fiel das Qingming-Fest, auch als Totengedenkfest bekannt, an dem sich Familien traditionell versammeln, um Gräber zu fegen, Grabsteine auszubessern und für die verstorbenen Angehörigen Blumen niederzulegen, auf einen Sonntag, den 4. April. Hunderttausende strömten auf den Platz und legten zu Ehren Zhou Enlais Kränze um den Sockel des Denkmals für die Volkshelden. Der Regierungschef war einige Monate zuvor, am 8. Januar 1976, gestorben, von drei aufeinanderfolgenden Krebserkrankungen völlig ausgezehrt. In den Augen vieler bildete Zhou ein Gegengewicht zu einer einflussreichen Clique namens »Viererbande« unter Führung Jiang Qings oder der Madame Mao. Der Vorsitzende Mao, der vollendete Manipulator, hatte die Gruppen gegeneinander ausgespielt und so dafür gesorgt, dass er selbst die Oberhand behielt.

In den letzten Jahren seines Lebens hatte Zhou Enlai behutsam versucht, in der Planwirtschaft die Ordnung wiederherzustellen, das Land zu öffnen und dringend benötigte ausländische Technologie zu importieren. Im Januar 1975 hielt er eine seiner letzten Reden vor dem Nationalen Volkskongress, Chinas Pseudo-Legislative. Er rief das Land auf, ganze Bereiche zu modernisieren, die hinter dem Rest der Welt zurückgeblieben waren, insbesondere die Landwirtschaft, Industrie, Landesverteidigung, Wissenschaft und Technologie.[5] Mit dem Segen des Vorsitzenden nannte er dieses Programm die »Vier Modernisierungen«. Aber während Mao zwar die Modernisierung der Wirtschaft billigte, fürchtete er, dass Zhou nach seinem Tod sein gesamtes politisches Vermächtnis untergraben werde. Er benutzte seine Frau und ihre Verbündeten, um den Regierungschef zu isolieren, indem sie die »blinde Anbetung der ausländischen Maschinen« und andere Manifestationen des

»Revisionismus« scharf kritisierten, was nach der damaligen Sprachregelung so viel wie Abkehr vom Sozialismus und Restauration des Kapitalismus bedeutete.

Zhou Enlai war isoliert, doch die ehrgeizige Madame Mao überspannte den Bogen, indem sie versuchte, ihren Einfluss auf die Partei und die Armee auszudehnen. Im Jahr 1974 hatte Mao, damit die beiden Gruppierungen weiterhin im Gleichgewicht blieben, Deng Xiaoping wieder in die Führung geholt und zum Stellvertreter Zhou Enlais gemacht. Wie viele andere Führungskader war Deng auf dem Höhepunkt der Kulturrevolution abgesetzt worden, weil er eine angeblich »bürgerlich reaktionäre Linie« verfolgte. Während Zhou Enlai im Krankenhaus lag, übernahm Deng zunehmend das Ruder. Auch er konzentrierte sich auf die Wirtschaft, doch ihm fehlte die sanfte Art des Regierungschefs. Deng drohte Bahnbeamten harte Strafen an, die es nicht schafften, den Bahnverkehr wieder fahrplanmäßig laufen zu lassen, und verlangte, dass Direktoren der Industrie alle aktuellen Produktionsziele erfüllten. Außerdem zog auch er den Zorn Madame Maos auf sich, die mittels ihrer Kontrolle über den Propaganda-Apparat eine ununterbrochene Flut denunziatorischer Artikel veröffentlichen ließ.[6]

Ein Opfer des harten Vorgehens von Deng Xiaoping war der Neffe des Vorsitzenden Mao Yuanxin, ein junger Mann, der sich als Parteisekretär des Revolutionskomitees der Provinz Liaoning einen Namen gemacht hatte. Deng hatte die Leitung des riesigen Eisen- und Stahlunternehmens Anshan, dem Aushängeschild Liaonings, ausgedünnt, sodass es eine verschlankte Befehlsstruktur hatte, die derjenigen vor der Kulturrevolution glich. Mao Yuanxin schwärzte Deng bei seinem Onkel an und behauptete, er repräsentiere eine neue bürgerliche Klasse, die allmählich aus dem Schatten der Kulturrevolution hervortrete. Nach dem Tod Zhou Enlais im Januar 1976 wandte sich der Vorsitzende jedoch einem Parteimitglied zu, das keinem der beiden Lager angehörte. Der stämmige und liebenswürdige Hua Guofeng (1921–2008) war eine unbedeutende Figur, aber Mao absolut ergeben. »Keiner sagt so unverblümt die Wahrheit wie Hua Guofeng«, hatte Mao einst verkündet.[7] Als Parteisekretär von Shaoshan, der Heimat Mao Zedongs, hatte Hua eine riesige, seinem Herrn gewidmete Gedenkhalle errichtet und eine Eisenbahn gebaut, um die Pilger an diesen Ort zu bringen. Deng durfte eine Laudatio auf Zhou

Enlai halten und wurde prompt seiner Pflichten als Vize-Regierungschef entbunden, als Hua Guofeng die Nachfolge antrat.

Mit Zhou Enlai aus dem Weg und der neuerlichen Degradierung Deng Xiaopings, befürchteten einige eine Rückkehr der Kulturrevolution. Sie waren empört über die Veröffentlichung eines Leitartikels am 25. März in einer von der Viererbande kontrollierten Zeitung in Schanghai, der einen »kapitalistischen Wegbeschreiter innerhalb der Partei« verurteilte, der angeblich einem »reuelosen kapitalistischen Wegbeschreiter« helfen wollte, wieder an die Macht zu gelangen. Jeder, der den Beitrag las, wusste, dass mit den angeblichen Verbündeten des Kapitalismus Zhou Enlai und Deng Xiaoping gemeint waren. Demonstranten gingen in Nanjing auf die Straße. In Wuxi, einer Stadt in der Nähe von Schanghai, strömte ein Menschenmeer auf den Roten Platz. Sie schwenkten Porträts des ehemaligen Regierungschefs und spielten eine Aufnahme der Laudatio Dengs über das öffentliche Lautsprechersystem ab. In Peking wurde »die Hexe Jiang Qing« in Gedichten angegriffen.[8]

Auf dem Qingming-Fest, an einem kalten, regnerischen Tag, protestierte die Bevölkerung offen und besetzte den Tiananmen-Platz. Einige Demonstranten trauerten in aller Stille um den Regierungschef. Ein Mann hielt einen traditionellen Schirm aus Papier und benutzte ihn als Ermahnung daran, dass vor Jahrzehnten, am 4. Mai 1919, Studierende gegen ihre Herrscher demonstriert hatten. Andere äußerten sich unverblümter, griffen mit einem Mikrofon in der Hand »die neue Kaiserinwitwe« an oder schwenkten ein Stück weißen Brokatstoff, auf das mit Blut der Schwur geschrieben stand, den Regierungschef zu verteidigen.[9]

Es herrschte eine feierliche Stimmung, als sich das Volk ruhig und gefasst dem Willen seines Obersten Führers widersetzte. Aber die Viererbande forderte lautstark einen Showdown. Im Kaiserreich hatte es innerhalb der zinnoberroten Mauern der Verbotenen Stadt eine Fülle von Intrigen und Machtkämpfen gegeben, weil der Kaiser eine kleine Armee aus Eunuchen, Konkubinen, Soldaten und Beamten um sich geschart hatte, die allesamt danach strebten, ihre Position zu verbessern. Unter Mao spielte sich die Vorzimmerpolitik in der »Großen Halle des Volkes« ab, die den Platz im Westen überragte. Der plumpe, einschüchternde Bau, der von der stalinistischen Architektur inspiriert ist, rühmt sich eines riesigen, in Rot getränkten Hörsaals, der mehr als zehntausend Delegierte fassen kann. Dutzende weitere, höhlenartige Konferenzsäle, die nach den Provinzen des Landes benannt wurden, boten noch mehr Raum für politische Machenschaften als der ehemalige Kaiserpalast jenseits des Chang'an Boulevard.

Die »Große Halle des Volkes« war der Tagungsort für einen Nationalkongress, der alle fünf Jahre zusammentrat, um die Mitglieder des Zentralkomitees zu bestätigen, eines Organs mit rund zweihundert hohen Parteiführern. Das Zentralkomitee wiederum ernannte ein Politbüro, oder Zentrales Politbüro, das aus zwei Dutzend Mitgliedern bestand. Die tagtäglichen Entscheidungen wurden von einem viel kleineren Ständigen Ausschuss getroffen, dem sieben oder acht ältere Mitglieder angehörten. Die mächtigste Person war der Vorsitzende. Wie so manches spiegelte diese Struktur das stalinistische Prinzip des »demokratischen Zentralismus« wider, was hieß, dass sämtliche politischen Entscheidungen durch ein Abstimmungsverfahren getroffen wurden, das für alle Parteimitglieder bindend war. In der Praxis wurde die Machtstruktur umgedreht, weil jener Mann an der Spitze der Pyramide die höchste Macht in den Händen hielt. Da es nur eine Partei gab, waren Loyalitätsbekundungen gegenüber ihrem Führer vorranging und jegliche Anzeichen einer abweichenden Meinung gefährlich.

Der inzwischen 82-jährige Vorsitzende war zu gebrechlich, um persönlich an den Sitzungen teilzunehmen, und blieb in dem »Haus beim Hallenbad«, einer der vielen Residenzen, die hohen Parteiführern in Zhongnanhai vorbehalten war, einem kaiserlichen Komplex mit Seen und gepflegten Parks unmittelbar westlich der Verbotenen Stadt. Er wurde aber über alle wichtigen Ereignisse informiert und traf selbst alle bedeutenden Entscheidungen. Unter dem Platz verlief ein Netz unterirdischer Tunnel, die alle Hauptgebäude miteinander verbanden, und Kuriere wechselten ständig zwischen der Halle und dem Komplex hin und her. Noch vor der Besetzung des Tiananmen-Platzes trat Mao Yuanxin am 1. April 1976 an seinen Onkel heran und deutete an, dass Zhou Enlais Tod dafür genutzt werde, um Unruhen zu schüren. Er ließ durchblicken, dass Deng Xiaoping, der von seinem Posten als Vize-Regierungschef bereits abgesetzt, aber immer noch Politbüromitglied war, davon abgehalten werden sollte, am Tag der Arbeit öffentlich aufzutreten, ein Anlass, den jedes marxistisch-leninistische Regime stets mit großem Trara feierte. Mao stimmte zu.[10]

Drei Tage später, als Menschenmengen auf den Platz strömten, tagte das Politbüro in der »Großen Halle des Volkes«. Hua Guofeng kritisierte scharf die »schlimmen Elemente«, welche hinter den Kulissen die Massen aufwiegelten und sie dazu aufstachelten, »den Vorsitzenden anzugreifen« und »das Zentrum anzugreifen«. Dabei kämen die Denunziationen nicht allein vom einfachen Volk, stellte er fest. Hunderte Vertreter staatlicher Einrichtungen, darunter auch Beamte des Eisenbahnministeriums und des Außenministeriums, legten zu Ehren Zhou Enlais Kränze nieder. Die aktivsten Teilnehmer kamen aus dem Siebten Ministerium des Maschinenbaus, einer riesigen, geheimniskrämerischen Einheit, die das Atomwaffenprogramm leitete. Was sich auf dem Platz abspielte, wurde sogar als »Klassenkampf« eingestuft, ein anderes Wort dafür, dass Konterrevolutionäre einen Putsch gegen die Kommunistische Partei schürten.[11]

In den frühen Morgenstunden des 5. April räumte die Miliz den Platz, lud alle Kränze auf eine ganze Flotte von Lastwagen und setzte Löschschläuche ein, um die Parolen vom Sockel des Monuments zu entfernen. Am Morgen strömten die ersten empörten Demonstranten wieder auf den Platz und gerieten mit der Polizei aneinander.

Noch am gleichen Tag informierte Mao Yuanxin den Vorsitzenden erneut und berichtete, dass sich bislang rund fünfzig konterrevolutionäre Vorfälle ereignet hätten, samt Angriffen auf die Miliz und einem Überfall auf das Büro für öffentliche Sicherheit, das sich am Ostrand des Platzes befand. Die Unruhen seien »geplant und organisiert«, nicht nur in der Hauptstadt, sondern auch in anderen Städten im ganzen Land. Deng sei derjenige, der absichtlich »konterrevolutionäre Gerüchte« verbreite und »die Toten benutze, um die Lebenden zu unterdrücken«. »Wir werden an der Nase herumgeführt«, platzte Mao Yuanxin heraus und informierte seinen Onkel, dass Truppen in hohe Alarmbereitschaft versetzt worden und zum Einsatz bereit seien. Mao stimmte zu.[12]

Noch während Demonstranten auf dem Platz gegen die Miliz kämpften, wurde Deng Xiaoping in das Politbüro einberufen. Zhang Chunqiao, ein grüblerischer Mensch, der in Schanghai als Propagandachef gearbeitet hatte, ehe er Mitglied der Viererbande wurde, fiel über seinen Widersacher her und nannte ihn Chinas Imre Nagy, nach dem kleinen, starrsinnigen kommunistischen Politiker, der 1956 den ungarischen Aufstand gegen die von den Sowjets gestützte Regierung angeführt hatte. Deng blieb stumm.[13]

Bis zum Abend waren rund dreißigtausend Milizionäre einsatzbereit, viele in der Verbotenen Stadt versteckt, andere im Museum für chinesische Geschichte am Ostrand des Platzes. Hua Guofeng befürchtete dennoch, dass sie den Ernst der Lage unterschätzt hätten und dass die Streitkräfte der Menschenmenge auf dem Platz nicht gewachsen wären. Aber trotz der mehrfachen Bedenken seitens des Militärs schlug Wang Hongwen, der ehemalige Sicherheitschef in einer Baumwollfabrik in Schanghai, der als Mitglied der Viererbande zu Ruhm und Ehren gelangt war, mit der Faust auf den Tisch und gab bekannt, dass er sich weigere, eine Miliz zu genehmigen, die nicht mehr als hölzerne Schlagstöcke auf den Platz mitnehme.[14]

Ab 6 Uhr 30 wurden ununterbrochen Warnungen über Lautsprecher verbreitet, welche die Proteste als »reaktionäre Verschwörung« verurteilten und die Menge aufriefen, sich zu zerstreuen. Die Meldungen kritisierten Deng Xiaoping namentlich scharf. Wenige Stunden später griff Hua Guofeng zum Telefon und gab der Miliz den Befehl, den Platz zu stürmen. Die Flutlichter wurden eingeschaltet, der Platz abgeriegelt. Mehr als zweihundert Personen, die sich noch dort aufhielten, wurden geprügelt, weggeschleppt und unter Arrest gestellt. Von der Großen Halle des Volkes aus verfolgte Jiang Qing die Ereignisse durch ein Fernglas. Später am Abend veranstaltete sie ein Festmahl mit Erdnüssen und Schweinebraten. Kurz vor Mitternacht huschte eine Putzkolonne aus hundert Sicherheitsbeamten über den Platz und wischte das Blut auf.[15]

Mao litt an dem nicht diagnostizierten Lou-Gehrig-Syndrom, das einen allmählichen Verfall der Nervenzellen verursachte, die auf seine Muskeln einwirkten, auch auf seinen Kehlkopf, Rachen, Zunge, Zwerchfell und Rippen. Er kommunizierte über die einzige Person, die sein Gebrabbel noch deuten konnte, nämlich Zhang Yufeng, eine Zugbegleiterin, die er vor mehr als zwanzig Jahren verführt hatte. Aber sein Gehirn funktionierte noch tadellos. Bis zum Ende blieb er ein Meister der Intrige, wie aus den Transkripten seiner Sitzungen eindeutig hervorgeht. Als sein Neffe ihm am 7. April in dem »Haus beim Hallenbad« Bericht erstattete und erzählte, wie Zhang Chunqiao Deng als Nagy bezeichnet hatte, nickte er zustimmend. Der Vorsitzende wies das Politbüro an, Deng aus allen Ämtern zu entfernen, aber nicht aus der Partei auszuschließen. »Entzieht ihm alle seine Funktionen«, sagte er und winkte dabei schwach mit der Hand. Außerdem ordnete er an, dass Su Zhenhua, ein kürzlich rehabilitierter General, nachdem er während der Kulturrevolution unter dem Vorwurf, er sei eine von Deng gelegte »Zeitbombe«, entfernt worden war, der Sitzung fern bleiben müsse. Mao schloss auch Marschall Ye Jianying aus, einen Armee-Veteran, der für das Verteidigungsministerium zuständig war. Hua Guofeng, zu der Zeit bereits Ministerpräsident, sollte auf der Stelle zum ersten Vize-Vorsitzenden erhöht werden. Damit wurde er zu Maos designiertem Nachfolger. »Mach schnell«, befahl der Vorsitzende mit einer weiteren Handbewegung. »Komm zurück, wenn du fertig bist.«[16]

✶

Es folgte ein landesweites, massives Vorgehen, als Tausende wegen konterrevolutionärer Verbrechen verhaftet wurden. Viele weitere wurden wegen ihrer Beteiligung an dem Tiananmen-Vorfall verhört. Im ganzen Land wurden Menschen gezwungen, Deng Xiaoping zu denunzieren, doch der Kampagne ging irgendwann die Luft aus. »Wir marschierten voller Groll«, erinnerte sich ein Teilnehmer. Alle warteten auf das Ende.[17]

Es kam wenige Minuten nach Mitternacht am 9. September 1976, einen Tag nach dem Mittherbstfest (auch »Mondfest«), wenn sich Familien traditionell unter dem Vollmond versammeln, um ihre Dankbarkeit zu zeigen.

Hua Guofeng hatte wenige Trümpfe in seiner Hand. Er klammerte sich an einen Zettel, auf den Mao ein paar Zeilen gekritzelt hatte: »Geh langsam vor, keine Eile. Handle gemäß den bisherigen Anweisungen. Mit Dir am Ruder bin ich zufrieden.« Das war das ganze Testament Mao Zedongs, auch wenn die Umstände, unter denen es entstand, weiterhin dunkel bleiben. Die offizielle Hagiographie behauptete, Mao habe diese Worte der Weisheit für Hua aufgeschrieben, als die beiden Ende April 1976 Premierminister Robert Muldoon aus Neuseeland getroffen hätten. Aber Zhang Yufeng, die in den letzten Jahren dem Vorsitzenden nicht von der Seite wich, vertraute ihrem Tagebuch an, dass Mao die Botschaft benutzt habe, um Hua Guofeng zu beruhigen, nachdem dieser sich über mehrere Provinzfunktionäre beschwert hatte.[18]

Es gab nur eine weitere Schwierigkeit. Hua Guofeng war während des Tiananmen-Vorfalls Minister für öffentliche Sicherheit gewesen, weshalb er bei der Bevölkerung nicht gerade beliebt war. Was genau am 5. April in der Großen Halle des Volkes geschehen war, blieb jedoch ein streng gehütetes Geheimnis. Nur wenige erkannten, dass Hua den Vorfall bewusst genutzt hatte, um Deng zu diskreditieren und seine eigene Karriere zu fördern. Und noch weniger wussten, dass er derjenige war, der zum Telefon gegangen war und den Sturm auf den Platz befohlen hatte. Mit Blut an den Händen blieb Hua nichts anderes übrig, als sich mit denjenigen zu verbünden, die eine Rückkehr Deng Xiaopings an die Macht um jeden Preis verhindern wollten.

Hua hatte allerdings einen Vorteil, der ihm zugute kam, um das Beste aus seinem schwachen Blatt zu machen: Die Leute unterschätzten ihn. Nur zwei Tage nach Maos Tod nahm Hua Guofeng Kontakt zu Marschall Ye Jianying und General Su Zhenhua auf, den beiden Veteranen der Armee, deren Teilnahme an der Politbürositzung, die über Deng Xiaopings Schicksal entschieden hatte, verhindert worden war. Er wandte sich auch an Wang Dongxing, Maos ehemaligen Leibwächter, der die Truppen, die für die Sicherheit des Vorsitzenden zuständig waren, befehligte. Für den 6. Oktober wurde unter dem Vorwand, den fünften Band der *Ausgewählten Werke* Mao Zedongs zu diskutieren, eine Politbürositzung einberufen. Die Mitglieder der Viererbande wurden, während sie einer nach dem anderen eintrafen, auf der Stelle verhaftet. Madame Mao, verschlagen wie eh und je, ahnte eine Falle und hielt sich fern, wurde aber später in ihrer Residenz in Gewahrsam genommen.[19]

Das war nichts weniger als ein Staatsstreich. Nach dem Putsch folgte eine Säuberung, und wie jede andere Säuberung handelte es sich dabei nicht um eine Abweichung von den üblichen Abläufen, sondern um eine Fortsetzung des gewohnten Gangs. Kundgebungen wurden veranstaltet, Gegner denunziert. In der Hauptstadt schwenkten Hunderttausende riesige Transparente, welche die »Anti-Parteiclique der Viererbande« verunglimpften. Man warf ihnen vor, sie wären Verräter, hätten mit fremden Mächten gemeinsame Sache gemacht, das Land verraten und versucht, den Kapitalismus wiederherzustellen. Wie ein Teilnehmer bemerkte, war dies »genau die gleiche Art von Kundgebungen wie während der Kulturrevolution«. Einige Monate danach gelangte ein 115 Seiten umfassendes Urteil, das auf einer sorgfältigen Prüfung aller verfügbaren Beweismaterialien basierte, zu folgender Schlussfolgerung: »Zhang Chunqiao ist ein taiwanesischer Spion, Jiang Qing ist eine Verräterin, Yao Wenyuan ist Element einer fremden Klasse, Wang Hongwen ist ein wiedergeborenes kapitalistisches Element.« Jiang Qing und ihre drei fanatischen Anhänger wurden zu Sündenböcken. Scheinbar über Nacht wurden sämtliche Verweise auf die vier aus Zeitungen, Büchern, Fotografien und Filmen gelöscht.[20]

Am 24. Oktober wurde auf dem Tiananmen-Platz eine Massenkundgebung veranstaltet, bei der sich die Parteiführung seit dem Putsch zum ersten Mal in der Öffentlichkeit zeigte. Hua Guofeng, inzwischen zum Vorsitzenden der Partei ernannt, gewöhnte sich rasch an seine neue Rolle, lief auf der Tribüne hin und her, klatschte nachlässig, um sich für die Jubelrufe zu bedanken, und grinste dabei selig, ganz wie sein Vorgänger.

Als Nächstes standen die Demontage seines Rivalen und die Förderung der eigenen Position auf der Tagesordnung. Wang Dongxing, der ehemalige Leibwächter, der jedes Palastgeheimnis kannte, wurde zu seiner rechten Hand. Am 8. Januar 1977, als zum ersten Todestag Zhou Enlais ein paar Demonstranten auf dem Tiananmen-Platz auftauchten, machten sich Wang und Hua den Vorfall zunutze, um eine strenge Untersuchung einzuleiten. Li Dongmin, ein junger Mann, der ein Plakat, das die Rückkehr Deng Xiaopings forderte, aufgestellt hatte, wurde verhaftet und gezwungen, die Existenz einer gefährlichen »konterrevolutionären Clique« zu gestehen. Wang Dongxing griff zum Telefon und befahl allen Dienststellen der öffentlichen Sicherheit im ganzen Land, jedem Gerücht nachzugehen. Die Behörden in der Provinz Liaoning entdeckten ein Plakat, das die Bevölkerung aufforderte, »entschlossen Deng für den [Posten des] Ministerpräsidenten zu unterstützen«. »Klassenfeinde im eigenen Land ebenso wie im Ausland greifen uns derzeit an«, tönte die Parteiführung nunmehr, als jedem Parteimitglied aufgetragen wurde, »wachsam zu bleiben«. In einem angespannten politischen Klima kam es zu weiteren Hexenjagden und wurden noch mehr Verschwörungen aufgedeckt.[21]

Hua präsentierte sich als wachsamer Hüter von Maos Vermächtnis. In dem Moment, als dem Leichnam seines Vorgängers in einer Kältekammer tief unter der Hauptstadt zur Konservierung Formaldehyd injiziert wurde, verkündete Hua Guofeng, dass auf dem Tiananmen-Platz eine Gedenkhalle errichtet werde. In ihr sollte der Leichnam in einem Sarg aus Bergkristall den Massen präsentiert werden. Genau wie sein Leichnam wurde auch jedes einzelne Wort Maos propagandistisch ausgenutzt. Im Februar 1977 verkündeten mehrere Leitartikel: »Alle politischen Maßnahmen, die Mao jemals beschloss, werden wir entschlossen verteidigen; alle Anweisungen, die er erteilte, werden wir standhaft befolgen.« Die Leute nannten diese Politik verächtlich die »Zwei Alles«. Hua fing an, nach dem Vorbild seines Vorgängers aufzutreten. Er strich sich sein Haar nach hinten, posierte für gestellte Aufnahmen und gab im Stil des Großen Steuermannes vage Aphorismen zum Besten. Sein Porträt wurde in Schulen, Behörden und Fabriken aufgehängt. Am beliebtesten waren Gemälde und Plakate eines strahlenden Vorsitzenden, der im Begriff ist, seinen letzten Willen Hua zu übergeben, der sich auf seinem Stuhl vorbeugt, um demütig den Auftrag anzunehmen: »Mit Dir am Ruder bin ich zufrieden.« Lieder, Gedichte und Statuen verherrlichten den neuen Führer. Der Propaganda-Apparat posaunte zwar Parolen aus, welche die Bevölkerung ermahnten, »unserem brillanten Führer auf den Fersen zu folgen«, doch dem neuen Vorsitzenden fehlte es ebenso an der institutionellen Autorität wie am politischen Charisma, um seine Macht auszubauen. Mit seinem unbeholfenen Versuch, einen Personenkult zu inszenieren, machte er sich sowohl einfache Bürger als auch Parteifunktionäre zum Feind.

Mehrere Male ließ Marschall Ye Jianying durchblicken, dass Deng Xiaoping die Rückkehr auf seinen früheren Posten gestattet werden müsse. Hua sträubte sich dagegen. Auf einer Parteiversammlung blieb er hartnäckig dabei, dass die Proteste auf dem Tiananmen-Platz im vorigen Jahr konterrevolutionär gewesen wären und dass Deng Xiaoping von dem Vorsitzenden Mao als Rechtsabweichler gegeißelt worden sei. Und man müsse jedes einzelne Wort von Mao wertschätzen.[22]

Li Xiannian, eine zwielichtige Figur, die durch die Zusammenarbeit mit völlig anderen Personen Karriere gemacht hatte, schaltete sich nunmehr ein. Als Vize-Regierungschef, der für die tägliche Regierungsarbeit zuständig war, hatte er beträchtlichen Einfluss. Nach dem Sturz der

Viererbande hatte er eingewilligt, Deng Xiaoping herabzusetzen: »Wer immer meint, er sei ein großes Tier, wird zwangsläufig auf die eine oder andere Weise stürzen. Lin Biao hielt sich für ein großes Tier, die ›Viererbande‹ hielt sich für bedeutend, und Deng Xiaoping meint ebenfalls, er sei bedeutend.« Im März hatte Li jedoch seine Meinung geändert und schloss sich auf einer Politbürositzung Marschall Ye an, indem er offiziell um die Rückkehr Deng Xiaopings ersuchte.[23]

Hua musste nachgeben. Viele Parteiveteranen waren während der Kulturrevolution gedemütigt worden, und Hua Guofengs Widerwillen, die Aktenlage zu prüfen und gestürzte Kader zu rehabilitieren, ließ sich nicht mit der verbreiteten Sehnsucht nach einem Wandel vereinbaren. Im Übrigen waren die meisten hohen Vertreter abgehärtete Männer, die ihre Überlebensfähigkeiten in einem jahrzehntelangen Machtkampf jeder gegen jeden gestählt hatten. Auch wenn Hua eine größere Entschlossenheit an den Tag gelegt hatte, als viele erwartet hatten, war er schlichtweg kein Gegner für sie. Formal war Hua sowohl Ministerpräsident als auch Vorsitzender, aber wenn er sich umsah, dann sah er, wie »die Männer eines anderen Mannes ihren Einfluss auf die Provinzen, auf den Staatsapparat, auf die Armee und auf die Medien festigten und ausbauten«.[24] Zur großen Enttäuschung Huas kehrte Deng im Sommer 1977 in die Parteiführung zurück.

✶

Hua und Deng marschierten beide unter dem Banner der Mao-Zedong-Gedanken. Alle langjährigen Führer griffen auf die Vergangenheit zurück. Einige wollten wieder an dem Punkt anfangen, wo sie vor Beginn der Kulturrevolution 1966 gewesen waren; andere blickten sogar noch weiter zurück, bis vor die Katastrophe des »Großen Sprungs nach vorn« im Jahr 1958.

Deng ging bis ins Jahr 1956 zurück. Am 25. Februar desselben Jahres hatte der sowjetische Führer und Parteisekretär Nikita Chruschtschow das sozialistische Lager mit einer Geheimrede ins Mark getroffen, die das Ansehen seines drei Jahre zuvor verstorbenen Meisters Josef Stalin erschütterte. In Peking, wo die Parteiführung ihr Regime nach dem Vorbild Stalins aufgebaut hatte, wurde die Rede auf allen Ebenen mit Bestürzung aufgenommen. Mao betrachtete, als der Stalin Chinas, die Entstalinisierung als eine Herausforderung seiner eigenen Autorität. Seine Antwort folgte genau zwei Monate danach, als er vor einer erweiterten Sitzung des Politbüros am 25. April eine Rede mit dem Titel »Über die zehn großen Beziehungen« hielt. China sei bereit, verkündete der Vorsitzende, auf eigene Faust zu handeln, seinen eigenen Weg zum Sozialismus zu finden. Statt sich sklavisch an das alte, stalinistische Modell mit seiner einseitigen Betonung der Schwerindustrie zu halten, werde China seine eigene Version mit einer ausgewogeneren Entwicklungsstrategie gegenüber der Landwirtschaft und Leichtindustrie verfolgen. Es werde die Bedürfnisse des einfachen Volkes mit geeigneten Anpassungen ihrer Löhne befriedigen. Bei der Ausarbeitung eines eigenen Pfads zum Sozialismus, fuhr Mao fort, müsse China Wissenschaft und Technologie aus kapitalistischen Ländern entlehnen. »In den industriell entwickelten Ländern werden die Betriebe mit weniger Leuten geführt, ihre Leistung ist hoch, und man versteht dort, gut zu kalkulieren.« Auch davon müsse man sich inspirieren lassen, weil das Land nur stark und erfolgreich werden könne, wenn es von anderen lerne.[25]

Maos Rede blieb zu seinen Lebzeiten unveröffentlicht. Chruschtschow hatte Stalins Personenkult scharf kritisiert, und in Peking benutzten die Kollegen des Vorsitzenden die Geheimrede des russischen Parteiführers, um für eine Rückkehr zu den Prinzipien der kollektiven Führung zu werben. Mao antwortete, indem er die freie Meinungsäußerung unter Intellektuellen förderte und die Partei aufforderte: »Lasst hundert Blumen blühen, hundert Schulen miteinander wetteifern.« Der Vorsitzende war überzeugt, dass die Bevölkerung ihn verehrte und sich auf seine Seite stellen werde. Stattdessen führte die Hundert-Blumen-Bewegung zu einem Ausbruch des Volkszorns gegen die Kommunistische Partei, sodass sich Mao prompt zu einer Kehrtwende gezwungen sah und im Mai 1957 ein hartes Vorgehen anordnete. Deng Xiaoping, der sich bei der Aussicht, dem einfachen Volk freie Meinungsäußerung zu erlauben, wie die meisten seiner Kollegen gesträubt hatte, forderte umfassende Maßnahmen. Ihm wurde eine Kampagne anvertraut, die sich gegen Hunderttausende Einzelpersonen richtete. Deng erledigte die Aufgabe vortrefflich, indem er unzählige Opfer in die Arbeitslager in der großen Wildnis im Norden schickte, ein riesiges Sumpfgebiet voller Moskitos.[26]

Die Rede »Über die zehn großen Beziehungen« hatte bei Deng und anderen Parteimitgliedern starken Anklang gefunden. Im Zuge der katastrophalen Entwicklungen des »Großen Sprungs nach vorn« und der Kulturrevolution gewann die Rede noch an Attraktivität. Sie wurde zur Inspiration für das Programm der »Vier Modernisierungen«, das Ministerpräsident Zhou Enlai im Januar 1975 ankündigte. Sechs Monate danach trat Deng Xiaoping an den Vorsitzenden heran, um eine Neuauflage des Textes vorzuschlagen, der seiner Ansicht nach in den fünften Band von Mao Zedongs *Ausgewählten Werken* aufgenommen werden sollte: »Dieser Beitrag ist wirklich viel zu wichtig, er hat ein großes Ziel und bietet großartige theoretische Leitlinien für die Gegenwart und für die Nachwelt«, kritzelte Deng an den Rand. Mao erlaubte das Verschicken als Rundschreiben, jedoch nicht die Veröffentlichung des Textes.[27]

Auch Hua Guofeng war ein glühender Verehrer dieses Beitrags. »Die ganze Partei, die ganze Armee und das ganze Volk sollten dieses brillante Werk gewissenhaft und gründlich studieren«, ermahnte er am 25. Dezember 1976 die versammelten Parteimitglieder. Einen Tag danach veröffentlichte *Renmin Ribao* »Über die zehn großen Beziehungen« zur Feier von Mao Zedongs Geburtstag. Ein breiter Konsens über die Notwendigkeit einer nachhaltigen, wirtschaftlichen Entwicklung nach einem Jahrzehnt des Chaos erhielt dadurch quasi die offizielle Billigung.[28]

Hua brauchte Deng nicht, um eine pragmatischere Herangehensweise an die Wirtschaft einzuläuten. Wie die meisten konnte er es kaum erwarten, das Land aus seiner wirtschaftlichen Erstarrung zu erlösen. Er verlor keine Zeit und forderte im November 1976 eine Steigerung der Exporte, um die gestiegenen Importe ausländischer Technologie zu bezahlen.[29]

Auch das signalisierte eher eine Rückkehr zu den Tagen vor der Kulturrevolution als einen Schritt nach vorn. Es handelte sich um ein Modell, das auf dem von Stalin vor etlichen Jahrzehnten entwickelten Schema basierte: Man nehme Getreide vom Land, verkaufe es auf dem internationalen Markt und nutze die eingenommenen Devisen, um schlüsselfertige Fabriken, die möglichst sofort in Betrieb genommen werden können, zu kaufen und um aus einer agrarisch geprägten tiefsten Provinz ein industrielles Zentrum zu machen. Um mehr Getreide zu beschaffen, hatte Stalin Dorfbewohner in staatliche Kolchosen getrieben und das Land kollektiviert. Bis 1932 starben schätzungsweise sechs Millionen Menschen einen Hungertod wegen des Abzugs enormer Vorräte an Weizen, Mais und Roggen, sowie Milch, Eier und Fleisch vom Land, um den Fünfjahresplan zu finanzieren. Selbst als Dorfbewohner gezwungen waren, Gras und Baumrinde zu essen, wurden riesige Industriestädte aus dem Boden gestampft. Moskau wurde umgebaut, mit Hunderten von Projekten, die der Skyline von New York Konkurrenz machen sollten. Luxushotels, neue Bahnhöfe, eine nagelneue Metro und eine Reihe beeindruckender Wolkenkratzer verschlugen Tausenden von ausländischen Geschäftsleuten den Atem, die eifrig in der Hauptstadt Verträge abschlossen. Albert Kahn, der Direktor eines Büros amerikanischer Architekten, leitete den Bau Hunderter Fabriken und wurde so zum »Industriearchitekten für den Ersten und Zweiten Fünfjahresplan«.[30]

So wie Stalin die Vereinigten Staaten hatte überholen wollen, wollte auch der Vorsitzende Mao 1958 unbedingt sein Land mit einem »Großen Sprung nach vorn« vor seine Konkurrenten katapultieren. Die Exporte wurden angekurbelt, zumal die Wendung »größere Importe und größere Exporte« zum Schlagwort jener Zeit wurde. Um mehr Lebensmittel vom Land zu beschaffen, wurden Dorfbewohner in riesige Volkskommunen getrieben. Die Parteiführung machte unterdessen eine Shoppingtour und erwarb Stahlwerke, Zementöfen, Glasfabriken, Kraftwerke und Ölraffinerien. Peking veränderte sich, als Zehntausende von Häusern, Bürogebäuden und Fabriken abgerissen wurden, um Platz für eine Vision aus hoch aufragendem Beton zu schaffen. Während der Tiananmen-Platz seine Halle, das Museum und den Obelisk bekam, verhungerten mindestens 45 Millionen Menschen.[31]

Der größte Teil dieser Importe kam aus der Sowjetunion, auf deren wirtschaftliche und militärische Hilfe China seit Mai 1951 angewiesen war, als die Vereinten Nationen wegen der Rolle Pekings im Koreakrieg ein Embargo für strategische Importe verhängt hatten. Doch im Sommer 1960 zerstritten sich China und die Sowjetunion. Tausende sowjetischer Berater und deren Angehörige wurden angewiesen, ihre Sachen zu packen und das Land zu verlassen. Unzählige Großprojekte wurden eingefroren.

Schon vor dem chinesisch-sowjetischen Bruch hatte China angefangen, Produkte in Asien und Afrika zu verscherbeln. Fahrräder, Nähmaschinen, Thermosflaschen, Dosenfleisch, Füllfederhalter: Peking verkaufte alle möglichen Waren unter den Produktionskosten, um zu demonstrieren, wie weit es Moskau bei dem Wettlauf zum wahren Kommunismus voraus war. China tat alles, um Japan bei Sojaöl, Zement, Baustahl und Fensterglas zu unterbieten. Vor allem Stoffe und Textilien wurden zur Arena für die Behauptung der kommunistischen Überlegenheit; chinesische Produkte von grauen Leintüchern bis hin zu bedruckter Baumwolle überfluteten den internationalen Markt. Während die Exporte in die Sowjetunion zurückgingen, schwoll der Warenstrom in den Rest der Welt umso stärker an.[32]

Aufgrund der Katastrophe des »Großen Sprungs« hatte der Vorsitzende Angst vor einem Staatsstreich. Er befürchtete, dass er noch vor seinem Tod verurteilt werden könnte, genau wie Chruschtschow Stalin angegriffen hatte. Seine Antwort war die Kulturrevolution, welche die Menschen gegeneinander ausspielte und sie zwang, ihre unerschütterliche Loyalität gegenüber dem Vorsitzenden unter Beweis zu stellen. Exporte wurden nunmehr als »kapitalistisch« gebrandmarkt, stattdessen wurde Autarkie zum Ideal erkoren, wobei sich das Land selbst abschottete. Ganze Provinzen versanken in wirtschaftliche Autarkie, als die Parteiführung das Prinzip der Selbstständigkeit für die Volkswirtschaft einführte und dadurch unzählige Handelsbeziehungen kappte, die das Land zu einem größeren Ganzen verbunden hatten. Im Jahr 1970 wurde schon eine so simple Aufgabe wie die Herstellung eines Knopfes zu einer Herausforderung, weil Fabriken gezwungen waren, alles lokal zu produzieren. Das doktrinäre Beharren auf Autarkie kam noch zu der Unfähigkeit der Planwirtschaft hinzu, selbst die elementarsten Bedürfnisse der Bevölkerung zu befriedigen. Das Ganze erreichte geradezu surreale Ausmaße. In Turfan, dem Zentrum einer fruchtbaren Oase, wo Rotgardisten Minarette und Moscheen kurzerhand in Fabriken umgewandelt hatten, mussten sich drei Personen jeweils eine Jahreszeit lang ein Stück Seife teilen. Die Provinz Xinjiang lag am äußersten Rand des Reiches, aber selbst Handelsstädte entlang des Perfluss-Deltas in der Nähe von Hongkong litten unter einem Mangel an Streichhölzern, Seife, Zahnpasta, Batterien und Baumwollstoff. So kurz nach der Katastrophe des »Großen Sprungs« eingeleitet, sorgte die Kulturrevolution dafür, dass 1976 der Lebensstandard im ganzen Land niedriger als am Vorabend der Befreiung war.[33]

Hua Guofeng konzentrierte sich auf den Außenhandel, erhöhte jedoch auch die materiellen Anreize für Arbeiter und organisierte den Markt besser, indem er Konferenzen über Bauwesen, Industrie, Eisenbahnen und Verkehr, Finanzen und Bankwesen, Landwirtschaft, sowie Wissenschaft und Technologie abhielt. Ein Pekingologe zählte über vierzig solcher Treffen bis zu Deng Xiaopings offizieller Rückkehr im Juli 1977.[34]

Im August, als der monströse Bau des Mausoleums für den toten Meister Tag für Tag höher aufragte, kamen die Parteiführer in der Großen Halle des Volkes zusammen, um auf der ersten Plenartagung des Elften Parteitags Geschlossenheit zu demonstrieren. Es waren alte Männer, die ein Jahrzehnt lang nicht zum Zuge gekommen waren und sich nunmehr nach einem Wandel sehnten. Hua Guofeng wirkte bedrückt und unwohl, bisweilen schwerfällig in seinen Bewegungen. Marschall Ye Jianying schien senil und schaffte es nur mit der Hilfe eines Sekretärs aufzustehen und sich wieder zu setzen. Li Xiannian strahlte Langeweile aus; zuweilen zeigte sich ein Lächeln in seinem Gesicht. Aber Deng wirkte entspannt und zuversichtlich, auch wenn man seinen Gesichtszügen das Alter bereits ansah. Allesamt priesen sie Mao Zedong.[35]

Außerdem hatten alle es eilig. Das offizielle Ziel des Parteitags, laut Parteisatzung, war es, »das Vaterland mit Hochgeschwindigkeit aufzubauen« und »noch vor Ende dieses Jahrhunderts ein mächtiges, modernes sozialistisches Land zu werden« – ein Ziel, das Regierungschef Zhou Enlai schon mit seinen »Vier Modernisierungen« vom Januar 1975 verkündet hatte. Die »Vier Modernisierungen« wiederum waren bereits 1963 ausgearbeitet worden, als der Ministerpräsident zwei Fünfzehnjahrespläne für den Umbau des Landes bis zur Jahrhundertwende in eine Industriemacht ersten Ranges entwickelt hatte. Der große Nachdruck, der auf eine hohe Wachstumsrate gelegt wurde, um bestimmte kapitalistische Länder in einer kurzen, festgelegten Zeitspanne einzuholen oder gar zu überholen, hätte kaum stalinistischer sein können. Im Wesentlichen war dies das Programm, das die Parteiführung in den kommenden zwei Jahrzehnten verfolgen sollte.[36]

Die Parteiältesten waren so begeistert, dass sie sogar einen neuen »Sprung nach vorn« forderten. Die Wortwahl war mit Blick auf die Katastrophe des ersten »Großen Sprungs« vielleicht unglücklich, aber sie hatten das Gefühl, dass sie ein verlorenes Jahrzehnt wiedergutzumachen hätten. Auf einer Politbürositzung im Februar 1978 überboten sie sich gegenseitig mit der Forderung nach immer höheren Zielen. Deng Xiaoping wollte mehr Stahl, den er als das Rückgrat der Schwerindustrie ansah. Energie war ebenfalls ein Thema, und ein großes Kraftwerk musste importiert werden. »Wir müssen schneller vorankommen«, meinte er und drängte auf mehr Importe fortschrittlicher Technologie.[37]

Eben dieses Importziel war erst im Vorjahr bis 1985 auf 6,5 Milliarden Dollar festgesetzt worden, doch auf Deng Xiaopings Drängen hin wurde es auf zehn Milliarden Dollar erhöht. Anschließend stieg es auf achtzehn Milliarden und erreichte am Ende die Marke von achtzig Milliarden Dollar. Weit über hundert Großprojekte wurden geplant. Allein im Jahr 1978 wurden über 22 schlüsselfertige Fabriken aus dem Ausland importiert, von riesigen Stahlwerken und modernen Textilfabriken bis hin zu Atomkraftwerken.[38]

Ein Jahrzehnt lang hatte das Land in einer selbst auferlegten Isolation gelebt. Auf dem Höhepunkt der Kulturrevolution hatte die schrille Rhetorik des Klassenkampfes und antiimperialistischen Kampfes sogar potenziell neutrale Mächte abgeschreckt. Im Jahr 1967 wurde eine Strohpuppe mit einem geschwärzten Gesicht vor der kenianischen Botschaft aufgehängt und baumelte viele Monate lang am Tor. Die Botschaften von Indonesien und der Mongolei standen unter Dauerbelagerung. Die britische Gesandtschaft in Peking wurde niedergebrannt.[39] Doch die Hauptlast der Angriffe während der Kulturrevolution musste das einfache Volk ertragen, als ein launenhafter Vorsitzender einen scheinbar endlosen Zyklus aus Säuberungen und Denunziationen entfesselte. Für Parteimitglieder auf jeder Ebene der Hierarchie wurde das politische Überleben eine alle Kräfte beanspruchende Aufgabe. Ein einziges Wort von Mao konnte über das Schicksal unzähliger Menschen entscheiden, wenn er die eine oder andere Einrichtung für »konterrevolutionär« erklärte. Sein Urteil konnte sich über Nacht ändern, sodass seinen Untergebenen nichts anderes übrig blieb, als nach Kräften ihre Loyalität unter Beweis zu stellen. Alles Ausländische, sei es das Hören klassischer Musik oder das Lesen eines Romans, wurde überdies als »bürgerlich« verunglimpft. Als Folge schnellte die Zahl der Analphabeten in die Höhe. Laut eines Berichts des Staatsrats von 1978 konnte in Teilen des Landes über die Hälfte der Bevölkerung nicht lesen, während in manchen Provinzen jeder dritte Kader nicht lesen oder schreiben konnte.[40] Wie ein scharfsinniger Kommentator anmerkte, hätten »Hua Guofeng und Deng Xiaoping Schwierigkeiten gehabt, selbst Länder von mittlerer Größe auf der Karte zu finden«. Sie hatten keine Vorstellung davon, wie fremde Länder funktionierten.[41]

Mao hatte im Jahr 1972 eigenhändig das Kräftegleichgewicht zuungunsten der Sowjetunion verschoben, indem er eine Annäherung an die Vereinigten Staaten anstrebte. Das war für viele ein Schock. Jahrzehntelang hatte China die Vereinigten Staaten als Bastion des Imperialismus verunglimpft, die es darauf abgesehen habe, die ganze Welt zu versklaven. Zhou Enlai hatte persönlich 1950 den Ton angegeben, als er zum redegewandten Wortführer einer Hasskampagne gegen Amerika wurde. Karikaturen, die amerikanische Politiker als blutrünstige Mörder darstellten, gingen einher mit gehässigen Parolen, die aus öffentlichen Lautsprechern dröhnten. Die Außenpolitik drehte und wendete sich ständig, und wenn das Regime seine endlosen Tiraden verlauten ließ, war es bisweilen schwierig, wohlberechnete Verunglimpfung von echter Empörung zu trennen, aber jahrzehntelang war die Botschaft klar genug: Das Volk musste die Kapitalisten hassen, verfluchen und verachten.[42]

Außenminister Henry Kissinger und andere naive Bewunderer stellten Maos Bauernopfer als Schachzug eines strategischen Genies dar, dabei beruhte es auf einem der großen geopolitischen Missverständnisse des 20. Jahrhunderts: nämlich dass die Vereinigten Staaten eine Macht im Niedergang seien. Dieser Irrtum sollte die Führung in Peking in den folgenden Jahrzehnten weiterhin beeinflussen.

Da der Erwerb fortschrittlicher Technologie den Kern der »Vier Modernisierungen« bildete, wurden Erkundungsmissionen ins Ausland geschickt. Wie Gu Mu, ein Hauptverfechter der Handelsdelegationen, später anmerkte, hatte Lenin angeblich im Jahr 1917 Teams ins Ausland geschickt, um sich über Wissenschaft und Technologie zu informieren. »Wir machten es genauso.«[43] Im September 1977 wurde eine Delegation in die Vereinigten Staaten geschickt. Wang Yaoting, der Vorsitzende des Rats für die Förderung des internationalen Handels, brachte Experten aus den verschiedensten Bereichen mit, von der Chemietechnik bis hin zur Metallurgie. Die Gruppe traf sich mit Vizepräsident Walter Mondale zum Mittagessen und besuchte neben anderen Unternehmen Mobil, Union Carbide, Exxon und John Deere & Co. In Disneyland gönnten sie sich eine Erholungspause. Während des ganzen Aufenthalts in den Vereinigten Staaten fragten sie kein einziges Mal nach der Politik der Industriezweige, die sie erkundeten. »Sie waren nur an der Technologie interessiert«, erklärte ihr amerikanischer Reiseführer.[44]

Wieder im Land berichtete die Delegation, dass das Tempo der industriellen Entwicklung in den Vereinigten Staaten stetig zurückgehe, während eine Wirtschaftskrise der Expansion des Landes nach dem Krieg ein Ende gesetzt habe. Die Arbeitslosigkeit sei enorm hoch. Binnen eines Jahrzehnts werde den Amerikanern das Öl ausgehen. Ihr Handel ächze unter der Last eines Rekord-Defizits, das mehr als 25 Milliarden Dollar betrage.[45]

Weitere Handels- und Erkundungsmissionen reisten 1978 in andere Länder und besuchten Neuseeland, Japan, sowie Ost- und Westeuropa. Ihr Urteil war dasselbe, zusammengefasst vom Außenministerium auf einer landesweiten Konferenz über Außenhandel im Jahr 1979: »Die internationale Lage ist für uns günstig, weil manche fortschrittliche, kapitalistische Länder einem wirtschaftlichen Niedergang entgegensehen. Sie suchen dringend nach einem Ventil für ihren Überschuss an Kapital, Ausrüstung, Produkten und Arbeitskräften. Sie suchen dringend neue Energiequellen und Rohstoffe. Ihre Währungen sind aufgebläht, eine Finanzkrise droht, ihre Arbeitslosenquote steigt unablässig, und ihre wirtschaftlichen Aussichten sind düster.« Wie der Wirtschaftsexperte Milton Friedman bei seinem Besuch in China im Jahr 1980 beobachtete, waren sogar führende Experten und Bankdirektoren »unglaublich unwissend, was die Funktionsweise des Markts angeht«. Sie schwadronierten über die »inneren Widersprüche des Kapitalismus«. Das war klassischer Marxismus, eine Philosophie, die schon seit über einem Jahrhundert den bevorstehenden Niedergang des Kapitalismus prophezeit hatte. Die Schlussfolgerung drängte sich geradezu auf, mit den Worten des Ministeriums: »Wir müssen diese außerordentlich günstigen Umstände nutzen.«[46]

*

Hua Guofeng und Deng Xiaogping teilten sich die Macht, zusammen mit Marschall Ye Jianying als Ausgleich in einem instabilen Triumvirat. Von Mai bis November 1978 führten Hua und Deng gegeneinander in einem über Stellvertreter ausgefochtenen ideologischen Krieg eine philosophische Debatte über die Bedeutung Mao Zedongs. Wang Dongxing, der auch für die Ideologie zuständig war, griff in Huas Namen zum Stift. Deng wandte sich seinerseits an Hu Yaobang, einen unorthodoxen, drahtigen 62-jährigen Mann mit einem wachen, wenn auch leicht exzentrischen Verstand, der in Kürze zum Star aufsteigen sollte. Mao, der stets gewitzte Beobachter der menschlichen Natur, beschrieb Hu einmal wie folgt: »Liest gerne, aber konzentriert sich lediglich auf die Oberfläche, redet gerne und macht großartige Äußerungen.«[47]

Im Jahr 1977 war Hu Yaobang zum Direktor der Zentralen Parteischule ernannt worden, der führenden Einrichtung, die für die ideologische Indoktrination zuständig war. Seine Hauptaufgabe war es, die Bezeichnung »Zwei Alles« aus der Welt zu schaffen – jener respektloser Ausdruck, mit dem Hua Guofengs Linie charakterisiert wurde, sich streng an jedes Diktat des Vorsitzenden Maos zu halten. Einem Außenstehenden mag dies als abstrakte Semantik erscheinen, doch es hatte sehr reale Konsequenzen, weil die während der Kulturrevolution gesprochenen Urteile noch in Kraft waren. Wenn man Familienangehörige und Verwandte mitrechnete, näherte sich die Zahl der Opfer der Marke von hundert Millionen.[48] Die Bezeichnung der Demonstranten von 1976 als »Konterrevolutionäre« war nur ein Beispiel.

Hu Yaobang präsentierte das Prinzip, dass die Praxis als alleiniges Kriterium für die Wahrheit dienen solle. Das hieß, dass Äußerungen in der Praxis auf die Probe gestellt werden mussten. Regelrechte Feldschlachten wurden ausgetragen, ganz ähnlich wie sich einst Protestanten und Katholiken über die Bedeutung der Heiligen Schrift zerfleischt hatten. Telefonanrufe wurden getätigt, Leitartikel manipuliert, Dementis veröffentlicht, Informationen durchgestochen, Kommentare eingefügt, um die Zensur zu umgehen, und Workshops veranstaltet, zuerst in Peking, aber wenig später im ganzen Land. Den Verfechtern der Wahrheit wurde vorgeworfen, sie würden das Banner Mao Zedongs schmälern. Diese wiederum warfen den Anhängern der »Zwei Alles«-Doktrin vor, sie würden die Mao-Zedong-Gedanken untergraben, weil sie sich dogmatisch an jedes einzelne Wort des Vorsitzenden klammerten.

Im Dezember 1978 kam es zum Showdown. Im August des Vorjahres war die neue Führung auf der ersten Plenartagung des Elften Parteitags vorgestellt worden. Eine zweite Plenartagung konzentrierte sich allgemein auf die Konsolidierung der Macht, während die dritte traditionell dafür vorgesehen war, eine breitere Zukunftsvision zu präsentieren. Der Schauplatz für das dritte Plenum war das Hotel Capital West, ein im sowjetischen Stil 1964 erbauter Veranstaltungsort, ausgestattet mit einem eigenen Sicherheitsdienst, der von Elitesoldaten übernommen wurde. Es war ein Lieblingsplatz führender Militäroffiziere, wenn sie Treffen hinter verschlossenen Türen veranstalteten, um wichtige Abkommen zu vereinbaren.

Noch bevor die Tagung offiziell eröffnet wurde, tauchten erste handschriftliche Plakate an einer langen Ziegelmauer in der Nähe eines alten Busbahnhofs in Xidan auf, einer Kreuzung am Chang'an Boulevard westlich des Tiananmen-Platzes. Sie lockte eine große Schar Betrachter an, dick eingemummelt gegen die Kälte: Einfachen Leuten, die trübsinnig die Debatten zwischen den beiden Lagern in den Zeitungen verfolgt hatten, sagte Hu Yaobangs Plädoyer für Wahrheit anhand der Praxis zu. Die Mauer, die schon bald »Mauer der Demokratie« getauft wurde, wurde zum Brennpunkt für die Unzufriedenheit im Volk mit dem Status quo. Einige Demonstranten hängten ausführliche Schilderungen ihres persönlichen Leids auf. Andere forderten die volle Rehabilitierung hoher Funktionäre wie Peng Dehuai, der abgesetzt worden war, weil er sich während des »Großen Sprungs« Mao widersetzt hatte. Viele betrachteten Deng Xiaoping als den Benachteiligten und verlangten die Wiedereinsetzung in seine früheren Funktionen. Es wurden Kundgebungen organisiert, auf denen manche Redner sogar zum Studium der Gewaltenteilung in den Vereinigten Staaten aufriefen. Ren Wanding, ein Bauingenieur, der während der Kulturrevolution verfolgt worden war, gründete eine Menschenrechtsorganisation und veröffentlichte ein Manifest, in dem er grundlegende Bürgerrechte für alle Mitbürger forderte. Viele sprachen vom allgemeinen Wahlrecht, und ein Elektriker aus dem Zoo in Peking namens Wei Jingsheng verlangte eine »Fünfte Modernisierung«, nämlich die Demokratie, als Ergänzung zu den »Vier Modernisierungen« der Partei. Ein kanadischer Journalist meinte dazu: »Sie haben dem ganzen Unsinn, die Chinesen wüssten nicht, was Redefreiheit heißt, ein Ende gesetzt. Sie wissen es, und sie wollen es.«[49]

Gegen Ende November gab Deng Xiaoping Robert Novak, einem führenden amerikanischen Journalisten, ein Interview. In einem Saal der Großen Halle des Volkes rauchte der selbstzufriedene Vize-Regierungschef eine Panda-Zigarette nach der anderen und spuckte gelegentlich in einen Spucknapf neben seinem Stuhl. Auf die Wandzeitungen in Xidan angesprochen, nickte er billigend. Novak gab die Worte des Parteiführers an die Menge weiter: »Die Mauer der Demokratie ist eine gute Sache.« Die Demonstranten begannen einen Aufruhr, als rund zehntausend Menschen auf den Tiananmen-Platz zogen und bis weit in die Nacht demonstrierten.[50]

Der Streit um die »Zwei Alles«-Doktrin hatte den allgemeinen Protest entfacht, und die Proteste wiederum ermunterten einige der über zweihundert Delegierten, offen ihre Meinung zu sagen. Die versammelten Parteimitglieder sollten auf einem vorbereitenden Arbeitstreffen im Vorfeld des offizielleren Plenums über die Wirtschaftspolitik diskutieren, einige wichen jedoch von ihrer Maßgabe ab und fingen an, für die politische Rehabilitierung von Funktionären zu plädieren, die Mao abgesetzt hatte. Die Sitzung geriet außer Kontrolle, wobei viele Teilnehmer eine regelrechte Schimpftirade von sich gaben. Chen Yun, ein langjähriger Wirtschaftsexperte, der bei der Wirtschaftsplanung eine führende Rolle spielte, legte ganze Listen von Personen vor, deren Namen reingewaschen werden sollten. Mitten in der Sitzung hob das städtische Parteikomitee von Peking das Urteil zu den Ereignissen auf dem Tiananmen-Platz vom 5. April 1976 auf und gab bekannt, dass alle, die strafrechtlich verfolgt worden seien, rehabilitiert würden.

Hua Guofeng sah sich in die Defensive gedrängt. Am 25. November hisste er eilends eine weiße Fahne, indem er das Prinzip der Praxis als alleiniges Kriterium für die Wahrheit übernahm und sich auch in etlichen anderen Fragen selbst korrigierte. Am 13. Dezember bat er demütig seine Genossen, ihn nicht länger als »Vorsitzenden« anzureden. Marschall Ye Jianying sprang ihm zur Seite und pries seine Aufrichtigkeit. Es gelang Hua, die offiziellen Titel als Regierungschef und Vorsitzender zu behalten, aber Deng übernahm die Kontrolle über die Partei. Er hatte die »Mauer der Demokratie« erfolgreich genutzt, um seinen Rivalen in die Schranken zu weisen und seine eigene Stellung auszubauen.[51]

★

Am 1. Oktober 1970, als anlässlich des Staatsfeiertags in jeder Stadt Prozessionen abgehalten wurden, war der Vorsitzende Mao über dem Tor des Himmlischen Friedens auf der Tribüne erschienen, um die jährliche Parade abzunehmen. Zum allerersten Mal stand ein Amerikaner neben ihm. Edgar Snow, ein altgedienter Journalist, der vor Jahrzehnten Mao Zedong in Yan'an interviewt hatte, wurde als Signal dafür benutzt, dass in den Beziehungen zum imperialistischen Lager gravierende Veränderungen bevorstanden. Ein Hoffnungsschimmer regte sich sofort unter dem einfachen Volk, auch wenn es eine Weile dauerte, bis die Amerikaner den Fingerzeig aufgriffen. Im Februar 1972 reiste Nixon nach China.

Deng Xiaoping hielt sich bei seinem Interview mit Robert Novak nicht ganz so zurück und signalisierte mit Hilfe des Journalisten eine Bereitschaft zu einer Normalisierung. Mehrfach betonte er, dass Washington und Peking gegen Moskau zusammenarbeiten müssten. Da jeder von Peking ins Ausland geschickte Korrespondent ein akkreditiertes Parteimitglied war, das für den Staat arbeitete, waren sowohl Mao als auch Deng überzeugt, dass deren amerikanische Kollegen ebenfalls verdeckte Geheimagenten wären, die ihren Vorgesetzten in Washington Bericht erstatteten.

Nach seiner Rückkehr an die Macht im Jahr 1974 und 1977 erneut war Deng für die auswärtigen Beziehungen zuständig. Bereits Jahre zuvor, nach dem chinesisch-sowjetischen Bruch 1960, hatte Deng zu den lautstärksten Kritikern der Sowjetunion gezählt. Leonid Breschnew, der 1964 die Macht übernahm, war von Dengs Heftigkeit so verblüfft, dass er ihn einen »antisowjetischen Zwerg« nannte.[52] Wie viele seiner Kollegen betrachtete Deng die Sowjetunion und Vietnam, nicht die Vereinigten Staaten als die Hauptgefahr für sein Land. Nachdem die Vereinigten Staaten den Friedensvertrag mit Vietnam unterzeichnet hatten und 1973 mit dem Abzug ihrer Truppen begannen, zog Deng daraus den Schluss, dass Moskau Washington als dominierende Weltmacht ablösen werde. Diese Verschiebung erforderte ein Bündnis mit Japan und den Vereinigten Staaten.

Zuerst fuhr Deng nach Japan. Im Jahr 1955 hatten die Vereinigten Staaten dem Inselstaat beim Beitritt zum »General Agreement on Tariffs and Trade«, kurz GATT, geholfen, gegen massive Einwände seitens anderer Mitgliedstaaten, nicht zuletzt Frankreichs sowie der meisten Commonwealth-Mitglieder. Diese Länder verwehrten Tokio die Meistbegünstigungsklausel, die Japan sämtliche Konzessionen, Privilegien und Straffreiheiten eingeräumt hätte, die sich die Mitgliedstaaten gegenseitig gewährten. Aber niedrige Zölle in den Vereinigten Staaten hatten zur Folge, dass die Exporte aus Japan in die Höhe schnellten, als riesige Mengen an Textilien, Stahl, Automobilen, Chemikalien und Elektronikartikeln über den Pazifik transportiert wurden. Mit Hilfe des Handelsüberschusses wurde ausländische Technologie importiert und kopiert, die Schwerindustrie aufgebaut und es wurden eigene Marken gefördert, die es mit den besten internationalen Konkurrenten aufnehmen konnten. Bei einer Wachstumsrate von zehn Prozent Jahr für Jahr in Japan sprach man schon bald von einem Wirtschaftswunder. Doch im Jahr 1971, mitten in einem kostspieligen Krieg in Vietnam, hob Nixon die Bindung des Dollars an Gold auf und führte auf Importe eine Zusatzgebühr von zehn Prozent ein. Die Ölkrise zwei Jahre danach setzte dem raschen Wachstum in Japan ein Ende.

Deng fuhr in einem Hochgeschwindigkeitszug und besuchte Fabriken, die weltweit beliebte Elektronikwaren, Fernseher und Automobile produzierten. Er trat bescheiden auf und gab an, dass sein rückständiges Land unbedingt von Japan lernen wolle. Seinen Gastgebern schmeichelte er und wischte die Erinnerung an den Zweiten Weltkrieg beiseite, nachdem diese sich für das Leid entschuldigt hatten, das ihre Nation China zugefügt hatte. Deng pries das gemeinsame Vermächtnis zwischen ihren Ländern und reichte ihnen die Hand zur Freundschaft. Ein Geldstrom wurde freigesetzt, als Japan zum großzügigsten Geldgeber Chinas wurde und Milliarden Dollar an Hilfsmitteln zur Verfügung stellte, um beim Aufbau der Infrastruktur im ganzen Land zu helfen. Da Japan von der Meistbegünstigungsklausel profitierte, gewährte es seinerseits China ebenfalls diesen Status, samt Vorzugszöllen.[53]

Am wichtigsten war für China jedoch die Beziehung zu den Vereinigten Staaten. Schon vor seiner Reise im Januar 1979 hatte Deng mehrere Delegationen aus Washington empfangen. Diese Besucher wurden so behandelt, als wäre der Zutritt zum Allerheiligsten der Macht ein großes Privileg, das nur wenigen Auserwählten vorbehalten ist. Wie der ungarische Jesuit László Ladány 1974 ausführte, schöpften die kommunistischen Führer die Aura des Mysteriösen, die ihr geschlossenes Land umhüllte, voll aus: »Viele andere Länder, Japan oder Indien, um nur zwei asiatische Länder zu nennen, sind ebenso wichtig. Doch dem heutigen Japan oder dem heutigen Indien haften keine Mythen an. Das Betreten von China ist ein Ereignis; eine Unterredung mit einem hohen Funktionär ein Privileg. Diese Projektion eines Bildes von einzigartiger Größe war außerordentlich erfolgreich.« Richard Walker, ein Mitglied einer Washingtoner Delegation, erzählte, wie man sie tagelang in ihrem Hotel warten ließ, bis die Vorladung endlich kam, und wie sie in einem Zustand, der an Ehrfurcht grenzte, zu einer persönlichen Audienz bei Vize-Regierungschef Deng Xiaoping eskortiert wurden. »Geheimniskrämerei, unerklärte Entscheidungen, eine Aura des kultivierten Mysteriums, strenge Überwachung des ausländischen Gasts, die Betonung von Höflichkeit und Zeremonie, unglaubliche Gastfreundschaft, Aufmerksamkeit für komfortable Kleinigkeiten, und, vor allem, köstliche Speisen: das sind die Kennzeichen der chinesischen Herangehensweise an ausländische Gäste, und an auswärtige Beziehungen, wie sie in China gepflegt werden.«[54]

In Peking wurden Besucher unablässig vor der Gefahr für den Weltfrieden gewarnt, die von der Sowjetunion ausgehe. Routinemäßig wurden die Sowjets mit den Nazis verglichen, und jede Form von Beziehung zu Moskau wurde als riskante Appeasement-Politik vergleichbar mit dem Münchner Abkommen interpretiert. Das »Polarbär« genannte Russland war ein böses Reich, das angeblich die Weltherrschaft anstrebte. »Sie sind imperialistischer als die schlimmsten Imperialisten«, rief Hao Deqing, der Vorsitzende des Instituts für auswärtige Beziehungen des chinesischen Volkes, im November 1977 aus.[55] Das kam gut an bei den Kämpfern des Kalten Krieges in den Vereinigten Staaten, wo die schärfsten Kritiker der Sowjetunion eben jene waren, die zu den glühendsten Anhängern der Volksrepublik wurden.

Zu ihnen zählte Zbigniew Brzezinski, der aus Polen stammende Nationale Sicherheitsberater des Weißen Hauses, der für seine radikal antisowjetischen Ansichten bekannt war. Im Mai 1978 verbrachte Brzezinski drei Tage in China, wo seine Gastgeber ihm mit dem Kosenamen »Bändiger des Polarbärs« schmeichelten. Auf dem Abschiedsbankett äußerte er die Meinung: »Unsere gemeinsamen Ansichten überwiegen unsere Meinungsunterschiede.« Wie einige ausländische Diplomaten beobachteten, war er der einheimischen Gewohnheit zum Opfer gefallen, Besucher mit

Gastfreundschaft zu überschütten, um sie zu übertriebenen Stellungnahmen zu bewegen. Brzezinski sollte zu einem zentralen Befürworter der Militär- und Finanzhilfe für China werden, indem er die Linie aufgab, das Gleichgewicht zwischen Moskau und Peking zu wahren.[56]

Ein weiterer Vertreter war Senator Henry Jackson, ein strammer Antikommunist und führender Verfechter der Menschenrechte. Aufgrund seiner äußerst kritischen Einstellung gegenüber Handelsabkommen mit einer feindlichen Supermacht wie der Sowjetunion hatte er sich 1974 für das »Jackson-Vanik-Amendment« ausgesprochen, eine Ergänzung der Handelsgesetze, die enge Grenzen für wirtschaftliche Beziehungen zu Ländern setzte, die keine Marktwirtschaft hatten und die Auswanderungsfreiheit und andere Grundrechte einschränkten. In China fürstlich bewirtet und entsprechend beeindruckt, als ihm endlich eine Audienz mit Deng Xiaoping gewährt wurde, ließ auch er sich bekehren und wurde zu einem lautstarken Fürsprecher normalisierter Beziehungen zu China. Brzezinski und Jackson hatten eine gemeinsame Vision, die auf dem anderen großen, geopolitischen Missverständnis des 20. Jahrhunderts beruhte, nämlich dass die Volksrepublik China, sobald sie sich wirtschaftlich entwickelt habe, zu einer demokratischen Staatsform aufblühen werde.

Deng fand während seines Besuchs in den Vereinigten Staaten viele weitere Freunde. Er begeisterte die Öffentlichkeit, als er auf einem Rodeo in Texas einen Cowboyhut aufsetzte. In einer Pferdekutsche drehte er der Menge zuwinkend in der Arena einige Runden und bezauberte bei seinem Aufenthalt gleichermaßen Geschäftsleute wie Politiker. Deng Xiaoping hatte gewarnt, dass er auf keine Fragen zu Menschenrechten antworten werde, versprach jedoch munter, eine »uneingeschränkte« Demokratie herbeizuführen. Bei einer Begegnung mit Jimmy Carter verwies er ausdrücklich auf die »Mauer der Demokratie« als Beweis dafür, dass das chinesische Volk ungehindert eine Vielfalt von Anschauungen äußern dürfe.[57] Später im eigenen Land ließ er kein gutes Haar an den Menschenrechten und äußerte sich spöttisch über die Pseudo-Demokratie der Vereinigten Staaten. In Washington bewahrte er jedoch die Fassung.

Das Spiel machte sich bezahlt. Deng erhielt, im Gegensatz zu Breschnew, für sein Land die Meistbegünstigungsklausel, die ein Jahr später am 1. Februar 1980 in Kraft trat.[58] Das hieß, dass China sämtliche Zollsenkungen gewährt wurden, die die Vereinigten Staaten einem anderen Land boten. Stets der vollendete Schauspieler umarmte Deng Xiaoping in Seattle sogar Senator Henry Jackson.[59] Ein Jahr später, nach der sowjetischen Invasion in Afghanistan, wurde die strategische und militärische Zusammenarbeit vertieft.

*

In Washington hatte Deng Xiaoping gegenüber Jimmy Carter geprahlt, dass sein Land Vietnam eine Lektion erteilen werde. Erst wenige Monate zuvor, am 3. November 1978, hatten die Sowjetunion und Vietnam einen gegenseitigen Beistandspakt unterzeichnet, der von China mit Argwohn betrachtet wurde. Zurück in Peking verlor Deng keine Zeit. Am 15. Februar 1979 – dem Tag, an dem der 1950 unterzeichnete chinesisch-sowjetische Vertrag der Freundschaft, des Bündnisses und gegenseitigen Beistands ablief – kündigte er an, dass China gegen Vietnam zurückschlagen werde, weil es die Roten Khmer in Kambodscha angegriffen habe. Die Roten Khmer, die 1975 mit chinesischer Unterstützung an die Macht gekommen waren, hatten ein Viertel der Landesbevölkerung hingerichtet, zu Tode gefoltert, ausgehungert oder auf andere Weise eliminiert. Die Gräueltaten nahmen erst ein Ende, nachdem Vietnam am 25. Dezember 1978 in das Nachbarland einmarschiert war und Pol Pots Regime gestürzt hatte.

Am 17. Februar 1979 überschritten rund zweihunderttausend Soldaten die Grenze zu Vietnam. Deng hatte einen Straf-Feldzug versprochen, keine Invasion. Die Vietnamesen mieden eine direkte Schlacht und ließen den Feind gut zwanzig Kilometer bis zur Stadt Lang Son vorrücken, wo es zu einem blutigen Häuserkampf kam. Die Volksbefreiungsarmee raubte und plünderte, als sie sich nach China zurückzog. Peking sprach von einem Sieg, doch den meisten Beobachtern war klar, dass die ganze Operation ein Fiasko gewesen war, aufgrund einer schlechten Befehlsstruktur und einer unrühmlichen Kommunikation. Ein chinesischer General bezeichnete die Vietnam-Offensive im privaten Kreis als Scherbenhaufen.[60]

Der mäßige Auftritt der Armee löste weitere Unruhen aus. Schon vor dem chinesisch-vietnamesischen Krieg hatten sich beispiellose Szenen an der »Mauer der Demokratie« abgespielt, als in zwei Fällen mehrere hundert Dorfbewohner in der Hauptstadt demonstrierten. Am 8. Januar, dem Jahrestag von Zhou Enlais Tod, hatten sie Transparente getragen mit den Parolen: »Nieder mit dem Hunger. Nieder mit der Unterdrückung. Wir wollen Demokratie«. Mit ihren von der Not gezeichneten Gesichtern, teils nur in Lumpen gekleidet, einige sogar auf Krücken humpelnd, glichen sie in keiner Weise den Studierenden, die bislang demonstriert hatten. Wenige Tage später brachten sie ihr Elend vor die bemalten Tore Zhongnanhais und verlangten das Recht auf Arbeit. Scharen von Studenten marschierten ebenfalls um den Platz und forderten die Achtung der Menschenrechte. Das Ganze zog landesweit Kreise. In Changsha und Guangzhou wurden Plakate für Demokratie aufgehängt. In Schanghai organisierten über fünftausend Jugendliche, die im Zuge der Kulturrevolution zwangsweise aufs Land geschickt worden waren, eine Demonstration, nachdem sie illegal nach Hause zurückgekehrt waren und nunmehr ein Bleiberecht forderten.[61]

Als das Fiasko in Vietnam seinen Lauf nahm, fingen einige Demonstranten an, Deng Xiaoping zur Rede zu stellen. Wei Jingsheng, der junge Mann, der eine »Fünfte Modernisierung« angeregt hatte, verfasste einen Aufsatz mit dem Titel »Demokratie oder die neue Autokratie?«. Den Vize-Regierungschef bezeichnete er dort als neuen Despoten.[62]

An Mao Kritik zu üben, war eine Sache, an Deng eine ganz andere. Am Abend des 16. März hatte der Vize-Regierungschef den Vorsitz über ein Konzert im Hauptstadtstadion, wo das Boston Symphony Orchestra das Lied von John Philip Sousa »The Stars and Stripes Forever« sowie andere klassische Stücke vor achtzehntausend begeisterten Zuhörern spielte. Es war die kulturelle Krönung der Normalisierung der Beziehungen zu den Vereinigten Staaten, mit Begeisterungsrufen, Applaus und mehrfachen Verbeugungen für den Dirigenten Seiji Ozawa. Doch nur wenige Stunden zuvor hatte Deng in der Großen Halle des Volkes die siegreiche Rückkehr der Soldaten aus Vietnam vor mehreren tausend Kadern gefeiert. Er nutzte die Gelegenheit auch, um die »Mauer der Demokratie« auf schärfste zu verurteilen und die Demonstranten als »üble Elemente« zu brandmarken.[63]

Zwei Tage später verurteilte der Propaganda-Apparat lautstark die

»Menschenrechte« als ein »kapitalistisches Konzept«, das lediglich dazu diene, »Konterrevolutionäre« zu schützen. In Städten, wo Demonstrationen stattgefunden hatten, wurden Informationsblätter aufgehängt, die jede Kritik am Sozialismus, an der Diktatur des Proletariats, an der Führung der Partei, am Marxismus-Leninismus und am Mao-Zedong-Gedanken untersagte. Am 29. März traten in Peking massive Einschränkungen in Kraft.[64]

Am 30. März gab Deng Xiaoping offiziell die grundlegenden ideologischen Voraussetzungen für die »Vier Modernisierungen« bekannt, nämlich die »Vier Grundprinzipien«. »Solange Imperialismus und Hegemonie existieren«, erklärte er, »ist es unvorstellbar, dass die diktatorische Funktion des Staates nachlässt, dass das stehende Heer, die öffentlichen Sicherheitsorgane, Gerichte und Gefängnisse verschwinden. Ihre Existenz steht nicht im Widerspruch zur Demokratisierung des sozialistischen Staats, denn ihre korrekte und effektive Arbeit gewährleistet eine solche Demokratisierung, statt sie zu behindern. Tatsache ist, dass der Sozialismus ohne die Diktatur des Proletariats nicht verteidigt oder aufgebaut werden kann.« Die »Vier Grundprinzipien« lauteten folgendermaßen:

1. *Wir müssen auf dem sozialistischen Weg bleiben.*
2. *Wir müssen an der Diktatur des Proletariats festhalten.*
3. *Wir müssen an der Führung der Kommunistischen Partei festhalten.*
4. *Wir müssen am Marxismus-Leninismus und an den Mao-Zedong-Ideen festhalten.*[65]

Wenige Wochen später scharten sich auf einem zentralen Arbeitstreffen zu Propaganda und Ideologie hochrangige Parteimitglieder um Deng, um die »Vier Prinzipien« zu verteidigen. Hu Yaobang äußerte als Minister der Propaganda-Abteilung die Meinung, dass nichts jemals den Marxismus-Leninismus und die Mao-Zedong-Ideen erschüttern könne. Peng Zhen, der ehemalige Bürgermeister von Peking, der zu den ersten Opfern der Kulturrevolution gezählt hatte, erklärte, warum Mao-Zedong-Ideen so wichtig seien: »Nachdem Chruschtschow in der Sowjetunion Stalin tödlich getroffen hatte, hielten sie immer noch das Banner Lenins hoch, ob sie nun aufrichtig daran glaubten oder nicht. Wenn wir in China die

Mao-Zedong-Ideen aufgeben, an welches Banner sollen wir uns dann noch halten? Wir müssen das Banner der Mao-Zedong-Ideen hochhalten. Andernfalls wird das ein Chaos in der Ideologie unserer Partei, unserer Armee und der unzähligen Nationalitäten unseres Landes sowie im ganzen revolutionären Lager verursachen. Es wird unsere Freunde betrüben und unsere Feinde erfreuen.«[66]

Zum sechzigsten Jahrestag der »Bewegung des Vierten Mai« erwies sich die Parteiführung als intakt, vereint im Festhalten am Banner des Marxismus, Leninismus und der Mao-Zedong-Ideen. Das Mausoleum des Vorsitzenden, das unter dem Vorwand nötiger Reparaturen seit Beginn der »Mauer der Demokratie« geschlossen war, wurde wieder geöffnet.[67]

In den folgenden Monaten wurde eine wahre Flut an Propaganda zu den »Vier Grundprinzipien« entfesselt. Dutzende von Aktivisten wurden in der Hauptstadt verhaftet, einige lediglich wegen enger Verbindung zu einem Ausländer. Wei Jingsheng, der ausländische Reporter willkommen geheißen hatte, wurde angeklagt, militärische Geheimnisse an ausländische Mächte weiterzugeben, obwohl die betreffenden Informationen öffentlich zugänglich waren. Auch wenn in der Anklageschrift davon keine Rede war, hatte die Behörden vor allem die Tatsache verärgert, dass er sich mit einem Regierungsvertreter aus den Vereinigten Staaten getroffen und angeregt hatte, die Meistbegünstigungsklausel an die Einhaltung der Menschenrechte zu knüpfen. Im Oktober stand er mit rasiertem Haupt vor Gericht und verteidigte sich selbst, indem er darauf hinwies, dass die Verfassung freie Meinungsäußerung garantiere. Seine Eloquenz brachte ihm fünfzehn Jahre Gefängnis ein. Journalisten, die den ganzen Tag im Regen draußen gewartet hatten, hielten den Atem an, als sie das Urteil vernahmen.[68]

In den frühen Morgenstunden eines kalten Wintertages noch im selben Jahr schrubbte eine kleine Armee von Reinigungskräften mit Reisigbesen die letzten Überreste der Redefreiheit von der Mauer in Xidan. Ein Jahr später wurde die Führung auf einem geheimen Treffen zur öffentlichen Sicherheit vor »einem Angriff durch die Ideologie der bürgerlichen Liberalisierung sowie vor Infiltration durch ausländische Spione und konterrevolutionäre Kräfte« gewarnt.[69] Peng Zhen machte Anstalten, die vier in der Verfassung verankerten Grundfreiheiten abzuschaffen, nämlich die Rechte der Bürger auf »freie Meinungsäußerung, freie

Aussprache, große Debatten und das Anschlagen von Wandzeitungen«. Das Streikrecht wurde 1982 aus der Verfassung gestrichen. Wie ein desillusionierter Beobachter feststellte: »Die alte Garde kehrte zu der alten Methode, das Land zu lenken, zurück.«[70]

Jimmy Carter, der in seiner Antrittsrede im Januar 1977 angekündigt hatte, dass Menschenreche in der Außenpolitik eine zentrale Rolle spielen würden, knüpfte zu unzähligen sowjetischen Dissidenten, von Andrej Sacharow bis zu Natan Scharanski, persönliche Beziehungen. Doch er schwieg, als es um die Rechte ihrer chinesischen Leidensgenossen ging. Im Jahr 1987 fragte ein Reporter bei einem Besuch in China Carter nach Wei Jingsheng. »Ich kenne den Fall, den Sie beschrieben haben, nicht persönlich«, antwortete er.[71]

*

Im November 1980 kamen vier weithin geschmähte Persönlichkeiten vor Gericht. Im Gegensatz zu Wei Jingshengs Verfahren hinter verschlossenen Türen standen Madame Mao und ihre Gehilfen nicht nur ihren Richtern gegenüber, sondern auch 880 »Vertretern der Massen«, darunter Angehörige der Opfer der Kulturrevolution ebenso wie 300 Journalisten. Es war ein Schauprozess, der das ganze Land in den Bann schlug, mit endlosen Medienanalysen jeder neuen Wendung in den Zeitungen, im Rundfunk und im Fernsehen.

Sogar vier Jahre nach Maos Tod war Peking immer noch eine trostlose Stadt, bedeckt von dem Staub, den die Winde aus den nördlichen Ebenen brachten. Die Hauptstadt war übersät mit tristen und heruntergekommenen Wohnsiedlungen, überwiegend schlecht instand gehalten und selten gestrichen. Da diese Siedlungen jedoch Parteimitgliedern und Vorzeigearbeitern vorbehalten waren, lebten die einfachen Leute in baufälligen Ziegelhäusern um einen gemeinsamen Hof mit einem Wasserhahn für alle und einer gemeinschaftlichen Außentoilette. Weitläufige Fabrikkomplexe sorgten dafür, dass die Stadt zu den am meisten verschmutzten der Erde zählte, mit Staub- und Partikelkonzentrationen, die vier Mal so hoch wie internationale Standards lagen.[72] Ein Journalist nannte die Stadt »teuflisch hässlich«. Er räumte allerdings ein, dass die Pracht der Kaiserzeit zwar vergangen sei, absichtlich niedergerissen von einem die Vergangenheit verachtenden Regime, dass es jedoch sehr schöne Orte gebe, sei es die Verbotene Stadt oder der alte Winterpalast, mit den Seen, Booten und Dächern im Pagodenstil.[73]

Als das Kulturministerium auf dem Land eine Untersuchung durchführte, entdeckte es, dass die Dorfbewohner nichts anderes tun als arbeiten, essen und schlafen. »Ihr Leben ist extrem fade.«[74] Doch selbst in der Hauptstadt gab es kaum Vergnügungen. Die Beschränkungen für die Aufführung traditioneller Opern und beliebter Volkslieder, die Madame Mao auf dem Höhepunkt der Kulturrevolution verboten hatte, wurden nach 1976 schrittweise aufgehoben. Das Lektüreangebot wurde breiter. Shakespeare war rehabilitiert worden, die Leser bevorzugten jedoch *Vom Winde verweht* und Agatha Christie. Dennoch waren die meisten Bücher in Buchhandlungen zur moralischen Erbauung oder Unterweisung gedacht, nicht zur Unterhaltung. Tanzen war immer noch riskant, und für die meisten Menschen war Erholung gleichbedeutend mit einem gelegentlichen Kinobesuch oder einem Spaziergang im Park. Junge Leute hörten sich Raubkopien aus Hongkong und Taiwan an. Der beliebteste Star war Teresa Teng, Taiwans Königin des Pop, die von ihren Fans »Little Deng« genannt wurde, weil sie den gleichen Familiennamen wie ihr Führer hatte.[75]

Es gab zwei Fernsehsender, einen nationalen und einen lokalen, mit geringfügigen Unterschieden im Programm, wobei vormittags ein paar Stunden, nachmittags ein paar Stunden und abends bis zu vier Stunden gesendet wurde. Die Nachrichten bestanden größtenteils aus stummen Ausschnitten von Würdenträgern zu Besuch, die am Flughafen begrüßt wurden oder in dicken Polstersesseln saßen und respektvoll den Führern des Landes zuhörten. Gelegentlich wurde auch ein ausländischer Film gezeigt.[76]

Fernsehapparate waren selten, gehörten in der Regel Fabriken und Einrichtungen, statt Einzelpersonen. Der Grund war einfach: Der durchschnittliche Fabrikarbeiter hätte seine gesamten Einkünfte aus fünf bis acht Monaten hinblättern müssen, um ein chinesisches Standardgerät zu kaufen, während die meisten Arbeiter in entwickelten Ländern schon vom Lohn für eine Woche zwei billige Fernseher kaufen konnten.[77]

Nunmehr wurde zum ersten Mal landesweit ein echtes Schauspiel ausgestrahlt. Menschen aus allen Bevölkerungsschichten waren fasziniert.

Jeden Abend scharten sich Menschenmengen vor den Fernsehapparaten in Fabriken, Schulgebäuden und auf Basketballplätzen und betrachteten den »Haufen faschistischer Hunde«, welche das Regime sie zu hassen gelehrt hatte. Kinder riefen dem Bildschirm immer wieder Schimpfwörter zu, Erwachsene zündeten zur Feier des Abtritts der Viererbande sogar Feuerwerkskörper. Am Morgen untersuchten die Zeitungen die Auftritte beider Seiten, wobei sie der Anklageseite gratulierten und für die Verteidigung nur harte Worte hatten.[78]

Es war ein sorgfältig einstudierter Medienzirkus, in dem beide Parteien von vorbereiteten Skripten ablasen. Doch ein gelegentlicher Verstoß gegen das Protokoll oder ein Wutanfall lösten reine Freude aus, auch wenn ein Begleitkommentar dann meistens die Show unterbrach oder mit anderen Worten wiedergab. Das geschah vor allem immer dann, wenn Madame Mao, die keinerlei Reue zeigte, ihre Ankläger mit Schimpfwörtern überschüttete. Der Prozess dauerte über einen Monat. Am 25. Januar wurde das Urteil verkündet: Drei Angeklagte wurden zu lebenslanger Haft verurteilt, der vierte zu zwanzig Jahren.

Panem et circenses, Brot und Spiele, lautet ein alter Grundsatz, der von modernen Diktatoren sehr gut verstanden wurde, doch der massive, allgemeine Hass auf Jiang Qing und ihre drei ultraradikalen Komplizen schien durchaus real. Wie der Reiseschriftsteller Paul Theroux anmerkte, gelang es dem Land vermutlich, mit der Schuld für die Geschehnisse während der Kulturrevolution fertig zu werden, indem es alle Gräuel der Viererbande in die Schuhe schob.[79]

Der Prozess entlastete den größten Teil der Führung, denn so gut wie jeder hohe Parteifunktionär hatte zu irgendeinem Zeitpunkt an einer Denunziationssitzung teilgenommen. Aber vor allem gestattete er es der Partei, Mao Zedong freizusprechen und weiterhin das Banner der Mao-Zedong-Ideen hochzuhalten. Auf Nikita Chruschtschows Geheimrede war eine Entstalinisierung gefolgt, doch in China würde es keine »Entmaoisierung« geben.

Dennoch war eine offizielle Resolution über Maos Rolle in der Geschichte unerlässlich. Rechnungen mussten beglichen, unter die Kulturrevolution ein Schlussstrich gezogen werden. Dieses Ziel setzte sich die 6. Plenartagung, die im Juni 1981 zusammentrat, rechtzeitig zur Feier des 60. Jahrestags der Parteigründung am 23. Juli 1921. Das komplexe Verfahren zur Ausarbeitung eines umfassenden Dokuments über die Parteigeschichte hatte über ein Jahr früher, im Oktober 1979, begonnen. Da eine historische Resolution für alle Parteimitglieder enorme Konsequenzen hatte, ließ sie der Führung keine Ruhe. Die Ideologie, nicht die Wirtschaft, war ihr Hauptanliegen, nicht zuletzt seitens Deng Xiaoping, der von Anfang an bei dem Vorgehen die Führung übernommen hatte. Es wurden Teams zusammengestellt, Quellen geprüft und Entwürfe ausgearbeitet, in Umlauf gebracht, diskutiert, überarbeitet und mehrere Mal nachgebessert. Es gab über tausend Unterweisungen, an denen fast sechstausend Menschen von Staatsministern bis zu kommunalen Parteisekretären beteiligt waren. An der Spitze der Pyramide wurden Absprachen getroffen und Kompromisse erzielt, weil die Resolution einer breiten Palette von Interessengruppen gerecht werden musste, die für ein ständig wechselndes Kräftegleichgewicht standen.

Zu den bedeutendsten Urhebern zählte Hu Qiaomu, ein führender Theoretiker, der vor Jahrzehnten, im Jahr 1941, Mao Zedongs Privatsekretär geworden war. Hu machte sich als begabter Neuschreiber der Geschichte einen Namen, indem er eine Resolution zur Parteigeschichte im Jahr 1945 ausarbeitete, als Mao ins Rampenlicht trat. Wie andere während der Kulturrevolution abgesetzt, wurde er 1975 rehabilitiert. Jetzt, wo die Vergangenheit erneut redigiert werden musste, rief Deng Xiaoping, sein neuer Boss, ihn auf den Plan. Sein erster Entwurf empörte Deng; er warf Hu vor, dieser konzentriere sich allzu sehr auf Maos Fehler während der Kulturrevolution. Also setzte sich Hu wieder an den Schreibtisch und legte eine geniale Erkenntnis vor, um den Anforderungen seines Herrn zu entsprechen: Mao Zedong war in den späteren Jahren selbst vom wissenschaftlichen System der Mao-Zedong-Ideen abgewichen.[80]

Die Endfassung erwähnte den »Großen Hunger Maos« so gut wie gar nicht und gab Lin Biao und der Viererbande die Schuld an der Kulturrevolution. Immer wieder griff Deng ein, um das Ansehen des Vorsitzenden zu retten. »Einige Genossen haben darauf hingewiesen, dass die Fehler, die im Großen Sprung nach vorn und während der Kulturrevolution begangen wurden, bei weitem größer als jene waren, die Stalin begangen hatte«, räumte er ein, »aber bei unserer Einschätzung des Genossen Mao Zedong und der Mao-Zedong-Ideen geht es nicht allein um die Person Mao Zedong; sie ist untrennbar mit der ganzen Geschichte unserer Partei verbunden.« »Mao schlecht machen heißt unsere Partei schlecht machen«, schloss er.[81] Das offizielle Urteil lautete: »Genosse Mao Zedong war ein großer Marxist und ein großer proletarischer Revolutionär, Stratege und Theoretiker.« Während der Kulturrevolution beging er zwar schwere Fehler, doch seine Errungenschaften waren die Hauptsache, seine Fehler sekundär. »Die Mao-Zedong-Ideen sind ein wertvoller geistiger Reichtum unserer Partei, sie werden auch langfristig der Leitfaden für unsere Tätigkeit bleiben.«[82]

Die Resolution sollte die Debatte über die eigene Vergangenheit der Partei beenden, nicht zur Diskussion aufmuntern. Nach deren Annahme auf der 6. Plenartagung im Juli 1981 wurde von jeder akademischen Forschung zu so wichtigen Themen wie dem »Großen Sprung nach vorn« und der Kulturrevolution massiv abgeraten, und jede Interpretation, die von der offiziellen Version abwich, wurde mit Argwohn betrachtet.

Aber mit dem Dokument wurden zugleich andere Ziele verfolgt. Deng Xiaoping setzte mit Hilfe der Resolution Hua Guofeng ab und wurde zum alle überragenden Obersten Führer. Im November 1980 übertrug er Hu Yaobang den Vorsitz bei einer Reihe unangenehmer Treffen mit Hua Guofeng, auf denen jeder Aspekt von dessen Handeln kritisch geprüft wurde. Es kam ans Licht, welche Rolle er bei den Ereignissen vom 5. April 1976 gespielt hatte, auch die Tatsache, dass er derjenige gewesen war, welcher der Miliz am Telefon den Befehl erteilt hatte, auf den Platz vorzurücken. Hua wurde zum Rücktritt gezwungen, und Hu Yaobang löste ihn als Vorsitzender des Zentralkomitees ab. Deng wurde Vorsitzender der einflussreichen Zentralen Militärkommission.[83]

In der Resolution der Partei wurde Hua Guofeng mit der Viererbande in einen Topf geworfen. Als Folge wurde die 3. Plenartagung im Dezember 1978 als »große historische Wende« gefeiert, an der die Partei unter der Führung Deng Xiaopings endlich den richtigen Weg einer »sozialistischen Modernisierung« einschlug.[84] Es war ein ausgezeichnetes Beispiel für die Propaganda, das sich in den kommenden Jahrzehnten noch wiederholen sollte.

2 Sparkurs 1979–1982

Chen Yun, nicht Deng Xiaoping, war derjenige, der nach der 3. Plenartagung vom Dezember 1978 am besten dastand. Paradoxerweise wurde Deng ausgerechnet im Moment seines Aufstiegs geschwächt. Chen fand mit seinem Plädoyer für die politische Rehabilitierung von Parteifunktionären, denen während der Kulturrevolution übel mitgespielt worden war, eine Mehrheit.

Im Gegensatz zu den meisten seiner Genossen kam Chen tatsächlich aus einem proletarischen Umfeld und hatte in Schanghai als Setzer beim Handelsbuchverlag gearbeitet, bevor er 1924 in die Kommunistische Partei eintrat. Er hielt sich anschließend zwei Jahre lang in der Sowjetunion auf und spezialisierte sich auf Sowjetische Wirtschaft. Der mürrische, farblose Mann, der von Zahlen geradezu besessen war, hatte den ersten Wirtschaftsplan des Landes mit detaillierten Produktionsquoten für jede Fabrik ausgearbeitet. Er war außerdem der Architekt des im November 1953 eingeführten Staatsmonopols auf Getreide, das die Dorfbewohner zwang, den größten Teil ihres Getreides zu festgelegten Preisen an den Staat zu verkaufen. Da es den Dorfbewohnern nicht gestattet war, mehr als grob geschätzt dreizehn bis sechzehn Kilogramm ungeschältes Getreide im Monat für den eigenen Verbrauch zu behalten, wurden sie im Grunde auf eine Hungerdiät gesetzt.[1]

Chen Yun bemühte sich jedoch, die noch radikaleren Maßnahmen des Vorsitzenden zu mildern, die in dem »Großen Sprung nach vorn« im Jahr 1958 gipfelten. Drei Jahre später plädierte er, um das Land aus der grassierenden Hungersnot herauszuführen, für einen »Vogelkäfig«-Ansatz bei der Wirtschaft: Der Vogel war der Markt, der Käfig war der zentrale

Plan. Aber Chen war vor seinem Boss auf der Hut, der ihn als einen Mann bezeichnete, der »seinen bürgerlichen Charakter nicht ablegen [kann]. Er neigt ständig nach rechts.« Indem Chen sich nie in das Rampenlicht drängte, blieben ihm viele Qualen der Kulturrevolution erspart.[2]

Nachdem er fast zwanzig Jahre lang von der Seitenlinie aus zugesehen hatte, war Chen Yun nunmehr entschlossen, sich zu profilieren. Als Hauptarchitekt der Planwirtschaft betrachtete er Hua Guofengs und Deng Xiaopings rasante Kehrtwende in Richtung ausländischer Importe mit tiefem Argwohn. Wie seine Tochter später erklärte: »Sie müssen eines wissen: Mein Vater hasst Amerika.«[3]

Chen Yun war keineswegs allein mit seinen Zweifeln bezüglich der Geschwindigkeit, mit der sich sein Land dem kapitalistischen Lager öffnete. Andere Parteiführer schlossen sich ihm an. Nach Jahren im Unklaren konnten sie alle es kaum erwarten, eine wichtige Rolle zu spielen. Unter ihnen war Bo Yibo, ein weiterer einflussreicher Wirtschaftsexperte, der den »Großen Sprung« kritisiert hatte und dessen Hausarrest auf der 3. Plenartagung aufgehoben wurde. Hinzu kam Yang Shangkun, ein weltmännischer Veteran der Armee aus Sichuan, der ebenfalls kürzlich aus dem Gefängnis entlassen worden war. Noch prominenter war Li Xiannian, der seine Gesinnung geändert hatte und Deng im März 1977 zu Hilfe gekommen war. Diese Männer und einige andere, die in Kürze als die »Acht Ältesten« bekannt werden sollten, brachten sich wiederum in Stellung und übten hinter den Kulissen großen Einfluss aus. Sie zeichneten sich durch einen beunruhigend unabhängigen Verstand und die Bereitschaft aus, eben jenen Mann zu kritisieren, der ihre Rehabilitierung eingefädelt hatte. Deng musste sich mit jedem einzelnen von ihnen arrangieren.[4]

Die Aktien Dengs sanken im März 1979 noch tiefer, als die Demokratiebewegung drohte, außer Kontrolle zu geraten. Eine wachsende Zahl an Kadern auf allen Ebenen forderte – von den Demonstranten in Panik versetzt – ein hartes Durchgreifen. Deng, der vor wenigen Monaten noch die Kampagne gelobt hatte, musste notgedrungen eine vollständige Kehrtwende vollziehen. Das Abenteuer des Vize-Regierungschefs in Vietnam erregte ebenfalls Besorgnis, weil es die eklatante Schwäche des Militärs enthüllt hatte.

In diesem Moment beschloss Chen Yun, in Aktion zu treten. Im Haushalt klaffe ein Loch, führte er aus, weil das Land im Jahr 1978 eine Shoppingtour gemacht und Dutzende schlüsselfertiger Fabriken sowie eine Reihe fortschrittlicher Technologien im Ausland erworben habe. Die Staatseinnahmen betrügen 112 Milliarden Yuan, die geplanten Ausgaben hingegen 124 Milliarden Yuan.[5] In den ersten Monaten des Jahres 1979 hatten staatliche Betriebe Zehntausende ehrgeiziger Infrastrukturprojekte in Angriff genommen. Die Buchhalter mit Chen Yun an der Spitze gingen in die Offensive und schlugen Alarm. Sie wiesen darauf hin, dass für die Fertigstellung all dieser Projekte mehr als hundert Milliarden Yuan benötigt würden, das Sechs- bis Siebenfache des verfügbaren Budgets. Es fehle an Treibstoff, Strom und Rohmaterialien. Außerdem seien viele Projekte schlecht geplant, was hieß, dass man sie selbst nach der Fertigstellung nicht in Betrieb nehmen könne oder dass sie nicht mit voller Kapazität arbeiten würden.[6]

Um die Bilanzen auszugleichen, schlug Chen Yun eine Phase der Einsparungen vor, in der die Importe gekürzt, die Ausgaben begrenzt und die Zielvorgaben für die nächsten drei Jahre gesenkt würden. Deng Xiaoping, der von Wirtschaft wenig verstand, ließ sich leicht überreden und willigte ein.

Die »Neuausrichtung« *(tiaozheng)*, der offizielle Euphemismus für die neue Linie, kam wie eine kalte Dusche. Deng war ein alter Mann, der es eilig hatte, aber das galt auch für alle anderen. Die Volkswirtschaft lag in Trümmern, und die Bevölkerung wollte unbedingt verlorene Zeit aufholen. Jeder Parteisekretär hatte eine Vision des Überflusses vor Augen, ob er nun für eine Fabrik, einen Ort, eine Großstadt oder eine Provinz zuständig war. Auch sie hatten sich seit dem Tod des Vorsitzenden nicht lumpen lassen, doch im Gegensatz zur obersten Parteiführung hatten sie keine Lust, ihre eigenen lokalen Projekte auszusetzen, zu kürzen oder zu verschieben.

Eine Grundfertigkeit in jeder Planwirtschaft war die Fähigkeit, den großen Plan zu unterwandern. Das hatte eine ganz banale Ursache: Der Plan bot nicht genügend Anreize. Es herrschte eine verbreitete Apathie. Ohne ein gewisses Eingehen auf das Gewinnstreben hätte sich die Volkswirtschaft selbst zerstört. Kein kommunistisches Regime hätte es in irgendeinem Land geschafft, ohne unablässige Verstöße gegen die Parteilinie an der Macht zu bleiben. Laut dem Historiker Robert Service war in der Sowjetunion der Ungehorsam weniger der Sand im Getriebe, der den Apparat stoppte, sondern eher das Öl, das verhinderte, dass das ganze System zum völligen Stillstand kam.[7]

Diese Fertigkeiten waren auf dem Höhepunkt des »Großen Sprungs nach vorn« umso wichtiger, als den Farmen und Fabriken im ganzen Land immer höhere Zielvorgaben auferlegt worden waren. Um die Produktionsmenge zu steigern, wurde dem Getreide kurzerhand Kies zugesetzt, und dem Eisenerz Sand. Eine kreative Buchführung war lebenswichtig, weil Zahlen auf dem Papier die Illusion von Überfluss erzeugen konnten. Sie konnten auch die Veruntreuung von Geldern verschleiern. Ein Standardtrick bestand darin, Investitionen von der Produktion zum Anlagekapital zu verschieben, weil die Betriebe sich neue Gebäude, Tanzsäle und Aufzüge gönnten. Die endlose Kreditaufnahme von staatlichen Banken war ebenfalls ein üblicher Trick, desto mehr, weil keine Fabrik jemals bankrottgehen durfte. Ein Netz aus Vitamin B war unerlässlich, denn einflussreiche Beamte auf höheren Ebenen der Macht konnten dabei helfen, zusätzliche Mittel zu beschaffen, Steuerzahlungen zu umgehen oder Zugang zu knappen Ressourcen zu bekommen. Die Zahlung von Schmiergeldern war gang und gäbe. Paradoxerweise brachte ausgerechnet die Planwirtschaft mit ihrem Einsatz für das größere Wohl ein System hervor, in dem der Einzelne und sein persönliches Netzwerk den Ausschlag gaben. Bei Staatsbetrieben war es nicht ungewöhnlich, den Plan zu umgehen und direkt untereinander Handel zu treiben, wobei Holz gegen Kekse oder Schweine gegen Zement getauscht wurden.[8]

Nicht nur Fabrikdirektoren und Parteisekretäre legten eine unbegrenzte unternehmerische Raffinesse an den Tag, wenn es um das Finden von Möglichkeiten ging, den Staat zu hintergehen. Der »Große Sprung nach vorn« war so zerstörerisch, dass schon das Überleben der einfachen Bürger von ihrer Fähigkeit abhing, zu lügen, heucheln, verbergen, bestehlen, betrügen, hamstern, schmuggeln, tricksen, manipulieren oder den Staat auf andere Weise hinters Licht zu führen. Wie ein Überlebender des »Großen Hungers« meinte: »Wer nicht stehlen konnte, starb. Wer es schaffte, ein wenig Essen zu stehlen, starb nicht.«[9] Verschleierung war die kommunistische Lebensweise, sei es für Parteimitglieder oder für einfache Leute.

Die neue Führung war sich dieses Problems nur allzu bewusst. Um die

Produktion anzukurbeln, übertrugen Hua Guofeng und Deng Xiaoping im Jahr 1978 das Recht zur Kontrolle von Staatsbetrieben vom Zentrum auf die lokalen Verwaltungen. Diese wiederum gestatteten es ihren Betrieben, einen Anteil des Gewinns zu behalten, um in Wachstum zu investieren.

Keiner hatte Lust auf Einsparungen. Sie erkannten einen grundlegenden Fehler des neuen Systems, nämlich dass Unternehmen zwar einen Teil des Gewinns behalten durften, ein Defizit hingegen stets an die Zentralbank weitergeben konnten. Sie versuchten, sich gegenseitig zu übertreffen, wobei jeder seine eigene Vision der Modernisierung verfolgte. »Jeder baut eine eigene Autofabrik, Traktorfabrik, Fahrradfabrik, Nähmaschinenfabrik, Kamerafabrik und Uhrenfabrik«, stellte ein umfassender Bericht in Peking fest.[10] Konkretere Beispiele wurden genannt: Im Oktober 1979 gab es grob geschätzt fünfzehnhundert Brennereien auf Kreisebene oder höher; ein Jahr später waren zwölftausend neue aufgetaucht.[11]

Fehlende Planung vor Ort war das Hauptmerkmal der Planwirtschaft. In Zhejiang, einer relativ wohlhabenden Küstenprovinz, beklagte das Provinzplanungskomitee: »In vielen Orten und Städten in unserer Provinz mangelt es an der Planung, wir verteilen unsere Ressourcen irrational, und wir reißen chaotisch ab und bauen wieder auf.« Die wenigsten Einheiten hielten sich allem Anschein nach an den Sparkurs, weil immer noch Infrastrukturprojekte wie Pilze aus dem Boden schossen. Da alle um die gleichen begrenzten Mengen an Kohle und Öl schacherten, stand ein Fünftel der ganzen Gerätschaften in der Provinz still.[12] Landesweit fiel bei einem Drittel der neuen Projekte häufig der Strom aus.[13]

Obwohl Chen Yun und seine Clique das staatliche Budget für Bauprojekte im April 1979 von 45,7 auf 36 Milliarden Yuan gekürzt hatten, verdoppelten sich die Investitionen lokaler Verwaltungen im Jahr 1979 auf über 16 Milliarden Yuan und verdreifachten sich dann 1980 auf mehr als 25 Milliarden. In Wirklichkeit übertraf, wie ein Rechnungsprüfer ausführte, »das Ausmaß der Bauprojekte bei weitem diese Zahl«.[14] Ein hoher Beamter erklärte den Grund dafür und witzelte: »Es gibt Infrastrukturprojekte, die sichtbar sind, es gibt solche, die unsichtbar sind, und dann gibt es noch solche, die schlicht illegal sind.«[15]

Auch für die Arbeiter wurde Geld ausgegeben. Der Aufsatz des Vorsitzenden »Über die zehn großen Beziehungen«, der kurz nach seinem Tod veröffentlicht wurde, hatte erhöhte materielle Anreize versprochen. Hua Guofeng und Deng Xiaoping hatten ähnliche Zusagen gemacht und es Staatsbetrieben erlaubt, mit Hilfe der Zahlung von Prämien die Produktion anzukurbeln. Arbeiter, die während der Kulturrevolution zu wahren Meistern der Arbeit im Zeitlupentempo geworden waren und so wenig wie möglich getan hatten, ergriffen die Gelegenheit, bessere Arbeitsbedingungen zu fordern. In Nanjing, der ehemaligen Hauptstadt der Nationalisten, erhielten die meisten eine Prämie, die zehn Prozent ihres Lohns entsprach. In Zhejiang betrug die Bonuszahlung über zwölf Prozent. Und als den Unternehmen das Geld ausging, setzten sie stattdessen auf materielle Anreize. In Tianjin, dem wachsenden Industriegiganten im Norden, verteilten manche Fabriken Kleidung und Stoffe an jeden einzelnen Arbeiter.[16] Der Ansatz sollte die besten Arbeiter belohnen, aber stattdessen erhielten alle den gleichen Bonus, sodass ihre Produktivität kaum gesteigert wurde.

Das ganze Geld, das für Infrastruktur und Prämien ausgeschüttet wurde, wirkte sich sofort auf die Inflation aus. In einer Planwirtschaft werden sämtliche Preise vom Staat festgelegt und bleiben tendenziell im Lauf der Zeit gleich, unabhängig vom Angebot. In der Provinz Hubei hatte sich der Preis für ein Ei, eine Seife oder eine Streichholzschachtel von 1966 bis 1978 kaum verändert. Doch in den Jahren 1979 und 1980 betrug im ganzen Land die Inflationsrate 5,6 bzw. 6 Prozent. Das waren die offiziellen Zahlen, doch die »Hong Kong and Shanghai Bank« ging von einer Gesamtinflation für die beiden Jahre in Höhe von 37,6 Prozent aus.[17]

Lokale Verwaltungen nutzten ihre neuen Freiheiten außerdem, um sich gegenseitig beim Import fortschrittlicher Technologie zu übertreffen, sodass es zu großen Verschwendungen kam. In Nanjing wurden mehr als 1,7 Millionen Yuan für Maschinen ausgegeben, die für eine stillstehende Konservenfabrik gedacht waren. Einige Einheiten gingen so weit, ausländische Geräte zu bestellen, bevor überhaupt eine Fabrik stand, wie ein »Buddha, der auf den Bau seines Tempels wartet«. Sogar in der Hauptstadt kam lediglich ein Drittel der 450 importierten Präzisionsinstrumente jemals zum Einsatz. Dutzende hochauflösender Scanner setzten Staub an. Sowjetische Experten, die zugegeben voreingenommen waren, schätzten, dass die Kosten für Installation und Instandhaltung fortschrittlicher Ausrüstung den Kosten für die Anschaffung entsprachen. Sie kamen zu dem Schluss: »Die Kosten des Erwerbs ausländischer Technologie auf Darlehensbasis überwiegen den Nutzen für die Gesamtwirtschaft.«[18]

Vor allem nutzten Staatsbetriebe den Deckmantel des Außenhandels, um knappe Devisen für Luxusartikel wie Limousinen und Fernsehapparate auszugeben.[19] Das geschah auf verschiedenste Weise, vom direkten Kauf im Ausland über verdeckte Tauschgeschäfte bis hin zum Schmuggel. Der Staatsrat berichtete im Mai 1980, dass über eine Million Fernsehgeräte und Taschenrechner entlang der Küste verkauft worden seien. Fischer waren die Hauptverdächtigen, aber sogar Schulkinder gaben sich alle Mühe, von dem Geschäft zu profitieren. In einem Fall entsandte eine Armeeeinheit regelmäßig einen Hubschrauber, um die Waren abzuholen. In Hainan, einer subtropischen Insel vor der südlichen Küste, beschäftigte eine Einheit vierhundert Menschen rund um die Uhr für den Handel mit ausländischen Waren.[20] In Lilong, das günstig an der Küste von Fujian gegenüber der Insel Taiwan lag, handelten jeden Tag zwanzigtausend Menschen mit Schmuggelwaren, wobei vorübergehend Hunderte von Strohhütten aufgestellt wurden, um das Geschäft zu erleichtern.[21] Sie alle ließen die begrenzten Devisen des Landes schrumpfen.

Im Dezember 1980 schäumte Chen Yun vor Wut. Ungeachtet aller Kürzungen war das Haushaltsdefizit auf siebzehn Milliarden Yuan gestiegen.[22] Chen forderte eine Rückkehr zu den Maßnahmen, die im Zuge des »Großen Hungers« angewandt worden waren: das Budget kürzen, das Wirtschaftswachstum auf Null senken, und die ganze Macht zentralisieren.[23]

Mehrere der »Acht Ältesten«, nicht zuletzt Li Xiannian, unterstützten Chen Yuns harte Haltung. Ein neuer Akteur schloss sich ebenfalls seiner Sache an. Zhao Ziyang, der ins Politbüro aufgestiegen und nur wenige Monate zuvor zum Ministerpräsidenten ernannt worden war, schoss sich auf die Gefahr ein, die von einer Inflation ausging. Um das Defizit auszugleichen, habe die Bank in den letzten beiden Jahren rund dreizehn Milliarden Yuan ausgegeben, mit Prognosen, dass im kommenden Jahr weitere neun Milliarden aus deren Druckerpressen kommen würden. Die Gesamtsumme, führte er aus, sei höher als alle zwischen 1949 und 1978 ausgegebenen Geldscheine. Der Konsum überhole die Produktion, und für Stadtbewohner würde »der reale Lebensstandard tatsächlich sinken«. Er beschwor das Schreckgespenst sozialer Unruhen herauf und sagte voraus, dass, wenn die Wirtschaft nicht unter Kontrolle gebracht würde, »wir nicht imstande sein werden, die politische Stabilität zu erhalten«. In ganz Osteuropa, erklärte Zhao, würden Regierungen Geld drucken und sich von kapitalistischen Ländern Summen leihen, was zu sinkenden Lebensstandards und allgemeinen Unruhen führe. In ganz Polen besetzten Arbeiter Bergwerke und Werften, erkämpften sich das Recht, von der Regierung unabhängige Gewerkschaften zu gründen: »Das ist das Rezept für eine Katastrophe.«[24]

Zhao Ziyang, der Sohn eines Grundbesitzers in Henan, war 1938, nach der japanischen Invasion des Landes, mit nur neunzehn Jahren in die Kommunistische Partei eingetreten. Nach der Befreiung wurde er von Tao Zhu rekrutiert, einem skrupellosen Parteifunktionär, den man 1952 in die Provinz Guangdong schickte, um einen lokalen Funktionär abzulösen, den der Vorsitzende Mao für zu nachsichtig gegenüber der einheimischen Bevölkerung hielt. Zhao Ziyang half seinem Boss bei der Durchführung einer rücksichtslosen Repressionskampagne. Der Wahlspruch lautete: »Jedes Dorf blutet, jeder Haushalt kämpft.« In der ganzen Provinz wurden Menschen brutal verprügelt und willkürlich umgebracht. An manchen Orten wurden Verdächtige gefesselt, an Laternenpfählen aufgehängt, bis zum Hals eingegraben und verbrannt.[25]

Mehrere Jahre später, als ans Licht kam, dass der »Große Sprung nach vorn« entgegen der erwarteten Zahlen einen massiven Rückgang der Getreideproduktion ergeben hatte, warf Zhao dem Vorsitzenden einen Rettungsanker zu, indem er im Januar 1959 andeutete, dass der Rückgang darauf zurückzuführen sei, dass die Kommunen heimlich ihre Getreideernte untereinander teilten und einen Teil versteckten. Er startete eine gnadenlose Kampagne gegen die ländliche Provinz, in der Dorfbewohner geprügelt und gefoltert wurden, damit sie versteckte Lebensmittel aufdeckten.[26] Aber genau wie andere Parteifunktionäre änderte auch Zhao nach der Katastrophe des »Großen Hungers« seine Gesinnung. Er blieb zwar ein überzeugter Kommunist, entwickelte aber ein großes Geschick darin, einige der härteren Maßnahmen der Partei abzumildern. Bisweilen war er reserviert, doch mit seiner lockeren Art machte er sich auf allen Ebenen der Parteihierarchie beliebt.

Im Jahr 1975 wurde Zhao zum Leiter der bevölkerungsreichsten Provinz des Landes Sichuan ernannt, wo er wegschaute, wenn Dorfbewohner auf dem Schwarzmarkt Lebensmittel wie Speiseöl, Getreide und Fleisch verkauften, auf die der Staat immer noch ein Monopol beanspruchte. Im November 1979 trat er als Hauptfürsprecher der »Vier Grundprinzipien« auf und rückte die Diktatur des Proletariats eindeutig in den Mittelpunkt der künftigen Parteiarbeit. Er lehnte die Gewaltenteilung und das demokratische System des »kapitalistischen Lagers« ab und bezeichnete die Demokratie in der Volksrepublik China als die bislang am weitesten vollendete Regierungsform der Menschheitsgeschichte.[27] Seine Rede stimmte sehr eng mit Deng Xiaopings eigenen Ansichten überein. Wenige Monate später holte Deng ihn nach Peking.

Zhaos Intervention sorgte dafür, dass Einsparung das Gebot der Stunde wurde. »Wir müssen uns ebenso zurückziehen wie 1961«, verkündete Zhao und spielte damit auf die zwanzig Millionen Menschen an, die aus den Städten aufs Land geschickt worden waren, damit der Staat sie nicht länger ernähren musste. Deng Xiaoping blieb nichts anderes übrig, als einem Wachstumsziel von vier Prozent als Kompromiss zuzustimmen. Hua Guofeng wurde zu einem geeigneten Sündenbock. Man warf ihm vor, er habe die Schwerindustrie auf Kosten der Leichtindustrie gefördert.[28]

Die Preise wurden eingefroren, Investitionen eingeschränkt, für die Schwerindustrie gedachte Projekte ausgesetzt. Im Bau befindliche Fabrikgebäude ließ man verfallen, deren Ausstattung wurde demontiert und weggeschafft. Peking bremste nicht nur lokale Funktionäre, sondern sagte auch Aufträge mit japanischen, westdeutschen und französischen Unternehmen ab, weil diese als riskante Überbeanspruchung der knappen Devisen galten.

Dazu zählte etwa das Eisen- und Stahlwerk Baoshan, das rund 25 Kilometer von Schanghai entfernt am südlichen Ufer des Jangtsekiang lag. Stahl war in der Alchemie des Sozialismus seit langem die Wunderzutat. Hart, glänzend, industriell, modern und proletarisch wie er war, galt Stahl als Wahrzeichen des Fortschritts. Die Gleichung war einfach: Stahl bedeutete Industrie, Industrie bedeutete Vermögen und Macht, mehr Stahl bedeutete größeren Wohlstand und mehr Macht. Deng forderte mehr davon. Der Komplex Baoshan war als das fortschrittlichste

Stahlwerk des Landes konzipiert worden, das die modernste aus Japan importierte Technologie nutzte und von Westdeutschland und den Vereinigten Staaten mitfinanziert wurde. Es war eine Planungskatastrophe. Der Boden des Flussufers erwies sich als zu weich, sodass die Baukosten in die Höhe schossen. Da es in China kein hochwertiges Eisenerz gab, das für die modernen Hochöfen nötig war, musste es aus Australien und Brasilien importiert werden. Dann verhinderte eine Sandbank an der Flussmündung, dass Massengutfrachter den Komplex direkt anfuhren. Die Spediteure mussten also notgedrungen jede Eisenerzladung auf kleinere Schiffe umladen.

Schon bald standen die Kräne still. Tausende ungeöffneter Kisten voller Präzisionsinstrumente überfüllten die Lagerhallen. Während Phase I unter großem Trara 1978 eingeleitet worden war, wurden die Pläne für Phase II eingemottet. Japan erhielt zwar eine finanzielle Entschädigung, doch das Fiasko war ein schwerer Schlag.[29]

Zum ersten Mal seit dreißig Jahren gab China 1981 Staatsanleihen im Wert von zwölf Milliarden Yuan aus, Mittel, die die Regierung benötigte, um das Defizit zu decken und die Liquidität abzuschöpfen, die durch das Drucken von zu viel Geld verursacht worden war. Der Versuch hatte nur zum Teil Erfolg. Trotz aller Maßnahmen bezüglich der schlimmen Konsequenzen der Inflation wuchs die Geldmenge weiterhin doppelt so schnell wie das Warenangebot. Weitere fünf Milliarden Yuan wurden in die Wirtschaft gepumpt.[30]

★

Das Warenangebot musste gesteigert werden, doch das war gar nicht so einfach. In einer Kommandowirtschaft ersetzt der Plan den Markt. Der Staat zentralisiert alle wichtigen wirtschaftlichen Entscheidungen zum Wohle der Allgemeinheit und bestimmt, was produziert wird, wer was produzieren muss, wie die Ressourcen verteilt werden sollen und welche Preise für Material, Waren und Dienstleistungen verlangt werden. Geld ist in diesem Sinn passiv und folgt lediglich dem Strom geplanter Produkte. Aber China hatte keine Planwirtschaft. Ein Plan erfordert mehr als nur eine Vision. Dafür sind unzählige Daten von Statistikern erforderlich, denn sie, und nicht der Markt, bestimmen, wie viele Turnschuhe,

Polyestervorhänge oder Fahrradsattel benötigt werden. Im Zuge der Kulturrevolution waren nur wenige Statistiker im Amt geblieben. Das Statistikbüro sagte es selbst klipp und klar: »Wenn die Statistiken nicht genau sind, wirkt sich das darauf aus, wie unsere Führer die reale Lage auffassen.« Auf dem Höhepunkt der Kulturrevolution rühmte sich das Amt selbst, dass es lediglich 200 Zahlenakrobaten habe. Im Jahr 1983 hatte es 16 000 Beschäftigte, im Vergleich zu 220 000 in der Sowjetunion.[31]

Da das System auf jeder Ebene Behinderungen ausgesetzt war, konnte die Kommandowirtschaft selbst mit korrekten Zahlen nicht funktionieren. Fabrikdirektoren versuchten, den Plan zu umgehen, was zum Wachstum einer sekundären Wirtschaft, auch Schwarzmarkt genannt, führte – ein Markt, der noch wuchs, nachdem es den Fabriken 1978 erlaubt worden war, einen Teil ihrer Profite einzubehalten. Sie schickten Vertreter für den Kauf von Rohmaterialien aus und überboten die nominell vom Staat festgelegten Preise, was wiederum zu landesweiten Versorgungsproblemen führte.

Und das war noch längst nicht alles. Staatliche Betriebe wussten gar nicht, wie man ein Qualitätsprodukt herstellt, den Preis festlegt oder es verkauft. Ihre Leistung beruhte auf der Erfüllung oder der Überschreitung eines Produktionsziels. Ob die Waren, die sie herstellten, nun einen Käufer fanden oder nicht, war nicht ihr Problem, sondern fiel in die Zuständigkeit des staatlichen Einzelhandels und der staatlichen Handelsgesellschaften. Im Jahr 1982 gab es, wie der Staatsrat es selbst ausdrückte, auf jeder Ebene »blinde Produktion, blinde Entwicklung und blinde Beschaffung«, weil sich nicht verkaufte Waren mit einem offiziellen Wert in Höhe von 35 Milliarden Yuan in den Lagerhäusern im ganzen Land stapelten. Das entsprach mehr als zehn Prozent der im Umlauf befindlichen Geldmenge. Dieses Land mit einer verbreiteten Armut produzierte paradoxerweise mehr Nähmaschinen, Fahrräder und Armbanduhren, als die Bevölkerung kaufen konnte. In Nanjing wurden 17,5 Prozent der lokal hergestellten Waren niemals verkauft.[32]

Das Regime wollte unbedingt exportieren, um die erhöhten Importe zu bezahlen, und staatliche Unternehmen gerieten erheblich unter Druck, ausländische Märkte zu erkunden. Das Außenhandelsministerium gab 1979, nachdem es zu dem Schluss gekommen war, dass der Kapitalismus im Niedergang begriffen und die internationale Lage für mehr

Exporte reif sei, Anweisung: »Alle Abteilungen im Finanz-, Bankwesen und bei der Materialversorgung müssen grünes Licht für eine Steigerung der Exporte geben.«[33] Aber in Dollar Gewinne zu machen, war leichter gesagt als getan. Fabrikdirektoren, die einen verknappten, anstelle eines wettbewerbsorientierten Marktes gewohnt waren, sträubten sich, wenn sie das gleiche Produkt für einen geringeren Preis verkaufen mussten. Die für den Außenhandel zuständigen Handelsgesellschaften mussten sie entschädigen, während der Staat wiederum Vorzugsdarlehen und Steuernachlässe anbieten musste, um Exporte attraktiver zu machen.

Der amtliche Wechselkurs lag 1979 bei 1,53 Yuan für einen US-Dollar, doch die Exportgüter kosteten durchschnittlich 2,54 Yuan für jeden verkauften Dollar. Das hieß, dass China für jeden eingenommenen Dollar ungefähr einen Yuan verlor. Anders gesagt, für Waren wurde im Binnenmarkt ein höherer Preis als auf den Exportmärkten verlangt. Das Ministerium kommentierte: »Je mehr wir exportieren, desto mehr verlieren wir; das ist ein extrem ungünstiger Wechselkurs, wenn es um die Förderung von Exporten und die Beschränkung von Importen geht.« Um dem entgegenzuwirken, wurde die Währung auf 2,80 Yuan für einen Dollar abgewertet, ein Wechselkurs, der sich dadurch ergab, dass der Staat auf die durchschnittlichen Produktionskosten aufschlug, was ihm als ein »vernünftiger Gewinn« in Höhe von zehn Prozent oder 0,26 Yuan erschien.[34] Die Gewinnspanne richtete sich somit nicht nach Angebot und Nachfrage, sondern entsprach einer vom Staat bestimmten nominellen Differenz.

Der sogenannte neue interne Zahlungskurs trat im Januar 1981 in Kraft. Auf Knopfdruck ergaben achtzig Prozent der Exporte nicht länger Verluste. Das war natürlich nur ein Buchhaltungstrick, einer, der zur Folge hatte, dass Importe nunmehr teurer waren und subventioniert werden mussten.

Der interne Zahlungskurs wurde geheim gehalten. Immerhin wurde Außenhandel in regelmäßigen Abständen als vorderste Front eines akuten »Klassenkampfs« gegen das »kapitalistische Lager« bezeichnet. »Er darf nicht öffentlich gemacht werden«, erklärte der Staatsrat, »weil das dem Eingeständnis gleich käme, dass unser Land zwei Währungen hat.«[35] Er wurde nur beim Außenhandel angewandt, nicht bei anderen Auslandstransaktionen, darunter Überweisungen aus dem Ausland, Tourismus, Auslandsinvestitionen und Ausgaben durch diplomatische Vertretungen, die weiterhin den offiziellen Kurs von 1,50 Yuan für einen Dollar benutzten. Ob der interne Kurs den Yuan nun unter- oder überbewertete, ließ sich kaum sagen, denn ohne Markt konnte auch niemand den tatsächlichen Profit ermitteln. Unternehmen ebenso wie Regierungseinrichtungen nutzten das doppelte Wechselkurssystem gnadenlos aus, weil schlaue Buchhalter eine Buchung zu dem einem Kurs kurzerhand in eine profitablere Buchung in den anderen Kurs umwandelten.[36]

Der interne Zahlungskurs kam der Politik der Einsparung entgegen, die lokale Verwaltungen daran hindern sollte, Devisen für den Import von Luxusgütern zum Fenster rauszuwerfen. Allerdings hatte die neue Linie nicht den ersehnten Effekt, denn nach 1978 konnten lokale Verwaltungen ebenfalls einen Anteil des Gewinns aus dem Außenhandel behalten. Um ihren Anteil an den Devisen nun an andere Staatsbetriebe zu übertragen, um beispielsweise mehr Rohstoffe für weitere Exporte zu kaufen, mussten sie ein offizielles Handelssystem durchlaufen, welches den amtlichen Kurs von 1,50 Yuan für einen Dollar anwandte. Als Folge war es für Staatsbetriebe mit einem Anteil an Dollars einträglicher, Waren, sei es legal oder nicht, zu importieren, die auf dem Binnenmarkt knapp waren. Bis Ende 1982 schrumpften die ausländischen Devisenreserven weiter, während das Handelsdefizit in die Höhe schoss.[37]

*

Wenn die Wirtschaft sich entwickelte, so geschah dies trotz des massiven Einflusses des Staates und abrupter Kurswechsel, die sich die Führungsspitze ausdachte. Das echte Wachstum erfolgte auf dem Land, fern vom kritischen offiziellen Blick.

Die Menschen legten nicht die Hände in den Schoß und warteten auf eine Einladung von oben, um sich selbst aus dem Sumpf der Armut zu ziehen. Wenn der »Große Sprung nach vorn« auf dem Land die Glaubwürdigkeit der Partei vernichtet hatte, so hatten die Unruhen der Kulturrevolution deren Organisation untergraben. Noch vor Maos Tod versuchten die Dorfbewohner in vielen Teilen des Landes wieder die Kontrolle über den Boden zu erlangen und die Macht des Staates auszuhöhlen. In manchen Fällen stellten sich lokale Funktionäre an die Spitze und verteilten in aller Stille Land an die Bauern. In anderen sahen sie einfach weg, weil sie nach zwei Jahrzehnten des revolutionären Kampfes erschöpft waren. Manchmal kam es zu einem Kuhhandel, weil die Dorfbewohner den Schein des kollektiven Eigentums wahrten, indem sie einen Prozentsatz der Ernte an lokale Parteiführer übergaben, die Getreide an den Staat liefern mussten.[38]

Es handelte sich um eine stille Revolution, die sich im ganzen Land abspielte, auch wenn es lokale Unterschiede gab. In der Provinz Shaanxi litten im Jahr 1976 Millionen Menschen Hunger, ganze Banden von Bettlern zogen durch das Land und ernährten sich zuweilen von Erde oder Baumrinde, um zu überleben. Viele Tausende verhungerten. Manche Kader zuckten lediglich die Achseln, aber andere zogen es vor, Land zu verteilen und ihren Dorfbewohnern eine Chance zu geben, aus eigener Kraft zu überleben, statt zuzusehen, wie sie an Hunger starben oder Getreide direkt von den Feldern stahlen. In Luonan, nur wenige Stunden von der Provinzhauptstadt Xi'an entfernt, wurden die kollektiven Vermögen der ganzen Volkskommunen aufgeteilt, da die lokalen Parteiführer die Verantwortung für die Bebauung des Landes wiederum an einzelne Familien zurück übertrugen. Viele gaben die zwei Jahrzehnte dauernde Monokultur auf, die ihnen von einem Staat auferlegt worden war, der unbedingt Getreide auf dem internationalen Markt verkaufen wollte. Stattdessen bauten sie Produkte an, die auf dem Schwarzmarkt sehr gefragt waren.[39]

Zwar macht die Not sprichwörtlich erfinderisch, doch der unternehmerische Geist blühte auch in weniger verarmten Gegenden auf, wohl nirgendwo so stark wie in der Provinz Guangdong. Auf den Dorfmärkten in der ganzen Provinz trieben die Dorfbewohner mit so gut wie jeder Ware, auf die die Regierung ein Monopol hatte, blühenden Handel, von Getreide, über Fleisch, Baumwolle, Seide, Tee und Tabak bis hin zu Erdnüssen.[40]

Diese Praktiken weiteten sich nach Maos Tod aus. Jahrzehntelang hatte der Staat so wenig wie möglich für die Pflichtabgaben aller Grundnahrungsmittel bezahlt. Eine detaillierte Studie von dreitausend Produktionsteams ergab, dass 1978 die Beschaffungspreise für Reis, Weizen und Mais grob geschätzt zwanzig Prozent unter den Produktionskosten lagen. Die Dorfbewohner reagierten darauf, indem sie das Getreide selbst aßen, auf dem Schwarzmarkt verkauften oder sich einträglicheren Produkten zuwandten. Die Lieferungen gingen zurück. Der Staatsrat schätzte den Verlust auf fünf Milliarden Yuan im Jahr 1976 und auf 4,8 Milliarden Yuan im Jahr 1977. Zwei Jahre später wurde in mehreren Provinzen, etwa Hunan und Henan – wichtige Produzenten von Reis und Weizen, sowie Hirse und Mais –, rund siebzig Prozent der gesamten Getreidereserven verzehrt, eingetauscht oder auf dem Schwarzmarkt verkauft.[41]

Um den Fehlbestand auszugleichen, musste das Land bis zu zwölf Millionen Tonnen Weizen aus Kanada und Australien kaufen. Im Jahr 1979 war das Regime darüber hinaus gezwungen, den Preis zu erhöhen, den es Bauern für die Lieferung von Getreide zahlte. Weil der Verkauf von Getreide direkt auf dem Markt dreißig Prozent mehr als die offiziellen Beschaffungspreise einbrachte, blieb dem Staat nichts anderes übrig als eine zwanzigprozentige Steigerung anzubieten. Die Quoten für die Pflichtlieferungen gingen ebenfalls dramatisch zurück, sodass der Staat gezwungen war, für zusätzliche Lieferungen mehr zu bezahlen. Das gleiche Prinzip galt für über ein Dutzend weitere wichtige Produkte wie Baumwolle, Zucker, Speiseöl, Schweine- und Rindfleisch und Fisch. Im Jahr 1980 wurden auch die Preise für Schaffell, Jute und Holz heraufgesetzt.[42]

Das hatte eine gewaltige Steigerung der Kosten für den Staat zur Folge – eine Steigerung, die den Geldfluss umkehrte. Drei Jahrzehnte lang hatte die Landwirtschaft die Industrie subventioniert, weil die Dorfbevölkerung gezwungen war, ihre Produkte zu künstlich niedrigen Preisen zu verkaufen, umgekehrt aber Werkzeuge, Treibstoff und Dünger zu enorm aufgeblähten Preisen einkaufen musste. Jetzt hielt das Land die Städte in einer Art Geiselhaft.

Die Beschaffungspreise stiegen, aber die Verkaufspreise blieben in etwa gleich, denn die Zusatzkosten konnten nicht an die städtischen Verbraucher weitergegeben werden. Im Jahr 1979 musste der Staat rund acht Milliarden Yuan ausgeben, um die Differenz auszugleichen, wobei das Handelsministerium über zwei Milliarden Yuan nur für Fleisch und Eier ausgab. »Denken wir mal kurz darüber nach«, führte das Ministerium selbst aus, »eine so riesige Summe muss bezuschusst werden, wie können wir uns das leisten?« Überdies spekulierten viele Menschen. »Manche verkaufen Fleisch und Eier an den Staat, kaufen es dann dem Staat wieder ab und verkaufen es erneut an den Staat.« Ein ganz neues Feld für lukrativen Handel tat sich auf, denn die Preise wichen im ganzen Land voneinander ab. Laut einer Schätzung beliefen sich die Zuschüsse 1982 auf dreißig Milliarden Yuan, ein Drittel des Budgets.[43]

Diese Zuschüsse sollten die dörflichen Kollektive eigentlich konsolidieren, nicht zersetzen. Ganz ähnlich wie der Staat gehofft hatte, die städtischen Unternehmen zu stärken, indem er ihnen einen Anteil an den Gewinnen überließ, führte die Regierung 1978 ein Vertragssystem mit den maroden Kommunen ein. Sie sollten zu einer Steigerung der Erträge angespornt werden, indem ihnen die Vollmacht erteilt wurde, nach Erfüllung der Pflichtlieferquoten ihre gesamte restliche Ernte zu behalten und selbst darüber zu verfügen. Die Führung untersagte ausdrücklich die Aufteilung des Landes oder die Delegierung der Verantwortung über die landwirtschaftliche Produktion an einzelne Haushalte. Doch die Bauern hatten einen unersättlichen Hunger nach Land. Die Kommunen übertrugen die Verträge an die Dörfer, die wiederum die Zuständigkeit für die Erzeugung an Familien übergaben. Das war eine vollendete Privatisierung, sie hieß nur nicht so.

Drei Jahre lang führte der Staat einen aussichtslosen Kampf gegen die Entkollektivierung. Die 3. Plenartagung im Dezember 1978 erklärte ausdrücklich: »Wir lassen den familiären Ackerbau nicht zu, wir lassen keine Aufteilung des Landes zu, und wir lassen nicht zu, dass Einzelne eigene Wege gehen.«[44] Vergleichbare Beschränkungen wurden wiederholt angekündigt. Im März 1980 wurde ein Zugeständnis gemacht, als Yao Yilin, der Chef der Staatlichen Planungskommission, anregte, dass Familienbetriebe in armen, dünn besiedelten Regionen, wo die Kommunen noch unterentwickelt waren, zugelassen werden sollten. »Ich stimme Yao Yilin zu«, erklärte Deng Xiaoping. »Wir können einige Aufgaben an Brigaden vergeben, und andere an Individuen. Davor brauchen wir keine Angst zu haben, das dürfte kaum Einfluss auf das Wesen unseres sozialistischen Systems haben.«[45]

Noch im selben Jahr, im November 1980, verkündete die Führung lauthals: »Die kollektive Wirtschaft ist das unerschütterliche Fundament der Landwirtschaft unseres Landes auf seinem Weg nach vorn. Ihre überlegene Eigenart kann vom privaten Sektor nicht erreicht werden, und das ist durch die Geschichte der letzten zwanzig Jahre landwirtschaftlicher Entwicklung bewiesen worden.« Eine landesweite Kampagne gegen die Entkollektivierung setzte ein, als Parteiführer gegen Familienbetriebe ins Feld zogen: »Das ist so, als würde man das Land aufteilen und in die eigene Tasche wirtschaften, das lassen wir nicht zu.«[46]

Die Kampagne verlief im Sand. Wie das Landwirtschaftsministerium im Januar 1981 einräumte, waren in der Provinz Guizhou 78 Prozent der Haushalte, in Gansu 56 Prozent, in Anhui 51 Prozent und in Guangdong 30 Prozent der Haushalte für die Bestellung der Felder zuständig und trafen selbst alle Entscheidungen, welche Produkte angebaut werden sollten und auf welche Weise, und was mit dem Ertrag geschehen sollte. An manchen Orten arbeitete jede Familie unabhängig, weil »die Kollektivwirtschaft verschwunden ist«, stellte das Ministerium fest. »Diese Zahlen sind eher niedrig, weil sie unablässig steigen.«[47]

Eine genaue Studie der Provinz Zhejiang enthüllte, weshalb der private Ackerbau unaufhaltsam zunahm: »Die Produktion der Kollektive ist lange Zeit nicht gestiegen, und die Vorteile, die ihre Mitglieder davon hatten, sind sehr begrenzt.« Ein Bauer formulierte es prägnanter: »Die Kollektive sind unzuverlässig, also haben wir keine Alternative, als selbst das Land zu parzellieren und es zu bebauen.« Weiter im Norden, in der armen Provinz Hebei, wo Unterernährung und Hunger noch weit verbreitet waren, äußerten sich die Dorfbewohner unverblümter: »Die Kollektivwirtschaft bringt überhaupt keine Vorteile.«[48]

Im Winter 1982 wurden die Volkskommunen offiziell aufgelöst, womit eine Ära zu Ende ging. Bei diesem großen Wandel traten die Dorfbewohner ins Rampenlicht, weil Millionen und aber Millionen einfacher Bürger im Grunde den Staat ausmanövrierten. Jahrzehntelang hatte ihr Lebensstandard stagniert. Im Jahr 1982 verdoppelte sich ihr Einkommen, als sie sich selbst aus der Armut befreiten. Wie ein scharfsinniger Beobachter aus der ostdeutschen Botschaft in Peking damals sinngemäß kommentierte: »Im Wesentlichen legten die jährlichen Dokumente zur Landwirtschaft, die von der Zentralregierung angenommen wurden, lediglich schriftlich fest, was auf der Dorfebene bereits durch einen spontanen Prozess verwirklicht worden war.« Die Soziologin Kate Zhou formulierte es später ein wenig anders: »Als die Regierung die Beschränkungen aufhob, tat sie dies lediglich in der Anerkennung der Tatsache, dass ein Meer unorganisierter Bauern sie bereits bedeutungslos gemacht hatte.«[49]

*

Die Dorfbevölkerung erlangte zwar die Freiheit, das Land nach ihren Wünschen zu bestellen, doch das Land gehörte ihr nicht. Zu keinem Zeitpunkt zog der Staat jemals in Erwägung, die Grundlagen des Marxismus aufzugeben, nämlich das staatliche Eigentum der Produktionsmittel. Nachdem die von unten unterwanderten Kommunen aufgelöst waren, erhielt jede Familie ein Pachtrecht auf das Land, das alle fünfzehn Jahre erneuert werden musste.

Der Staat enthielt den Bürgern eine weitere Grundfreiheit vor, nämlich die Bewegungsfreiheit. Im Jahr 1955 hatte Zhou Enlai auf dem Land ein System der Haushaltsregistrierung eingeführt, das in etwa vergleichbar war mit dem internen Pass, der Jahrzehnte zuvor in der Sowjetunion eingeführt worden war. Diese Regelung band die Dorfbewohner an das Land und sorgte dafür, dass für die Kollektive billige Arbeitskräfte vorhanden waren. Außerdem teilte sie China in zwei separate Welten, indem sie Menschen entweder als »Stadtbewohner« *(shimin)* oder »Bauern« *(nongmin)* klassifizierte. Kinder erbten ihren Status über die Mutter, wenn ein Dorfmädchen also in die Stadt heiratete, dann blieben ihre Kinder dennoch »Bauern«. Und »Bauern« wurden wie eine erbliche Kaste behandelt, die keinen Anspruch auf die Privilegien hatte, die der Staat seinen Beschäftigten, nämlich den Stadtbewohnern, gewährte, von subventionierten Wohnungen und Lebensmittelrationen bis hin zum Zugang zu Privilegien bei Krankheit, Bildung und Arbeitsunfähigkeit.[50]

Das Regime, das stets soziale Unruhen fürchtete, hielt einen Großteil der Bevölkerung auf dem Land fest, darunter schätzungsweise hundert Millionen, ein Drittel der gesamten Landbevölkerung, die keine Arbeit hatten oder unterbeschäftigt waren und von den Kommunen fürs Nichtstun bezahlt wurden, oder abwechselnd auf den Feldern arbeiteten.[51]

Eine Möglichkeit, diese »überschüssigen Werktätigen« – so der marxistische Begriff des Regimes –aufzufangen, bestand darin, die Investitionen auf dem Land zu begrenzen. Selbst nach dreißig Jahren Propaganda, die die »Automatisierung auf dem Land« mit einer sozialistischen Ikonographie feierte, samt jungen Frauen, die stolz Traktoren über die Felder steuerten, gab es kaum Maschinen. Ähnlich wie im England der 1840er Jahre wurde dieses Land noch von Schweiß und Muskelkraft angetrieben. Ein weiterer Investitionsabbau setzte im Dezember 1978 ein, als die 3. Plenartagung ankündigte: »Bauern sollten sich auf ihre eigene Kraft verlassen.« In Gansu, einer der ärmsten Provinzen des Landes, wo karge Hügel nach und nach in riesige Wüstenlandschaften übergingen, wurden die Agrarinvestitionen 1980 um die Hälfte gekürzt, und im Jahr darauf erneut um die Hälfte, sodass sie 1983 lediglich 22 Prozent des Niveaus von 1979 betrugen. Vergleichbare Kürzungen wurden auch anderswo angeordnet. Wie Wan Li, ein hoher Funktionär, der für Landwirtschaft zuständig war, 1981 feststellte: »Für die Landwirtschaft ist kein Geld da.«[52]

Das Regime vermied es auch bewusst, Geld für die Bildung zur Verfügung zu stellen. Seit 1949 hatte die Führung mehr Geld in die Infrastruktur als in Menschen investiert. Für Prestigeprojekte wie Konzerthallen, Museen, Stadien, ganz neue Städte wurden reichlich Mittel ausgegeben, während die Bildung auf dem Land vernachlässigt wurde. Ob die Funktionäre nun in der Hauptstadt oder in einer abgelegenen Provinz saßen, sie waren nicht den ihnen Untergebenen rechenschaftspflichtig, sondern den Bossen über ihnen. Große, eindrucksvolle, greifbare Zeichen der Macht waren eine sichere Methode, die Illusion effektiver Regierungsarbeit zu erwecken. Das galt vor allem für ländliche Regionen, wo die Bevölkerung lediglich als Untertanen behandelt wurde, als billige Arbeitskraft, die zum Wohl des Staates ausgebeutet werden durfte. Als die Führung im Mai 1981 zusammenkam, um über langfristige Ziele in der Bildung zu diskutieren, waren sie sich über das Ausmaß des Analphabetismus im ganzen Land voll im Klaren. Im Kreis Tongxiang in der Provinz Zhejiang, einer der reichsten Gegenden an der Küste, konnten siebzig Prozent der jungen Leute nicht einmal einfache Schriftzeichen lesen. Hu Yaobang meinte treffend: »Wir hatten noch nie eine allgemeine Grundschulbildung«, und fügte hinzu: »Wir haben in den letzten dreißig Jahren es versäumt, das zu erreichen.« Doch der Staat könne sich die massive Belastung, diesen Aufwand zu bezahlen, nicht leisten, erklärte er. Die Wirtschaft stehe an erster Stelle. »Lasst die Leute selbst ihre Angelegenheiten regeln«, riet er. »Lasst sie Lehrer anwerben und Schulen bauen.«[53]

Meistens wurden, um die Arbeitslosen aufzufangen, die Dorfbewohner ermuntert, in den Betrieben im Kollektivbesitz zu arbeiten, die – zusammen mit den Volkskommunen – auf dem Höhepunkt des »Großen Sprungs nach vorn« eingeführt worden waren. Im Streben nach einer kommunistischen Gesellschaft des Überflusses für alle, wurde von den Bauern erwartet, dass sie die Landwirtschaft und die Industrie gleichzeitig veränderten, was die Propaganda damals »auf zwei Beinen gehen« nannte. Die meisten derartigen Betriebe waren klein und nutzten veraltete Technologien. Sie sollten die wirtschaftliche Selbstständigkeit steigern, indem sie lokale Rohstoffe verwendeten, um die Bedürfnisse der lokalen Kommunenmitglieder zu decken. Sie mahlten Getreide zu Mehl, pressten Öl, reparierten Werkzeuge und verarbeiteten Holzkohle oder Kalkstein. Sie stellten unter anderem Kacheln, Ziegelsteine und Kunstdünger her, sowie Handarbeiten, von geflochtenen Strohkissen und Weidenkörben bis hin zu entkernter Baumwolle.[54]

Der »Große Sprung nach vorn« war eine Katastrophe gewesen, doch die Idee der Autarkie trieb während der Kulturrevolution neue Blüten, weil sie eine bequeme Begründung bot, die Bevölkerung sich selbst zu überlassen. Der Ort Dazhai wurde zu einem Modell, das im ganzen Land nachgeahmt werden musste. Umgeben von ausgetrockneten Rinnen und steilen Hügeln in einem abgelegenen Winkel der verarmten Provinz Shanxi hatte sich das Dorf mit reiner Willenskraft aus dem Sumpf der Armut gezogen und alle Regierungszuschüsse abgelehnt. Voller Stolz präsentierte es terrassierte Felder entlang der Hänge, Aquädukte über ganze Täler hinweg, um Wasser heranzuführen, Walnuss- und Maulbeerbäume, Obstplantagen und Schweinefarmen, aber auch eine Nudelfabrik, eine Maschinenwerkstatt und andere Kollektivbetriebe. Dazhai war, versteht sich, ein Potemkinsches Dorf, dessen Vorzeigebewohner waren widerwillige Schauspieler in einem von dem Vorsitzenden geschriebenen Stück. Die wundersamen Ernteerträge kamen zustande, indem man sich Getreide von anderen Dörfern lieh. Aber es wurde allgemein beworben, als der Geist der Autarkie in jeder Volkskommune durch Plakate, Zeitungsartikel, Rundfunkmeldungen und Propagandafilme gefördert wurde.[55]

Ganz ähnlich wie Bauern das Chaos der Kulturrevolution nutzten, um das Land zurückzufordern, nutzten sie die Politik der Autarkie, um lokale Fabriken und Betriebe zu eröffnen. Dem Vernehmen nach gehörten sie dem Kollektiv, aber viele verwendeten lediglich den Namen des Kollektivs, um ein Unternehmen ganz nach privaten Richtlinien zu führen. Entlang der ganzen Küste kauften Untergrundfabriken mit ihren Erträgen auf dem Schwarzmarkt Getreide und Fleisch, sowie Importwaren, die die Planwirtschaft nicht zu bieten hatte, von Fischöl bis hin zu Aspirin. Sie schickten Handelsvertreter aus, die mit dem staatlichen Sektor um knappe Ressourcen wetteiferten, die für den Betrieb ihrer Unternehmen benötigt wurden, kauften Kohle, Stahl und Eisen auf. Schon vor dem Tod des Vorsitzenden Mao dominierte die Industrie Teile der ländlichen Region. In Chuansha, einem Kreis unweit von Schanghai, wo die einheimische Bevölkerung vom Staat den Auftrag bekommen hatte, Baumwolle anzubauen, stieg der industrielle Anteil an der Gesamtproduktion von 54 Prozent im Jahr 1970 auf 74 Prozent fünf Jahre später.[56]

Damit sich die Kommunen nach dem verlorenen Jahrzehnt der Kulturrevolution erholen konnten, wurden ihre Betriebe nach 1978 für drei Jahre von der Steuer befreit.[57] Ob sie nun nominell »im Besitz des Volkes« waren oder nicht, sie blühten weiter auf. In der Provinz Jiangsu lehnten die Sekretäre von drei Kreisen in Fahrradentfernung von Schanghai es ab, die wirtschaftliche Tätigkeit der ihnen unterstellten Bevölkerung zu überwachen, und erlaubten es ihnen, den eigenen Lebensunterhalt zu verdienen. Viele hatten nicht länger nur einen Arbeitsplatz, sondern arbeiteten an mehreren: Sie fischten und handelten, während sie abends die Felder bestellten. Im Jahr 1983 machte die Industrie achtzig Prozent ihrer Produktion aus.[58]

Ein vergleichbares Szenario war entlang der ganzen Küste üblich, insbesondere in der Provinz Guangdong. Ein Team von Beobachtern, das von Schanghai ausgesandt wurde, um vom Rest des Landes zu lernen, war über die eigenen Erkenntnisse verblüfft. Im Delta des Perlflusses distanzierte sich die Bevölkerung von der staatlich beauftragten Getreideproduktion. In Dongguan, wo der trockene Boden eine jämmerliche Ernte ergab, gingen sie zu einträglicheren Beschäftigungen über. Viele spezialisierten sich auf den privaten Transport und schufen so eine Verbindung zwischen den zahllosen Dörfern in der ganzen Provinz. In Shunde, das von Kanälen mit Pfahlbauten über den Wasserwegen durchzogen war, wurde die Größe der Reisfelder halbiert, da die Bevölkerung zur Fischzucht übergegangen war. Ein Dorf verließ sich auf private Fahrzeuge, die vom Staat verboten waren, um lebende Fische zum Markt zu transportieren. Zehn Automobile brachten den Ertrag in die Provinzhauptstadt. In den ersten Jahren der Kulturrevolution waren die Menschen in Guangzhou, einer Oase mitten in einem weitläufigen Flusssystem, gezwungen gewesen, stundenlang für eine gelegentliche Ladung toter Fische anzustehen. Jetzt hatten sie Zugang zum Lebendprodukt, wobei die Preise von 1979 bis 1983 sogar um vierzig Prozent sanken. Jeden Tag lieferte eine kleine Armee von Händlern, zum Teil auf Motorrädern, mehr als Tausend Tonnen Gemüse in jeden Teil der Stadt.[59]

In Shunde wandten sich die Dorfbewohner dem Gartenbau zu, wobei zehn Prozent der Felder von Blumen bedeckt war. Der Blumenhandel reichte bis nach Hongkong. Die Nachfrage war so groß, dass gelegentlich Arbeiter eingestellt wurden, eine Praxis, die Parteiführer in Peking als »kapitalistisch« verunglimpften. Das traf etwa auf ein Dorf zu, in dem sich zweitausend Menschen 1982 zusammengeschlossen hatten, um eine Polstermöbelfabrik zu gründen und nun an das ganze Land Möbel verkauften. Wie die Autoren des Berichts schlossen: »Die Provinz folgt dem Markt.«[60] Der erste Sekretär von Guangdong war Ren Zhongyi, ein aufgeklärter Führer, der sich nach dem Wandel sehnte. Im Gegensatz zu Zhao Ziyang war er ein wahrer Befürworter der Gewaltenteilung, jedoch klug genug, seinen eigenen Rat für sich zu behalten.[61]

Der völlig unerwartete Boom in den Dorfbetrieben hatte ungewollte Folgen. Die Landwirte hielten trotz der erhöhten Beschaffungspreise einen immer größeren Anteil ihrer Ernte vor dem Staat zurück. Es war einträglicher für sie, ihre Produkte in den eigenen lokalen Betrieben zu verarbeiten, so klein sie auch sein mochten, als sie an die Stadt zu verkaufen. Das hatte zur Folge, dass für die Schwerindustrie und auch für Fabriken mit neuer Ausstattung, die unter hohen Kosten importiert worden war, weniger Rohstoffe zur Verfügung standen. Im Jahr 1975 verarbeiteten die Baumwollfabriken Schanghais noch 125 000 Tonnen. Vier Jahre später waren die Lieferungen auf weniger als 50 000 Tonnen gesunken, ein Rückgang um sechzig Prozent. Der Import von Baumwolle wurde im Jahr 1979 verdoppelt, und 1980 erneut. Der Rückgang bei den Tabaklieferungen betrug 24 Prozent. Die Lieferungen einer ganzen Palette anderer Waren, von Leder zu Tungöl und Kiefernharz, fielen ebenso dramatisch.[62]

Die Führung antwortete mit einer Politik der Einsparung, indem sie die Nachfrage drosselte und Importe kürzte. Doch auf dem Land ließ sich das immer schwerer umsetzen. Kaum waren im Winter 1982 die Volkskommunen aufgelöst, war das System der Planwirtschaft, über das Chen

Yun und seine Helfershelfer den Vorsitz hatten, außerstande, die Entwicklung der dörflichen Wirtschaft zu kontrollieren.[63]

*

Die Geburtenkontrolle war wohl der bekannteste Aspekt des Sparkurses, der noch jahrzehntelang Bestand haben sollte. Wie so oft ging der Impuls, alles zentral zu planen, auf den Vorsitzenden zurück; da wurde bei Neugeborenen keine Ausnahme gemacht. Bereits im Jahr 1957 hatte Mao darüber nachgedacht, ob sein Land womöglich zu viele Menschen habe. »Es wäre besser, weniger Geburten zu haben. Der Fortpflanzungsbedarf sollte geplant werden. In meinen Augen ist die Menschheit absolut unfähig, sich selbst zu leiten. Wir haben Pläne für die Produktion in Fabriken, für die Herstellung von Kleidung, Tischen und Stühlen, und Stahl, aber keinen Plan für die Erzeugung von Menschen.« Mehrere Jahre später griff er den gleichen Gedanken auf, als er 1964 die Gründung einer Geburtenplanungskommission leitete. Im Jahr 1970 startete dieses Organ eine umfassende Kampagne für obligatorische Geburtenplanung. Propaganda-Teams verbreiteten im ganzen Land die weisen Worte des Vorsitzenden: »Die Menschheit muss sich selbst kontrollieren und ein planmäßiges Wachstum erreichen.« In vielen Dörfern führten Regierungsvertreter detaillierte Listen über Frauen im gebärfähigen Alter und schikanierten unablässig alle mit mehr als zwei Kindern. Die Sterilisierung von Frauen und Zwangsabtreibung wurden übliche Praktiken, auch wenn das Muster von Ort zu Ort erheblich abwich. Allein in der Provinz Shandong waren bis 1971 weit über eine Million Abtreibungen ausgeführt worden. Landesweit kam es von 1971 bis 1976 jedes Jahr zu durchschnittlich fünf Millionen Abtreibungen.[64]

Unter Hua Guofeng schnellten die Zahlen in die Höhe. In Tianjin wurde 1978 häufig abgetrieben: es wurden 70 000 Schwangerschaften beendet, und 108 000 Kinder zur Welt gebracht. Das entspricht einer Abtreibungsrate von mehr als vierzig Prozent unter Frauen im Alter von 14 bis 55 Jahren. Familien, die sich nicht daran hielten, wurde das Wasser abgestellt; ihre Fahrräder wurden konfisziert, oder der Lohn um zehn Prozent reduziert. Auf dem Land wurden die Quoten ähnlich streng durchgesetzt.[65]

Im Januar 1981 wurden noch drastischere Maßnahmen eingeführt. Chen Yun, der Architekt des Sparkurses, war wegen der rasant steigenden Getreideimporte besorgt. Auf einer Sitzung im September 1980 warnte er das Politbüro: »Eine Milliarde Menschen muss sich selbst ernähren, aber sie dürfen nicht zu viel essen, sonst wird alles verschlungen werden. Wir müssen noch Geld für die Infrastruktur sparen.«[66] Bereits im Jahr 1957, ein Jahr vor dem »Großen Sprung«, hatte Chen ganz ähnlich argumentiert.[67] Das war marxistische Wirtschaftswissenschaft in Reinkultur, denn der Staat zwang einfache Leute, ihren Verbrauch zu verringern, damit ihre Ersparnisse für das Allgemeinwohl investiert werden konnten. Deng Xiaoping und andere stimmten zu. Sie fanden in den Schriften eines gewissen Song Jian eine bequeme Rechtfertigung. Der ehemalige Raketenwissenschaftler war zum Demographen geworden und legte nunmehr ein Untergangsszenario vor: Chinas Bevölkerung war demnach »eine Zeitbombe, die nur auf die Detonation wartet«, mit Hunderten Millionen von Bauern, die in nicht allzu ferner Zukunft »die Städte wegspülen« würden.[68] So schnell wie möglich müsse ein Nullwachstum erzielt werden. Seine Pseudowissenschaft präsentierte einen scheinbar objektiven Beweggrund für das drakonischste Programm der Geburtenkontrolle, das die Welt jemals erlebt hat.[69]

Parteifunktionäre wurden angewiesen, dafür zu sorgen, dass Paare nicht mehr als ein Kind zeugten, in Ausnahmefällen zwei, falls das Erstgeborene eine Tochter war. Es gab lokale Unterschiede hinsichtlich dieser Richtlinie, aber in bevölkerungsreichen Provinzen wie Jiangsu und Sichuan wurde sie streng eingehalten. Zwangsmaßnahmen waren weit verbreitet, häufig kam es auch zu Misshandlungen. Im Sommer 1981 wurden im Osten von Guangdong Tausende von Frauen zur Abtreibung gezwungen, darunter auch Schwangere im achten Monat. In einer Kommune wurden 316 von 325 Schwangerschaften von den Beamten der Geburtenplanung als unerwünscht eingestuft und abgebrochen.[70]

Noch strengere Vorschriften wurden 1982 eingeführt. Sie richteten sich nicht nur gegen Erwachsene, sondern auch gegen jene Kinder, die ohne staatliche Erlaubnis auf die Welt gekommen waren. Solche Kinder durften nicht länger im Haushalt registriert werden und hatten de facto keinen Anspruch auf Staatsbürgerrechte.[71] Die Menschen wehrten sich dagegen. Auf dem Land versuchten sie, schwangere Frauen zu verstecken, und blockierten in Einzelfällen sogar den Zugang zu ihrem Dorf oder fielen gar über Regierungsvertreter her. Zhao Ziyang meldete sich zur Verteidigung der Maßregel zu Wort: »Manche Kader werden geschlagen und beleidigt, dabei führen sie eine große Aufgabe für das Volk und das Land aus.«[72] Vermutlich erreichten die Zahlen im Jahr 1983 ihren Höhepunkt, als 14,4 Millionen Schwangerschaftsabbrüche vorgenommen wurden, dazu kamen 20,7 Millionen Sterilisierungen und 17,8 Millionen Injektionen von empfängnisverhindernden Mitteln in den Uterus.[73]

Die Maßregel wurde in den folgenden Jahren verfeinert, indem man von brutalem Zwang zu subtileren Überzeugungsmethoden überging. An solchen herrschte gewiss kein Mangel, schon gar nicht in den Städten, wo der Staat die Arbeitsplatzvergabe, Wohnungen, Bildung und Gesundheitsversorgung kontrollierte. In den folgenden Jahrzehnten sollte jeder einzelne Schritt im Leben davon abhängen, ob man die Richtlinie der Geburtenplanung einhielt, von der Beförderung im Beruf bis hin zum Zugang zu einem Krankenhaus. Geburtenkontrolle hieß im Grunde Kontrolle über das Leben.

3 Reform 1982–1984

Der Sparkurs endete offiziell im September 1982 mit dem Zwölften Parteitag. Eine Aufgabe musste aber noch erledigt werden, bevor die »sozialistische Modernisierung« beschleunigt und das Land weiter der Außenwelt geöffnet werden konnte. Wie Deng Xiaoping in seiner Eröffnungsrede erklärte, war es unerlässlich, »sich gegen die Korruption durch dekadente Ideologien von außen« zu wehren. »[Wir werden] es niemals zulassen, dass die bürgerliche Lebensweise sich bei uns breit macht«, fuhr er fort.[1] Ein paar Monate zuvor hatte er vor einer Versammlung militärischer Führer seine Besorgnis über »korrupte, kapitalistische Dinge aus dem Ausland« bekundet, die den Weg in das Land fänden. »Nicht nur im Wirtschaftsbereich, sondern auch auf politischem und kulturellem Gebiet kommen ernste Vergehen vor und finden sich Schwerverbrecher.« Ein massives Vorgehen sei nötig, sowie eine »sozialistische, geistige Zivilisation«, die imstande sei, der Bevölkerung sozialistische Ideale und Disziplin einzuimpfen. Deng wollte Hausputz machen, bevor er Gäste einlud.[2]

Was eine »sozialistische Zivilisation« nun genau ausmachte, blieb unklar. Was jedoch die sozialistische Disziplin anging, so hatte das Regime eine Antwort parat. Im Jahr 1963 hatte Mao Zedong die Nation ermahnt, von Lei Feng zu lernen, einem jungen Soldaten, der sein Leben dem Dienst am Volk gewidmet hatte. Sein Tagebuch wurde posthum veröffentlicht und im ganzen Land intensiv studiert. Der Vorsitzende Mao, so erklärte Lei Feng in seinem Tagebuch, sei ihm in einer Vision erschienen und habe zu ihm gesagt: »Mach deine Sache gut beim Lernen; sei immer loyal gegenüber der Partei, loyal gegenüber dem Volk!« Lei Feng war ein

Vorbild, das nachgeahmt werden sollte, und das Parolen, Plakate, Lieder, Stücke und Spielfilme inspirierte. Es wurden sogar Geschichtenerzähler aufs Land geschickt, um die ungebildeten Dorfbewohner mit Geschichten von seinen selbstlosen Heldentaten und seiner Hingabe zum Vorsitzenden zu erbauen.[3]

Maßgeblichen Anteil an der Propaganda um Lei Feng hatte Hu Yaobang, der Vorsitzende des Jugendverbandes von 1954 bis 1966. Als glühender Anhänger von Marx und Mao hatte Hu den Mitgliedern des Jugendverbandes lange Zeit Nikolai Ostrowskis bolschewistisches Standardwerk *Wie der Stahl gehärtet wurde* empfohlen. Im Jahr 1963 erkannte er das Potenzial, das in Lei Feng steckte, und empfahl ihn in einer Reihe von Artikeln zur Nachahmung, die in der *Chinesischen Jugendzeitung (Zhongguo Quignian Bao)*, dem offiziellen Organ des Jugendverbandes, veröffentlicht wurden.[4]

Im Jahr 1980, wenige Monate nachdem Wei Jingsheng und andere Demokratie-Aktivisten ins Gefängnis gewandert waren, ließ Hu Yaobang seinen Helden wiederauferstehen. Der 5. März wurde zum Lei-Feng-Tag erklärt. Zehntausende junge Menschen marschierten zu Ehren des Soldaten durch die Straßen von Peking und Schanghai. Postkarten, die seine guten Taten verewigten, wurden in Buchhandlungen und auf Postämtern im ganzen Land verkauft. Jeden Tag sangen Schulkinder ein Loblied auf ihn. »Lei Feng heißt alles zum Wohle der anderen, ohne an sich selbst zu denken«, tönte der Propaganda-Apparat. Lei Feng werde, so hoffte das Regime, dem zunehmenden Materialismus der jungen Leute entgegenwirken und sie dazu inspirieren, die aus dem Ausland eingeschmuggelten Radios, Kassettenrekorder, Sonnenbrillen und Jeans abzulehnen.[5]

Lediglich zwei Monate nach Dengs Eröffnungsrede auf dem Zwölften Parteitag tauchte eine neue Reinkarnation Lei Fengs auf, in der Gestalt eines Medizinstudenten, der bei dem Versuch, einen alten Bauern aus einer Jauchegrube zu retten, selbst ums Leben kam. Zhang Hua war eine aktualisierte Version von Lei Feng, spezielle Zeitungskolumnen befassten sich mit seinen Tagebüchern und Schulzeugnissen. Die Botschaft war die gleiche: Hingabe an das Allgemeinwohl anstelle eigennütziger Verfolgung persönlicher Zwecke war das Wahrzeichen des Sozialismus. Es tauchten weitere Vorbilder auf: ein Stahlarbeiter, der seine Quoten zehn Jahre vor dem Plan erfüllte, indem er sein Bettzeug in die Fabrikhalle mitnahm, oder eine Operndiva, die ihre Rolle einer jüngeren Sängerin überließ. Auf dem Nationalen Volkskongress im Dezember 1982 lobte Zhao Ziyang zwei Wissenschaftler, die sich in ihrer selbstlosen Weiterentwicklung der »Vier Modernisierungen« buchstäblich zu Tode gearbeitet hatten. Der marxistische Gelehrte Hu Qiaomu nannte sie den »Stolz und Ruhm« der Kommunistischen Partei Chinas.[6]

Statt die Bevölkerung zu inspirieren, lösten die vorzeitigen Tode dieser Märtyrer allerdings eine seltene und lebhafte Debatte in der Presse aus. Leser erkundigten sich, ob es wirklich erstrebenswert für einen Studenten sei, in einem Jauchefass zu sterben. Andere machten sich über selbstlose Taten lustig.[7]

Noch während der Debatte veröffentlichte Wang Ruoshui, der Vize-Chefredakteur von *Renmin Ribao,* einen Leitartikel über marxistischen Humanismus, eine Denkschule, die nach dem Zweiten Weltkrieg international an Ansehen gewonnen hatte. Ihre Vertreter argumentierten, dass der Marxismus weniger eine Wissenschaft, sondern eher eine Weiterentwicklung der Werte der Aufklärung sei, da er die Notwendigkeit betone, es den Menschen zu ermöglichen, ihre volle Individualität zu entfalten, indem er sie von den Fesseln politischer, wirtschaftlicher und ideologischer Unterdrückung befreie. Statt ein Individuum in einer Diktatur über alle anderen zu erheben, so Wang, gehe der sozialistische Humanismus davon aus, dass »alle vor der Wahrheit und dem Gesetz gleich« seien, weil »die Freiheit und die Würde unantastbar sind«. Wenig später, als die Führung im März 1983 den hundertsten Todestag von Karl Marx feierte, meldete sich ein weiterer führender Theoretiker zu Wort. Als Guru der Propaganda-Abteilung nach 1949 hatte Zhou Yang während einer großen Inquisition einen Schriftsteller nach dem anderen rasch hintereinander ins Gefängnis gesteckt. Auch er fiel jedoch seinem eigenen Meister zum Opfer und wurde während der Kulturrevolution abgesetzt. Als neuer Mensch entschuldigte er sich im November 1979 öffentlich bei seinen Opfern. Am 16. März veröffentlichte Zhou Yang, mit dem Segen Wang Ruoshuis, in *Renmin Ribao* einen Aufsatz über Karl Marx. Marx hatte mit dem Konzept der Entfremdung beschrieben, wie Arbeiter zu reinen Werkzeugen in einem kapitalistischen System werden. Zhou wies darauf hin, dass sich in einem sozialistischen System Menschen unter Umständen ähnlich gesellschaftlich und politisch entfremdet fühlten, während sich die Führer ihrerseits von dem Volk entfremden konnten, das sie eigentlich repräsentieren sollten.[8]

Damit stellte er direkt die »Vier Prinzipien« infrage, die die Partei wenige Monate zuvor in der Verfassung verankert hatte.[9] Hu Qiaomu ging am nächsten Tag zum Angriff über, indem er die Diskussion um den Humanismus als einen Schritt in Richtung »bürgerlicher Liberalisierung« darstellte. Ihm schloss sich Deng Liqun an, ein getreues Parteimitglied, der die Propaganda-Abteilung leitete und für seine heftige Ablehnung von Wirtschaftsreformen bekannt war. Am 13. März zwangen sie Wang Ruoshui, eine Selbstkritik zu schreiben.[10]

Hu Yaobang, die Nummer zwei in der Parteihierarchie, blieb ambivalent. Und auch Deng Xiaoping meldete sich nicht sofort zu Wort, auch wenn er mit wachsender Besorgnis beobachtete, wie Zhou Yangs Worte andere Intellektuelle ermunterten, Fragen über das Wesen des Sozialismus zu stellen.

Deng Xiaoping hatte ein hartes Vorgehen gegen die Kriminalität versprochen, und das hatte Vorrang vor der Debatte über Humanismus. Zuerst griff man wegen Korruption durch, indem harte Strafen bis hin zur Todesstrafe gegen Parteimitglieder verhängt wurden, die des Schmuggels, der Bestechung, des Betrugs, der Steuerhinterziehung, der Veruntreuung und des Diebstahls von Staatseigentum für schuldig befunden wurden. Bis Ende Juli 1983 wurden rund dreißigtausend Parteimitglieder wegen Wirtschaftsverbrechen verurteilt. Einige bekamen, vor laufender Fernsehkamera, eine Kugel in den Kopf. Andere gingen ins Gefängnis oder wurden aus den Reihen der Partei ausgeschlossen. Wie ein Sprecher des Nationalen Volkskongresses verkündete, habe die Öffnung zur Welt es umso notwendiger gemacht, »dem zersetzenden Einfluss der bürgerlichen Ideologie« entgegenzutreten und Wirtschaftsverbrechen auszurotten.[11]

Es folgte eine Kampagne gegen gewöhnliche Kriminelle. In einer Reihe koordinierter Razzien wurden in der ersten Augustwoche Tausende von Verdächtigen verhaftet. Allein in der Hauptstadt wurden in der Nacht des 6. August rund dreitausend Menschen zusammengetrieben und ins Gefängnis gesteckt. Zwei Wochen danach jubelte eine sechzigtausend-köpfige Menge im Arbeiterstadion, als dreißig schuldig gesprochene Räuber, Brandstifter und Mörder, deren kahlgeschorene Schädel von strengen Polizeibeamten nach unten gedrückt wurden, zum Tod verurteilt wurden. Offene Lastwagen brachten sie zur Hinrichtungsstätte. In anderen großen Städten wurden vergleichbar viele Menschen erschossen. In Tanggu, einer Hafenstadt am Golf von Bohai, wurden siebzehn Personen auf einen Hügel in der Nähe der Stadt geführt und vor einer Menge hingerichtet. In einer Stadt am Jangtse wurde eine Frau namens Zhai Manxia hingerichtet, weil sie mit einem Dutzend Partnern Sex gehabt haben soll.[12]

Die mit »Hart durchgreifen« betitelte Kampagne war eine Demonstration der Staatsmacht, die den Gegnern Angst einjagen sollte. In Peking wurden alle Personen, die eines Verbrechens von Diebstahl, Raub und Mord bis hin zu Vergewaltigung verdächtigt wurden, verhaftet; allerdings waren auch einige harmlose Passanten unter den Verhafteten, damit die Behörden auf die erforderliche Zahl kamen. Nur wenige kamen wieder frei, die Mehrheit wurde ins Gefängnis oder in die Verbannung nach Xinjiang geschickt.[13]

Die Kampagne endete rechtzeitig zum Staatsfeiertag am 1. Oktober. In dem Moment, als die Feierlichkeiten zu Ende gingen, wandte sich der Propaganda-Apparat den Ursachen statt den Auswirkungen der Kriminalität zu. Und die Ursachen waren in den dekadenten Ideen aus dem Ausland zu finden. Sonnenbrillen, Jeans, lange Haare, Popsongs: Dies alles waren die äußeren Anzeichen einer um sich greifenden schädlichen Seuche, nämlich des Individualismus.

Nunmehr war die Bühne für Deng Xiaoping vorbereitet, um seine übliche Ermahnung von sich zu geben. Am 12. Oktober 1983, auf der 2. Plenartagung des XII. Zentralkomitees, brachte der Oberste Führer die Kampagne gegen »geistige Verschmutzung« ins Spiel. Schriftsteller und Künstler seien »Ingenieure der menschlichen Seele«, führte er aus und wiederholte damit einen Begriff, den Stalin in den 1930er Jahren benutzt hatte. Ihre Rolle sei es, das Banner des Sozialismus hoch zu halten und die Menschen Vertrauen in die Partei zu lehren und so einen Beitrag zur »großartige[n], herrliche[n] Sache der sozialistischen Modernisierung« zu leisten. Manche hätten stattdessen jedoch die Köpfe der Menschen mit bürgerlichen Ideen verdorben und so die Saat des Zweifels am Sozialismus gesät. Er warnte davor, die Gefahr selbst einer geringfügigen »geistigen Verschmutzung« gering zu schätzen. Ohne radikale Maßnahmen, um sie auszurotten, würden gefährliche Ideen aus dem Ausland immer mehr Menschen dazu verleiten, »den Sozialismus zu kritisieren [...] ihn schließlich völlig zu negieren und die Zuversicht bezüglich der Zukunft des Sozialismus und des Kommunismus zu verlieren. Letztendlich führt das dazu, dass der Sozialismus ebenso hoffnungslos erscheint wie der Kapitalismus.« Etwas Schlimmeres konnte er sich wohl kaum vorstellen.[14]

Mehrere Monate lang tobte die Kampagne gegen »geistige Verschmutzung«. Das Ganze erinnerte an die Kulturrevolution, weil alles angegriffen wurde, das als »bürgerlich« oder »dekadent« erachtet wurde. Bibliotheken räumten umstrittene Bücher aus ihren Regalen, ausländische Filme wurden abgesetzt, und Teehäusern wurde vorgeschrieben, patriotische Lieder anstelle von ausländischen Popsongs zu spielen. In Guangzhou, wo die Nähe zu Hongkong mehr Offenheit als anderswo gefördert hatte, wurden Zuhälter und Prostituierte aufgegriffen, und Soldaten wurde befohlen, die Pin-up-Girls aus ihren Baracken zu entfernen.[15]

Eine unbeabsichtigte Auswirkung der Razzia war, dass sie das Ausmaß der Desillusionierung vom Sozialismus enthüllte. Nicht wenige Parteimitglieder hegten offenbar Zweifel am Marxismus. »Was für ein Mitglied der Kommunistischen Partei ist ein Mitglied, das nicht an den Kommunismus glaubt?«, fragte sich ein Aktivist. Auch an den Universitäten schien die »geistige Verschmutzung« verbreitet. Allein an einer Fakultät der Philosophie hatten sich acht Doktoranden vorgenommen, Karl Marx zu widerlegen. Auch die einfachen Leute schienen von sozialistischen Werten nicht gerade begeistert zu sein. In der Provinz Gansu, Tausende Kilometer im Landesinneren, erklärten junge Eisenbahnarbeiter, sie hätten die Nase voll vom Marxismus-Leninismus und Maoismus. »Ich glaube an das Geld, nicht an den Kommunismus«, platzte einer heraus.[16]

Die Kampagne erwies sich als trügerisch, die Führung als unsicher, sogar gespalten. Die wenigsten wünschten sich eine Rückkehr zu den Hexenjagden der Kulturrevolution. Parteiaktivisten, die den Aufruf zu den Waffen allzu ernst genommen hatten, wurden in die Schranken gewiesen. Zhou Yang zeigte die gebührende Reue und gestand, dass er voreilig gehandelt habe. Wang Ruoshui verlor seinen Posten in der Redaktion von *Renmin Ribao*. Im Januar 1984 wurde die Debatte in aller Stille beendet, nachdem Hu Qiaomu die Frage des Humanismus und der Entfremdung zur Sprache gebracht hatte.[17] Es war an der Zeit, die »sozialistische Modernisierung« zu beschleunigen.

✶

Die ländliche Wirtschaft war nach 1978 aufgeblüht. Doch das Regime, das sich in der Regel nicht scheute, die Vorzüge des sozialistischen Systems dem Rest der Welt anzupreisen, war anfangs eher zurückhaltend geblieben. Es war darauf bedacht gewesen, die Volkskommunen zu stützen, nicht zu untergraben. In dem Moment, als sie zusammenbrachen, änderte sich die Tonlage. Im Jahr 1983 meldete der Propaganda-Apparat einen Rekord nach dem anderen, als auf dem Land immer höhere Erträge erreicht wurden, von Getreide bis zu Baumwolle, Zucker und Speiseöl.[18] Zum ersten Mal wurden wohlhabende Bauern als nachahmenswerte Vorbilder präsentiert. Zeitungen, Rundfunk und Fernsehen erklärten, wie diese Pioniere zu ihrem Geld gekommen waren, manche über Schlangenzucht, andere durch Entenzucht oder den Anbau seltener Heilkräuter. »Reich werden ist ruhmreich«, lautete der neue Wahlspruch.[19]

Der Grund für ihren Erfolg, stellte eine Flut offizieller Stellungnahmen klar, sei das »System der Vertragsverantwortung«, nach dem an einzelne dörfliche Haushalte Verträge vergeben würden. Das wurde zum neuen Patentrezept. Im Jahr 1978 war es staatlichen Unternehmen gestattet worden, einen Teil der Gewinne einzubehalten, ein Experiment, das unterschiedliche Ergebnisse zutage gebracht hatte. Parteisekretäre gaben mit beiden Händen Mittel für den Konsum aus, nicht für die Produktion, und gaben das Defizit einfach an den Staat weiter. Durch das ländliche Vertragssystem inspiriert, führte die Parteispitze im Mai 1984 in sechs Städten eine ähnliche Struktur ein. Sechs Monate später, auf der dritten Plenartagung des Zwölften Parteitags, wurde das System offiziell auf das ganze Land ausgedehnt.

Das neue System führte Verträge auf zwei Ebenen ein. Einerseits wurde ein Vertrag zwischen dem Staat und dem Leiter eines Staatsbetriebs unterschrieben, sodass der Leiter, und nicht der Parteisekretär, mehr Vollmachten bei wirtschaftlichen Entscheidungen wie Produktion, Marketing und Investitionen erhielt. Die Beschäftigten wiederum unterzeichneten einen Vertrag mit ihrem Vorgesetzten, der die Auszahlung von Prämien an deren Leistung knüpfte. Mitarbeiter, die mehr produzierten, bekamen auch höheren Lohn. Der Vertrag verschaffte außerdem den geschäftstüchtigsten Arbeitsteams mehr Spielraum, um den Markt auszuloten. Wie die Bauern auf dem Land konnten sie beschließen, sich aus der zentralen Planung zu verabschieden und Waren und Dienstleistungen ausschließlich für den Markt anzubieten. Das System sollte Unternehmergeist fördern, ohne den staatlichen Besitz der Betriebe zu gefährden. Es ersetzte die »eiserne Reisschale«, nämlich garantiertes Einkommen und Arbeitsplatzsicherheit, durch Porzellan.[20]

Das Vertragssystem wurde ein Jahr, nachdem sich die Regierung an einem neuen Steuersystem versucht hatte, eingeführt. Um die Belastung für die zentrale Staatskasse zu lindern, mussten im Jahr 1983 Staatsbetriebe Steuern zahlen, statt einen Anteil der Gewinne zu behalten. Außerdem lief ihre Finanzierung nunmehr über Bankkredite, anstelle von Regierungsdarlehen. Das neue Steuersystem wurde eilig verabschiedet, weil der Staat beobachtet hatte, wie sein Budget über die Jahre abgenommen hatte und er dringend stabile Einnahmen brauchte.[21] Der Schuss ging nach hinten los, denn selbst gewinnbringend arbeitende Unternehmen frisierten die Bücher, um anstelle eines Gewinns, auf den Steuern gezahlt werden mussten, einen Verlust auszuweisen. Manche zahlten, entgegen aller strengen Ermahnungen aus Peking, ihren Arbeitern Prämien, um die eigene Verschuldung zu erhöhen, während andere schlicht versuchten, ihre Gewinne zu verschleiern. In Taizhou verkaufte eine Radiofabrik ihre Produkte zu einem großzügigen Rabatt an die lokalen Regierungsmitarbeiter. Wie das Handelsministerium nach der Inspizierung von 2500 Betrieben erklärte, waren Hunderte Millionen von Yuan in einem gezielten Versuch, den Staat zu hintergehen, nicht verbucht worden. Eine gängige Praxis war, eine »Kriegskasse« mit verdeckten Geldmitteln zu gründen.[22]

Ende 1983 wurden die Direktoren von defizitär arbeitenden Unternehmen gezwungen, sich zu einer gewinnorientierten Produktion zu verpflichten. In einer öffentlichen Zeremonie in der Provinz Heilongjiang, der Industriehochburg des Landes, wurden die Direktoren der 22 größten, mit Verlusten arbeitenden Fabriken versammelt und gezwungen, einen Eid zu unterschreiben. Sie wirkten mürrisch, während die Medien im Zusammenhang mit der Kampagne gar von »militärischen Befehlen, auf Leben und Tod zu kämpfen«. sprachen. Einige wurden sogar entlassen. Doch die Betrügerei ließ nicht nach.[23] Ein Ausweg kam, allem Anschein nach, vom Land. Wie Zhao Ziyang im Sommer 1984 meinte: »Wir müssen die lebenswichtigen Maßnahmen der Wirtschaftsreform auf dem Land auf die Betriebe in den Städten übertragen.«[24]

Das Vertragssystem hatte, abgesehen von einer größeren Flexibilität, das Ziel, ein höheres Wachstum zu erreichen. Es ging nicht darum, den Grad der Entwicklung zu verbessern. Im Jahr 1977 hatte die Führung, die es schon seit langem gewohnt war, über Quoten und Ziele zu regieren, Zhou Enlais Ziel eines Umbaus der Nation zu einer führenden Industriemacht bis zum Ende des Jahrhunderts in die Parteisatzung aufgenommen. Drei Jahre Sparkurs hatten zwar bewusst das Wachstum gebremst, doch im Jahr 1982 verlieh Deng Xiaoping dem Ziel Zhou Enlais neue Stoßkraft, indem er andeutete, dass das Volumen der Volkswirtschaft bis zum Jahr 2000 vervierfacht werden solle. Als man sie fragte, ein wie hohes Wachstum dieses Ziel impliziere, reagierten Zhao Ziyang und Yao Yilin unsicher. Hu Yaobang war jedoch besser vorbereitet und erklärte, dass dafür eine durchschnittliche Wachstumsrate von 7,2 Prozent erforderlich sei. Deng fuchtelte mit der Hand und legte es auf sieben Prozent fest.[25]

So lautete das Ziel, und entsprechende Quoten wurden an die Staatsbetriebe ausgegeben. Weil das Vertragssystem es ihnen gestattete, ihren Überschuss zu behalten und auf dem Markt zu verkaufen, begannen ganze Regionen, von Kreisen bis hin zu ganzen Provinzen, miteinander zu wetteifern, um das Ziel vorzeitig zu erreichen.[26] Das Ergebnis war ein rasanter Anstieg des Wachstums, der fast schon wie ein Wunder wirkte. Das Wachstum der Industrieproduktion schnellte von knapp über zehn Prozent im Jahr 1983 auf weit über fünfzehn Prozent 1984 und erreichte 1985 gar atemberaubende zweiundzwanzig Prozent, zumindest laut offizieller Statistiken.[27]

Es sah wie eine Wiederholung des ersten Inflationszyklus von 1978 bis 1982 aus, doch diesmal spielten die Banken eine ganz andere Rolle. In einer Planwirtschaft treten Banken lediglich als Geldgeber auf, indem sie Mittel für vom Staat ausgearbeitete Wirtschaftsprogramme zur Verfügung stellen. Neben der Zentralbank, der sogenannten Chinesischen Volksbank, gab es vier spezialisierte Banken, die ebenfalls dem Staat gehörten, aber jeweils einen eigenen Zuständigkeitsbereich hatten: die »Agrarbank von China«, die »Industrie- und Handelsbank von China«, die »Baubank von China« und die »Bank von China«. Nachdem Peking ihnen mehr Autonomie eingeräumt hatte, erhöhten alle vier ihre Kreditlimits. Um eine breitere Basis zu sichern, legten sie höhere Kreditziele für ihre Filialen im ganzen Land fest. Die Geldmenge stieg sprungartig um vierzig bis fünfzig Prozent.[28] Die Inflation lag im Jahr 1984 bei dreiundzwanzig Prozent.[29]

Allein in der Provinz Henan hatten die vier spezialisierten Banken einem internen Bericht zufolge »endlos« Geld verliehen. Die Industrie- und Handelsbank von China stellte innerhalb von sechs Monaten eine Viertelmilliarde Yuan zur Verfügung. Ein Schneeballsystem kristallisierte sich heraus, da die Banken nicht länger auf Einlagen angewiesen waren, sondern anfingen, sich gegenseitig Kredite zu vergeben. »Die spezialisierten Banken vergeben untereinander kurzfristige Darlehen mit Tageszinssätzen, wobei sie auf jeder Ebene unaufhörlich einen höheren Zinssatz einfordern.« In der Provinzhauptstadt Zhengzhou, wo zwei große Eisenbahnbrücken den Gelben Fluss überqueren, vergab eine Filiale der Baubank ein Darlehen an eine Filiale der Industrie- und Handelsbank, die dieses wiederum der Agrarbank zur Verfügung stellte. Dort wurden die Darlehen erneut neu gebündelt und an Filialen auf dem Land verteilt. Strohfirmen und Treuhandstellen nutzten offenbar die Vorteile leichter Kredite. In der Provinz Jilin erhielt eine Kette von 47 Treuhandgesellschaften von den staatlichen Banken mehr als 300 Millionen Yuan, die dann auf der Hierarchie nach unten für den Kauf von Rohmaterialen oder Konsumgütern weiterverliehen wurden. Zu ihren Kunden gehörte die Stadtverwaltung von Changchun, der Provinzhauptstadt.[30]

Hinzu kam eine weitere Schwierigkeit, eine, die das Bankwesen in den kommenden Jahrzehnten noch lange beschäftigen sollte. Keine Diktatur konnte sich jemals nur eines einzigen Diktators rühmen: Es gab immer mehrere. Das war das sogenannte »Führerprinzip«: Ein Führer stand an der Spitze, aber auf jeder Ebene der Parteihierarchie gab es jemanden, von dem erwartet wurde, dass er die Führung übernahm. Banken gehörten dem Staat, aber lokale Banken hatten keine andere Wahl, als dem Diktat ihrer lokalen Verwaltung Folge zu leisten. Die Verwaltungen wiederum unterstützten lokale Unternehmen und bemühten sich noch allgemeiner darum, so viel wie möglich aus dem Bankwesen herauszuholen, weil sie wussten, dass die Zentralregierung ihnen im Zweifelsfall aus der Klemme helfen würde. In Huangshi, in der Provinz Hubei, häufte ein Staatsbetrieb, der Glühbirnen produzierte, einen Schuldenberg von einer halben Million Yuan an, während er einen unverkauften Bestand im Wert von drei Millionen Yuan auf Lager hielt. Als sich die Bank weigerte, ein weiteres Darlehen zu gewähren, intervenierte der Parteisekretär der Stadtverwaltung und kritisierte den Bankdirektor scharf, weil er sich der »Wirtschaftsreform« widersetze.[31]

Im alten System versuchten Staatsbetriebe noch, ihre Darlehen von staatlichen Banken zurückzuzahlen. Aber nach dem Vertragssystem trat eine neue Brut von Direktoren auf den Plan, die sich weigerte, ausstehende Schulden zu tilgen. Eine Bettlakenfabrik in Wuhan hatte im Jahr 1985 Verluste in Höhe von 1,5 Millionen Yuan angehäuft. Der neue Eigentümer übernahm den Auftrag, aber nicht die Schulden. Damit war er keineswegs allein. Als die Behörden 71 staatliche Unternehmen in der Provinz Hubei prüften, entdeckten sie, dass die meisten von ihnen die Rückzahlung ausstehender Darlehen verschleppt hatten; die Zahlungsrückstände beliefen sich auf insgesamt 210 Millionen Yuan. Oberste Priorität hatte für einen Direktor die eigene Person, gefolgt von den Arbeitern und dann der Steuer. Die Bank kam ganz unten auf der Rangliste. Einige neue Direktoren waren großzügig, denn das Geld gehörte ja nicht ihnen. In Yichang, unweit der Drei Schluchten am Jangtse-Fluss, fielen bei einer Lebensmittelverarbeitungsfabrik die Gewinne um 12 Prozent, sie erhöhte aber dennoch die Gehälter um 87 Prozent.[32]

Ende 1986 stützten sich die Staatsbetriebe in der ganzen Provinz Hubei auf Darlehen in Höhe von zehn Milliarden Yuan. Wenn man ländliche Unternehmen mit einbezog, verdreifachte sich die Summe. Dabei übertraf der Anstieg des Betriebskapitals, insgesamt 35 Prozent, bei weitem den Anstieg der Produktion, der lediglich 9,7 Prozent betrug. Alle zusätzlich in Wirtschaftsgüter investierten 100 Yuan erzeugten lediglich 97,11 Yuan. Der landesweite Durchschnitt lag bei 100,14 Yuan. Zugegeben, das war ein Fortschritt gegenüber 1984, als das Betriebskapital in Hubei um 60 Prozent, die Produktion jedoch nur um 15 Prozent gestiegen war.[33] Mit anderen Worten, das industrielle Wachstum schien beeindruckend, beruhte jedoch auf einer enormen Erweiterung des Kapitals und der Beschäftigung. Die leichten Produktivitätsgewinne, durch die sich nach Jahrzehnten der Stagnation Anfang der 1980er Jahre schlagartig die Lage verbessert hatte, waren vorüber.[34] Wang Renzhong, der Vize-Vorsitzende des Nationalen Volkskongresses, drückte es bei einem Treffen mit Erich Honecker, dem Parteichef Ost-Deutschlands, prägnant aus: »Wir verbrauchen mehr als wir produzieren.«[35]

Da sowohl die Parteiführung als auch die Betriebsdirektoren hohe Wachstumsziele anstrebten, setzte sich Quantität vor Qualität durch. Anders gesagt, die Produkte waren häufig minderwertig und fanden kaum Käufer. In Hubei verstaubten 1986 schätzungsweise Waren im Wert von 1,7 Milliarden Yuan in den Lagerhallen.[36] Landesweit waren allein bei Elektrogeräten Waren im Wert von 25,5 Milliarden Yuan bis Ende 1984 abgeschrieben worden. Ein durchschnittlicher Fabrikarbeiter verdiente fünfzig Yuan im Monat.[37]

Die Qualität ließ nicht zuletzt wegen der Art und Weise, wie die Produktion kalkuliert wurde, zu wünschen übrig. Das Regime benutzte eine sowjetische Methode aus dem Jahr 1929, wonach der Wert nicht auf der Grundlage der verkauften Waren eines Unternehmens ermittelt wurde, sondern auf der Grundlage der materiellen Produktion, multipliziert mit dem offiziellen Preis, unabhängig von den Verkaufszahlen. Allein die Menge zählte, nicht der Wert. Im Jahr 1987 stießen die Eisenwerke des Landes beispielsweise fünfzig Millionen Tonnen Stahl aus, von denen allerdings nur fünf Millionen Tonnen einsatztauglich waren. China musste zwanzig Millionen Tonnen importieren, um das Problem zu beheben. Ein Aufblähen der Produktionsmenge führte häufig nicht zu höhrerem Vermögen, sondern zu noch größerer Verschwendung kostbarer Rohstoffe.[38]

Während der Ertrag häufig problematisch war, wurden kostspielige Ressourcen verbraucht. Staatsbetriebe wetteiferten nicht nur mit anderen Staatsbetrieben um Rohstoffe, sondern auch mit den Dorffabriken, die auf dem Land aufblühten. Staatliche Agenten durchkämmten das Land, suchten in immer größerer Entfernung von Zuhause nach zusätzlichen Ressourcen und trieben die Preise in die Höhe. Ein enormes strukturelles Ungleichgewicht zwischen dem armen Hinterland und den weniger verarmten Regionen entlang der Küste verschärfte sich. In Gansu, der Hauptstadt von Lanzhou, boten Kaufhäuser eine bessere Auswahl an

Produkten als zuvor an. Doch ein großer Teil dieser Fertigwaren, die mit Rohstoffen aus der Region hergestellt worden waren, kam aus Fabriken an der Küste in rund zweitausend Kilometern Entfernung. Die Provinz war zwar arm, doch in der Vergangenheit hatte es nie an Leder gemangelt, weder an echtem noch an Kunstleder. Nun aber konnten lokale Gerbereien nicht länger mit den Preisen mithalten, die von staatlichen Beschaffungsvertretern gezahlt wurden, deren Fabriken massiv subventioniert wurden. Das Gleiche galt für Lebensmittel, weil sogar einfache lokale Produkte wie Sojamilch oder Bohnenpaste kaum aufzutreiben waren.[39]

Einige Staatsbetriebe an der Küste waren geschäftstüchtiger, allerdings nicht unbedingt effizienter. Das Vertragssystem hatte nicht zuletzt zum Ziel, mehr als vierhunderttausend Staatsunternehmen zu modernisieren, deren aufgeblähter Betrieb häufig unter massiven Defiziten lief, wobei eine Inkompetenz die andere jagte. Alle boten kostenlose Gesundheitsversorgung, Bildung, Unterkunft und Unterhaltung an. Ein paar wenige Monsterbetriebe hatten sogar eigene Fernsehsender, Krankenhäuser und bisweilen auch eine Universität. Auch wenn Fabrikdirektoren einen größeren Spielraum als zuvor hatten, konnten sie keine Beschäftigten entlassen. Da es keine Maßnahmen gegen Bankrott gab, nutzten einige ihre vergrößerte Autonomie, um die Investitionen und den Arbeiterlohn zu erhöhen, ohne Rücksicht auf Effizienz oder Produktivität. Nach eigenen Angaben von Zhao Ziyang stiegen die Löhne 1984 im ganzen Land, Zuschüsse und Prämien mitgerechnet, um 22,3 Prozent, eine Quote, die weit über der Produktionssteigerung lag. Im ersten Viertel von 1985 stiegen sie erneut um 35 Prozent.[40] In manchen Fällen verringerte die Reform sogar die Leistung, aufgrund kostspieliger Importe, ›Mangel an qualifizierten Arbeitskräften und Beschränkungen bei Rohstoffen und Energie. In Tianjin hatten Ende 1985 massive Energie-Engpässe zur Folge, dass für jeweils fünf Fabriken, die noch in Betrieb waren, zwei andere vorübergehend die Produktion einstellen mussten.[41]

Tianjin war nach Schanghai und Peking die drittgrößte Stadt des Landes, ein Industriegigant am Zusammenfluss des alten Großen Kanals und des Flusses Hai, der in den Golf von Boai mündet. Ein Bericht des städtischen Parteikomitees stellte jedoch fest: »Momentan nimmt die Qualität ziemlich vieler Fabrikprodukte ab, und die Effizienz sinkt, während die Verluste steigen und die Ausschussquote gravierend ist.« Nur fünf Prozent der städtischen Staatsbetriebe erwirtschafteten die Hälfte der Gesamtgewinne. Die Lage in Schanghai war kaum besser.[42]

Im ganzen Land wurden die Anordnungen zum Vertragssystem auf den Prüfstand gestellt. In Shashi, einer pulsierenden Stadt am Jangtsekiang, zeigten allerdings sowohl Arbeiter als auch Kader dafür kein Verständnis. Sie wiesen darauf hin, dass der Staat doch weiterhin auf jeder Ebene die Kontrolle behielt: »Sie reden über die Delegierung der Macht, dabei bleiben ihre Hände fest am Ruder.« Ihr Urteil war hart: Das war alter Wein in neuen Schläuchen, oder, um eine lokale Redewendung zu verwenden: »ein anderes Gebräu aus der gleichen Medizin gebraut«.[43]

✶

Ganz ähnlich wie die Dorfbewohner ein Geschick entwickelten, sich der staatlichen Kontrolle zu entziehen, blühten während der Kulturrevolution in den Städten einzelne Unternehmer regelrecht auf. Schon lange vor Maos Tod gingen in den Städten wie auf dem Land Schiebereien Hand in Hand. In Schanghai, das nominell fest in der Hand der Viererbande war, strömte im Jahr 1975 eine gleichsam unendliche Zahl privater Verkäufer in die Stadt und bot Produkte vom Land an. Banden verkauften Kohle, Holz und Kupfer und machten dabei dreifachen Gewinn, indem sie die Preisunterschiede zwischen Schanghai und Hangzhou ausnutzten. Die Marktaufseher waren machtlos: »Sie laufen auseinander, wenn man eingreift, aber sobald man weg ist, kommen sie wieder zusammen.« Manchmal wurden Regierungsvertreter, die intervenieren wollten, zur Rede gestellt, massiv bedroht oder hier und da auch verprügelt.[44]

Alleine das Produkt Popcorn lockte rund 350 über die ganze Stadt verteilte Verkäufer an, wobei jeder bis zu zehn Yuan täglich verdiente. Als der Verkauf von Kohle eingeschränkt wurde, kauften die Leute sie stattdessen auf dem Schwarzmarkt. Ein lokaler Beamter beauftragte seine Frau, Rohstoffe aufzutreiben, während er seiner dreizehnjährigen Tochter beibrachte, »wie man Handel treibt«.[45]

Ende 1976 gab es in Schanghai mehr als vierzig Schwarzmärkte, die kleineren nicht mitgerechnet, die spontan vor Kaufhäusern, in Untergrundpassagen oder in der Nähe von Fabriktoren auftauchten. Ein Schwarzmarkt befand sich vor dem »Grand Cinema«, einem architektonischen Juwel mit einer ausladenden Marmortreppe, das 1928 von einem ungarischen Architekten gebaut worden war. Ein anderer wurde vor den Augen der Behörden auf dem Volksplatz betrieben, einem weitläufigen Platz, wo früher eine Pferderennhalle gestanden hatte. Ein dritter Markt befand sich an der Stelle des Jing'an-Tempels, der auf dem Höhepunkt der Kulturrevolution niedergerissen und in eine Plastikfabrik umgebaut worden war. Manche Märkte lockten Hunderte von Kleinhändlern an, die jede erdenkliche Ware anboten, von Speiseöl, Getreide, Seife und Spielwaren bis hin zu Kochbüchern und anstößigen Bildern. Enorme Mengen, so schwer der Umfang auch zu schätzen war, wechselten ihre Besitzer, zum Beispiel über zwei Millionen Schachteln Zigaretten.[46]

Nicht alle Kleinhändler waren illegal. Nach 1949 war es einer kleinen Personenzahl gestattet worden, ihr privates Gewerbe fortzusetzen, etwa die Reparatur von Fahrrädern, der Verkauf von heißem Wasser, die Anfertigung von Spielzeug in Heimarbeit, der Betrieb eines kleinen Lokals oder eines Kiosks. Man nannte sie »individuelle Haushalte« *(getihu),* weil jede Person nach einem Haushaltregistrierungssystem klassifiziert wurde. Der Staat überwachte und kontrollierte deren Tätigkeit streng, ging bisweilen auch gegen sie vor. Sie wurden als »Kapitalisten« beschimpft, und ihre Zahl wurde noch stärker begrenzt. Vor der Kulturrevolution waren in Schanghai rund 34 000 Einzelhändler offiziell geduldet worden, aber bis 1976 hatten sich nur 13 000 gehalten.[47]

Sie erfüllten eine wichtige Funktion, da der Staat auch nach mehreren Jahrzehnten des Sozialismus immer noch nicht imstande war, auch nur den Grundbedarf seiner Untergebenen an Ausstattungen zu decken. Als während der Kulturrevolution die Zahl der Kleinhändler abnahm, hatten viele Menschen keinen Zugang zu heißem Wasser mehr. Im Jahr 1977 hatte eine Straße mit mehr als achtzigtausend Bewohnern nur drei staatliche Geschäfte, die allesamt schlecht ausgestattet waren. Ohne die Straßenhändler mussten die Leute eine halbe Stunde Fußweg zurücklegen, um Vorräte zu kaufen. Bei anderen Dienstleistungen, sei es ein Haarschnitt, das Waschen schmutziger Wäsche oder eine kleine Reparatur, ergab sich ein ähnliches Bild. Für einfache Leute wurde schon eine simple Transaktion zu einer schweren Bürde.[48]

Die meisten Einzelhändler mit einer offiziellen Erlaubnis waren über sechzig Jahre alt. Im Stadtbezirk Hongkou hatte sich ein 87-Jähriger hartnäckig an seinen Job geklammert, ungeachtet aller Kampagnen zur »Abschaffung des Kapitalismus« und aller Versuche, aus ihm einen Beschäftigten des Staates zu machen. Viele Menschen litten unter Diskriminierung, sprich: Die staatlichen Institutionen, auf die sie wegen der Rohmaterialien angewiesen waren, behandelten sie schlecht. Die Schwarzhändler sprangen in die Bresche.[49]

Nach dem Sturz der Viererbande wurden die Einzelhändler ermuntert, sich zu registrieren. Private Unternehmen, die als Familienbetriebe mit mehr als acht Beschäftigten definiert wurden, wurden ebenfalls geduldet. Wegen unzähliger Beschränkungen und endloser bürokratischer Hürden blieb ihre offizielle Zahl niedrig. Als der Bürgermeister von Shenyang, einer großen, verschmutzten Stadt im nördlichen industriellen Kernland, 1980 den illegalen Händlern schrittweise erlaubte, dreißig Schwarzmärkte zu betreiben, um ihre Waren öffentlich zu verkaufen, wurde das als eine kleine Revolution gefeiert.[50] Der Widerstand war noch nicht vorbei, und viele Städte im ganzen Land untersagten es immer noch offiziell den Kleinhändlern, ländliche Produkte auf den Markt zu bringen, weil sie auf einer staatlichen Kontrolle über den gesamten Handel bestanden. Bis 1983 galt das für Chengdu, eine Großstadt im Zentrum der Provinz Sichuan.[51]

Viele private Händler bewegten sich deshalb weiterhin in einer gesetzlichen Grauzone. In Schanghai kam 1986 auf jeden registrierten Kleinhändler ein illegaler. Sie waren überall, Straßenhändler errichteten rund siebzehntausend Stände an Straßenecken und auf Bürgersteigen. Ein von der Stadt beschäftigter Erbsenzähler schätzte, dass sie 8,7 Prozent der gesamten Straßenfläche in Beschlag nahmen. Einige dieser Bauten blieben dauerhaft stehen.[52]

Anderswo war die Lage ähnlich, und viele Städte kehrten, mit oder ohne offizielle Genehmigung, zu ihrer kommerziellen Vergangenheit zurück, als hätte es die vergangenen dreißig Jahre nie gegeben. Kaum ein Ort blühte stärker auf als Wenzhou, eine Hafenstadt am Ostchinesischen Meer, umgeben von blaugrünen Hügeln, wo man Produkte aus dem Hinterland – Tabak, Tee, Kokosfaser, Papierschirme, Bambus und Porzellan – traditionell auf Flößen und Dschunken über den Fluss transportiert hatte. Hier wurde es gesammelt und entlang der Küste oder in Übersee weiterverkauft. Wie in anderen Städten waren auch in Wenzhou die privaten

Händler nie ganz verschwunden, doch nach 1976 schnellte deren Zahl auf elftausend hoch. Die Stadt unternahm ein paar halbherzige Versuche, die Flut aufzuhalten, beschloss aber nach 1978, mit der Strömung zu schwimmen. Hinter beeindruckenden Herrenhäusern, die vor der Befreiung lokale Kaufleute gebaut hatten, betrieben Unternehmer in einem Labyrinth aus Innenhöfen und Tempeln von ihren Häusern aus Kleinunternehmen, indem sie Kleider nähten, Eisentöpfe gossen oder Schirme flickten. Ihre Waren quollen auf den Bürgersteig über, im Wettstreit um den Platz mit Dorfhändlern, die Kisten voller Gemüse in die Stadt gebracht hatten.[53]

Im Jahr 1983 hatte der private Sektor in Wenzhou mehr als viertausend Unternehmen vorzuweisen, die über vierzig Prozent der gesamten Wirtschaftstätigkeit ausmachten. »Alle paar Schritte gibt es einen Laden«, hieß es in einem Bericht. In manchen Fällen waren Fabrikarbeiter zu sehr mit dem Betreiben eines privaten Unternehmens von Zuhause aus beschäftigt, um noch zur Arbeit zu erscheinen. Staatliche Betriebe taten sich schwer, damit zu konkurrieren, und erfüllten prompt nicht ihre Planziele.[54]

Wenzhou, eine Stadt mit dreihunderttausend Einwohnern, fiel Peking ins Auge. Am 1. Dezember 1985 kam Zhao Ziyang in die Stadt und hielt eine Rede. Er erklärte, dass der Kapitalismus langfristig unter dem Volk Widersprüche hervorrufen werde, die unter Umständen soziale Instabilität verursachen und damit wiederum politische Unruhen auslösen könnten. Deshalb sei es unerlässlich, den staatlichen Sektor zu stärken und die Kollektivwirtschaft zu fördern. Hu Qiaomu kam nur wenige Wochen später in die Stadt und machte deutlich, dass die Parteispitze den privaten Sektor an einem kleinen Ort wie Wenzhou ausnahmsweise tolerieren könne. Sollte das gleiche Experiment aber in der ganzen Provinz Zhejiang vonstatten gehen, so wäre das ein Problem: »China wäre dann kein sozialistisches Land mehr, es würde ein kapitalistisches Land werden. [...] Es muss Beschränkungen geben«, schloss er.[55]

Landesweit galten weiterhin Obergrenzen für private Unternehmer, mit eingeschränktem Zugang zu Kapital, Ressourcen, Energie und Transportmitteln, die allesamt vom Staat kontrolliert wurden. Die Lösung in Wenzhou und anderen Orten bestand darin, ein »abhängiges Unternehmen« zu werden, indem man vorgab, Teil eines Kollektivs zu sein, und unter der Flagge des staatlichen Besitzes den Betrieb weiterführte. Ein privates Gewerbe zahlte einem staatlichen Unternehmen oder einer militärischen Einheit eine Gebühr dafür, dass es deren Namen, Briefpapier und Bankverbindung nutzte. Nach einer beliebten Redensart konnten sich derartige Scheinkollektive »in den kühlen Schatten eines großen Baums legen«, sprich: Sie nutzten ihre Beziehungen zu einer einflussreicheren staatlichen Einheit, um zu vermeiden, dass sie zum Gegenstand einer offiziellen Ermittlung wurden.[56] Da diese Unternehmen auch über ihre größeren staatlichen Repräsentanten Steuern zahlten, förderten einige lokale Verwaltungen stillschweigend diese Praxis.

Ob sie nun ganz unabhängig oder lediglich abhängig waren, private Unternehmen blühten nach 1984 auf. Das Vertragssystem gestattete es einem Betriebsleiter, einen Auftrag an eines der erfolgreicheren Arbeitsteams zu vergeben, die den Markt auskundschaften konnten, sobald sie ihre staatliche Quote erfüllt hatten. Eine unbeabsichtigte Folge dieses Geflechts von Verträgen und Subverträgen war, dass sich einerseits ein privater Betrieb leichter mit einer staatlichen Einheit verbinden konnte, während andererseits eine staatliche Einheit leichter zu einem privaten Unternehmen werden konnte, bis auf den Namen.

Die Folge war ein blühender Schwarzmarkt, weil staatliche Einheiten mit abhängigen Unternehmen zusammenarbeiteten, um das Preissystem auszunutzen. Auf jeder Ebene existierten zwei Preise: ein Festpreis für Rohmaterialien wie Bauholz, Baumwolle, Tabak, Stahl und Zement, den staatliche Unternehmen brauchten, um ihre Produktionsziele zu erreichen, während die gleichen Materialien auf dem offenen Markt einen höheren Preis erzielten. Staatliche Einheiten gaben ihre Vorräte gegen eine Gebühr an ihre abhängigen Betriebe weiter. Der Staat zahlte auch seinen eigenen Unternehmen einen Festpreis für Fertigwaren und gestattete es ihnen zugleich, alle Überschüsse über die Quote hinaus auf dem offenen Markt zu verkaufen. Auch hier arbeiteten privater und öffentlicher Sektor Hand in Hand, um auf Kosten des Staates schnelle Profite einzustreichen. Allein in der Provinz Hubei tauchten nach 1984 mehr als achttausend zwielichtige Unternehmen auf, von denen viele im Namen staatlicher Einheiten und der von diesen abhängigen Privatbetriebe mauschelten. Wie die lokalen Behörden selbst feststellten, war in vielen Fällen »die Unterscheidung zwischen Regierung und Unternehmen nicht klar«.[57]

Der Unterschied zwischen privatem, kollektiven oder staatlichem Besitz wurde ebenfalls verwischt. Über Nacht konnte man kollektive Vermögenswerte erwerben und an die Mitglieder einer staatlichen Einheit verteilen: Nominell waren sie nunmehr »Eigentum des Volkes«, das sie auf dem Markt verkaufte.[58] Überbleibsel der Kommandowirtschaft, kombiniert mit »ausgewählten, pasteurisierten, partiellen, zerstückelten, beschnittenen und unzusammenhängenden Teilen der Markt- und Privateigentumspolitik«, wie ein Wirtschaftsexperte es ausdrückte.[59] Das Ergebnis war nicht etwa ein gemischtes System, sondern ein durcheinandergeratenes: ein »verworrenes Wirtschaftssystem«, wie Liu Guoguang, Professor für Wirtschaftswissenschaft und stellvertretendes Mitglied des Zentralkomitees, es euphemistisch bezeichnete.[60]

Wie immer die Eigentumsstruktur aussah, am stärksten wirkte sie sich auf den Einzelhandel, die Gastronomie, Dienstleistungen und den Transport aus. In manchen Städten gelang es privaten Unternehmern, schrittweise die Lebensumstände einfacher Menschen zu verbessern, indem sie einen Friseursalon, eine Fahrradwerkstatt, eine Imbissbude oder ein Transportgeschäft betrieben. In anderen hingegen beschlossen staatliche Direktoren, dass der tertiäre Sektor nicht lukrativ genug arbeite, und ließen ihn weiter verkümmern, während nur wenige private Haushalte in die Bresche sprangen. In Nanjing, um nur ein Beispiel zu nennen, ging die Zahl der Werkstätten und Badehäuser zwischen 1983 und 1985 erheblich zurück, sodass in Stadtbezirken mit Zehntausenden Bewohnern kein einziger Friseur zu finden war.[61]

Selbst in Städten wie Schanghai, wo private Händler florierten, wurden ihre Bemühungen durch einen proportionalen Rückgang der staatlichen Unterstützung für öffentliche Dienste zunichte gemacht. Die Kantinen, in denen die große Mehrheit der Arbeiter speiste, wurden vernachlässigt. Viele hatten undichte Dächer: »Wenn es draußen regnet, tröpfelt es drinnen«, stellte ein Inspektor fest. Manche hatten keinen Brennstoff und verbrannten stattdessen Schutt und Müll.[62] Die Infrastruktur zerfiel; in den älteren Stadtteilen stammte die Kanalisation noch aus der Zeit vor 1949.[63] Und ob private Haushalte nun geduldet waren oder nicht, den wenigsten gelang es jemals, »reich zu werden«. Die meisten erlebten in irgendeiner Form eine Schikane seitens der staatlichen Vertreter wie etwa durch Marktinspektoren, Polizeibeamte oder lokale Funktionäre, die sich meldeten, um ihren Anteil zu kassieren.

Trotz des allmählichen Wandels waren noch im Jahr 1987 lediglich zweiundzwanzig Millionen Personen, bei einer Bevölkerung von über einer Milliarde, offiziell als privat Beschäftigte registriert. Davon waren fünfzehn Millionen auf dem Land angesiedelt, wo allein die Dorfbetriebe insgesamt rund neunzig Millionen Menschen beschäftigten. Selbst wenn manchen Schätzungen zufolge die Hälfte aller privaten Betriebe ihre Tätigkeit unter der Hand abwickelte, machten sie doch nur einen bescheidenen Anteil an der Gesamtwirtschaft aus.[64]

Wie der Vize-Bürgermeister von Wenzhou im Jahr 1987 einräumte, blieb der private Sektor in großen Metropolen wie Wuhan, Shenyang und Peking klein, in manchen Städten existierte er fast gar nicht. In Wenzhou, der »Brutstätte des Kapitalismus«, gingen zwei Drittel der städtischen Einnahmen von Staatsbetrieben ein: »Wir sitzen im Boot des Staatseigentums: Wenn das Boot sinkt, dann gehen auch wir unter.«[65]

★

Im Januar 1984 stattete Deng Xiaoping Shum Chun einen Überraschungsbesuch ab. Vor den Augen von Millionen Zuschauern im Staatsfernsehen machte er eine Tour durch die Stadt, inspizierte eine Elektronikfabrik und hörte sich einen Bericht des Bürgermeisters an. Er nickte beifällig und erklärte feierlich: »Unsere Linie, Sonderwirtschaftszonen einzurichten, ist richtig.«[66]

Vor seinem Besuch hatten viele die Stadt als einen ideologisch verdächtigen Fall angesehen, die in einer kapitalistischen Grauzone operierte. Im Dezember 1980 hatten Zhao Ziyang, Wan Li, Yao Yilin und Gu Mu eine Sondersitzung geleitet, auf der sie warnten: »Wir dürfen nicht zulassen, dass sich das Land im Kapitalismus auflöst.« Sie attackierten »feindliche ausländische Kräfte« in den Vereinigten Staaten und Hongkong, weil sie angeblich versuchten, »aus Guangdong ein Hongkong zu machen«. »Was wir einrichten«, erklärten sie, »sind Sonderwirtschaftszonen, keine Sonderpolitikzonen.« Wenige Wochen später verkündete Chen Yun unerbittlich: »Ausländische Kapitalisten sind auch Kapitalisten.«[67]

Shum Chun, besser bekannt als Shenzhen, kam rasch zu großem Ruhm, als Dengs ausdrückliche Billigung im ganzen Land über Rundfunk, Presse und Fernsehen verbreitet wurde. Ganz ähnlich wie Dazhai ein Jahrzehnt zuvor ein Magnet für viele tausend Parteidelegierte gewesen war, die unbedingt die revolutionären Lektionen der Autarkie verinnerlichen wollten, wurde Shenzhen nunmehr zu einem Mekka für Parteifunktionäre, die von den Erfahrungen der Stadt beim Anlocken ausländischen Kapitals und Technologie lernen wollten. Allein die Stadt Tianjin entsandte fünftausend Vertreter zur Beobachtung. Der massive Zustrom von Besuchern überrollte Shenzhen geradezu, auch wenn sehr viele Delegierte Berichten zufolge lieber einkaufen gingen, statt sich Vorträge anzuhören.[68]

Noch im Jahr 1976 war Shenzhen nur ein verschlafenes Provinznest mit gut dreißigtausend Einwohnern gewesen. Aber die Stadt hatte eine Bahnverbindung nach Hongkong, der mächtigen Finanzmetropole jenseits der Grenze, wo in einer übervollen Skyline Hunderte von Wolkenkratzern aus Stahl und Glas um den Platz an der Sonne wetteiferten. So sehr Japan und die Vereinigten Staaten auch die Teilnehmer von Handelsmissionen und Studienreisen beeindruckt haben mochten, war es doch Hongkong, das ihre Fantasie fesselte. Song Ziming und Chai Shufan, die im August 1977 nach Neuseeland gereist waren, kamen während ihres Transits in die britische Kronkolonie aus dem Staunen nicht heraus. Als nackter Fels mitten im Meer, ohne natürliche Bodenschätze, produzierte der Ort augenscheinlich alles, denn Rohstoffe aus der ganzen Welt wurden in seinen geschäftigen Hafenanlagen ausgeladen, um 36 000 Fabriken zu beliefern, die am laufenden Band Waren jeglicher Art erzeugten, von billigen Plastikblumen bis hin zu modernsten Computern. Hongkong war ein Freihafen ohne Zölle, seine niedrigen Steuern lockten Kapital aus der ganzen Welt an. Alles in Hongkong konnte zugunsten der »Vier Modernisierungen« genutzt werden: der Hafen, die Banken, das Fachwissen und, vor allem, das Geld. »Planen Sie langfristig und nutzen Sie Hongkong vollständig aus«, hatte der Vorsitzende Mao schon vor Jahren gesagt.[69]

Das war nur eine Delegation von vielen anderen, denn die Kronkolonie wurde zu einem informellen Übungsgelände für das Festland. Schanghai schickte Teams, um alles genau zu studieren, von der Fertigung eines Regenmantels bis hin zum Bau eines Wolkenkratzers. Im Jahr 1978 richtete die Provinz Guangdong für jeden Industrie- und Handelszweig eine Studiengruppe ein. Wenn es ein Modell gab, dem man nacheiferte, so war es nicht Japan, sondern Hongkong.[70]

Die Kronkolonie war für das kommunistische Regime schon lange Zeit unverzichtbar als Bindeglied zum Rest der Welt. Als der Bambusvorhang im Jahr 1949 fiel, wurde sie zu Chinas Mittelsmann, indem sie ausländische Waren importierte und Waren vom Festland exportierte. Auf dem Höhepunkt des »Großen Sprungs nach vorn«, als die Verbindungen zur Sowjetunion stark eingeschränkt wurden, entwickelte sich Hongkong zur größten Devisenquelle für das Festland.[71]

Leute in Hongkong, wie auch in anderen chinesischen Auswanderergemeinden von Indonesien bis nach Kalifornien, wurden »Überseechinesen und Landsleute aus Hongkong und Macau« genannt. China betrachtete zwar einige als potenzielle Spione und kapitalistische Eindringlinge, andere wurden hingegen durch die Einheitsfront hofiert, ein Netzwerk einflussreicher Menschen und Institutionen, das direkt von Peking kontrolliert wurde. In Hongkong finanzierte das Regime eine Kette freiwilliger Vereinigungen, darunter eine Gewerkschaft, eine Handelskammer und eine Nachrichtenagentur, um Unterstützer zu finden, wenn auch ein großer Teil dieses Netzwerks während der Kulturrevolution zusammenbrach.

Nach 1976 hätte die Parteiführung gerne die Einheitsfront wiederbelebt, jedoch mit einer neuen Ausrichtung. Patrioten seien nicht immer Sozialisten, stellte Hua Guofeng im September 1979 auf einer Konferenz über die Einheitsfront fest, aber viele Kapitalisten in Hongkong seien Patrioten. »Wenn wir eine sozialistische Einheitsfront haben, werden sie nicht kommen«, warf Li Xiannian ein, »aber wir können eine patriotische Einheitsfront haben.« Im Jahr 1981 hallte die Botschaft in allen Chefetagen der Partei wider: »Wir haben nur ein Kriterium für Überseechinesen, nämlich Patriotismus«, verkündete Bo Yibo.[72]

Eine Charmeoffensive setzte ein, samt Reuebekundungen wegen der Exzesse der Kulturrevolution, als die Volksrepublik den Besitz der Überseechinesen konfisziert hatte. Im September 1979 ordnete Deng Xiaoping persönlich die Rückgabe von deren Häusern an, insbesondere der Häuser von reichen Geschäftsleuten. Nach dem Motto: »Eine Hand wäscht die andere«, denn von den Nutznießern wurde erwartet, Kapital zu investieren und so einen Beitrag zu den »Vier Modernisierungen« zu leisten.[73]

Die ideale Methode, um Knowhow und Kapital von Patrioten in Hongkong anzulocken, war die Eröffnung einer Sonderzone unmittelbar hinter der Grenze. Dabei müsse nicht zwangsläufig gegen marxistische Grundsätze verstoßen werden, erklärte *Renmin Ribao* im Jahr 1978, denn die Sowjetunion, wo schon in den 1920er Jahren Joint Ventures mit ausländischen Unternehmen gegründet worden seien, habe einen Präzedenzfall geschaffen.[74] In der Sonderzone würde der Staat Land, Gebäude und Arbeitskräfte zur Verfügung stellen, während ausländische Unternehmen Rohstoffe, Ausrüstung und Fachwissen lieferten. Das war der Weg nach vorn, weil auf diese Weise ausländische Wissenschaft und Technologie importiert werden konnten, ohne dass man den vollen Preis in teuren ausländischen Devisen zahlen musste. Shenzhen lag im Kreis Bao'an, zu dem sowohl die Insel Hongkong gehört hatte, bevor sie durch den Vertrag von Nanjing im Jahr 1842 auf Dauer an Großbritannien abgetreten worden war, als auch die »New Territories«, die 1898 für 99 Jahre verpachtet worden waren. Im September 1978 erklärte der Staatsrat den Kreis Bao'an offiziell zu einer Freihandelszone. Entlang des Perlflusses wurde in Zhuhai, das an Macau angrenzte, eine weitere Zone eingerichtet. Jede Zone erhielt über einen Zeitraum von drei Jahren jährlich fünfzig Millionen Yuan an Investitionen.[75]

Diese Maßnahmen waren alles andere als wagemutig. Die erste für den Export produzierende Zone – denn nichts anderes waren Freihandelszonen – war 1959 beim Flughafen Shannon in Irland aufgetaucht. Im Jahr 1970 unterhielten bereits zehn Länder solche Zonen, und sie breiteten sich im folgenden Jahrzehnt weiter aus: bis 1986 waren es 175 Zonen verteilt auf fünfzig Länder.

Das erste in Zhuhai gegründete Joint Venture war eine Wollspinnerei, die schlecht lief. Das kurze Experiment wurde beendet, als die Produktion rasant zurückging und die Fabrik geschlossen wurde. Der Besitzer aus Hongkong meinte lakonisch: »Diese Leute arbeiten nicht gerne viel.« Der Staat bezahlte die Arbeiter, die jämmerlich niedrige Löhne bekamen und größtenteils Analphabeten waren. Vorarbeiter und Aufseher, die Lesen und Rechnen konnten, erhielten genau den gleichen Lohn wie einfache Beschäftigte.[76]

Anderen Unternehmen erging es kaum besser. Die vielversprechendste Fabrik in Shenzhen war ein von Harpers International aufgebautes

Montagewerk, dem Vertreiber aus Hongkong für Ford und Mitsubishi. Ein Dutzend andere Unternehmen nahmen ebenfalls den Betrieb auf, um von den niedrigen Löhnen zu profitieren. Im Jahr 1979 standen sie immer noch mitten auf leeren Feldern, lediglich über einen Feldweg an ein größeres Straßennetz angeschlossen. Allerdings hatte man die Hoffnung, dass die Freihandelszonen, da China die Meistbegünstigungsklausel gewährt worden war, es Unternehmen aus Hongkong ermöglichen würden, die von den Vereinigten Staaten festgelegten Exportquoten zu umgehen, indem sie kurzerhand das Herkunftsland der Produkte änderten.[77]

Es tauchten weitere Kinderkrankheiten auf. Viele schlecht bezahlte Arbeiter versuchten zu fliehen, angelockt von den hellen Lichtern und hohen Löhnen in Hongkong. Im August 1978 flüchteten in nur zehn Tagen gut sechshundert Chinesen über die Grenze.[78] Die Flut schwoll noch an. Allein im Mai 1979 fingen Grenzpatrouillen in Hongkong über vierzehntausend Personen ab. Ein gewaltiger Zaun wurde errichtet, der die bereits vorhandenen Abschreckungsmittel verstärkte, einschließlich einer kleinen Armee von Gurkhas.[79]

Xi Zhongxun, ein langjähriges Parteimitglied, das für seine gemäßigten Ansichten bekannt war, erkannte, dass der Kampf gegen die Flut schwierig sein würde. Kurz nachdem er den Auftrag erhalten hatte, dem Süden Chinas bei der Entwicklung des internationalen Handels zu helfen, schlug er vor, die Provinzen Guangdong und Fujian zu bevollmächtigen, eigene Entscheidungen beim Außenhandel zu treffen – etwa auch die Gewährung besserer Bedingungen für Arbeiter in den Handelszonen. »Nennen wir sie doch Sonderzonen«, erklärte Deng, womit er an die Zonen des Guerillakriegs erinnerte, die die Kommunisten vor dem Zweiten Weltkrieg in Grenzregionen errichtet hatten. Im Juli 1979 wurde die Handelszone Bao'an umbenannt in »Sonderzone Shenzhen«, eine Bezeichnung, die später zu »Sonderwirtschaftszone Shenzhen« geändert wurde. Zhuhai wurde ebenfalls eine Sonderwirtschaftszone, dazu Shantou und Xiamen an der Küste der Provinz Fujian.[80]

Vier Jahre später war Shenzhen die einzige von diesen vier Zonen, die voll im Betrieb war. Selbst Shenzhen entwickelte sich nicht ganz so, wie die Führung sich das gedacht hatte. Die Stadt sollte ausländische Investoren anlocken und Übersee-Exporte fördern. Stattdessen importierte sie zu dem Zeitpunkt, als Deng Xiaoping ihr einen Besuch abstattete, drei Mal so viel wie sie exportierte, was ein Handelsdefizit von über fünfhundert Millionen Dollar zur Folge hatte. Tourismus und Immobilien, nicht Industrie auf dem neuesten Stand der Technik, bildeten die Hauptquellen seines Reichtums. Jede Woche kam ein neuer Bau dazu, stellte Schanghai voller Bewunderung fest, doch die rasche Urbanisierung kostete einen enormen Preis.[81] Der Staat ließ zur Entwicklung der Infrastruktur schätzungsweise eine Milliarde Dollar jährlich in die Stadt fließen, ein Vielfaches der Summe, die die Stadt von ausländischen Investoren anwerben konnte. Kurzum, Shenzhen war ein blühender Umschlagplatz geworden, an dem Waren zu Vorzugsbedingungen importiert und exportiert wurden.[82]

★

Ungeachtet des schlechten Abschneidens der bestehenden vier Zonen wollte die Führung unbedingt weitere Städte für den Außenhandel öffnen. Zhao Ziyang hatte *The Third Wave* (deutsch: *Die dritte Welle*) gelesen, ein Buch, das der amerikanische Futurist Alvin Toffler 1980 veröffentlichte. Der Autor sagte voraus, dass nach der landwirtschaftlichen und industriellen Revolution eine dritte Revolution auf der Basis von Computern kommen werde, vom Klonen und Kabelfernsehen bis hin zum Internet. Im Oktober 1983 schlug Zhao vor, die zweite Welle einfach zu überspringen, indem entlang der Küste moderne Technologie gefördert und die Schwerindustrie ins Hinterland verlegt werde. »Das Rad der Zeit hält niemand auf, so eine Gelegenheit bietet sich nur einmal«, verkündete er. Wie Japan einst mit der Meiji-Revolution im Jahr 1868 die Gunst der Stunde genutzt habe, sei nunmehr China an der Reihe, seine Konkurrenten zu überholen.[83]

Eine kleine Studiengruppe wurde eingerichtet, um dieses Thema zu erörtern, darunter Ma Hong, der Direktor des Instituts für Industriewirtschaft, und Zhu Rongji, ein kluger, aber streitbarer Vizeminister bei der Staatlichen Wirtschaftskommission. Die Gruppe kam zu dem Schluss, dass *The Third Wave* eine Wunderwaffe sei, mit deren Hilfe sich das kapitalistische Lager aus einer hartnäckigen Wirtschaftskrise befreien wolle. Außerdem weiche das Buch von den Dogmen des Marxismus ab.

Als Strategie auf der Grundlage einer sozialistischen Wirtschaft bilde es jedoch eine großartige Chance, den Rückstand gegenüber der Außenwelt aufzuholen. Deng Xiaoping und vor allem Chen Yun hoben wiederholt die Bedeutung der Computer für Chinas künftige Entwicklung hervor. Deshalb wurde *The Third Wave* zur Pflichtlektüre für jeden Parteifunktionär.[84]

Am 24. Februar 1984, ein paar Wochen nach seinem Spontanbesuch in Shenzhen bestellte Deng Xiaoping Hu Yaobang, Zhao Ziyang und einige andere zu sich. »Wir sollten Wirtschaftszonen ein bisschen schneller und ein bisschen besser handhaben«, meinte er. Eine Arbeitskonferenz wurde einberufen, die nach mehreren Monaten der Vorbereitung zu dem Schluss kam, dass noch mehr Küstenstädte für den Außenhandel geöffnet werden müssten. Lenin habe seine Genossen gedrängt, die Sowjetunion mit Kapital von ausländischen Kapitalisten zu entwickeln. Deng äußerte nun die Meinung, dass ausländisches Kapital nicht ausreiche, weil man in den Sonderzonen weitere Joint Ventures brauche. Am 6. April 1984 wurden vierzehn Städte, darunter Dalian, Tianjin, Schanghai, Wenzhou und Guangzhou geöffnet, sodass sie de facto zu Sonderwirtschaftszonen wurden, allerdings unter einem Vorbehalt: Peking hatte Milliarden in Shenzhen investiert, war jedoch nicht bereit, die neuen Zonen mit weiteren Mitteln zu unterstützen. »Wir geben euch die Freiheit, euch zu öffnen«, erklärte Zhao Ziyang. »Wendet Euch nicht an Peking, wann immer ein Problem auftritt.« Im Grunde erhielten die lokalen Verwaltungen größeren Spielraum beim Außenhandel und wurden im Gegenzug durch geringeren Druck auf die zentralen Kassen entlastet, scheinbar eine Win-Win-Situation. »Um schneller Ergebnisse zu erzielen, brauchen wir nichts weiter zu tun, als die Macht an eine untere Ebene zu übertragen«, stellte Zhao fest.[85]

Um ausländische Firmen zu ermuntern, fortschrittlichere Technologien ins Land zu bringen, wurden die neuen Zonen »Wirtschaftliche und Technologische Entwicklungszonen« genannt.[86] Doch Gu Mu, nach 1976 ein wichtiger Akteur bei der Entsendung von Handelsdelegationen ins Ausland, sprach eine Warnung für die neuen Zonen aus. Am 6. April, als die vierzehn Städte für geöffnet erklärt wurden, wies er darauf hin, dass im Ausland der Verdacht um sich greife, ausländische Patentrechte würden systematisch verletzt. Er riet zur Vorsicht.[87]

Obwohl China bereits drei Jahre zuvor, am 3. März 1980, der »Weltorganisation für geistiges Eigentum« beigetreten war, legte die Parteiführung nur ein Lippenbekenntnis zu den daraus hervorgehenden Verpflichtungen ab. Auf allen Ebenen der Parteihierarchie wurde der Diebstahl von geistigem Eigentum aktiv gefördert. Im Jahr 1981 war es etwa einer Chemiefabrik in Schanghai gelungen, Fosetyl-Aluminium herzustellen, eine Verbindung, die als Fungizid benutzt wurde und schon im Jahr 1977 von dem französischen Pharmakonzern Rhône-Poulenc als Patent angemeldet worden war. Nachdem die chinesische Fabrik einen Artikel veröffentlicht hatte, in dem sie ihr Verfahren erklärte, reichte die französische Botschaft einen Protest ein. Es folgten weitere Fälle, sodass Wan Li, der Vizevorsitzende des Staatsrats, sich gezwungen sah, auf einer Begegnung mit einer westdeutschen pharmazeutischen Delegation im November 1982 feierlich zu erklären, dass sein Land das internationale Recht achte. Als Reaktion brachten am 25. Februar 1983 das Ministerium für Chemieindustrie und das Ministerium für Landwirtschaft, Viehzucht und Fischerei gemeinsam eine Anordnung mit der Überschrift »Über die Wahrung der Geheimhaltung, wenn ausländische pharmazeutische Produkte kopiert werden« in Umlauf. Wegen der gesetzlichen Verpflichtungen des Landes, hieß es in der Direktive, »können wir nicht in frei zugänglichen Zeitschriften veröffentlichen, und Sie müssen den Namen des Produkts ändern«. Eine Fälschung, hieß es weiter, könne lediglich »unter kontrollierten Bedingungen« erfolgen.[88]

Geistiges Eigentum aus dem Ausland wurde auf der obersten Ebene gesammelt und über die Kommandostruktur der Planwirtschaft nach unten weitergegeben. Am 18. März 1983 verschickte das Ministerium für Chemieindustrie eine Notiz, die alle ihr unterstellten Staatsbetriebe anspornte, »führende Kader, die politisch zuverlässig« und außerdem mit fortschrittlicher Technologie vertraut seien, in sein Amt für wissenschaftliche und technologische Information zu schicken, das einen Lesesaal mit »Spezialmaterial« besitze. Damit waren »Informationen über Wissenschaft und Technologie, die über besondere Kanäle aus dem Ausland beschafft wurden«, gemeint.[89]

Computer rangierten ganz oben auf der Agenda. Chinas erstes IBM-Computersystem – ein IBM System/370 Modell 138 – wurde im Jahr 1979 in den »Shenyang Blower Works« installiert. Damals waren Computer schwere Apparate, mit einem Hauptrechner von der Größe eines Schranks. Es gab kein Patent auf den Hauptrechner, was zu sogenannten Computer-Klonen führte. Doch die maßgebliche Software und Technologie, die IBM seinen Wettbewerbsvorteil verschaffte, wurde geheim gehalten und durch Patente geschützt. Die Sowjetunion, wo Klone am Fließband zusammengebaut und an die Verbündeten im sozialistischen Lager geliefert wurden, verfügte über einige der weltbesten Experten für die Nachkonstruktion von Computern.[90]

Im Oktober 1980 lotete das Schanghaier Komitee für Computerwesen die Möglichkeit aus, das gesamte IBM System 370 zu kopieren, ein Projekt, für das 2,6 Millionen Dollar, ein Team aus fünf einheimischen und ausländischen Experten und eine geeignete Verbindungsstelle in den Vereinigten Staaten benötigt wurden. San Francisco wurde als ideale Basis erkannt, denn dessen Bürgermeisterin Dianne Feinstein hatte im Januar eine Partnerbeziehung mit Schanghai gegründet. Eine Delegation sollte »im Namen der Freundschaft« der Stadt einen Besuch abstatten. Einen Monat später billigte das städtische Parteikomitee den Vorschlag.[91]

Nach zwei Jahren erkannte Schanghai, dass die Staatsbetriebe beim Import und bei der Kopie komplexer Technologien bislang nur begrenzten Erfolg gehabt hatten. »Wir brauchen eine einheitliche Herangehensweise für das Kopieren«, hieß es in einem Bericht, damit »die Qualität der kopierten Ausrüstung garantiert werden kann«.[92]

Nachdem Alvin Tofflers *The Third Wave* gutgeheißen worden war, gewann das Fälschen von Produkten immer mehr an Bedeutung. In Tianjin vertrat ein Arbeitspapier des Büros für Leichtindustrie die Auffassung, dass Fälschen unerlässlich sei, wenn das Land mehrere Entwicklungsstufen überspringen wollte. Die vierzehn neuen Sonderwirtschaftszonen, darunter Tianjin, boten »ideale Bedingungen für das Kopieren von Konsumgütern und fortschrittlicher Technologie«. Die Waschmaschinenfabrik in Yingkou, die Produkte von Panasonic kopiert hatte, war nur ein Beispiel.[93]

Immer wieder ermahnte die 1978 wiederbelebte »Staatsverwaltung zur Wahrung von Staatsgeheimnissen« Parteimitglieder, ihre Fälschungskultur vor indiskreten Augen und Ohren zu schützen.[94] Wie alle zentralen Komitees hatte auch diese Behörde in jedem Kreis und jeder Stadt eine Dienststelle. Im Jahr 1985 etwa erteilte das Schanghaier Komitee zur

Wahrung von Staatsgeheimnissen klare Anweisungen, welche Daten mit ausländischen Partnern in Joint Ventures ausgetauscht werden durften. Demnach waren Informationen zur »Einfuhr von unter Embargo stehender Ausrüstung, Instrumenten, Mustern, Proben, Saatgut, Informationen über Technologie und ähnlichem Material über inoffizielle Kanäle« ausgeschlossen.[95]

Dennoch fiel ausländischen Delegationen auf, dass ihre Partner in China wenig Hemmungen hatten, zu erklären, wie sie patentgeschützte Technologien kopierten.[96] Es gab weder konkrete gesetzliche Sanktionen, die Warenfälschungen untersagten, noch wurden sie moralisch missbilligt. Die Auffassung von privatem Eigentum existierte kaum. Das war die sozialistische Methode, etwas zu erledigen, weil das Allgemeinwohl Vorrang vor den Rechten von Einzelpersonen hatte – insbesondere wenn es sich dabei um Kapitalisten handelte.

*

Auch der Außenhandel veränderte sich. Nicht nur die Industriehochburgen entlang der Küste wurden für offen erklärt, sondern im September 1984 wurde im ganzen Land das Vertragssystem für den Außenhandel eingeführt. Die Außenhandelsgesellschaften, über die bislang sämtliche Transaktionen mit ausländischen Partnern abgewickelt worden waren, verloren ihr Monopol. Tausende neue entstanden praktisch über Nacht, die sich untereinander um das Privileg stritten, als Agenten für Staatsbetriebe aufzutreten. Der Anteil an ausländischen Devisen, die Verkäufer aus dem Exportgeschäft behalten konnten, wurde von acht Prozent im Jahr 1983 auf fünfundzwanzig Prozent 1985 gesteigert.[97]

Die Folge war ein Import-Boom. Die Importe schnellten im Jahr 1985 um sechzig Prozent nach oben, getrieben von der Nachfrage nach Farbfernsehern, Kassettenrecordern und Mikrocomputern sowie ganzen, schlüsselfertigen Fabriken. Wie Zhao Ziyang im April 1985 sagte: »Ihr importiert, und ich importiere auch, jeder importiert, von Fließbändern mit Farbfernsehgeräten, Kühlschränken und Waschmaschinen bis hin zu Kassettenrecordern. [...] Wir können so nicht weitermachen«, warnte er. Er konnte jedoch wenig tun, um es zu verhindern, denn eine strengere Kontrolle ausländischer Devisen hätte den Anreiz zur Steigerung der Exporte untergraben.[98] Innerhalb eines Jahres schrumpften die offiziellen Währungsreserven, die sich nach einer Phase der wirtschaftlichen Konsolidierung erholt hatten, von siebzehn Milliarden Dollar auf weniger als drei Milliarden, kaum genug, um die Importe eines Monats abzudecken.[99]

Es handelte sich um eine Wiederholung der Lage von 1978, nur in größerem Ausmaß. Die Importe wurden verdoppelt, es wurden kostspielige, aber ungeeignete Technologien erworben, und riesige Summen für Luxuswaren verschwendet. Im ganzen Land entschieden sich lokale Verwaltungen für Kürzungen, aber nirgendwo so konsequent wie im subtropischen Hainan, das im Ruf der Piraterie stand. Statt in Fischerei und Plantagen zu investieren, beschlossen die Behörden der Insel, ihre Zollfreiheiten zu nutzen. Diese Privilegien waren im März 1983 gewährt worden, um bei der Bekämpfung der Armut zu helfen und dazu beizutragen, aus der Insel ein Musterbeispiel der Wirtschaftsreform zu machen. Die lokale Verwaltung importierte 89 000 Automobile und Lastwagen, plus Millionen von Fernsehapparaten und Videorecordern, samt Kosmetikartikeln, Lebensmitteln und Spielwaren. Die Häfen waren verstopft. In dem Dekret, das Hainan zu einer Freihandelszone erklärt hatte, hieß es ausdrücklich, dass Importe lediglich für die Verwendung vor Ort gedacht waren. Nichtsdestotrotz wurden die importierten Waren jedoch an den Rest des Landes weiterverkauft. Dabei zahlten Einkäufer bis zum Dreifachen des ursprünglichen Importpreises. Lokale Filialen zweier spezialisierter Banken boten Darlehen an, um dieses Verfahren zu finanzieren. Das Geld war eigentlich für den Ausbau der Straßen, Eisenbahnen und Flughäfen auf der Insel vorgesehen, wurde stattdessen jedoch auf dem Schwarzmarkt gegen die Währung gehandelt, die Außenhandelsgesellschaften für den Import von Technologie behalten durften. Als die Zentralregierung im Frühjahr 1985 endlich dagegen vorging, wurde das Verfahren als größter Devisenschwindel in der Geschichte des Landes aufgedeckt.[100]

Mit den rasant steigenden Importen hielten die Exporte nicht Schritt. Das Vertragssystem war eigentlich darauf angelegt, eine höhere Produktion von Exportgütern zu fördern. Aber der amtliche Wechselkurs war überbewertet. Im Januar 1980 war ein doppelter Wechselkurs eingeführt worden, mit einem intern auf 2,8 Yuan für einen Dollar festgelegten

Kurs. Im Lauf der nächsten Jahre hatte die Inflation zur Folge, dass die durchschnittlichen Kosten für das Verdienen eines Dollars im Ausland allmählich stiegen, bis auf 3,20 Yuan für einen Dollar im Jahr 1983.[101] Ganze Fabriken in Schanghai kamen zum Stillstand, nachdem sie sich geweigert hatten, ihre Preise für den Exportmarkt weiter zu senken. Die Außenhandelsgesellschaften reagierten ihrerseits, indem sie sich dagegen verwahrten, ihre Darlehen zurückzuzahlen. Der Staat intervenierte mit Subventionen, gefolgt von weiteren wettbewerbsverzerrenden Maßnahmen, um die nachteiligen Effekte der doppelten Wechselkurse auszugleichen.[102]

Am 1. Januar 1985 wurde der interne Kurs in aller Stille abgeschafft, hinzu kam eine Reihe schrittweiser Abwertungen mit dem Ziel, den Export anzukurbeln. Im August 1985 fiel der Yuan auf 2,90 für einen Dollar. Im Oktober folgten rasch aufeinander vier Abwertungen, sodass der Kurs bei 3,20 Yuan lag. Im Juli 1986 kam es zu einer weiteren Abwertung auf 3,71 Yuan, der Stand bis Dezember 1989.[103]

Selbst das reichte noch nicht aus. In ganz Tianjin, dem Industriegiganten des Nordens, betrugen im Januar 1985 die Stückkosten für Exportgüter im Wert von einem US-Dollar 3,44 Yuan.[104] In Schanghai, der Hochburg des Südens, war die Lage kaum besser. In so gut wie jeder Industriebranche brachten Exporte Verluste ein. Dazhongua, die größte Gummifabrik der Stadt, produzierte Reifen für den ausländischen Markt zu einem Stückkostenpreis von 5,50 Yuan für einen Dollar. Die Produktion ging zurück, was die Stadtverwaltung zu neuen Konzessionen zwang, etwa Steuernachlässe und Zollsenkungen.[105]

Das Problem wurde durch die Inflation verschärft, die wiederum einen Anstieg des Konsums zur Folge hatte. Weil die Kreditvergabe seitens spezialisierter Banken in die Höhe schnellte, stand mehr Geld zur Verfügung, um es für Waren auszugeben. Viele Unternehmen zogen es deshalb vor, ihre Produkte im eigenen Land zu verkaufen, statt sie zu Weltmarktpreisen unter den Produktionskosten zu exportieren. Um die nachteiligen Effekte eines verzerrten offiziellen Wechselkurses auszugleichen und den Export zu fördern, führte die Regierung eine Reihe von Kompensationsmaßnahmen ein, von direkten Exportzuschüssen bis hin zu indirekten Mitteln wie Swap-Märkten, Steuernachlässen auf Exporte und günstigen Exportdarlehen.

Von diesen Maßnahmen angekurbelt, kam der Export des Landes wieder in Fahrt. Ausländische Beobachter, die sich von den offiziellen Statistiken blenden ließen, schrieben von einem Riesen, der nach jahrelangem Schlaf erwacht sei. Der gemeldete Wert der Exporte stieg von knapp unter zehn Milliarden Dollar im Jahr 1978 auf beinahe fünfzig Milliarden Dollar im Jahr 1988. Ein Jahr zuvor hatten chinesische Exporte nicht einmal ein Prozent des Welthandels ausgemacht, erreichten dann 1988 aber immerhin 1,7 Prozent. Die Zahl lag immer noch unter dem Stand von 1959, aber sie wirkte sich auf die einheimische Wirtschaft aus und veränderte Chinas Wirtschaftsbeziehungen zum Rest der Welt grundlegend. Das galt insbesondere für Exporte von Textilien und leichter Fertigwaren, die schneller als andere Kategorien der Produktion anstiegen.[106]

Japan und die Vereinigten Staaten waren die beiden größten Märkte Chinas. Beide Länder wollten unbedingt die Sowjetunion eindämmen, und beide hatten 1978 bzw. 1980 eingewilligt, China die Meistbegünstigungsklausel zu gewähren. Washington hatte sich, im Gegensatz zu Tokio, das Recht vorbehalten, ausgleichende Zölle einzuführen, falls sich herausstellen sollte, dass Chinas Exporte subventioniert waren. Fabrikbesitzer und andere Produzenten in den Vereinigten Staaten beschwerten sich regelmäßig, dass Exporte aus China in unfairer Weise subventioniert würden, woraufhin Obergrenzen für die Höhe chinesischer Ausfuhren eingeführt wurden, vor allem von Textilien.

Diese neuen Handelsbarrieren ließen sich leicht umgehen, indem Exporte über den Hafen Hongkong indirekt an die Vereinigten Staaten geschickt wurden. Im Jahr 1984 lief fast die Hälfte solcher Exporte über die britische Kronkolonie, und bis 1988 war der Wert dieser indirekten Exporte derart in die Höhe geschnellt, dass sie den direkten chinesischen Handel mit den Vereinigten Staaten übertrafen.[107] Der Schlüssel zu diesen Trans-Lieferungen war die 1978 jenseits der Grenze zu Hongkong gegründete Freihandelszone.

✶

Als im Jahr 1985 der Skandal um den Autoimport von Hainan ausbrach, wurde der Ruf aller Sonderwirtschaftszonen in Mitleidenschaft gezogen. Ein Sonderfall war jedoch Shenzhen. Von Anfang an war die Stadt dazu gedacht gewesen, ein erheblich größeres politisches Ziel zu verfolgen, ein Ziel, das mit allen Handelszonen auf der ganzen Welt nichts zu tun hatte: Die Volksrepublik China wollte beweisen, dass in einem Land zweierlei Systeme möglich seien. »Was Hongkong kann, können wir in Shenzhen ebenso gut oder besser«, tönte *Remin Ribao* im Jahr 1983.[108]

Die Idee, dass ein Land mindestens zwei Systeme beherbergen könne, war im September 1981 zum ersten Mal von Marschall Ye Jianying angeregt worden, der diese Idee für Taiwan entwickelt hatte, die abtrünnige Insel, deren Rückeroberung das Regime geschworen hatte. Weil Großbritanniens Pachtvertrag für die »New Territories« im Jahr 1997 auslief, wurde Marschall Ye's Neun-Punkte-Plan dahingehend überarbeitet, dass er auch die Kronkolonie umfasste. Die Souveränität würde demnach bei Peking liegen, während Hongkong ein freier Hafen und internationales Finanzzentrum bliebe. Am 6. April 1982 erklärte Deng Xiaoping Edward Heath von den britischen Konservativen, der Peking einen Besuch abstattete: »Hongkong wird von seinen Bewohnern verwaltet werden.«[109] Doch die Insel Hongkong war auf Dauer abgetreten worden, und die britische Premierministerin Margaret Thatcher hatte nicht die Absicht, auf die Souveränität zu verzichten. Sie war überzeugt, dass London ohne eine über das Jahr 1997 hinaus reichende Form der Kontrolle keine Garantien habe, denn »man konnte sich nicht darauf verlassen, dass kommunistische Regierungen Verträge respektierten«.[110]

Veranlasst durch einen Kapitalabfluss aus Hongkong, sowie durch Angebote aus Singapur und Taiwan an potenzielle Investoren, machte sich Thatcher im September 1982 nach Peking auf. Hu Yaobang war unabkömmlich, da er dem nordkoreanischen Diktator Kim Il-sung Gesellschaft leistete, der sich zufällig ebenfalls in Peking aufhielt. Zhao Ziyang gab die Tonlage vor, indem er sich weigerte, die unter den Qing unterzeichneten Verträge zu akzeptieren. Er stellte Thatcher vor eine harte Entscheidung, indem er unverblümt erklärte, dass Peking die Souveränität stets der Stabilität in Hongkong vorziehen werde. Damit nicht genug, setzte er sie auch unter Druck, China ein langfristiges Darlehen zu Vorzugsbedingungen zu gewähren.[111]

Thatchers Begegnung mit Deng Xiaoping am 24. September lief nicht besser. Er war barsch und schreckte vor der Vorstellung einer fortgesetzten Form der institutionellen Präsenz Großbritanniens nach 1997 zurück. Er stellte die Idee einer administrativen Kontrolle infrage und verwarf sie mit einer Handbewegung. Zuweilen lehnte er sich zurück, um sich zu räuspern und hörbar in einen weißen Spucknapf zu seinen Füßen zu spucken. Er sprach sogar eine Drohung aus und erklärte, dass er den Zeitpunkt und die Art der Wiederherstellung überdenken könne, falls es zu öffentlichen Unruhen kommen sollte. Kein Mensch wisse genau, fuhr er in einem verschwörerischen Ton fort, wie viele Geldscheine die »Hong Kong and Shanghai Bank of China« ausgegeben habe. Diese Andeutung traf die Eiserne Lady sichtlich: Hier war einer der mächtigsten Männer auf der Welt, der offenbar keine Ahnung hatte, wie ein Parlament arbeitete, und der andeutete, dass sie eine finanzielle Instabilität fingiert habe, um ihn unter Druck zu setzen.[112] Beim Weggehen stolperte eine sichtlich erschütterte Margaret Thatcher vor laufenden Fernsehkameras auf den Stufen der Großen Halle des Volkes und stürzte zu Boden.

Nach ihrer Rückkehr nach London gelangte sie zu dem Schluss, dass keine einzige Führungsperson in Peking die internationale Finanzwelt oder das Konzept der Freiheit unter einem rechtsstaatlichen System begriff.[113] Ihr Verdacht bestätigte sich schon bald. Wenige Stunden nach der Begegnung mit ihr sagte Deng Xiaoping einem Vermittler aus Hongkong, dass Peking, indem es die Kolonie übernehme, imstande wäre, seine ausländischen Devisen besser zu nutzen.[114] Im November wiederholte er die Unterstellung, dass London den Dollar in Hongkong manipuliert habe, und fragte sich, welche Machenschaften sich die Briten noch ausdenken würden.[115]

Es gab keine Verhandlungen, lediglich scharfe Proteste und finstere Warnungen, samt mehrfach wiederholten Drohungen, Hongkong noch vor 1997 zurückzuerobern.[116] Peking setzte auch eine Frist und verlangte, dass bis Ende September 1984 ein Abkommen unterzeichnet werde. Die Idee einer Sonderzone wurde unablässig vorgebracht, allerdings ohne konkrete Details oder Garantien. Ein Jahr vor Ablauf der eigenen Frist räumte Peking ein, dass es keine Verfassung vorbereitet, geschweige denn das Rechtssystem von Hongkong studiert habe.[117]

Am 19. Dezember 1984 unterschrieben die beiden Länder eine gemeinsame Erklärung, die bekanntgab, dass Hongkong am 1. Juli 1997 eine Sonderverwaltungszone werde. Peking versprach, das separate Verwaltungs-, Finanz- und Justizsystem fünfzig Jahre lang nicht anzutasten.

Zur Feier des Anlasses hielt der Oberste Führer eine Rede mit dem Titel »China wird seine Versprechen immer halten«.[118]

Die Deklaration kam zwar nicht rechtzeitig zum Staatsfeiertag am 1. Oktober, doch Deng Xiaoping feierte trotzdem einen triumphierenden Auftritt auf der Tribüne, vor einer Menge von hunderttausend Teilnehmern, die seit den frühen Morgenstunden auf dem Platz gewartet hatten. Gleich zu Beginn erinnerte er an die berühmte Parole des Vorsitzenden Mao im Jahr 1949: »Er verkündete, dass das chinesische Volk sich erhoben hat! In den vergangenen 35 Jahren haben wir nicht nur eine finstere Epoche unserer Geschichte ein für allemal beendet und eine sozialistische Gesellschaft in China errichtet«, fuhr Deng fort, »sondern wir haben auch dem Verlauf der Menschheitsgeschichte eine neue Wendung gegeben.« Die Menge brach in tosenden Beifall aus.[119]

4 Von Menschen und Preisen 1984–1988

Im September 1937 hatte Mao Zedong einen kurzen Aufsatz mit dem Titel »Gegen den Liberalismus« geschrieben. Er wandte sich damit gegen Parteimitglieder, die den ideologischen Kampf um der Einheit willen mieden. Mao zählte elf Formen des Liberalismus auf, die revolutionäre Organisationen untergruben. »Wenn man genau weiß, dass jemand im Unrecht ist, und sich doch mit ihm nicht prinzipiell auseinandersetzt, sondern um des lieben Friedens und der Freundschaft willen darüber hinwegsieht«, war eine davon. Ferner gehörten dazu, »Weisungen nicht befolgen und die eigene Meinung allem voranstellen«, »gegen falsche Auffassungen, die man hört, keine Einwände machen« sowie »alles formell und oberflächlich erledigen und [...] in den Tag hinein leben«.[1]

Am 12. Oktober 1983 warnte Deng Xiaoping seine Genossen davor, die Gefahr der »geistigen Verschmutzung« gering zu schätzen. Er zitierte ausführlich Mao Zedongs Aufsatz und mahnte: »Kein Parteimitglied darf über der Partei stehen und tun und lassen, was ihm gefällt.«[2]

Deng hatte sich ein wenig widerwillig Hu Yaobang angeschlossen und die Kampagne gegen »geistige Verschmutzung« zurückgefahren, weil sie drohte, das Engagement der Parteimitglieder für das Modernisierungsprogramm der Wirtschaft zu untergraben. Die Welt der Literatur gewann wieder Vertrauen. Wie alle Staatsbeschäftigten in einem Einparteienstaat waren Schriftsteller Mitglieder eines vom Staat kontrollierten Verbandes. Und wie bei allen vom Staat kontrollierten Vereinigungen gab es regelmäßige Treffen, um die zuletzt von der Parteiführung formulierten politischen Maßnahmen zu studieren und umzusetzen. Sie hielten auch Wahlen ab, aber weil sie lediglich kleine Rädchen in einem Apparat waren, konnten sie ihre Stimmen nur Kandidaten geben, die von der Partei ausgewählt worden waren. Der Chinesische Schriftstellerverband hielt seinen vierten Kongress vom 19. Dezember 1984 bis zum 5. Januar 1985 ab. Hu Yaobang wurde eingeladen, Deng Liqun hingegen nicht, obwohl er der Chef des Propagandaministeriums war.

Hu Yaobang war ein kleiner, feingliedriger Mann mit einer vogelähnlichen Statur, aber getrieben von einem scharfen Verstand und einer scheinbar unerschöpflichen Energie. Wenn er zu einem Publikum sprach, kam es vor, dass er vor Aufregung hüpfte, die Arme schwenkte, wenn er gestikulierte, und seine Stimme sich beinahe überschlug. Sein starker Hunan-Akzent verwirrte manche Zuhörer. Er benutzte gerne umgangssprachliche Wendungen. Bewunderer hielten seine unkonventionelle Art für erfrischend, aber anderen war sein Auftreten sichtlich peinlich.[3]

Bei der Rede vor dem Kongress nahm Hu eine liberale Haltung an. Er unterschied klar zwischen Einheiten, die unmittelbar der Parteiführung unterstellt waren, und anderen Vereinigungen, die frei, ohne Einmischung entscheiden können sollten. Er schlug vor, die Liste der geprüften Kandidaten, die für gewöhnlich von der Partei vorgelegt wurde, zu ignorieren.

Die Mitglieder stimmten ab. Kandidaten, die sich an der Kampagne gegen »geistige Verschmutzung« aktiv beteiligt hatten, wurden nicht gewählt. Ba Jin, ein angesehener Romanautor, den Deng Liqun zur Rede gestellt hatte, wurde prompt gewählt. Noch ärgerlicher war die Wahl Liu Binyans zum Vizevorsitzenden, eines Enthüllungsjournalisten, der sich kritisch zu den »Vier Grundprinzipien« geäußert hatte. Liu nutzte die Gelegenheit, um sich gegen seine Feinde zu wenden, die ihn wegen seiner »bürgerlichen« Ideen angegriffen hatten.[4]

Die Wahl erschütterte die ganze Parteihierarchie wie ein Erdbeben. Hu Qiaomu und Deng Liqun waren empört. Li Xiannian verunglimpfte sie als eine Rebellion gegen die Partei. Deng Xiaoping bestellte Hu Yaobang zu sich. Wenige Tage später, am 8. Februar, hielt ein zerknirschter Hu vor dem Zentralkomitee eine Rede, um die überragende Bedeutung des Kampfes gegen »geistige Verschmutzung« zu unterstreichen. Lediglich der Sozialismus könne zu wahrer Demokratie führen, während Journalisten die Sprachrohre der Partei seien, der einzigen legitimen Repräsentantin der Interessen des Volkes. Es war eine strenge Botschaft, die ein paar Monate später im Parteiorgan *Rote Fahne* veröffentlicht wurde.[5]

Im Mai 1985 verrechnete sich Hu erneut. Er gab Lu Keng ein Interview, einem langjährigen Journalisten mit der seltenen Auszeichnung, dass sowohl die nationalistische Kuomintang als auch die Kommunistische Partei Chinas, die sie ablöste, ihn ins Gefängnis gesteckt hatten. Sein Spitzname war »Großer Trubel«, und er löste eine kleine Sensation aus, indem er das Interview in Hongkong veröffentlichte und den Generalsekretär darin als eine ehrliche, aufgeklärte Seele beschrieb, die durchaus bereit sei, abweichende Meinungen zu dulden. Während der Sitzung sprach der Journalist direkt den einzigen offiziellen Posten an, den Deng Xiaoping behalten hatte, nämlich seinen Vorsitz in der Zentralen Militärkommission. »Warum übernehmen Sie nicht die Zentrale Militärkommission, solange der alte Mann Deng noch lebt? Und wenn nicht, wie wollen Sie damit umgehen, wenn sich, in der Zukunft, militärische Befehlshaber gegen Sie stellen?« Hu antwortete mit der Äußerung, dass er Deng den Posten überlassen habe, da sich derzeit kein Krieg am Horizont abzeichne. Als Lu Keng im Folgenden abschätzige Bemerkungen über Chen Yun, Hu Qiaomu und Deng Liqun fallen ließ, blieb Hu Yaobang stumm.[6]

Auch wenn das Interview massiv überarbeitet wurde, gelangte die ursprüngliche Abschrift doch in Deng Xiaopings Hände. »Das ist völlig inakzeptabel«, schäumte er vor Wut. Dies war vermutlich der Wendepunkt für Deng, denn fortan suchte er eine Gelegenheit, Hu loszuwerden.[7]

Mehrere Jahre lang hatte Hu Yaobang als Generalsekretär der Partei versucht, die Reihen zu verjüngen, indem er junge Parteimitglieder förderte. Sehr viele einflussreichere Mitglieder kamen aus dem Jugendverband, seiner einstigen Machtbasis. Das gefiel nicht allen.[8] Aber er dehnte auch seinen Einfluss in den Streitkräften aus. Wie der Vorsitzende Mao treffend gesagt hatte: »Macht kommt aus den Gewehrläufen«. Männer, die vor 1949 unter Hu in der Feldarmee von Shanxi-Chahar-Hebei gedient hatten, wurden überall im Militär auf Schlüsselpositionen berufen. Das war natürlich die übliche Praxis. Politik kam in einem Einparteienstaat einem endlosen Gerangel um Macht unter ständig wechselnden Fraktionen und Bündnispartnern gleich. Aus eigener Kraft konnte keiner lange bestehen. Da Loyalität das Wichtigste war, versuchten alle, eine Machtbasis aufzubauen, indem sie ihre Untergebenen förderten. Wenn ein Funktionär an der Spitze gestürzt wurde, fiel die ganze Pyramide darunter in sich zusammen. Um zu verhindern, dass die Bildung von Fraktionen die Partei zersplitterte, hatte schon Lenin im Jahr 1921 den Umtrieben einen Riegel vorgeschoben. Immer wieder wurden strenge Verordnungen gegen den »Zusammenschluss in Banden«, gegen »die Bildung von Cliquen zu privaten Zwecken« oder die »Bildung von Fraktionen« verhängt, aber ungeachtet der langjährigen Verbote blieben sie auf jeder Ebene der Parteihierarchie integraler Bestandteil der Machtpolitik. Allerdings war Diskretion geboten.

Im Mai 1986 kam es zu einer Nagelprobe. Zwanzig Jahre zuvor, nach Chruschtschows Geheimrede gegen Stalin, hatte Mao Zedong die Loyalität seiner Genossen auf die Probe gestellt, indem er andeutete, dass er aus Gesundheitsgründen womöglich zurücktreten werde. Anstatt ihn anzuflehen zu bleiben, schufen Deng Xiaoping und Liu Shaoqi für ihn prompt die neue Stelle eines Ehrenvorsitzenden, was Mao in Rage versetzte. Deng wandte nunmehr eine ähnliche Strategie an und dachte ganz offen darüber nach, ob er sich vielleicht zurückziehen und einer jüngeren Generation Platz machen solle. Zhao Ziyang packte ihn am Ärmel und flehte ihn an zu bleiben: »Wir verlassen uns auf dich.« Hu hingegen pflichtete Deng eifrig bei.[9] Das war ein weiterer Fauxpas in einer ganzen Reihe von Patzern.

★

Politischer Protest ist in einem Einparteienstaat unter Umständen ein gefährliches Unterfangen. Eine altbewährte Strategie war es, an einem offiziellen Tag des revolutionären Kalenders zu demonstrieren, etwa am 4. Mai. Eine anderes Manöver bestand darin, gegen Japan zu demonstrieren, denn die wenigsten Parteiführer hatten die politische Courage, sich gegen eine nationalistische Stimmung zu stellen, ob sie nun vorgetäuscht oder echt war. In diesem Fall war der 18. September eine geeignete Option, weil das der Tag des »Mukden-Zwischenfalls« war, an dem die im Nordosten Chinas stationierte japanische Kwantung-Armee im Jahr 1931 in Mukden (Shenyang) den Vorfall (einen Sprengstoffanschlag auf die südmandschurische Eisenbahn) inszeniert hatte, um eine umfassende Invasion der gesamten Mandschurei zu rechtfertigen.

Am 18. September 1985 versammelten sich, in der größten Protestveranstaltung seit dem 5. April 1976, tausend Studenten aus mehreren Universitäten auf dem Tiananmen-Platz, schwenkten Transparente und skandierten Parolen gegen Japan. Ihren Zorn hatte Ministerpräsident Yasuhiro Nakasone erregt, der einem Shinto-Schrein zu Ehren der Kriegstoten in Japan einen offiziellen Besuch abgestattet hatte. »Nieder mit der zweiten Besetzung«, riefen sie und spielten damit auf Japans wachsende kommerzielle Präsenz im Land an. Polizeibeamte sperrten den Platz ab, ergriffen aber keine weiteren Maßnahmen.[10]

Der Protest blieb unbestraft, was nach kommunistischen Standards ungewöhnlich war und auf eine Rückendeckung von oben schließen ließ. Wenige Wochen später brachen im ganzen Land auf zwanzig anderen Hochschulgeländen wie Xi'an, Wuhan und Chengdu Demonstrationen aus. Jetzt wurde deutlich, dass die Proteste ein verdeckter Angriff auf die Wirtschaftspolitik der Regierung waren. Dieses Mal folgte die Vergeltung auf dem Fuße.[11]

Die Anstifter waren allem Anschein nach »eine kleine Minderheit« von Leuten, denen man vorwarf, die Studenten hinter den Kulissen zu manipulieren. Man bezeichnete sie als Gegner der Politik der offenen Tür, als dekadente Elemente, die für eine bürgerliche Liberalisierung wären, als den Abschaum der Viererbande, als Untergrundorganisationen sowie als Spione aus Taiwan und Hongkong. Die Mehrheit der Demonstranten sei zwar patriotisch gesinnt, aber naiv. »Wir müssen die proletarische Disziplin wahren und dem Liberalismus entgegentreten«, donnerte die Parteiführung hinter verschlossenen Türen.[12]

Mehrere hundert Studenten in Peking waren am 20. November wieder auf dem Platz und organisierten vor dem Denkmal für die Volkshelden eine Nachtwache. Polizeibeamte in Jeeps fuhren auf den Platz und verscheuchten die Studenten.

Als Hu Yaobang die jungen Leute drängte, »ihren Glauben an den Kommunismus zu stärken« und »ihren Widerstand gegen schlechte Einflüsse zu stärken«, gelang es ihm nicht, die Unruhen zu unterdrücken. In einer neuen Protestwelle beschwerten sich die Studenten über Einschüchterung durch Universitätsbehörden, über Inflation, schlechte Lebensbedingungen und Korruption unter Parteimitgliedern. »Nieder mit Sonderprivilegien«, riefen manche und äußerten damit ihre Wut auf hohe Funktionäre, die von der offenen Tür zur Außenwelt profitierten. Am 19. Dezember gingen Tausende uigurischer Studenten in Urumqi, der Hauptstadt der Provinz Xinjiang, auf die Straße und demonstrierten gegen Atomtests sowie gegen die unzähligen Arbeitslager für gewöhnliche Kriminelle, die man in ihrer Provinz eingerichtet hatte.[13]

Die Proteste ließen nach, aber die Führung war erschüttert. Am 18. September, gerade als Studenten in Peking auf die Straßen gingen, hielt Zhao Ziyang eine Rede vor einer großen Parteiversammlung über den nächsten Fünfjahresplan. Um auf dem sozialistischen Pfad zu bleiben und die demokratische Volksdiktatur zu bewahren, führte er aus, sei es unerlässlich, Wirtschaftsverbrechen zu bekämpfen, während gleichzeitig die Indoktrination gestärkt werden müsse. Das Land müsse die »ideologische Erziehung im Patriotismus, Kollektivismus, Sozialismus und Kommunismus fördern« und gleichzeitig »der bürgerlichen Liberalisierung entgegentreten und sich gegen sie wehren, dem Kapitalismus, Feudalismus und anderen ideologisch zersetzenden Einflüssen entgegentreten und ihnen widerstehen«.[14]

Die Kampagne des »harten Durchgreifens« wurde wiederbelebt. »Tötet ein paar, ruft einen Schock hervor. Wir werden uns noch zehn Jahre lang der Arbeitsweise der Partei aus den 1950er Jahren bedienen müssen. Kennt zwei Jahre lang keine Skrupel«, riet Deng Xiaoping.[15]

Wiederum waren die Städte mit Wandzeitungen bepflastert, auf denen die jüngsten Verbrechen aufgelistet wurden, und wiederum waren Gefangenentransporter auf den Straßen zu sehen, die Verbrecher zur Hinrichtungsstätte brachten. Aber diesmal wurden, in einem augenscheinlichen Zugeständnis angesichts des verbreiteten Zorns über Nepotismus in den Reihen der Partei, mehrere Familienangehörige hoher Funktionäre der Vergewaltigung angeklagt und erschossen. Die Führung bemühte sich, ihr Image aufzupolieren. »Wer getötet werden muss, sollte gemäß den gesetzlichen Bestimmungen hingerichtet werden«, verkündeten die *Peking Abendnachrichten*.[16]

Das war eine symbolische Geste. Die große Mehrheit der Verdächtigen, die von dem System ausgehoben wurden, waren einfache Leute. Im Juni 1986 platzten die Gefängnisse fast schon aus den Nähten, bei über einer Million Neuankömmlingen, die nach der Kampagne hereingespült wurden, mitten in überfüllte und ungesunde Bedingungen. Folter sei

»nicht ungewöhnlich«, meldete der stellvertretende Justizminister. Ob sie nun mit Ledergürteln ausgepeitscht wurden, sich auf Steinsplitter knien mussten oder Hitze oder Kälte ausgesetzt waren, »Häftlinge werden auf unzählige Weisen misshandelt und gefoltert«.[17]

Die Kampagne gegen »dekadente kapitalistische Ideen« wurde ebenfalls wiederbelebt. Erneut versprach die Partei, die »geistige Verschmutzung« auszumerzen. Umstrittene Theaterstücke wurden verboten, und mehreren beliebten Sängerinnern und Sängern wurden öffentliche Auftritte untersagt.[18]

Keine einzige dieser Maßnahmen löste einen grundlegenden Widerspruch auf, nämlich dass die Inflation allmählich den Lebensstandard einfacher Menschen in den Städten aushöhlte, während sie mit eigenen Augen sahen, wie Parteimitglieder ihren politische Einfluss nutzten, um das sozialistische System für finanziellen Gewinn auszunutzen. Die Bestrafung von ein paar Funktionären und eine ideologische Kampagne, um korrektes Verhalten durchzusetzen, bewirkten noch lange keine echte Reform einer politischen Struktur, die die Macht in den Händen von einzelnen Parteimitgliedern konzentrierte, ohne dass eine echte Rechenschaftspflicht bestand.

Gegen Ende 1986 gingen erneut Studenten auf die Straße, doch inzwischen kamen sie in viel größerer Zahl. Sie sprachen sich auch ganz offen für Demokratie aus. Seit dem Ende der »Mauer der Demokratie« hatten politische Aktivisten versucht, anstatt sich dem Regime frontal zu widersetzen, jedes demokratische Recht zu nutzen, das in der Verfassung garantiert war. Wie alle sozialistischen Länder stützte sich das Regime auf die Grundsätze des demokratischen Zentralismus, der die Autorität des Volkes an die angeblich für Wahlen offene Volkskongresse delegierte, die formal sowohl auf nationaler als auch auf regionaler Ebene die oberste Autorität repräsentierten. Das war Augenwischerei, denn in Abwesenheit einer Gewaltenteilung konnte der Nationale Volkskongress nicht mehr tun, als die Entscheidungen der Führung abzunicken.

Im Oktober 1980 war in Changsha ein Student als künftiger Kandidat zur Wahl in den Nationalen Volkskongress angetreten, der sich als »nichtmarxistisch, aber im Einklang mit dem wissenschaftlichen Sozialismus Deng Xiaopings und Zhao Ziyangs« bezeichnete. Das Ergebnis war absehbar. Nach seiner Aussonderung wurde der Name von der

Kandidatenliste gestrichen. Demonstranten marschierten zum Parteihauptquartier der Provinz und veranstalteten ein Sit-in. Sie skandierten: »Nieder mit der Bürokratie!«. Weitere achtzig Demonstranten gingen in Hungerstreik. Auch anderswo hatten Menschen versucht, zur Wahl anzutreten, und sahen sich rasch vom Stimmzettel gestrichen.[19]

Im November 1986 bereiteten sich Studenten an der Universität der Wissenschaften und Technik in Hefei, der Hauptstadt der Provinz Anhui, ebenfalls darauf vor, an lokalen Wahlen zum Volkskongress teilzunehmen. Unterstützt wurden die Studenten von Fang Lizhi, einem freundlichen, leise sprechenden Astrophysiker mit einer großen, eulenähnlichen Brille. Er war durch das Land gereist und hatte Studenten aufgefordert, demokratische Rechte einzufordern, anstatt darauf zu warten, dass die Partei sie ihnen gewährte. Das Provinzparteikomitee hatte jedoch schon im Voraus die Wahlsieger ausgewählt. Die Studenten reichten eine schriftliche Petition ein, die ignoriert wurde. An einer hundert Meter langen Mauer tauchten Plakate auf, auch die Forderung nach einer »Regierung des Volkes, durch das Volk und für das Volk« – eine Wendung, die durch Abraham Lincoln in seiner Ansprache in Gettysburg 1863 berühmt worden war. Am 5. Dezember marschierten, nachdem die Behörden die Plakate abgerissen hatten, Tausende von Menschen auf Regierungsgebäude in der Provinz zu und forderten demokratische Reformen. Wenige Tage danach machten die lokalen Behörden einen Rückzieher, verschoben die Wahl und erlaubten mehreren Studenten sowie Fang Lizhi die Kandidatur.[20]

Der Erfolg der Studenten zog Kreise. Zehntausende von ihnen gingen in einem Dutzend Städte auf die Straßen, darunter Wuhan, Peking, Nanjing und Tianjin. In Schanghai erlangten die Demonstrationen eine eigene Dynamik, nachdem Jiang Zemin, der Parteisekretär der Stadt, zu Studenten an der Universität Jiaotong gesprochen hatte. Antatt ihnen Sympathie zu bezeugen, bezichtigte er sie der Selbstsüchtigkeit, und schlug gelegentlich sogar auf das Rednerpult, um seine Botschaft zu unterstreichen. Damit brachte er die Studenten auf, die ihn kurzerhand mit Buhrufen aus dem Vorlesesaal vertrieben. Tags darauf schlossen sich den Studenten Einwohner an, die Parolen schwenkten, die man eilig auf improvisierte Spruchbänder aus Bettlaken gekritzelt hatte. Am 21. Dezember strömten hunderttausend Menschen auf den Volksplatz und brachten den Verkehr zum Erliegen. Es herrschte eine festliche Stimmung, die Demonstranten waren geradezu »berauscht von dem plötzlichen Gefühl der Freiheit und der Abwesenheit von Angst«, wie ein ausländischer Beobachter bemerkte. Sie forderten unter anderem »Demokratie, Freiheit, Menschenrechte, Widerstand gegen Brutalität und Widerstand gegen Betrug«. Am Nachmittag lösten sie sich auf.[21]

Am 23. Dezember veröffentlichte *Renmin Ribao* einen versöhnlichen Leitartikel, der zur Einigkeit aufrief und die Studenten »unsere Hoffnung und Zukunft« nannte.[22] Einen Tag später trat das Zentralkomitee zusammen und verunglimpfte die »reaktionären Parolen« der Demonstranten, die angeblich von dekadenten Kräften gegen den Sozialismus und die Partei manipuliert waren. Alle Provinzen erhielten die Anordnung, Wörter zu vermeiden, welche die Lage noch aufheizen könnten. Außerdem wurden sie angewiesen, belastendes Material in Form von Fotos und Tonaufnahmen der Unruhen zu beschaffen und rücksichtslos jeden Versuch der Studenten zu unterbinden, sich mit Fabrikarbeitern zusammenzuschließen.[23] Nach der Strategie, die eine Woche zuvor Li Ruihuan, der Bürgermeister von Tianjin, verkündet hatte, sollte die Bedeutung der Demonstrationen heruntergespielt werden: »An solchen Vorfällen ist nichts Außergewöhnliches«, hatte er gesagt. »Es gibt keinen Grund, die Nerven zu verlieren.« Am 25. Dezember versicherte ein weiterer Leitartikel in *Renmin Ribao* den Studenten, dass unter der Führung der Kommunistischen Partei eine politische Reform auf die wirtschaftliche Reform folgen werde.[24]

Über Nacht wurden neue Bestimmungen verabschiedet: Künftig mussten Demonstranten die Erlaubnis für eine Demonstration mehrere Tage im Voraus beantragen und die Namen, Adressen und Berufe sämtlicher Organisatoren angeben.[25] Am 26. Dezember wurden in einer geschlossenen Sitzung Fang Lizhi, Liu Binyan und Wang Ruowang, ein Autor, der die Partei als pure Tyrannei verunglimpft hatte, als die Hauptunruhestifter genannt, zusammen mit dem »Abschaum der Viererbande«.[26] Die Demonstrationen verliefen im Sand.

Am 28. Dezember, als sich abzeichnete, dass die Unruhen nachgelassen hatten, verurteilte Zhao Ziyang in einer Rede im Parteisekretariat mit scharfen Worten den »bürgerlichen Liberalismus«. Es sah schlecht aus für Hu Yaobang.[27]

Zwei Tage danach traf sich Deng mit Hu, Zhao und mehreren anderen zu einem Gespräch. Er zog massiv gegen Fang Lizhi vom Leder, der offen die »Vier Grundprinzipien« kritisiert hatte: »Ich habe Fang Lizhis Rede gelesen. Es ist empörend, dass ein Parteimitglied so spricht. Warum sollte es dieser Person gestattet werden, in der Partei zu bleiben?« Deng ließ an der Demokratie kein gutes Haar: »Wir können die bürgerliche Demokratie nicht kopieren. Wir können so etwas wie die Gewaltenteilung nicht übernehmen. Alles wird außer Kontrolle geraten, wenn wir das tun.« Er riet zu einem harten Durchgreifen, ganz ähnlich wie 1979 die »Mauer der Demokratie« unterdrückt worden war. »Haben wir nicht Wei Jingsheng verhaftet? Hat das dem Image Chinas in irgendeiner Weise geschadet?« Das Vorgehen Polens in der Krise mit den Gewerkschaften im Jahr 1981, als das Kriegsrecht verhängt wurde, um die Situation unter Kontrolle zu bringen, lobte er ausdrücklich. »Wir sollten nicht nur über den Einsatz diktatorischer Maßnahmen reden, wir sollten auch bereit sein, sie tatsächlich einzusetzen.« Vor allen Dingen gab er dem »Versäumnis, klare Haltung zu zeigen und eine entschlossene Haltung gegen die bürgerliche Liberalisierung einzunehmen« die Schuld an den Unruhen.[28]

Am 4. Januar 1987 bot Hu Yaobang seinen Rücktritt an, musste allerdings noch eine Reihe zermürbender Sitzungen über sich ergehen lassen, in denen die Parteiältesten und andere hohe Führer ihm der Reihe nach auf den Zahn fühlten und sechs Tage hintereinander über ihn herzogen. Deng Liqun genoss die Gelegenheit und machte seinen politischen Widersacher fünf Stunden lang fertig. Yu Qiuli, ein langjähriger hoher Militär, warf ihm vor, er sei ein Intrigant, der seine eigenen Leute gefördert und versucht habe, Deng Xiaoping von der Bühne zu vertreiben. Yang Shangkun, den Hu Yaobang einst rehabilitiert hatte, zeigte keine Gnade. Ebenso wenig Zhao Ziyang, der am meisten gewinnen konnte. Bereits 1984, führte er aus, habe er gespürt, dass sein Partner sich nicht an die Parteidisziplin halte. Er äußerte die Sorge, dass er künftig, ohne Deng Xiaoping und Chen Yun, nicht imstande wäre, seine Pflichten wahrzunehmen. Zhao warf nunmehr den letzten Stein: »Ich glaube nicht, dass ich weiter mit Ihnen zusammenarbeiten kann.« Am 16. Januar wurde Hu Yaobangs Rücktritt per Handzeichen angenommen.[29]

Der schwerwiegendste Vorwurf gegen ihn lautete, dass er dem Journalisten Lu Keng Staatsgeheimnisse verraten habe.[30] Immerhin erwies sich die Partei als großzügig und gestattete ihm, Mitglied zu bleiben. Hu verschwand aus dem Blickfeld der Öffentlichkeit und vertiefte sich in die gesammelten Werke von Marx und Lenin.[31]

In den Wintersemesterferien zerschlugen einige Studenten kleine Glasflaschen. Im gesprochenen Chinesisch hießen diese »xiaoping«.[32]

✶

Es handelte sich um eine Art Staatsstreich. Um genügend Unterstützung für die Absetzung Hu Yaobangs zu bekommen, hatte sich Deng Xiaoping an die Parteiältesten und mehrere Militärveteranen gewandt, die immer noch an Sitzungen des erweiterten Politbüros oder besonderen Arbeitskonferenzen teilnahmen. Sie hatten beachtlichen Einfluss und stimmten bisweilen ab oder hoben ihre Hand unter eklatanter Missachtung der Verfahren, die laut Parteisatzung vorgeschrieben waren.[33]

Ihre Macht wurde auf der ersten Plenartagung des Dreizehnten Parteitags offiziell bestätigt, der vom 25. Oktober bis zum 1. November 1987 stattfand. Die Versammlung löste ein im Kern der Machtstruktur des Landes bestehendes Dilemma: Wenn sich Deng Xiaoping einmal zur Ruhe setzte, wären alle Parteiältesten verpflichtet, sich ebenfalls aus der Politik zurückzuziehen. Eine Resolution wurde verabschiedet, die verlangte, dass das Politbüro bei allen bedeutenden Fragen die Leitung Dengs und der Parteiältesten ersuchen werde. Sie übertrug Deng, der formal von allen seinen Ämtern zurücktrat, das letzte Wort bei allen wichtigen Entscheidungen. Mit 83 Jahren war er nunmehr ein Diktator ohne offiziellen Titel, abgesehen von dem des Vorsitzenden der Zentralen Militärkommission. Yang Shangkun und Bo Yibo, beide 79 Jahre alt, wurde das Recht gewährt, an allen Sitzungen des Ständigen Ausschusses teilzunehmen, auch wenn sie kein Stimmrecht hatten.[34] Chen Yun, der nicht länger dem Zentralkomitee angehörte, löste Deng als Vorsitzender der politischen Beratungskonferenz des chinesischen Volkes ab. Er war damals 82 Jahre alt.

Das Ergebnis war ein – selbst gemessen an den Standards von Einparteienstaaten – extrem instabiles politisches System. Eine Gruppe alter Männer übte weiterhin hinter den Kulissen die Macht aus, indem sie sich über jede Entscheidung zankten, die das nominell gewählte Zentralkomitee getroffen hatte. Eine Stellung entsprach nicht länger einem Titel, oder der Titel einem Posten. Der Führer des Landes war weder der Führer der Partei noch der Regierung. Zum ersten Mal in der Geschichte des Kommunismus konnte jemand eine wichtige Stellung bekleiden, ohne dass er dem Zentralkomitee angehörte, das ohnehin einen Großteil seiner Macht eingebüßt hatte. Wie ein Beobachter kommentierte: »Kommunistische Parteien in der Sowjetunion und anderen kommunistischen Ländern dürften mit Staunen auf China blicken.«[35]

Nach der Ausschaltung Hu Yaobangs wurden Liu Binyan, Fang Lizhi und Wang Ruowang aus der Partei ausgeschlossen. Fernsehsender zeigten immer wieder Fahndungsfotos der drei Männer. Ihre Namen tauchten in den Schlagzeilen der Zeitungen und in der Propaganda auf, die aus öffentlichen Lautsprechern dröhnte, samt der Parole: »Entschlossen der bürgerlichen Liberalisierung entgegentreten«.[36]

Zhao Ziyang wurde einstimmig zum Generalsekretär gewählt und trat die Nachfolge von Hu Yaobang an. Zu seinen ersten Maßnahmen zählte, Lei Feng mit Transparenten und Plakaten aus der Versenkung zu holen, indem er junge Leute eindringlich ermahnte: »Von Lei Feng lernen«. Lu Qiuli, der einflussreiche Veteran, leitete eine Sitzung, die dem Vorzeigesoldaten gewidmet war, flankiert von Propagandachef Hu Qiaomu und Führer Deng Xiaoping: »Jeder, der ein echter Kommunist werden will, muss von Lei Fengs Tugend und Geist lernen.«[37]

Mehrere Zeitungen wurden geschlossen, darunter die *Shenzhen Jugendzeitung.* Im Oktober 1986 hatte sie einen Beitrag mit der Überschrift »Krise! Die Literatur der Neuen Ära steht vor einer Krise« veröffentlicht. Der Autor, ein junger Mann namens Liu Xiaobo, hatte vernichtende Kritik an den etablierten Köpfen der Literaturszene des Landes geübt.[38]

Wie alle Vorgänger verlief die Kampagne im Sand. Zhao Ziyang war, wie sich zeigte, keineswegs stärker entschlossen als Hu Yaobang, ausländische Ideen auszumerzen. Der Grund war stets der Gleiche: Die wenigsten Menschen hatten Lust auf eine Massenkampagne nach dem Muster der Kulturrevolution.

Wichtiger noch, um ausländische Investoren nicht abzuschrecken, musste China das Image der Stabilität erwecken. Die Wirtschaft brauchte große Summen ausländischer Devisen, mehr denn je zuvor. Ein erster

Inflationszyklus in den Jahren 1979 und 1980 hatte zu mehreren Jahren der Einsparung geführt. Ein zweiter Zyklus war in den Jahren 1984 und 1985 aufgekommen, mit einer enormen Ausweitung der Darlehen durch spezialisierte Banken. Im Jahr 1986 wurden wiederum Importkontrollen auf Luxusgüter verhängt. Der Kauf von Fernsehgeräten, Motorfahrzeugen und Haushaltsgeräten im Ausland sank auf ein vernachlässigbares Niveau. Die Bautätigkeit wurde ebenfalls eingeschränkt, was zu einem Rückgang der Importe von Materialien wie Zement, Kupfer, Aluminium und Stahl führte.[39]

Es war ein halbherziger Sparkurs. Doch ein Einbruch des internationalen Marktpreises für Erdöl, einer der Hauptexportartikel des Landes, zwang die Führung, mehr Waren zu ungünstigen Preisen zu exportieren, um den Wertverlust wettzumachen. Der Wert der an Japan verkauften Rohbaumwolle stieg beispielsweise nur um acht Prozent, die Menge hingegen um fünfundvierzig Prozent. Wie Zhao Ziyang im Juni 1987 gegenüber Erich Honecker einräumte: »Wir waren gezwungen, andere Produkte zu exportieren, doch diese Produkte haben uns wenig Geld eingebracht«.[40] Ein massiver Rückgang der ausländischen Investitionen kam noch erschwerend hinzu. Ausländer schreckten vor strengen Kontrollen des Außenhandels, endloser Bürokratie und einem unzugänglichen Binnenmarkt zurück.[41]

Die Bemühungen um eine Abkühlung der Wirtschaft, verbunden mit einem Absturz des Ölpreises und einem Rückgang der ausländischen Investitionen, lösten einen unerwartet starken Rückgang des Industriewachstums aus. In der zweiten Hälfte von 1986 änderte Zhao Ziyang den Kurs und pumpte mehr Geld in die Wirtschaft, um das Wachstum wieder anzukurbeln. Im Oktober kündigte er neue Anreize für Joint Ventures an, darunter niedrige Steuern. Der zweite Inflationszyklus, der nie wirklich zu einem Ende gekommen war, ging allmählich in einen dritten über.[42]

Trotz günstigerer Bedingungen ging die Zahl der Verträge für ausländische Investitionen weiter zurück. Nach der Absetzung Hu Yaobangs fürchteten Ausländer, dass die Kampagne gegen die »bürgerliche Liberalisierung« mit einer restriktiveren Handelsgesetzgebung enden werde. Die Kampagne wurde in aller Stille beendet, wobei den Staatsbetrieben zusätzliche Kredite zugeschanzt wurden. Zhao Ziyang hatte mit einem

Widerspruch zu kämpfen. Während einerseits eine strenge Kontrolle der Geldmenge nötig war, um den Verbrauch zu zügeln, mussten Staatsbetriebe dennoch stimuliert werden, weil sie sich bei ihrem Betriebskapital zu über achtzig Prozent auf Bankdarlehen stützten. Ein vergleichbares Paradox betraf den Außenhandel. Um das Defizit zu verringern, musste auf die Schnelle ein massiver Exportschub her, der alle möglichen Arten von Subventionen, Nachlässen und Krediten erforderte. Folglich wuchs die Geldmenge.[43] Wie die britische Botschaft in einem Bericht mit der Überschrift »Déjà Vu: Überhitzen in der chinesischen Wirtschaft« feststellte: »Aus einer wahnwitzigen Wirtschaft kommt noch genügend Dampf, um ein Kraftwerk zu betreiben.«[44]

Die Preise stiegen, während das Budget zurückging, ein Dilemma, mit dem sich die Führung bereits seit 1979 herumplagte. Die Wurzel des Ganzen war das Preisproblem. In einer Planwirtschaft legt der Staat alle Preise fest. Als Alternative hätte er Käufern und Verkäufern erlauben müssen, den Preis für eine bestimmte Ware auszuhandeln. Aus gutem Grund war das nicht gerade eine reizvolle Option: Die Preise der Waren, die Arbeiter in staatlichen Betrieben konsumierten, würden in die Höhe schießen, während die Preise der schäbigen Produkte, die sie produzierten, abstürzen würden. Dorfbewohner würden die Städte in Geiselhaft nehmen, ganz ähnlich wie sie schon 1979 das Regime gezwungen hatten, die Beschaffungspreise für Lebensmittellieferungen zu erhöhen. Noch ärgerlicher: Die von den Behörden nur geduldeten, privaten Betriebe würden ohne Weiteres ihre staatlichen Konkurrenten überbieten.

Das Schreckgespenst einer Massenarbeitslosigkeit und gesellschaftlicher Instabilität veranlasste das Regime stattdessen, einen schrittweisen Ansatz zu wählen, und den idealen Moment abzuwarten, der nie eintraf. Zwischen Juni 1981 und August 1982 war es lokalen Behörden und ihren Unternehmen erlaubt, die Preise der meisten Industrieprodukte innerhalb einer vorgegeben Spanne zu variieren, sprich: ein ähnliches Produkt konnte zu verschiedenen Preisen erhältlich sein.[45] Im Jahr 1984 erhielten dann Staatsbetriebe die Lizenz, jeden Überschuss, den sie über ihre Quote hinaus produzierten, zu Marktpreisen zu verkaufen, sodass ein doppeltes Preissystem eingeführt wurde: ein Preis für den Plan, ein anderer für den Markt. Es tat sich eine riesige Grauzone auf, in der die

Korruption aufblühte, da die Leute die Preisunterschiede ausnutzten. Das System erforderte Subventionen, um die künstlich vom Staat festgelegten Preise zu halten, was die Staatskasse noch stärker belastete. Das Problem wurde durch das Drucken von mehr Geld gelöst, was wiederum zu einer Erhöhung zuerst der Marktpreise führte, und danach, über die magische Kraft des Schwarzmarkts, der festgelegten Preise.

Um die staatlichen Zuwendungen zu senken, wurden im Mai 1985 Preisschwankungen für eine breite Bandbreite an Lebensmitteln – mit Ausnahme der Grundnahrungsmittel – und Konsumgütern zugelassen. Da das Land mitten im zweiten Inflationszyklus steckte, der ein Anschwellen der Geldmenge ausgelöst hatte, gefolgt von einer zweistelligen Inflationsrate, wurde eine Gesamtobergrenze für die Steigerungen beim Einzelhandelspreisindex festgelegt. Das Staatliche Preisbüro, die Institution, die für die Lenkung der Preise über ein Netz lokaler Dienststellen zuständig war, entschied, dass der Index nicht um mehr als zehn Prozent steigen durfte. Deng Xiaoping verringerte den Wert kurzerhand auf neun Prozent. Zhao Ziyang verbreitete die Botschaft an alle zuständigen Behörden: »Ihr müsst geeignete Maßnahmen treffen, um dafür zu sorgen, dass der Einzelhandelspreisindex dieses Jahr nicht um mehr als neun Prozent steigt.«[46]

In Tianjin hatten die Subventionen für Gemüse im Jahr 1984 die Stadt vierzig Millionen Yuan gekostet, ungefähr so viel wie das Jahresgehalt von siebzigtausend Arbeitern. Jetzt schossen sie um fünfunddreißig Prozent in die Höhe. Die Kontrollen auf Preise für Möbel wurden ebenfalls aufgehoben, außer für Schränke, Schreibtische, Stühle und Betten. Der Preis für ein Paar Lederschuhe von guter Qualität blieb bei sechs Yuan für Männer und fünf Yuan für Frauen.[47]

Eine noch viel größere Bandbreite an freien und festgelegten Preisen kurbelte den Schwarzmarkt an. Allein in Schanghai meldete das städtische Preisbüro 1400 Verstöße, wobei unter den Tätern auch sogenannte Briefkastenfirmen waren, behelfsmäßige Betreiber, die nichts anderes taten, als das System auszubeuten. Nach den Worten des Vize-Bürgermeisters war es unmöglich, den Preis jeder einzelnen Ware zu prüfen und zu kontrollieren, nicht zuletzt, weil sich die Vorschriften unablässig änderten und von einem Ort zum anderen voneinander abwichen. Einige Stadtbezirke schlossen ihre Preisbüros sogar ganz und ließen Schwankungen bei allen Preisen zu. Das heizte wiederum einen Schwarzmarkt an zwischen Bezirken, wo die Preise vorgegeben waren, und solchen ohne Vorgabe.[48]

Im Jahr 1987 hatte das staatliche Preisbüro bereits bei einer ganzen Reihe von Preisen die Kontrolle gelockert. Ausländer schwärmten schon von einem wachsenden Anteil des freien Marktes. Aber auch wenn der Staat nicht länger für die Verteilung einer Ware zuständig war, so hieß das noch lange nicht, dass sie nach Marktbedingungen ablief. Provinzen, Kreise, Städte, sogar Stadtbezirke hatten nunmehr die Vollmacht, ihrerseits Preise festzulegen. Kurzum, lokale Verwaltungen übernahmen die Funktion der Zentralregierung.[49]

Da lokale Verwaltungen von den ansässigen Betrieben Einnahmen bezogen, schützten sie diese über lokale Preiskontrollen. In Dazhai, dem einstigen Vorbild der Autarkie, wurde die Produktion zweier Kohlebergwerke an die Dorfbewohner für acht Yuan pro Tonne, an Außenstehende jedoch für einundzwanzig Yuan pro Tonne verkauft.[50] Rohmaterialien waren besonders anfällig, weil es jedes Mal, wenn die Wirtschaft überhitzte, zu einem Gerangel um sie kam. Es wurden, abgesehen von den Preiskontrollen, Handelsbarrieren errichtet, um Spekulanten davon abzuhalten, lokale Ressourcen abzuziehen. Regelrechte Handelskriege brachen aus. Beispielsweise gab es einen »Kokonkrieg«, als lokale Behörden bewaffnete Polizeikräfte und Milizionäre aussandten, um die Grenzen zu schützen und zu verhindern, dass Seidenkokons, die für den Ankauf durch den Staat bestimmt waren, von Außenstehenden kassiert und in einträglichere Regionen transportiert wurden. Vergleichbare Konflikte brachen um Kohle, Wolle, Tabak und sogar getrocknete Süßkartoffeln aus. »Ganze Regionen befinden sich im Krieg untereinander und mit der Zentralregierung«, meinte ein Regierungsberater.[51]

Anstelle einer integrierten Volkswirtschaft entstand ein Flickenteppich unabhängiger Lehensgüter. Als ein mit fünf Tonnen Trauben beladener Lastwagen Qufu, den Geburtsort von Konfuzius in der Provinz Shandong, verließ und nach Guangze in der Provinz Fujian fahren wollte, musste er mehr als hundert Kontrollpunkte passieren und etliche Abgaben, Verwaltungsgebühren, Quarantänekosten und sogar einen Beitrag zu einem lokalen Fonds für die Agrarentwicklung zahlen. Bis die Fahrer acht Tage später an ihrem Bestimmungsort ankamen, hatten sie nicht nur ihre gesamte Fracht, sondern auch ihre eigene Brieftasche und sogar die Abdeckplanen verloren, die sie zum Schutz der Ware vor den Naturgewalten benutzten.[52]

Paradoxerweise gab es eine Ware, die allem Anschein nach keinen Preis hatte, nämlich Geld. Die Gesamtkreditsumme in Höhe von 266 Milliarden Yuan im Jahr 1982 verdreifachte sich auf 788 Milliarden Yuan Ende 1986, obwohl kaum etwas davon jemals zurückgezahlt wurde. Da es keine Marktdisziplin gab und die zentralen Planer nicht länger Sanktionen durchsetzten, herrschte eine Mischwirtschaft, in der ein Staatsbetrieb Geld leihen konnte, im Wissen, dass man ihm aus der Klemme helfen würde, sobald er rote Zahlen schrieb.[53] Zinssätze, die in einer offenen Wirtschaft den Preis des Geldes anzeigen, waren ein weitgehend unwirksames Finanzinstrument. Lokale Verwaltungen wehrten sich gegen Zinserhöhungen, weil das bedeutete, dass ein Unternehmen entsprechend weniger an lokalen Steuern zahlte. Und weil Unternehmen beim Betriebskapital auf Darlehen angewiesen waren, hätte jede Unterbrechung des Geldflusses katastrophale Folgen nach sich gezogen.[54]

Kurzum, indem nach 1979 die administrative Vollmacht verstärkt an lokale Verwaltungen delegiert wurde, war die Führung nunmehr darauf angewiesen, dass lokale Vertreter auch ihre währungs- und steuerpolitischen Maßnahmen umsetzten. Für die lokalen Regierungsvertreter hatte jedoch Vorrang, die eigenen Wirtschaften zu entwickeln und die eigenen Lebensstandards zu verbessern, statt zentrale Direktiven umzusetzen, die den Geldfluss regelten.

Im Jahr 1987 gab es weder einen Plan noch einen Markt, um die Wirtschaft zu lenken. Stattdessen steckte das Land in einem Teufelskreis, den die Filiale in Wuhan der Chinesischen Volksbank anschaulich erklärte: Ein Wachstum der Geldmenge förderte einen höheren Konsum, aber Konsum erzeugte Inflation, die wiederum einen Wettlauf der Staatsbetriebe um zusätzliche lokale Darlehen auslöste, um sich knappe Waren und Rohstoffe mit Blick auf künftige Inflationen zu sichern. Und das hatte wiederum eine Ausweitung der Geldmenge zur Folge.[55] Der Hauptarchitekt dieses Dilemmas war Zhao Ziyang.

Diese lokalen Entscheidungen hatten die kumulative Auswirkung, dass sie den Lebensstandard der Bevölkerungsmehrheit untergruben.

Schon in der ersten Hälfte von 1987 hatten vierzig Prozent der städtischen Haushalte einen Rückgang der Realeinkommen erlebt.[56] Noch im selben Jahr bekam das hochkomplizierte Preissystem aufgrund der Belastung erste Probleme. Dorfbewohner weigerten sich, Schweinefutter zu festgelegten Preisen zu kaufen, die sie für unfair hielten. Der Vorrat an Schweinefleisch, der 85 Prozent des gesamten Fleischverzehrs ausmachte, ging jäh zurück, sodass die Führung gezwungen war, in Peking, Tianjin, Schanghai und Shenyang Schweinefleisch wieder zu rationieren. Wenig später kam es auch zur Rationierung von Zucker, wobei jedem Haushalt ein Kilogramm im Monat zugeteilt wurde.[57]

Im Jahr 1979 hatte die Dorfbevölkerung höhere Preise für die Erzeuger gefordert, während die Stadtbevölkerung niedrigere Preise für Verbraucher erwartet hatte. Beide waren auf Kosten massiver Zuwendungen zufriedengestellt worden. Mit der Einführung des dualen Preissystems nach 1984 gelang es der Regierung lediglich, sich beide Interessengruppen zum Feind zu machen, auf Kosten noch höherer Zuwendungen. Im Jahr 1988 waren die staatlichen Subventionen für Unterkunft, Gesundheit, Bildung und Ernährung im Vergleich zu 1979 auf das Sechsfache angestiegen.[58]

Die Industrie wuchs im ersten Quartal von 1988 weiter dramatisch an, mit entsprechenden Preissprüngen. Die Inflation gegenüber dem Vorjahr lag, so schwierig sie bei so vielen verschiedenen Preisen für die gleichen Waren auch zu berechnen war, im Juni bei neunzehn Prozent, im Juli bei vierundzwanzig Prozent und im August bei dreißig Prozent. Das waren die offiziellen Zahlen, doch auf einer Politbürositzung im gleichen Jahr legte Vize-Regierungschef Yao Yilin eine glaubwürdigere Schätzung von einer Inflationsrate in Höhe von achtundvierzig Prozent für das erste Halbjahr vor. Die Geldmenge nahm im Lauf des Jahres um rund vierzig Prozent zu, weil Bankinspektoren und Steuerbeamte außerstande waren, die Inflation einzudämmen und den Fluss staatlicher Mittel zu kontrollieren, die ihren Weg in unwirtschaftliche Investitionen fanden, von Wolkenkratzern bis hin zu Luxushotels.[59] Wie der Stellvertretende Finanzminister Xiang Huaicheng im April 1988 anmerkte, bauten staatliche Organisationen überall extravagante neue Bürogebäude, Hotels, Restaurants und Sanatorien.[60] Regierungsbehörden und Staatsbetriebe gingen beide auf Einkaufstour und schnappten sich begehrte Waren wie

Fernsehapparate und Videorekorder. Einfache Leute konnten nur zusehen, wie ihr eigener Lebensstandard sank. In verarmten Regionen Chinas fuhren manche Kader sogar in Limousinen zu Konferenzen zur Linderung der Armut. Zhao Ziyang sah selbst die Gefahr: »Die Massen sind sehr unzufrieden, wenn wir diesen Trend nicht unerbittlich bekämpfen, werden die Unruhen kein Ende nehmen.«[61]

Die Massen äußerten ihre Unzufriedenheit verstärkt auf den Straßen, in Dutzenden von Vorfällen im ganzen Land: von studentischen Protestmärschen bis hin zu Petitionen von Arbeitern. Im Juni 1988 musste die Polizei den Tiananmen-Platz abriegeln, weil die Bevölkerung wegen einer zweistelligen Inflationsrate protestierte.[62]

Das war der Moment, als Deng Xiaoping beschloss, eine Schocktherapie vorzuschlagen, nämlich die Aufhebung der Preiskontrollen für eine ganze Bandbreite an Waren. Zhao Ziyang hatte wiederholt die Preisreform verschoben und der Führung versichert, dass die Preise lediglich vorübergehend steigen würden. Jetzt wurde er von Deng unter Druck gesetzt, der erkannte, welches Ausmaß die Korruption aufgrund des dualen Preissystems angenommen hatte. Ungeduldig forderte er weitere Reformen. »Wir haben keine Angst vor großen Wellen«, meinte Deng, »aber wir müssen ihnen entgegentreten, um unseren Weg durchzusetzen.« Im Juli 1988 bekundete er bei einem Treffen mit ausländischen Gästen erneut seine Entschlossenheit, »das Hindernis für eine Preisreform zu zerschlagen«.[63]

Wenige Wochen später hielt die Führung ihr übliches Gipfeltreffen fern der drückenden Sommerhitze in Beidaihe ab, einem Badeort, den Ende des 19. Jahrhunderts ausländische Missionare und Kaufleute gegründet hatten. Zhao Ziyang, der den Auftrag erhalten hatte, ein Programm für die Preisreform vorzulegen, sah sich mit dem Widerstand seitens der Parteiführer konfrontiert. Sie forderten eine Senkung der Inflation, indem man massiv gegen Bauvorhaben vorging, die Geldmenge begrenzte und den Konsum senkte. Der Hauptfürsprecher war Li Peng, ein sowjetisch geschulter Ingenieur, der nach 1979 als Minister der Stromindustrie gedient hatte, ehe er im Oktober 1987 in den Ständigen Ausschuss des Politbüros aufstieg. Im Gegensatz zu seinem Adoptivvater Zhou Enlai war Li Peng ein mürrischer, sturer Technokrat und ein getreues Parteimitglied.

Im März 1988 hatten die Parteiältesten, nach einem ausgiebigem Kuhhandel hinter den Kulissen, Li Peng zum Ministerpräsidenten ernannt, der damit zum Amtskollegen des Generalsekretärs Zhao Ziyang wurde. Letzterer hatte zugestimmt, weil er meinte, Li werde sich ohne Weiteres lenken lassen. Doch das sollte sich als gravierende Fehleinschätzung erweisen.[64] Li hatte die Rückendeckung der Hardliner, allen voran des Wirtschaftsexperten Chen Yun, Architekt des Sparkurses im Jahr 1979. Als es zu einer hitzigen Debatte über die Vorteile einer Preisreform kam, weigerte sich ein sturer Deng dennoch, nachzugeben. Am Ende verlor er die Geduld, schlug auf den Tisch und sagte Li Peng ins Gesicht: »Wenn Sie zögern, können Sie gehen.«[65]

Am 19. August, zwei Tage nach der Sitzung, veröffentlichte *Renmin Ribao* einen Leitartikel, der die Aufhebung der Preiskontrollen als Schlüssel zu einer künftigen Wirtschaftsreform bezeichnete.[66] Es kam zu einer Flut von Panikkäufen, weil die Leute fürchteten, dass ihre Ersparnisse noch weiter an Wert verlieren würden. Ein Ansturm auf die Banken setzte ein, die Sparer bildeten lange Schlangen, um ihr Geld abzuheben und es in handfeste Waren wie Teppiche, Fernsehapparate, Waschmaschinen und Kühlschränke umzuwandeln. In Schanghai wurden binnen zwei Wochen umgerechnet 27 Millionen Dollar abgehoben. Vertreter der Chinesischen Volksbank mussten eine Pressekonferenz einberufen, um Gerüchte zu dementieren, dass für individuelle Abhebungen eine Obergrenze eingeführt worden sei.[67]

In manchen Städten kam es zu Unruhen. In Pingyang, an der Küste der Provinz Zhejiang, standen die Einwohner mehrere Tage lang vor allen 68 Filialen der Chinesischen Bank für Landwirtschaft Schlange. Sobald der Bank das Geld ausging, versammelten sich Menschen zu Hunderten, um gegen die lokalen Behörden zu protestieren. In Wenzhou, Yueqing, Taishun und anderen Städten in Zhejiang griffen wütende Menschenmengen Postdienststellen an, weil sie ihre Ersparnisse abheben wollten.[68]

Die Verbraucher kauften in Rekordgeschwindigkeit und gingen zu Waren über, die bislang im Überangebot vorhanden waren, von Nähmaschinen und elektrischen Haarföhnen bis hin zu Schnellkochtöpfen. Sogar der allgegenwärtige Spucknapf fiel Hamsterkäufen zum Opfer. In Yongjia an der Küste von Zhejiang schoss der Umsatz bei Gütern des täglichen

Bedarfs auf das Fünfzigfache des monatlichen Durchschnittswerts. Im benachbarten Rui'an lag der Umsatz im August drei Mal so hoch wie der gesamte Jahresumsatz von 1987, da die Geschäfte von Waren wie Bettlaken und Decken regelrecht geplündert wurden. Es gab einen Run auf Speisesalz, der die lokalen Behörden zwang, Salz zu rationieren. Im ganzen Land drängelten sich von morgens bis abends Käufer in den Geschäften, getrieben von Gerüchten über bevorstehende Preiserhöhungen. In einer Stadt verschwanden über Nacht sämtliche Paar Schuhe.[69] »Die Leute haben das Vertrauen in die Preisreform verloren, sie sagen, die Partei hat keine Zukunft«, vertraute Li Rui seinem Tagebuch an.[70]

Es folgten Streiks und Konfrontationen. In einem Dorf in der Provinz Zhejiang legten über achthundert Frauen in einer Schuhfabrik die Arbeit nieder und forderten höhere Löhne. Dutzende ähnlicher Vorfälle ereigneten sich im ganzen Kreis Rui'an; viele Arbeiter aus Kornmühlen, Textilfabriken, Werften und Docks waren sogar bewaffnet.[71] Überall kam es zu Unruhen, obwohl das Streikrecht 1982 abgeschafft worden war. Mehrere Streiks von bis zu fünfzehnhundert Arbeitern erschütterten Schanghai und ließen das Schreckgespenst der gesellschaftlichen Instabilität aufkommen.[72]

Das Experiment mit der Preisreform wurde offiziell am 30. August ad acta gelegt. Obwohl der Ansturm auf die Banken nur eine Woche gedauert hatte, war Deng Xiaoping angesichts der allgemeinen Unruhen eingeknickt. Die Panikkäufe hatten – Ironie der Geschichte – den Bestand an unerwünschten Waren, die in den Regalen Staub ansetzten, verringert. Außerdem brachten sie eine beträchtliche Summe Geld ein. Deng war augenscheinlich ebenso plötzlich bereit, sich für eine bestimmte Vorgehensweise zu entscheiden, wie er sie auch unvermittelt wieder aufgab, samt enormen Konsequenzen für das ganze Land. Es war eine vertane Chance, und die Preisreform wurde auf einen späteren Zeitpunkt verschoben.

Ein Jahrzehnt lang war Deng zwischen verschiedenen Gruppierungen hin- und hergerissen und schwankte von einer Wirtschaftspolitik zu einer anderen, machte häppchenweise eine Reform mit einer Umverteilung der Macht vom Zentrum an die Regionen, anstelle eines konzertierten Wechsels vom Plan zum Markt. Seine Kehrtwende bei der Preisreform schwächte weiter seine Stellung in der Partei. Und sein Schützling

Zhao Ziyang musste es ausbaden, was die Beziehung zwischen den beiden belastete.

Auf der 3. Plenartagung im September brachten die konservativen Planer unter Chen Yun die Leitung der Wirtschaft wieder unter ihre Kontrolle. Der Schlüsselbegriff lautete erneut »Neuausrichtung« *(tiaozheng)*, ein Euphemismus für Einsparung.[73]

Eine Flut von Direktiven forderte eine Einschränkung der Bautätigkeit und die Kürzung des Konsums. »Der Volkswirtschaft steht ihre ernsteste und schwierigste Phase bevor«, verkündete der Staatsrat feierlich, »wenn wir nicht imstande sind, sie zu überstehen, wird die Bevölkerung den Glauben an die Reformen, an die Partei und an die Regierung verlieren.«[74]

Doch genau in dem Moment, als die Führung den neuen Sparkurs bekannt gab, stolperte sie in die nächste Finanzkrise, dieses Mal auf dem Land, wo sich die Durchschnittslöhne nach 1985 auf ein Niveau eingependelt hatten oder sogar zurückgegangen waren. Abgesehen von abnehmenden Investitionen lag das nicht zuletzt an einem Einbruch der Getreideproduktion. Im Jahr 1979 hatten die Dorfbewohner den Staat gezwungen, die Beschaffungspreise sowohl für die Pflichtabgaben als auch für die Verkäufe über die vorgegebenen Quoten hinaus zu erhöhen. Die Getreideernte war im Jahr 1984 rasch von 316 Millionen Tonnen auf über 400 Millionen Tonnen gestiegen. Der Staat scheute die Kosten, weil er nicht nur den Dorfbewohnern mehr zahlen musste, sondern auch den Städten, wo Lebensmittel subventioniert wurden. Die Subventionen wurden von sieben Milliarden Yuan im Jahr 1978, was sechs Prozent des Haushalts entsprach, auf dreiundzwanzig Milliarden Yuan 1984 aufgebläht, oder fünfzehn Prozent des Haushalts. Im Jahr 1985 gab die Führung die obligatorischen Lieferquoten auf und ersetzte sie durch ein Vertragssystem, sodass die staatlichen Verpflichtungen begrenzt wurden. Das Entscheidende an dem neuen System war, dass Getreide, das über die vertraglichen Lieferungen hinausging, nicht länger automatisch einen höheren Preis erzielte. Da der Staat ein Monopol auf Getreide und Baumwolle hatte, war er der Hauptkäufer auf dem offenen Markt des erzeugten Überschusses und konnte auf diese Weise Kosten sparen. Im Jahr 1985 belief sich die Einsparung auf acht Milliarden Yuan. »Wir wollen ein Wunder schaffen«, verkündete Zhao Ziyang zuversichtlich, als er das neue Vertragssystem vorstellte.[75]

Gleichzeitig erhöhte die Führung den Preis für Rohmaterialien wie Dünger, Pestizide, Abdeckplanen, Diesel und Strom, die für die landwirtschaftliche Produktion unerlässlich sind, um durchschnittlich fünfundzwanzig Prozent.[76] Weil die Produktionskosten ausgerechnet zu einem Zeitpunkt stiegen, als die Einnahmen zurückgingen, reagierten die Dorfbewohner, indem sie den Anbau von Getreide verringerten. Der Ernteertrag fiel prompt auf 380 Millionen Tonnen im Jahr 1985. Drei Jahre später lag er immer noch unter dem Stand von 1984. Auch die Erträge anderer Produkte wie Hanf, Baumwolle, Ölsaaten und Zucker gingen zurück oder stagnierten.[77]

Der Schlüsselbegriff auf dem Land ebenso wie in den Städten war »Vertrag«. Er implizierte eine verhandelte Transaktion, die an einen Markt erinnerte, und nicht an ein Machtverhältnis, wie es in einer Kommandowirtschaft üblich ist. Von Verhandlungen konnte jedoch keine Rede sein, weil der Staat den Preis für das zu liefernde Getreide auf ein Niveau festlegte, das ihm »gerecht« erschien. Geschweige denn gab es eine Alternative. Bauern waren gezwungen, einen Vertrag zu akzeptieren, ob sie wollten oder nicht. Sogar wenn sie mit ihrem Ernteüberschuss auf den Markt gingen, mussten sie ihre Ware dennoch an den Staat verkaufen. Und das Schlimmste an der Sache: Ohne einklagbare, gesetzliche Rechte gab es auch kaum eine Garantie, dass lokale Funktionäre die Verträge einhielten, die ihre Untergebenen unterschreiben mussten. In manchen ländlichen Regionen wurden Bauern im Jahr 1985 nicht mehr in bar bezahlt, sondern mit Schuldscheinen, also mit handschriftlichen Zahlungsversprechen.[78]

Im Lauf der folgenden Jahre entwickelten sich die Käufe von Getreide, das die Bauern über die in ihren Verträgen geforderte Menge geerntet hatten, zu regelrechten Beschlagnahmungen. Der Staat kontrollierte den Markt, der bis zur Lieferung des ganzen Getreides geschlossen werden konnte. Auf diese Weise wurde das Getreide zu einem möglichst niedrigen Preis aufgekauft. Auf jeder Ebene – Dorf, Kreis, Provinz – fingen lokale Beamte an, dörfliche Märkte abzuriegeln und Kontrollpunkte einzurichten, um Bauern daran zu hindern, anderswo einen besseren Preis für ihre Produkte zu erzielen.[79]

Im Jahr 1979 hatten Dorfbewohner den Staat gezwungen, die Zahlungen für sämtliche Lebensmittellieferungen zu erhöhen, egal ob verpflichtend oder nicht. Im Jahr 1985 war der Staat in einer Position, wo er sich rächen und weniger zahlen konnte. Doch in dem Spiel gab es keine Gewinner. 1988 verschärfte sich die Krise. In manchen Dörfern hielten Kinder Wache und schlugen auf einen Gong, sobald sie Regierungsvertreter kommen sahen. Diese trafen dann ein verlassenes Dorf mit verriegelten Türen an. In Einzelfällen wurde sogar die Leiter, die ein Getreideinspektor hochstieg, um eine Kornkammer zu inspizieren, umgeworfen. Die Gewalt flammte auf, als Autos korrupter Beamter in Brand gesteckt und Lagerhäuser mit Kunstdünger geplündert wurden.[80]

Das Staatliche Getreidebüro, die offizielle Institution, die für den Kauf und die Lagerung von Getreide und dessen Verkauf gemäß den Prioritäten der Zentralregierung zuständig war, beaufsichtigte ein weitläufiges Netz aus Getreidebeschaffungsstellen und beschäftigte Millionen von Menschen. Wie alle anderen staatlichen Einrichtungen scherten sich die Beschaffungsstellen nicht um finanziellen Verluste, die an die Zentralregierung weitergeleitet werden konnten, sodass die Defizite Jahr für Jahr zunahmen. 1988 spitzte sich die Lage zu, als die Dienststellen nicht mehr genügend Geld hatten, um die Bauern für jene Produkte zu bezahlen, die diese vertragsmäßig verpflichtet waren zu liefern. Die Baumwollbeschaffung, für die das Staatliche Baumwoll- und Hanfbüro mit seinem parallelen Netz an Dienststellen zuständig war, hatte ähnliche Schwierigkeiten.

Die Beschaffungsstellen konnten sich nicht länger einfach an die Chinesische Bank für Landwirtschaft wenden, was das Problem zusätzlich verschärfte. Unter ständigem Druck seitens lokaler Behörden hatten Filialen so großzügig Darlehen ausgegeben, dass die Bank einen Tiefstand erreicht hatte. Die für die Landwirtschaft zuständige Staatsbank war im Grunde bankrott. Wie ein Bankinspektor treffend sagte: »Derzeit ist Kapital wie ein Trichter, es wird von oben eingegossen und sickert bis zum Grund durch.« Er erklärte, wie leicht es für einen lokalen Beamten war, einen Kredit zu bekommen: »Manche Kader gehen einfach in eine Bank, um sich Geld zu beschaffen, weil es für sie bequemer ist, als nach Hause zu gehen und die Brieftasche zu holen. Sie nehmen, so viel sie wollen.« In Jingzhou, in der Provinz Hubei, hatten rund vierzigtausend Kader durchschnittlich jeweils Schulden in Höhe von eintausend Yuan, das Äquivalent von zwei Jahresgehältern für einen durchschnittlichen Arbeiter.

»Und was machen sie mit dem Geld? Sie machen Geschäfte, sie bauen ein Haus, sie kaufen Luxusartikel, sie bezahlen eine Hochzeitsfeier, manche nutzen es sogar für Glücksspiele«, erläuterte der Bankvertreter. Um den Mangel an Geld zu umgehen, wurden an die Bauern Schuldscheine ausgegeben. Im Kreis Yueqing machten Schuldscheine grob geschätzt die Hälfte aller Einlagen in den 131 Filialen der Bank für Landwirtschaft aus.[81]

Es war ein landesweites Problem. Im November 1988 wurde in Peking eine Dringlichkeitskonferenz einberufen. »Ich würde lieber mehr Geld drucken, als Schuldscheine auszugeben«, erklärte Zhao Ziyang. Da er eine weitere allgemeine Agitation auf dem Land befürchtete, verlangte er, dass die Banken das Geld beschafften, das sie für die Bezahlung der Bauern brauchten.[82]

Deshalb stieg die Geldmenge weiter an, mit über 28 Milliarden Yuan, die allein im letzten Quartal des Jahres ausgegeben wurden. Trotz strikter Anordnungen zur Einsparung seitens der Führung stieg wenig später die Inflationsrate.

Im August hatte die Regierung angekündigt, dass die Preise freigegeben würden. Aus Angst vor Unruhen in Stadt und Land führte sie umfangreiche Preiskontrollen ein. In der Provinz Gansu wurden, um nur ein Beispiel zu nennen, die Preise für neunzehn verschiedene wichtige Waren eingefroren, unter anderem für Reis, Mehl, Öl, Zucker, Schweine-, Rind- und Hammelfleisch, Kohle, Sojasoße, Gemüse, Babymilchpulver, Streichhölzer, Seife, Waschpulver, Schulbücher, Toilettenpapier und Ärztehonorare. Die Preise für einige Industrieprodukte wie Fernsehgeräte, Kühlschränke und Fahrräder, bei denen zuvor eine gewisse Spanne erlaubt war, wurden ebenfalls vorgeschrieben.[83] In Schanghai wurden Preissteigerungen für Dinge des täglichen Bedarfs und verschiedene Lebensmittel sowie für »26 Arten industrieller Konsumgüter« untersagt. Peking weitete auch die Kontrolle über Stahl, Kupfer, Aluminium und andere Rohmaterialien aus. Um Spekulationen mit Zubehör für die Landwirtschaft einzuschränken, wurde wieder ein Monopol auf die Vergabe von Dünger, Pestiziden und Abdeckplanen eingeführt.[84] Um eine unzufriedene Bevölkerung zu besänftigen, wurden Rohmaterialien, statt direkt an Bauprojekte geleitet zu werden, beschlagnahmt, um Engpässe bei den Konsumgütern zu kompensieren. Stahl etwa wurde abgezweigt, um mehr Kühlschränke zu bauen, und Bauholz für die Produktion von Streichhölzern verwendet.[85]

In den ersten Monaten des Jahres 1989 zeitigte der Sparkurs erste schmerzliche Wirkungen. Das Wirtschaftswachstum brach ein, die Geldmenge verringerte sich, und ein Drittel der industriellen Kapazität lag brach.[86] Die staatlichen Subventionen stiegen und blähten damit das Haushaltsdefizit auf, während die Arbeitslosigkeit zunahm. Laut Li Peng mussten rund fünf Millionen Arbeiter aufs Land zurückkehren, weil man die Bautätigkeit zurückgefahren hatte und mehr als achtzehntausend Projekte gestrichen oder verschoben wurden. Der Ministerpräsident hoffte, dass die Zurückgekehrten in Dorfbetrieben Arbeit finden würden. Dabei hatten diese als Erste unter den drastischen Einschnitten bei der Kreditvergabe gelitten und ihrerseits ebenfalls ihre Belegschaft gekürzt. Im März 1989 lebten rund fünfzig Millionen Menschen, die ursprünglich aus ländlichen Regionen kamen, auf der Straße, auf der Suche nach Arbeit.[87]

Einen Trost gab es für Zhao Ziyang: Da man Ministerpräsident Li Peng die Verantwortung für den Sparkurs übertragen hatte, rückte dieser auch in den Brennpunkt des verbreiteten allgemeinen Grolls, insbesondere unter Provinzsekretären, da die Notwendigkeit einer Zentralisierung im Mittelpunkt der Sparmaßnahmen stand.[88]

*

Der Sparkurs ging einher mit einer neuerlichen Anstrengung, alles zu unterdrücken, was nach »bürgerlicher Liberalisierung« roch. Das Hauptangriffsziel des Regimes war Su Xiaokang, ein 39-jähriger Dozent am Rundfunkinstitut von Peking. Su war kleiner als die meisten Chinesen aus dem Norden, aber wie ein Pitbull mit breiter Brust gebaut. Er war ein furchtloser Journalist, der alle Sorgen um die eigene Sicherheit beiseite wischte, um politisch heikle Themen zu untersuchen, von der allgegenwärtigen Armut bis hin zu Korruption in den Machtkorridoren. Im Februar 1988 gab das »Chinesische Zentralfernsehen« ihm den Auftrag, einen Film über die bewegte Geschichte des Landes zu produzieren. Die sechsteilige Dokumentation wurde im Lauf des Sommers ausgestrahlt, gerade zu der Zeit, als im ganzen Land Panikkäufe grassierten. In einer

Anspielung auf ein klassisches Poem, das den Sturz eines alten Königreichs durch die Dummheit seines Königs beklagt, stellte die Dokumentation mit dem übersetzten Titel *Fluss-Elegie* die traditionelle Kultur als inselartig und stagnierend dar. Der Fluss im Titel war der Gelbe Fluss, der gemeinhin als die Geburtsstätte der chinesischen Zivilisation verehrt wird. Doch Su Xiaokang und seine Kollegen behandelten ihn als ein Symbol für eine lähmende Vergangenheit, deren Strom durch Schlamm und Schlick gehemmt wurde. Wie es in einem alten Sprichwort heißt: »Eine Kelle voll Wasser aus dem Gelben Fluss ist zu sieben Zehntel Schlamm«. Im Gegensatz dazu standen die blauen Wasser des Ozeans, in den sich die schlammigen Fluten des Flusses ergossen, für die Zukunft. Die Botschaft, die alle Zuschauer verstanden, lautete, dass sich das Land modernisieren müsse, indem es Ideen aus dem Westen übernehme. Damit nicht genug, nahm die Dokumentation noch weitere verehrte Symbole der Vergangenheit aufs Korn, wie die Große Mauer und den kaiserlichen Drachen.[89]

»*Fluss-Elegie* verzerrt die chinesische Geschichte, negiert völlig die feinen Traditionen der chinesischen Kultur und verunglimpft das chinesische Volk«, erklärte *Renmin Ribao* einen Tag nach der Ausstrahlung der ersten Episode in einem Leitartikel auf der Titelseite. Die Dokumentation leugne die Errungenschaften des Sozialismus, behauptete das Parteiorgan darüber hinaus, und spreche sich für eine »totale Verwestlichung« aus.[90]

Das Echo in der Bevölkerung war hingegen überwältigend positiv. Als später im Sommer eine bearbeitete Version gezeigt wurde, waren die Straßen der Hauptstadt und anderer großer Städte wie leergefegt. Dutzende, wenn nicht Hunderte Millionen von Zuschauern verfolgten eine Woche lang jeden Abend die sechs Fortsetzungen. Gekürzte Fassungen des Drehbuchs erschienen in Zeitungen und Zeitschriften, gefolgt von einer Flut an Kommentaren, positive ebenso wie kritische. Ein Druckerzeugnis nach dem anderen war ausverkauft, und die Absatzzahlen überschritten die Millionengrenze. In Buchhandlungen und an Verkaufsständen auf dem Bürgersteig im ganzen Land wurden Videobänder der Originalsendung den Verkäufern buchstäblich aus den Händen gerissen.[91]

Am 27. September beendete Vizepräsident Wang Zhen, ein achtzigjähriger Militär im Ruhestand mit strengen Ansichten, der mit Angriffen auf Intellektuelle Karriere gemacht hatte, die Debatte. Der von seinem Mentor Deng Xiaoping anerkennend als »Bazooka« bezeichnete Wang nahm die Dokumentation ins Visier, indem er sie als »Verunglimpfung unseres großen chinesischen Volkes« und »Schmähung des Gelben Flusses und der Großen Mauer« angriff. »Intellektuelle sind gefährlich«, tobte er und ließ in akademischen und kulturellen Kreisen die Alarmglocken klingeln. Jede Zeitung druckte seine Rede ab.[92]

Eine Woche danach wurde *Fluss-Elegie* verboten, die Verbreitung des Videos untersagt. Gedruckte Exemplare des Textes wurden aus den Regalen entfernt und im Rahmen von öffentlichen Denunzierungskampagnen verbrannt. In dem internen Rundschreiben, das Parteimitglieder über das Verbot in Kenntnis setzte, kommentierte Generalsekretär Zhao Ziyang lakonisch: »Es ist notwendig, die Ansichten der langjährigen Kader zu respektieren.«[93] Auf der dritten Plenartagung des Dreizehnten Parteitags noch im selben Monat wiederholte er, dass China »niemals die Gewaltenteilung und das Mehrparteiensystem des Westens kopieren« werde.[94]

Gegen Ende November tauchten neue Schwierigkeiten auf. Ren Wanding, ein führender Aktivist der »Mauer der Demokratie«, der 1978 für Menschenrechte eingetreten war, nahm den zehnten Jahrestag der Bewegung zum Anlass, um sein Schweigen zu brechen. Nach vier Jahren in einem Arbeitslager war er immer noch unerschrocken und verlangte offen freie Wahlen und die Gewaltenteilung. Er kam in ganz Peking herum, traf sich mit Studenten und hielt einen Vortrag in einem »Demokratie-Salon«, den Wang Dan, ein schlanker, ruhiger Geschichtsstudent an der Universität Peking, gegründet hatte. Die junge Generation inspirierte Ren so stark, dass er eine Petition an die Menschenrechtskommission der Vereinten Nationen, Amnesty International und die Menschenrechtskommission in Hongkong veröffentlichte, in der er die Freilassung von Wei Jingsheng und anderen Aktivisten forderte, die seit 1979 inhaftiert waren. Das kam einer direkten Herausforderung Deng Xiaopings gleich, der persönlich das harte Vorgehen gegen die Mauer und deren Anhänger angeordnet hatte.[95]

Ren Wanding war kein Einzelfall. Im Dezember förderte das Propagandaministerium eine große Konferenz zur Feier des zehnten Jahrestags der dritten Plenartagung des Elften Parteitages. Statt das Plenum als »Große Wende in der Geschichte« zu feiern, schaltete sich Su Shaozhi, der ehemalige Direktor des Instituts für Marxismus-Leninismus und für die Ideen Mao-Zedongs, kühn in die Kampagne gegen eine bürgerliche Liberalisierung ein und forderte die Rehabilitierung aller Opfer, auch Wang Ruoshuis. Trotz der Anstrengungen, Su Shaozhis Rede zu zensieren, veröffentlichte der *World Economic Herald* in Schanghai am 26. Dezember seine Äußerungen. Um dem Ganzen die Krone aufzusetzen, sprach Su auch offen gegenüber ausländischen Journalisten über die Korruption, die seit 1984 mit der Einführung eines dualen Preissystems aufgeblüht war. »Die Partei muss sich selbst demokratisieren, hat aber kaum etwas diesbezüglich unternommen«, sagte er. »Um die Korruption zu bekämpfen, brauchen wir eine freie Presse, freie Meinungsäußerung und Ermittlungsorgane, die unabhängig sind.«[96]

Fluss-Elegie weckte zwar Unterstützung für Freiheit und Demokratie unter Millionen Menschen im ganzen Land, doch manche kritischen Reaktionen auf die Dokumentation spiegelten wachsende soziale Spannungen und ein allgemeineres Unbehagen wegen der Öffnung des Landes zur Außenwelt wider. Kommunistische Regimes versprachen ihren Arbeitern Schutz vor Unsicherheit und Unklarheit, mit lebenslangen Arbeitsplätzen und Preisen, die sich jahrzehntelang kaum veränderten. Weil die Inflation jedoch verstärkt den Lebensstandard untergrub und die berühmte »eiserne Reisschale« gefährdet war, fingen die Menschen an, sich bedroht zu fühlen. Denn ihr Leben wurde scheinbar von Kräften erschüttert, auf die sie keinen Einfluss hatten. Manche zogen gegen Ausländer vom Leder, wobei die Fremdenfeindlichkeit bei vielen nur darauf wartete, beim geringsten Anlass auszubrechen. Die Kommunistische Partei Chinas selbst, die ihre Legitimierung zum großen Teil über den Anspruch bezog, sie habe Jahrhunderte der ausländischen Ausbeutung beendet, schürte in regelmäßigen Abständen den Hass auf Ausländer. Die Vorstellung, dass China einst von Ausländern gedemütigt worden war, war in die Köpfe jedes Kindes und jedes Erwachsenen eingebrannt. Die offizielle Propaganda mochte zwar bisweilen dummdreist sein, aber nichts war so befreiend wie ein Fußtritt in das Gesicht eines arroganten weißen Mannes durch einen vor Wut kochenden Bruce Lee wie im Film *Todesgrüße aus Schanghai*. Wenn das endlose Schlangestehen und Ringen um ein wenig Luft im Alltagstrott zu viel wurde, wenn die Unzufriedenheit unerträglich wurde, richtete sich die Wut rasch auf ausländische Dinge und Menschen. *Volk Chinas. Warum wirst du nicht wütend?* lautete der Titel eines Buchs, das in den Buchhandlungen zum Verkauf angeboten wurde.[97]

Die zunehmende gesellschaftliche Unsicherheit führte zu vermehrten Ausbrüchen offener Antipathie, wenn nicht gar Feindseligkeit gegenüber Ausländern. Im Jahr 1985 war es zu Demonstrationen gegen Japan gekommen. Inzwischen wandten sich Studenten gegen Afrikaner. Bei einem früheren Vorfall vom 24. Mai 1986 hatte eine wütende Menge von Studenten der Universität in Tianjin mit Schlagstöcken bewaffnet eine Kantine belagert, wo afrikanische Studenten eine Party zur Feier des Jahrestags der Afrikanischen Union organisiert hatten. Die im Innern gefangenen Partygäste waren gezwungen, gewaltsam in eine benachbarte Küche einzubrechen, während bis vier Uhr morgens Ziegel, Steine und Flaschen durch die Fenster geworfen wurden. »Schlagt die Ausländer tot«, skandierte die Menge immer wieder.[98]

Ähnliche Episoden erschütterten im Dezember 1988 mehrere Campus. An Heiligabend brach in Nanjing ein Krawall aus, nachdem sich eine Gruppe afrikanischer Studenten dem Vernehmen nach weigerte, ihre weiblichen Gäste zu melden, wie es nach den Bestimmungen der Schule Vorschrift war. Nachdem bei einer Schlägerei zwei Afrikaner und elf Universitätsmitarbeiter verletzt wurden, marschierten über fünftausend Studenten durch das Stadtzentrum und skandierten: »Schlagt die schwarzen Teufel«. Die Behörden waren gezwungen, Sicherheitstruppen anzufordern, um die Ordnung wiederherzustellen. Eine Woche danach, Hunderte von Kilometern weiter nördlich, hängte eine wütende Menge Demonstranten am Pekinger Spracheninstitut Plakate auf, die die Bestrafung eines afrikanischen Studenten forderten, der angeblich eine Einheimische beleidigt hatte. Anschließend boykottierten zweitausend Studenten den Unterricht.[99]

Als die Führung im Januar 1989 hinter verschlossenen Türen tagte, um über Recht und Ordnung zu sprechen, waren sich die Teilnehmer einig, dass die Lage im ganzen Land schlimm sei. Die hohe Inflation hatte die gesellschaftliche Instabilität verschärft, während der Sparkurs gleichzeitig die Beschäftigungsstruktur massiv belastete. Der Umstand, dass die Verträge mit den Dörfern nicht eingehalten worden waren, hatte zur Folge, dass weit weniger Lebensmittel erzeugt worden waren, als nötig gewesen wären, um die Städte zu ernähren. Die Studenten waren widerspenstig, manche forderten sogar »Freiheit« und »Demokratie«. In dem ethnischen Gürtel, der entlang der Nordwestgrenze verlief, von Tibet bis Xinjiang, grassierten Unruhen. Trotz einer harten Kampagne gegen Kriminalität konnte von Recht und Ordnung keine Rede sein.[100]

In der Überlieferung liegt eine Schlange hinter dem Thron des Kaisers, um zu garantieren, dass sich ihm niemand von hinten nähern und ihm schaden kann. Als das Jahr der Schlange bevorstand, war erhöhte Wachsamkeit nötig.

5 Das Massaker 1989

Das Peking des Jahres 1989 war immer noch eine trostlose Stadt aus Mietshäusern und Bürogebäuden, hier und da durch Überbleibsel der kaiserlichen Vergangenheit ein wenig belebt. Nichtsdestotrotz hatte es sich seit Maos Tod verändert. Die Farben Blau und Khaki waren nicht mehr allgegenwärtig, weil heller gefärbte Kleidungsstücke aufgetaucht waren. Ausgerechnet Parteimitglieder trugen zunehmend moderne Anzüge. Importautos waren immer häufiger auf den Straßen zu sehen, und neue Gebäude und Neonlichter belebten die Skyline. Ursprünglich war das »Hotel Peking«, das nicht weit vom Tiananmen-Platz liegt, das Hauptziel für den Besuch von Würdenträgern gewesen, doch mehrere neue Etablissements hatten inzwischen die Türen geöffnet, etwa das »Hotel Jianguo« und das »Hotel Great Wall Sheraton«, ein aalglatter Silberbau, der die Hauptstadt überragt.

Straßenhändler, Hausierer und umherziehende Händler waren allgegenwärtig und boten ihre Waren an Straßenecken an. Bisweilen versammelten sie sich auf freien Märkten. Zu den einträglichsten zählte ein schmales Sträßchen namens Seidengasse, das zwischen dem Hotel Jianguo und dem »Freundschaftsladen« lag. Dort pulsierte das Leben, im Gegensatz zum »Freundschaftsladen« – einem gewaltigen Komplex über drei Stockwerke, dessen Verkäufer den geradezu legendären Ruf hatten, nicht in der Lage zu sein, sich ihrer lebenslangen Indoktrinierung in schlechten Manieren zu entledigen. Die 160 kleinen Buden, die blau angestrichen waren und eine weiße Nummer hatten, boten Seiden- oder Baumwollkleider, Pyjamas, Blusen, Unterwäsche, Hosen, Schuhe, Taschen, Nippes und vieles mehr aus Fabriken so ferner Orte wie Wenzhou zum Verkauf an.[1]

Die breite Bevölkerung, deren Lebensstandard hinterherhinkte, neigte dazu, private Händler voller Verachtung anzusehen. Sogar Universitätsstudenten, die als privilegierte Minderheit galten, lebten zu sechst in einem winzigen Zimmer, mit einer Duschgelegenheit einmal pro Woche. Im Rahmen der nationalen Bemühungen, Energie zu sparen, wurden mitten im Winter alle paar Tage Heizung und Strom abgedreht. In überfüllten Mensen bekamen die Studenten einen Mischmasch aus Tofu und Kohl mit großzügigen Portionen Reisschleim vorgesetzt, der aus gewaltigen, eisernen Kesseln geschöpft wurde.[2] Ihre Professoren verdienten ein Gehalt, das kaum zum Leben reichte, sodass einige gezwungen waren, zwei Jobs zu übernehmen, um sich über Wasser zu halten. Ein Jahr zuvor, im April 1988, hatte eine kleine Gruppe aus achtzehn Studenten der angesehensten Hochschulen der Hauptstadt vergeblich einen Protest vor der Großen Halle des Volkes inszeniert und eine bessere Behandlung der Intellektuellen gefordert.[3]

Migranten aus ländlichen Regionen waren ebenfalls ein relativ neues Phänomen. Ihre Zahl war rasant gestiegen und belief sich inzwischen auf Dutzende Millionen landesweit. Die besseren Beschäftigungschancen lockten die Wanderarbeiter in die Stadt, auch wenn das System der Haushaltsregistrierung verhinderte, dass sie einen dauerhaften Wohnsitz bekamen. Folglich waren sie Eindringlinge und überlebten nur am Rand der städtischen Gesellschaft. Ganze Dörfer waren auf ihre Rücküberweisungen angewiesen, vor allem, als die Investitionen in ländliche Gegenden schrumpften und der Lebensstandard sank. Durch das Registrierungssystem der Planwirtschaft waren sie an den Boden gebunden und im Grunde zu Sklaven geworden, die den lokalen Kadern in den Volkskommunen auf Gedeih und Verderb ausgeliefert waren. Nunmehr garantierte das gleiche System einen stetigen Strom billiger Arbeitskräfte für Infrastrukturprojekte und für Exportartikel herstellende Fabriken an der Küste. Wanderarbeiter hatten keine Rechte, kaum Schutz, bekamen keine Leistungen und wurden von lokalen Behörden ausgebeutet, die sie jederzeit aufs Land zurückschicken oder für ein anderes schweißtreibendes Projekt einsetzen konnten. Ausländische Experten fabulierten gelegentlich über »soziale Mobilität«, ein hübsches Wort, das eher erlernt klang, dabei glichen die Wanderarbeiter viel stärker einer erblichen Kaste, die keine Aussicht hatte, sich jemals aus der Armut zu befreien.

Sobald der Sparkurs Wirkung zeigte, wurde es schwieriger, den Zustrom der Dorfbewohner zu kontrollieren. Allein in Peking nahmen die Behörden jeden Monat Tausende in Gewahrsam, aber deren Zahl schwoll dennoch an. Darunter waren junge Männer, die nach Arbeit suchten, aber auch Menschen mit Behinderungen, Bittsteller mit Beschwerden, Straßenkünstler, Landstreicher, die im Freien schliefen, sogar Bettler in der Nähe des Hotels Jianguo.[4]

Als der Beginn des neuen Mondjahres näher rückte, gab sich das Regime alle Mühe, dafür zu sorgen, dass die Geschäfte mit Konsumgütern und Lebensmitteln gefüllt waren. Den Bewohnern in der Hauptstadt wurde es erlaubt, ein Pfund Fleisch zusätzlich in staatlichen Läden zu kaufen, während die Kohlration um ein Viertel erhöht wurde. Die Feier fiel gedämpft aus, ein paar bunte Raketen und Feuerwerkskörper blitzten an dem vom Rauch getrübten Himmel der Hauptstadt auf, ein schwaches Echo ehemaliger Feuerwerke. In Schanghai wurden Feuerwerkskörper gleich ganz verboten. Sparen lautete das Gebot der Stunde.[5]

Die Führung machte Werbung für sich, wünschte ein frohes Neues Jahr und hielt Reden, um die allgemeine Moral angesichts der wirtschaftlichen Schwierigkeiten zu heben. Li Peng sprach vor viertausend Parteifunktionären und teilte ihnen mit, dass die wirtschaftliche und politische Stabilität unerlässlich seien, wenn das Land im Oktober den vierzigsten Jahrestag der kommunistischen Machtübernahme feiere.[6]

Doch die Schwierigkeiten ließen nicht lange auf sich warten. Im April 1988 hatte der ehemalige US-Präsident Richard Nixon ein Buch mit dem Titel *1999: Victory Without War* veröffentlicht. Der Kommunismus müsse, führte er darin aus, untergraben werden, indem man innerhalb jener Regimes die Gegner unterstütze. Deng Xiaoping zählte er nicht dazu, aber Zhao Ziyang schien vielversprechend. »Die unbeantwortete Frage lautet, wer derjenige unter vielen ist, der die Stärke und Vision hat, Deng abzulösen, wenn er endlich von der Bühne abtritt«, schrieb Nixon. »In einem kommunistischen Land kann nur einer der Führer sein. Ob Zhao dieser Führer ist, wird davon abhängen, inwiefern seine Fertigkeiten als politischer Taktiker jenen gleichkommen, die er bereits als wirtschaftlicher Taktiker bewiesen hat.«[7]

Noch im selben Jahr, am 19. September, nach wochenlangen Panikkäufen im ganzen Land, traf sich Zhao Ziyang mit dem Wirtschaftsexperten

Milton Friedman zu einem offenen Gespräch über Reformen – eine Begegnung, die das Interesse mehrerer Journalisten in Hongkong auf sich zog, die enge Kontakte zu einem mit Zhao Ziyang in Verbindung stehenden Denkforum in Peking hatten. »Der Patriarch sollte sich zur Ruhe setzen«, verkündete ein Leitartikel wagemutig. Ein anderer erklärte, dass jene, »die hoffen, China werde den kapitalistischen Weg einschlagen, auf Zhao Ziyang setzen«. Für die Konservativen in Peking sah das verdächtig nach »geheimer Zusammenarbeit mit externen Kräften« aus, ein Schreckgespenst, das häufig in Diktaturen heraufbeschworen wird: ein verborgenes Netzwerk innerhalb des Staates, das angeblich mit der Unterstützung feindlicher, fremder Kräfte einen Putsch inszeniert.[8]

Wenige Monate später verdichtete sich die Verschwörung. Anfang Januar beschloss der 1987 aus der Partei ausgeschlossene Fang Lizhi, die Petition Ren Wandings noch um eine Stufe zu verschärfen, und ließ einen offenen Brief an Deng Xiaoping abdrucken, in dem er die Freilassung aller politischen Gefangenen forderte. Er empfahl persönlich den 4. Mai als geeigneten Anlass für eine Generalamnestie. Am 2. Februar 1989 veröffentlichte Fang in der *New York Review of Books* einen Beitrag, in dem er den Sozialismus mit einem einzigen Satz verurteilte: »Vierzig Jahre Sozialismus haben die Bevölkerung mittellos gemacht.« Zehn Tage später unterschrieben über dreißig der prominentesten Autoren Chinas die Petition und machten sie in der Columbia University in New York publik. Das Dokument demonstriere, laut einem geheimen Rundschreiben des Zentralkomitees, »ausländische Unterstützung« für »reaktionäre politische Kräfte« zuhause und im Ausland.[9]

Unterdessen hatte man die US-Botschaft in Peking gebeten, eine Gästeliste für ein großes Bankett zu erstellen, das Präsident George H.W. Bush geben wollte. Er hatte die Absicht, an der Beisetzung von Kaiser Hirohito in Japan teilzunehmen, und beschloss, auch Südkorea und China einen Besuch abzustatten. Ein Jahrzehnt zuvor, von Dezember 1974 bis zum Dezember 1975, hatte Bush das »Liaison Office« in Peking geleitet, wie die *de facto* amerikanische Botschaft vor ihrer diplomatischen Anerkennung genannt wurde. Bush hielt sich für einen Alten Hasen in China. Deng sei, wie das Weiße Haus erläuterte, »ein alter Freund«. Winston Lord, der Botschafter, setzte Fang Lizhi auf die Gästeliste, wies in seinem Telegramm nach Washington allerdings auch warnend darauf hin, dass der Astrophysiker als Dissident gelte. Im Weißen Haus schenkte dem zwar niemand Beachtung, doch in Zhongnanhai sträubten sich vielen sofort die Nackenhaare. Das ursprünglich den Amerikanern zur Warnung entsandte Protokoll wurde ignoriert. Zu dem Zeitpunkt, als Bush in Tokio an Bord von Air Force One ging, hatte das chinesische Außenministerium bereits ein scharf formuliertes Ultimatum gestellt. Die Führung in Peking muss zu dem Schluss gelangt sein, dass Washington mit den einheimischen Kräften der bürgerlichen Liberalisierung unter einer Decke stecke. »Wer IST Fang Lizhi?«, soll ein gereizter Bush seinen Beratern zugerufen haben.[10]

Am 26. Februar hinderte die Polizei Fang Lizhi daran, das »Hotel Great Wall Sheraton« aufzusuchen, wo das Bankett stattfand. Der Vorfall ließ Zhao Ziyang keine andere Wahl, als George Bush einen Vortrag über die Gefahren zu halten, die mit einer Einmischung in die inneren Angelegenheiten Chinas verbunden waren. Zhao nutzte die Gelegenheit außerdem, um die Dissidenten und deren Unterstützung für eine Gewaltenteilung direkt anzugreifen.[11]

Obwohl das klare Worte waren, gelang es ihm nicht, damit sein Image aufzupolieren. Zhao war bereits ein isolierter Mann, der zwar loyale Berater um sich geschart hatte, aber es versäumt hatte, potenzielle Verbündete innerhalb der Parteireihen zu pflegen. Selbst nachdem ihre Beziehung nach dem Debakel der Preisreform im August 1988 belastet war, stützte Zhao sich weiterhin massiv auf Deng Xiaoping.[12] Und gerade als Zhao seine Machtbasis verringerte, hatte Li Peng eifrig seinen politischen Einfluss ausgedehnt, indem er Bündnisse mit Chen Yun und anderen Parteiältesten knüpfte, die jetzt in die Offensive gingen. In Suzhou, einer Stadt voller Gärten am Großen Kanal hundert Kilometer westlich von Schanghai, griff der langjährige Planer Li Xiannian öffentlich Zhao Ziyang an. Andere folgten dem Beispiel und torpedierten die Stellung des Generalsekretärs in einer Reihe von Sitzungen hinter verschlossenen Türen.[13]

Am 20. März hielt Li Peng die Grundsatzrede auf dem Nationalen Volkskongress. Er entschuldigte sich lang und breit für die »Mängel und Fehler« in der Wirtschaftspolitik der Partei und beklagte »die Tendenz, zu ungeduldig schnelle Ergebnisse in der wirtschaftlichen und sozialen Entwicklung zu wollen«. »Es fehlte uns«, fuhr er fort, »ein volles Verständnis für die Komplexität der Reform.« Allen Delegierten war klar, dass sich das scheinbare »mea culpa« eigentlich gegen Zhao Ziyang richtete, den Architekten der Reform, der in sich zusammengesunken auf einem Stuhl hinter dem Podium saß.[14]

*

Der Tod Hu Yaobangs am 15. April kam wie ein Blitz aus heiterem Himmel. Wenige Wochen zuvor hatte er sich noch bei bester Gesundheit gezeigt und in seinem Winterdomizil in Nanning Bridge gespielt. Am 8. April hatte er auf einer Politbürositzung einen schweren Herzinfarkt erlitten und war so schnell wie möglich ins Krankenhaus gebracht worden, wo er eine Woche später starb.[15]

Nach seinem Tod wurde Hu zu einer Legende verklärt, zu einem Symbol der Integrität für Menschen, die sich nach einem Wandel sehnten. Noch am gleichen Tag, als er starb, hängten Studenten an der Universität Peking Plakate auf –jenem Campus, der sich auch bei den Demonstrationen im Dezember 1986 an die Spitze gestellt hatte. »Hu Yaobang ist tot, der demokratische Geist ist tot, die Universität Peking ist tot«, schrieb einer voller Verzweiflung. »Wie konntest du uns nur so zurücklassen?«, rief ein anderer aus. Ein Gedicht klagte: »Der ehrliche Mann ist tot; die Heuchler leben weiter.« Es tauchte auch ein schärferer Ton auf: Ein Plakat verunglimpfte die Anstrengungen der Behörden, Studenten daran zu hindern, den siebzigsten Jahrestag der »Bewegung des Vierten Mai« zu feiern. An der Tsinghua-Universität kam es zu ähnlichen Trauerbekundungen, als Studenten Wandzeitungen anklebten, die von Hunderten gelesen und kopiert wurden. Manche brachten Gerüchte in Umlauf. Laut einer hartnäckig sich haltenden Geschichte war Hu Yaobang aus reiner Wut über die Intoleranz seiner Kollegen auf der Politbürositzung gestorben. Eine andere behauptete, der weithin verhasste Li Peng habe Hu so schwere Vorhaltungen gemacht, dass er an Herzversagen umgekommen sei. Am selben Tag liefen die ersten Studenten auf dem Tiananmen-Platz zusammen und legten Kränze am Sockel des Denkmals für die Volkshelden nieder.[16]

Am Montag dem 17. April, machten sich Hunderte Studenten auf den Weg zum Tiananmen-Platz, um dem Führer, der sie inspiriert hatte, die

Ehre zu erweisen. Hohe Parteimitglieder und führende Intellektuelle suchten die Angehörigen des Verstorbenen auf, um ihnen ihr Beileid auszusprechen. Am Abend bekam die Bewegung einen entschieden politischen Charakter, als Tausende in Peking und Schanghai auf die Straße gingen und eine Neubewertung der Ereignisse verlangten, die zu Hu Yaobangs Rücktritt im Januar 1987 geführt hatten.[17]

Am 18. April versetzte Geheimdienstchef Qiao Shi, eines der fünf Mitglieder des Ständigen Ausschusses, den Sicherheitsapparat in hohe Alarmbereitschaft und erklärte, die Studenten nähmen telefonisch zu ihren Kommilitonen im ganzen Land Kontakt auf, um »Massenunruhen zu schüren und aus den Gedenkfeierlichkeiten eine gegen die Partei und die Regierung gerichtete Speerspitze zu machen«.[18]

Laut der Überlieferung suchen die Geister der Toten die Lebenden heim. Zur selben Zeit, als Qiao Shis Anordnung die Runde machte, musste Zhao Ziyang entscheiden, was die Führung als Nächstes unternehmen sollte, eine heikle Entscheidung, denn immerhin hatte Deng Xiaoping damals den ehemaligen Generalsekretär zum Rücktritt gezwungen. Die Demonstrationen drohten, sich direkt gegen ihn zu richten. Zhao beschloss, vorerst nichts weiter zu unternehmen. Am selben Tag organisierten Studenten der Universität Peking eine Sitzblockade auf dem Platz, nachdem sie daran gehindert worden waren, ein Spruchband an dem Denkmal aufzuhängen. Nach Sonnenuntergang liefen mehrere Tausend Demonstranten vor Zhongnanhai zusammen, wo sie das Regime beschimpften und riefen: »Lang lebe die Demokratie« und »Nieder mit der Kommunistischen Partei«. Mehrere Demonstranten schubsten und stießen die Wachen, die das Haupttor bewachten, das zu den Räumlichkeiten des Zentralkomitees und des Staatsrats führte. Am nächsten Tag tauchten Spruchbänder mit den Worten »Brennt Zhongnanhai nieder!« auf. Die Demonstranten kehrten am Abend zurück, als sie einen neuerlichen Ansturm auf das Tor starteten. Diesmal waren die Behörden vorbereitet; die Polizei stürmte in die Menge, nahm alle fest, die ihr in die Hand fielen, und steckte sie in Polizeibusse. Die Verhafteten wurden zu ihren Campus zurückgefahren und freigelassen. Sie kamen glimpflich davon.[19]

Am 20. April goss es in Strömen. Am Abend wurde eine offizielle Warnung im Fernsehen verlesen, in der »eine kleine Zahl von Leuten« verunglimpft wurde, die den Tod Hu Yaobangs als Vorwand missbrauchten, um »die Partei und die Regierung anzugreifen« und »reaktionäre Parolen zu skandieren«. Am folgenden Tag marschierten erneut Zehntausende in Richtung Platz und »klatschten dabei in die Hände, sangen, schwenkten große rote Banner«. Der Plan war, den Tiananmen-Platz zu besetzen, mit ausreichenden Vorräten an Lebensmitteln, Wasser und Wintermänteln, um über Nacht zu bleiben, denn die Behörden hatten angekündigt, dass der Platz während der Gedenkfeiern am kommenden Tag geschlossen würde. Bei Einbruch der Dunkelheit hatten sich schätzungsweise hunderttausend Menschen versammelt, und es kamen noch mehr Gruppen hinzu, die Kränze und Ehrungen zum Denkmal brachten. Es herrschte eine trotzige Stimmung. »Ich bin bereit, ins Gefängnis zu gehen«, sagte ein Teilnehmer. Der Aktivist Ren Wanding, der dreizehn Jahre zuvor auf demselben Platz demonstriert hatte, sprach zu der Menge und bat inständig um »das Erwachen eines Rechtssystems«. »Die Mauer der Demokratie lebt wieder!«, rief er.[20]

Auch in über zwanzig anderen Städten fanden Demonstrationen statt, bei denen Studenten Kränze und Porträts des Verstorbenen trugen. In Lanzhou, der Hauptstadt der Provinz Gansu, stürmten Hunderte von Demonstranten die Bürogebäude der Provinzverwaltung und riefen: »Wir wollen Demokratie, wir wollen Freiheit«, »Nieder mit der Diktatur«, »Nieder mit der Bürokratie« und »Nieder mit der Kommunistischen Partei«.[21]

Die offizielle Gedenkfeier fand um zehn Uhr am Samstagvormittag, dem 22. April, in der Großen Halle des Volkes statt. Zuvor hatten am selben Tag über fünfzigtausend Menschen, die über Nacht auf dem Platz geblieben waren, eine polizeiliche Aufforderung, sich aufzulösen, ignoriert und Zutritt zur Halle verlangt. Die Behörden, die kaum ein hartes Durchgreifen befehlen konnten, ließen sich auf einen Kompromiss ein, indem sie ihnen erlaubten, auf dem Platz zu bleiben und sich die Rundfunkübertragung der Gedenkfeier über die Lautsprecher anzuhören. Reihen von Soldaten hakten sich unter, um den Eingang abzuriegeln. Ein Lastwagenfahrer in der Menge äußerte sich abschätzig über die Parteiführer drinnen. »Diese Männer sind keine Kommunisten«, sagte er. »Sie sind nur alte Feudalherren, die vor dem Volk Angst haben und uns verachten.«[22]

Rund viertausend Parteiführer versammelten sich um den Sarg mit einem Glasdeckel, der den in Anzug und Krawatte gekleideten Leichnam Hu Yaobangs enthielt. Deng Xiaoping wirkte, laut einem ausländischen Reporter, »grau, aufgedunsen und wie betäubt«.[23] Einen Tag zuvor hatte die Führung es abgelehnt, ihren einstigen Genossen als »Großen Marxisten« zu bezeichnen und ihm damit den höchsten Titel im Pantheon der Kommunisten zu verleihen, obwohl die Familie sowie Verehrer des Verstorbenen um diese Ehrung gebeten hatten. Zhao Ziyang, der den Nachruf verlas, benutzte stattdessen die vereinbarte Bezeichnung »großer proletarischer Revolutionär und Politiker« und wies Hu damit den gleichen Rang wie Hua Guofeng zu. »Er war so mutig, auf dem zu beharren, was er für richtig hielt«, schloss Zhao Ziyang.[24]

Selbst das war noch ein zu großes Lob aus der Sicht mancher Parteiveteranen, die den Nachruf als eine implizite Aufhebung des Urteils der Partei ansahen. Die Begräbnisfeier sei viel zu aufwändig, beschwerte sich ein General. An dem Mann sei überhaupt nichts groß gewesen, beharrte ein anderer. »Lediglich Xiaoping ist höher als wir, sieht weiter und klarer«, murrte ein Veteran.[25]

Als Zhao Ziyang die Große Hall des Volkes verließ, lief er Li Peng über den Weg. Da Zhao am nächsten Tag zu einem geplanten Staatsbesuch nach Nordkorea reiste, schlug Li Peng eine weitere Sitzung des Ständigen Ausschusses vor. Das sei nicht nötig, antwortete Zhao, weil sich die Demonstranten jetzt, wo die Gedenkfeier vorüber sei, rasch zerstreuen würden. Ein Dialog werde die meisten Studenten besänftigen. Li gab zurück, dass eine harte Haltung unabdingbar sei, weil manche Demonstranten nach Freiheit und Demokratie riefen und Unruhen schürten. Zhao antwortete ausweichend.[26]

Am Nachmittag trug ein Trauerzug den Leichnam von Hu Yaobang über den Chang'an Boulevard nach Westen zum Revolutionsfriedhof Babaoshan, während schätzungsweise eine Million Menschen den Weg der Wagenkolonne säumten, um dem Toten die letzte Ehre zu erweisen.[27]

Über das Wochenende protestierten die Menschen in mehreren anderen Städten. In Xi'an, der alten Hauptstadt in der Provinz Shaanxi, wo man 1974 eine Armee aus Terracotta-Kriegern entdeckt hatte, randalierten rund sechstausend Menschen, überfielen Verwaltungsgebäude, verbrannten einen Öltank, steckten zwei Busse in Brand und warfen Steine auf Polizisten. »Manche standen friedlich da, andere drehten durch, rissen Äste von den Bäumen ab und warfen alles, was sie in die Finger bekamen, auf die Polizei«, erzählte ein Augenzeuge. Als der Provinzparteisekretär Peking telegrafisch um Hilfe bat, wurden viertausend Soldaten ausgesandt, um die Ordnung wiederherzustellen. In Changsha, der Hauptstadt der Provinz Hunan, plünderten Tausende von Demonstranten Läden, ein Hotel und den Bahnhof und forderten den Rücktritt Deng Xiaopings. Laternenpfähle wurden ausgerissen und Fenster eingeworfen. In Chengdu in der Provinz Sichuan gingen zehntausend Studenten auf die Straße.[28] Noch am gleichen Tag rief Li Ximing, der Parteisekretär von Peking, Zhao Ziyang an und bat ihn, seine Reise nach Nordkorea zu verschieben und stattdessen Li Peng zu schicken. Die beiden trafen sich am Nachmittag kurz auf dem Bahnhof. Zhao wiederholte, dass man die Studenten nur durch einen Dialog besänftigen könne.[29]

Am Montag, dem 24. April, traten Studenten in der ganzen Hauptstadt in Streik. Über das Wochenende hatten sie die offiziellen Studentenverbände aufgelöst und durch ihre eigenen autonomen Organisationen ersetzt. Sie übernahmen das Kommando über die Lautsprechersysteme auf mehreren Universitätsgeländen und verbreiteten ihre Forderungen nach Freiheit und Demokratie. Hunderte Freiwillige produzierten, dicht gedrängt in winzigen Schlafsälen, Tausende von Flugblättern, auf denen ihre Beschwerden aufgelistet waren. In Gruppen schwärmten die Studenten in der ganzen Stadt aus, verteilten Flugblätter, sammelten Gelder und brachten die Bevölkerung auf ihre Seite. Gruppen von Arbeitern scharten sich um die Plakate, die Studenten an öffentlichen Plätzen aufgehängt hatten – das ging der Führung dann doch zu weit. Am Abend tagte der Ständige Ausschuss erneut und kam zu dem Schluss, dass es einen »organisierten Widerstand« gegen die Partei gebe. Li Peng, der die Sitzung leitete, forderte ein kompromissloses Vorgehen und »uneingeschränkte Repression«.[30]

Am nächsten Morgen versammelte sich die Führung erneut in Deng Xiaopings Residenz. »Das ist keine gewöhnliche Studentenbewegung, sondern ein Aufruhr«, stellte der Oberste Führer fest. »Wir müssen eine klare Haltung einnehmen und wirksame Maßnahmen treffen, um diesen Unruhen rasch entgegenzutreten und sie zu stoppen. Wir dürfen ihnen nicht nachgeben.« Die Leute hinter den Studenten seien, fuhr Deng fort, von liberalen Elementen in Jugoslawien, Polen, Ungarn und der Sowjetunion beeinflusst. »Ihr Motiv ist es, die Führung der Kommunistischen Partei Chinas und das sozialistische System zu stürzen.« Die Führer einigten sich darauf, eine offizielle Stellungnahme zu veröffentlichen, die scharf die Aktivitäten der Studenten verurteilte. Von Pjöngjang aus telegrafierte Zhao Ziyang seine Zustimmung.[31]

Ein scharfer Kommentar, der am Abend des 25. April im Rundfunk ausgestrahlt und einen Tag später in *Renmin Ribao* veröffentlicht wurde, warf einer »extrem kleinen Zahl von Menschen mit niederen Beweggründen« vor, die Studenten auszunutzen, um »die Köpfe der Bevölkerung zu vergiften und zu verwirren«. »Das ist eine geplante Verschwörung«, hieß es im Leitartikel weiter, mit dem Ziel, »die Führung der Partei und das sozialistische System zu beseitigen«. Die gewaltigen Errungenschaften des letzten Jahrzehnts, um »China wiederzubeleben« würden zunichte gemacht, falls man gegen die Krawalle nichts unternehme. »Gesetzwidrige Paraden und Demonstrationen« müssten verboten werden, sowie alle Versuche, sich mit den Menschen »in Fabriken, Schulen und Dörfern« zu vereinigen. Sämtliche illegalen, von den Studenten gegründete Organisationen müssten aufgelöst werden.[32]

*

Der Leitartikel kam gar nicht gut an. In einer beispiellosen Trotzreaktion marschierte am folgenden Tag eine Menge aus hundertfünfzigtausend Menschen auf den Hauptverkehrsadern der Stadt und rief Parolen gegen Korruption. Zum ersten Mal schlossen sich Arbeiter den Demonstranten an. Die Bevölkerung ging in Scharen auf die Straße, um ihre Unterstützung zu zeigen, jubelte den Demonstranten von überfüllten Bürgersteigen und Überführungen aus zu und begrüßte sie wie eine Befreiungsarmee. Einige trugen eigene Spruchbänder und riefen Parolen, die ihre eigenen Anliegen betrafen, von der Inflation bis hin zur Bestechung. Sie verteilten in Plastik eingewickelte Brotlaibe, Wasserflaschen, Schachteln mit Stieleis. Soldaten waren entlang des ganzen Chang'an Boulevards postiert, zum Teil mit automatischen Sturmgewehren, doch sie schüchterten niemanden ein und waren im Vergleich zur Menge verschwindend klein. Der Platz selbst glich einem Kriegsgebiet, mit Soldaten rings um alle Hauptgebäude. Doch die Demonstranten marschierten direkt am Tiananmen vorbei und umgingen rundum den ganzen Platz. Das Ganze erweckte eher den Eindruck einer gut organisierten Siegesparade als eines spontanen Protestmarsches, und die Studenten bewiesen Disziplin und Zurückhaltung. Sogar der Tonfall war anders, weil sie Parolen zugunsten der Partei und der Verfassung skandierten.[33]

Li Peng beging einen groben Patzer, da er einige vertrauliche Äußerungen, die Deng Xiaoping bei dem Treffen in seiner Residenz zwei Tage zuvor von sich gegeben hatte, an Parteimitglieder weiterleitete. Diese Parteimitglieder waren zu Arbeitskreisen zusammengekommen und sollten, während die Studenten durch die Hauptstadt marschierten, über die Äußerungen nachdenken. Sobald die Worte jedoch nach außen durchgesickert waren, schossen sich die Demonstranten auf den Obersten Führer ein und fragten sich, weshalb der Ständige Ausschuss ihm Bericht erstatten musste. Die Wendung »hinter den Kulissen Staatsangelegenheiten regeln« machte allmählich die Runde. Deng war mit seinem Ministerpräsidenten gar nicht zufrieden.[34]

Nach der Machtdemonstration der Studenten sah sich das Regime gezwungen, seine Strategie zu ändern und einen Dialog aufzunehmen. Am 29. April fand ein Treffen zwischen Studenten und Regierungsvertretern statt und wurde live im Fernsehen übertragen – ein seltener Fall. Yuan Mu, ein Sprecher des Staatsrats, eröffnete die Sitzung mit einer strengen Ansprache, in der er die Hauptpunkte des Leitartikels vom 26. April wiederholte. Es folgten Fragen seitens der Studenten. Als einer sich über die Voreingenommenheit der offiziellen Presse beschwerte, gab Yuan Mu zurück: »Soweit ich weiß, gibt es in unserem Land keine Pressezensur.« Er grinste häufig, was ihn bei seinem Publikum nicht gerade beliebt machte. Doch sein hämisches Grinsen verging ihm, als ein schlanker junger Mann plötzlich aufstand, sich beschwerte, dass die autonomen Organisationen der Studenten von dem Dialog ausgeschlossen worden seien, und unter Protest wegging. Yuan Mu erwiderte kurz angebunden, dass die Studentenorganisationen illegal wären. Nachdem ein weiterer Teilnehmer Artikel 35 der Verfassung zitierte, der die Rede- und Versammlungsfreiheit forderte, wies der Sprecher darauf hin, dass jeder Bürger gesetzlich verpflichtet sei, nicht gegen die Staatsinteressen zu verstoßen.[35]

Der Dialog spaltete die Studenten. Interne Grabenkämpfe, die schon seit längerem geschwelt hatten, zerrissen einige der Organisationen. Manche Delegierte betrachteten die unabhängig von der Regierung gebildeten Verbände als ein Hindernis für den weiteren Dialog und schlugen vor, sie aufzulösen. Andere fingen an, sich zurückzuziehen. Am 1. Mai, der als Tag der Arbeit gefeiert wurde, veröffentlichten die Behörden einen Aufruf zur Stabilität. Der Tiananmen-Platz war mit roten Fahnen geschmückt, blieb jedoch, bis auf eine Handvoll Touristen, die vor der Tribüne Fotos machten, menschenleer. Der Feiertag verstrich ohne Zwischenfälle.[36]

Doch die Lage war immer noch sehr angespannt. Seit Wochen schon forderten sowohl Studenten als auch Intellektuelle eine große Demonstration zur Feier des siebzigsten Jahrestages der »Bewegung des Vierten Mai«.[37] Ein weiteres Großereignis warf bereits seine Schatten voraus: ein Staatsbesuch des sowjetischen Parteichefs Michail Gorbatschow, der für den 15. bis zum 19. Mai geplant war. Die Führung betrachtete das Gipfeltreffen als großartigen Abschluss einer mehrjährigen stillen Diplomatie. Drei Jahre zuvor hatte Gorbatschow in Wladiwostok eine Reihe unilateraler Zugeständnisse an China bekannt gegeben und damit den Weg zu einer Verbesserung der Beziehung freigemacht. Der sowjetische Außenminister Edward Schewardnadse hatte in der ersten Februarwoche 1989 Peking und Schanghai besucht, um einen Termin für das Treffen festzulegen.

Als Zhao Ziyang am 30. April aus Nordkorea zurückkehrte, fing er an, seine Haltung zu ändern. Ehe er mit seinem Ministerpräsidenten und anderen Mitgliedern des Ständigen Ausschusses Rücksprache hielt, traf er sich mit seinen Beratern.[38] Vor der Abreise nach Nordkorea hatten sie noch befürchtet, dass sich die »Speerspitze der Studentenbewegung« ebenso gegen ihn wie gegen den Obersten Führer richten werde. Nunmehr legten sie Zhao Ziyang allem Anschein nach nahe, sich aus strategischen Gründen von Deng Xiaoping zu distanzieren.[39]

Auf einer Sitzung des Ständigen Ausschusses am 1. Mai billigte Zhao Ziyang die in seiner Abwesenheit getroffenen Entscheidungen und unterstützte die Verurteilung der Studentendemonstrationen durch Deng Xiaoping. Er stellte den Leitartikel vom 26. April nicht infrage. Doch einen Tag später änderte er seine Meinung und versuchte, über einen Vermittler Kontakt mit Deng aufzunehmen. Der Mittelsmann wandte sich im Gegenzug an Yang Shangkun, das Staatsoberhaupt und ein Mitglied des Ständigen Ausschusses. Yang lehnte mit dem Hinweis ab, dass Deng seine Einschätzung der Studentendemonstrationen kaum über Nacht ändern werde.[40]

Vor den versammelten Parteiführern hielt Zhao am Mittwoch, dem 3. Mai, in der Großen Halle des Volkes eine Rede zur Feier der »Bewegung des Vierten Mai«. Er rief das Land auf, den sozialen Unruhen entgegenzutreten, und warnte, dass ohne Einigkeit und Stabilität »ein Land der Verheißungen zu einem Land der Hoffnungslosigkeit und Unruhe« werde. In einer versöhnlichen Geste rühmte er den Patriotismus der Studenten und die Legitimität ihrer Forderungen nach einer »Förderung der Demokratie, Bekämpfung der Korruption und Förderung der Bildung«, die sich demnach allesamt mit den Zielen der Partei deckten. Er unterstrich die Bedeutung der »Vier Grundprinzipien«, einschließlich der Diktatur des Proletariats sowie des Marxismus-Leninismus und der Mao-Zedong-Ideen. Doch er erwähnte den Kampf gegen die »bürgerliche Liberalisierung« mit keinem Wort, obwohl andere Mitglieder des Ständigen Ausschusses ihm dies nahegelegt hatten, nachdem er vorab einen Entwurf seiner Rede verschickt hatte.[41]

Noch am selben Tag berief Du Runsheng, ein führender Verfechter der Landreform in engem Kontakt zu Zhao Ziyang, eine Sitzung in der Halle der Wissenschaft ein. Ein Dutzend hoher Parteimitglieder kam zusammen, um dem Generalsekretär ihre Einschätzung der Lage zu schildern und ihn beim Umgang mit der Situation zu beraten. Sie stimmten mit Zhao Ziyang überein, dass der Oberste Führer mit seiner Einschätzung des Charakters der Studentenbewegung falsch gelegen und die Kontrolle verloren habe. »Dengs Ansehen hat einen Tiefpunkt erreicht.« Sie rieten dem Generalsekretär, besonnen zu handeln.[42]

Tags darauf hielt Zhao Ziyang eine weitere Rede, diesmal in Gegenwart ausländischer Journalisten. Auf der Jahressitzung des Direktoriums der Asiatischen Entwicklungsbank pries der Generalsekretär die Studenten, die, so meinte er, keineswegs gegen die Kommunistische Partei oder das sozialistische System wären, sondern lediglich forderten, Fehler bei der Regierungsarbeit zu korrigieren. Im Gegensatz zu seiner Rede am Vortag sah er keine Gefahr wegen der Unruhen und äußerte stattdessen seine Zuversicht, dass die »Demonstrationen nach und nach abklingen werden«. Vernunft und Zurückhaltung, sowie umfassende Rücksprache mit Menschen aus allen Bevölkerungsschichten, würden den Weg nach vorn weisen.[43]

Unterdessen marschierten in jeder großen Stadt Studenten, um an die »Bewegung des Vierten Mai« zu erinnern. Die Demonstrationen waren friedlich, und die Studenten willigten ein, in die Hörsäle zurückzukehren und ihre politischen Aktivitäten einzuschränken. Sie hatten erkannt, dass sie wenig erreichen würden, wenn sie die Toleranzschwelle einer in die Ecke getriebenen Regierung allzu sehr strapazierten. In Peking marschierten Zehntausende von Studenten, viel weniger als auf der Massenparade vom 27. April; den Platz räumten sie allerdings erst, nachdem sie ihn mit kleinen zerbrochenen Flaschen übersät hatten. Es gab einen allgemeinen Seufzer der Erleichterung. Die Börse in Hongkong bejubelte die Nachricht mit massiven Kursgewinnen.[44]

Hunderte von Journalisten, allesamt vom Staat akkreditiert, hatten sich am 4. Mai den Studenten angeschlossen und lautstark das Recht, »die Wahrheit zu sagen«, eingefordert. Dieser Wendepunkt wurde nicht zuletzt durch die Schließung der Zeitung *World Economic Herald* in Schanghai ausgelöst. Im Dezember 1988 hatte die liberale Zeitung Su Shaozhis Rede veröffentlicht, in der er die Rehabilitierung aller Opfer der Kampagne gegen die »bürgerliche Liberalisierung« forderte. Qin Benli, der Herausgeber, schien, obwohl er gewarnt wurde, unerschrocken. Eine Woche nach Hu Yaobangs Tod bereitete Qin die Veröffentlichung einer sechsseitigen Würdigung des ehemaligen Generalsekretärs vor. Das Propagandabüro schritt ein. Eine Passage, die sich gegen Deng Xiaoping richtete, schien besonders verwerflich. Jiang Zemin, der Parteisekretär von Schanghai, verlor die Geduld und setzte den Herausgeber am 27. April ab. Qin Benli wurde schlagartig eine *cause célèbre.* Die Demonstranten erhoben prompt eine neue Forderung: Pressefreiheit.[45]

Immer größere Teile der offiziellen Medien, auch Reporter, die für CCTV (China Central Television) und *Renmin Ribao* arbeiteten, unterstützten diese Forderung. Nach Zhao Ziyangs Auftritt bei der Asiatischen Entwicklungsbank empfahlen seine Berater, die Rede zu veröffentlichen. Rundfunk und Fernsehen übertrugen die Äußerungen des Generalsekretärs noch am selben Tag und wiederholten die Sendung noch drei Tage lang. *Renmin Ribao* druckte seine versöhnliche Botschaft auf der

Titelseite ab: »Wir brauchen Vernunft und Zurückhaltung, müssen Probleme durch Demokratie und das Gesetz lösen«.[46]

Am 5. Mai besuchten die Studenten, von Zhao Ziyangs Versprechen eines Dialogs beflügelt, wieder ihre Veranstaltungen.[47] Der Generalsekretär befürwortete auch einen versöhnlichen Ton in den Medien: »Berichtet ein wenig offener über die Studentendemonstrationen, es droht deswegen keine Gefahr«, wies er Hu Qili an, den sympathischen Leiter des Propagandaministeriums.[48] Die Bevölkerung wachte am nächsten Morgen mit überbordenden Berichten und Fotos von den Demonstrationen in allen Zeitungen auf. Die *Chinesische Jugendzeitung* ging sogar so weit, die Studenten als Patrioten darzustellen, während Zhao Ziyang die Aussage in den Mund gelegt wurde, die Korruption sei zum Teil auf einen »Mangel an Offenheit« zurückzuführen.[49]

Der Wechsel in der Tonlage spornte weitere Intellektuelle an, ihre Unterstützung für die Studenten zu zeigen. Am 10. Mai fuhren rund zehntausend junge Demonstranten auf Fahrrädern durch die Hauptstadt, um größere Pressefreiheit zu fordern. Fünfzig bekannte Schriftsteller, Dichter und Romanautoren schlossen sich ihnen an, darunter auch Su Xiaokang, der meinte, man dürfe die Studenten »nicht auf sich gestellt lassen«.[50]

Etwa eine Woche lang herrschte eine seltsame Ruhe, auch wenn sich hinter den Kulissen eine Spaltung in der Führung abzeichnete. Zhaos Versuch, den Demonstranten entgegenzukommen, wurde weithin begrüßt, aber seine Rede widersprach den Äußerungen des Obersten Führers, der die Studenten scharf dafür kritisiert hatte, dass sie Unruhe stifteten und versuchten, das sozialistische System zu stürzen. Es hatte den Anschein, als würden zwei Leitartikel in verschiedene Richtungen zielen. Entweder würde Deng seine Äußerungen zurücknehmen müssen, oder Zhao hatte ein Versprechen gegeben, das er nicht halten konnte.

Führende Parteifunktionäre, die Zhaos Rede für eine gefährliche Abweichung von der Parteilinie hielten, scharten sich nach und nach hinter Li Peng zusammen. Unter ihnen war auch Chen Xitong, der Bürgermeister von Peking, der am 7. Mai verlangte, dass sich die Partei an die Entscheidungen halte, die der Ständige Ausschuss am 24. April getroffen habe.[51] Der Ausschuss trat, auf seine Bitte hin, am nächsten Tag zusammen. Es kam zu einem erbitterten Wortwechsel. Laut mehreren Ausschussmitgliedern fühlten sich Regierungsvertreter, die massiv gegen die studentische Aktivität vorgegangen waren, von Zhao Ziyang hintergangen. »Wer hat euch verraten?«, gab ein wütender Generalsekretär zurück. »Nur während der Kulturrevolution wurden jemals Menschen verraten.«[52]

Ungeachtet aller Versprechungen fand zwischen der Regierung und den Demonstranten kaum ein Dialog statt. Die Studenten bestanden darauf, dass jede Diskussion über ihre eigenen autonomen Organisationen geführt werden müsse, die im Leitartikel vom 26. April geächtet worden waren – eine Forderung, die der Generalsekretär nicht erfüllen konnte. Die Studenten wurden immer ungeduldiger. Sie fürchteten allmählich, dass nach Gorbatschows Besuch abgerechnet würde und die Behörden wieder härter durchgreifen würden.

Am 11. Mai tauchte in der Universität Peking ein Plakat auf, das zu einem Hungerstreik auf dem Tiananmen-Platz aufrief.[53] Die Idee war keineswegs neu. Wie vieles Andere war sie Teil einer Tradition des politischen Protestes, die bis zur Kulturrevolution zurückreichte. So hatten sich im Sommer 1966 Hunderte von Studenten in stillem Trotz vor das Parteihauptquartier in Xi'an gesetzt und jede Aufnahme von Nahrung und Flüssigkeit verweigert. Sie hatten den Aufruf des Vorsitzenden Mao verinnerlicht, die »kapitalistischen Wegbeschreiter« zu beseitigen, die sich angeblich im Bildungssystem verborgen hätten. Nach mehreren Tagen spielten sich chaotische Szenen ab, als Krankenschwestern anfingen, den Studenten, die in der Sommerhitze ohnmächtig geworden waren, Infusionen zu legen, und Rettungswagen die schwereren Fälle zur Notbehandlung eilig ins Krankenhaus einlieferten. Zhou Enlai sah sich damals gezwungen zu intervenieren, um die gegenseitige Blockade zu überwinden.[54]

Ein Dachverband, in der alle von den Studenten gegründeten, autonomen Organisationen vertreten waren, stimmte gegen den Hungerstreik, doch die Idee war zu verlockend, um sie ganz zu verwerfen. Mehrere Studentenführer beschlossen, auf eigene Faust zu handeln. Wang Dan, der an der Universität Peking im Hauptfach Geschichte studierte, zählte zu ihnen. Ein weiterer Fürsprecher war Wuer Kaixi, ein charismatischer, junger Uigure mit dichten, lockigen Haaren, der in Peking geboren und aufgewachsen war, aber als junger Student mehrere Jahre in Xinjiang verbracht hatte. Am Abend des 19. April hatte er beim Sturm auf das Haupttor von Zhongnanhai die Führung übernommen. In einer verblassten gelben Uniform, die während der Kulturrevolution in Mode gewesen war, schritt er vor der ersten Reihe auf und ab und erteilte den Studenten mit dröhnender Stimme Befehle: »Wir müssen unsere Stellung hier halten, bis Li Peng herauskommt!«[55]

Die Hungerstreikenden begannen am 13. Mai ihre Aktion, zwei Tage vor dem geplanten chinesisch-sowjetischen Gipfel. Einige hundert Studenten, die sich rot-weiße Stirnbänder um den Kopf gebunden hatten und Sonnenschirme trugen, legten einen Eid ab. Sie schworen, auf dem Platz auszuharren, bis die Regierung ihre Forderungen erfüllen würde. »Wir ertragen den Hunger«, hieß es auf einem zwischen zwei Bambusstangen befestigten Transparent, »aber wir ertragen keine Diktatur.« Es war eine entschlossene Schar, aber keine große. Am selben Abend schnappte sich an der Universität Peking eine Studentin namens Chai Ling das Mikrofon und hielt eine leidenschaftliche Ansprache, die die Zuhörer zu Tränen rührte. »Wir, die Kinder, sind bereit zu sterben«, rief sie. »Wir wollen mit tödlicher Entschlossenheit um das Leben kämpfen.« Über Nacht wurde ihre Rede zu einem Manifest. Zwölf prominente Intellektuelle, unter ihnen Su Xiaokang, einigten sich darauf, die Hungerstreikenden mit einem Appell zu unterstützen, der in den Zeitungen veröffentlicht und im Fernsehen ausgestrahlt wurde. Tausende schlossen sich dem Hungerstreik an.[56]

Die Zahl stieg weiter an. Zhao warnte die Demonstranten, sie würden sich die »Missbilligung des Volkes« zuziehen, wenn sie das Gipfeltreffen behinderten, doch diese Mahnung blieb ohne Erfolg. Zu der Zeit, als Gorbatschow am 15. Mai auf dem Flughafen empfangen wurde, hatten sich mehr als dreihunderttausend Menschen auf dem Platz versammelt, darunter nicht nur die Hungerstreikenden, sondern auch »Arbeiter, Bauern, Regierungsfunktionäre, Mitarbeiter demokratischer Parteien, Kinder aus Kindergärten und Grundschulen sowie Beamte und Männer des Justizministeriums und sogar der Militärakademien«.[57] Hunderte von Schriftstellern, Journalisten und Universitätsprofessoren schlossen sich ebenfalls dem Protest an. Es herrschte eine festliche Stimmung, da Menschen aus allen Bevölkerungsschichten frei ihre Meinung äußerten, viele zum ersten Mal in ihrem Leben. Sie schwenkten ihre Transparente, sangen Lieder und grüßten sich gegenseitig mit dem Siegeszeichen V für »Victory«. Cui Jian, ein 27-jähriger Gitarrist, der die Rockmusik im Land eingeführt hatte, tauchte unangekündigt auf. Er spielte spontan auf seiner Gitarre und sang laut die Verse von »Ich habe nichts [außer meinem Namen]«, einem Popsong, der bei den Demonstranten gut ankam: »Ich sage dir, ich habe schon zu lange gewartet; ich sage dir, das ist meine letzte Bitte: ich möchte deine Hand nehmen; damit du jetzt sofort mit mir kommst.« Die Musik übertönte die Sirene der Rettungswagen, in denen gut siebzig Hungerstreikende ins Krankenhaus gebracht wurden, die bei der Hitze und dem Mangel an Nahrung kollabiert waren. Ausländische Reporter, die sich wegen des Gipfeltreffens in der Stadt aufhielten, mischten sich ungehindert unter die Menge, während Satelliten das Schauspiel in die Wohnzimmer auf der ganzen Welt übertrugen. Vom Dach der Großen Halle des Volkes aus beobachtete Zhao Ziyang die Studenten mit dem Fernglas.[58]

Am 16. Mai fuhr die schwarze ZIL-Limousine des sowjetischen Parteichefs an einem Hintereingang der Großen Halle des Volkes vor, abgeschirmt von Hunderten von Polizeibeamten. Gorbatschow gab Deng Xiaoping die Hand, der feierlich erklärte, dass die alten Streitigkeiten zwischen Peking und Moskau nunmehr der Vergangenheit angehörten. Am Abend sprach der sowjetische Parteichef mit Zhao Ziyang im Gästehaus Diaoyutai der Regierung über die Normalisierung der Beziehung zwischen den beiden kommunistischen Parteien. Der chinesische Generalsekretär brach mit der traditionellen Fiktion einer kollektiven Führung und vertraute seinem Gesprächspartner an, dass der Oberste Führer des Landes immer noch alle wichtigen Entscheidungen treffe. »Wir kommen ohne ihn, ohne seine Weisheit und Erfahrung nicht aus«, sagte er und führte aus, dass auf der ersten Plenartagung des Dreizehnten Parteitages im Oktober 1987 beschlossen worden sei, dass »wir ihn bei den allerwichtigsten Fragen immer noch als Steuermann brauchen«. Die Entscheidung des Plenums sei, erklärte Zhao, »nie veröffentlicht worden«. Zhao stellte später klar, dass er Deng habe schützen wollen, indem er darauf hinwies, dass dessen Befugnisse keineswegs willkürlich seien, sondern auf der Satzung der Partei beruhten. Dennoch hatte er sich verrechnet, denn viele Beobachter kamen zu dem Schluss, dass Zhao die Verantwortung für das Krisenmanagement auf seinen eigenen Mentor abwälzte. Ein ausländischer Journalist nannte dies eine »versteckte, aber außergewöhnliche Herausforderung« für Deng.[59]

Dass Zhao Ziyang die geheime Resolution erwähnte, wurde in der amtlichen Presse berichtet, überraschte jedoch niemanden außer einigen von Zhaos Beratern. Yan Jiaqi, ein Politologe, meinte offenbar, diese Enthüllung sei ein Signal, sich von Deng Xiaoping zu distanzieren, und gab sofort eine Stellungnahme ab, in der er den »alten und hinfälligen Diktator« verunglimpfte. »Nieder mit dem Diktator!« und »Diktatoren müssen gehen!«, rief er einer Menschenmenge auf dem Platz zu.[60]

Nach seiner Begegnung mit Gorbatschow begab sich Zhao Ziyang eilends zu einer Dringlichkeitssitzung des Ständigen Ausschusses. Um aus der misslichen Lage herauszukommen, sagte er dem Gremium, sei die Widerrufung des Leitartikels vom 26. April der einzige Weg. Um Deng Xiaopings Ansehen zu schützen, erklärte Zhao, sei er bereit, die volle Verantwortung für den Leitartikel zu übernehmen und öffentlich zu erklären, dass er ihn persönlich in Pjöngjang verfasst habe. Doch die anderen Mitglieder wollten davon nichts hören und bestanden darauf, dass der Leitartikel die Ansichten des Obersten Führers wiedergebe. Die Sitzung endete ohne einen Beschluss.[61]

Am folgenden Tag, dem 17. Mai, bemühte sich Zhao um eine private Audienz bei Deng. Zhao wurde angewiesen, sich am Nachmittag zu dessen Residenz zu begeben, wo ihn der Ständige Ausschuss bereits erwartete. Es folgte eine angespannte Sitzung, weil der Ausschuss Zhao vorwarf, er habe die Flammen der Unruhen mit seiner Rede bei der Asiatischen Entwicklungsbank geschürt. Deng Xiaoping stimmte zu: »Der Wendepunkt war Zhao Ziyangs Rede zum 4. Mai, sie gestattete es dem Volk zu sehen, dass die Führung uneins war, weshalb die Demonstrationen noch heftiger wurden und viele Menschen sich den Studenten annäherten.« Er entschied, dass das Kriegsrecht ausgerufen und Truppen in die Stadt geholt werden sollten. Die Stimmung verdüsterte sich schlagartig, als alle außer einem zustimmten. Noch am selben Abend, als der Ausschuss erneut tagte, um die logistischen Fragen des Kriegsrechts zu erörtern, gab Zhao Ziyang niedergeschlagen bekannt, dass er außerstande sei, seine Amtspflichten weiter auszuüben: »Meine Zeit ist um.«[62]

In einem letzten Versuch, die Lage zu entschärfen, traf sich ein angespannter, nervös wirkender Li Peng am 18. Mai um elf Uhr vormittags mit Studentenführern vor laufenden Kameras im Xinjiang-Saal der Großen Halle des Volkes, einem großen Konferenzsaal mit hohen Decken und bequemen Sofas. Blumen und Teetassen standen auf Beistelltischen zwischen den Sesseln. Wuer Kaixi, der nach einer Ohnmacht ins Krankenhaus eingeliefert worden war und immer noch seinen Pyjama trug, tadelte den Ministerpräsidenten dafür, dass er sich verspätet habe, nicht um wenige Minuten, sondern um mehrere Wochen. Li Peng entschuldigte sich und setzte zu einem belehrenden Vortrag an, wurde jedoch von Wang Dan unterbrochen, der ihm vorwarf, allen Themen auszuweichen. Li Peng wirkte zunehmend verärgert. »Peking ist in eine Art Anarchie gestürzt«, erklärte er wütend. »Wir werden nicht die Hände in den Schoß legen und untätig zusehen«, warnte er in einem scharfen Wortwechsel. »Wir müssen unsere Fabriken verteidigen. Wir müssen unser sozialistisches System verteidigen.« Das Treffen dauerte etwa eine Stunde.[63]

Die unnachgiebige Haltung der Regierung bewirkte in der Bevölkerung einen spontanen Anstieg der allgemeinen Unterstützung, wobei die Zahl der Menschen im Stadtzentrum auf eine Million geschätzt wurde. Studenten aus anderen Regionen strömten in die Hauptstadt, um sich den Demonstrationen anzuschließen. Eifrige junge Leute drängten sich auf den Bahnsteigen und quetschten sich in jeden Zug, der in Richtung Hauptstadt fuhr. Vielen gelang es, ohne Fahrkarte einzusteigen, ganz ähnlich wie zwei Jahrzehnte zuvor die Rotgardisten kostenlos reisen durften. Die Arbeit in den meisten Fabriken und Büros kam zum Stillstand, weil sich Scharen von Arbeitern den Studenten anschlossen. Sie trugen die offiziellen Wahrzeichen ihrer Arbeitseinheiten und marschierten auf den Straßen um den Tiananmen-Platz. Gekleidet waren sie in die Uniformen ihres Gewerbes, Köche trugen Kochmützen, Büroangestellte schüttelten ihre Rechenbretter; Fabrikarbeiter erschienen in ihrer blauen Arbeitskleidung. Autos, Lastwagen und Busse, die von den Mitarbeitern der Betriebe in Beschlag genommen waren, fuhren zur demonstrativen Unterstützung auf dem Chang'an Boulevard. Es handelte sich um einen Protesttag der Arbeiter, nicht um einen Protesttag der Studenten. Der Charakter der Parolen änderte sich mit nunmehr direkten Forderungen nach dem Rücktritt von Deng Xiaoping, Li Peng und Yang Shangkun.[64]

Es herrschte eine festliche Stimmung, an den Straßenecken wurden die Demonstranten von jubelnden Menschenmengen begrüßt. Spruchbänder zur Unterstützung der Hungerstreikenden zierten Bürogebäude und Mietshäuser. Als die Demonstranten an dem ultramodernen CITIC-Wolkenkratzer vorbeizogen, ließen die Büroangestellten aus den Fenstern zur Begrüßung Konfetti aus Lochstreifen herunterflattern. Viele glaubten, sie wären an einem Wendepunkt in der Geschichte angelangt, und dass sich die Hoffnungen auf ein demokratisches China, die siebzig Jahre zuvor erstmals geäußert worden waren, nun endlich erfüllen würden. Es wirkte wie der Anbruch einer neuen Ära.[65]

Sogar aus den Parteireihen kam Unterstützung. Am Abend zuvor hatte Xiao Ke, ein ehemaliger General, die von Parteiältesten beherrschte Zentrale Beraterkommission angerufen, um zu erklären, dass die Partei sich irre und die Massen recht hätten. In den Provinzen widerriefen ganze Parteieinrichtungen den Leitartikel vom 26. April. In Zhejiang verabschiedete eine Mehrheit der Mitglieder der Politischen Beratungskonferenz eine Resolution, welche die Wendung »den Unruhen entgegentreten und sie eindämmen« verurteilte. Sie telegrafierten am 18. Mai ihren Beschluss an die Führung in Peking. Vergleichbare Szenarien spielten sich in weiteren Provinzen ab.[66]

Auch in anderen Städten fanden Demonstrationen statt. Rund hunderttausend Demonstranten lähmten das Zentrum Schanghais und störten Michail Gorbatschows Staatsbesuch auf der letzten Etappe seiner viertätigen Chinareise. In der ganzen Provinz Zhejiang schätzten die Behörden, dass ungefähr vierhunderttausend Demonstranten in Hangzhou, Jinhua, Ningbo, Wenzhou und anderen Städten auf die Straße gegangen waren. In der Provinzhauptstadt schlossen sich über achthundert Studenten einem Hungerstreik an. Ähnliche Zahlen tauchen in anderen Berichten auf, die in den Parteiarchiven versteckt sind. In der Provinz Gansu, fernab vom Blick ausländischer Reporter, demonstrierten auf dem Höhepunkt der Bewegung knapp eine Viertelmillion Menschen in zwölf Städten. Allein in Lanzhou schlossen sich rund dreihundert Studenten einem Hungerstreik an.[67]

Zu den wohl schwersten Unruhen von allen kam es in Urumqi, der Hauptstadt der Provinz Xinjiang, wo rund zehntausend Studenten auf die Straße gingen, um gegen ein Buch mit dem Titel *Sexuelle Bräuche,* das sie für rufschädigend hielten, zu protestieren. Das war der Anlass, um mit Transparenten, auf denen »Lang lebe die Demokratie« und »Nieder mit Korruption« stand, zu marschieren. Am nächsten Tag verschafften sich die Demonstranten gewaltsam durch ein Tor Zutritt zu einem Regierungsgebäude und griffen die Miliz und die Regierungsmitarbeiter an. Auf dem Hauptplatz wurden Busse umgeworfen, Strommasten gefällt und die Kabel der Lautsprecher gekappt. 150 Menschen wurden verletzt.[68]

Am Freitag, dem 19. Mai, gegen fünf Uhr morgens, ging Zhao Ziyang, begleitet von dem argwöhnischen Li Peng, auf den Tiananmen-Platz, um seine Besorgnis um die Hungerstreikenden auszudrücken. »Ich bin zu spät gekommen«, sagte Zhao mit Tränen in den Augen; das Mikrofon zitterte in seiner Hand. Er erklärte, dass auch er einmal jung gewesen sei und ermunterte die Studenten, ihren Streik aufzugeben. Das sollte sein letzter Auftritt in der Öffentlichkeit sein.

Am selben Abend um elf Uhr sprach Li Peng in der Abteilung für allgemeine Logistik der Volksbefreiungsarmee zu einer großen Versammlung aus Führungskräften der Partei, der Regierung und des Militärs und kündigte Maßnahmen zur Unterdrückung der Unruhen an. Kurz nach Mitternacht trat der Ministerpräsident im Fernsehen auf und verlas einen vorbereiteten Text: »Wir müssen harte und entschlossene Maßnahmen ergreifen, um die Unruhen rasch zu beenden«, gab er bekannt. »Wenn wir es versäumen, einem derartigen Zustand ein Ende zu setzen und die Dinge ungestört weiterlaufen lassen, wird das sehr wahrscheinlich gravierende Konsequenzen haben, die keiner von uns erleben möchte.« Das Kriegsrecht wurde ausgerufen.[69]

Li Rui sah, um drei Uhr morgens von seinem Balkon aus, Motorräder den Chang'an Boulevard auf und ab fahren, um die Demonstranten vor der Armee zu warnen. Sie nannten sich die »Fliegenden Tiger«, trugen Stirnbänder, die denen der Hungerstreikenden glichen, und schmückten ihre Motorräder mit Fahnen.[70] Sie waren nicht die einzigen, die sich zur Verteidigung der Demonstranten versammelten. In dem Moment, als Li Peng das Kriegsrecht ausrief, eilten Zehntausende auf die Straße, um zu verhindern, dass die Truppen den Platz erreichten. In Peking gab es sowohl breite, von Überführungen und Kreuzungen unterbrochene Ringstraßen, als auch kleine, sich windende Gassen. Lastwagenfahrer blockierten mit ihren Fahrzeugen die sechs wichtigsten Zufahrten in die Hauptstadt, während Menschenmengen ausschwärmten, um die Militärkolonnen zu umzingeln und aus den Reifen der Fahrzeuge die Luft zu lassen. Die Menschenmengen waren freundlich, boten den Soldaten Essen und Wasser an. Sie versuchten, sie zur Umkehr zu überreden. Bis Mittag war es ihnen gelungen, etwa achtzehn Kilometer weiter westlich rund zweihundert Militärfahrzeuge zu blockieren, die der 65. Armee angehörten. Am allgemeinen Militärkrankenhaus der Volksbefreiungsarmee, das elf Kilometer westlich vom Tiananmen an der Fortsetzung des Chang'an Boulevards lag, blockierte eine Menge ebenfalls Einheiten der 38. Armee. Demonstranten wehrten Soldaten aus der Garnison Peking ab, als diese von den Ming-Gräbern, dem Flughafen der Hauptstadt und dem Sommerpalast aus in Richtung Innenstadt vorrückten. Im Grunde stoppten die Einwohner Pekings die Armee. »Wir hatten nicht erwartet, dass die Soldaten auf so starken Widerstand stoßen würden«, notierte Li Peng in sein Tagebuch.[71]

Dieses Szenario wiederholte sich einige Tage lang, als Zehntausende Studenten auf dem Platz campierten, während andere an allen großen Kreuzungen behelfsmäßige Barrikaden errichteten. Am 22. Mai fingen die Truppen an, sich zurückzuziehen. Jubel setzte ein, als ermutigte Studenten die Soldaten zur Meuterei aufforderten. Li Peng, der nach der Ausrufung des Kriegsrechts zum meistgehassten Parteiführer avancierte, steckte Berichten zufolge in Schwierigkeiten und kämpfte um sein politisches Überleben. Deng Xiaoping war angeblich zurückgetreten. Übertritte auf höchster Ebene veränderten das Kräftegleichgewicht zugunsten von Zhao Ziyang. Das Blatt wendete sich, während das Land auf einen kritischen Moment von historischer Bedeutung zusteuerte. Kein einziges dieser Gerüchte wurde offiziell dementiert. Als ein Brief von sechs Generälen im Ruhestand und einem Admiral durchsickerte, in dem die Zentrale Militärkommission gedrängt wurde, von der Entsendung der Truppen in die Hauptstadt abzusehen, kochte die Gerüchteküche regelrecht über.[72]

Am 23. Mai gingen in Guangzhou Zehntausende von Menschen auf die Straßen, unterstützt von Sympathisanten aus Hongkong und Macau, obwohl Blitze vom Himmel zuckten und strömender Regen die Botschaften auf ihren Transparenten verwischte. In Schanghai besetzte eine große

Menschenmenge die Uferanlagen und den Volksplatz. In Lanzhou, tief im Hinterland, forderten Zehntausende: »Deng Xiaoping tritt zurück« und »Li Peng tritt zurück«. Einige Studenten riefen: »Stürzt die Scheinregierung«. »Einfache Leute unterstützen ihre Aktionen«, bemerkte der stellvertretende Provinzparteisekretär. Studenten protestierten auch in Nanjing, Changsha, Wuhan und anderen Städten.[73]

In Wirklichkeit waren die Truppen jedoch nicht ganz abgezogen, sondern hatten sich nur in Konzentrationsgebiete am Stadtrand zurückgezogen. Am 25. Mai war der Aufmarsch abgeschlossen, mit über hunderttausend Soldaten aus elf Heeresgruppen, bereit zum Einsatz, dazu Hunderte von Panzern, Panzerfahrzeugen, Militärfahrzeugen und Lastwagen. Hinter verschlossenen Türen erklärte Yao Yilin gegenüber mehreren Ministern, dass die Führung Druck aus dem Ausland nicht fürchte. Sie sei entschlossen, das ganze Land abzuriegeln und das Kriegsrecht, wenn nötig, »drei oder sogar fünf Jahre lang« beizubehalten. Nachdem sich fünf Tage lang kein hoher Regierungsvertreter in der Öffentlichkeit hatte blicken lassen hatte, zeigte am Abend das nationale Fernsehen Li Peng, der drei neue Botschafter bewirtete. Er wirkte zuversichtlich: »Die chinesische Regierung ist stabil und handlungsfähig«, verkündete er.[74]

Die Führung sicherte sich ab und verschaffte sich die Unterstützung von hohen Regierungsvertretern im ganzen Land. Das Militär, zu dem Yang Shangkun in einer Dringlichkeitssitzung sprach, stellte sich geschlossen hinter sie.[75] Stellungnahmen zugunsten des Kriegsrechts gingen von den Provinzverwaltungen, der Luftwaffe und der Marine ein.[76] Im landesweiten Fernsehen traten betagte Parteiführer, von Chen Yun, Bo Yibo und Li Xiannian bis hin zur Witwe Zhou Enlais, in einer Demonstration der Einigkeit einer nach dem anderen auf, zum Teil in Rollstühlen und kaum imstande, selbst ihre Botschaft zu verlesen.[77] Im ganzen Land war jedes Parteimitglied aufgefordert, eine klare politische Haltung zu beziehen und in politischen Arbeitssitzungen die Reden der Parteiführer durchzuarbeiten.[78]

Kurz nach Li Pengs Auftritt im Fernsehen kippte das Kräftegleichgewicht zugunsten der Hardliner. Auf jeder Ebene meldeten sich doktrinäre Parteimitglieder zu Wort. In Lanzhou, wo Protestierende wiederholt das Provinzparteikomitee überfallen hatten, drängten einige Kader die Führung, »energische Maßnahmen gegen Saboteure« zu ergreifen, entschlossen zuzuschlagen und »den Krawall so schnell wie möglich« zu unterdrücken.[79] Sie waren keineswegs allein. Am 27. Mai nahmen drei Provinzparteisekretäre Qiao Shi in die Mangel und forderten, dass der Ständige Ausschuss unverzüglich Maßnahmen ergreife. Auf einer Sitzung der Zentralen Beraterkommission geriet Li Peng selbst in die Kritik und wurde von zornentbrannten Parteiältesten unterbrochen, die über die Pattsituation empört waren.[80]

Unterdessen ließ bei den Einheimischen, die die Straßensperren in der ganzen Hauptstadt besetzt hielten, die Wachsamkeit nach. Die Zahl der Studenten schrumpfte, ihre Organisation wurde durch interne Auseinandersetzungen und Meinungsverschiedenheiten zerrüttet. Die meisten ausländischen Journalisten waren inzwischen abgereist, während die Rundfunksendungen von BBC und »Voice of America« auf Kurzwelle – die beiden wichtigsten Informationsquellen – gestört wurden. Am Montag, dem 29. Mai waren nur noch zweitausend Demonstranten auf dem Platz. Ihre Führer rieten, die Sitzblockade zu beenden. Wenn sie den Platz geräumt hätten, dann hätten sie ihn als Sieger verlassen. Sie hatten ihr Anliegen vorgetragen, dem Regime vor laufenden internationalen Kameras die Stirn geboten, die Unterstützung der lokalen Bevölkerung gewonnen und, mit deren Rückendeckung, die Armee gezwungen, sich zurückzuziehen.[81]

In Schanghai entschied sich der Bürgermeister für eine versöhnliche Vorgehensweise. Zhu Rongji sympathisierte mit den Demonstranten und versicherte ihnen, dass keine Truppen in die Stadt eindringen würden. Er schloss auch die Verhängung des Kriegsrechts aus. Der Parteisekretär Jiang Zemin gewann die Unterstützung der städtischen Vertreter im Volkskongress. Die Gefahr einer Verlangsamung der industriellen Produktion oder eines Generalstreiks ging vorüber. Unter den gewöhnlichen Einwohnern ließ die Begeisterung für die Bewegung nach. Wandzeitungen wurden abgenommen, die Stadt wurde wieder gesäubert. Am 27. Mai tauchten zur Feier des vierzigsten Jahrestags der Befreiung Schanghais überall in den Straßen rote Banner und Nationalfahnen auf. Die Studenten waren bereit, in die Hörsäle zurückzukehren.[82]

Paradoxerweise fand eine der größten Demonstrationen ausgerechnet in Hongkong statt. Am Samstag, dem 27. Mai, versammelten sich über zweihunderttausend Menschen auf der Rennbahn in Happy Valley zu einem Benefizkonzert zugunsten der Studenten auf dem Tiananmen. Berühmte Persönlichkeiten sprachen sich für deren Sache aus, viele unter Tränen, als sie den Fernsehzuschauern ihre Empfindungen bezüglich der Krise, die sich jenseits der Grenze abspielte, mitteilten. Teresa Teng, ein Popstar aus Taiwan, hatte einen Gastauftritt und trug dabei ein rot-weißes Stirnband. Am nächsten Tag marschierten Schätzungen zufolge 1,5 Millionen Menschen – ein Viertel der Gesamtbevölkerung – durch die Straßen und zogen durch die geschäftigen Einkaufsgebiete in North Point und an der Causeway Bay, um sich in der Nähe des Victoria-Parks aufzulösen. Darunter waren alte Menschen, Kleinkinder mit gelben Stirnbändern auf den Schultern ihrer Eltern, Büroangestellte in Geschäftskleidung und sogar Demonstranten im Rollstuhl. Die Organisatoren verteilten Anstecker mit dem Text: »Today China, Tomorrow Hong Kong«.[83]

Am Dienstag, dem 30. Mai, enthüllten die Studenten auf dem Tiananmen-Platz eine Gipsstatue der Göttin der Demokratie. Mit einer Höhe von zehn Metern, mit beiden Händen stolz eine Fackel hochhaltend, blickten ihre kalten Augen entschlossen auf das Porträt des Vorsitzenden. Man hatte es inzwischen ausgetauscht, nachdem es in der Woche zuvor mit Tinte und Eiern beschmiert worden war. Die Göttin schien vierzig Jahre Revolution zu verspotten. Vor allem gab sie der nachlassenden Demokratiebewegung neuen Auftrieb. Die Besucherzahlen stiegen wieder an, als die Neugier auf die neue Dame auf dem Platz auch den kleinsten Winkel der Hauptstadt erfasste. Eine Viertelmillion Menschen ignorierten die Warnung der Regierung und kamen, um die Statue zu bewundern. Taxifahrer, für die es bei der Unmenge an Fahrrädern und Fahrradtaxis kein Durchkommen gab, ließen ihre Autos stehen und schlossen sich zu Fuß der Menge an. Sie kamen schweigend, ohne Parolen oder Spruchbänder. Die Wenigsten scherten sich um die Lautsprecher der Regierung, die eine scharfe Verurteilung über den Platz plärrten: »Diese Statue ist illegal.« Am Abend nannten die Behörden die Göttin »eine Beleidigung der nationalen Würde« und forderten ihren Abriss.[84]

Am Vorabend, als die Skulptur in Einzelteilen, verladen auf Fahrradtaxis auf dem Platz eingetroffen war, hatten Tausende Studenten ihre frühere Haltung geändert und geschworen, mindestens drei weitere Wochen auszuharren. Mittlerweile waren in Zhongnanhai, in der Großen Halle des Volkes, im Museum für chinesische Geschichte und in der Verbotenen Stadt große Truppenkontingente stationiert, die über das unterirdische Tunnelnetz, das bis zu den Hügeln im Westen außerhalb der Stadt reicht, versorgt wurden. Sie hatten ganz eindeutig nicht nur um wenige Stunden, sondern um Tage die Gelegenheit verpasst, die Unruhen ohne Blutvergießen zu ersticken.[85]

Eine neue Stimmung des Trotzes griff um sich. Von der einheimischen Bevölkerung wurden Spenden gesammelt, während aus Hongkong vermehrt finanzielle und materielle Unterstützung floss. Während des Benefizkonzerts waren dort 1,5 Millionen US-Dollar gesammelt worden. Zu den Lieferungen aus der Kronkolonie gehörten rund zweihundert Zelte in leuchtend roten und blauen Farben, die unter den wackligen Buden aus Plastik, Leinwand und Karton, die bislang den Studenten Unterschlupf geboten hatten, ins Auge fielen. Doch die meisten lokalen Studenten kehrten über Nacht auf den Campus zurück. Die fünftausend Studenten, die auf dem Platz zelteten, waren in der Mehrheit Nachzügler aus den Provinzen.[86]

*

Am Freitag, dem 2. Juni, kursierten erste glaubwürdige Meldungen, dass Einheiten der 39. Armee im Begriff seien, in die Hauptstadt einzurücken. Kurz vor 23 Uhr wurde ein Jeep mit militärischen Kennzeichen gesehen, der mit hoher Geschwindigkeit von Westen her auf den Platz zuraste. In der Nähe der Muxidi-Brücke, wo die Verlängerung des Chang'an Boulevards einen kaiserlichen Stadtgraben überquerte, der die Altstadt vor Eindringlingen geschützt hatte, geriet das Fahrzeug außer Kontrolle und krachte in eine Gruppe Fahrradfahrer, von denen drei ums Leben kamen und einer schwer verwundet wurde. Von seinem Balkon aus sah Li Rui, wie sich eine wütende Menge an dem Platz versammelte.[87]

In derselben Nacht, gegen zwei Uhr morgens, am 3. Juni, wurde eine Kolonne von rund achttausend jungen Soldaten in Hemdsärmeln gesehen, wie sie aus der entgegengesetzten Richtung auf dem Chang'an Boulevard marschierten. Mehrere Motorradfahrer, die durch die Stadt patrouillierten, fuhren vor den Truppen her und schlugen Alarm. »Kommt raus, kommt raus, die Soldaten kommen!« Als die Soldaten das Hotel

Peking, knapp dreihundert Meter vom Platz entfernt, erreichten, stürzten Anwohner aus den Gassen hervor, um ihnen den Weg zu versperren, zum Teil noch im Schlafanzug. Sie riefen: »Kehrt um! Ihr seid doch die Volksarmee!« Die Soldaten waren nicht bewaffnet und hatten allem Anschein nach keinen befehlshabenden Offizier. Sie wirkten erschöpft und verstört, verbargen ihre Gesichter, während sie in kleinen Gruppen auf der Straße saßen und die Anwohner sie verhöhnten und drangsalierten. Auf Nachfrage gaben sie an, sie kämen aus der 39. Armee, und man habe ihnen gesagt, sie würden nur ein paar Randalierer auf dem Platz antreffen. In den frühen Morgenstunden des Samstags zerstreuten sie sich, einige mit zerrissenem Hemd, andere humpelten ohne Schuhe davon. Die Menge nahm Busse und Kipplastwagen, die mit Kohle und Sand beladen waren, und sogar einen Baukran in Beschlag, um vor dem Hotel Peking Barrikaden zu errichten.[88]

Während ein dunstiger Morgen über der Stadt graute, versammelten sich unterdessen entlang des ganzen Chang'an Boulevards Menschenmengen. Am Westrand des Platzes, nicht weit von Zhongnanhai, umzingelten rund fünfhundert Menschen einen Jeep und vier Militärbusse, in denen allem Anschein nach Elitetruppen saßen. Die Menge versuchte, den Jeep umzuwerfen, und ignorierte einfach das Schnellfeuergewehr, das ein Offizier auf sie richtete. Sie schlugen auch die Fenster auf beiden Seiten der Busse ein und nahmen den verängstigten Soldaten die Waffen ab. In der Nähe des Viertels Liubukou liefen sechs oder sieben junge Studenten auf dem Dach eines der Fahrzeuge auf und ab und präsentierten den Kameras Magazine von AK-47-Kalaschnikows, Schlagstöcke, Messer und Bajonette. Vor den Toren Zhongnanhais schwenkten Leute Helme und Schuhe auf Stäben und skandierten Parolen gegen die Regierung.[89]

Ein Offizier der Volksbefreiungsarmee erklärte später, das Ziel der Operation sei es gewesen, den Platz abzuriegeln, um zu vermeiden, dass den Studenten Schaden zustieß. Dieser verblüffend unausgegorene Plan ging gewaltig nach hinten los. Den ganzen Morgen über strömten Studenten und ihre Unterstützer zurück auf den Platz, während die Einheimischen immer größere Barrikaden an allen großen Kreuzungen innerhalb und um die Innenstadt errichteten.[90]

Um die Mittagszeit machten sich Soldaten und bewaffnete Polizeibeamte von Zhongnanhai aus entlang des Abschnitts der Chang'an, der westlich des Tiananmen-Platzes in den Bezirk Xidan verläuft, auf den Vormarsch. Sie versuchten, einige Barrikaden aus dem Weg zu räumen und die Munition im Innern des Busses bei Liubukou zurückzuerobern. Anwohner, die Gerechtigkeit für die Zivilisten forderten, die am Vorabend von einem Jeep getötet worden waren, näherten sich von Westen her und wurden von einigen hundert bewaffneten Polizei- und Sicherheitsbeamten empfangen, die Tränengas einsetzten und mit Schlagstöcken vorgingen. Die Menge wehrte sich und zwang sie, sich in Zhongnanhai wieder in Sicherheit zu bringen. Die Menge war nun aufgebracht, warf Steine über die Mauer in das Regierungsgelände und steckte ein verlassenes Militärfahrzeug in Brand. Mehrere Stunden lang kam es auch an anderen Kreuzungen zu Zusammenstößen, mit Verletzten auf beiden Seiten. Soldaten und Polizeibeamte zogen sich am späten Nachmittag wieder zurück.[91]

Nunmehr hatte das Regime ausreichend Rechtfertigung für ein härteres Vorgehen. Gegen 16 Uhr einigte sich die Führung auf einer von Qiao Shi einberufenen Dringlichkeitssitzung darauf, dass am frühen Morgen ein »schockierender, konterrevolutionärer Krawall« ausgebrochen sei. Gemeint war der Vorfall bei Liubukou, als Demonstranten vom Militär Waffen erbeutet hatten. Sie trafen die Entscheidung, den Platz bis zur Dämmerung mit »friedlichen Mitteln« zu räumen, erteilten dem Militär allerdings die Erlaubnis, sich gegen Gewaltakte seitens der Randalierer zu verteidigen.[92]

Um 18.30 Uhr warnten öffentliche Lautsprecher, Rundfunk- und Fernsehsendungen die Bevölkerung, sich von den Straßen fernzuhalten.[93]

Das Militär, das inzwischen zwei Mal schmähliche Rückschläge hatte einstecken müssen, entschied sich für genau die gleiche Strategie: ein zweigleisiger Angriff von Ost und West entlang des Chang'an Boulevards, der Hauptverkehrsader durch die Stadt. Dieses Mal rüstete die Führung ihre Feuerkraft auf, indem sie ein paar Tausend unbewaffnete Soldaten in Segeltuchschuhen durch eine gewaltige Mauer aus Stahl ersetzte, die sie im Lauf von zwei Wochen beharrlich gebaut hatte. In Vietnam hatte die Volksbefreiungsarmee ein Jahrzehnt zuvor rund zweihunderttausend Soldaten und mehr als zweihundert Panzer aufmarschieren lassen. Jetzt war sie im Begriff, vergleichbar starke Verbände gegen die unbewaffneten Zivilisten ihrer eigenen Hauptstadt einzusetzen.

Die ersten Schüsse fielen gegen 23.15 Uhr bei Gongzhufen oder dem Grab der Prinzessin, einem wichtigen Kreisverkehr, wo die dritte Ringstraße die Erweiterung des Chang'an Boulevards westlich von Muxidi kreuzt. Eine lange Kolonne aus Panzern, Panzerfahrzeugen und Soldaten, die Sturmgewehre trugen, näherte sich von Süden her, wo sich eines der Militärlager befand. Das war die 38. Armee, eine schon seit dem Koreakrieg gefürchtete Einheit. Zwei Wochen zuvor hatte sich ihr Kommandeur Xu Qinxian geweigert, seine Truppen gegen unbewaffnete Zivilisten zu führen; er wurde verhaftet und ins Gefängnis gesteckt, später vor ein Kriegsgericht gestellt. Die Einheimischen, die die Kreuzung schon seit Wochen besetzt hielten, warfen Ziegelsteine und Betonstücke auf die hinter Einsatzschilde geduckten Truppen. Nach dem gescheiterten Versuch, die Barrikaden zu durchbrechen, rückten mehrere hundert, mit Kalaschnikows bewaffnete Soldaten vor und eröffneten das Feuer auf die Zivilisten. Rote und grüne Leuchtspurgeschosse flogen in den Himmel. Panzer feuerten Gaspatronen auf die Menge. Es war eine heiße und schwüle Nacht, die meisten trugen nur T-Shirt und kurze Hose, von denen viele inzwischen rot getränkt waren.[94]

Die nächste Kreuzung war Muxidi, wo die Menschen ebenfalls hinter einer Barrikade Schutz suchten und sich bemühten, die Armee aufzuhalten.[95] Einige hatten improvisierte Waffen wie Fleischerbeile, Bambusstäbe, Metallketten und sogar Stahlstangen, die sie von Baustellen genommen hatten. Die Soldaten schossen weiterhin mit ihren Schnellfeuergewehren auf die Menge, aber auch willkürlich auf Wohngebäude auf beiden Seiten der Straße. In Li Ruis Apartmentblock tötete ein Dumdum-Geschoss den Schwiegersohn eines hohen Staatsanwalts, der in der Küche Wasser kochte. Das Dienstmädchen eines Nachbarn wurde am kommenden Morgen erschossen aufgefunden. Ein paar Tage später zählte Li Rui ungefähr hundert Einschusslöcher an der Außenseite seines Gebäudes.[96]

Die gleiche Tragödie wiederholte sich auf der ganzen Strecke bis hinunter zum Tiananmen-Platz: Tausende von wütenden Menschen versammelten sich an den Kreuzungen, um gegen die eindringende Armee zu kämpfen. Die Panzerfahrzeuge durchbrachen mühelos die nächste Straßensperre aus Geländern und herrenlosen Fahrrädern. An der Kreuzung Xidan, wo man gelbe und rote Stadtbusse aufgefahren und in Brand gesteckt hatte, schoben die Panzerfahrzeuge die brennenden Fahrzeuge beiseite und machten den Weg zum Platz frei. Inzwischen rückten die Panzer zu zweit oder dritt nebeneinander vor, gefolgt von Panzerfahrzeugen und Militärlastern voller Soldaten; an jeder Kreuzung fielen unzählige Menschen. Manche Soldaten jagten Zuschauer durch die Gassen und verprügelten sie mit Schlagstöcken, Peitschen und Pistolen. Vier Menschen wurden in einer kleinen Wohnstraße in der Nähe von Xidan erschossen, darunter ein dreijähriges Kind und ein alter Mann.[97]

Gegen Mitternacht stießen mehrere Panzerfahrzeuge von Süden her auf den Platz vor und fuhren mit hoher Geschwindigkeit am Rand entlang. Eine Menschenmenge zwang drei von ihnen zum Anhalten und steckte sie in Brand. Als die Soldaten versuchten, aus den brennenden Fahrzeugen zu fliehen, fiel eine wutentbrannte Menge über sie her und prügelte einige mit bloßen Fäusten zu Tode. Ein Fahrzeug schaffte es, den Platz zu überqueren, und wandte sich dann nach Osten. Es durchbrach mehrere Barrikaden am Chang'an Boulevard und tötete und verletzte dabei viele Demonstranten. Auf der Höhe des Hotels Jianguo wendete es und raste mit halsbrecherischem Tempo in Richtung des Platzes, geriet jedoch außer Kontrolle und prallte auf mehrere herrenlose Fahrzeuge, die von Demonstranten umgeben waren. Eine Menge stürzte sich auf die im Innern des Fahrzeugs verschanzten Soldaten.[98]

Eine Stunde später, gegen 1.30 Uhr, erreichte der größte Teil der Truppen, die von Muxidi her anrückten, die Nordwestecke des Platzes und formierte sich im dunstigen, gelben Licht der Straßenlaternen neu. Dutzende von Panzern rollten an und parkten unterhalb der Tribüne. Eine seltsame Ruhe folgte, bis eine Stunde später Soldaten anfingen, sich entlang der Verbotenen Stadt am Nordrand des Platzes in einer Linie aufzustellen.[99]

Einige Soldaten schossen spontan auf die Menschenmenge im Ostteil des Chang'an Boulevards, ein Abschnitt, der immer noch von den Anwohnern kontrolliert wurde. Die auf dem Platz versammelten Studenten konnten das unregelmäßige Knattern der Kalaschnikows und den lauten Aufschlag von Tränengaspatronen hören, während wütende Menschenmengen »Faschisten« riefen. In dem Bereich um das Hotel Peking kamen Krankenwagen mit Blaulicht und Sirenen aus Wangfujing, um den Verletzten zu helfen oder die Toten zu bergen. Später, als die Krankenwagen nicht mehr zu den Kreuzungen durchdrangen, wo sich die Kämpfe abspielten, kamen die Fahrer von Fahrradtaxis zu Hilfe, evakuierten die Verwundeten und fuhren sie ins Krankenhaus. Augenzeugen zufolge sah man Ärzte, die wie Sargträger die Leichen der Erschlagenen trugen, dicht gefolgt von Krankenschwestern.[100]

Übertragungen über das Lautsprechersystem riefen die Bevölkerung auf, den Platz zu räumen, wo sich bis zu dreitausend Studenten um das Denkmal für die Volkshelden scharten. Es folgte ein merkwürdiger Gesangswettbewerb. Die Soldaten sangen Militärlieder, um sich selbst Mut zu machen, während die Demonstranten die »Internationale« anstimmten und sie über ihr eigenes Lautsprechersystem ertönen ließen.[101]

Grelle Scheinwerfer erhellten den Platz, bis sie gegen vier Uhr von den Behörden ausgeschaltet wurden.[102] Einige Studenten steckten zur Beleuchtung ihre Zelte in Brand. Zehntausende von Soldaten strömten aus der Großen Halle des Volkes, aus dem Museum für chinesische Geschichte und aus unterirdischen Tunneln auf den Platz. Fallschirmspringer der 15. Armee trafen ebenfalls von Süden her ein, nachdem sie quer durch den Bezirk Qianmen eine Blutspur gezogen hatten. Die Soldaten auf dem Platz eröffneten nicht das Feuer, nicht zuletzt deshalb, weil sie sonst aufeinander geschossen hätten. Überdies wollte niemand das Denkmal für die Volkshelden entweihen, geschweige denn das Mausoleum, in dem der Vorsitzende ruhte. Ein Ultimatum wurde gestellt, wobei mehrere Studenten versuchten, einen sicheren Abzug auszuhandeln. Unter ihnen war Liu Xiaobo, der junge Mann, der drei Jahre zuvor die Lage der Literatur in seinem Land schonungslos verrissen hatte. Der inzwischen zum Dozenten an der Pädagogischen Universität von Peking aufgestiegene Mann überquerte das Niemandsland zwischen den Studenten und den Soldaten, um mit ihren Kommandeuren zu verhandeln. Er erreichte eine Abmachung, nach der die Studenten angewiesen wurden, über die südöstliche Ecke des Platzes abzuziehen. Einige Demonstranten wollten immer noch darüber diskutieren, ob sie bis zum blutigen Ende bleiben sollten oder nicht. »Wie wäre es mit einem Kompromiss?«, schlug Chai Ling vor. »Wer gehen möchte, darf gehen, wer bleiben will, darf bleiben.«[103]

Um fünf Uhr fassten sich die Studenten an der Hand und gingen in zwei Kolonnen zu der genannten Ecke des Platzes. Eine riesige Menschenmenge hieß sie willkommen und gab ihnen zu Essen und zu Trinken. Ein Panzer rollte auf die Göttin der Demokratie zu, brachte sie zum Einsturz und zermalmte die Statue. Panzer und Panzerfahrzeuge überrollten auch die Zelte und setzten die Fahrt in Richtung Denkmal fort, wo immer noch Lautsprecher die »Internationale« abspielten. Soldaten schossen aufs Geratewohl auf die Lautsprecher, bis sie anfingen zu zischen und zu krachen und schließlich ganz verstummten. Studenten versuchten verzweifelt, sich in Sicherheit zu bringen, während all jene, die sich geweigert hatten, den Platz zu verlassen, mit Gewehrkolben und Knüppeln verprügelt wurden.[104]

Erst jetzt war von Osten her ein Rumpeln zu hören, als eine Panzerkolonne im grauen Licht auf dem Boulevard auftauchte. Die 39. Armee traf mit Verspätung ein, rückte aber rasch vor. Die Panzer durchbrachen glatt eine Linie von Bussen, die strategisch an der Kreuzung bei Dongdan, dem Gegenstück zu Xidan, gut zwei Kilometer östlich des Platzes aufgestellt worden waren. Sie schossen Tränengas auf die Menschenmengen, die die Panzer mit Steinen, Flaschen, zerbrochenen Gehwegplatten, Ziegeln und primitiv improvisierten Benzinbomben bewarfen. Kleinere Brände schwelten entlang des ganzen Chang'an Boulevards, wo Molotow-Cocktails ihre Ziele verfehlt hatten. Als die Kolonne sich dem Bezirk Wangfujing näherte, schob ihnen eine Gruppe aus zwanzig Männern einen leichten Bus in den Weg, doch ohne Erfolg. Wutentbrannte Anwohner, die sich anscheinend der Gefahr überhaupt nicht bewusst waren, fuhren auf dem Fahrrad neben den Panzern her und forderten sie schreiend auf, kehrt zu machen und abzuziehen. Hinter den Panzern kamen gepanzerte Mannschaftswagen, gefolgt von Lastwagen mit Soldaten hinter sich, die willkürlich in die Menge schossen. »Man konnte das Mündungsfeuer der Gewehre sehen«, erinnerte sich ein Augenzeuge. Weitere Fahrzeuge folgten in einem scheinbar endlosen Zug, samt Tankwagen und Lastern, die mit Öltanks, Kleidung und Proviant beladen waren. Dies war eine Besatzungsarmee, die ihre eigenen Vorräte mitbrachte.[105]

Noch mehr Fahrzeuge, darunter 21 Panzer, schlossen sich dieser Kolonne an und nutzten die von Nord nach Süd verlaufenden Seitenstraßen. Als die Panzer am Hotel Peking vorüberfuhren und die nordöstliche Ecke des Platzes, unmittelbar oberhalb des Museums, erreichten, überrollten sie sowohl mehrere Soldaten als auch Zivilisten.[106]

Selbst nachdem die Panzer der 39. Armee auf den Platz vorgedrungen waren, gingen die Kämpfe auf dem Abschnitt zwischen Tiananmen und Wangfujing weiter. Ausländische Reporter beobachteten voller Entsetzen, wie Soldaten auf dem Weg nach Osten, weg vom Platz, weiterhin in die Menge schossen. Zum größten Teil handelte es sich dabei um Angehörige der Menschen, die während der Nacht verschwunden waren. Sie wandten sich weiterhin hartnäckig an die Soldaten und baten diese um Informationen über den Verbleib ihrer Angehörigen. »Das waren die Menschen, deren Massakrierung wir für den Rest des Morgens mit ansahen«, stellte ein Augenzeuge fest. Es gab ein Muster für die Morde. Soldaten schossen mit ihren Kalaschnikows, und die Menge begab sich eilends in Sicherheit, kehrte allerdings kurz darauf an ihre ursprünglichen Plätze zurück. Diese Szenen spielten sich am hellen Tag ab, bis etwa neun Uhr morgens. Bei einem separaten Vorfall gegen 10.20 Uhr, etwa hundert Meter weiter östlich, schoss ein Trupp Soldaten rund vierzig Menschen nieder, die in Wangfujing mit ihnen reden wollten – vor den Augen von Journalisten, die vom Hotel Peking aus zusahen.[107]

Mittlerweile glichen große Teile der Innenstadt einem Kriegsgebiet. In der Nähe des Sommerpalastes standen zwei Dutzend verlassene Panzer, die Anwohner in Brand gesteckt hatten. Im Westen, in der Nähe des Revolutionsfriedhofs Babaoshan, wo man Hu Yaobang eingeäschert hatte, säumten verkohlte Militärfahrzeuge die Straße von beiden Seiten. Ein weiterer Schauplatz des Blutbads war in Gongzhufen, wo achtzig schwelende Hüllen ausgebrannter Lastwagen und gepanzerter Mannschaftswagen den Kreisverkehr blockierten, während die Leichname von Menschen, die man gelyncht hatte, darunter mehrere Offiziere der Volksbefreiungsarmee, an Laternenpfählen baumelten.[108]

Verstörte Anwohner, die sich am Sonntag aus dem Haus wagten, stießen auf eine Kette der Zerstörung entlang des Chang'an Boulevards und seiner Verlängerung. Als Li Rui auf einen herrenlosen Panzer vor seiner Wohnung in der Nähe der Muxidi-Brücke kletterte, erblickte er eine ganze Schlange zerstörter Fahrzeuge, die sich bis in die Ferne hinzog. Alle großen Kreuzungen waren von Trümmern übersät: Überreste ausgebrannter Busse, die man zur Seite geschoben hatte, verdrehte Metallzäune, Fahrräder und abgebrochene Straßenschilder, die von Panzerketten in der Mitte der Straße zusammengedrückt worden waren.

Vereinzelt waren den ganzen Tag über Schüsse zu hören, hier und da vom Donner abgelöst, als es anfing, in Strömen zu regnen. Gegenüber der diplomatischen Anlage in der Nähe des Hotels Jianguo hatten sich über hunderte bewaffnete Infanteristen in Paradeformation aufgestellt – eine Machtdemonstration, um die ausländische Gemeinschaft einzuschüchtern.[109]

Am Abend bewegte sich ein weiterer Konvoi aus 75 Panzern und 45 Panzerfahrzeugen von Osten her entlang des Boulevards auf den Platz zu. In einem vergeblichen Versuch, sie aufzuhalten, warfen einige feindliche Anwohner erneut Benzinbomben. Aber über Nacht wagte sich so gut wie niemand auf die Straße.[110]

Die Krankenhäuser wurden mit den Opfern überschwemmt. Der Eingangsbereich zum Fuxing-Krankenhaus, mehr als einen Kilometer von Muxidi entfernt, war voller Verletzter mit Schusswunden; viele hingen an Infusionen. Weiße Leintücher, die mit Blut bespritzt waren, bedeckten die Toten, denn die Leichenhalle war überfüllt. Im Stadtzentrum wurden Leichen in unterirdischen Passagen gestapelt. Weiter nördlich, an der Peking University, stellten die Studenten ein Dutzend Leichname auf Eisblöcken außerhalb der Klinik zur Schau, bei einigen fehlten ganze Körperteile.[111]

Mehrere Menschen führten über die Zahl der Toten Buch. Die ABC-Reporterin Kate Phillips sah sich Videobänder an, die Kamerateams ihr brachten, und rief bei lokalen Krankenhäusern und beim chinesischen Roten Kreuz an. Sie kam auf 2600 Tote, ehe das Militär in alle medizinischen Einrichtungen eindrang und anordnete, nicht mehr mit ausländischen Journalisten zu sprechen. Das chinesische Rote Kreuz wagte eine ähnliche Schätzung. Alan Donald, der britische Botschafter, sprach von 2700 bis 3400 Todesopfern.[112]

Ausländische Beobachter kommentierten den Auftritt der Volksbefreiungsarmee mit scharfen Worten. Commander M.H. Farr kam aufgrund seiner Einschätzung der gemeinsamen Informationen des britischen Verteidigungsministeriums und eines improvisierten NATO-Teams, das die Armee wochenlang in den Vororten beobachtet hatte, zu der Meinung, der unmittelbare Eindruck entspreche dem einer »totalen militärischen Inkompetenz und völligen Unfähigkeit, die Chancen für einen beinahe unblutigen Sieg zu nutzen, die sich der Volksbefreiungsarmee geboten hatten«.[113]

Den ganzen Sonntag über strömten große Konvois in die Stadt. Soldaten auf fünfzig Lastwagen verschossen wahllos Kugeln, während sie vor dem Hotel Great Wall Sheraton vorbeifuhren. In verschiedenen Teilen der Stadt, in der Nähe von Kreuzungen und Überführungen, wagten sich Menschen gelegentlich aus ihrem Versteck hervor, um Leichen zu bergen. Doch dann wurde die Schießerei fortgesetzt, und die Menge zerstreute sich.[114]

Am nächsten Tag um die Mittagszeit, am Montag, dem 5. Juni, war ein Mann auf einem Fußgängerübergang zu sehen, der zwei Einkaufstaschen in der Hand hielt. Er hatte eine Panzerkolonne, die den Tiananmen-Platz verließ, abrupt zum Stehen gebracht. Der Panzer an der Spitze versuchte, den Mann zu umfahren, der mehrfach seine Position änderte, um weiter den Weg zu versperren. Es herrschte eine Pattsituation. Dann kletterte der Mann auf den Rumpf des Panzers und sprach mit dem Fahrer. Nach einem kurzen Wortwechsel kletterte er an der Seite des Panzers herunter und blockierte ihn erneut. Zwei Passanten zogen ihn weg in Sicherheit und tauchten mit ihm in der Menschenansammlung unter. Die Szene sollte zu einem der berühmtesten ikonischen Bilder des 20. Jahrhunderts werden.

6 Wasserscheide 1989–1991

Einige Tage lang kauerten die Menschen dicht zusammengedrängt nervös im Dunkeln in der eigenen Wohnung, weil die Stromversorgung in großen Teilen der Stadt gekappt war. Geschäfte waren zerstört worden. Kein Mensch wusste, wer die Verantwortung dafür trug. Es gab keine Zeitungen, und im Radio wurde lediglich die strenge Ermahnung an die Zivilbevölkerung wiederholt, das Kriegsrecht zu beachten. Die höchsten Führer hüllten sich in Schweigen. Deshalb kursierten alle möglichen Gerüchte. Li Peng war angeblich von einer verirrten Kugel getroffen worden, und Yang Shangkun war aus der Stadt geflüchtet. Man munkelte, verschiedene Fraktionen innerhalb der Armee würden am Stadtrand von Peking gegeneinander kämpfen.[1]

Am Dienstagabend trat Yuan Mu, der unduldsame Sprecher des Staatsrats, der sich die Studenten in einem öffentlich ausgestrahlten Dialog zum Feind gemacht hatte, im Fernsehen auf und gab bekannt, dass eine »schockierende konterrevolutionäre Rebellion« in der Hauptstadt stattgefunden habe, eine Verschwörung, die dank des heldenhaften Einschreitens der Volksbefreiungsarmee niedergeschlagen werden konnte. Er schätzte, dass etwa dreihundert Menschen bei der Intervention ums Leben gekommen seien, wobei das Militär die meisten Verluste zu beklagen habe.[2]

In den folgenden Tagen fing die Armee an, die Stadt zu säubern. Entlang des ganzen Chang'an Boulevards waren Kräne zu sehen, die verkohlte Überreste von Bussen und Panzerfahrzeugen auf Tieflader hoben. Soldaten fegten, ihre AK-47 auf den Rücken geschnallt, die Trümmer zu ordentlichen Haufen zusammen.[3] Es war eine trostlose Stadt, die bis auf ein paar vereinzelte Schüsse lautlos war. Die eigentliche Panik spielte sich am Flughafen ab, wo Passinhaber verzweifelt versuchten, einen Flug ins Ausland zu buchen. Da der gesamte Verkehr zum Erliegen gekommen war, konnte man etliche Gruppen sehen, die sich zu Fuß zum rund dreißig Kilometer vom Stadtzentrum entfernten Flughafen aufmachten, ihre Koffer auf Fahrradtaxis gestapelt.[4]

Am Donnerstag, dem 8. Juni, trat Li Peng in der Großen Halle des Volkes im Fernsehen auf. In einen Mao-Anzug gekleidet lobte er eifrig die Armee für ihre gute Arbeit. »Ihr habt hart gearbeitet, Genossen«, sagte er zu einer Gruppe Soldaten, die dem Ministerpräsidenten applaudierten. Nach der Übertragung kehrte allmählich wieder der Schein der Normalität in die Hauptstadt zurück. Busse nahmen den Betrieb wieder auf. Bewohner strömten schweigend aus den Häusern, als am Samstag zum ersten Mal wieder die Geschäfte öffneten. In den winzigen Gassen führten alte Männer ihre Singvögel spazieren. Armeetruppen patrouillierten entlang des Chang'an Boulevards, einige sangen dabei: »Schützt unser Vaterland. Lang lebe das Volk. Lernt von Lei Feng!« Panzer, Panzerfahrzeuge und Soldaten mit dem Gewehr in der Hand bewachten den Platz und alle anderen strategisch wichtigen Orte.[5]

Als sich die Nachricht von dem Massaker verbreitete, begannen die Menschen jedoch auch in anderen Städten zu demonstrieren. Am 5. Juni randalierten Demonstranten in Chengdu, der Heimatstadt von Deng Xiaoping und Yang Shangkun, sodass die Behörden sich gezwungen sahen, das Kriegsrecht zu verhängen. Es kam zu einem heftigen Kampf zwischen Bewohnern und Sicherheitskräften, der vier Tage anhielt. Das größte Kaufhaus wurde dabei niedergebrannt. Die Polizei war nur mit Schlagstöcken bewaffnet, und es fielen keine Schüsse. Mehrere Dutzend Menschen kamen ums Leben, Gerüchte sprachen jedoch von Hunderten Todesopfern.[6]

Unruhen erschütterten auch andere Städte. Aus Angst vor dem Militär blockierten Menschen die engen Tore der alten Hauptstadt Xi'an. Dreitausend Demonstranten sperrten sämtliche Brücken ab, die nach Guangzhou hineinführten. In Lanzhou besetzten Zehntausende den Hauptplatz und übertrugen den Sender »Voice of America« über das öffentliche Lautsprechersystem. Sie riegelten auch den Bahnhof und alle großen Straßen ab, willigten jedoch fünf Tage später ein, sich aufzulösen.[7]

In Schanghai kursierten, anders als in den meisten Teilen des Landes, ungehindert Informationen über das Massaker, Fotokopien von Berichten aus Hongkong wurden sogar an öffentlichen Gebäuden und Bushaltestellen ausgehängt. Demonstranten nahmen Busse in Beschlag und stellten sie neben behelfsmäßigen Barrikaden auf. Nachrichtensendungen von »Voice of America« wurden in einigen von den Studenten kontrollierten Vierteln ausgestrahlt. Viele Anwohner waren empört, doch selbst unter den Demonstranten nahm allmählich die Unterstützung für weitere Protestmärsche ab. Dass die Behörden eine direkte Konfrontation mieden und die Polizei aus den Straßen entfernte, trug dazu bei, die Lage zu entschärfen.[8]

Am 8. Juni appellierte Zhu Rongji im lokalen Rundfunk und Fernsehen an die Bewohner mit der rhetorischen Frage: »Wollt ihr ein Chaos in Schanghai?«. Der mit einem eleganten Geschäftsanzug und Krawatte gekleidete Bürgermeister schloss mit einer Handbewegung das Kriegsrecht und eine militärische Intervention aus und warnte stattdessen, dass diejenigen, die Unruhen schürten, »nach dem Gesetz behandelt« würden. Das Volk, fuhr er fort, werde ein wachsames Auge auf die Stadt haben. Und zwar in der Form von Arbeitermilizen, 230 000 Mann stark, die am Nachmittag zu den wichtigsten Verkehrsknoten ausschwärmten, lediglich mit Bambushüten bewaffnet. Zu den Studenten hielten sie höflich Abstand.[9]

Es war ein brillanter Auftritt, zumal Zhu seine Botschaft beinahe in der zwanglosen Art eines Kamingesprächs an das Volk brachte. Er lehnte es ab, sich in die Ereignisse in der Hauptstadt hineinziehen zu lassen. Diese gehörten, erklärte er, »inzwischen der Vergangenheit an und würden von der Geschichte beurteilt werden«. Am nächsten Tag marschierten die Demonstranten zum Rathaus, um ihre Forderungen vorzubringen, lösten sich anschließend aber friedlich wieder auf. Allem Anschein nach bestand Einigkeit darüber, dass sie die erste Runde verloren hatten und überleben mussten, um ein anderes Mal weiterzukämpfen.[10]

★

Während in Peking noch Schüsse fielen, verurteilten bereits ausländische Regierungen auf der ganzen Welt das Massaker. Am 4. Juni erklärte

Margaret Thatcher, sie sei »entsetzt«; der australische Premierminister Bob Hawke sagte einen geplanten Besuch in Schanghai mit »einer Botschaft des Zorns« ab. In Paris verkündete Staatspräsident François Mitterrand, dass ein Regime, das auf junge Menschen schieße, die für die Freiheit kämpften, keine Zukunft habe. Bundeskanzler Helmut Kohl nahm kein Blatt vor den Mund und verurteilte »den barbarischen Einsatz brutaler Gewalt«.[11]

Michail Gorbatschow war zurückhaltender, nachdem er erst kürzlich die Beziehungen zur Volksrepublik normalisiert hatte. Der Sowjetkongress verabschiedete eine laue Resolution, die zu »Weisheit, Vernunft und einem ausgewogenen Handeln« aufrief. Der strammste Unterstützer des Regimes war die Deutsche Demokratische Republik, die die Repression öffentlich billigte und erklärte, dass »die Partei- und die Staatsführung der Volksrepublik China eng verbunden mit dem Volk« die notwendigen Schritte eingeleitet hätten. Wenige Tage später schickte Egon Krenz, damals der zweithöchste Regierungsvertreter in Ost-Berlin, der chinesischen Führung ein Telegramm, um ihr zu ihrer festen Haltung zu gratulieren.[12]

Eine gemäßigte Reaktion kam auch von Präsident George H. W. Bush. Einen Tag nach dem Massaker bedauerte er den Einsatz von Gewalt und appellierte an die Führung, zu ihrer »Politik der Zurückhaltung« zurückzukehren. Er brachte sein Vertrauen in die Macht der kommerziellen Kontakte zum Ausdruck, welche diese »unglücklichen Ereignisse« überdauern und das Land unweigerlich in Richtung Demokratie bewegen würden. Drei Tage später, am 8. Juni, zeigte er sich im East Room des Weißen Hauses vor den Kameras. Erneut verurteilte er die militärische Gewalt, schränkte seine Stellungnahme aber ein, indem er hinzufügte: »Ich glaube nicht, dass wir die ganze Volksbefreiungsarmee Chinas über diesen furchtbaren Vorfall verurteilen sollten.« Vor allem versuchte er, die Führung zu entlasten. Deng Xiaoping sei, erinnerte er die Reporter, in der Kulturrevolution zwei Mal aus der Parteispitze entfernt worden und deshalb ein »nach vorn blickender« Führer. Präsident Bush erklärte, er habe versucht, Deng telefonisch zu erreichen, aber: »Die Leitung war belegt.«[13]

Deng Xiaoping, der sich wochenlang nicht hatte sehen lassen, sprach am 9. Juni zu den Truppen. Er wirkte alt und müde, Li Peng und Yang

Shangkun standen an seiner Seite. Seine Hand zitterte, beim Reden stockte er und sprach undeutlich. Die offizielle Stellungnahme, die im Ausland verbreitet wurde, gab einer »sehr kleinen Zahl von Menschen« die Schuld an einem »konterrevolutionären Aufstand«, der versucht habe, »die Kommunistische Partei und das sozialistische System zu stürzen«. In der unzensierten Version seiner Rede sprach Deng ausdrücklich von »einigen entlassenen Sträflingen, die nicht angemessen gebessert worden [seien], ein paar politischen Randalierern, dem restlichen Abschaum der Viererbande und anderem gesellschaftlichen Abfall«. Er behauptete darüber hinaus, dass »feindliche ausländische Kräfte« in Gestalt von »Voice of America« die Krawalle angestiftet und Gerüchte verbreitet hätten.[14]

Im Anschluss an Deng Xiaopings Ansprache wurde eine Flut von Propaganda entfesselt. »Es hat den Anschein«, notierte die britische Botschaft am 10. Juni, »dass die Ereignisse vom 3./4. Juni aus dem Gedächtnis getilgt werden sollen.« Um das Massaker zu vertuschen, wurde das Militär als das eigentliche Opfer dargestellt, auf das es Randalierer und kriminelle Elemente abgesehen hätten, die eine konterrevolutionäre Verschwörung ausgeheckt hatten. Im Fernsehen wurden verwundete Soldaten gezeigt, die sich in makellosen Krankenzimmern erholten, während ihnen ein Parteiführer nach dem anderen einen Besuch abstattete – manche mit Blumensträußen. Hübsche Krankenschwestern in weißen Uniformen lächelten gekünstelt an ihrer Seite. Das Programm, das rund um die Uhr ausgestrahlt wurde, war unterbrochen von Aufnahmen der verkohlten Leichen von Soldaten am Lenkrad ihrer ausgebrannten Fahrzeuge. »Ganz makaber der junge Soldat, nackt, die Eingeweide sichtbar, der Penis steif«, notierte der amerikanische Reporter Harrison Salisbury in sein Tagebuch.[15]

Die übelsten Schimpfwörter waren jedoch Ausländern vorbehalten, mit den Vereinigten Staaten als Hauptangriffsziel.[16] Schon vor dem Massaker hatten Kundgebungen, die die Behörden organisiert hatten, Washington ins Visier genommen. Am 2. Juni traten vor einem Publikum aus zehntausend Dorfbewohnern und Schulkindern in einem Stadion in Miyun, rund sechzig Kilometer von Peking, drei Männer als Uncle Sam verkleidet auf, mit falschen Nasen, blauen Umhängen und »Stars-and-Stripes«-Zylindern. Sie machten sich auch über die Demokratiebewegung lustig, allen voran über Fang Lizhi, den das Regime als einen ihrer Drahtzieher bezichtigte.[17]

Drei Tage danach suchten Fang Lizhi und seine Frau aus Angst um ihre Sicherheit Zuflucht in der US-amerikanischen Botschaft, wo ihnen am nächsten Tag Asyl gewährt wurde. Am 8. Juni wurde James Lilley, der Botschafter, ins chinesische Außenministerium einbestellt und dafür getadelt, dass er einem kriminellen Element, das dazu beigetragen habe, die Konterrevolution zu schüren, Unterschlupf gewährt hatte – der Anfang eines diplomatischen Stillstands, der ein volles Jahr andauern sollte. Für das Regime entstand der Eindruck, dass es die ganze Zeit schon zu Recht den Verdacht gehabt habe, Fang Lizhi sei vom kapitalistischen Lager eigens eingesetzt worden, um das sozialistische System zu stürzen.[18]

Hinter den Kulissen versuchten die Amerikaner, ihre Haltung ein wenig zu mäßigen. Da Außenminister James A. Baker jegliche Kommunikation auf höchster Ebene ausgeschlossen hatte, schickte Henry Kissinger Mitte Juni eine private Botschaft, in der er dem Regime versprach, dass es auf ihn als alten Freund Chinas zählen könne.[19]

Wenige Wochen danach flog der Nationale Sicherheitsberater Brent Scowcroft auf einer geheimen Mission nach Peking. Er traf sich am 2. Juli mit Deng Xiaoping und versicherte ihm: »Präsident Bush ist ein wahrer Freund, ein wahrer Freund von Ihnen und von China.« Er fügte hinzu: »Wir waren beide viele Jahre lang enge Vertraute Henry Kissingers.« George Bush hatte sich persönlich gegen Sanktionen gegenüber China ausgesprochen und wollte unbedingt die Zusammenarbeit vertiefen.

Deng Xiaoping nahm kein Blatt vor den Mund und erklärte, dass die Vereinigten Staaten in die Unruhen verwickelt gewesen seien. Versuche, das sozialistische System zu stürzen, könnten unter Umständen »zu einem Krieg führen«. Er beschwerte sich darüber hinaus, dass China zwar viele amerikanische Freunde wie Dr. Henry Kissinger und Brent Scowcroft persönlich habe, »Voice of America« jedoch eine »große Gerüchteküche« sei, während die Vereinigten Staaten »chinesische Interessen in einem beträchtlichen Ausmaß geschädigt« hätten. Es sei an Washington, »den Knoten zu zerschlagen«.[20]

Die Mission hatte ein Ergebnis: Nachdem der Gesandte eigens gekommen war, um seine Anerkennung auszusprechen, erkannte das Regime, dass es einen großen Teil von dem, was öffentlich in Washington verkündet wurde, getrost ignorieren durfte.[21]

✶

Am 8. Juni wurden im Rundfunk und im Fernsehen die Befehle zur Verhaftung »konterrevolutionärer Elemente« und anderer Gesetzesbrecher ausgestrahlt. In der ganzen Hauptstadt wurden Hotlines eingerichtet, und die Behörden verkündeten, dass »jeder einzelne Bürger das Recht und die Pflicht« habe, an den Unruhen beteiligte Personen zu melden. Zwei Tage danach wurden allein in Peking mehr als vierhundert Menschen in Gewahrsam genommen. Tagelang zeigte das Staatsfernsehen Bilder von Verdächtigen, die verhaftet wurden, die Hände mit Handschellen oder Seilen auf den Rücken gefesselt, die Köpfe von strengen Sicherheitsbeamten nach unten gedrückt. Spitzel, die ihre Nachbarn und sogar Verwandten anschwärzten, traten ebenfalls im Fernsehen auf und wurden ausdrücklich für ihre Tapferkeit gelobt. Am 13. Juni wurden Haftbefehle gegen einundzwanzig Studentenführer veröffentlicht, ihre Bilder wurden im Fernsehen gezeigt und in den Zeitungen abgedruckt.[22]

Wang Dan versteckte sich, änderte aber nach wenigen Wochen seine Meinung, weil ihm der Gedanke keine Ruhe ließ, dass seine Flucht eben jene Menschen in Gefahr brachte, die ihm halfen. Er kehrte nach Peking zurück und stellte sich. Später wurde er zu vier Jahren Gefängnis verurteilt. Ren Wanding, der schon nach seiner Teilnahme an der »Mauer der Demokratie« von 1978 Einzelhaft durchgemacht hatte, kam erneut für sieben Jahre ins Gefängnis. Liu Xiaobo, der Literaturtheoretiker, der viele Studenten überredet hatte, den Platz in den frühen Morgenstunden des 4. Juni zu verlassen, wurde verhaftet und neunzehn Monate lang in das berüchtigte Gefängnis Qincheng gesteckt.

In einer waghalsigen Mission mit dem Decknamen »Operation Yellow Bird« halfen Schmuggler und Sympathisanten in Hongkong anderen politischen Aktivisten bei der Flucht vom Festland. Sowohl Wuer Kaixi als auch Chai Ling zählten zu sieben der einundzwanzig meistgesuchten Studentenführer, die sich erfolgreich absetzten. Yan Jiaqi, ein enger Berater Zhao Ziyangs, erreichte als einer der ersten Intellektuellen Hongkong, wo er prompt einen Artikel veröffentlichte, der das Regime und dessen »extra-faschistische Vernichtungspolitik« verurteilte.[23] Su Shaozhi, der so wagemutig die Rehabilitierung aller politischen Gefangenen gefordert hatte, folgte wenig später. Su Xiaokang, der Autor von *Fluss-Elegie,* tauchte drei Monate lang in abgelegenen Dörfern unter, ehe er in die Kronkolonie geschleust wurde. Über mehrere Jahre hinweg folgten noch Hunderte; regelrechte Schleuserteams wurden ausgesandt, um prominente Dissidenten aufzuspüren und zu retten. Vorübergehend fanden diese in Hotels, abgelegenen Verstecken und privaten Häusern in Hongkong Unterschlupf. Britische Konsularbeamte halfen ihnen am Flughafen bei der Einwanderung, von wo aus sie nach Europa und in die Vereinigten Staaten weiterreisten, um ein neues Leben anzufangen.[24]

Gegen Mitte Juni nahm die Ermittlung eine neue Wende. Es wurden Schnellverfahren eingeführt, gefolgt von Hinrichtungen in Peking, Schanghai und Jinan. Das Verfahren war immer das Gleiche: ein Schuss in den Hinterkopf vor einer großen Menschenmenge. Mehrere Parteiälteste in der Zentralen Beraterkommission forderten sogar noch härtere Maßnahmen. Huo Shilian, der von 1979 bis 1981 als Landwirtschaftsminister gedient hatte, riet zu Massenhinrichtungen: »Wenn wir die Leute nicht erschießen, kann dieses Problem nie gelöst werden.« Aber auch wenn die Zahl der Todesopfer relativ niedrig blieb, stießen die Hinrichtungen weltweit auf Empörung. Margaret Thatcher sagte, sie sei »zutiefst entsetzt«. Vor allem die Menschen in Hongkong hielten das zügige Vorgehen der kommunistischen Justiz für alarmierend.[25]

Die Propaganda hielt sich zurück, aber die Verhaftungen gingen weiter. Am 30. Juni brachte das Zentralkomitee das »Zentraldokument Nr. 3« in Umlauf, mit der Forderung, die »Konterrevolution entschlossen niederzuschlagen«. »Wir müssen eine entschlossene Haltung einnehmen und jede Weichherzigkeit vermeiden.« Amnesty International schätzte, auf der Basis inoffizieller Quellen, dass im ganzen Land Zehntausende verhaftet worden seien, unter verschiedenen Anklagen, von »Sabotage« über Plünderung und Störung der öffentlichen Ordnung bis hin zur Beteiligung an »konterrevolutionären Aktivitäten«.[26]

Die Inhaftierten kamen aus allen Bevölkerungsschichten – Studenten, Lehrer, Journalisten, Künstler, sogar Offiziere –, doch die einfache Bevölkerung traf das Vorgehen am härtesten. Die Studenten seien naiv und »zeitweilig verwirrt« gewesen, hieß es in der »Direktive Nr. 3«, die

Randalierer und kriminellen Elemente, die dahinter steckten, müssten jedoch rücksichtslos zerschlagen werden. Deng Xiaoping hatte sie in seiner Ansprache als »sozialer Abfall« bezeichnet. Dabei handelte es sich um Busfahrer, Fabrikarbeiter, Verkäufer und unzählige andere unbekannte in die Demokratiebewegung hineingezogene Individuen, die ihren Idealismus bitter bezahlten. Sie bekamen das volle Ausmaß des Strafvollzugs zu spüren, einschließlich Misshandlung, Folter und Zwangsarbeit, gefolgt von gesellschaftlicher Isolation und Arbeitslosigkeit nach der Entlassung.

Zu ihnen zählte Zhang Maosheng, ein Mechaniker, der ein Stück Stoff angezündet und einen Lastwagen in Brand gesteckt hatte, nachdem er den verstümmelten Leichnam eines achtjährigen Mädchens gesehen hatte, das beim Eintreffen der Soldaten im Freien spielte. In einem Geheimprozess wurde er zum Tod verurteilt, aber seine Strafe wurde auf siebzehn Jahre Besserung durch Arbeit abgemildert. Die drei Arbeiter, die aus Changsha angereist waren, um das Porträt des Vorsitzenden mit Tinte und Eiern zu verschandeln, verbrachten acht bis sechzehn Jahre im Gefängnis Nr. 2 der Provinz Hunan, wo sie regelmäßig misshandelt wurden, gelegentlich mit Stromstößen. Einer verlor den Verstand.[27]

Ein weiteres Beispiel ist ein Arbeiter, der einen verlassenen Militärlieferwagen fand. Er und seine Freunde räumten das Fahrzeug aus und verteilten das Essen an die Studenten. Ein Brathähnchen behielt er für sich. Es war das entscheidende Beweismittel gegen ihn, als er zu dreizehn Jahren Haft verurteilt wurde. »Das war ein teures Brathuhn«, seufzte er, als er einem Interviewer seine Geschichte erzählte. Ein Mann mit Behinderung wurde für zehn Jahre ins Gefängnis gesteckt, weil er, laut der Anklageschrift, »mit seinem Ledergürtel wild auf einen Panzer eingeschlagen [habe] und dann [...] erhobenen Hauptes davon« gegangen sei.[28]

Genaue Zahlen liegen nicht vor, aber auf einer Geheimsitzung ein Jahr später gab Gu Linfang, der stellvertretende Minister für öffentliche Sicherheit, bekannt, dass im Jahr 1989 mehr als eine Million Fälle verhandelt worden seien.[29]

Seit *Solidarność* (Solidarität) als erste Gewerkschaft im Sowjetblock staatlich anerkannt wurde, hatte das Regime gefürchtet, die chinesischen Arbeiter würden ihrerseits eine Gewerkschaft gründen. Die Autonome Union der Arbeiter Pekings, die in den turbulenten Tagen vor dem 4. Juni gegründet worden war, wurde unterdrückt, ihr Führer Han Dongfang ins

Gefängnis gesteckt. »Solidarność«, erklärte Qiao Shi im Juli 1989, »vertritt nicht nur die Arbeiter, sondern ist eine politische Partei geworden; sie ist ein Ersatz für die Kommunistische Partei geworden: Das ist uns eine Lehre.« »Wenn die Unruhen noch weitergegangen wären, wäre womöglich ein Wałęsa aufgetaucht«, äußerte Yao Yilin unter Bezug auf den polnischen Gewerkschaftsführer, der 1983 den Friedensnobelpreis erhalten hatte.[30]

Ein weiteres Schreckgespenst aus Polen war die katholische Kirche, die zum Widerstand gegen das kommunistische Regime aufgerüttelt hatte. Karol Wojtyła, der 1978 Papst Johannes Paul II. wurde, war eine Inspiration für die Demokratiebewegung in seinem Heimatland Polen und weit darüber hinaus. Peking hatte Rom stets als Zentrum der Subversion betrachtet und gestattete gläubigen Christen die Ausübung ihres Glaubens lediglich in offiziellen Kirchen, die alle Verbindungen zum Vatikan abgebrochen hatten. Diese sogenannten »patriotischen Kirchen« gaben im Jahr 1989 über drei Millionen Mitglieder an, volle sechs Millionen Katholiken hielten jedoch dem Papst die Treue. Seine Geistlichen wurden als Avantgarde für die »ideologische Infiltration« angesehen. »In den vergangenen Jahren haben sich die Anstrengungen feindlicher Kräfte innerhalb und außerhalb unserer Grenzen, mit Hilfe der Religion eine gegen uns gerichtete Infiltration und Sabotage durchzuführen, verstärkt«, behauptete Ren Wuzhi, der Leiter des Büros für religiöse Angelegenheiten des Staatsrats im Juni 1990. »Einige illegale Elemente betreiben private Schulen sowie Seminare im Untergrund und Theologieschulen, um die Schrift zu studieren. Sie wetteifern mit uns um die jüngere Generation«, fügte er hinzu. Die Führung betrachtete jede Form von Religion als eine Gefahr für das sozialistische System und verlangte, dass »im Untergrund tätige, feindliche Kräfte angegriffen, gespalten und aufgelöst« würden.[31]

Bereits im Dezember 1989 wurden mehr als dreißig Leiter von Untergrundkirchen im Norden des Landes verhaftet.[32] Im nächsten Jahr folgten weitere. In Guangzhou, der Stadt im Süden, die nur wenige Stunden mit dem Zug von Hongkong entfernt ist, kamen sechzig Sicherheitsbeamte zum Haus von Reverend Samuel Lam, plünderten den Ort und nahmen Tausende von Bibeln mit. Die Kirchenorgel wurde auf ein Lastenfahrrad geladen. Im Jahr 1991 schnellte die Zahl der verhafteten katholischen Gemeindeführer auf über hundertvierzig.[33]

Am härtesten schlug die Regierung jedoch entlang den Rändern des Reiches zu, die schon immer zu Rebellionen neigten. Im Mai 1989 waren in Urumqi, der Hauptstadt der Provinz Xinjiang, Zehntausende für die Demokratie auf die Straße gegangen. Ein noch größerer Aufstand erschütterte die Gemeinde Baren im April 1990, als rund zweihundert Demonstranten das lokale Verwaltungsgebäude stürmten, den Sicherheitskräften die Waffen abnahmen und sechs bewaffnete Beamte töteten. Die Antwort folgte auf dem Fuß: Eine überwältigende Streitmacht marschierte auf, um den Aufstand niederzuschlagen. Der Klerus wurde gesäubert, Moscheen wurden geschlossen und Tausende verhaftet.[34]

Das war ein Wendepunkt, und zwar nicht nur in Xinjiang. Im ganzen Land wurde der versöhnlichere Ansatz, der im Lauf der 1980er Jahre zum Tragen gekommen war, als taktischer Fehler angesehen. »Lokale Parteivertreter müssen entschlossen gegen gesellschaftliche Unruhen in dem Moment vorgehen, in dem sie auftreten«, führte eine neue Direktive aus dem Zentralkomitee vom 2. April 1990 aus. »Erschießt den Vogel, der sich an die Spitze stellt«, befahl Li Peng mehrmals telefonisch, als er die Unterdrückung der Unruhen im ganzen Land leitete. Sei es in einer Schule, einer Moschee oder einem Dorf, erklärte er, schon der leiseste Zwischenfall müsse im Keim erstickt werden, weil er sich mit der verdeckten Unterstützung ausländischer feindlicher Kräfte mit großer Geschwindigkeit ausbreiten und die soziale Stabilität untergraben könne. Auf der Titelseite am ersten Jahrestag des militärischen Eingreifens verkündete *Renmin Ribao,* was in den kommenden Jahrzehnten die Leitlinie sein sollte: »Soziale Stabilität vor allem anderen«.[35]

★

Auch an der Spitze kam es zu Säuberungen. Einen Tag vor Ausrufung des Kriegsrechts hatte Deng Xiaoping beschlossen, Zhao Ziyang durch Jiang Zemin, den Generalsekretär von Schanghai, zu ersetzen. Zhao Ziyang wurde kaltgestellt, mehrere Wochen lang von der Außenwelt abgeschnitten. Der Propagandachef Hu Qili, ein weiteres Mitglied des fünfköpfigen Ständigen Ausschusses, wurde ebenfalls isoliert. Eine Woche später wurde Bao Tong, ein enger Berater des Generalsekretärs, wegen der »Enthüllung von Staatsgeheimnissen« verhaftet. Er sollte sieben Jahre im Gefängnis verbringen, ehe er zu Hausarrest verurteilt wurde.[36]

In den Tagen nach dem 4. Juni wurden führende Parteifunktionäre angewiesen, klar Stellung zu beziehen und sich von ihrem ehemaligen Generalsekretär zu distanzieren. Deng Xiaopings Ansprache zu den Truppen wurde an jedes Parteimitglied im ganzen Land verteilt, mit der ausdrücklichen Anweisung, sie in obligatorischen Arbeitssitzungen zu studieren.[37]

Am 16. Juni äußerte sich Deng Xiaoping erneut, dieses Mal vor den Mitgliedern des Zentralkomitees: »Nur der Sozialismus kann China retten, und nur der Sozialismus kann China entwickeln.« Er betonte, dass die Politik der Wirtschaftsreform und der Öffnung zur Außenwelt nicht geändert werde, und hob die Bedeutung einer raschen Entwicklung hervor. Dann kam er wieder mit seinem Steckenpferd daher, mit der Idee, dass sich das Volumen der Volkswirtschaft von 1980 bis 2000 vervierfachen müsse. Deng ließ nicht das geringste Bedauern erkennen und erklärte, dass die militärische Intervention dem Land ein oder zwei Jahrzehnte der Stabilität beschert habe.[38] Die Parteiführer begrüßten seine Rede und verteilten sie überall. »Nur er findet die richtigen Worte, um die Bevölkerung zu überzeugen«, kommentierte ein ehemaliger Redakteur von *Renmin Ribao*.[39]

Jetzt, wo sich die Partei hinter ihrem Obersten Führer versammelt hatte, konnte die rituelle Denunzierung Zhao Ziyangs beginnen. Vom 19. bis zum 21. Juni meldete sich ein Parteiältester nach dem anderen in einer Reihe zermürbender Sitzungen zu Wort und versetzte dem Parteichef einen Dolchstoß. Drei Jahre zuvor war Hu Yaobang sechs Tage lang ununterbrochen gedemütigt worden. Zhaos Tortur dauerte nur halb so lang.[40]

Auf der 4. Plenartagung vom 24. Juni wurde die geheime Abstimmung aufgehoben. Durch Handzeichen wurde Zhao Ziyang einstimmig abgewählt und an seiner Stelle Jiang Zemin begrüßt. Als erster Tagesordnungspunkt lobte der neue Generalsekretär den Obersten Führer und bestätigte, dass sämtliche Maßnahmen zur Bekämpfung der Konterrevolution korrekt gewesen seien. Er beglückwünschte die Soldaten und die bewaffnete Polizei. Die Sitzung dauerte nur eine Stunde.[41]

Der 62-jährige Jiang mit einem rundlichen Gesicht und grauen Haaren hatte 1947 in Schanghai das Examen als Elektroingenieur abgelegt und war in den 1950er Jahren in den Stalin-Automobilwerken in Moskau ausgebildet worden, wo er Li Peng kennengelernt hatte. Er war etwas gebildeter als der Ministerpräsident, besaß auch lückenhafte Kenntnisse von Fremdsprachen, mit denen er gerne beim Smalltalk mit ausländischen Gästen glänzte. Hier und da stimmte er auch ein Lied an. In Schanghai, wo er als Bürgermeister gedient hatte, ehe er Parteisekretär wurde, war er unbeliebt. Die Stadt besaß keine herausragende Wirtschaft, und der Parteisekretär hatte während der Demokratiebewegung den Intellektuellen einen schweren Schlag versetzt.[42]

Bei seinem ganzen weltmännischen Auftreten war Jiang Zemin ein überzeugter Marxist-Leninist. In den kommenden Monaten verfocht er energisch die Parteilinie, nach der feindliche, ausländische Kräfte mit Hilfe der bürgerlichen Propaganda das Land infiltrieren und die Kommunistische Partei stürzen wollten. Das »Dokument Nr. 7«, das das Zentralkomitee am 28. Juli 1989 in Umlauf brachte, erklärte ausführlich die kapitalistische Verschwörung: »Die ganze imperialistische Welt versucht, uns dazu zu bringen, den sozialistischen Pfad aufzugeben und uns zu einem Vasallen des internationalen Monopolkapitalismus zu machen. Sie setzen eine Vielfalt an Methoden ein, um unser Land politisch und ideologisch zu infiltrieren, und scheuen keine Mühe, den kapitalistischen Schein von ›Demokratie‹, ›Freiheit‹ und ›Menschenrechten‹ zu verbreiten, um den ideologischen Trend der bürgerlichen Liberalisierung in unserem Land zu schüren.« Die Demokratiebewegung, die in den Ereignissen vom 4. Juni kulminiert sei, war demnach »ein geplanter, organisierter und vorsätzlicher politischer Aufstand«, das Ergebnis einer »landesweiten Verbreitung der bürgerlichen Liberalisierung und internationaler antikommunistischer, antisozialistischer Kräfte mit dem Ziel, das Land politisch und ideologisch zu infiltrieren«.[43]

Diesen Plan nannte man »friedliche Evolution«, ein Konzept, das US-Außenminister John Foster Dulles erstmals 1957 formuliert hatte, der seinerzeit hoffte, mit Hilfe friedlicher Mittel die Entwicklung der Länder im sowjetischen Umfeld in Richtung Demokratie zu beschleunigen und auf diese Weise die Lebensspanne des Kommunismus zu verkürzen. Dulles hatte »die ganze moralische und materielle Unterstützung außer einem Krieg« gefordert, darunter auch Darlehen von privaten Investoren und

Kredite von der Internationalen Bank für Wiederaufbau und Entwicklung, um Polen und Ungarn zu unterstützen, die »hinter dem Eisernen Vorhang versklavt« worden seien. Er sah jedoch keine derartige Unterstützung für China vor. Am 4. Dezember 1958 sprach sich der US-Außenminister explizit gegen die diplomatische Anerkennung der Regierung in Peking und gegen den Handel mit China aus. Er fragte sich, weshalb man einem Regime »Hilfe und Komfort« zukommen lassen solle, das »sich zum Ziel gesetzt hatte, uns aus dem Westpazifik zu vertreiben«.[44]

Ein kommunistischer Führer, der diesen Worten Beachtung schenkte, war Mao Zedong. Im November 1959 berief er, mitten in einer brutalen Säuberung von 3,6 Millionen Parteimitgliedern, die Zweifel am »Großen Sprung nach vorn« geäußert hatten, eine Sitzung ein, um über Dulles Ideen zu sprechen. Die Vereinigten Staaten, stellte er fest, »wollen uns unterwandern und verändern«. »Sie wollen uns durch eine ›friedliche Evolution‹ korrumpieren.« Einige Jahre danach leitete Mao die Kulturrevolution ein, um dafür zu sorgen, dass keine »kapitalistischen Drahtzieher« oder »bürgerlichen Elemente« die Partei infiltrieren und das sozialistische System untergraben konnten.[45]

Das »Dokument Nr. 7« erhöhte die Wachsamkeit der Partei gegenüber Versuchen des »Monopolkapitalismus«, die Kommunistische Partei und das sozialistische System durch »›friedliche Evolution‹ zu stürzen«. Der Propaganda-Apparat, der inzwischen Li Ruihuan unterstand, dem Parteisekretär von Tianjin, der während der Studentendemonstrationen vom Dezember 1986 auf diesen Posten aufgestiegen war, kam auf Touren. Parteimitglieder wurden zu Arbeitssitzungen und Indoktrinationsversammlungen einbestellt, wo sie die korrekte Interpretation der Ereignisse im Vorfeld des 4. Juni lernten. Die Studenten seien manipuliert gewesen, wurde ihnen mitgeteilt, weil einige »politische Verschwörer mit ausländischen feindlichen Kräften gemeinsame Sache gemacht hätten«. »Ausländische imperialistische Mächte« würden niemals, warnte man sie, »ihren Wunsch, uns zu vernichten« aufgeben, im Gegenteil: »In dem Moment, da sich eine Gelegenheit bietet, bedienen sie sich der ›friedlichen Evolution‹, um ohne einen einzigen Schlag zu gewinnen.« Die Verschwörung gegen die Partei sei »im Voraus ausgedacht, organisiert und bis ins Kleinste geplant« gewesen: »Vom Hungerstreik bis hin zum Prügeln, Zerstören, Plündern, Verbrennen, Töten, war jeder Schritt bei diesem Lauf der Ereignisse geplant und organisiert.« Ständige Wachsamkeit sei deshalb nötig, aber auch ein starker Staat, der imstande sei, sich gegen die »friedliche Evolution« zu wehren. Dieses Ziel lasse sich nur durch eine fortgesetzte Politik der Wirtschaftsreform und Öffnung erreichen.[46]

Im Laufe des Sommers wurde auch die breite Bevölkerung mit Hilfe endloser Rundfunk- und Fernsehsendungen, sowie mit einer ununterbrochenen Flut von Artikeln in den offiziellen Medien über den wahren Charakter der konterrevolutionären Verschwörung und der Gefahren der »friedlichen Evolution« aufgeklärt. Im Museum für chinesische Geschichte wurde eine Ausstellung organisiert, um zu erklären, wie man die Konterrevolution erstickt hatte. Die Sammlung enthielt die Überreste von zwei Panzern, drei gepanzerten Mannschaftstransportern und mehreren Lastwagen, die allesamt von den Protestierenden in Brand gesteckt worden waren. Hinzu kam ein unbeschädigter Krankenwagen, den die italienische Regierung gespendet hatte. Konterrevolutionäre Plakate und Flugblätter wurden in Vitrinen präsentiert, umgeben von Scharen eifriger Leser. Ein Fernsehbildschirm zeigte Videos der Demonstrationen, mit einem strengen Begleitkommentar, der erklärte, wie die Studenten manipuliert worden seien. Eine Handvoll Waffen, die von den Randalierern benutzt wurden, war ebenfalls zu sehen, darunter eine selbstgebastelte Pistole, die Hälfte eines Ziegelsteins und mehrere Molotow-Cocktails. Arbeitseinheiten aus der ganzen Hauptstadt schickten ihre Mitarbeiter in die Ausstellung.[47]

Später im August erschien unter großem Tamtam der zweite Band der *Ausgewählten Werke* Deng Xiaopings. Die Presse rühmte den Obersten Führer als einen Architekten der Wirtschaftsreform und führenden Vertreter der Mao-Zedong-Ideen.[48]

Die Studenten kehrten an die Universität zurück, allerdings mussten sie sich zuerst einer sechswöchigen politischen Indoktrination unterziehen und auch schriftliche Geständnisse bezüglich ihrer Beteiligung an der Demokratiebewegung ablegen. Lei Feng war ihr Vorbild. Jiang Zemin besuchte persönlich mehrere Universitäten und hörte sich mit ernster Besorgnis die Geständnisse reuevoller Studenten an. Es kam zu keinen unflätigen Unterbrechungen.[49]

Die Erstsemester mussten darüber hinaus einen sechswöchigen Pflichtdienst in der Armee ableisten. Für die Neuankömmlinge an der Universität Peking ließ man sich jedoch etwas Besonderes einfallen: Weil die dortigen Studenten in der Demokratiebewegung eine führende Rolle gespielt hatten, wurden sie für ein ganzes Jahr an die Militärakademie von Shijiazhuang geschickt, gut 250 Kilometer südlich der Hauptstadt. Dort herrschte ein strenges Regiment: Aufstehen um sechs Uhr, karges Frühstück, gefolgt von Leibesübungen und politischen Vorträgen. Bücher wurden konfisziert, um 21.30 Uhr wurde das Licht ausgeschaltet.[50]

Ein Kreuzzug gegen die bürgerliche Liberalisierung wurde gestartet. Am 25. August erklärte Propagandachef Li Ruihuan in einer Telefonkonferenz, dass sich Bücher und Tonbänder, die liberale Werte vertreten, in den letzten Jahren ausgebreitet hätten und ausgemerzt werden müssten. Die Kampagne begann mit einer überraschenden Wendung: Feindliche ausländische Kräfte würden, erklärte Li, Pornographie, Glücksspiele und Drogen verbreiten, um die Köpfe der Bevölkerung zu vernebeln. Der Feind führe einen Kampf ohne Pulverdampf. »Feindliche Kräfte im Ausland haben in massivem Ausmaß reaktionäres, pornographisches Material unter das Volk gebracht: Das ist ein Hauptinstrument für sie, um die ›friedliche Evolution‹ umzusetzen«, donnerte *Renmin Ribao.*[51]

Der Kreuzzug gegen Pornographie hatte mehrere Vorteile. Nach einer harten Repression gingen dem Regime allmählich die Angriffsziele aus. Da es keine weiteren Intellektuellen mit abweichenden Ansichten gab, wurden die Hersteller pornographischer Zeitschriften und Videos zu einem trefflichen Ersatz. Außerdem milderte die Kampagne die Tonlage ab und machte so den Weg frei zu den Feierlichkeiten am 1. Oktober, dem vierzigsten Jahrestag der Gründung der Volksrepublik. Vor allem verschaffte sie den Behörden einen Vorwand, die Kultur noch stärker zu maßregeln, indem aus den Bücherregalen alles entfernt wurde, dem auch nur der leiseste Hauch bürgerlicher Werte anhaftete. Die Schriften von Zhao Ziyang wurden entfernt, hingegen tauchten längst vergessene Texte des Großen Steuermannes wieder auf und nahmen direkt neben Deng Xiaopings *Ausgewählten Werken* einen Ehrenplatz ein. Der Dokumentarfilm *Fluss-Elegie* verschwand. Ausländische Publikationen, die sich kritisch über China äußerten, wie *Time, Newsweek* und *International Herald Tribune,* suchte man an Zeitungsständen ebenfalls vergeblich.[52]

In vielen Provinzen überwachten Parteisekretäre persönlich die Kampagne und richteten spezielle Zensurkomitees ein, um jede einzelne Publikation zu prüfen. In Teilen des Landes wurden den lokalen Kadern »Porno-Quoten« zugewiesen. Man erwartete von ihnen, eine festgelegte Zahl an Vertreibern pornographischen Materials zu verhaften oder eine bestimmte Menge an unanständigen Büchern zu beschlagnahmen. In manchen Regionen wurde die Säuberung nachlässig durchgeführt, in anderen wurde jedes Buch mit einem Titel, der das Wort »Liebe« oder »Frau« enthielt, entfernt, ganz gleich was drin stand. Bis Ende September hatten eifrige Kommissare eindrucksvolle Ergebnisse vorzuweisen: mehr als dreißig Millionen anstößige Publikationen wurden in die Papiermühlen verbannt und vierhunderttausend Videos vernichtet.[53]

Am 1. Oktober, der als Nationalfeiertag begangen wurde, bot Deng Xiaoping mit Jiang Zemin, Li Peng und Yang Shangkun an der Seite auf der Tribüne des Tiananmen eine Demonstration der Einigkeit. Im Jahr 1970 war einst Edgar Snow neben dem Vorsitzenden aufgetreten. Diese Ehre gebührte nunmehr Alexander Haig, dem ehemaligen US-amerikanischen Außenminister, der neben dem ostdeutschen Vertreter Egon Krenz stand.[54]

Seit Monaten hatte das Propagandaministerium die Veranstaltung vorbereitet, die dazu gedacht war, »den Sieg der Niederschlagung der konterrevolutionären Unruhen zu feiern«.[55] Zehntausende Schauspieler – zum großen Teil Studenten, die gegen ihren Willen aus den Hochschulen und Universitäten ausgewählt worden waren – führten einen sorgfältig einstudierten Tanz um eine Statue aus Styropor mit den Figuren eines Bauern, eines Arbeiters, eines Soldaten und eines Intellektuellen vor, die genau an dem Ort stand, wo die Studenten sechs Monate zuvor ihre Göttin der Demokratie aufgestellt hatten. Eine Lautsprecherstimme pries die »Niederschlagung des Aufstands«. Soldaten mit Helmen und bewaffnete Polizisten in voller Montur hielten sich an zentralen Punkten entlang des Chang'an Boulevards bereit.[56]

★

Das Kriegsrecht war zwar noch in Kraft und wurde erst im Januar 1990 aufgehoben, doch die Panzer waren weg. Einzelne Soldaten hielten noch an großen Verkehrsknoten unter rot-weißen Sonnenschirmen Wache.

Das massive Vorgehen wirkte wie eine ferne Erinnerung. Sogar die Bettler in der Seidengasse waren wieder zurück, obwohl sich dort kaum ausländische Touristen zeigten. Der »Freundschaftsladen« öffnete widerwillig der einheimischen Bevölkerung die Türen.[57]

Die meisten Truppen kehrten zwar in ihre Kasernen zurück, aber einige Soldaten leisteten noch Schwerarbeit auf Baustellen in der ganzen Hauptstadt und richteten Hotels, Restaurants und Einkaufszentren für die Asienspiele her.[58]

Das Regime hatte das Glück, dass die Spiele auf Oktober 1990 angesetzt waren, nur sechzehn Monate nach dem Massaker. Nichts war so wirkungsvoll für die innen- und außenpolitische Stärkung der Legitimität des Regimes als die Emotionen, die mit einem sportlichen Großereignis verbunden sind. Die Olympischen Spiele 1936 in Berlin waren der Schachzug eines Propagandagenies gewesen und legten für spätere Regimes die Messlatte sehr hoch. Im Jahr 1978 hatte eine sorgfältig inszenierte Fußballweltmeisterschaft in Argentinien das blutbefleckte Image des Regimes vergessen lassen, als die Nationalmannschaft im Estadio Monumental – nur zwei Kilometer von dem berüchtigten Folterlager des Landes, der »Mechanikschule der Marine« – im Finale die Niederlande besiegte.

Die Häuser von mehr als zweitausend Familien in der Hauptstadt wurden abgerissen, um für die Spiele Platz zu machen; gleichzeitig wurden Einschusslöcher mit Gips gefüllt, erhielten ramponierte Fassaden einen frischen Anstrich und die Panzerspuren im Asphalt wurden ausgebessert. Riesige Uhren erschienen auf etlichen Reklametafeln in der Hauptstadt und zählten die Tage rückwärts in der Hoffnung, eine gespaltene Bevölkerung in der Vorfreude auf ein patriotisches Spektakel zu vereinen. Täglich wurde im Fernsehen berichtet, auch mit Kommentaren von berühmten Athleten und anderen bekannten Persönlichkeiten. Cui Jian, der die Demonstranten mit seinen trotzigen Melodien angefeuert hatte, änderte seine Gesinnung und machte sich als Spendensammler für die Spiele auf Tournee.[59]

Das Maskottchen für die Asienspiele war Pan-Pan, ein bezaubernder, flauschiger Pandabär. Pan-Pan schickte sich an, die Welt zu erobern, indem er die Bedenken all jener überwand, die das Ereignis hatten boykottieren wollen. Im September wurden über 100 000 Touristen und

6500 Athleten zu den Spielen erwartet. In einem weiteren Bestreben, die Einheit zu fördern, wiesen Gesundheitsbeamte die Anwohner an, bei der Ausmerzung der »vier Seuchen« – Moskitos, Fliegen, Küchenschaben und Ratten – zu helfen, während Kinder auf die Straßen gingen, um Zigarettenkippen und anderen Müll aufzusammeln. Die Bevölkerung erhielt Anweisungen, sich gegenseitig zu kontrollieren; einzelne Personen wurden sogar abgestellt, um in ihrem Wohnviertel zu patrouillieren und nach potenziellen Saboteuren Ausschau zu halten. Chen Xitong, der Bürgermeister der Hauptstadt, rekrutierte darüber hinaus noch eine halbe Million freiwillige Helfer, die sich an über die ganze Stadt verteilten Kontrollpunkten aufstellten und jeden, der sich schlecht benahm, mit einem Bußgeld belegten oder gleich festnahmen. Bettler, Migranten und Hausierer ohne korrekte Papiere wurden abgeschoben, und die Buden der Verkäufer geschlossen. Im Vorfeld der Spiele wurden Kriminelle zu Dutzenden hingerichtet. Entlang aller großen Straßen, nicht zuletzt am Chang'an Boulevard, flatterten rote Fahnen munter im Wind.[60]

Die Spiele waren ein Triumph. China gewann 183 Goldmedaillen von 308 möglichen. Das Spektakel wurde mit einer prachtvollen Schlussfeier beendet, bei der rund zehntausend Schauspieler in Nationaltrachten vor achtzigtausend handverlesenen Zuschauern tanzten. Als krönender Abschluss wurde ein lebendiger Panda als Verlebendigung Pan-Pans in einem von Blumen geschmückten Karren in das Arbeiterstadion Pekings gefahren, zugleich erleuchteten Feuerwerkskörper den Himmel. Jiang Zemin, Li Peng und Yang Shangkun, die den Vorsitz in der Schlussfeier hatten, wirkten hocherfreut.[61]

Auf der 7. Plenartagung des Zentralkomitees der Kommunistischen Partei wenige Monate später wurde die Überlegenheit des Sozialismus eindrucksvoll bestätigt und Deng Xiaopings Ziel, die Wirtschaft von 1980 bis 2000 zu vervierfachen, erneut bekräftigt. Worte der Weisheit des Obersten Führers, die in den folgenden zwanzig Jahren zum Leitmotiv für die Partei werden sollten, kursierten am Eröffnungstag der Sitzung: »Trachtet nicht nach Führung, seid bescheiden und klug, wartet eure Zeit ab, wer sich nach vorn drängt, wird die Initiative verlieren.«[62]

*

Das »Zentraldokument Nr. 7« vom Juli 1989 warnte die Parteimitglieder vor »ausländischer Infiltration« und »friedlicher Evolution«, forderte jedoch auch, dass der »Patriotismus« und der »Glaube an die kreative Kraft« des Landes auf jeder Ebene der Gesellschaft propagiert würden. Im August hatte das Propagandaministerium dieses Thema weiter ausgeführt: »Wir müssen den Glauben an die Überlegenheit des sozialistischen Systems propagieren«, stellte es fest. »Wir müssen erklären, dass nur der Sozialismus China retten kann.« Darüber hinaus hob das Ministerium die Bedeutung der »Stärkung des Selbstvertrauens und Stolzes der Nation« hervor.[63]

Die Asienspiele trugen, allen Berichten zufolge, erheblich dazu bei, das Vertrauen der Führung wiederherzustellen. »Die Asienspiele bedeuten, dass das chinesische Volk aufgestanden ist«, strahlte Chen Xitong.[64] Es wurden noch weitere Maßnahmen getroffen, allen voran eine Kampagne zur patriotischen Erziehung, die schrittweise über mehrere Jahre hinweg erfolgte, mit dem Ziel, bis zur Jahrtausendwende »eine spirituelle Zivilisation« zu errichten, in Übereinstimmung mit dem Ziel der Vervierfachung der Wirtschaft.[65]

Als Erstes wurde Lei Feng aus der Mottenkiste geholt, dessen Selbstverleugnung und bedingungslose Hingabe an die Partei bei jedem Kampf gegen dekadente bürgerliche Werte stets eine zuverlässige Gegenkraft gewesen waren. »Lernt vom Genossen Lei Feng«, ermahnte *Renmin Ribao* ihre Leser im Dezember 1989 in einem ganzseitigen Tribut an den Volkshelden auf der Titelseite. Der Lei-Feng-Tag am 5. März 1990 wurde mit einer Fernsehreihe sowie mit Sitzungen, Konferenzen, Symposien und Studiengruppen begangen – allein in der Provinz Hunan über sechstausend. Die Armee war wie immer sehr erpicht darauf, den Vorzeigesoldaten zu unterstützen. Yang Baibing, der Halbbruder Yang Shangkuns und Generalsekretär der Zentralen Militärkommission, der im Frühjahr 1989 die Aufgabe übernommen hatte, die Truppen zu mobilisieren, tourte durchs Land, hielt Reden und schrieb Artikel.[66]

Auf einer Landesversammlung in Peking wurden 45 »lebende Lei Fengs« geehrt, die man aus Farmen, Fabriken und Kasernen herausgeholt und ins Rampenlicht gestellt hatte. Sergeant Zhang Zixiang, zu dessen guten Taten die Rettung eines alten Mannes vor Randalierern und das Leeren von Spucknäpfen in einem Krankenhaus zählten, sprach liebevoll über seinen Helden. Er sang außerdem im Bariton mit einem lupenreinen Vibrato kommunistische Lieder und bezeichnete Nikolai Ostrowskis *Wie der Stahl gehärtet wurde* als sein Lieblingsbuch.[67]

Zwei Monate nach dem Lei-Feng-Tag sprach Jiang Zemin anlässlich des Vierten Mai in der Großen Halle des Volkes vor einer Versammlung aus dreitausend Jugendlichen. »Patriotismus und Sozialismus sind ein und dasselbe«, erklärte er und fügte hinzu: »Nur der Sozialismus kann China retten.« Er rief zu einer umfassenden patriotischen Erziehung auf, insbesondere unter den Kindern in Grund- und weiterführenden Schulen.[68]

Am 3. Juni beging das Regime den 150. Jahrestag des Opiumkrieges. Von den Grundschulen bis in die Universitäten mussten Schüler und Studenten im ganzen Land die schädliche Mohnblume genau studieren, die mit dem modernen Gift der »bürgerlichen Liberalisierung« verglichen wurde. Im Museum für chinesische Geschichte fand eine Sonderkonferenz statt; Hundertschaften der Polizei sperrten den Tiananmen-Platz ab.

Als führende Propagandafigur trat Lin Zexu auf, ein anständiger Beamter, der dem Opiumhandel den Garaus gemacht hatte. Er hatte ausländische Kaufleute und deren Familien als Geiseln genommen und über zwanzigtausend Kisten des Gifts zerstört. Filme, Vorträge und Ausstellungen waren darauf angelegt, eine landesweite Empörung hervorzurufen. »Chinas neueste Geschichte ist eine Geschichte der Demütigung«, stellte *China Education News* kurz und bündig fest. Hu Sheng, der führende Parteihistoriker und Vorsitzende der chinesischen Akademie für Gesellschaftswissenschaften, vertrat die Meinung: »Es liegt auf der Hand, dass wir, wenn wir den Pfad des Sozialismus verlassen, von Neuem in die hundert Jahre nach dem Opiumkrieg zurückversetzt werden, in denen wir nationale Demütigung und Dunkelheit erdulden mussten.«[69]

Ein Jahr später wurde der 29. August zum »Tag der nationalen Demütigung« erklärt, anlässlich des Jahrestags der Unterzeichnung des Vertrags von Nanjing 1842, dem Ende des ersten Opiumkrieges, der als der Beginn eines Jahrhunderts der Invasion und Ausbeutung durch ausländische Mächte dargestellt wurde. Unzählige Filme, Bücher, Zeitungen und Ausstellungen ließen jedes Übel wiederaufleben, vom Opiumhandel bis hin zu Kriegsverbrechen unter der japanischen Besatzung. »Vergesst niemals die nationale Demütigung: Stärkt China«, lautete die Botschaft.[70]

✶

Ein wichtiges Instrument für die Propagierung der Botschaft der nationalen Einheit und des gemeinsamen Schicksals war die Einheitsfront. Im eigenen Land startete die Arbeitsabteilung der Einheitsfront eine an öffentliche Persönlichkeiten außerhalb der Partei gerichtete Charmeoffensive. »Wir müssen ihnen vertrauen, uns auf sie verlassen und sie vereinen«, verkündete die Organisation kühn auf einer geheimen Zusammenkunft im Sommer 1989.[71] Auf einer vielbeachteten Teegesellschaft im selben Jahr gab dann Jiang Zemin persönlich bekannt, dass Mitglieder der acht demokratischen Parteien in allen wichtigen Angelegenheiten zu Rate gezogen würden. Ferner war es ihnen erlaubt, zu »sozialer Stabilität und Einheit« beizutragen. »Die demokratischen Parteien akzeptieren die Führungsrolle der Kommunistischen Partei Chinas und arbeiten bei sozialistischen Projekten eng mit ihr zusammen«, stellte ein offizielles Dokument später klar.[72]

Im Ausland sollte ein Netzwerk aus von der Einheitsfront kontrollierten Gruppierungen gespannt werden, um »die Herzen der Bevölkerung zu gewinnen, das gemeinsame Verständnis zu fördern und dafür zu sorgen, dass öffentliche Persönlichkeiten in Übersee uns verstehen und unterstützen«.[73] Das Bestreben wurde ein Jahr später mit der Schaffung einer Abteilung für Propaganda im Ausland verstärkt, die ungeachtet der strengen Kürzungen an anderer Stelle mit reichlichen staatlichen Mitteln ausgestattet wurde. »Wir müssen uns auf die Einheitsfront stützen, um das Komplott der Unterwanderung, Subversion und ›friedlichen Evolution‹ abzuwehren, das von feindlichen Kräften im eigenen Land und im Ausland betrieben wird«, warnte Jiang Zemin im Juni 1990 düster. Der »Antagonismus und Kampf« zwischen den beiden Lagern werde noch »über einen langen Zeitraum« anhalten, weil »die internationalen, feindlichen Kräfte niemals ihre Strategie zum Umsturz des Sozialismus aufgeben werden«. In diesem langfristigen Kampf bestehe die Strategie der Einheitsfront darin, »die Mehrheit zu vereinen und die Minderheit zu isolieren«.[74]

Der wichtigste Partner des Regimes war Hongkong, was Waren, Dienstleistungen, Technologie, Knowhow und Kapital anging. Auf dem Höhepunkt der Demokratiebewegung hatte eine Euphorie Menschen aus allen Bevölkerungsschichten erfasst. Es gab Petitionen, Kundgebungen und großzügige Spenden, aber nach dem Massaker stellte sich eine Stimmung grimmiger Verzweiflung ein. Zehntausende in der Kronkolonie beschlossen auszuwandern, und viele andere bemühten sich verzweifelt, einen Pass zu bekommen. Es kam zu einem regelrechten Ansturm, als die Vertretung Singapurs 25000 Antragsformulare zur Genehmigung eines dauerhaften Wohnsitzes ausgab. Der US-Abgeordnete Stephen Solarz besuchte aus Washington die Kolonie mit dem Vorschlag, mehr Bewohner Hongkongs in die Vereinigten Staaten einwandern zu lassen. Ein lokaler Geschäftsmann schlug sogar vor, die Kolonie an einen Ort in der Nähe von Darwin in Australien zu verlegen. Ein anderer plädierte dafür, dass die Vereinten Nationen Hongkong pachten und zu einer asiatischen Schweiz machen sollten.[75]

Sämtliche Anstrengungen Festland-Chinas seit 1976, Parteimitglieder im Untergrund und eine Einheitsfront aufzubauen, brachen zusammen. Xi Jiatun, der Mann, den Peking ausgesandt hatte, um die Wiedererlangung der Souveränität zu planen und führende Personen der Gemeinschaft zu gewinnen, meldete seinen Vorgesetzten: »Alle linken Organisationen haben sich abgewandt.«[76] Sogar prominente Persönlichkeiten der Linken waren für die Demokratie auf die Straße gegangen. Die Gewerkschaften verloren an Boden. Ganze Institutionen, die normalerweise loyal gegenüber dem Festland waren, äußerten ihren Abscheu über das Massaker. Das Hongkonger Büro der Nachrichtenagentur Xinhua (Neues China), das Sprachrohr der Kommunistischen Partei und nominell unter der Aufsicht Xu Jiatuns, stellte sich offen auf die Seite der Demonstranten und forderte Li Peng zum Rücktritt auf. Xu Jiatun selbst flüchtete wenige Monate später in die Vereinigten Staaten.[77]

Peking kam zu dem Schluss, dass die Kronkolonie eine Brutstätte der konterrevolutionären Aktivität sei, eine subversive Basis, die von feindlichen ausländischen Kräften genutzt wurde, um das Land ideologisch zu infiltrieren und die Führung der Kommunistischen Partei zu destabilisieren. Das Gebiet, so Li Peng, stelle eine Gefahr für die nationale Sicherheit dar. Mehrere Anführer des demokratischen Lagers, darunter ein Abgeordneter namens Martin Lee, wurden wegen der »Unterstützung subversiver Aktivitäten« verurteilt.[78]

Jeder Schritt, den London unternahm, wurde als weiterer Beweis für ein Täuschungsmanöver gewertet. Als Margaret Thatcher versuchte, die Einwanderungswelle einzudämmen und das Vertrauen in die Kolonie zu stärken, indem sie fünfzigtausend qualifizierten Haushalten das Wohnrecht anbot – in der Hoffnung, dass sie bleiben würden –, verunglimpfte Peking dieses Angebot wütend als eine List, die darauf angelegt war, seine eigenen Staatsbürger zu entführen. Das waren nicht nur leere Worte. Die Führung nahm in das sogenannte »Basic Law« – ein Dokument, das nach 1997 als De-facto-Verfassung für Hongkong dienen sollte – eine neue Bestimmung auf, die es chinesischen Staatsbürgern, die dem Legislativrat in Hongkong angehörten, untersagte, das Wohnrecht in einem anderen Land zu besitzen. Um die Ereignisse in Zukunft besser kontrollieren zu können, führte das Regime darüber hinaus eine Klausel ein, die Hochverrat, Sezession, Subversion und den Diebstahl von Staatsgeheimnissen untersagte und es »politischen Organisationen oder Organen« verbot, Beziehungen zu »ausländischen politischen Organisationen oder Organen« zu unterhalten.[79] Artikel 23 barg Zündstoff für künftige Unruhen, denn die Kontroverse um die Eigenart des Gesetzes zur nationalen Sicherheit sollte das Gebiet noch jahrzehntelang spalten.

Das »Basic Law«, das ein von Peking ernanntes und dominiertes Komitee ausgearbeitet hatte, wurde am 16. Februar 1990 ratifiziert. Drei Jahre zuvor hatte Deng Xiaoping bei einem Treffen mit den Komiteemitgliedern ausdrücklich die Gewaltenteilung als ein »westliches System« abgelehnt, das für Hongkong ungeeignet sei.[80] Deshalb versprach der Entwurf lediglich ein »hohes Ausmaß an Autonomie« nach 1997. Er ignorierte Forderungen nach einem demokratischen Rahmen zum Schutz der Rechte und Freiheiten der Kolonie. Stattdessen führte der Entwurf ein so kompliziertes System mit indirekter Stimmabgabe und einem von der Regierung ernannten Wahlgremium ein, dass direkte Wahlen so gut wie ausgeschlossen waren. Den eigentlichen Kern des Dokuments bildete die spezielle Auffassung des Regimes von dem Begriff »Wahlen«: Ihr schwebte die pflichtgetreue Billigung nominierter Kandidaten durch eine begrenzte Wahl vor. Dennoch ließ die Vorstellung, dass Wahlen in irgendeiner Form in einem Gebiet mit kaum sechs Millionen Einwohnern eine Mehrheit in der Legislative hervorbringen könnte, die einer Nation mit über einer Milliarde Menschen feindlich gesinnt war, dem Regime keine Ruhe. Es intervenierte wiederholt, um das System noch stärker zu seinen Gunsten zu manipulieren.

*

Der 4. Juni 1989 war ein Meilenstein in der Geschichte des 20. Jahrhunderts, denn zum allerersten Mal wurden in einem Land mit einer roten Fahne Parlamentswahlen abgehalten. Obwohl die Wahlen in Polen fingiert und etliche Sitze der Kommunistischen Partei vorbehalten waren, errang *Solidarność* einen erdrutschartigen Sieg, der sogar ihren eigenen Führer Lech Wałęsa überraschte. Die verbreiteten Streiks und Demonstrationen im vergangenen Jahr hatten das Regime gezwungen, mit *Solidarność* zusammenzuarbeiten. Es hatte eingewilligt, eine große Zahl der Sitze in einer neu geschaffenen Legislative mit zwei Kammern für freie Wahlen zu öffnen. Mit dieser Übereinkunft in der Tasche reiste Lech Wałęsa nach Rom, wo Papst Johannes Paul II. ihn im April 1989 empfing. Gorbatschow intervenierte nicht, als *Solidarność* im Dezember 1990 dann einen friedlichen Übergang zu einer demokratischen Regierungsform einführte.

Bilder von trotzigen jungen Leuten mit Stirnbändern auf dem Tiananmen-Platz, die über die Fernseher im ganzen sozialistischen Lager flimmerten, elektrisierten auch die Demokratiebewegungen in anderen Ländern. Am 27. Juni schnitten vor laufenden Kameras die Außenminister Österreichs und Ungarns einen Abschnitt des Stacheldrahts durch, der ihre Länder jahrzehntelang getrennt hatte. Zu Tausenden machten sich Ostdeutsche auf den Weg nach Ungarn und drängten sich durch die Lücke im Eisernen Vorhang, um Freunde und Familienangehörige in Westdeutschland wiederzusehen. Als die ostdeutschen Behörden am 3. Oktober alle Grenzen abriegelten, um den Ansturm aufzuhalten, kam es in Leipzig zu Massendemonstrationen. Gorbatschow, der sich wenige Tage später zu einem Staatsbesuch im Land aufhielt, forderte die Führung auf, Reformen zu akzeptieren. Ein Eingreifen sowjetischer Truppen, die in mehr als zweihundert Kasernen im ganzen Land stationiert waren, schloss er aus. Am 9. Oktober schoben sich erneut rund siebzigtausend

Demonstranten durch das Stadtzentrum, trotz der verbreiteten Angst, dass ihnen das gleiche Schicksal wie den Demonstranten auf dem Tiananmen-Platz drohen könnte. Die zahlenmäßig weit unterlegene bewaffnete Polizei hielt sich zurück, da ihr kein Schießbefehl erteilt wurde. Einen Monat später drängten sich Menschenmengen durch die Grenzkontrollen in Berlin. Die Grenzsoldaten waren nicht bereit, Gewalt anzuwenden, einige öffneten sogar freiwillig die Schranken. Die Berliner Mauer fiel.

Vergleichbare Szenen spielten sich in ganz Osteuropa ab, als eine Diktatur nach der anderen unter dem mächtigen Ansturm des eigenen Volkes zusammenbrach. Nachdem sie Fernsehbilder von Soldaten der chinesischen Volksbefreiungsarmee gesehen hatten, die ihre Gewehre auf Demonstranten richteten, wussten die Parteifunktionäre, dass das Spiel aus war. Ihre Armeen würden eine »chinesische Lösung« keinesfalls ausführen. Die einzige Ausnahme von der Regel war Rumänien, wo ein besonders starrsinniger Nicolae Ceauşescu ein massives militärisches Vorgehen anordnete, nachdem das Volk in der Hauptstadt Bukarest auf die Straße gegangen war. Einfache Soldaten und ihre Kommandeure wechselten fast sofort die Seite und stürzten das Regime.

Die Berichterstattung über diese Ereignisse in China wurde massiv zensiert. »Was wir berichten, was wir nicht berichten, wann wir es berichten, wie wir es berichten: all das muss von uns festgelegt und zu unseren Gunsten sein«, erklärte das Politbüro im Dezember 1989, besorgt über die Auswirkungen dieser Ereignisse auf die Bevölkerung. Hinter verschlossenen Türen fühlten sich die Führer bestätigt. Wang Fang, der Minister für öffentliche Sicherheit, brachte einen Bericht in Umlauf, der Gorbatschow die Schuld an dem Desaster gab und zu dem Schluss gelangte, dass die Parteiführung klug daran getan habe, sechs Monate zuvor die Unruhen zu unterdrücken. »Nur China kann den Sozialismus retten«, meinte Bo Yibo und stellte damit den alten Leitspruch auf den Kopf, nur der Sozialismus könne China retten. Die Volksrepublik sei trotz wechselnder Winde und Wolken der »feste Fels inmitten der Brandung«.[81]

Michail Gorbatschow wurde nunmehr allgemein verunglimpft, auf Parteiversammlungen als »Verräter« und »kleiner Clown« bezeichnet. Als ein Versuch, den Generalsekretär am 21. August 1991 abzusetzen, in Moskau jedoch scheiterte, hüllten sich die chinesischen Führer in Schweigen. Deng Xiaoping, der persönlich vorhergesagt hatte, dass man

Gorbatschow absetzen werde, schien den Kontakt zur Realität verloren zu haben. Das chinesische Militär hatte auf Dengs Fingerzeig hin die konservativsten Köpfe der Roten Armee unterstützt, die nunmehr im Gefängnis saßen. Vor allem die Bilder von einfachen Leuten, die in Moskau auf die Straßen gingen, um Barrikaden gegen eine Invasionsarmee zu errichten, waren eine unwillkommene Erinnerung an die jüngsten Ereignisse in Peking. Boris Jelzin, der auf einen Panzer kletterte und von dort aus zur Menge sprach, wurde in Russland zu einem Volkshelden.[82]

Am 23. August war eine ganze Flotte schwarzer Audis und Mercedes-Benze vor Deng Xiaopings Wohnsitz zu sehen, solange sich die Führung verzweifelt bemühte, eine geeignete Reaktion zu finden. Ihre Antwort bestand darin, noch mehr Ressourcen in den Kampf gegen eine »friedliche Evolution« einzubringen. Es folgten weitere schrille Propagandaparolen über die Gefahren der »bürgerlichen Liberalisierung«.[83]

Jiang Zemin zählte zu den eifrigsten Verfechtern dieser Überzeugung. Einen Monat zuvor hatte er in einer Rede anlässlich des siebzigsten Jahrestags der Gründung der Partei erneut das Schreckgespenst der »friedlichen Evolution« heraufbeschworen und den Kampf gegen die imperialistische Infiltration als eine Überlebensfrage der Kommunistischen Partei präsentiert. »Nichts, das die Köpfe der Menschen vergiften, die Gesellschaft verschmutzen oder dem Sozialismus widersprechen könnte, solle sich unkontrolliert ausbreiten dürfen«, schwor er in seiner Fernsehansprache. Er erinnerte sein Publikum an die Bedeutung der »Vier Grundprinzipien«.

Eine überarbeitete Fassung seiner Rede, die als das neue »Manifest der Kommunistischen Partei« gepriesen wurde, fand im September weite Verbreitung. Jiang Zemin begrüßte die Wirtschaftsreform, wies jedoch darauf hin, dass der private Sektor nie mehr als eine Ergänzung des staatlichen Sektors sein werde: Sozialismus, nicht Kapitalismus lautete der Name des Wirtschaftssystems.[84]

Die Hardliner bedienten sich dieser Rede, um das Ausmaß der Wirtschaftsreform infrage zu stellen, insbesondere den privaten Sektor. Deng Liqun, der doktrinäre Ideologe, der keine Gelegenheit ausließ, gegen den Kapitalismus zu Felde zu ziehen, forderte eine positivere Bewertung der Kulturrevolution. Zu den »Vier Grundprinzipien« zählten auch die Mao-Zedong-Ideen, und der Vorsitzende habe richtig gehandelt, als er die kapitalistischen Wegbeschreiter innerhalb der Partei unter Beschuss genommen habe. Eine fünfte Kolonne einflussreicher bürgerlicher Kader versuche, argumentierte Deng Liqun, das Land wieder zum Kapitalismus zurück zu führen.[85]

Deng Liqun war keineswegs allein auf weiter Flur. Andere, die die Mao-Zedong-Ideen rühmten, preschten vor und forderten einen »entschlossenen Kampf« gegen »kapitalistische Reformen«. Der inzwischen 86-jährige Chen Yun stürzte sich ebenfalls ins Getümmel und widersprach all jenen, die glaubten, die Planwirtschaft sei veraltet. Das angemessene Verhältnis liege, so legte er dar, bei achtzig Prozent Plan gegen zwanzig Prozent Markt. Er verurteilte die Eile bei der Gründung von »Sonderwirtschaftszonen« und anderen »Frongebieten«, um den Zustrom ausländischen Kapitals zu beschleunigen.[86]

Sein Schützling Song Ping, ein Mitglied des einflussreichen Ständigen Ausschusses, beaufsichtigte eine Kampagne der »sozialistischen Erziehung« auf dem Land, die das Ziel verfolgte, neunhundert Millionen Dorfbewohner zu getreuen Anhängern der Kollektivwirtschaft zu machen. Zehntausende hoher Kader begaben sich in abgelegene Dörfer, um »die Bauern über die Überlegenheit des Sozialismus zu belehren und die Organisation der dörflichen Parteizellen zu stärken«. Jahrelang hatten Hardliner bedauert, dass das Vertragssystem für individuelle Haushalte die Autorität der Partei auf dem Land geschwächt habe. Nunmehr bekamen sie die Chance, diesen Trend umzukehren. Mit den Worten Li Pengs: »Wir müssen unaufhörliche Anstrengungen unternehmen, die Kollektivwirtschaft auf dem Land auszubauen.« Sogar die barfüßigen Ärzte, die während der Kulturrevolution kreuz und quer durch das Land gezogen waren und kostenlose Behandlungen angeboten hatten, tauchten wieder auf.[87]

Der Geist Maos wurde heraufbeschworen, sein Aufruf zum Kreuzzug gegen den Westen wiederbelebt. Während in der ganzen Sowjetunion die Lenin-Statuen gestürzt wurden, wurden in China die *Ausgewählten Werke* Mao Zedongs in Stadt und Land wieder zur Pflichtlektüre. Die *Chinesische Jugendzeitung* gratulierte den jungen Leuten, die sich in das Studium der Mao-Zedong-Ideen vertieften.[88]

Am 25. Dezember 1991 wurde die rote Fahne mit Hammer und Sichel zum letzten Mal vom Turm des Kremls herabgelassen. Seit mehreren

Monaten erklärte sich eine Sowjetrepublik nach der anderen für unabhängig von Moskau und machte damit die Sowjetunion zu einer leeren Hülle. Die Volksrepublik China war stärker isoliert als je zuvor. Mit den Hardlinern im Aufwind hatte es den Anschein, als sei das Regime im Begriff, sich in seiner maoistischen Vergangenheit einzuigeln.

✶

Als die Truppen ihre Macht in den Tagen nach dem 4. Juni demonstriert hatten, indem sie von den Ladeflächen ihrer Militärlaster willkürlich mit Schnellfeuerwaffen um sich schossen, hatten ihre Kugeln einige Fenster des im Bau befindlichen World Trade Centers zerschossen. Als größtes von mehreren Mammutprojekten in der Hauptstadt mit Apartmenthäusern, zwei Hotels, einem Konferenzzentrum und mehreren Einkaufszentren ragte es mit seinen 38 Stockwerken wie ein Leuchtturm der Reform weit über die Stadt. Der Eröffnungstermin wurde verschoben, weil eine Drittelmillion Dollar für aus Belgien importiertes Spezialglas ausgegeben werden musste.[89]

Ein deutlich höherer Schaden entstand am 15. Juli, als sich die sieben führenden Industriemächte zu einem Wirtschaftsgipfel in Paris trafen. Sie gaben den Aufschub von Darlehen der Weltbank in Höhe von 2,3 Milliarden Dollar bekannt, die für Peking vorgesehen waren. Japan folgte widerwillig dem Beispiel und setzte ein Paket im Umfang von 5,6 Milliarden Dollar aus, das über mehrere Jahre angelegt war.

Die Entscheidung war ein Schlag für das Regime. Die Führer hatten eifrig ausländische Regierungen wegen Vorzugsdarlehen und zinsfreien Zuwendungen hofiert und großzügige Mittel von so verschiedenen Ländern wie Dänemark, Italien, Kanada, Australien, Japan und Kuwait bekommen. Der größte Anteil kam von der Weltbank. Als Robert McNamara, der damalige Direktor der Bank, im April 1980 zum ersten Mal nach Peking gereist war, hatte Deng Xiaoping ihn beeindruckt, der darauf hinwies, dass ein Bündnis zwischen den Vereinigten Staaten, Europa, Japan und China unerlässlich sei, um der Gefahr für den Weltfrieden entgegenzutreten, die von der Sowjetunion ausgehe.[90] Sein Schachzug machte sich bezahlt, denn China war bis 1989 zum größten Nutznießer der Weltbank aufgestiegen. Das Land hatte über zehn Milliarden Dollar erhalten, ungefähr die Hälfte davon in Form von zinsfreien Darlehen, die mindestens 35 Jahre lang nicht zurückgezahlt werden mussten.[91]

Die Auslandsschulden stiegen auf 42 Milliarden Dollar an, und das zu einem Zeitpunkt, als die höchste Rückzahlphase für das Land unmittelbar bevorstand. Die Reserven betrugen lediglich zehn Milliarden Dollar, kaum genug, um die Importe für neun Wochen abzudecken.[92] Hinzu kamen das Einfrieren der Auslandskredite und der Zusammenbruch der Tourismusindustrie. Damit blieb dem Regime nur die Alternative, die dringend benötigten Devisen zu verdienen, indem drakonische Kontrollen für den Geldwechsel verhängt, die Importe eingeschränkt und die Exporte um jeden Preis gesteigert wurden.

Luxusartikel, insbesondere PKWs, waren ein voraussehbares Ziel, aber über hundert gewöhnliche Produkte unterlagen ebenfalls neuen, strengen Aufsichtsbestimmungen. Eine zentrale Genehmigung war für den Kauf von Schlüsselprodukten wie Getreide, Zucker, Dünger, Holz, Baumwolle und Pestiziden notwendig; Einschränkungen galten für Wolle, Zellstoff, Sperrholz, Chemikalien und Fernsehapparate. Der Import von rund zwanzig Elektronikartikeln und Maschinen wurde einfach verboten, was vor allem Südkorea und Japan hart traf. Deren Handelsbilanzen kippten ins Negative, als die Exporte nach China wegbrachen.[93]

Den Fabriken, die für den Export produzierten, wurde andererseits bevorzugter Zugang zu Rohstoffen, Strom und Transportmitteln gewährt, dazu weitere Kredite und Subventionen. Höhere Steuernachlässe wurden eingeführt, um den Wettbewerb zu fördern. In einer Umkehrung der Wirtschaftsreform wurden große Staatsbetriebe gefördert und kleine Unternehmen von staatlicher Versorgung abgeschnitten, da insbesondere Dorfbetrieben nachgesagt wurde, sie würden einen unfairen Wettbewerb gegen ihre größeren staatlichen Konkurrenten führen. Die Zahl der Außenhandelsgesellschaften, die nach dem September 1984 wie Pilze aus dem Boden geschossen waren, wurde gekürzt. Ungefähr jede vierte – insgesamt 1300 – musste den Betrieb einstellen.[94]

Die massivste Veränderung war jedoch eine Abwertung gegenüber dem US-Dollar Ende 1989 um 21 Prozent, womit der Kurs bei 4,72 Yuan für einen Dollar stand. »Ausländer brauchen unsere Exporte«, erklärte Außenhandelsminister Zheng Tuobin nach der Abwertung des Yuan und fügte hinzu: »Wir werden entschlossen die Wirtschaftsreform unterstützen und die von anderen Ländern verhängten Sanktionen durchbrechen.«[95]

Im August 1990 gab Zheng Tuobin stolz eine Steigerung der Exporte um sechzig Prozent gegenüber dem Vorjahr bekannt, als Rekordmengen in die Vereinigten Staaten und in die Europäische Union flossen. Ungeachtet eines internationalen Aufschreis der Empörung wegen des Massakers auf dem Tiananmen-Platz und des Einfrierens der Darlehen war es China gelungen, mehr als jemals zuvor zu exportieren.[96]

Es gab eine Ausnahme bei der Feindseligkeit von außen, nämlich Taiwan. Kurz nach dem Tod von Präsident Chiang Ching-kuo im Januar 1988 hob sein Nachfolger Lee Teng-hui das Verbot für Tourismus, Handel und anderen Kontakten mit China auf. Peking ergriff die Gelegenheit und machte die abtrünnige Insel zu einer »strategischen Priorität«, indem es – über die Einheitsfront kanalisierte – konzertierte Anstrengungen zur Förderung der Wirtschaftskontakte unternahm. »Sämtliche Ressourcen müssen unter einem vereinten Kommando eingesetzt werden«, psalmodierte der Staatsrat nach dem 4. Juni, denn die wirtschaftliche Zusammenarbeit könne »den Trend in Richtung Abtrennung bremsen und die friedliche Vereinigung unseres Vaterlands beschleunigen«.[97]

Verlockende Vergünstigungen wurden angeboten, Dienstleistungen verbessert und der bürokratische Aufwand verringert. Die Charmeoffensive zahlte sich aus. Die Exporte nach Taiwan schnellten im Jahr 1990 um mehr als 250 Prozent in die Höhe. Aus Taiwan floss Geld ins Land, und zwar so viel, dass diese Summen die verlorenen Einnahmen aus dem Westen kompensierten. Allein im Jahr 1990 erreichten die Investitionen die Höhe von zwei Milliarden Dollar. Gerade in dem Moment, als Hongkong aus Entsetzen über das Massaker einen Rückzieher machte, sprang Taiwan finanziell in die Bresche und wurde bis 1992 zur größten Quelle ausländischer Investitionen in China.[98]

Ein weiterer Erfolg zeichnete sich im Juli 1990 ab. Fang Lizhi, der Dissident, der in der amerikanischen Botschaft Zuflucht gefunden hatte, wurde vom Regime stillschweigend mit Lösegeld freigekauft, im Austausch für die Wiederaufnahme internationaler Darlehen. Nachdem Brent Scowcrofts geheime Mission das diplomatische Patt nicht hatte auflösen können, schickte Präsident Bush Henry Kissinger, Chinas Vertrauensmann in Washington. Deng verlangte die Aufhebung sämtlicher vom Kongress verhängten Wirtschaftssanktionen. Fang und seine Frau wurden gezwungen, sich zu verpflichten, im Ausland keine gegen China gerichteten Aktivitäten zu unternehmen. Am 23. Juni 1990 erhielten alle Parteiführer ein Telegramm, in dem es hieß, dass Fang Lizhi und Li Shuxian »ihre Missetaten bekannt« hätten und dass ihre Freilassung eine Entscheidung sei, »die den Anforderungen unseres internationalen Kampfes entspricht«, nicht zuletzt der Wiederaufnahme der internationalen Kreditvergabe und der Erneuerung der Meistbegünstigungsklausel. Zwei Tage später eskortierten amerikanische Regierungsvertreter das Paar zum Flughafen von Peking, wo sie an Bord eines Flugzeuges der US Air Force gingen.[99]

Am 10. Juli war für die Weltbank der Weg frei, China wieder Darlehen zu gewähren. Bereits einige Wochen zuvor hatte sich der Vize-Präsident der Bank Moeen Qureshi für das Anliegen des Regimes eingesetzt. Bei einem Besuch in Peking betonte er mehrfach, dass die Satzung der Bank keine Verknüpfung zwischen finanzieller Unterstützung und Achtung der Menschenrechte verlange. Jiang Zemin erhob sein Glas auf ihn.[100] Die Bank ließ China 1,6 Milliarden Dollar für 1990/91 zukommen, eine Summe, die ein Jahr später auf 2,5 Milliarden Dollar stieg – das war mehr, als irgendein anderes Land bekam. In dem Moment, als die Weltbank ihre Kreditvergabepolitik änderte, meldete sich auch Japan mit einem Paket in Höhe von 5,7 Milliarden Dollar zur Stelle. Japans Exporte nach China stiegen um vierzig Prozent, was zeitgenössische Beobachter als eine Belohnung für Tokio bezeichneten, weil es zu »normalen Wirtschaftsbeziehungen« zurückgekehrt sei.[101]

Das Regime lernte die Vorteile der Geiseldiplomatie und den Preis auch nur eines einzigen Dissidenten zu schätzen. Es gewann auch wieder mehr Achtung für das Sprichwort: »Geld bringt den Teufel dazu, das Mühlrad zu drehen.«

★

Am 17. November 1990 wurde die Währung erneut abgewertet; damit stand der Kurs bei 5,22 Yuan für einen Dollar. Die Abwertung bewirkte für den Exportmarkt Wunder, brachte aber ein Inflationsrisiko mit sich, indem lokale Produkte zwar billiger wurden, die Preise für ausländische

Waren jedoch stiegen, darüber hinaus auch die Kosten für die Auslandsschulden. Die in Dollar bezifferten Schulden erreichten Ende 1990 einen Stand von rund 55 Milliarden, eine bescheidene Summe, aber eine, die sich mit jeder neuen Abwertung proportional erhöhte. Im Jahr 1984 entsprachen die Auslandsschulden noch 5,9 Prozent des Bruttoinlandsprodukts, 1990 lag der Anteil jedoch bei sechzehn Prozent.[102]

Noch wichtiger: Die Vorteile, die eine Abwertung mit sich brachte, wurden rasch ausgehöhlt. Wie in der Vergangenheit stiegen die Beschaffungskosten allmählich an, ebenso die relativen Kosten für jeden verdienten Dollar. Zheng Tuobin, der sich über die Zwickmühle völlig im Klaren war, unterstrich wiederholt die Bedeutung einer »strengen Kontrolle der Beschaffungspreise für Rohmaterialien« und der »Verhinderung zufälliger Preissteigerungen«.[103]

Um die Preise zu deckeln, fing der Staat an, Anteile der Wirtschaft wieder zu zentralisieren, und wollte die Kontrolle über Rohmaterialien und ein Monopol über die Vermarktung von Produkten erlangen, seien es Abdeckplanen oder Baumwolle. Wie zu erwarten, hatten die Preisobergrenzen jedoch genau den gegenteiligen Effekt wie gewünscht. Weil durch die staatlich festgelegten Preise viele Unternehmen gezwungen waren, unter den Produktionskosten zu verkaufen, drosselten sie die Produktion. Die stets erfinderischen Geschäftsführer entwickelten nun andere Wege, um die Preisbeschränkungen zu umgehen, etwa die Gründung einer Partnerschaft mit einem Käufer, der dann zu einem höheren Preis weiterverkaufte; die Änderung des Namens und der Einstufung eines Produkts unter dem Vorwand der Verbesserung; den Verkauf an Tochterunternehmen, die dann die Produkte zu Marktpreisen weiterverkauften; oder die ausschließliche Produktion von Waren, die keiner Kontrolle unterlagen. Das Ergebnis war eine abgeschwächte Wirtschaftstätigkeit, ein Rückgang der Produktqualität und ein verbreitetes Umgehen der Preiskontrollen.[104]

Der Staat wollte zwar unbedingt die Preise kontrollieren, war jedoch wegen des dualen Preissystems notgedrungen auf lokale Verwaltungen angewiesen. Sobald Preisobergrenzen auf lokaler Ebene durchgesetzt wurden, hatte dies weitere unbeabsichtigte Konsequenzen. Ein gutes Beispiel dafür war der Preis für Rohbaumwolle, die für die unzähligen Webstühle, die Stoffe für ausländische Märkte produzierten, unverzichtbar war. In Dalian förderten die lokalen Kontrollen tatsächlich einen Zufluss von Stoffen an Käufer außerhalb der Gemeinde, die bereit waren, den Marktpreis zu zahlen. Stoffe aus Shandong wurden hingegen zu Preisen verkauft, die die Obergrenze für einheimische Stoffe um fünfzig Prozent überstiegen.[105]

Das Beispiel Baumwolle veranschaulicht ein weiteres Problem, nämlich die Überzeugung der Regierung, dass ein stetiger Nachschub billiger Rohmaterialien den Weg in staatliche Unternehmen finden werde, indem man die Beschaffungspreise niedrig hielt. Nicht genug damit, dass die von lokalen Verwaltungen geleiteten Baumwollbüros die Preise erhöhten, indem sie alle möglichen Nebenkosten hinzufügten, von »Bearbeitungsgebühren« bis hin zu »Organisationsgebühren«, sie versäumten es auch, pünktlich zu liefern. Und dass sie stapelweise minderwertige Ware, der Steine beigemischt waren, als hochwertige Baumwolle verkauften, machte die Sache auch nicht besser.[106]

Das Ergebnis war ein Chaos in der Textilindustrie. Weil die Gesamtkosten stiegen, erhöhte sich auch der Betrag, der erforderlich war, um einen Dollar zu verdienen. Die durchschnittlichen Kosten, um genügend Baumwollgarn für einen Dollar zu produzieren, stiegen von 4,44 Yuan im Jahr 1988 auf 5,15 Yuan im Juli 1989 und 6,46 Yuan im Mai 1990. Der amtliche Wechselkurs lag nach der Abwertung vom September 1989 bei 4,72 Yuan für einen Dollar. Alles in allem war der Nettogewinn der 1292 staatlichen Textilfabriken um mehr als zehn Prozent gesunken, während sich das Ausmaß der Verluste – laut amtlichen Statistiken – um 284 Prozent erhöhte. Für jeweils eintausend Meter produzierten Stoff erlitten die Fabriken einen Verlust in Höhe von zweihundert Yuan.[107]

Und da die Preiskontrollen die Verluste der Staatsbetriebe erhöhten, wurden weitere Subventionen nötig. Die Erzeuger erhielten Subventionen, ebenso aber auch die Verbraucher, denn das Regime wollte unbedingt soziale Unruhen vermeiden. In Peking kostete jede Erhöhung des Verbraucherpreisindexes um ein Prozent die städtische Verwaltung vierhundert Millionen Yuan an zusätzlichen Subventionen. »China steckt jetzt tief in einer Subventionsfalle«, stellte ein ausländischer Wirtschaftsexperte fest. Es gab eine Vielzahl an Subventionen, doch sie stiegen in den zwei Jahren des wirtschaftlichen Sparkurses, der im September 1988 begann, um etwa vierzig Prozent jährlich an.[108] Nach einer Schätzung

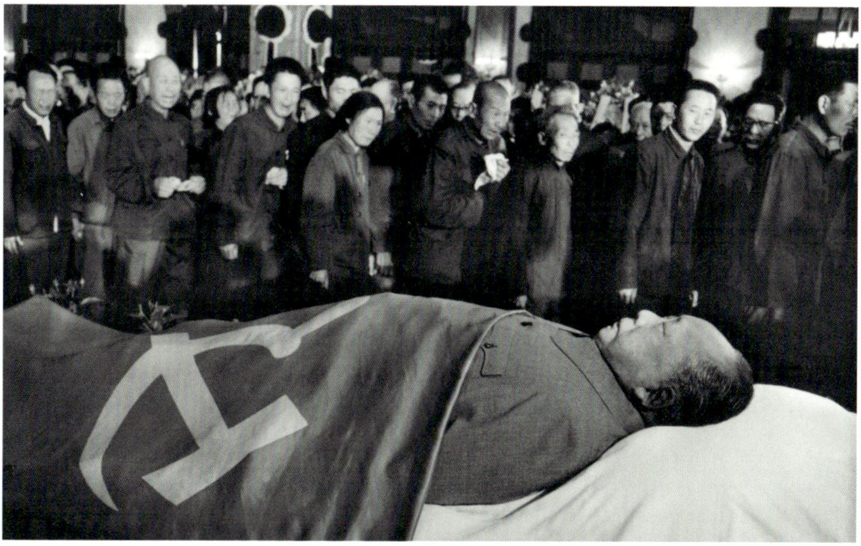

1 Von der »Nachrichtenagentur Neues China« am 12. September 1976 offiziell veröffentlichtes Foto mit folgender Bildunterschrift: »Bauern aus den Außenbezirken Pekings erweisen mit grenzenlos tiefen proletarischen Gefühlen den sterblichen Überresten des hochgeschätzten und geliebten Führers Mao Zedong die Ehre«.

2 Hua Guofeng auf der Tribüne auf dem Platz des Himmlischen Friedens während einer feierlichen Kundgebung anlässlich seiner Ernennung in das Amt des Vorsitzenden der Kommunistischen Partei Chinas, gefolgt von Ye Jianying und Li Xiannian, Oktober 1976.

3 Deng Xiaoping, späte 1970er-Jahre.

4 Eine Menschenmenge liest handgeschriebene Plakate an der »Mauer der Demokratie« in Peking, Februar 1979.

5 Deng Xiaoping und Hu Yaobang in Peking, 1. September 1981.

6 Premierminister Zhao Ziyang während einer Pressekonferenz im japanischen Nationalen Presseclub in Tokio, 2. Juni 1982.

7 Jiang Qing (Madame Mao) auf der Anklagebank während der Urteilsverkündung im Prozess gegen die Viererbande, 25. Januar 1981.

8 Straßenhändler in Guilin, Guangxi, 1982.

9 Ein Schuhmacher in Dazhou, Sichuan, 1986.

10 Deng Xiaoping trifft Margaret Thatcher in Peking, 24. September 1982.

11 Studenten legen Blumen und Kränze nieder vor einem Porträt des ehemaligen Führers der Kommunistischen Partei Chinas, Hu Yaobang, am Fuße des Denkmals für die Helden des Volkes auf dem Platz des Himmlischen Friedens. Es ereignete sich während einer nicht genehmigten Demonstration im April 1989.

12 Soldaten wehren Demonstranten vom offiziellen Denkmal für Hu Yaobang in der »Großen Halle des Volkes« ab, 22. April 1989.

13 Die »Göttin der Demokratie« ragt inmitten einer riesigen Menge von Demonstranten empor vor dem Mao Zedong-Porträt auf dem Platz des Himmlischen Friedens, 1. Juni 1989.

14 Die Armee stellt sich dem Volk auf der Chang'an Avenue am Platz des Himmlischen Friedens, 4. Juni 1989.

15 Menschen, die entlang der Chang'an Avenue nach Deckung suchen, 4. Juni 1989.

16 Die Chang'an Avenue am 5. Juni 1989.

17 Panzer bewachen einen wichtigen Verkehrsknotenpunkt in Peking, Juni 1989.

18 Deng Xiaoping gratuliert Jiang Zemin am Ende des 14. Parteitags in Peking im Oktober 1992.

19 Wanderbauarbeiter vom Land in einem beengten Schlafsaal, 1995.

20 Neue Wohngebäude im Kontrast zu den notdürftigen Hütten der Armen, Schanghai, 1994.

21 Soldaten der Volksbefreiungsarmee überqueren die Grenze nach Hongkong am ersten Tag, nachdem London die Herrschaft über das Hoheitsgebiet auf Peking übertragen hat, 1. Juli 1997.

22 Eine stillgelegte staatliche Fabrik in Shenyang, Liaoning, November 2001.

23 Arbeitssuchende, von Elektrikern und Schreinern bis hin zu Malern, in Xuzhou, Jiangsu, Juni 2002.

24 Jiang Zemin (zweiter von rechts) zusammen mit Hu Jintao (links), Zhu Rongji (zweiter von links) und Li Peng bei den Feierlichkeiten zum 50. Jahrestag der Kommunistischen Herrschaft, Peking, Oktober 1999.

25 Arbeiter bei der Herstellung von Sportschuhen in einer Nike-Fabrik, Februar 2004.

26 Eine Baumwollfabrik in Shihezi, Xinjiang, Oktober 2005.

27 Ein Offizier bewundert eine Statue von Lei Feng während einer Zeremonie zur Feier des bevorstehenden Lei-Feng-Jahrestags in Shenyang, Liaoning, am 3. März 2005.

28 Ein wohlhabendes Paar posiert für den Fotografen, Schanghai, 2004.

29 Arbeiter justieren die neu installierten Überwachungskameras auf dem Platz des Himmlischen Friedens im Vorfeld des Nationalfeiertags in Peking im September 2005.

30 Ein kleiner Junge überquert vorsichtig einen stark verschmutzten, von Müll umrandeten Bach vor dem alten Hofhaus seiner Familie in Peking, Februar 2000.

31 Straßenhändler verkaufen gefälschte Uhren und gefälschte Luxusbrieftaschen vor einem Kaufhaus in Schanghai, Mai 2007.

32 Thorbjørn Jagland, Vorsitzender des Nobelkomitees, blickt auf den leeren Stuhl, der für den Friedensnobelpreisträger Liu Xiaobo reserviert war, Oslo, Dezember 2010.

waren rund vierzig Prozent des Staatshaushalts für Subventionen vorgesehen. Dafür war wiederum mehr Geld nötig. Im Jahr 1990 wuchs die Geldmenge um rund dreißig Prozent.[109]

Das Regime wurde von der Angst getrieben, seine Auslandsschulden nicht bezahlen zu können. Statt eine echte Reform in Angriff zu nehmen und die Effizienz zu erhöhen, bastelten die Entscheidungsträger am Wechselkurs herum, um sich kurzfristige Vorteile zu verschaffen. Sie konstruierten eine zerbrechliche Fassade, um mit internationalen Sanktionen fertig zu werden. Sie beharrten darauf, Preise, Kapital und Arbeitskräfte streng zu kontrollieren, vergrößerten jedoch das Problem, indem sie die Finanzpolitik, das wachsende Defizit und die Geldmenge nur nachlässig überwachten. Die Maßnahmen bewirkten zusammengenommen einen raschen Rückgang des Wirtschaftswachstums, das im Jahr 1989 auf 3,9 Prozent sank, ehe es in der ersten Hälfte von 1990 auf 1,6 Prozent fiel.[110]

Der Binnenmarkt brach ein, und die Arbeitslosigkeit schnellte in die Höhe. Laut einer Schätzung waren im ganzen Land hundertfünfzig Millionen Menschen nicht voll beschäftigt. Allein im Jahr 1989 stellten drei Millionen von insgesamt achtzehn Millionen Dorfunternehmen den Betrieb ein.[111]

Ein schon vetrautes Szenario brachte ein archaisches Wirtschaftssystem zum Vorschein, das vom dualen Preissystem dominiert wurde: Die Lagerbestände wuchsen, Kredite wurden eingefroren, und die Schulden stiegen. Neu war jedoch das Ausmaß dieser Lähmung und wurde trefflich »Dreiecksschulden« genannt – die Bezeichnung für die gegenseitigen Verbindlichkeiten staatlicher Unternehmen. Auf den ersten Blick schien das Problem relativ harmlos, wenn staatliche Betriebe, die dringend Kredite benötigten, beschlossen, ihre Rechnungen nicht zu zahlen oder die Zahlung für eine gewisse Zeit aufzuschieben, und ihr Kapital stattdessen für andere Prioritäten ausgaben. Da ihre Zulieferer aber kein Geld bekamen, verschoben auch diese ihre Zahlungen an die eigenen Geldgeber und schufen so eine Kette von Verbindlichkeiten. Die so entstandenen Schulden kamen einem inoffiziellen Kreditsystem gleich, einem Mittel, um Kapital außerhalb des Banksystems zu beschaffen. In manchen Fällen könnten staatliche Betriebe sogar untereinander vereinbaren, die Zahlungen aufzuschieben, oder die gegenseitigen Schulden mit falschen

Sicherheiten zu garantieren, weil sie wohl wussten, dass der Staat ihren Konkurs niemals zulassen würde. Schulden zwischen staatlichen Betrieben waren deshalb andauernde Verbindlichkeiten, die auf unbestimmte Zeit verschoben werden konnten, bis der Staat eingriff. In dem Moment, wo der Staat in die Bresche sprang und die Banken anwies, die angehäuften Schulden zu streichen, wuchsen die Zahlungsrückstände zwischen Unternehmen von Neuem an.

Vor allem hingen »Dreiecksschulden« mit der Inflation zusammen. Wenn die Preise für Rohmaterialien und Fertigprodukte stiegen, sank der relative Wert des im Umlauf befindlichen Kapitals. Staatsbetriebe wollten unbedingt die kurzfristigen Gewinne steigern, indem sie ihren Warenbestand zum Anschaffungswert angaben und die Erlöse, die sie über die Wertsteigerung erzielten, als direkten Gewinn erklärten. Auf diese Weise erhöhten sie den nominellen Gewinnüberschuss, den sie behalten durften, weit über die an den Fiskus abgegebene Summe hinaus. Diese Kapitalsteigerung entsprach jedoch nicht einer ebenso hohen Warenmenge. Nach einer Schätzung belief sich der fiktive Gewinn aus dem Anschaffungswert zwischen 1988 und 1990 auf mehrere zehn Milliarden Yuan. Schon bald waren Staatsbetriebe nicht länger imstande, die Produktion fortzuführen; es kam zu Engpässen, die Rückstände schnellten hoch. Weil der Konsum eingeschränkt wurde, wurden Fertigprodukte, die keine Käufer fanden, eingelagert und verrotteten bisweilen in den Lagerhäusern. Ende 1990 war der landesweite Warenbestand um fast sechzig Milliarden gegenüber dem Vorjahr gestiegen.[112] Im Jahr 1992 erreichte er mit hundertdreißig Milliarden einen Höchststand. Grob geschätzt war ein Viertel dieses Bestands wertlos, was einem Monatsgehalt für jeden Erwerbstätigen des Landes entsprach.[113]

Ein verwandtes Problem bestand darin, dass viele Staatsbetriebe, in einem klassischen sozialistischen Missverhältnis zwischen Angebot und Nachfrage, geradezu mustergültig Waren produzierten, die kein Mensch haben wollte. Eine Inflation wird für gewöhnlich dahingehend gedeutet, dass eine zu große Geldmenge für zu wenige Waren vorhanden ist, aber bei so wenigen begehrenswerten Produkten war erstaunlich wenig Geld nötig, um diese Schwelle zu erreichen. In einer Rezession würden Unternehmen, die keinen Markt für ihre Produkte finden, normalerweise bankrott gehen, ihre Vermögenswerte würden zum Marktwert verkauft und ihre Verbindlichkeiten gestrichen werden. Doch in einer sozialistischen Wirtschaft stellten diese Unternehmen, wenn die Kredite schwanden, einfach den Betrieb ein und fielen in eine Art Winterschlaf. Sobald die Wirtschaft wieder in Gang kam, wurden ihre ruhenden Schulden, die man gegen wertlose Papiere eingehandelt hatte, reaktiviert und zogen weitere staatliche Mittel an, um die erdrückende Schuldenlast zu bedienen und die neuerliche Produktion von Waren zu fördern, für die es keinen Markt gab.[114] Sobald der Zyklus wieder in Gang kam, landeten diese Waren erneut in den Lagerhäusern. Diese ganze Aktivität wurde zum Bruttoinlandsprodukt hinzugerechnet, einem Konzept, das Länder mit einer Marktwirtschaft formuliert hatten, wo alle produzierten Waren früher oder später einen Käufer fanden. Wie eine Filiale der Chinesischen Volksbank es recht elegant formulierte: »Es besteht ein Teufelskreis aus Kreditspritzen, Produktion, Überangebot und Rückständen, und weiteren Kapitalspritzen, noch mehr Produktion, noch mehr Überangebot und noch mehr Rückständen.«[115]

Im Jahr 1990 schoss der Staat fünfzig Milliarden Yuan zu, um die auf hundersechzig Milliarden Yuan geschätzten »Dreiecksschulden« zu tilgen. Das Problem blieb jedoch bestehen, und ein Jahr später erreichten die »Dreiecksschulden« die Marke von dreihundert Milliarden Yuan, was fünfundfünfzig Milliarden Dollar entsprach (berechnet nach dem parallelen Marktkurs von 5,4 Yuan für einen Dollar, statt nach dem offiziellen Wechselkurs). Das kam ungefähr der Gesamtsumme der Währung gleich, die im Umlauf war, oder einem Fünftel aller noch ausstehenden Darlehen. Die Krise kam zu einem ungünstigen Zeitpunkt, als sich die sozialistische Welt um die Führer auflöste. »Wenn das so weitergeht, wird unsere Wirtschaft zusammenbrechen«, äußerte sich Li Peng ernst. »Um es noch drastischer zu formulieren: Es geht um das Überleben des Sozialismus.« Li Rui drückte es in seinem privaten Tagebuch nicht ganz so dramatisch aus: »Die Schulden verschlingen alles.«[116]

Der im Frühjahr 1991 zum stellvertretenden Ministerpräsidenten beförderte Zhu Rongji wurde als Retter gerufen. Damals zählte er zu den wenigen Parteiführern, die eine Ahnung davon hatten, wie eine Volkswirtschaft überhaupt funktioniert. Mit Ausnahme von Chen Yun, dem Architekten der Planwirtschaft, waren die meisten Parteiältesten, die in Wirklichkeit die Entscheidungen trafen, politische Theoretiker. Li Peng, der für die Wirtschaft zuständig war, verließ sich tendenziell auf Yuan Mu, der zwanzig Jahre lang als Journalist gearbeitet hatte, ehe er in die Regierung eintrat. Sogar die Leute, die für die wichtigsten Finanzinstitutionen des Landes zuständig waren, waren politische Kandidaten, die zum Teil kaum konkrete wirtschaftwissenschaftliche Kenntnisse hatten. Li Rui, der die Führer gut kannte, deutete in seinem Tagebuch an, dass Wang Bingqian, der Mann, der viele Jahre lang den Haushalt verwaltet hatte, nicht einmal Grundkenntnisse von der Buchhaltung hatte und sich stattdessen auf seine Untergebenen verließ. Li Guixian, der Gouverneur der Chinesischen Volksbank, war ein studierter Chemieingenieur und wusste offenbar nicht sicher, wie Banktransaktionen wirklich abliefen.[117]

Zhu Rongji gab in den folgenden Jahren fünfzig Milliarden Yuan zur Behebung der Schulden aus und verlangte, dass lokale Verwaltungen Mittel zusammenlegten, um die Schulden ihrer eigenen Unternehmen zu tilgen. Er zwang sie auch, sämtliche in Depots eingelagerten Waren zu verkaufen, und regte an, dass Staatsbetriebe, die ihre Produkte nicht verkaufen konnten, die Produktion einstellen und stattdessen ihre Einrichtungen verbessern sollten. Er schlug Fusionen, Transfers und sogar Schließungen vor. Die Fusionen würden, meinte er, mächtige staatliche Mischkonzerne in wichtigen Industriesektoren schaffen, die imstande wären, mit den fortschrittlichsten Unternehmen auf der Welt zu konkurrieren. Auf die Frage, wie er denn mit dem Verlust an Staatseinnahmen fertig werden wolle, der durch die Verringerung der Produktion und den Verkauf des Lagerbestands entstehen würde, antwortete er, dass diese Einnahmen ohnehin nur auf dem Papier existierten. Er schloss mehrere staatliche Fabriken in der Provinz Liaoning, die unerwünschte Waren produzierten. Als er den Staatsrat im September 1991 jedoch bat, das Experiment auf den Rest des Landes auszudehnen, wurde er zurückgewiesen. Die Ältesten hatten nicht den Wunsch, soziale Unruhen im Zusammenhang mit Reformen zu riskieren, die ins Herz des sozialistischen Systems zielten.[118]

Zhu Rongjis Auftritt hatte einen Vorteil: Er etablierte sich als engagierter Reformer, selbst als sich das Regime scheinbar rückwärts zur streng geplanten Volkswirtschaft der Vergangenheit bewegte. Im November 1991 stellte er sich offen gegen den Ideologen Deng Liqun, der eine Rückkehr zu maoistischen Werten anregte. Zhu forderte stattdessen »größere, mutigere Reformen«, sowie eine geringere staatliche Einmischung in die Wirtschaft.[119]

Zhu hatte nicht genügend Autorität, um weitere Reformen durchzusetzen. Gegen Ende November setzten sich die vorsichtigeren Konservativen mit Chen Yun an der Spitze auf der 8. Plenartagung durch, auf der Zhu Rongji nicht zum Vollmitglied des Politbüros gewählt wurde. Deng Xiaoping war mit seinen 87 Jahren inzwischen zu alt, um sich an die Spitze zu stellen. Er war entschlossen, sein Vermächtnis zu festigen und die Wirtschaft dauerhaft zu prägen. Um die festgefahrene Situation in Peking zu durchbrechen, griff er zu einer politischen Tradition, die sein einstiger Meister Mao Zedong perfektioniert hatte: die Partei umgehen und sich direkt an das Volk wenden.

7 Kapitalistische Werkzeuge in sozialistischen Händen 1992–1996

Mao war ein Meister informeller Absprachen im zentralen Regierungsapparat, aber wenn er sich in der Hauptstadt nicht durchsetzen konnte, griff er zu einem klassischen Mittel: Er reiste in seinem persönlichen Zug durch das Land und gewann die Unterstützung führender Politiker der Provinzen.

Am 19. Januar 1992 machte Deng Xiaoping einen Überraschungsbesuch in Shenzhen, der Sonderwirtschaftszone, in der er 1984 herumgereist war, um die Erfolge von Wirtschaftsreformen zu preisen. Bei seinem ersten öffentlichen Auftritt nach einem Jahr fuhr er mit einem Golfwagen in einem Vergnügungspark herum, bewunderte die Stadt vom Drehrestaurant auf dem Internationalen Außenhandelszentrum aus und erteilte dem Bürgermeister der Stadt seinen Segen. Außerdem wurde er ungewöhnlich deutlich: »Reform und Öffnung sind für China die einzige Option«, sagte er zu Journalisten und sorgte dafür, dass die Bemerkung in Hongkong weit verbreitet wurde. »Alle, die gegen Reformen sind, sollten ihre Posten aufgeben.« Die Zuhörer klatschten und jubelten.[1]

Dies war ein Höhepunkt einer Rundreise im Süden Chinas, auf der der Oberste Führer bei Dutzenden von führenden Politikern in Wuhan, Changsha, Guangzhou und Schanghai seiner Enttäuschung über den schleppenden Verlauf der Reformen Ausdruck verlieh. Die staatlich gelenkten Medien berichteten nicht über die Reise Dengs, da er eigentlich im Ruhestand leben sollte, aber seine Äußerungen wurden mit Bedacht Hongkonger Journalisten zugespielt, und von dort kamen sie wieder über die Grenze.

Die Botschaft des Patriarchen ließ an Deutlichkeit nichts zu wünschen übrig: Eine Zunahme ausländischer Investitionen und eine Fortsetzung der Wirtschaftsreformen seien unbedenklich, da »der öffentliche Sektor die tragende Säule der Wirtschaft ist«. »Wichtiger noch«, fügte er hinzu, »die politische Macht liegt in unseren Händen«. Dies bedeutete, dass die Partei sämtliche ausländische Unternehmen politisch kontrollierte und diese den Interessen des Landes zu dienen hatten. Auf diesem Sachverhalt und nicht auf dem Verhältnis von zentraler Planung und Marktkräften beruhte der wahre Unterschied zwischen Sozialismus und Kapitalismus. Die beste Verteidigung gegen die sogenannte »friedliche Evolution« bestehe in wirtschaftlicher Entwicklung und Verbesserung des Lebensstandards. Sie würden die Überlegenheit des sozialistischen Systems beweisen. »Wir müssen experimentieren, einen Weg bahnen, mutig voranschreiten«, sagte Deng, eine Aufforderung, der sich kaum jemand zu widersetzen wagte.[2]

Jiang Zemin hängte sein Mäntelchen unverzüglich nach dem Wind, der aus dem Süden blies. Zwei Tage nachdem der Patriarch den Pekinger Bahnhof verlassen und seine Odyssee begonnen hatte, rief der Generalsekretär zu größeren Reformanstrengungen und einer stärkeren Öffnung gegenüber der Außenwelt auf. Am 2. Februar, dem Beginn des neuen Mondjahrs, führte Jiang ein viel beachtetes Telefongespräch, in dem er Deng Xiaoping alles Gute wünschte. In seiner Neujahrsansprache in der Großen Halle des Volkes erklärte er vor viertausend Parteimitgliedern, dass das Land »kühne Entdeckungsfahrten« unternehmen und das Reformtempo beschleunigen müsse. Und am 23. Februar ermahnte *Renmin Ribao* das Land, »sich für die Außenwelt zu öffnen und den Kapitalismus zu nutzen«.[3]

Auf einer Sitzung des Politbüros Anfang März war Jiang Zemin politisch klug genug, Selbstkritik zu üben und die Schuld dafür, dass die offiziellen Medien nicht über die Südtour des Obersten Führers berichtet hatten, auf sich zu nehmen. Seine Kollegen schlossen sich ihm an und brachten einstimmig ihre Unterstützung für Dengs Aufruf zu mehr Wachstum zum Ausdruck. Ein mürrischer und geschlagener Li Peng erhob keine Einwände.[4]

Ein paar Wochen darauf erhob auch das Volk seine Stimme oder zumindest seine offiziellen Vertreter auf dem Nationalen Volkskongress.

Nach der Verlesung der Äußerungen, die der Patriarch auf seiner Südtour gemacht hatte, verlangten auch sie ein schnelleres Reformtempo. Außerdem forderten sie mehr lokale Geldmittel und mehr lokale Autonomie.[5]

★

Die letzte Station von Deng Xiaopings Reise war Schanghai gewesen. Die Stadt war von der Sparpolitik des Regimes verschont geblieben. Auch dann noch, als die regionalen Machthaber nach dem 4. Juni in die Schranken gewiesen und die Investitionen gekürzt worden waren, hatte man dort mit dem gewaltigen Projekt begonnen, ein Feuchtgebiet jenseits des Huangpu in das Finanzzentrum der Zukunft zu verwandeln. Es war hilfreich, dass Jiang Zemin aus der Stadt stammte, doch das Regime wollte auch unbedingt die Welt überzeugen, dass die Politik der offenen Tür keineswegs gestorben war, sondern immer noch blühte. Es wollte außerdem eine Konkurrenz zu Hongkong aufbauen, das es als einen vom feindlichen Ausland manipulierten Hort der Subversion betrachtete. Das Industriegebiet Pudong wurde als Chinas neues Hongkong angepriesen, als Perle des Orients, die Auslandsinvestitionen in Milliardenhöhe anziehen werde.

Li Peng weihte das Projekt 1990 offiziell ein, aber anfangs machte es nur langsam Fortschritte. Man erwartete, dass der Löwenanteil der Investitionen von ausländischen Unternehmen kommen werde, die dafür Zugeständnisse erhielten. Unter anderem durften sie große Grundstücke pachten und in dem Gebiet Handelsgesellschaften ansiedeln, und ihre Gewinne sollten fünf Jahre lang steuerfrei sein. In den Monaten nach der Einweihung kamen Tausende ausländischer Delegationen nach Schanghai. Und Zhu Rongji, der Bürgermeister der Stadt, reiste in der Welt herum und warb um reiche Investoren. Doch ein Jahr später standen gerade einmal vierzig Fabriken, in die Ausländer investiert hatten, auf einem unattraktiven Gelände mit löchrigen Straßen und baufälligen Gaswerken. Die finanziellen Zugeständnisse erwiesen sich bei näherer Betrachtung als ein Spinnennetz bürokratischer Vorschriften, und die Tätigkeit, die die Ausländer konkret ausüben durften, waren zahllosen Restriktionen unterworfen. »Ich habe den Verdacht, dass es nur ein größerer Käfig für andere Vögel sein wird«, sagte ein ausländischer Banker.[6]

Nach Dengs Reise begannen die Investitionen zu wachsen. Der Achtzigjährige hatte in Schanghai Fabriken, Warenhäuser, die Börse und sogar neue Gebäude in Pudong inspiziert. Unmittelbar nach seiner Abreise versprach Huang Ju, der neue Bürgermeister und Nachfolger von Zhu Rongji, auf einer Konferenz für die Auslandspresse neue Anreize, mehr Finanzmittel und mehr Autonomie. Unternehmen durften sich nun sogar im Reexport, dem wirtschaftlichen Rückgrat von Shenzhen, engagieren, und sie konnten Aktien und Anleihen ausgeben. Mehr als fünfzig Milliarden seien bereits zugesagt, erklärte Huang, weit mehr als für sämtliche Infrastrukturprojekte notwendig sei. Und er zitierte die weisen Worte des Obersten Führers: »Seid kühn und macht größere Schritte.«[7]

Huang Ju nannte Pudong eine »sozialistische Metropole«. Im Jahr 1992 flossen etwa 3,3 Milliarden kapitalistische Dollar nach Pudong, die Hälfte aus Hongkong und Macau. Allein in der ersten Hälfte des Jahres 1993 wurden Verträge über mehr als 4,5 Milliarden Dollar geschlossen. Einer Schätzung nach wurde alle elf Minuten eine neue Firma gegründet. Große Unternehmen wie Ford, Bell, Matsushita, Sharp, Hitachi und Siemens beteiligten sich aus Angst, den Anschluss zu verlieren. Ein Tunnel wurde gegraben, Brücken und Straßen wurden gebaut, in einem Gewirr von Kranen erhoben sich moderne Wolkenkratzer, deren Ansicht gelegentlich durch Staubwolken getrübt wurde. Pudong war die größte Baustelle der Welt, transformiert durch ausländisches Kapital und eine kleine Armee ländlicher Wanderarbeiter, die keine andere Ausrüstung als ihre Bambushüte besaßen.[8]

Baulärm erhob sich auch im Herzen Schanghais. Bald schon überragten Luxushotels und Bürogebäude die traditionellen Reihenhäuser der Französischen Konzession. Einige berühmte Firmen, die in Schanghai einst vertraute Namen gewesen waren, kehrten, wie etwa das Warenhaus Wing On und Jardine Matheson, in die Stadt zurück. An der Uferpromenade »The Bund« eroberten Chrom und Rauchglas die Kolonialgebäude mit ihren malerischen Steinfassaden von innen nach außen. In modernen Hotels wurden die plumpen Möbel und Samtvorhänge durch dunkles Holz, vergoldete Kronleuchter und Spiegelwände ersetzt. Weiter draußen, in den Vorstädten entstanden gleich neben den Reisfeldern Luxusvillen mit Tennisplätzen und Berieselungsanlagen auf den gepflegten Rasenflächen.[9]

Pudong war ein Spezialprojekt, dem die Führung in Peking besondere Aufmerksamkeit schenkte. Aber alle Städte und Provinzen wollten ihren Anteil an den Auslandsinvestitionen. Weniger als einen Monat, nachdem Li Peng dem Industriegebiet in Pudong seinen Segen erteilt hatte, gingen die Parteisekretäre in sämtlichen Küstenstädten in die Offensive und boten ausländischen Investoren alle möglichen Vergünstigungen an. Delegationen aus Zhuhai, Guangzhou, Xiamen, Fuzhou, Shantou und Wenzhou gingen nach Hongkong. Sie nahmen auch Taiwan ins Visier und boten Investoren von der Insel zehn Jahre Steuerbefreiung und andere Vorteile an. Ningbo, eine Stadt im Südosten Schanghais, verkündete kühn die Gründung eines sechzig Quadratkilometer großen Industrieparks, wo ausländische Investoren für fünfzig Jahre Land pachten konnten. Weiter im Norden baten Funktionäre aus Tianjin und Dalian Peking inständig um die Erlaubnis, ihre eigenen Entwicklungszonen eröffnen zu dürfen.[10]

Die Wirtschaftssanktionen des Auslands und die Sparpolitik des Regimes bremsten zunächst die Entwicklung. Doch im Gefolge von Dengs Südtour nahm die die Zahl der Entwicklungszonen explosionsartig zu. Im Jahr 1991 gab es landesweit etwa 117 solcher Entwicklungszonen und Ende 1992 warben mehr als 8700 um internationale Aufmerksamkeit, wobei viele ohne Zustimmung der Zentralregierung gegründet worden waren. Hätte die Regierung all diese Gebiete erschließen müssen, hätten sich die Kosten auf mindestens 4,5 Billionen Yuan belaufen, wie Zhu Rongji auf der Rückseite eines Briefumschlags ausrechnete.[11]

Angeboten wurde Land, auf das sogar die ärmsten Städte Anspruch erheben konnten. Das Angebot war recht einfach: Man verpachtete Land und bekam dafür die Mittel für den Ausbau der Infrastruktur. Angeblich wurden insgesamt 2,2 Millionen Quadratkilometer (was der Fläche von etwa fünfhundert Großstädten entspricht) für mehr als fünfzig Milliarden Yuan verpachtet, wobei nur ein Bruchteil der Einnahmen in der Staatskasse landete.[12]

Da das Land sozialistisch war und die Produktionsmittel dem Staat gehörten, waren die Regelungen, nach denen bestimmt wurde, wer den Staat vertrat, dem der Boden gehörte, wer den Boden verpachten und wer ihn pachten konnte und wem das erzielte Kapital zufloss, ausgesprochen vage. Gewöhnlich wurde der Staat von der der lokalen Verwaltung repräsentiert. Sie vergab Bodennutzungsrechte an Staatsunternehmen und staatliche Institutionen. Diese institutionellen Nutzer gingen wiederum auf den Markt und verkauften den Boden. Da es in einem sozialistischen Staat immer sehr viele staatliche Institutionen gibt, explodierte die Zahl der institutionellen Nutzer, die von dem Boom profitieren wollten und ihr Glück im Immobiliengeschäft versuchten. Universitäten, Krankenhäuser und Betriebe, aber auch alle erdenklichen Regierungsabteilungen auf allen Ebenen der wuchernden Staatsbürokratie versuchten, Immobiliengeschäfte aufzubauen.[13]

Am primitivsten war die Methode, Ackerboden zu beschlagnahmen und brachliegen zu lassen und die für seine Erschließung vorgesehenen Mittel für Bankette, Autos und Prestigebauten zu verschwenden. Am anderen Ende des Spektrums bekam das japanische Unternehmen Kumagai Gumi 1992 das Recht, auf der Insel Hainan eine Zone von dreißig Quadratkilometern für einen Freihafen zu erschließen. Yangpu, ein öder Landstreifen, auf dem nur Kakteen gediehen, sollte zur Stadt der Zukunft werden. Die Japaner durften an lokale und ausländische Investoren Landnutzungsrechte vergeben. Doch die Japaner bauten nicht etwa einen Hafen, sondern verkauften das Land an etwa zwanzigtausend Immobilienunternehmen, die alle auf der Insel entstanden, bis jeweils ein Unternehmen auf achtzig lokale Einwohner kam. Die Grundstückspreise schossen in die Höhe und erreichten einen Spitzenwert von 3500 Yuan pro Quadratmeter – bis sie zusammenbrachen und Hunderte von unfertigen Gebäuden und einen Schuldenberg von dreißig Milliarden Yuan hinterließen.[14]

Die Insel wurde von Grundstücksspekulanten in aller Welt beneidet. Überall im Land entstanden ähnliche Projekte. In Zhenyuan, einem armen Landkreis in der Provinz Gansu, wurde, angestachelt durch intensives Marketing im lokalen Fernsehen und Radio und sogar mobilen Übertragungswagen, in zwei Jahren mehr gebaut als in den ersten drei Jahrzehnten des Sozialismus. Das Parteikomitee der Provinz stellte fest, dass der Reichtum, der nominell dem Staat gehörte, in die »Hände einiger weniger Einzelpersonen überging«.[15] Chinaweit wurden 1993 mehr als 110 Milliarden Yuan in Immobilien investiert, mehr als das Doppelte als im Jahr zuvor. Weitere 160 Milliarden folgten 1994. Der Staatsrat beklagte, dass Wohnraum für Normalbürger abgerissen wurde und überall Golfplätze und Luxushotels entstünden.[16]

Da die lokalen Verwaltungen die lokalen Banken kontrollierten, tendierten letztere dazu, lokalen Unternehmen strategische Vorteile einzuräumen. Wenn staatliche Banken weitere Kredite verweigerten, konnten Städte und Provinzen ihre eigenen Wege gehen und sich auf dem internationalen Kapitalmarkt Mittel beschaffen. Parteisekretäre erweiterten ihre soziale Kompetenz und warben mit vornehmen Investitionsbüros, dicken roten Teppichen, beflissenem Lächeln und attraktiven Broschüren um ausländische Kapitalisten. Sie behandelten ausländische Banker und Führungskräfte wie hochrangige Parteibonzen, brachten sie in Luxushotels unter und fuhren sie in Limousinen herum, für die eine Eskorte von Polizeifahrzeugen mit Megaphonen den Weg bahnte. Im Jahr 1992 wurden etwa vierzigtausend ausländisch finanzierte Projekte genehmigt. Ausländer sagten Investitionen in Höhe von mehr als 57 Milliarden Dollar zu, das Vierfache der 1991 gemeldeten Summe und mehr als die seit 1979 insgesamt zugesagten Investitionen. Im Jahr 1993 nahmen die von staatlichen Unternehmen getätigten Investitionen in Sachanlagen erneut um siebzig Prozent zu, und die Investitionen lokaler Verwaltungen stiegen um achtzig Prozent.[17]

Die Zahlen waren eindrucksvoll, aber nicht immer verlässlich. Einheimisches Kapital war oft als ausländisches getarnt, weil Milliarden über die Grenze nach Hongkong geschmuggelt wurden, wo Briefkastenfirmen das Geld wieder nach China pumpten, um falsche Joint Ventures zu finanzieren und von Steuervergünstigungen zu profitieren. Schätzungen zufolge stammten zwei Drittel der Auslandsinvestitionen in Wirklichkeit aus China. Milton Friedman zum Beispiel war von dem Boom unbeeindruckt und wies darauf hin, dass für sämtliche Privilegien, die Auslandsinvestoren in den Entwicklungszonen eingeräumt würden, der Steuerzahler aufkommen müsse. Er bezeichnete Pudong als ein »potemkinsches Dorf, das für einen amtierenden Herrscher errichtet worden ist«.[18]

Hongkong spielte noch eine weitere wichtige finanzielle Rolle: Seine Börse wurde genutzt, um Geld für Staatsunternehmen aufzutreiben. Im Jahr 1990 verfügte China noch über keine funktionierenden Anleihe- und Aktienmärkte. Der chinesische Staat hatte 1981 damit begonnen, Anleihen aufzulegen, um ein Haushaltsdefizit zu finanzieren, das er nicht mehr allein durch Steuereinnahmen decken konnte. Diese Anleihen glichen jedoch eher Zwangsanleihen als Wertpapieren: Staatsunternehmen waren verpflichtet, sie in von der Zentralregierung festgelegten Quoten zu einem von der Zentralbank festgesetzten Zinssatz zu kaufen. Einen Sekundärmarkt gab es nicht, also konnte mit den Wertpapieren kein Handel getrieben werden. Jedes Jahr wurden Anleihen zwangsverkauft, und ab 1987 wurden noch zusätzliche Bauanleihen aufgelegt. Der Kauf von Staatsanleihen war auch für private Haushalte obligatorisch, wenngleich Privatpersonen einen etwas höheren Zinssatz erhielten als staatliche Unternehmen. Ein normaler Arbeiter war beispielsweise 1989 verpflichtet, sechs Wochenlöhne für den obligatorischen Kauf einer Anleihe zu verwenden.[19]

Da die Zentralregierung die Anleihen kontrollierte, konnte sie sie umstrukturieren, wenn sie nicht in der Lage war, ihren Verpflichtungen nachzukommen. Dies geschah, als die seit 1981 ausgegebenen Anleihen im Wert von mehr als vierundzwanzig Milliarden Yuan fällig wurden. Der Staat gab an ihrer Statt neue Anleihen im Wert von mehr als neun Milliarden aus und schuldete sie 1991 mit einer weiteren Tranche von sieben Milliarden Yuan um.[20]

Seit 1982 durften auch einige staatliche Unternehmen Aktien ausgeben, die allerdings wenig mit ihren Pendants in einer marktwirtschaftlichen Volkswirtschaft gemein hatten. Sie ähnelten im Grunde genommen Anleihen, waren mit keinerlei Eigentumsrechten verbunden, garantierten eine jährliche Mindestrendite und waren ebenfalls mit einem Fälligkeitsdatum versehen.

Als 1988 die Inflation in die Höhe schoss und die Banken angewiesen wurden, die Kreditvergabe einzuschränken, versuchten viele Staatsunternehmen ihre Anleihenbestände an Marktspekulanten zu verkaufen, oft mit hohen Abschlägen und unter Missachtung des staatlichen Verbots eines Sekundärmarkts. In den Jahren 1989 und 1990 entstand so ein völlig unregulierter, außerbörslicher Markt für Anleihen und Aktien. Laut einem Finanzhistoriker war dies der erste echte chinesische Markt für Eigen- und Fremdkapital, und er hatte lediglich zwei Jahre Bestand.[21]

Um den inoffiziellen Markt einzudämmen, wurden im Dezember 1990 in Shenzhen und im Juli 1991 in Schanghai Börsen eröffnet. Sie ermöglichten es den staatlichen Regulierungsbehörden, das Handelsumfeld zu kontrollieren und sowohl die Preise als auch die Anleger in einer Weise zu steuern, die den Interessen der Regierung entsprach. Der Handel mit einer begrenzten Bandbreite von Staatsanleihen, Unternehmensanleihen und Unternehmensaktien wurde zugelassen, während andere Arten von Wertpapieren, einschließlich Finanzanleihen und Wandelanleihen, weiterhin Beschränkungen unterlagen. Ein Jahr darauf durften börsennotierte Unternehmen erstmals sogenannte B-Aktien ausgeben, die auf ausländische Investoren beschränkt waren. Noch besser: Ab Juni 1993 durften ausgewählte Staatsunternehmen in Hongkong H-Aktien ausgeben. Sie boten den Anlegern einen Schutz, der bei den B-Aktien nicht gegeben war. Die Bierbrauerei Tsingtao ging in die Geschichte ein, weil sie als erstes Unternehmen des rotchinesischen Festlands in der Kronkolonie an die Börse ging und Mittel aufbrachte, die vollständig in Fremdwährung konvertierbar waren. Innerhalb weniger Monate folgten weitere Unternehmen, von denen freilich keines internationale Bekanntheit wie die Brauerei genoss. Damit hatte nun Chinas erste Periode fieberhafter Börsengänge begonnen, durch die bis zum Jahresende acht Milliarden Hongkongdollar eingenommen wurden.[22]

Ob durch ausländische Direktinvestitionen, durch den Verkauf von Immobilien oder durch an der Börse aufgenommenes Kapital – die Wirtschaft boomte. Das ganze Land glich einer riesigen Baustelle, und in jeder größeren Stadt erhoben sich Bambusgerüste auf Grundstücken, die von Bulldozern geräumt worden waren. Eine ganz neue Welt mit Luxushotels, Wolkenkratzern und modernen Bürogebäuden nahm mitten in der alten Welt mit ihren offenen Abwasserkanälen, zerfurchten Straßen und Barackensiedlungen Gestalt an.

Als das Geld in die Küstenstädte strömte, stiegen die Exporte von preiswerten Spielzeugen, Schuhen und Kleidungsstücken sprunghaft an. Auch ausländische Unternehmen nutzten eifrig den Vorteil billiger Arbeitskräfte, die weder durch lästige Arbeiterrechte noch durch unabhängige Gewerkschaften geschützt waren. Automobilunternehmen: Ford, Volkswagen, Peugeot, produzierten mehr als eine Million Fahrzeuge für den chinesischen Markt – fünfzig Prozent mehr als 1991. Weitere Unternehmen begannen, in China für den Weltmarkt zu produzieren; so exportierte etwa Nike allein im Jahr 1992 zwei Millionen Turnschuhe.[23]

Weil so viel Geld verdient wurde, stiegen auch die Importe, von der Luxusschokolade, über elektrische Klaviere, Shampoos und Tampons bis zum Whirlpool. Für Exporteure im Ausland war das Ganze wie ein wahr gewordener Traum: Ein riesiger Markt erwacht endlich aus seinem Dornröschenschlaf. Im Herzen von Schanghai erstrahlte die Huaihai Lu, früher Avenue Joffre, mit ihren Leuchtreklamen und neuen Einkaufszentren, die jedes erdenkliche Designerlabel im Angebot hatten. Avon stellte achtzehntausend chinesische »Avon Ladys« ein, um seine Kosmetika zu verkaufen.[24]

Auch der Import von Grundstoffen wie Aluminium, Kupfer, Nickel, Kobalt, Stahl, Bauholz und Zement nahm stark zu. Und natürlich stiegen auch die Preise. In Teilen von Sichuan erhöhte sich der Preis für eine Tonne Zement von zweihundert auf bis zu neunhundert Yuan. Einmal bildete sich eine fünf Kilometer lange Schlange von Lastwagen vor einer Zementfabrik. In Shenzhen bezogen einige Bauunternehmen Stahl und Zement aus nördlichen Provinzen, die mehr als zweitausend Kilometer entfernt waren. Einer Schätzung zufolge stiegen die Kosten für Zement landesweit um vierzig Prozent, für Stahl sogar um neunzig Prozent.[25]

Das Wachstum betrug 1992 zwölf Prozent, aber auch die Inflation war zweistellig. Im Mai 1993 verzeichneten die Buchhalter in Peking pflichtbewusst eine Inflationsrate von 19,5 Prozent, doch die Kunden des Einzelhandels bestanden hartnäckig darauf, dass sie eher bei dreißig oder vierzig Prozent lag.[26]

Zwei zeitgemäße Änderungen, die das Regime einführte, verstärkten den Trend. Im Frühjahr 1993 wurden die meisten Überbleibsel der Lebensmittelrationierung abgeschafft und die Preiskontrollen für Getreide, Fleisch, Eier, Speiseöl und andere Produkte schrittweise aufgehoben, so dass die städtische Bevölkerung höhere Marktpreise zahlen musste. Auch die Festpreise für Kohle und andere Rohstoffe wurden schrittweise abgeschafft, wenngleich der Staat weiterhin Produktion und Vertrieb kontrollierte. Schließlich gehörte das duale Preissystem, wenigstens größtenteils, der Vergangenheit an.[27]

Auch für die Swap-Zentren, die es staatlichen Unternehmen lange Zeit ermöglicht hatten, einen Teil der von ihnen erwirtschafteten Devisen untereinander tauschen zu können, wurden die staatlichen Beschränkungen aufgehoben. Dies löste eine noch größere Nachfrage nach Devisen aus und führte deshalb zu einer weiteren Abwertung des Yuan. In China gab es drei Wechselkurse: einen offiziellen von der Zentralbank festgelegten Kurs von 5,7 Yuan pro Dollar; einen administrierten Kurs für die Swap-Zentren, der 25 Prozent niedriger und staatlichen Unternehmen und Banken vorbehalten war; und einen dritten Kurs auf dem Schwarzmarkt, der als einziger durch Angebot und Nachfrage bestimmt wurde. Man hoffte, dass eine Ausweitung der Swap-Märkte dazu führen würde, dass sich die drei Kurse einander annäherten.[28]

Doch es passierte genau das Gegenteil. Ende Mai 1993 wurde ein Dollar sowohl auf dem Swap-Markt als auch auf dem Schwarzmarkt für beinahe zehn Yuan gehandelt. Die Leute erkannten, dass der Erwerb ausländischer Währungen, wenn der Yuan an Wert verlor, eine bessere Versicherung gegen die Inflation war, als die miserable Zinsrate, die die staatlichen Banken für ihre Ersparnisse zahlten. Auch kauften viele Verbraucher in einem Kaufrausch, der an den Sommer 1988 erinnerte, Schmuck, neue elektrische Haushaltsgeräte oder ausländische Markenwaren.[29]

Die Lohnerhöhungen waren größer als die Inflation und deshalb murrten in den Städten zwar viele Verbraucher, aber sie rebellierten nicht, weil sie sich bewusst waren, dass ihr Lebensstandard stieg. Wieder einmal waren die neunhundert Millionen Dorfbewohner die Dummen. Wie schon zuvor wurde auch dieses Mal wieder Geld für Bauprojekte abgezweigt, das die Bauern für ihre Produkte hätten bekommen sollen. Bis Oktober 1992 verfügten die Getreidekäufer nur über siebzehn Prozent der mehr als sechzig Milliarden Yuan, die sie brauchten, um die Verträge über die Herbsternte zu erfüllen, und die lokalen Behörden waren wieder einmal gezwungen, Schuldscheine auszustellen. Sogar wenn Dorfbewohner versuchten, von Wanderarbeitern nach Hause geschickte Postanweisungen einzulösen, stellten die lokalen Postämter nur handgeschriebene Schuldscheine aus. Schließlich intervenierte die Zentralbank, indem sie weitere Notkredite in die Dörfer pumpte. Einen Monat zuvor hatte sie erfolglos versucht, die Schuldscheine zu verbieten, und ein Jahr darauf sollte sie ihre Verwendung erneut streng, aber mit ebenso dürftiger Wirkung, untersagen.[30]

Die Dorfbewohner wurden auch dadurch marginalisiert, dass sich ihre Geschäftsbedingungen jedes Jahr um mehr als fünf Prozent verschlechterten. Die Kosten für ihre Produktionsmittel stiegen, doch der Wert ihrer Erzeugnisse fiel. Einkommenszuwächse fielen der Inflation, aber auch versteckten Steuern zum Opfer, die lokale Funktionäre auf der Suche nach Einnahmen erhoben. Diese dienten angeblich der Finanzierung öffentlicher Dienstleistungen, flossen jedoch größtenteils in die Taschen der Funktionäre. Millionen der ländlichen Unternehmen, die in den frühen 1980er Jahren das Wachstum auf dem Land vorangetrieben hatten, mussten nach 1989 schließen, weil die Ressourcen auf größere Staatsunternehmen in den Städten umgelenkt wurden.[31]

Da die Arbeitslosigkeit auf dem Land weiter anstieg, schwoll die Armee der Wanderarbeiter zunehmend an. In vielen Bahnhöfen der großen Küstenstädte hockten auf riesigen Betonflächen Tausende ärmlich gekleideter Menschen mit ihren Bündeln in kleinen Gruppen beieinander, und das Gesumme ihres Geplauders füllte den Raum. Einige hatten Schilder, auf denen sie ihre Fähigkeiten anpriesen. Sie waren Neuankömmlinge aus den Provinzen des Binnenlands, angelockt von den neuen Verdienstmöglichkeiten, die durch das Wirtschaftswachstum entstanden. Viele hatten sich das Geld für die Fahrkarte geliehen und besaßen kaum mehr als die Kleider, die sie auf dem Leib trugen. Sie arbeiteten für zwei bis vier Dollar pro Tag auf den Baustellen und waren der Treibstoff des Booms. Beliebte Arbeitskräfte waren sie nicht nur ihrer niedrigen Löhne wegen, sondern auch, weil sie kein Versammlungsrecht und schon gar kein Streikrecht besaßen. Sie hatten nicht einmal das Recht, in der Stadt zu wohnen. Man konnte sie nach Belieben einstellen und feuern. Sie trieben zu Zehntausenden von einer Stadt zur anderen, und in jeder konnten ihre behelfsmäßigen Behausungen jederzeit abgerissen werden. Ausländer waren beeindruckt, weil in den chinesischen Städten die Barackensiedlungen fehlten, die das Stadtbild so vieler Großstädte in anderen Entwicklungsländern verschandelten.

★

Yang Shangkun, von 1988 bis 1993 Staatspräsident und leidenschaftlicher Befürworter der großen Wirtschaftsreform, hatte Deng Xiaoping auf seiner Südtour begleitet. In Zhuhai hatten die beiden Hunderten von Zuschauern zugewinkt, die ihnen begeistert applaudierten. Auf der letzten Etappe der Reise drängte Yang führende Politiker von Schanghai, den Wandel der Stadt zu einem Handelszentrum schneller und mutiger voranzutreiben. Sein Halbbruder Yang Baibing, Generalsekretär der mächtigen Zentralen Militärkommission, hatte sich ihm in Schanghai angeschlossen.[32]

Als politischer Kommissar der Armee hatte Yang Baibing eine Säuberung durchgeführt und Offiziere, die drei Jahre zuvor Befehle nicht befolgt hatten, durch seine eigenen Leute ersetzt. Nach der Südtour bekannte er sich offen zu den Vorstellungen des Obersten Führers und erklärte, dass das Programm der wirtschaftlichen Reformen unter dem Schutz des Militärs stehe. Seine Äußerung wurde mit Fassungslosigkeit aufgenommen, weil sich das Militär traditionell aus der Politik heraushalten sollte. Einige Monate darauf pokerte Yang freilich zu hoch, als er in einer Reihe von Geheimtreffen mit Offizieren der Volksbefreiungsarmee die Regelung für Dengs Nachfolge diskutierte. Jiang Zemin eilte in die Residenz des Patriarchen und verlangte, dass Yang wegen Fraktionsbildung all seiner Ämter enthoben werde. Und im September 1992 verloren beide Brüder ihre Ämter.[33]

Jiang Zemin ging aus dem Machtkampf als unumstrittener Nachfolger des Obersten Führers und mächtigster Mann im Staat hervor. Wenige Wochen darauf, als die etwa zweitausend Delegierten des Vierzehnten Parteitags in der Großen Halle des Volkes ihre riesigen roten Wahlscheine in Wahlurnen steckten, wurden etwa dreihundert Mitglieder des Zentralkomitees ausgetauscht. Viele offene Gegner der Wirtschaftsreformen wurden abgewählt. Am Ende der weitgehend feierlichen Veranstaltung kam, gestützt von seiner Tochter, ein gebrechlicher Deng Xiaoping auf die Bühne. Der Patriarch posierte unter dem Applaus der Delegierten für die Fotografen. Dann wandte er sich an Jiang Zemin, der neben ihm stand, und gab ihm seinen Segen mit den Worten: »Der Parteitag war ein großer Erfolg«.[34]

Weitere Veränderungen folgten. Die Zentrale Beratungskommission mit älteren Führungspersönlichkeiten, die den Wirtschaftsreformen eher kritisch gegenüberstanden, wurde aufgelöst. Ihr Vorsitzender Chen Yun, der Schirmherr der Befürworter der Planwirtschaft, trat nicht mehr öffentlich auf.[35]

Jiang Zemin, der rundliche Ingenieur mit eulenhafter Brille, in dem einige Kollegen nichts als einen geistlosen Technokraten gesehen hatten, zeigte nun, was in ihm steckte. Er nutzte seine neue Machtstellung, um Tausende militärische Führer ihrer Posten zu entheben – die intensivste

Neustrukturierung der Armee seit 1949. Durch eine Fülle von Neuernennungen brachte er außerdem seine Leute im Propaganda- und im Sicherheitsapparat unter.[36]

Viele der Newcomer stammten aus Schanghai, der Machtbasis des Generalsekretärs. Unter ihnen war auch Zhu Rongji, der in den Ständigen Ausschuss aufgenommen wurde. Als Li Peng im April 1993 einen Herzinfarkt erlitt, übernahm Zhu die Kontrolle in der Wirtschaftspolitik. Er wurde sofort von einer Masse Telegramme lokaler Banken überschwemmt, die unter einem gefährlichen Mangel an Einlagen litten.[37]

Jiang Zemin und Zhu Rongji reagierten auf die Folgen des Booms, den die Südtour des Patriarchen entfesselt hatte, mit einem wirtschaftlichen Sparprogramm, das gespenstische Ähnlichkeit mit der Sparpolitik der konservativeren Planer unter Chen Yun aufwies. Und so entfaltete sich im Juni 1993 ein schon vertrautes Szenario: Infrastrukturprojekte wurden gestrichen und die Geldversorgung gedrosselt. Die Kreditvergabe kam ebenso plötzlich zum Stillstand, wie sie im Januar 1992 begonnen hatte. Die Banken wurden angewiesen, staatliche Kredite in Höhe von zig Milliarden Yuan zurückzufordern, die in nicht genehmigte Investitionen geflossen waren. Um die Einhaltung dieser Vorschriften zu gewährleisten, entließ Zhu Rongji den Direktor der Chinesischen Volksbank, Li Guixian, und übernahm selbst seinen Posten.[38]

Mehr als tausend Entwicklungszonen wurden zwangsversteigert, und ein Drittel der unrechtmäßigen Kredite wurde eingezogen. Ohne ständigen Geldfluss kam die Produktion in den Fabriken des nordöstlichen Industriegürtels und teilweise auch an der Küste praktisch zum Stillstand. Die Geißel der »Dreiecksschulden« kehrte mit voller Wucht zurück. Einige staatliche Unternehmen hatten Mühe, ihre Arbeiter zu bezahlen. Selbst in der relativ wohlhabenden Provinz Jiangsu wurden zweihunderttausend Arbeiter entlassen.[39]

Außerdem stießen die Sparmaßnahmen im Vergleich zu dem im September 1988 eingeleiteten Sparprogramm bei Lokalverwaltungen und Staatsunternehmen auf erheblich größeren Widerstand. Zhu Rongji klagte, dass die von ihm in rund zwanzig Provinzen und Städte entsandten »Bereinigungsteams« mit offener »Sabotage« empfangen würden. So zahlte etwa Guangdong, wie sich herausstellte, nur vierzig Prozent aller Gelder, die es der Zentralbank schuldete, zurück.[40]

Im Gegensatz zu seinen Vorgängern musste Zhu Kompromisse eingehen. Er verwässerte seine Sparmaßnahmen, erweiterte die Frist für die Rückzahlung fauler Kredite und druckte noch mehr Geld. Vor den Kameras wirkte er entschlossen, in der Praxis war er aber schwach. Deng Xiaoping hatte auf seiner Südtour behauptet, kapitalistische Werkzeuge in sozialistischen Händen seien sicher. Aber in seinen Reformvorstellungen klaffte ein Widerspruch, der eine Unkenntnis grundlegender ökonomischer Gesetze verriet. In einem politischen System, das auf Gewaltenteilung beruht, verfügt eine Zentralbank über wichtige Finanzinstrumente wie Zinssätze und Einlagenquoten, dagegen gehören die Banken in einem sozialistischen System dem Staat. In den aufeinanderfolgenden Dezentralisierungswellen nach 1979 reagierten die lokalen Banken weder auf den Markt noch folgten sie dem Plan, sondern sie richteten sich nach den Anweisungen des örtlichen Parteisekretärs. Trotz eines Stroms von Anordnungen der zentralen Behörden gab es weder Markt- noch Parteidisziplin. Da das Regime nicht die Absicht hatte, seine Kontrolle über die Produktionsmittel, einschließlich des Kapitals aufzugeben, blieb nur eine Lösung. Es musste den selbstherrlichen Lokalverwaltungen die Macht wieder abringen und Disziplin von oben nach unten auferlegen. Ein starker Mann wurde gebraucht, der bereit war, genug Angst und Schrecken zu verbreiten, um jeden einzelnen lokalen Machthaber wieder gefügig zu machen. Oder wie es ein lokaler Banker formulierte: »Was dieses Land braucht, ist ein aufgeklärter Mao«.[41] Doch eine solche Figur war noch Jahrzehnte entfernt. Jiang Zemin hatte weder die Mittel noch den Willen, eine solche Rolle zu spielen.

Eine Möglichkeit, die Regionen auf Linie zu bringen, bestand darin, sie dazu zu zwingen, einen größeren Teil ihrer Steuereinnahmen an die zentrale Staatskasse abzuführen. Nach dem Vertragssystem wurde der genaue Anteil der zu entrichtenden Steuer zwischen den Lokalverwaltungen und den zentralen Behörden ausgehandelt, und dabei hatte der Anteil der Zentrale ständig abgenommen. Nachdem Zhu Rongji mit seinem Sparprogramm gescheitert war, erneuerte er stattdessen das Steuersystem und trennte die nationalen Steuern vom lokalen Steuerdienst. Außerdem führte er standardisierte lokale und zentrale Anteile ein, entzog den Lokalverwaltungen ihren Ermessensspielraum und zentralisierte die Steuererhebung noch weiter.

Dies war eine bittere Pille für die Provinzen. Um den weitverbreiteten Widerstand zu dämpfen, musste Zhu Rongji verschiedene Zugeständnisse machen, etwa eine große Steuerrückzahlung des Zentralstaats für drei Jahre, damit die Einnahmen der Provinzen nicht unter das 1993 erreichte Niveau sanken, mit der Folge, dass der Steueranteil der Zentralregierung noch mehrere Jahre weiter abnahm. Insgesamt jedoch wuchsen die Steuereinnahmen. Die Lokalverwaltungen waren wieder bestrebt, ihre Einnahmen zu steigern, weil sich dadurch sowohl die Bemessungsgrundlage für ihren Anteil vergrößerte als die Bemessungsgrundlage für die Erstattungen der Zentralregierung, auf die sie Anspruch hatten.[42]

An genau demselben Tag, an dem das neue Steuersystem eingeführt wurde, legte man bei einem Kurs von 8,70 Yuan pro Dollar den Swap-Kurs der Unternehmen mit dem offiziellen Wechselkurs zusammen – eine Abwertung des offiziellen Yuan-Kurses um 33 Prozent.[43] Genau wie die Steuerreform erfolgte auch die Verbesserung der Währungskonvertibilität mit der Absicht, das Land für die Mitgliedschaft im Allgemeinen Zoll- und Handelsabkommen (GATT), dem Vorläufer der Welthandelsorganisation, zu qualifizieren. Nach den Regeln des GATT mussten die Mitglieder ihre Handelspartner gleichbehandeln. Deshalb bekam ein Land durch den Beitritt einen dauerhaften Meistbegünstigungsstatus für eine ganze Reihe anderer Länder mit potenziell riesigen Märkten. Für die Aufnahme in das GATT musste es die Bedingungen erfüllen, die auch in den anderen Mitgliedsstaaten galten, etwa Währungskonvertibilität, Marktzugang, ein transparentes Rechtssystem, Schutz des geistigen Eigentums und die Beseitigung von nicht handelsbezogenen Hindernissen.

Die Volksrepublik war ein sozialistisches System mit staatlicher Kontrolle der Produktionsmittel und staatlichem Machtmonopol, also ein System mit kapitalistischen Werkzeugen in sozialistischen Händen, wie Deng es ausgedrückt hatte, und deshalb stand eine solche Gleichbehandlung nie zur Debatte. Doch Zhu Rongjis Steuer- und Währungsreformen hatten den gewünschten Effekt, weil sie den Eindruck vermittelten, dass das Regime die Planwirtschaft systematisch abbaute und auf eine Marktwirtschaft zusteuerte. Der Begriff »Transition«, der vor 1993 fast nie benutzt worden war, wurde 1993 unter nicht-chinesischen Experten populär. Oder wie es ein ranghoher Berater Bill Clintons formulierte: China befand sich in einem Übergangsstadium, in dem es von einer Planwirtschaft zu einer Marktwirtschaft wechselte, weshalb sein Beitritt zum GATT »ausgesprochen wünschenswert« war. Es sei besser, das Land innerhalb des Welthandelssystems zu haben als außerhalb, sagte Peter Sutherland, der Generaldirektor des GATT, der während seiner Amtszeit China gerne noch aufnehmen wollte. Insbesondere jedoch erhofften sich die Unternehmen außerhalb Chinas den Zugang zu einem riesigen noch unerschlossenen Markt, auf dem gigantische Gewinne lockten. Sie wollten mehr von diesen Gewinnen und nicht weniger.[44]

Dass der Yuan auf einen Kurs abgewertet wurde, der mehr der Nachfrage entsprach, hatte unter anderem zur Folge, dass die chinesische Handelsbilanz, die 1993 ein Defizit von 12,2 Milliarden Dollar aufgewiesen hatte, 1994 einen Überschuss von 5,4 Milliarden Dollar aufwies. Als jedoch ausländisches Kapital im Wert von 30,5 Milliarden Dollar ins Land strömte, was zu einem Überschuss an ausländischer Währung führte, reagierte der Yuan auf dem Schwarzmarkt und sein Wechselkurs stieg von 8,70 auf 8,44 Yuan pro Dollar. Da griff zum ersten Mal die Chinesische Volksbank ein und verhinderte eine weitere Aufwertung des Yuan, indem sie Devisen aus dem Verkehr zog. Das Ereignis war ein entscheidender Moment in der Entwicklung der chinesischen Finanzgeschichte, denn die Devisenreserven des Landes begannen zu steigen, bis sie im Januar 1996 77,9 Milliarden Dollar erreicht hatten. Ein weiterer Anstieg folgte in den folgenden zwei Jahrzehnten, bis der chinesische Staat im Jahr 2015 über Devisenreserven von mehreren Billionen Dollar verfügte.[45]

Die Steuer- und die Bankenreform sahen auf dem Papier vielversprechend aus, wurden aber sofort wieder ad acta gelegt, da die Inflation sie als wichtigste Priorität des Regimes verdrängte. Um zu verhindern, dass der Yuan an Wert gewann und um den starken Dollarzustrom zu absorbieren, musste das Regime weiteres Geld drucken. Im ersten Quartal des Jahres 1995 waren 727 Milliarden Yuan in Umlauf, ein Zuwachs um 24,4 Prozent im Lauf eines Jahres.[46] Als immer mehr Geld in Umlauf kam, stieg die Inflation sprunghaft an und erreichte im Juli 1994 24,4 Prozent – mehr als das Doppelte der offiziellen Zielvorgabe, wobei Kader des Statistikamts die Zahl sogar auf 25 bis 30 Prozent bezifferten.[47]

Da ein steter Nachschub von Yuan zugleich unerlässlich war, um Tausende von Staatsunternehmen am Leben zu erhalten, war die Verknappung von Krediten eine politisch heikle Aufgabe. Auch als Zhu Rongji versuchte, den boomenden Gebieten an der Küste und im Inland am Jangtse ein langsameres Entwicklungstempo vorzuschreiben, stieß er auf Widerstand. Also hielt der Wirtschaftsbevollmächtigte zusammen mit Li Peng zahlreiche, weitgehend unbeachtete Reden, in denen er die Regionen aufforderte, »die Erfordernisse der Gesamtlage« zu berücksichtigen. Auch die Anweisung an die industrialisierten Provinzen, mehr Land für den Anbau von Reis und Weizen zur Verfügung zu stellen, damit die Lebensmittelpreise sanken, stieß auf wenig Begeisterung. Zwar wurden die Preise wieder gedeckelt, doch die Deckelung wurde weitgehend ignoriert, beziehungsweise nur von solchen staatlichen Geschäften beachtet, die Waren verkauften, die nur wenige Menschen kaufen wollten.[48]

In Juni 1995 trat Zhu Rongji nach zwei Amtsjahren als Leiter der Zentralbank zurück, blieb aber stellvertretender Ministerpräsident. Er hatte es geschafft, die Inflation von 24 auf knapp unter 20 Prozent zu senken – eine lobenswerte Leistung, die jedoch auf Kosten der Steuer- und der Bankenreform ging. Deshalb nahm die Dreiecksverschuldung weiter massiv zu, und das Bankensystem strotzte nur so von faulen Krediten. Auch war die Geldmenge weiterhin um jährlich zwanzig Prozent gewachsen. Pläne zur Schaffung eines neuen Geschäftsbankensektors wurden aufgegeben. Statt größere Unabhängigkeit zu entwickeln, unterlag die Zentralbank inzwischen der persönlichen Kontrolle des stellvertretenden Ministerpräsidenten. Neuer Gouverneur der Chinesischen Volksbank wurde Dai Xianglong, ein Protegé Zhus.[49]

Auch die Reform der Staatsunternehmen wurde auf Eis gelegt. Im Jahr 1994 beliefen sich die Verluste des staatlichen Sektors auf 4,8 Milliarden Yuan pro Monat. Etwa siebzig Prozent der chinesischen Fabriken waren nicht in der Lage, ihre Arbeiter regelmäßig zu bezahlen.[50] Nicht nur der Grundlohn wurde mit Schuldscheinen bezahlt, sie kamen auch bei medizinischen Leistungen und Überstunden zum Einsatz. Beschäftigte in maroden Unternehmen wurden manchmal mit gekürztem Gehalt nach Hause geschickt, oder durch nicht verkaufte Produkte ihrer Fabrik für ihre Arbeit entschädigt. In Kombination mit der zweistelligen Inflation führte diese Entwicklung zu einer Armut in den Städten, wie sie seit mehr als einem Jahrzehnt nicht mehr bestanden hatte. Ein vollbeschäftigter Angestellter im Hauptbüro einer der Pekinger Strickfabriken verdiente beispielsweise dreihundert Yuan im Monat – das Doppelte des Schwellenwerts für absolute Armut. Dennoch kam er kaum über die Runden und hatte Mühe, das Nötigste zu kaufen: Treibstoff, Reis, Öl und Salz.[51]

Die Bedingungen außerhalb der Hauptstadt waren viel schlimmer. Arbeiterunruhen waren häufig: Im Jahr 1994 registrierten die Behörden mehr als zehntausend Vorfälle, vom Sitzstreik bis zur öffentlichen Kundgebung. Allein in der Kohlebergbaustadt Jixi in der Provinz Heilongjiang traten Zehntausende von Arbeitern wiederholt in den Streik. Peking fürchtete die zunehmenden Unruhen. In den ersten Monaten des Jahres 1995 hörte die Regierung auf, eine Umstrukturierung der Staatsunternehmen zu fordern und betonte stattdessen die Notwendigkeit sozialer Stabilität.[52]

*

Ein besonders wichtiges Mittel, mit dem das Zentrum seinen Willen durchsetzen konnte, war die Korruptionsbekämpfung. Da Einparteienstaaten weder über ein unabhängiges Rechtssystem noch über eine freie Presse verfügten, die schon auf die geringste Spur von Betrug mit sorgfältigen Recherchen reagiert hätte, war Korruption nicht die Ausnahme, sondern die Regel. Der Vorsitzende Mao hatte schon zwei Jahre nach der Befreiung seine erste Kampagne gegen Korruption in die Wege geleitet. Damals machten Sondereinsatzkommandos Jagd auf die sogenannten »Tiger«, Parteifunktionäre, die – im Gegensatz zu den kleinerer Vergehen Beschuldigten, den sogenannten »Fliegen« – große Summen veruntreut hatten. Ähnliche Kampagnen fanden mit verblüffender Regelmäßigkeit statt, so etwa die »Drei-Anti-Kampagne« von 1951, die »Sozialistische Erziehungskampagne« von 1963 und die Kampagne »Ein Schlag und drei Antis« von 1971. Die Kampagnen hatten zwei Vorteile: Erstens waren sie, weil alle Parteimitglieder korrupt waren, eine bequeme Tarnung für politische Säuberungen. Und zweitens wurden sie generell von der Bevölkerung begrüßt – unabhängig davon, ob diese tatsächlich glaubte, dass das Regime Ordnung schaffte, oder ob sie es einfach genoss, zuzusehen, wie sich Parteimitglieder gegenseitig zerfleischten.

Unter Deng Xiaoping hatte alle drei bis vier Jahre ein entschlossenes Durchgreifen gegen Korruption die politische Landschaft verändert. Aber als die Zentralregierung in dem Bestreben, die Wirtschaft anzukurbeln, mehr Macht an die Lokalregierungen übertrug, vervielfachten sich die Möglichkeiten zur Korruption. Dörfer, Städte, Bezirke und ganze Provinzen, gaben sich immer mehr Mühe, die eigene Wirtschaft zu schützen und errichteten Barrieren, um Wettbewerb zu verhindern. Es bildeten sich Bereiche, die im Sprachgebrauch der Kommunistischen Partei als »unabhängige Königreiche« bezeichnet wurden und von lokalen Machthabern oder eng vernetzten Gruppen zuverlässiger Partner geführt wurden.

Auf allen Ebenen nutzten hochrangige Parteifunktionäre ihre Position, um Handelsrechte zu vergeben, die sich auf Kapital, Rohstoffe, Energie, Land oder Immobilien erstrecken konnten. Die Korruption reichte von der Vergabe eines ertragreicheren Grundstücks an einen Bauern gegen ein Geschenk bis zur Beteiligung an den Gewinnen, die durch den Bau eines Einkaufszentrums oder durch den Weiterverkauf eines Grundstücks entstanden, das für einen lachhaften Preis vom Staat gepachtet war. Mehr Kapital bedeutete mehr Korruption, insbesondere jedoch erhielten Vertreter des Staates, die die Kreditvergabe der Banken kontrollierten, durch die große Nachfrage nach Kapital in Ermangelung eines Kapitalmarkts, zahllose Möglichkeiten, sich zu bereichern.

Je höher die Position, umso größer die Chance, einen Teil des Rahms abzuschöpfen. Die Studenten der Demokratiebewegung hatten die Söhne und Töchter der mächtigsten Führer des Landes angegriffen, weil sie sie als Symbole der Vetternwirtschaft in einem System betrachteten, das alle Macht in den Händen einer Partei konzentrierte. Im Januar 1989 musste der älteste Sohn Deng Xiaopings die Leitung einer Handelsgesellschaft abgeben, weil ans Licht kam, dass diese für importierte Waren enorme Provisionen kassiert hatte. Nach dem Vierten Juni jedoch machten Dengs andere Kinder und die Sprösslinge der meisten anderen führenden Politiker weiterhin vorteilhafte Geschäfte und schlossen lukrative Partnerschaften. Dengs jüngster Sohn arbeitete als Geschäftsführer einer Hongkonger Tochtergesellschaft des mächtigen Stahlherstellers Shougang, und seine jüngste Tochter war die Gallionsfigur einer in Shenzhen ansässigen Immobiliengesellschaft.[53] Und die Familie des Obersten Führers war keineswegs eine Ausnahme. Einer Schätzung zufolge kontrollierten 1993 die Verwandten von 1700 Parteiführern in China 3100 Spitzenpositionen, und weitere 900 Mitglieder dieser Familien leiteten die größten Handelsunternehmen des Landes. Das Staatseigentum war ihr Eigentum, wie Li Rui seinem Tagebuch anvertraute.[54]

Am 25. Februar 1995 legte ein Dutzend prominenter Intellektueller dem Nationalen Volkskongress eine Petition vor, in der sie eine unabhängige Untersuchung der Korruption in den Reihen der Führung forderten. Korruption »in Form des Tauschs von Macht gegen Geld« war laut dem Dokument die wichtigste Ursache für die Empörung der Öffentlichkeit. Die Aktion war sehr mutig, denn die Antragsteller sahen in einer konstitutionellen Demokratie mit unabhängiger Legislative und Judikative die einzige dauerhafte Lösung. Zu den Unterzeichnern gehörten unter anderem Wang Ruoshui, der 1983 wegen eines Leitartikels über Humanismus als stellvertretender Chefredakteur von *Renmin Ribao* entlassen worden war, und Liu Xiaobo, Schriftsteller und heftiger Kritiker der Menschenrechtsverletzungen des Regimes. Seit dem Massaker von 1989 hatte sich kaum noch eine Gruppe von derartigem Rang öffentlich geäußert. Ausgelöst hatte den Protest die Verhaftung von Wei Jingsheng. Der Autor von »Die fünfte Modernisierung« hatte gerade erst eine fünfzehnjährige Gefängnisstrafe abgesessen und sich nun mit John Shattuck, dem Menschenrechtsbeauftragten des US-amerikanischen Außenministeriums getroffen.[55]

Wie so viele andere wäre auch diese Petition normalerweise einfach im Papierkorb gelandet. Doch der Zeitpunkt war günstig: Fünf Tage zuvor hatte man Zhou Guanwu, den mächtigen Vorsitzenden des riesigen Stahlkonzerns Shougang, verhaftet, und auch sein Sohn, der die Tochtergesellschaft des Unternehmens in Hongkong leitete, war aus seinem mit einem Chauffeur versehenen Mercedes-Benz gezerrt und festgenommen worden. Die Verhaftungen waren trotz geschäftlicher Verbindungen mit Deng Xiaopings Familie erfolgt und sowohl für ausländische Investoren als auch für hohe Parteifunktionäre ein Warnsignal. Die Macht des Obersten Führers war im Schwinden begriffen. Der der erste Schuss im Kampf um seine Nachfolge war gefallen. Der Hongkonger Aktienindex fiel um 4,8 Prozent.[56]

Am 4. April 1995, einem strahlenden Frühlingstag, ließ sich Wang Baosen, der stellvertretende Bürgermeister von Peking, von seinem

Chauffeur in ein bewaldetes Gebiet im Nordwesten der Hauptstadt fahren, ging einen Abhang hinauf, rauchte eine letzte Zigarette und schoss sich eine Kugel in den Kopf. Er war er in einen der größten Skandale verwickelt, die das Land seit Jahrzehnten heimgesucht hatten. Kurz zuvor hatte er eine Vorladung der Zentralen Disziplinarkommission der Partei erhalten. Einige Monate später hieß es in deren inzwischen fertiggestellten Bericht, Wang habe ein »verderbtes Leben« geführt und in Villen und Luxushotels seiner »Vergnügungssucht« gefrönt. Als Verantwortlicher für die Bauprojekte der Stadt hatte er die Gelegenheiten genutzt, Hunderte Millionen Yuan zu veruntreuen. Unter anderem hatte er für sich selbst eine Villa in einer Luxussiedlung reserviert, ein hellgelbes Haus mit einer großen Treppe, die zu einem von weißen Marmorsäulen flankierten Eingang führte. Die Hälfte des Geldes, das er illegal kassiert hatte, ging ihm bei fehlgeschlagenen Geschäften wieder verloren. Die andere Hälfte hatte er mit seinem jüngeren Bruder, seiner Geliebten und seinen Freunden geteilt.[57]

Einer dieser Freunde entpuppte sich als Chen Xitong, der Parteisekretär der Stadt. Er wurde in wenigen Wochen gezwungen, die Verantwortung zu übernehmen und den Rücktritt einzureichen. In der Folge ergaben Ermittlungen, dass er seinem Untergebenen geholfen hatte, für ein Investitionsprojekt in Hongkong mehr als 220 Millionen Yuan an öffentlichen Geldern zu veruntreuen. Auch Chen hatte ein »Lotterleben« geführt und Luxusvillen erworben, wo er mit seinen Mätressen rauschende Feste feierte. Wang wurde postum aus der Partei ausgeschlossen und Chen zu sechzehn Jahren Gefängnis verurteilt. Die Ermittler verhafteten Dutzende weiterer Funktionäre in der Hauptstadt und ermunterten sie, sich gegenseitig zu denunzieren, um sich selbst zu retten. Mehrere wurden hingerichtet, andere wurden entlassen oder bekamen ein Disziplinarverfahren.[58]

Jiang Zemin hatte hart und entschlossen zugeschlagen, indem er die Korruptionsbekämpfung nutzte, um seine eigene Stellung zu festigen und die seiner Rivalen zu erschüttern. Er hatte einen großen »Tiger« erwischt und weitere verwarnt. In Guizhou, einer verarmten Provinz im Südosten, wurde der ranghöchste Parteifunktionär entlassen und seine Frau hingerichtet. Li Peng wirkte noch verdrießlicher als sonst, als er im Mai 1995 zu einem Staatsbesuch nach Moskau geschickt wurde.[59]

Einige Monate darauf stellte der neue Steuermann auf dem Parteitag das Motto des Obersten Führers von der überragenden Bedeutung der Wirtschaft auf den Kopf. Im Gegensatz zu Dengs Forderung »mehr über Wirtschaft und weniger über Politik zu sprechen«, forderte Jiang eine stärkere »Betonung der Politik«. Seine Eröffnungsrede hatte den Titel »Über die korrekte Behandlung der zwölf wichtigsten Beziehungen«, ein direkter Bezug auf Maos Rede »Über die zehn großen Beziehungen«. Jiang präsentierte sich als der neue Philosophenkönig, als ein Visionär, der eine erfolgreiche Synthese von Wirtschaftsreform und marxistischer Orthodoxie geschaffen hatte. Die Botschaft war unmissverständlich: Der Staat sollte den Markt kontrollieren, und alles außerhalb der staatlichen Ökonomie sollte ausschließlich der sozialistischen Ökonomie dienen. Der Boom war vorbei, die Reformen aufgeschoben. Es war wieder Zentrale Planung angesagt.[60]

Das Plenum sicherte die Vormachtstellung des Generalsekretärs, indem es mehrere seiner Schützlinge in Schlüsselpositionen hievte. Da die meisten von ihnen aus Schanghai stammten, wurden sie allgemein als Schanghai-Fraktion bezeichnet. Eines ihrer Mitglieder war Wang Huning, ein junger politischer Theoretiker aus der Fudan-Universität, der den schärfsten Gegnern der Demokratiebewegung von 1989 angehört hatte.[61] Der farblose und wortkarge Bücherwurm mit Pokergesicht und Drahtgestellbrille machte sich ein paar Jahre später durch eine Veröffentlichung mit dem Titel *Amerika gegen Amerika* (1992) einen Namen, in der er in bewährter marxistischer Tradition den unmittelbar bevorstehenden Untergang des Kapitalismus voraussagte. Inzwischen war Wang Huning im Alter von nur vierzig Jahren Chef des Büros für Politische Forschungen beim Zentralkomitee geworden und war für die Parolen verantwortlich, die der Rede Jiang Zemins zugrunde lagen.[62] Er wurde der wichtigste Theoretiker der Partei, der Vordenker hinter der ideologischen Ausrichtung aller folgenden Führer. Wang Huning war der neue Deng Liqun und trat in die Fußstapfen des doktrinären Ideologen, der sein Leben lang gegen den Kapitalismus gewettert hatte.

★

Weniger als zehn Kilometer von der Küste Fujians entfernt erhebt sich eine Festung aus Stein und Eisen aus dem Meer. Quemoy ist, genau wie Matsu weiter im Norden, eine Insel vor der Küste des Festlands, die zu Taiwan gehört. Jahrzehntelang bildeten die beiden Inseln die Frontlinie entlang der Taiwanstraße, verstärkt durch Bunker, Forts, Pillboxes, Maschinengewehrstellungen und Tausende von Soldaten. Im Jahr 1954 und erneut 1958 beschossen Artillerieeinheiten auf dem Festland die Inseln und versuchten, die Soldaten zu vertreiben, die das 150 Kilometer weiter östlich liegende Taiwan dort stationiert hatte. Allein am 23. August 1958, während der zweiten Krise in der Taiwanstraße, schoss China Zehntausende von Granaten auf die Inseln, und die Regierung Eisenhower sah sich veranlasst, die Siebte Flotte der USA im Südchinesischen Meer zu verstärken. Schwerer Beschuss wechselte mit patriotischen Appellen zur Wiedervereinigung. Aber auch sie konnten die abtrünnige Insel nicht zurückgewinnen.

Die Lage änderte sich, als Taipeh den chinesischen Sitz bei den Vereinten Nationen an Peking verlor und die USA eine Annäherung mit der Volksrepublik suchten. Im Jahr 1974 weigerte sich Deng Xiaoping im Gespräch mit ausländischen Besuchern prinzipiell, auf das Recht auf eine gewaltsame Wiedervereinigung mit Taiwan zu verzichten, zeigte sich dann aber doch bereit, zunächst eine friedliche Wiedervereinigung in Betracht zu ziehen. Er verwies auf Tibet als Beispiel für die schrittweise Integration, die auf eine vollständige Befreiung Taiwans folgen werde. Außerdem warnte er Taipeh davor, seine Unabhängigkeit zu erklären. Im Jahr 1982 wiederholte er die Drohung einer gewaltsamen Vereinigung, lockte aber mit der Vision »ein Land, zwei Systeme«, falls die Insel in das Vaterland zurückkehren sollte. Im Jahr 1985 fasste Generalsekretär Hu Yaobang offen eine militärische Intervention in Taiwan ins Auge, sobald die »Vier Modernisierungen« Erfolg hätten und China über eine stärkere Armee verfügte, und er wies darauf hin, dass die USA das Haupthindernis für die Vereinigung des Vaterlands seien.[63]

Der Konflikt bestand auch dann noch fort, als sich Taiwan immer mehr auf ein demokratisches System zubewegte. Eine Oppositionspartei, die Demokratische Fortschrittspartei (DPP), entstand 1986. Das Kriegsrecht und die Reisebeschränkungen wurden aufgehoben, und eine freie Presse wurde toleriert. Zwar kontrollierte der Staat das Fernsehen nominell noch ein paar Jahre, doch die Behörden ignorierten ein weit verbreitetes, aber illegales Kabelsystem, in dem es auch einen »Demokratiekanal« gab.[64] Der Handel über die Taiwanstraße nahm einen gewaltigen Aufschwung. Quemoy bekam nun Fisch und Fleisch statt Granaten vom chinesischen Festland. Und es wurde von Touristen aus Taiwan besucht, als ab 1993 die Furcht vor einer Invasion verebbte. Statt Propaganda über das Wasser zu schmettern, spielten die Lautsprecher auf Quemoy nun die Liebesballaden von Teresa Teng.[65]

Die Bevölkerung Taiwans war nicht nur freier, sondern auch wohlhabender als je zuvor. Im Jahr 1992 lag das Durchschnittseinkommen höher als in Spanien oder Griechenland, von Polen oder der Tschechoslowakei ganz zu schweigen. Die Auslandsinvestitionen waren so groß, dass Taiwan unter den größten Handelsmächten der Welt den dreizehnten Platz belegte – kurz vor der Volksrepublik China. Riesige Summen wurden in Autobahnen, Eisenbahnlinien, U-Bahnen und Abwassersysteme investiert, also in die gesamte von den Nationalisten arg vernachlässigte Infrastruktur. Einiges Geld floss auch in die Modernisierung der Armee, darunter Kampfflugzeuge, Fregatten und Flugabwehrraketen aus Frankreich und den Vereinigten Staaten.[66]

Jiang Zemin dagegen hatte nichts Neues zu bieten. Wie sein Vorgänger bestand auch er hartnäckig auf der vollständigen Souveränität über die abtrünnige Insel: »eine Nation, ein Staat, eine Zentralregierung«. Wie sein Vorgänger schloss auch er militärische Gewalt nicht aus und griff abwechselnd zu Drohungen und Säbelrasseln und zu zuckersüßen Bekundungen des guten Willens und patriotischen Apellen, um die Insel zurückzugewinnen.[67] Subtil war das nicht. Jiang Zemin und viele andere engagierte Parteimitglieder hatten es eilig: Sozialismus bedeutete Vereinigung, und die wollten sie noch vor ihrem Tod erleben.

Im Mai 1994 bat der taiwanesische Präsident Lee Teng-hui um die Erlaubnis, über Nacht auf Hawaii zu bleiben, wo nach einem Besuch in Mittelamerika sein Flugzeug auftanken musste. Es war der erste Besuch eines Präsidenten der Republik China, seit die USA 1979 die diplomatischen Beziehungen mit Taiwan abgebrochen und stattdessen die Volksrepublik anerkannt hatten. Die Regierung Clinton hatte große Angst vor den Folgen, wenn sie dem gewählten Staatsoberhaupt einer aufblühenden neuen Demokratie erlaubte, amerikanischen Boden zu betreten. Deshalb ließ sie Lees Flugzeug nur zwei Stunden auf der Landebahn stehen, in denen der Präsident an Bord bleiben musste. Der Kongress protestierte. Und ein Jahr darauf war der Druck so groß, dass Clinton nachgab und Lee erlaubte, eine Rede an seiner Alma mater, der Cornell University, zu halten, wenn auch nur unter der Bedingung, dass das Ereignis als rein privater Besuch behandelt wurde. Jiang Zemin war dennoch außer sich vor Wut und drohte, die Vereinigten Staaten würden »den Preis bezahlen.«[68]

Am 9. Juni 1995 rief Lee am Rednerpult der Cornell University die Vereinigten Staaten dazu auf, sein Land aus der diplomatischen Isolation zu befreien. »Wir sind hier, um zu bleiben«, erklärte er trotzig. Sein viertägiger Besuch war ein überwältigender Erfolg, und er bestellte für 192 Millionen Dollar Kampfflugzeuge, woraufhin Jiang Zemin rasend vor Wut die USA beschuldigte, die Spaltung Chinas vorzubereiten.[69]

Im Juli wurden vor der taiwanischen Küste sechs Lenkflugkörper abgeschossen, gefolgt von einer zweiten Serie im August. Eine weitere Warnung gab es im November, als Tausende Soldaten, gestützt auf einen Verband von Kampfflugzeugen, Zerstörern, U-Booten und Landungsbooten, einen Strand stürmten. Der Strand lag in Fujian unweit von Quemoy und Matzu, aber die Botschaft war unmissverständlich. Jiang Zemin beobachtete das Manöver voller Begeisterung an Bord eines Führungsschiffs und gratulierte am Ende der Militärübung den Soldaten: »Hallo Genossen!«, sagte er strahlend. »Ihr arbeitet wirklich hart!«[70]

Weitere Raketen wurden im März 1996 abgefeuert. Sechs Jahre zuvor hatten Tausende von Studenten in Taipeh für direkte Wahlen demonstriert und den (später in »Freiheitsplatz« umbenannten) Gedenkplatz im Zentrum der Stadt besetzt. Demonstranten, die Stirnbänder mit Protestparolen trugen, hielten Reden zugunsten eines demokratischen Systems. Einige Demonstranten verunzierten die Chiang-Kai-shek-Gedächtnishalle mit gesprühten Parolen. Andere traten in den Hungerstreik. Lee Teng-hui, der von den 641 bejahrten Mitgliedern der Nationalversammlung als einziger Kandidat zum Präsidenten gewählt worden war, empfing in seinem Amtssitz eine Delegation der Studenten und versprach, direkte Wahlen abzuhalten. Er hielt Wort, und so gingen die Wähler am 23. März 1996 zum ersten Mal an die Urnen und wählten ihren Präsidenten. Jiang Zemin fürchtete, dass sich Taiwan nach der Demokratisierung für die Unabhängigkeit entscheiden würde, und sorgte dafür, dass die Raketen innerhalb der Hoheitsgewässer der Insel landeten, weniger als fünfzig Kilometer von der Küste entfernt. Seine Panikmache ging nach hinten los. Am Wahltag verschafften die erzürnten Wähler Lee eine komfortable Mehrheit im Parlament.[71]

Die dritte Krise in der Taiwanstraße veranlasste den amerikanischen Präsidenten Clinton, zwei Flugzeugträger in die internationalen Gewässer bei Taiwan zu entsenden. Nach der Anerkennung der Volksrepublik China im Jahr 1979 hatten die USA zwar ihren Beistandspakt mit Taiwan gekündigt, stattdessen aber den »Taiwan Relations Act« beschlossen, in dem auch nach dem Abbruch der offiziellen diplomatischen Beziehungen noch immer die Bedingungen für ein enges Verhältnis formuliert waren. Das Gesetz sollte Taipeh davon abhalten, seine Unabhängigkeit zu erklären, und es sollte Peking davon abhalten, die Insel gegen den Willen ihrer Bewohner zu annektieren. Diplomaten bezeichneten dies als »strategische Ambiguität«. Das Ziel dieser Politik war, Zeit zu gewinnen, weil Washington hoffte, China werde mit der Zeit zu gemäßigteren Ansichten gelangen und die Bevölkerung Taiwans werde die Wiedervereinigung dann eher akzeptieren. Diese Hoffnung erwies sich als falsch. Wie die Führung in Peking wiederholt verlautbarte, war eine Befreiung der abtrünnigen Provinz nur eine Frage von Tonnage und Timing.

Ähnlich konstant war die chinesische Haltung in Bezug auf die Paracel- und die Spratly-Inseln, zwei umstrittene Inselgruppen mit mehreren Hundert kleinen Koralleninseln, Sandbänken und Riffen im Südchinesischen Meer, die mitten in den strategisch wichtigen Wasserstraßen zwischen China, Vietnam, den Philippinen und Malaysia lagen. Sie waren im Zweiten Weltkrieg von den Japanern besetzt gewesen, und nach dem Krieg hatte es ein kompliziertes Gewirr von Ansprüchen gegeben, wobei sowohl die Volksrepublik als auch Taiwan kompromisslos sämtliche Inseln für sich beanspruchten. Im Jahr 1972 testete Peking Washington während des Staatsbesuchs von Nixon und Kissinger in China, indem es gegen das Eindringen US-amerikanischer Wasserfahrzeuge in das Hoheitsgebiet der Paracel-Inseln protestierte. Henry Kissinger stellte den chinesischen Anspruch nicht infrage und befahl Schiffen und Flugzeugen, einen Abstand von mindestens zwölf Seemeilen einzuhalten. Außerdem entsandte er den Diplomaten Winston Lord, um die Wogen nach dem Vorfall zu glätten, und trug ihm auf, seinem chinesischen Kollegen zu versichern, »dass es keine Politik gebe, an die er mehr glaube, als an die Verbesserung der Beziehungen zur Volksrepublik China«.[72]

Ein Jahr darauf, als die USA ihr Engagement im Vietnamkrieg durch das Pariser Abkommen faktisch beendet hatten, verkleinerte Südvietnam das Truppenkontingent, das es auf den von ihm gehaltenen Paracel-Inseln stationiert hatte. Gleichzeitig reduzierten die USA die Präsenz der Siebten Flotte im Südchinesischen Meer. Der Kämpfe zwischen Nord- und Südvietnam wurden fast sofort nach dem Abkommen wieder aufgenommen. Peking nutzte die Gelegenheit und eroberte alle Paracel-Inseln, indem es einen Verband mit vier Kriegsschiffen, zwei U-Boot-Jägern und Kampfflugzeugen sowie amphibische Truppen aus Hainan entsandte. Saigons Bitte um Hilfe durch die Siebte Flotte wurde ignoriert.[73] China hatte zur rechten Zeit die richtige Tonnage eingesetzt.

Die Spratly-Inseln waren weiter von China entfernt als die Paracel-Inseln. Dennoch hörten auch dort die militärischen und diplomatischen Aktivitäten nie auf. Im Februar 1992 machte Peking den provokanten Schritt, ein Gesetz zu verabschieden, in dem es seine Souveränität auf das ganze Südchinesische Meer bis vor die Küste des malaysischen Bundesstaats Sarawak ausdehnte. Der Zeitpunkt war günstig. Den meisten Beobachtern in Südostasien und darüber hinaus fiel es schwer, den chinesischen Anspruch ernst zu nehmen, außerdem warben sie im Gefolge der Südtour Deng Xiaopings gerade heftig um Zugang zu dem riesigen chinesischen Markt. Drei Jahre darauf jedoch entdeckten philippinische Fischer, dass die chinesische Flotte auf Mischief Reef, einer weniger als zweihundert Kilometer westlich der Philippinen gelegenen, aber mehr als tausend Kilometer von China entfernten Insel, Bunker gebaut hatte. Als Manila daraufhin ein Schiff mit Reportern zu der Insel schickte, um die Besetzung des Riffs zu beobachten, bezeichnete China das Unternehmen als »schwere Verletzung der chinesischen Souveränität«. Noch als bereits Raketen über die Taiwanstraße flogen, reiste Chinas charmanter Außenminister Qian Qichen in Südostasien herum und verkündete, China wünsche nichts sehnlicher als ein friedliches internationales Umfeld. Diese Art Politik bezeichnete der Sicherheitsanalyst Robert A. Manning als »kalkulierte Ambiguität«.[74] Sie bestand darin, etwas zu verkünden und schamlos genau das Gegenteil zu tun, ganz ähnlich wie das von George Orwell als »Newspeak« (»Neusprech«) bezeichnetes Verhalten manipulativer Rede.

*

Am Südufer des Jangtse, nur ein paar Autostunden von Schanghai entfernt, wurden die Reisenden von einem großen Transparent mit der Aufschrift: »Willkommen in Zhangjiagang, der saubersten Stadt Chinas« begrüßt. Die blühende Hafenstadt war eine Vision von der Zukunft und mit großer geometrischer Präzision angelegt. Ihre makellosen Gebäude waren von einer Gartenlandschaft aus Sträuchern und roten Azaleen umgeben und standen zurückgesetzt an einem Netz von breiten, mit duftenden Kampferbäumen gesäumten Alleen. Schwere Bronzestatuen von Arbeitern, die sich nach dem Himmel reckten, standen an den wichtigen Kreuzungen, und farbige Scheinwerfer beleuchteten eine makellos saubere Einkaufsstraße, aus der sämtlicher Verkehr verbannt war. Ein Heer von Straßenkehrern hielt die Stadt in tadellosem Zustand. Rauchen, Spucken und das Wegwerfen von Abfällen waren streng verboten, und an vielen Straßenecken lauerten städtische Angestellte, die eifrig Strafgebühren verhängten. Hunderte von Transparenten ermahnten die Bewohner, »vorbildliche Bürger« zu sein und sich »streng an die Vorschriften zu halten«. In diesem Orwellschen Paradies scheuten die Behörden nicht davor zurück, unangekündigte Inspektionen in Privatwohnungen zu machen und sie auf ihre Sauberkeit zu prüfen. In den Klassenzimmern wurden die Schüler von hinten mit Kameras überwacht. Der Kontrast zu den lauten, chaotischen und überfüllten Städten andernorts war enorm. Im Gegensatz zu Boomtowns wie Shenzhen gab es in Zhangjiagang kein Glücksspiel, keine Prostitution, kein Fluchen und fast keine Kriminalität. Die Autos hielten sogar an roten Ampeln.[75]

Zhangjiagang war ein sozialistisches Utopia, das bei einer landesweiten Kampagne darauf abzielte, eine »spirituelle Zivilisation« mit einer »materiellen Zivilisation« vorbildlich in Einklang zu bringen. »Reich sein ist glorreich«, hatte der Wahlspruch unter Deng Xiaoping gelautet, aber Jiang Zemin wollte die ausschließliche Betonung des materiellen Strebens überwinden und setzte sich für eine Rückkehr zu den Grundwerten des orthodoxen Sozialismus ein. Die Menschen sollten nicht nur reich werden, sondern auch tugendhaft sein.

Insbesondere jedoch war Zhangjiagang, wie Dazhai für Mao und Shenzhen für Deng, Jiangs persönliches Modell. Jeden Tag strömten aus allen Ecken des Landes Tausende in das Mekka der »spirituellen Zivilisation«. Dutzende von Leitartikeln in den offiziellen Medien lobten die Vorzüge der Stadt und die Weisheit und den Weitblick ihres Förderers. In Dalian, einer Hafenstadt im Norden, übernahm Bürgermeister Bo Xilai, der Sohn Bo Yibos, die Führung. Er beseitigte Elendsviertel, verdoppelte die Grünflächen der Stadt und belegte Menschen mit Strafgebühren, die bei der illegalen Müllentsorgung, beim Spucken oder beim Fluchen erwischt wurden. Die Studenten wurden von ihm in marxistische Studiergruppen geschickt.[76]

Mit der Kampagne für eine »spirituelle Zivilisation« ging eine Attacke auf alles, was irgendwie nach ausländischer Kultur schmeckte, einher – ein Vorgang, der an die Kampagnen gegen »geistige Verschmutzung« in den Jahren 1983 und 1985 erinnerte. »Wir müssen den kulturellen Müll streng verbieten, der das Volk vergiftet«, tönte Jiang Zemin am 24. Januar 1996, als er in einer khakifarbenen Mao-Jacke vor staatlichen Kameras das Volk belehrte. Einige Wochen darauf zitierte die Tageszeitung der Volksbefreiungsarmee wörtlich Maos Warnung vor der Gefahr des »blinden Lernens« ausländischer Dinge und ihrer »wahllosen Übernahme«.[77]

Sogar während die Volksrepublik Raketen über die Taiwanstraße schoss, wurde ihre Bevölkerung wegen der »Subversion durch ausländische Kräfte« in höchste Alarmbereitschaft versetzt. Ausländische Ideen und Namen wurden als Zeichen eines Neoimperialismus dargestellt, der mit der Forderung nach einer »spirituellen Zivilisation« unvereinbar war. Im ganzen Land, von Xiamen bis Chongqing, wurden Schilder mit ausländischen Namen von Hotels, Restaurants und Kinos entfernt. Allein in der Hauptstadt wurden laut der lokalen Verwaltung in 263 Straßen, 34 Geschäftszentren, 27 Touristenattraktionen und nicht weniger als 23 873 Firmen, koloniale oder feudale Benennungen entfernt.[78]

Junge Leute wurden eindringlich ermahnt, auf McDonald's, Kentucky Fried Chicken und Coca-Cola zu verzichten. Wieder einmal wurden die Röcke länger und die Absätze niedriger, weil auch kurze Röcke und hohe Absätze angeblich dekadenten kapitalistischen Werten entsprachen. Die

Mickymaus wurde Ziel eines heftigen Angriffs, mit dem der Generalsekretär sie aus den Köpfen von Kindern und Erwachsenen tilgen wollte. Sie wurde durch eine neue Comic-Figur, »Soccer Boy«, ersetzt, ein junger Fußballer, der es mit Gehorsam, harter Arbeit und Hingabe in die Nationalmannschaft geschafft hatte. Auch die vertraute Gestalt von Lei Feng tauchte wieder auf, und Städte und Provinzen wurden von Peking angewiesen, einen von diesem soldatischen Vorbild inspirierten proletarischen Helden zu finden. In Schanghai wurde der Klempner Xu Hu ein solcher Held, weil er in seiner Freizeit hingebungsvoll und ohne Kosten verstopfte Rohre reinigte.[79]

Der Angriff auf alles Ausländische ging mit neuen Beschränkungen für ausländische Markenprodukte einher. Im Dezember 1995 brachte der Staatsrat einen Bericht in Umlauf, in dem die Kapitalisten für die Eroberung des chinesischen Markts kasteit wurden: Sie machten überall Werbung für ihre Produkte, im Fernsehen, im Radio und in den Zeitungen. Sie verlangten Dumpingpreise, um Monopole zu gründen. Sie schüchterten lokale Produzenten ein und drängten sie aus dem Markt oder übernahmen sie. Sie weigerten sich, ihre Technologie weiterzugeben. Coca-Cola rückte sein Rezept nicht heraus. »Unsere Wirtschaft wird kolonisiert werden«, hieß es in dem Bericht, »unsere sozialistische Marktwirtschaft wird bald keinen Markt mehr haben.« Die Parteiführung erkannte, dass ihre Volkswirtschaft, selbst mit kapitalistischen Werkzeugen in sozialistischen Händen, in dem Moment zusammenbräche, sobald sie echter marktwirtschaftlicher Konkurrenz ausgesetzt wäre.[80]

Ausländisches Kapital wurde immer noch mit offenen Armen willkommen geheißen, aber weiterhin verschärften Restriktionen unterworfen, um die heimischen Industrien zu schützen. Oder wie es der chinesische Vizeminister für den Außenhandel formulierte: »Wenn wir die Verkäufe im Inland keinen Restriktionen unterwerfen, können die Ausländer in China alle Arten von Industrieprojekten gründen und den gesamten Markt erobern.«[81]

Die Finanznachrichten ausländischer Agenturen wurden zensiert. Außerdem verhängte das Propagandaministerium ein Moratorium für neue Zeitschriften, Radioprogramme und Fernsehsender. Restriktionen wurden nicht nur über ausländische Filme, sondern auch über die Produktion von Filmen mit Ausländern verhängt. Mehrere allgemein bewunderte

Filmemacher wie Chen Kaige *(Lebewohl, meine Konkubine)* und Zhang Yimou *(Rote Laterne)* wurden beschuldigt, »die Geschichte zu verraten« und von ihren Verbindungen zum Ausland abgeschnitten. Populäre Schriftsteller wie Wang Shuo und Mo Yan, die sich von der Parteilinie entfernten und über die Schattenseiten des schnellen Wirtschaftswachstums in China schrieben, wurden von den offiziellen Medien angegriffen und ihrer Publikationsmöglichkeiten beraubt. »Das erste Angriffsziel ist der Film, dann das Fernsehen, dann die Romane, eins nach dem anderen«, erklärte Wang Shuo.[82]

Auch Dissidenten wurden wieder einmal zum Schweigen gebracht. Liu Xiaobo, Mitunterzeichner der mutigen Petition gegen Korruption, die auf dem Nationalen Volkskongress eingebracht worden war, wurde zunächst festgenommen und dann zu seinen Eltern nach Dalian verbannt, wo er sich ohne Anklageerhebung sieben Monate aufhalten musste. Als er jedoch eine Erklärung herausbrachte, in der er das Regime aufforderte, sich daran zu halten, dass es 1945 versprochen hatte, die Religions-, Presse- und Redefreiheit zu schützen, überlegte die Staatmacht es sich anders und schickte ihn ohne Gerichtsverfahren für drei Jahre in ein Arbeitslager. Wang Dan, der Studentenführer, der 1993 auf Bewährung entlassen worden war, wurde nun wegen einer »Verschwörung zum Sturz der Partei« zu elf Jahren Gefängnis verurteilt.[83]

Die Kampagne des »harten Durchgreifens« erhielt neuen Auftrieb.

In Peking veranstalteten paramilitärische Einheiten Razzien in Bordellen und Hinterhof-Casinos. Wieder wurden die Leute aufgefordert, einander zu bespitzeln und zu verraten. Im ganzen Land, von Dalian bis Shenzhen, wurden unter den Augen großer Menschenmengen mutmaßliche Drogenhändler und andere Verbrecher gefesselt durch die Stadt geführt und schließlich mit einem Genickschuss getötet.[84]

Die Bücher umstrittener Autoren verschwanden vom Markt. Stattdessen kamen Bücher über das Denken Jiang Zemins in die größtenteils staatlich kontrollierten Buchläden. Auf den Titelblättern der Bücher war die korpulente Gestalt des Generalsekretärs abgebildet, die Haare sauber zurückgekämmt. Die Zeitungen des Landes waren voller Berichte über seine Aktivitäten, ob er nun mit Bauern sprach, Fabriken inspizierte oder ausländische Würdenträger empfing.[85]

Am 1. Januar 1997 zeigte das chinesische Fernsehen an zwölf aufeinanderfolgenden Abenden eine Dokumentation über das Leben von Deng Xiaoping. Diese Dokumentation mit dem Titel *Ich bin ein Sohn des chinesischen Volkes* verherrlichte den Obersten Führer, der sich fast drei Jahre lang nicht mehr in der Öffentlichkeit hatte blicken lassen. Der Dokumentarfilm, der von etwa 224 Millionen Zuschauern gesehen wurde, zeigte einen kraftstrotzenden Führer, hinter dem goldene Wolken am Himmel erstrahlen. Doch seine Südtour, die fünf Jahre zuvor die rapide Wirtschaftsentwicklung ausgelöst hatte, wurde kaum erwähnt. Stattdessen lobte man seinen Beitrag zur Schaffung einer »spirituellen Zivilisation«. Jiang Zemin, der inzwischen das Image seines Vorgängers kontrollierte, fungierte in Teilen der Serie persönlich als Erzähler. Gegen Ende erschien er schließlich selbst auf dem Bildschirm und pries den Obersten Führer als »herausragenden Marxisten und unerschütterlichen Kommunisten«.[86]

Sein letztes Geschenk machte Deng Xiaoping Jiang Zemin, als er am Abend des 19. Februar im Alter von 92 Jahren an den Komplikationen seiner Parkinsonkrankheit und einer Lungenentzündung starb. Der Zeitpunkt, fast zwei Wochen nach der Feier des neuen Mondjahrs, war günstig. Auf dem Tiananmen-Platz, auf dem ein stürmischer Wind wehte, wurde am folgenden Tag die Flagge auf Halbmast gesetzt. Polizisten in Regenmänteln patrouillierten über den Platz, um Kranzniederlegungen zu verhindern, eine Vorsichtsmaßnahme, die sich als unnötig erwies. Zwar näherte sich ein junger Mann mit einem Blumengesteck, doch er entpuppte sich als ein Geschäftsmann, der Werbung für seinen Blumenladen machen wollte. Der Tod des Obersten Führers stieß auf allgemeine Gleichgültigkeit, wenngleich Büroarbeiter in Shenzhen ein paar Tränen vergossen.[87] All das war ein Maßstab für seinen Erfolg, zu dem nicht zuletzt ein friedlicher Machtwechsel gehörte.

8 »Big is Beautiful« 1997–2001

Am 30. Juni 1997 wurde vor dem Government House in Hongkong zu den Klängen von »God Save the Queen« zum letzten Mal der Union Jack eingeholt. Chris Patten, der letzte englische Gouverneur der Stadt, kämpfte im Nieselregen mit den Tränen. Noch am selben Abend, bei der offiziellen Übergabezeremonie im neu erbauten »Hong Kong Convention and Exhibition Centre« in Wanchai, betrat ein strahlender Jiang Zemin die Bühne und begrüßte den Anbruch eines neuen Zeitalters. Hongkong, verkündete er, sei endlich ins Vaterland zurückgekehrt.

Noch in derselben Nacht ging Patten an Bord der königlichen Jacht *Britannia* und ließ den Hafen hinter sich, der im Jahr 1842 den ersten britischen Kolonialbeamten willkommen geheißen hatte. In der Morgendämmerung überquerte ein langer Konvoi von Versorgungslastwagen und Armeebussen mit mehr als viertausend Soldaten der Volksbefreiungsarmee die Grenze zu der neuen Sonderverwaltungszone. Sie wurden von einem Dutzend gepanzerter Mannschaftstransporter begleitet, deren Geschütztürme mit Soldaten in Tarnuniformen bemannt waren. Solche Fahrzeuge waren zuletzt im Juni 1989 zum Einsatz gekommen. Hunderte von Einwohnern warteten im Regen und bejubelten ihre Ankunft, einige legten führenden Offizieren Girlanden um den Hals.[1]

Acht Jahre zuvor hatte Jiang Zemin die Stadt davor gewarnt, sich in die Politik auf dem Festland einzumischen: »Brunnenwasser verträgt sich nicht mit Flusswasser.« Für ihn war die Kronkolonie ein Stützpunkt, der von feindlichen ausländischen Kräften genutzt wurde, um der Kommunistischen Partei zu schaden. Als London im Oktober 1989 vorgeschlagen hatte, in Hongkong einen neuen Flughafen zu bauen, um Vertrauen in die Zukunft des Territoriums zu wecken, hatte Jiang den Vorschlag als einen weiteren imperialistischen Schachzug gesehen, mit dem die Briten das Ziel verfolgten, einer ihrer Kolonien mittels lukrativer Verträge das Vermögen abzuluchsen. Der britische Premierminister John Major hatte deshalb eigens nach Peking fliegen und eine Absichtserklärung über das Projekt unterzeichnen müssen.[2] Die Kontroverse um den Flughafen ermöglichte es der chinesischen Führung, ihr Ziel zu erreichen, nämlich bei sämtlichen Angelegenheiten der Kronkolonie ein Mitspracherecht zu haben. Sie kritisierte den Haushalt. Sie ernannte eine Gruppe persönlicher Berater, die den Legislativrat der Kolonie unterliefen und sich in die Regierung einmischten. Sie schlug vor, verlässliche Kandidaten für hohe Regierungsämter sorgfältig auszuwählen und aufzubauen. Sie predigte in der Öffentlichkeit Stabilität und Wohlstand, aber im Privaten war sie unnachgiebig. Als im September 1991 eine Koalition von Demokratiebefürwortern bei den Wahlen für die Hongkonger Legislative einen Erdrutschsieg errang, beschwerte sie sich in London empört über das Ergebnis.[3]

Statt sich um eine Versöhnung mit der Pekinger Führung zu bemühen, reagierte der neuernannte Gouverneur Chris Patten auf das weit verbreitete Bedürfnis nach einer besseren Volksvertretung und schlug vor, die Wählerbasis der Legislative zu erweitern. Der Vorschlag erzürnte Peking, wo das Reformpaket als ein Versuch betrachtet wurde, das politische System des Territoriums zu untergraben. Zunächst wurden Anstrengungen unternommen, den Gouverneur zu einer Rücknahme seiner Vorschläge zu zwingen, unter anderem drohte man mit einem Wirtschaftskrieg. Dann, als das offizielle Amtsblatt der Regierung im März 1993 die Reformvorschläge publizierte, wurde gegen den Gouverneur eine sorgfältig inszenierte Rufmordkampagne entfesselt. Li Peng feuerte den ersten Schuss ab, indem er vor dem Nationalen Volkskongress sagte, Patten habe gegen sämtliche früheren Abkommen auf »perfide und einseitige Weise« verstoßen. Lu Ping, das Sprachrohr des Regimes in Hongkong, stieß ein paar Tage später in dasselbe Horn und nannte den Gouverneur einen »Sünder von tausend Jahren«. *Renmin Ribao* bezeichnete ihn als »einen kleinen Dieb auf dem Marktplatz«, und wieder andere nannten ihn »Schlange«, »Tangotänzer« und »Hure des Ostens«.[4]

Das Regime fürchtete natürlich, dass die Kolonie als ein Modell für Reformen auf dem Festland betrachtet werden könnte. Insbesondere jedoch fürchtete es politische Aktivisten, die auf eine bessere Vertretung des Volkes in Peking drängen würden. Wie Li Peng auf dem Nationalen Volkskongress sagte, blieb die Diktatur der Kommunistischen Partei »essentiell«.[5] Wenige Wochen zuvor hatte das Regime ein Veto gegen eine liberale Denkerin des Chinesischen Schriftstellerverbands eingelegt, die von ihrer Heimatprovinz für die Politische Konsultativkonferenz nominiert worden war.[6] Sie war nicht die Einzige. Yang Zhou, der in Schanghai einen »Demokratie-Salon« organisiert hatte, schickte einen Brief an den Nationalen Volkskongress, in dem er die Forderung erhob, die »Vier Grundprinzipien« aus der Verfassung zu streichen. In Peking wurde eine Umfrage unter 1660 Studenten veröffentlicht, die zeigte, dass die Befragten der Kommunistischen Partei mehrheitlich kritisch gegenüberstanden und die Öffnung weiterer Kanäle für die politische Beteiligung forderten.[7] Tatsächlich hatte Chris Patten sogar jenseits der Grenze zu Hongkong eine Reihe von Anhängern. In Guangdong waren laut dem früheren Parteisekretär der Provinz Ren Zhongyi viele Kader insgeheim für die geplante Wahlrechtsreform des Gouverneurs, über die sie sich per Satellitenfernsehen informiert hatten.[8]

Die Vorschläge des Gouverneurs wurden verabschiedet, obwohl Lu Ping in letzter Minute Anstrengungen unternahm, Mitglieder des Legislativrats zu einer Stimmenthaltung oder einer Gegenstimme zu bewegen.[9] Im September 1994 errangen die Demokratiebefürworter einen Erdrutschsieg. Im März 1995 gewann die Demokratische Partei bei den Kommunalwahlen 23 von 59 Sitzen. In Reaktion auf Pattens Reformen gründete Peking im Juli 1993 ein eigenes Kontrollkomitee, das wiederum ein Auswahlkomitee ernannte, dem die Aufagabe übertragen wurde, den ersten Chef der Exekutive und die Mitglieder eines Provisorischen Legislativrats zu bestimmen. Obwohl sich am 1. Juli 1997 mehrere Tausend Demonstranten vor den Kolonnaden des Parlamentsgebäudes versammelt hatten, um gegen die Übernahme Hongkongs zu protestieren, wurde der gewählte Legislativrat durch den Provisorischen Legislativrat ersetzt. Dieser machte die meisten Wahlrechtsreformen rückgängig, führte die Abstimmung nach Berufsgruppen wieder ein und schränkte das Wahlrecht noch stärker ein. Um das Maß vollzumachen, verhängte der Rat außerdem neue Beschränkungen, was das Demonstrationsrecht und andere Bürgerrechte betraf. Den Demonstranten vor dem Parlamentsgebäude gestattete die Polizei großzügig, ihre Versammlung aufzulösen.[10]

✶

Am 2. Juli, einen Tag nach der Machtübergabe in Hongkong, sah sich die angeschlagene thailändische Regierung gezwungen, ihre Währung freizugeben, weil sie die Kopplung an den Dollar nicht mehr aufrechterhalten konnte. Der Wert des Baht stürzte ab, was die Rückzahlungskosten von Fremdwährungsschulden bei vielen thailändischen Unternehmen in die Höhe trieb. Der Zusammenbruch des Baht wurde im Land als »Tom-Yam-Gung-Krise« bezeichnet, nach der beliebten scharf-sauren Garnelensuppe. Die nun einsetzende Kapitalflucht löste eine Kettenreaktion aus, die auch in anderen Ländern der Region zu einem Absturz der Währungen führte. Innerhalb weniger Wochen wurden der malaysische Ringgit und der philippinische Peso abgewertet. Dann kamen auch die indonesische Rupiah und der südkoreanische Won unter Druck und fielen im Verhältnis zum Dollar auf Rekordtiefstände.

Die Krise markierte das Ende des sogenannten »asiatischen Wirtschaftswunders«. Mehrere Jahre hatten sich die Volkswirtschaften Südostasiens hoher Wachstumsraten erfreut. Außerdem hatten sie durch hohe Zinsraten spekulative Geldströme angelockt, was zu einem dramatischen Missverhältnis zwischen Bruttoinlandsproduktion und Auslandsverschuldung führte. Als die US-amerikanische Federal Reserve Bank unter Alan Greenspan die Zinsen auf den US-Dollar erhöhte, um die Inflation zu bekämpfen, wurden die USA zu einem attraktiveren Investitionsziel als Südostasien. So kam es nicht nur zu einer Umkehrung der Geldströme, sondern durch den höheren Dollar verteuerten sich auch die Exporte der südostasiatischen Länder, deren Währungen an den Dollar gekoppelt waren. Als sich die Krise in der ersten Hälfte des Jahres 1998 ausweitete, wurden die Devisenmärkte weltweit zunehmend risikoscheu und mieden die Schwellenländer. In Russland brach die Wirtschaft zusammen, was zu einer massiven Entwertung des Rubels führte. Der Zusammenbruch war so verheerend, dass der Internationale Währungsfonds mit mehreren Rettungspaketen im Gesamtwert von vierzig Milliarden Dollar eingreifen musste.

China dagegen kam allem Anschein nach nahezu unversehrt durch die Krise. Es war von der Kapitalflucht kaum betroffen, weil der Yuan auf dem offenen Markt nicht konvertierbar war. Er war zwischen 1989 und 1994 schon mehrmals stark abgewertet worden, und sein Kurs war bereits von 3,71 auf 8,70 Yuan pro Dollar gesunken. Da die hohen Investitionen des Auslands zu einem Überschuss an Devisen führten, intervenierte ab 1994 die Zentralbank, um eine Aufwertung des Yuan auf dem Schwarzmarkt zu verhindern, und der Kurs stieg von 8,70 auf 8,44 Yuan pro Dollar. Im Jahr 1997 gab die Zentralbank durchschnittlich hundert Millionen Dollar pro Tag aus, um die Währung auf dem Niveau von 8,30 Yuan pro Dollar zu halten.[11]

Außerdem waren die noch neuen Aktienbörsen des Landes größtenteils tabu für Ausländer. Und die Auslandsinvestitionen waren nicht, wie das heiße Geld in Südostasien, in Anleihen und Wertpapiere geflossen, sondern steckten größtenteils in Fabriken und Immobilien, weshalb sie viel schwieriger in andere Länder zu transferieren waren.

Allerdings war die chinesische Volkswirtschaft stark von Exporten abhängig. Schon vor der Krise hatte das ungehemmte Wachstum der Konsumgüterindustrie, die ständig Waren herstellte, für die es keine Nachfrage gab, zu einer Überfüllung der Lager beigetragen. Bis Ende 1996 hatte sich in den Lagerhäusern der Regierung eine erstaunliche Menge an Gütern angehäuft, so etwa 16 Millionen Fernsehgeräte, 20 Millionen Fahrräder, 1,3 Milliarden Hemden, 10 Millionen Uhren, eine Viertelmillion Autos und 70 Prozent der Produktion der 3000 Kosmetikfabriken des Landes. Diese Waren hatten einen Wert von 64 Milliarden Yuan, was einem Fünftel der Gesamtproduktion oder etwa zwei Prozent des Wachstums entsprach. Doch das waren die offiziellen Zahlen, die den Auslandsjournalisten mitgeteilt wurden. Laut Li Rui war die tatsächliche Summe etwa doppelt so hoch: Waren im Wert von 120 Milliarden Yuan, die etwa 68 Millionen Quadratmeter Lagerraum in Anspruch nahmen. Dank hoher Auslandsinvestitionen und günstiger Kredite hatte China in fast allen wichtigen Industrien Überkapazitäten aufgebaut. Einer Schätzung zufolge war die Produktionskapazität einer Fabrik im Land im Durchschnitt zu weniger als sechzig Prozent ausgelastet.[12]

Die Überkapazitäten drückten die Inlandspreise, ermöglichten aber auch immer billigere Exporte nach Übersee. Im Jahr 1996 überschwemmte

China Südostasien mit Billigexporten – eine starke Belastung für die exportorientierten Volkswirtschaften der Region. Selbst als die chinesischen Exporte nach Thailand und Malaysia, auf die Philippinen und nach Indonesien rasant zunahmen, hatten diese Länder unter sinkenden Exportpreisen und unter Handelsdefiziten zu leiden. In Thailand führte der intensive Wettbewerb mit China 1996 zu einer Rezession von zwei Prozent, nachdem in den zwei Jahren davor jeweils ein Wachstum von mehr als zwanzig Prozent verzeichnet wurde. Dies war einer der Gründe für den Angriff auf den Baht gewesen.[13]

Nach dem Beginn der Krise stapelten sich noch mehr unverkaufte Güter in den chinesischen Lagerhäusern, weil die Exporte 1997 dramatisch einbrachen. Vier Monate hintereinander fielen die Preise, und die unverkauften Lagerbestände wuchsen mit einer Jahresrate von 11,7 Prozent schneller als die Volkswirtschaft. Unter anderem entstand aufgrund der Überproduktion eine Glasschwemme, aufgrund übermäßiger Importe eine Düngerschwemme, wegen überhöhter Einkaufspreise eine Baumwollschwemme, wegen zu hoher Kredite eine Stahlschwemme und wegen übermäßiger Bautätigkeit eine Schwemme von Büroräumen. Pudong, die Stadt der Zukunft, litt unter einer Immobilienschwemme. Eines der surrealsten Spektakel war vermutlich die Warenhausschwemme. Im Jahr 1992 hatte Peking nur fünfzehn große Kaufhäuser besessen, doch im Sommer 1998 waren es bereits mehr als siebzig und in den folgenden zwei Jahren sollten noch einmal so viele eröffnen. Die meisten verloren Geld. Alle senkten die Preise und arbeiteten mit Rabatten und Geschenkgutscheinen.[14] Riesige Einkaufszentren aus Glas und Marmor mit mehr Personal als Kunden wurden in den Jahren darauf im ganzen Land ein vertrautes Szenario. Um die Inlandsproduktion anzukurbeln, pumpte die Zentralregierung in der ersten Jahreshälfte von 1998 Geld in die Wirtschaft und wies die Banken an, mehr Kredite an Staatsunternehmen zu vergeben. Ende Juli war die Geldmenge fünfzehn Prozent höher als ein Jahr zuvor, und die Kredite für Staatsunternehmen waren massiv, was zu einer noch höheren Produktion unverkäuflicher Güter führte.[15]

Für das letzte Quartal 1997 wurde zum ersten Mal seit 1986 eine Deflation gemeldet. In einem Strudel fallender Preise breitete sich die Deflation in der ersten Hälfte 1998 weiter aus: nicht nur bei Waren und Dienstleistungen, sondern auch bei den Mieten und auf dem Wohnungsmarkt. Im Sommer 1998 waren die Preise in Städten wie Schanghai und Qingdao zwei Jahre lang um 6,5 bis 8,4 Prozent gefallen. Nach offiziellen Angaben sank das Wachstum in der ersten Hälfte des Jahres 1998 auf sieben Prozent. Die Deflation sollte noch mehrere Jahre anhalten, bis sie im März 2000 nach 29 Monaten schließlich die längste Dauer in der modernen Geschichte des Landes erreicht hatte.[16]

Die Preise für Handelsgüter wie Öl, Düngemittel oder Metalle waren besonders anfällig. Gerade als die Schwerindustrie und Hunderte kleiner Stahlwerke teure Umrüstungs- und Renovierungsprogramme durchgeführt und sich dafür mit hohen Krediten belastet hatten, brach der Preis für Roheisen ein, dem Grundmaterial für alle Stahlprodukte. Selbst als im Sommer 1998 die Inlandsnachfrage für sämtliche Waren, vom Zement bis zum Auto, zurückging, strömten immer noch Billigwaren aus Südostasien ins Land. Nachdem der Won gegenüber dem Yuan stark an Wert verloren hatte, führten Güter aus Südkorea das Feld an, aber auch Japan konnte seinen Wettbewerbsvorteil ausbauen. Der Preis für importierten Stahl lag unter den chinesischen Produktionskosten, und große Stahlunternehmen mussten ihre Exporte um die Hälfte kürzen. Das Überleben von Zehntausenden Fabriken im ganzen Land, vom Stahlwerk bis zum Zementhersteller, stand auf dem Spiel.[17]

Wegen der die Deflation wurde eine Abwertung immer verlockender, obwohl sich Zhu Rongji strikt gegen eine Manipulation des Yuan-Wertes aussprach, und bei öffentlichen Auftritten immer wieder versicherte, dass sein Land fest entschlossen sei, den offiziellen Wechselkurs von etwa 8,30 Yuan für einen Dollar aufrechtzuerhalten. Noch während Zhu diese Erklärungen abgab, erwachte der seit mehreren Jahren ruhende Schwarzmarkt wieder zum Leben. Die Händler trieben sich vor Banken oder Luxushotels herum und überboten den offiziellen Kurs um drei Prozent. Sie waren ein sichtbarer Ausdruck der Kapitalflucht, die durch die Angst vor einer Deflation getrieben war. Da der Yuan nie konvertierbar gewesen war, hatten Staatsbanken und Staatsunternehmen im Lauf der Jahre die Kunst der Umgehung von Kapitalkontrollen verfeinert. Viele hatten keine Hemmungen, Kreditbriefe oder Importdokumente zu fälschen, um harte Währungen ins Ausland zu transferieren. Laut Dai Xianglong, dem Gouverneur der Chinesischen Volksbank, ergab eine Prüfung, dass im Jahr nach dem Ausbruch der asiatischen Finanzkrise mehr als zweitausend Unternehmen »Absprachen mit externen Kräften trafen«, um Beträge in der Höhe von etwa sechs Milliarden Dollar außerhalb der legalen Kanäle zu exportieren. Wen Jiabao, ein sanftmütiger, konzilianter Geologe, den Hu Yaobang Anfang der 1980er Jahre nach Peking in das Zentralkomitee geholt hatte, wurde von Zhu Rongji zum stellvertretenden Ministerpräsidenten und zum Chef der ZK-Arbeitskommission für das Finanzwesen befördert. Der neue Vize reagierte im Juli 1998 auf die Kapitalflucht mit einer Flut von Vorschriften und Regulierungen, die sich gegen Transaktionen mit fremden Währungen richteten.[18]

Es folgten weitere Bekanntmachungen, Maßnahmen, Richtlinien, Regeln und Verordnungen, die mit bereits bestehenden, zum Teil seit vielen Jahren geltenden Erlassen kollidierten. Das Ergebnis war Verwirrung bei den Betroffenen und noch größere Angst vor einer künftigen Abwertung. Staatsunternehmen versuchten noch verzweifelter, ihr Geld über die Grenze zu bringen. Trotz immer größerer Handelsüberschüsse mit Europa und den Vereinigten Staaten stagnierten die Devisenreserven beim Stand von 145 Milliarden US-Dollar, wobei riesige Summen ins Ausland verschoben wurden. Alte Methoden für den Geldtransfer wurden perfektioniert und neue entwickelt, unter anderem massive Vorauszahlungen in harter Währung, Scheingeschäfte und Scheinverträge. Eine gängige Masche bestand darin, bei der staatlichen Devisenbehörde wie vorgeschrieben eine Devisenzuteilung zu beantragen. Aber sobald die Genehmigung erteilt war und das Geld das Land verlassen hatte, fand kein Geschäft statt. Die Hauptakteure waren Provinzbanken, die sich mit der lokalen Industrie abgesprochen hatten. Das größte Schlupfloch im System war Hongkong. Auch wenn die rote Fahne über dem Legislativrat wehte, konnte das Festland nur wenig tun, um die Aktivitäten der Banken, Finanzinstitute und Unternehmen des Gebiets zu beeinflussen, ohne einen Aufschrei der Empörung zu verursachen.[19]

Auch eine Kampagne gegen den Schmuggel begann im Juli 1998. Der zügellose und in China tief verwurzelte Schmuggel war jahrelang geduldet worden, auch deshalb, weil die schlimmsten Übeltäter nach Aussage von Jiang Zemin selbst führende Parteimitglieder und Armeeoffiziere waren. Während der Finanzkrise nahm der Schmuggel sprunghaft zu, bis er etwa fünf Prozent der Einfuhren ausmachte, was mit zum Kapitalabfluss beitrug. Geschmuggelt wurden sowohl ausländische als auch inländische

Produkte, darunter auch Konsumgüter, im Wert von Milliarden Yuan. Viele Zigarettenhersteller exportierten zum Beispiel mehr als die Hälfte ihrer Produktion, nur um die Zigaretten wieder ins Land zu schmuggeln, wodurch sie sowohl Steuern als auch Einfuhrzölle sparten.[20]

Trotz des wirtschaftlichen Einbruchs wirkte China in der asiatischen Finanzkrise wie eine Bastion der Stabilität. Für die meisten ausländischen Besucher war das einzige Anzeichen für wirtschaftliche Schwierigkeiten das Verschwinden der russischen Händler. Seit dem Zusammenbruch der Sowjetunion waren sie in der Seidengasse in Peking und auf anderen inoffiziellen Märkten allgegenwärtig gewesen. Sie hatten dort in großen Mengen Kleidung und Haushaltswaren gekauft, um sie in Irkutsk, Chabarowsk, Wladiwostok oder Moskau wieder loszuschlagen. Russische Läden und Restaurants befanden sich in der Umgebung des Ritan-Parks, unmittelbar nördlich des alten Diplomatenviertels. Als der Rubel abgewertet wurde, verschwanden die Händler über Nacht und ihre Geschäfte waren ruiniert.[21]

Die chinesische Führung tat alles, um die Fassade der Stabilität aufrechtzuerhalten, und reagierte empfindlich auf jede Vermutung, dass die Krise dem Land zu schaffen machen könnte. Als die Royal Bank of Canada beschloss, ihre Schanghaier Filiale zu schließen, telefonierte Zhu Rongji persönlich mit dem kanadischen Botschafter und protestierte gegen die Entscheidung, weil er fürchtete, dass die Außenwelt sie als Misstrauensvotum gegen die Volkswirtschaft seines Landes betrachten könnte.[22]

Image war alles. Aber unter der Oberfläche der Unverwundbarkeit verschärften sich durch die Krise zwei Probleme: der Bankrott der Industrie und die Insolvenz des Bankensystems.

Schon einige Zeit vor Beginn der Krise waren die Staatsunternehmen in argen Schwierigkeiten, da man wiederholt Reformen aufgeschoben hatte. Im Jahr 1996 besaßen sie nach Angaben des Wirtschaftswissenschaftlers Wang Jikuan ein Vermögen von höchstens vier Billionen Yuan, aber Schulden von 3,2 Billionen Yuan, waren also zu mindestens achtzig Prozent verschuldet. Wären sie in der Lage gewesen, das geliehene Geld effizient zu verwenden und durch die Schulden Wachstum zu generieren, wäre diese Relation vielleicht kein Problem gewesen, doch der Trend ging dahin, dass ihre Produktivität jedes Jahr sank. Dies wurde durch die Krise noch verschlimmert. Laut Zhu Rongji hatten 42 000 Staatsunternehmen im ersten Quartal von 1997 den extrem geringen Gewinn von insgesamt 3,37 Milliarden Yuan erwirtschaftet (also eine Rendite von 0,1 Prozent auf ihre Kredite), ein wirklich magerer Gewinn, aus dem ein Jahr später ein Verlust von mehr als elf Milliarden wurde. Die Unterschiede zwischen den Unternehmen waren groß, aber mehr als 56 Prozent machten keinen Gewinn. Nach mehr als zwanzig Reformjahren und riesigen Krediten war dies eine wahrhaft negative Bilanz, von den Lagerhäusern mit den unverkauften Gütern ganz zu schweigen.[23]

Das chinesische Finanzsystem war fragil. Die Kreditvergabe stieg von Jahr zu Jahr. Die Kredite hatten zwei Hauptzwecke: die Staatsunternehmen am Leben zu erhalten und das magische Wachstumsziel zu erreichen, das Deng Xiaoping viele Jahre zuvor gesetzt hatte. Ausländische Experten gingen davon aus, dass vor 1997 etwa 24 Prozent aller ausstehenden Kredite faul gewesen waren, eine Zahl, die nach der Krise auf 29 Prozent stieg und damit über den Schätzungen für Südostasien lag. Aber Südostasien hatte nicht nur konvertierbare Währungen, sondern besaß auch noch eine weitere Eigenschaft, die China fehlte: Transparenz. Tatsächlich lag der Anteil der notleidenden Kredite in China eher bei 40 als bei 29 Prozent, wenngleich niemand, nicht einmal Dai Xianglong, der Leiter der Chinesischen Volksbank, genau wusste, wie viele Schulden sich im System verbargen.[24]

Das alles kam ans Licht, als eine lokale Bank nach der anderen bei der Zentralregierung um Hilfe bat. In der Provinz Zhejiang hatten zwei städtische Kreditgenossenschaften allein ein Defizit von zwölf Millionen Yuan aufgehäuft. In Ningbo hatte sich bei drei Konzernen ein schwarzes Loch von 3,4 Milliarden Yuan aufgetan, und die ländlichen Kreditgenossenschaften der Stadt konnten Schulden von 836 Millionen Yuan nicht zurückzahlen. In Wenzhou ergaben Ermittlungen gegen zwanzig Kreditgeber, dass ein Drittel ihrer Kredite in Höhe von insgesamt zweihundert Millionen Yuan abgeschrieben werden musste. Um eine Formulierung Dai Xianglongs zu gebrauchen: Die Bekämpfung der Schuldenkrise bei kleinen und mittleren Finanzinstituten glich einem »hartnäckigen Festhalten an allen Positionen, während man gegen eine Flut kämpft«.[25]

All diese Schulden betrafen die Währung Yuan, ein Problem, das sich leicht durch Gelddrucken lösen ließ, aber auch die Zahlungsrückstände bei ausländischen Krediten waren so beträchtlich, dass der Staatsrat schon im November 1997 Alarm schlug und darauf hinwies, dass es einen »schlechten Eindruck« mache und dem chinesischen Ruf im Ausland schade, wenn fällige Zinsen nicht gezahlt würden. In der Provinz Zhejiang, wo sich der Anteil der Auslandsschulden nur auf 1,2 Prozent der Gesamtschulden belief, war man mit vierzig Prozent der Auslandschuld in einem Zahlungsrückstand, der sich auf insgesamt fünfzig Millionen Dollar belief.[26]

Das wahre Ausmaß der Krise wurde erst Ende 1998 deutlich, als eine Finanz- und Investmentgesellschaft in der Provinz zusammenbrach. Im Jahr 1979 war mit Hilfe Rong Yirens, eines Industriellen, der 1949 im Land geblieben war und sich mit der Kommunistischen Partei arrangiert hatte, die unter dem Akronym CICIC bekannt gewordene »China International Trust and Investment Corporation« gegründet worden. Ihr Zweck bestand darin, die »Vier Modernisierungen« zu fördern, indem sie ausländisches Kapital anzog und moderne Technologie ins Land holte. Innerhalb weniger Jahre schossen überall im Land Hunderte ähnlicher Finanzgesellschaften wie Pilze aus dem Boden, gegründet von Lokalregierungen, die ihren eigenen Anteil an ausländischem Kapital anziehen wollten. Als der Staatsrat 1982 beschloss, einzugreifen, wetteiferten etwa 620 solcher Gesellschaften um Aufmerksamkeit. Fujian hatte seine FITIC, Guangdong seine GITIC, Hainan seine HITIC, Zhejiang seine ZITIC, Schanghai seine SITIC und Dalian seine DITIC. Inzwischen gingen die bequemen Akronyme freilich zur Neige und es mussten die vollen Ortsnamen benutzt werden (so etwa Shenzhen oder SZ SITIC). Zehn Jahre darauf stellte sich heraus, dass die meisten dieser Unternehmen überall im Land Tochtergesellschaften gegründet hatten, die unerlaubte Transaktionen durchführten und mit höheren Zinssätzen als die staatlichen Banken Einlagen sammelten; deshalb traten weitere Beschränkungen in Kraft. Dennoch überlebten Hunderte dieser Gesellschaften und gediehen dank der massiven Immobilienspekulation, die 1992 durch Deng Xiaopings Südtour ausgelöst wurde. Drei Jahre darauf jedoch mussten die Finanzgesellschaften alle Verbindungen zu den Geschäftsbanken kappen, die ihre wichtigste Finanzierungsquelle gewesen waren. Mehrere Liquidationen und Fusionen waren die Folge.[27]

Viele der überlebenden Gesellschaften besaßen glanzvolle Bürotürme mit Einkaufspassagen und Luxushotels, um für ihre Dienstleistungen zu werben. In Guangzhou konnte sich die »Guangdong International Trade and Investment Corporation« eines GITIC Plaza rühmen – nicht zu verwechseln mit dem einige Kilometer entfernt gelegenen CITIC Plaza, dem größten Betongebäude der Welt, bis 2009 der Trump Tower in Chicago fertiggestellt wurde. Als Investmentgesellschaft der Provinz Guangdong hatte sich die GITIC bis 1997 zu einer Unternehmensgruppe mit mehr als zweihundert Tochtergesellschaften entwickelt.

Im Gegensatz zu anderen Ländern fungierten die TICs und ITICs in China im Grunde als Geschäftsbanken für Lokalregierungen, waren aber nicht so streng reguliert und deshalb anfällig für Missmanagement. Schon vor dem Ausbruch der Finanzkrise war offensichtlich geworden, dass die drittgrößte Investmentgesellschaft des Landes, CADTIC bzw. »China Agribusiness Development Trust and Investment Corporation«, kaum mehr als ein Schneeballsystem war, das sich durch hohe Zinsen, Zuckerschmuggel, Immobilienspekulation und Steuerhinterziehung auszeichnete. Das Unternehmen wurde geschlossen. Es hinterließ Schulden von schätzungsweise zehn Milliarden Yuan, und seine leitenden Angestellten wurden wegen Untreue verhaftet.[28]

Der Fall führte dazu, dass Hunderte chinesischer Finanzinstitute wieder strenger überwacht wurden. Im folgenden Jahr, als die Krise viele Investmentgesellschaften erschütterte, sah sich die Zentralbank gezwungen, in einer »beträchtlichen Anzahl« weiterer Fälle zu intervenieren.[29] Doch der größte Schock kam im Oktober 1998, als mit der GITIC die zweitgrößte Investmentgesellschaft Chinas liquidiert werden musste, obwohl sie als Investitionsinstrument der reichsten und mächtigsten Provinz des Landes allgemein als unangreifbar gegolten hatte. Ihre Gesamtschulden beliefen sich auf mehr als 2,5 Milliarden Dollar. Danach kamen Gerüchte in Umlauf, dass die Geschäftsbanken des Landes eigentlich bankrott seien.

Nach der Implosion der GITIC wurden in ganz China Hunderte weiterer Treuhandgesellschaften und Tausende städtischer und ländlicher Kreditgenossenschaften geschlossen. Zhu Rongji nutzte die Gelegenheit, um das Bankensystem neu zu strukturieren und die vier Staatsbanken wieder unter die Aufsicht der Zentralregierung zu stellen. Er rekapitalisierte die Banken mit 270 Milliarden Yuan, einer riesigen Summe, die etwa hundert Prozent aller in jenem Jahr ausgegebenen chinesischen

Staatsanleihen, etwa fünfundzwanzig Prozent der Devisenreserven und etwa vier Prozent des Bruttoinlandsprodukts entsprach. Dies bewerkstelligte er, indem er die Einlagenquote von dreizehn auf acht Prozent senkte und damit die erforderlichen Mittel von den Einlagen abzog, die größtenteils Normalbürgern gehörten. Das Finanzministerium zahlte den Banken 7,2 Prozent Zinsen für die 270 Milliarden Yuan, die sie für den Kauf der Staatsanleihen aufbrachten, und die Banken zahlten ihrerseits dem Finanzministerium 7,2 Prozent Zinsen für das Darlehen von 270 Milliarden Yuan, mit dem sie ihr Kapital erhöhten. Während so das Geld von einer Tasche in die andere wanderte, verblieben die 93 Milliarden Yuan, die für die Abschreibung notleidender Kredite verwendet wurden, nominell beim Ministerium. Der nächste, im Jahr 1999 unternommene Schritt, war die Gründung von vier sogenannten Vermögensverwaltungsgesellschaften oder »Bad Banks«, die mit der Verwaltung der notleidenden Kredite betraut wurden und jeweils an eine staatliche Bank angebunden waren. Weitere Anleihen wurden aufgelegt, um auch diese Vermögensverwaltungsgesellschaften mit Kapital zu versorgen, wobei die Mehrheit der Anteile beim Finanzministerium lag. Man hoffte, das Problem weit in die Zukunft zu verschieben, indem man eine Gruppe notleidender Vermögenswerte durch eine andere ersetzte. Als die zehnjährigen Anleihen für die Vermögensverwaltungsgesellschaften im Jahr 2009 fällig wurden, wurden sie um weitere zehn Jahre verschoben.[30]

Durch die Krise wurde die Regierung außerdem gezwungen, sich um die Staatsunternehmen zu kümmern. Schon seit mehreren Jahren gab es Pläne, Unternehmen, die Verluste machten, eingehen zu lassen und potentielle Gewinner zu fördern und in riesige Konglomerate umzuwandeln, die auf dem Weltmarkt konkurrenzfähig waren. Ende 1989 hatte Yao Yilin vorgeschlagen, einhundert riesige Unternehmen zu fördern und allen anderen die staatlichen Mittel zu entziehen.[31] Im Dezember 1993 griff die Staatliche Kommission für die Umstrukturierung der Wirtschaft die Idee der einhundert nationalen Champions wieder auf, doch die Regierung schob die Reformpläne aus Angst vor sozialen Unruhen, die durch eine Welle von Entlassungen ausgelöst werden konnten, immer wieder auf die lange Bank.[32] Nun hatte sie jedoch angesichts der asiatischen Finanzkrise nur noch *eine* Wahl: Reform oder Ruin.

Im September 1997 versprach Jiang Zemin, die strukturelle Misere des staatlichen Sektors zu überwinden. In seiner Rede vor dem Fünfzehnten Parteitag fasste er den neuen Auftrag der Partei wie folgt zusammen: »Das Große ergreifen und das Kleine loslassen.« Nach diesem Äquivalent von »Big is beautiful« wurden Tausende kleiner, ineffizienter Fabriken dem Untergang preisgegeben und stattdessen wenige Industriegiganten gefördert, ganz ähnlich wie es Südkorea mit seinen Mischkonzernen (Chaebols) gemacht hatte. Statt sich auf unternehmerische Initiative zu verlassen, glaubte die Partei, ihre Bürokraten in der Hauptstadt könnten künftige Gewinner auswählen und sie mit massiver staatlicher Hilfe zu großen Erfolgen führen. Es war, kurz gesagt, ein Plan für mehr und nicht etwa für weniger staatliche Intervention.[33]

Die Botschaft an die Staatsunternehmen war einfach: Wachstum oder Tod. Die Bürokraten in Peking pickten die Unternehmen heraus, die sie für die größten und besten hielten und überhäuften sie mit Vorzugskrediten, Entwicklungsfonds und weiteren Formen staatlicher Unterstützung. Als Gegenleistung sollten die Gewinner ein paar marode Fabriken übernehmen und sich zu weltweit konkurrenzfähigen Konglomeraten entwickeln. »Konkurse steuern und Fusionen fördern«, war der Wahlspruch des Fünfzehnten Parteitags, als der Staat seine erfolgreicheren Unternehmen durch eine Reihe von Fusionen und Übernahmen mit aufgeblähten Firmen belastete.[34]

Bis Januar 1998 hatte die Zentralregierung mit 512 Staatsunternehmen, die sie zu Konglomeraten erweitern wollte, eine erste Auswahl getroffen. Dies war zwar nur ein Bruchteil der Unternehmen des staatlichen Sektors, doch bildete er beinahe die Hälfte seiner gesamten Vermögenswerte. Industriegiganten fusionierten fast über Nacht, als mehrere Tausend Pharmazieunternehmen, Fernsehgerätehersteller, Baumwollspinnereien, Zementwerke, petrochemische Fabriken und sogar regionale Fluggesellschaften durch Fusionen und Übernahmen inkorporiert wurden. Der Pekinger Stahlproduzent »Shougang Group« und die »Schanghai Automotive Industry Corporation«, der Hersteller des Santana, gehörten zu den ausgewählten erfolgreichen Unternehmen. Die Ministerien, die etwa in den Bereichen Kohle, Maschinenbau, Metallurgie, Leichtindustrie, Textilien oder Petrochemie die Aufsicht über die Staatsunternehmen führten, wurden herabgestuft und die neuen Konglomerate direkt dem Finanzministerium und der Chinesischen Volksbank unterstellt. Ein neues Organ, der »Zentrale Arbeitsausschuss für Großunternehmen«, wurde geschaffen, um die Kontrolle zu verbessern. Er hatte die Entscheidungshoheit darüber, welche Unternehmen fusionieren und welche liquidiert werden sollten.[35]

Im Mittelpunkt der Fusionswelle stand der Übergang von staatlichem Eigentum zu Aktienbesitz. Sowohl die neuen Konglomerate als auch alte Staatsunternehmen durften nun Aktien ausgeben, um sich auf dem Inlandsmarkt Geld zu beschaffen. Aber selbst nach dieser Neuerung blieb die Hand des Staates spürbar, da entweder das Unternehmen selbst oder der Staat die Kontrolle über diese Aktien behielt. Aktienbesitz sei nicht dasselbe wie Privatisierung, erklärte Jiang Zemin dazu auf dem Fünfzehnten Parteitag.[36]

Die Vorzeigekonglomerate wurden im Ausland notiert. Schon 1993 hatte eine begrenzte Zahl von Staatsunternehmen damit begonnen, durch Börsengänge im Ausland Kapital zu beschaffen. China gingen jedoch bald die geeigneten Kandidaten aus, da nur wenige chinesische Unternehmen international bekannt waren, ganz zu schweigen von der Profitabilität und Größe, die erforderlich waren, um ausländisches Kapital anzuziehen. Das Blatt wendete sich im Oktober 1997, als die »China Telecom«, einer der Giganten, die durch die Zusammenlegung und Konsolidierung einer Reihe von Provinzunternehmen entstanden waren, sowohl in Hongkong als auch in New York an die Börse ging. Der Börsengang erbrachte 4,5 Milliarden Dollar und machte das Staatsunternehmen zum fünftgrößten Telekommunikationsunternehmen der Welt. Doch nicht nur der Umfang der Transaktion überraschte die Anleger. Die federführende Gesellschaft war die Goldman-Sachs-Bank, die angeblich mehr als zweihundert Millionen US-Dollar investierte.[37]

Die China Telecom hatte einen gangbaren Weg aufgezeigt: Eine zersplitterte Branche wird durch die Fusion kleiner Unternehmen zu einem großen Konglomerat zusammengefasst, mit einem von der Zentralbank überwachten Bankkonto ausgestattet, mit Hilfe der Ersparnisse einfacher Leute mit Kapital ausgestattet und durch ausländische Finanzdienstleister auf die Einhaltung internationaler Finanz- und Unternehmensgesetze getrimmt. Dann bietet das Konglomerat auf der Basis seines künftigen Werts an ausländischen Börsen eine kleine Anzahl hochpreisiger Aktien an. Das Ganze war ein perfektes Beispiel für kapitalistische Werkzeuge in sozialistischen Händen, weil die China Telecom eine Tochtergesellschaft des Ministeriums für Post und Telekommunikation blieb. Wie im Kleingedruckten des Börsenprospekts zu lesen war, konnte das Ministerium nämlich »den gesamten Vorstand auswählen« und »ohne Zustimmung der Minderheitsaktionäre« Vermögenswerte erwerben.[38]

Weitere Börsengänge im Ausland folgten, als internationale Banker Hand in Hand mit der Zentralregierung arbeiteten und eine Reihe gewaltiger Transaktionen durchführten. In allen Fällen beruhten die Aktienpreise nicht auf den vorhandenen Vermögenswerten, sondern auf Schätzungen der künftigen Rentabilität. Als die China Telecom an die Börse ging, war die Fusion der sechs unabhängigen Unternehmen, aus denen das Konglomerat bestand, noch nicht vollständig vollzogen. Das Unternehmen existierte eigentlich nur auf den Tabellenkalkulationen von Goldman Sachs, selbst wenn sein Bankkonto sehr real war. Bis 2001 waren PetroChina, China Unicom, Sinopec, China National Offshore Oil und Aluminum Corporation of China alle in New York an die Börse gegangen, unterstützt von einer kleinen Armee von Investmentbankern, Aktienanalysten, Unternehmensanwälten, globalen Vertriebskräften, Vermögensverwaltern und Wirtschaftswissenschaftlern internationaler Banken. Und mehr als fünfzig Konglomerate waren in Hongkong notiert.[39]

Um die Jahrtausendwende führte die Zentralbank, nach mehreren Jahren hektischer Fusionen und Liquidationen, eine Untersuchung durch, um herauszufinden, was mit den Krediten geschehen war, die Staatsunternehmen, einschließlich der neuen nationalen Champions, gewährt wurden. Das Ergebnis war, dass die Unternehmen ihre Produktion für jeweils drei von den Banken geliehene Yuan um jeweils zwei Yuan gesteigert hatten. Sie hatten also nach einem Vierteljahrhundert der Reformen schlicht und einfach ein Drittel des erhaltenen Kapitals vernichtet. Auch im Jahr 2000 entfiel auf die Staatsunternehmen immer noch fast die Hälfte des Bruttoinlandsprodukts, obwohl ihr Anteil an den Steuereinnahmen von zwölf auf weniger als acht Prozent gesunken war.[40]

★

Durch die Fusionen wurden Tausende von Staatsunternehmen zu etwa fünfhundert nationalen Champions zusammengefasst. Weil Übernahmen keine Entlassungen nach sich ziehen sollten, wurden sie vom Regime, das stets auf der Hut vor sozialen Unruhen war, bevorzugt. Dennoch umgingen einige der neuen Konzerne die Beschränkungen. So gründeten sie etwa Scheinfirmen für überzählige Mitarbeiter, die für ein geringes Entgelt zu Hause bleiben mussten. Das eigentliche Problem bestand jedoch darin, dass das Land über eine Viertelmillion Staatsunternehmen hatte, von denen die meisten so wenig profitabel waren, dass sie nicht einmal mit Hilfe der allerbesten Finanzberater fusionieren oder in Aktiengesellschaften umgewandelt werden konnten. Auch viele dieser Unternehmen schickten Arbeiter nach Hause oder senkten die Löhne, um keine Abfindungen oder Sozialleistungen zahlen zu müssen.

Zehntausende weiterer Unternehmen wurden geschlossen, darunter Eisenhütten, pharmazeutische Betriebe, Textilfabriken, Kohlebergwerke und Stahlgießereien. Die meisten Schließungen gab es im nordöstlichen Rostgürtel, der Geburtsstätte der chinesischen Schwerindustrie. Allein in der Provinz Liaoning, die ein Zehntel aller großen und mittelgroßen Unternehmen beherbergte, gingen bis Ende 1997 mehr als fünftausend Firmen in Konkurs oder stellten die Produktion ein. In Shenyang, der Hauptstadt der Provinz, hatte sich das einst pulsierende Industriegebiet in eine scheinbar endlose Wüste verlassener Betriebe mit verschlossenen Toren und eingeworfenen Fensterscheiben verwandelt, und rostige Kräne standen trostlos über den mit Gras bewachsenen Schienen im einstigen Stahlkomplex der Stadt.[41] Laut Wu Bangguo, dem für die Industrie zuständigen stellvertretenden Ministerpräsidenten, war in der Stadt jeder zehnte Arbeiter entweder arbeitslos oder untätig. In ganz China wurden etwa dreizehn Millionen Menschen entlassen, darunter siebzehn Prozent der staatlichen Arbeiter in den Städten, die an das von der Geburt bis zum Tod währende Wohlfahrtssystem gewöhnt waren, das ihnen die Fabriken geboten hatten. Weniger als die Hälfte fand anderswo eine Arbeit.[42]

Viele weitere Arbeiter wurden in den folgenden Jahren entlassen oder bekamen weniger Lohn. Ihre Gesamtzahl wird auf zwanzig bis dreißig Millionen geschätzt. Doch die genauen Zahlen werden wir nie erfahren, insbesondere deshalb, weil es den Betriebsleitern nicht immer gestattet war, Konkurs anzumelden und sie deshalb nur die Produktion einstellten. In einigen Fällen verkauften die nominellen Besitzer auch die Vermögenswerte des Staates, steckten den Erlös in die eigene Tasche und ließen ihre Arbeiter im Stich, ohne das Unternehmen formell aufzulösen. Außerdem registrierte der Staat nur Arbeitslose, die sich arbeitslos meldeten, was sehr viele nie taten. Vor allem gab es viele Möglichkeiten, wie ein Betriebsleiter ein Unternehmen profitabel erschienen lassen konnte, um es zu verkaufen oder ausländische Investoren anzuziehen. Es war eine altbewährte Tradition, die Umsatzzahlen durch erfundene Tochtergesellschaften aufzublähen, große Verluste als Investitionen zu tarnen und die Zahl der Beschäftigten auf dem Papier zu korrigieren. Wu Bangguo schätzte, dass etwa neunzig Prozent der Entlassenen nie einen Fuß in eines der von der Regierung eingerichteten Beschäftigungszentren gesetzt hatten.[43]

Jeder zweite Arbeitslose hatte keine Ersparnisse. Wer keine neue Arbeit finden konnte, durfte manchmal weiter in seinem tristen Wohnblock wohnen, auch wenn einige Fenster zugemauert wurden. Doch er bekam nicht mehr die großzügigen Renten und Sozialleistungen und die freie Gesundheitsversorgung, die die Arbeit in der Schwerindustrie einst so attraktiv gemacht hatten. Manche Arbeitslose tauschten unverkaufte Waren oder rostigen Schrott ein, den sie aus ihrer Fabrik entwendet hatten, ein dürftiger Abklatsch der Plünderungen, der sich die weniger skrupellosen Fabrikmanager schuldig gemacht hatten. Andere versuchten ihr Leben zu fristen, indem sie mit allen möglichen Dingen handelten und sie auf dem Gehweg verkauften, Socken, Haarklammern, Kirschen, Toilettensitze oder Hautcreme aus einem Pappkarton. Manche wuschen Autos, reparierten Schuhe oder fuhren Fahrradtaxi. In Shenyang konnte man die furchtloseren unter ihnen beobachten, wie sie versuchten, billige Lenkradbezüge an vorbeifahrende Autofahrer zu verkaufen.[44]

Die Arbeitslosigkeit in den Städten war nur der sichtbarere Aspekt der Probleme, die durch die Expansion der Staatsunternehmen nach 1978 verursacht wurden. Ein wichtiger Wachstumsmotor waren die Dorfbetriebe gewesen, die auf dem Land wie Pilze aus dem Boden geschossen waren. Es gab viele Millionen von ihnen, und sie hatten für bis zu vierzig Prozent der Gesamtproduktion des Landes erbracht. Was die Eigentumsverhältnisse betraf, bewegten sie sich in einer Grauzone: Sie wurden von den Stadt- und Dorfverwaltungen gefördert, aber meistens wie Privatunternehmen geführt. Als jedoch die Finanzkrise ausbrach, hatten sie unter genau denselben Problemen wie ihre städtischen Pendants zu leiden: erdrückende Schulden, minderwertige Produkte, rückständige Technologie, riesige Lagerbestände unverkaufter Waren, schlechtes Management und aufgesplitterte Produktion. Wie Yao Yugen, Leiter des Wirtschaftskomitees der Provinz Gansu, feststellte, gab es eine strenge Isomorphie zwischen Dorfunternehmen und Staatsunternehmen, das heißt ihre undurchsichtigen Eigentumsstrukturen spiegelten sich gegenseitig wider. Die ländlichen Unternehmen ergänzten die staatlichen Unternehmen und nutzten die Lücke zwischen dem Plan und dem Markt. »Historisch gesehen hätte es ohne Staatsunternehmen keine Gemeinde- und Dorfunternehmen gegeben.« Sie halfen dem Markt, wurden aber auch durch den Plan im Zaum gehalten.[45] Insbesondere jedoch waren sie genau wie die Staatsbetriebe stark von den Krediten lokaler Banken abhängig geworden. Infolgedessen gab es auf dem Land zahllose Froschfarmen und Fabriken für Matratzen oder Keramikfliesen, genau wie sich in den Städten des Landes Staatsunternehmen in Form von Zementwerken, Stahlwerken und Fahrradfabriken häuften.[46]

Viele dieser ländlichen Betriebe waren nicht nur ineffizient und verschuldet, sondern auch gefährlich. Ein Grund, warum sie so schnell gewachsen waren, lag darin, dass sie sämtliche Gesundheits- und Sicherheitsvorschriften fröhlich ignoriert hatten, vom Schutz der Umwelt ganz zu schweigen. Dies galt auch für die kleinen, von Dorfgemeinschaften betriebenen Kohlebergwerke. Einem Bericht des Arbeitsministeriums zufolge starben in den ersten neun Monaten des Jahres 1992 mehr als 3800 Arbeiter in kleinen Zechen, was 65 Prozent aller Todesfälle im Bergbau entsprach.[47] Die Zahl der Todesopfer war höher als im Jahr zuvor und stieg weiter an. Als im Jahr 1998 Arbeiteraktivisten die Zahl der tödlichen Unfälle auf über zehntausend oder mehr als einen pro Stunde schätzten, ordnete die Zentralregierung ein hartes Durchgreifen an und schloss mehr als 25800 Gruben. Angesichts des enormen Überangebots ging die Kohleproduktion um schätzungsweise 250 Millionen Tonnen zurück. Dies war das dörfliche Gegenstück zur Fusion von mehreren Hundert großen staatlichen Kohlebergwerken in den Städten, die durch riesige staatliche Subventionen am Leben erhalten wurden.[48]

Der Staat achtete darauf, seine Ressourcen von den Dörfern auf die großen Konglomerate umzulenken, wie Jiang Zemin es in dem Wahlspruch »das Große ergreifen und das Kleine loslassen«, verlangt hatte. Weitere zwei Millionen Dorfunternehmen in einer ganzen Reihe von Branchen wurden geschlossen, so dass ihre Zahl auf zwanzig Millionen sank. Zum ersten Mal seit zwanzig Jahren hörten die Dorfunternehmen zwar auf, von den örtlichen Banken Kredite abzusaugen, aber sie nahmen auch den massiven Arbeitskräfteüberschuss auf dem Land nicht mehr auf. Die Arbeitslosigkeit stieg sprunghaft auf 130 Millionen und erfasste damit fast ein Drittel der gesamten ländlichen Erwerbsbevölkerung. Erschwerend kam hinzu, dass das Heer der Wanderarbeiter, die Geldsendungen in ihre Heimatdörfer schickten, zu schrumpfen begann und von einem Höchststand von schätzungsweise 90 Millionen auf etwa 75 Millionen im Jahr 1998 zurückging. Viele Wanderarbeiter wurden von Stadtverwaltungen, die kaum noch ihre eigenen Einwohner beschäftigen konnten, aufs Land zurückgeschickt. Wer es dennoch schaffte, seinen Arbeitsplatz in einer der Fabriken und Baustellen entlang der Küste zu halten, bekam weniger Lohn. Oder er wurde überhaupt nicht mehr bezahlt.[49]

Die Arbeitslosigkeit nahm immer weiter zu. Da die dörflichen Unternehmen nur wenig zu den Einnahmen der lokalen Verwaltungen beitrugen, diese aber wegen der hohen Arbeitslosigkeit dennoch versuchten, sie ohne Rücksicht auf ihre wirtschaftliche Effizienz durch weitere Bankkredite über Wasser zu halten, brach das staatliche Einkommen auf dem Land zusammen. Wie der Staatsrat im Mai 1999 feststellte, machten einige Dörfer keinen Unterschied zwischen Politik und Geschäft, indem sie ohne Rücksicht auf ihre Rückzahlungsfähigkeit riesige Schuldenberge aufhäuften und das Geld »mutwillig verschwendeten«.[50] Da die Lokalverwaltungen so viel in gescheiterte ländliche Projekte investierten, verschuldeten sich sehr viele von ihnen. Bis 1999 konnten sie deshalb in mehreren ländlichen Regionen, insbesondere in der Mitte und im Westen Chinas, ihre Angestellten nicht mehr bezahlen. Staatsbeamte erhielten monatelang keinen Lohn. In der Provinz Gansu fiel das Steueraufkommen auf dem Land um etwa vierzehn Prozent, wohingegen die Kosten um fünf Prozent stiegen. Die nicht bezahlten Beamtengehälter beliefen sich auf mehr als 250 Millionen Yuan.[51]

In den folgenden zwei Jahren verschärfte sich das Problem noch weiter. Genaue Zahlen waren – wie üblich in einem Einparteienstaat, der auf Image, aber nicht auf Fakten setzt – schwer zu eruieren. Laut Zhu Rongji hatten bis 2001 jedoch 59 von 86 Kreisen (das sind 68 Prozent der Kreise) in der Provinz Gansu ihre Regierungsbeamten nicht vollständig oder rechtzeitig bezahlt. In Sichuan, einer relativ wohlhabenden Provinz von der Größe Frankreichs, lag dieser Anteil bei 24 Prozent. In der Inneren Mongolei betrug er etwa 80 Prozent, die 70 Prozent in den Gemeinden und Dörfern weiter unten in der Hierarchie nicht mitgerechnet. In Jilin, oben im nordöstlichen Rostgürtel, betrug der Anteil nicht vollständig bezahlter Beamter 46 Prozent. Theoretisch hätten diese Zahlen auch eine Unterbezahlung von einem Yuan mit einschließen können, aber in 24 Kreisen in Gansu, um nur ein Beispiel zu geben, lag der Fehlbetrag bei durchschnittlich sechstausend Yuan pro Beamten. Im Juli 2001 waren 59 Kreise in derselben Provinz mit sechshundert Millionen Yuan im Rückstand. In Teilen des ländlichen Raums kam die Verwaltung zum Erliegen, da die Kader nicht mehr Auto fahren, telefonieren oder Sitzungen organisieren konnten. Einige Gemeinden nahmen weitere Kredite auf, um zusätzliche Schulden zu decken. Sie schuldeten den Banken Dutzende, wenn nicht Hunderte Millionen Yuan.[52]

Die Kreditvergabe auf dem Land lag in den Händen der ländlichen Kreditgenossenschaften. Man hatte sie in den 1950er Jahren gegründet, um Geld vom Staat an die Gemeinden weiterzuleiten, und ab 1976 hatte sie auch Kredite und Sparkonten für die Dorfbewohner angeboten. Beaufsichtigt wurden sie von der Landwirtschaftsbank, aber 1996 waren sie so verschuldet, dass sie der Chinesischen Volksbank unterstellt wurden.

Anfang der 1950er Jahre führte das Landwirtschaftsministerium ein zweites, eher informelles Netz ländlicher Genossenschaftsfonds ein. Sie versorgten in der Regel vor allem gewöhnliche Bauern und einzelne Unternehmer, die anderswo oft keinen Kredit bekamen. Ihre Betriebskosten waren niedrig und sie galten als Konkurrenz der Kreditgenossenschaften, weil sie ebenfalls Einlagen der Landbevölkerung anzogen. Wie die Kreditgenossenschaften litten auch sie unter schlechtem Management und schlechter Aufsicht. In den ländlichen Gebieten von Wenzhou, einer der reichsten Regionen des Landes, suchten 1997 etwa 175 dieser Fonds nach Kunden. Ein allen gemeinsames Merkmal war, wie ein Ermittlungsteam es formulierte, »Anarchie im Management« und »politische Einmischung«, da die lokalen Kader sich Kontrollen von außen widersetzten und nach ihrem eigenen Gutdünken Kredite vergaben. »Es kommt relativ häufig vor, dass ein lokaler Verwaltungsbeamter zum Hauptmanager der Bank ernannt wird.« Schon vor dem Ausbruch der Finanzkrise hatten nicht wenige von ihnen mehr als 120 Prozent ihrer Einlagen verliehen, eine Situation, die sich im ganzen Land wiederholte und so schlimm war, dass die Chinesische Volksbank 1999 die Schließung all dieser Fonds veranlasste.[53]

Danach waren ländlichen Kreditgenossenschaften die einzigen noch verbliebenen Finanzinstitute auf dem Land. Nach jahrzehntelanger Misswirtschaft wiesen sie Ende 1999 ein negatives Nettovermögen auf, und im Jahr 2000 beliefen sich ihre Gesamtverluste auf 86,2 Milliarden Yuan. Doch das kümmerte sie nicht, weil sie wussten, dass die Zentralregierung ihnen immer aus der Patsche helfen würde. Hätte man sie zusammenbrechen lassen, hätten, wie die Politologin Lynette Ong betont, zig Millionen ländlicher Sparer ihre Ersparnisse verloren. Den Kreditgenossenschaften wurde ein bedingter Schuldentausch in Höhe von 165,6 Milliarden Yuan ermöglicht, bei dem die Zentralbank den technisch bankrotten Kreditgenossenschaften den Buchwert ihrer toxischen Vermögenswerte zahlte – ein Freifahrschein, der nicht mit Reformen verbunden war.[54]

Im Jahr 2004 schätzte eine detaillierte Untersuchung allein die Schulden der Dörfer auf 370, die der Gemeinden auf 215 und die der Kreise auf 410 Milliarden Yuan. Fast überall war der Beitrag der Dorfunternehmen zur lokalen Wirtschaft negativ. Nach mehr als zwanzig Jahren Wirtschaftsreform war der ländliche Raum de facto bankrott.[55]

Die ländlichen Kreditgenossenschaften wurden gerettet, und dasselbe galt auch für die aufsichtführenden Kommunalverwaltungen, die bei der Kreditvergabe ihre eigenen Interessen verfolgt hatten. Als sie ihre Gehälter nicht mehr bezahlen konnten, kopierten sie die Zentralregierung und wandelten die Schulden in Anleihen um, deren ursprüngliche Laufzeit sie auf ein späteres Datum verlängerten.[56]

Eine weitere Möglichkeit, bei sinkenden Steuereinnahmen auf dem Land Geld aufzutreiben, bestand darin, die Lokalbevölkerung, und zwar Einzelpersonen wie Unternehmen, zu schröpfen. Überall im Land erhoben die lokalen Verwaltungen eine wachsende Zahl von Gebühren, Abgaben, Mautgebühren, Verbrauchssteuern und freiwilligen oder unfreiwilligen Beiträgen. In der ländlichen Umgebung von Gansus Provinzhauptstadt Lanzhou zählte ein Inspektionsteam im Sommer 1998 57 Arten der Gebührenerhebung bei Dorfunternehmen, von denen 42 illegal waren. In der gesamten Region Jiuquan, etwa dreihundert Kilometer nordwestlich von Lanzhou an der alten Seitenstraße, machten illegale Gebührenerhebungen dreißig Prozent der Einnahmen der Lokalverwaltung aus.[57]

Das Problem war keineswegs auf Gansu beschränkt. Der Staatsrat war so besorgt, dass er im Jahr 2001 sechs Untersuchungsteams in verschiedene Provinzen entsandte. Sie entdeckten eine Welt voller Rechtsbrüche, die von Gebührenerhebungen für das Schlachten einer Kuh, die Haltung eines Pferdes oder den Bau eines Hauses bis zu noch extravaganteren Forderungen reichten. Grundschulen zum Beispiel ließen die Dorfbewohner routinemäßig für Wasser und Strom bezahlen, doch im Kreis Qixian in der Provinz Henan mussten die Schüler außerdem drei Yuan für die Benutzung eines Fahrradständers, einen Yuan pro verpasster Unterrichtsstunde und drei für eine medizinische Untersuchung bezahlen. In der Provinz Yunnan waren Versicherungsgebühren gang und gäbe, die sich auf bis zu 44 Yuan im Jahr beliefen. Im Kreis Qingxu in Shanxi wurde eine Hochzeitsgebühr von neun Yuan erhoben, die in manchen Dörfern bis zu fünfzig Yuan betragen konnte. Im Kreis Mulan in Heilongjiang wurde vor der Ausstellung einer Heiratsurkunde eine medizinische Untersuchung verlangt, die skandalöse fünfhundert Yuan kostete. Überall im Land wurden Zwangsbeiträge für zweifelhafte Investitionsvorhaben oder öffentliche Dienstleistungen verlangt. Jede Verwaltungsebene versuchte, die unter ihr liegende auszupressen. Kreise übten Druck auf die Gemeinden, und die Gemeinden auf die Dörfer aus. In der Stadt Shangyu in der Provinz Zhejiang wurde allen Dörfern viertausend Yuan pro Jahr für das Zwangsabonnement lokaler Zeitungen abgenommen. Ganz im Sinne des traditionellen Sprichworts: »Es gibt viele Mönche, aber nicht viel Haferschleim.«[58]

Da die einfachen Leute in dieser feudalen Hierarchie ganz unten standen, hatten sie letztlich die Hauptlast zu tragen. Einer groben Schätzung zufolge machte die finanzielle Belastung durch diese willkürlichen Gebühren in ganz China etwa 25 bis 30 Prozent ihres Einkommens aus. Eine höhere Zahl wird von Cao Jinqing genannt; der angesehene Soziologe geht davon aus, dass die Dorfbewohner in einigen Teilen des Landes bis zu 40 Prozent ihres Einkommens an illegalen Gebühren zahlten und viele deshalb gezwungen waren, weitere Kredite bei den ländlichen Kreditgenossenschaften aufzunehmen.[59]

Im Zuge der Finanzkrise, die das Regime zwang, seine Kollektivbetriebe zu reformieren, gelang es einem Teil der Gesamtwirtschaft, dem Privatsektor, tatsächlich Arbeitsplätze zu schaffen. Zum ersten Mal seit 1978 waren private Unternehmer wirklich willkommen und wurden nicht mehr nur zähneknirschend geduldet und durch zahllose Regeln und Vorschriften eingeengt. In Städten wie Schanghai und Qingdao fanden schätzungsweise zwei von drei Arbeitern, die von Staatsunternehmen entlassenen worden waren, Anstellungen in der Privatwirtschaft. Wäre Lei Feng noch am Leben, verkündete *People's Daily* im April 1998, wäre er Privatunternehmer. Ein Jahr später wurde die Verfassung erweitert und der Status des individuellen und privaten »nicht-öffentlichen Sektors« von einer bloßen »Ergänzung« zu einer »wichtigen Komponente« der staatlichen Wirtschaft aufgewertet.[60]

Doch die Veränderung war weitgehend symbolisch. Auch in der geänderten Verfassung wurde der Schutz des Privateigentums kaum erwähnt und »sozialistisches öffentliches Eigentum« für »heilig und unverletzlich« erklärt. Obwohl die Existenz von Privatunternehmen begrüßt wurde, blieb ihre Zahl bescheiden. Im Jahr 1999, nach mehr als zwanzig Reformjahren, beschäftigten registrierte Privatunternehmen – laut der offiziellen Statistik – lediglich 32 Millionen Menschen von insgesamt 239 Millionen städtischen Arbeitskräften.[61]

Die Zahl war deshalb so niedrig, weil die Privatunternehmer mit dem staatlichen Sektor nicht konkurrieren konnten. Die vom Staat entsandten Steuereintreiber behandelten sie nicht gleich. Auch die Banken, die ebenfalls vom Staat geführt wurden, und die Gerichte, die mit treuen Anhängern der Partei und pensionierten Offizieren der Volksbefreiungsarmee besetzt waren, behandelten sie nicht gleich. Von der Spitze bis zur untersten Ebene wurden sämtliche staatlichen Institutionen von Parteisekretären geführt, die ihrerseits wiederum andere staatliche Institutionen begünstigten, eine Situation, die sich auch in Zukunft kaum ändern dürfte. Wie die Parteifunktionäre gerne betonten, wollten sie keinesfalls zulassen, dass der private Sektor wuchs und den öffentlichen überflügelte. »Wir erlauben heute eine gewisse Entwicklung des Privatsektors, weil dies im Augenblick gut für die staatliche Wirtschaft ist. Doch das bedeutet nicht, das wir uns auf eine kapitalistische Gesellschaft zubewegen«, sagte eine Delegierter der Volksarmee. »China ist ein kommunistisches Land, weil es von der Kommunistischen Partei geführt wird, und das wird sich nie ändern.«[62]

Alle führenden Politiker gaben wiederholt solche Erklärungen ab, aber viele Ausländer dachten, sie wüssten es besser. Im Jahr 1993 waren sie auf das Wort »Transition« (Übergang) verfallen, um ihre Vision eines Landes zu bezeichnen, das sich auf dem Weg von der Plan- zur Marktwirtschaft befand. Im September 1997, als Jiang Zemin ankündigt hatte, dass er die Eigentumsverhältnisse in den staatlichen Unternehmen ändern wolle, begannen sie den Begriff »Privatisierung« zu benutzen. Bei mehr als einer Gelegenheit verwahrte sich Jiang Zemin ausdrücklich gegen die Vorstellung, dass in seiner Amtszeit irgendetwas geschah, das auch nur entfernt eine Umwandlung des staatlichen in den privaten Sektor bedeuten könnte. Er äußerte sich schon im September 1997 in diesem Sinn und warnte nach Verabschiedung der Verfassungsänderung im Jahr 1999 erneut: »Einige Leute im Ausland glauben fälschlicherweise, China wolle eine Privatisierung durchführen, und einige unserer Genossen sind einem ähnlichen Missverständnis aufgesessen.« Als Zhu Rongji 1998 George H. W. Bush erklärte, dass die Korporatisierung großer staatlicher Vermögenswerte nichts mit »Privatisierung« zu tun habe, sondern nur eine weitere Methode zur Konsolidierung der Eigentümerschaft des Staates sei, reagierte der ehemalige Präsident mit einem Augenzwinkern und sagte: »Wir wissen, was hier vor sich geht.«[63]

Der im Chinesischen verwendete Begriff lautete »Änderung der Eigentumsverhältnisse« oder auch »Kapitaldiversifizierung«, nicht »Privatisierung«.[64] Tatsächlich brachten Parteifunktionäre das Wort »privat« kaum über die Lippen, sie verwendeten lieber den Ausdruck »nichtöffentlicher Sektor«, womit sie sowohl einzelne Haushalte als auch Privatunternehmen meinten. In der weit überwiegenden Mehrheit der Eigentumsübertragungen bedeutete der Übergang zur Kapitalbeteiligung, gleichgültig ob es sich um die kleinen, über das Land verstreuten Unternehmen oder um die größeren Fabriken in den Städten handelte, nicht, dass der Staat oder seine zahlreichen Vertreter die Kontrolle verloren hätten. Auch die an der New Yorker Börse registrierten riesigen Konglomerate wie etwa die China Telecom verkauften lediglich Minderheitsbeteiligungen an Außenstehende und behielten das Recht, den gesamten Vorstand zu ernennen. Dasselbe galt für die meisten Unternehmen, da Dörfer, Kleinstädte, Bezirke, Regionen, Provinzen, Staatsministerien und andere Institutionen, die die Partei vertraten, die Mehrheit der Aktien übernahmen.

Ein Teil der Aktien wurde auch an Beschäftigte verkauft, ein Ansatz, der das Ideal des Kollektivbesitzes zu wahren schien. Tatsächlich war jedoch der Verkauf an Beschäftigte in der Regel eine Methode der Kommunalverwaltungen, mit der sie ihre Angestellten zwangen, ihnen entweder weiteres Geld zu leihen oder ihren Arbeitsplatz aufzugeben. In vielen Fällen führten Fusionen und Übernahmen nur zu einer Namensänderung und einer Umstellung der Zahlen in den Geschäftsbüchern. Der Übergang zur Kapitalbeteiligung führte eher zu einer Umverteilung der Vermögenswerte als zu einer Verbesserung der Gesamteffizienz des staatlichen Sektors. Das Ziel der Umverteilung bestand darin, den Staat zu stärken und seine Unternehmen zu retten, indem man Millionen von Arbeitnehmern entließ, die diesen Unternehmen ihr Leben gewidmet hatten.[65]

✶

Die Zahl der Arbeitskämpfe nahm rapide zu und stieg nach offiziellen Angaben bis 1999 auf 120 000. Im ganzen Land belagerten unbezahlte Arbeiter und Rentner ihre Fabriken, blockierten Straßen und demonstrierten vor Kommunalverwaltungen, um ihren Forderungen Nachdruck zu verleihen. In einigen wenigen Fällen waren die Demonstranten über die Korruption so empört, dass sie zu Zehntausenden randalierten, Autos anzündeten, Fensterscheiben einschlugen und sich heftige Schlachten mit der Polizei lieferten, bis die Armee eingriff. Dies geschah zum Beispiel in der Bergbaustadt Yangjiazhangzi in der Provinz Liaoning.[66]

Die meisten Demonstranten waren Beschäftigte staatlicher Unternehmen, die ihre Arbeit verloren hatten. Doch die Polizei hinderte auch etwa zehntausend Lehrer aus der Provinz Jilin daran, nach Peking zu reisen und bei der Regierung eine Petition einzureichen. Auch auf dem Lande kam es gelegentlich zu Unruhen; so demonstrierten in der von einer Trockenheit heimgesuchten Provinz Shandong Tausende für freien Zugang zu Trinkwasser. Überall im Land, vom einen Ende bis zum anderen, gab es heftige Proteste verschiedener Bevölkerungsgruppen.[67]

Das war eine brisante Mischung, doch in den meisten Fällen zerstreuten sich die Demonstranten, ohne Gewalt anzuwenden, sobald sie hartnäckig und doch resigniert ihr Anliegen vorgebracht hatten. Sie waren sich voll bewusst, dass sie gegen die unerbittliche Maschinerie des Staates keine Chance hatten: Das Streikrecht war 1982 aus der Verfassung gestrichen worden, und die Gewerkschaften waren, wie es sich für einen kommunistischen Einparteienstaat gehört, staatlich kontrolliert. Am auffallendsten jedoch war, dass die Proteste vereinzelt blieben und kein Versuch unternommen wurde, sich zu vereinigen und in ganz China gemeinsame Sache zu machen.

Die lokalen Behörden vermieden zwar oft eine direkte Konfrontation und machten lieber Versprechungen, die später gebrochen werden konnten, aber gegen diejenigen, die politische Ziele verfolgten, schritten sie sofort ein. Jiang Zemin verlangte wiederholt, dass die Sicherheitskräfte überall im Land jeden Versuch einer politischen Opposition »im Kein erstickten«. Das politische System Chinas »darf niemals erschüttert, geschwächt oder verworfen werden. Das politische Modell des Westens darf niemals kopiert werden«, sagte er im Dezember 1998 in der Großen Halle des Volkes vor Parteifunktionären. »Wir müssen wachsam sein, was die Infiltration durch internationale und inländische feindliche Kräfte und subversive und separatistische Aktivitäten betrifft«, fuhr er fort und wiederholte damit fast Wort für Wort seine Botschaft an die Partei vom Sommer 1989.[68]

Sechs Monate zuvor hatte Bill Clinton das Land besucht und seinen Gastgeber mit Lob überhäuft. Jiang Zemin, sagte der amerikanische Präsident im Juni 1998 vor internationalen Pressevertretern, sei ein Visionär, der sein Land Stück für Stück der Freiheit näherbringe. China, fügte er hinzu, werde noch zu seinen Lebzeiten eine Demokratie werden. Auch ausländische Beobachter verkündeten eine neue Ära der politischen Offenheit. Einige Wochen vor Clintons historischem Besuch hatte Jiang als Geste des guten Willens die Dissidenten Wei Jingsheng und Wang Dan ins Exil in die USA gehen lassen.[69]

Am 25. Juni 1998, just an dem Tag, als der amerikanische Präsident in China ankam, versuchten politische Aktivisten in Hangzhou die Demokratische Partei Chinas registrieren zu lassen. Binnen weniger Monate wurden in einer gut koordinierten Kampagne, die das Regime überraschte, in 23 Provinzen und wichtigen Großstädten Vorbereitungskomitees mit Hunderten von Freiwilligen gegründet. Einer der Organisatoren war Xu Wenli, der alte Dissident, der 1979 wegen der »Mauer der Demokratie« zum ersten Mal verhaftet worden war. Auch jetzt waren er und seine Mitstreiter schnell wieder hinter Schloss und Riegel. Am 5. Oktober 1998 unterzeichnete das Regime den Internationalen Pakt über bürgerliche und politische Rechte und heimste damit noch mehr internationales Lob ein (auch wenn es den Pakt nie ratifizieren sollte). Obwohl der chinesische Botschafter in New York seine Unterschrift unter das Dokument setzte, und versprach, dass China seinen Bürgern grundlegende Rechte und Freiheiten garantieren werde, wurde den Organisatoren der Demokratischen Partei Chinas der Prozess gemacht und Xu Wenli für weitere dreizehn Jahre ins Gefängnis geschickt.[70]

Weitere Verhaftungen folgten. Shi Binhai, ein Kolumnist von *Zhongguo Jingji shibao*, eine Wirtschaftszeitung am liberalen Rand des Mainstreams, wurde inhaftiert. Auch Fang Jue, ein Unternehmer und früherer Regierungsbeamter, der über politische Reformen geschrieben hatte, ohne je die Herrschaft der Kommunistischen Partei infrage zu stellen, wurde verhaftet und zu vier Jahren Gefängnis verurteilt. Gewerkschaftsaktivisten bekamen weit härtere Urteile. Zhang Shanguang wurde zu zehn Jahren Gefängnis verurteilt, weil er mit Radio Free Asia über die Proteste auf dem Land gesprochen hatte. Und im Juni 1999 kamen drei Männer wegen Subversion vor Gericht, die versucht hatten, in Gansu eine unabhängige Arbeitervertretung zu gründen.[71]

✶

Zehn Jahre, nachdem die Gewerkschaft *Solidarność* die Kontrolle über die politische Szene in Polen übernommen hatte, hatte Chinas Führung immer noch große Angst vor einem politischen Bündnis zwischen Demokratie-Aktivisten und entlassenen Arbeitern. Aber trotz aller Wachsamkeit wurde sie von einer weitaus esoterischeren Protestbewegung überrumpelt. Am 25. April 1999 kamen etwa zehntausend Mitglieder einer Gruppe, die sich selbst »Falun Gong« oder »Gesetzesrad« nannte, still und leise in die Hauptstadt und umzingelten Zhongnanhai, das zinnoberrot ummauerte Viertel, in dem die oberste Führung der Volksrepublik wohnte. Viele der Demonstranten waren schon fortgeschrittenen Alters. Sie standen oder saßen stundenlang in stummem Protest in Vierer- oder Fünferreihen auf dem Chang'an Boulevard. Die Polizei hielt sich zurück, und sei es nur, weil sie in der Unterzahl war. Die Demonstration verlief friedlich, aber sie schockierte die Staatsführung. Nur wenige Wochen vor dem zehnten Jahrestag des Massakers am 4. Juli wurde sie nun überraschend in ihren eigenen Wohnstätten belagert, was nicht einmal die Studenten gewagt hatten.[72]

Li Hongzhi, der Gründer der Bewegung, lehrte seine Anhänger bestimmte Körperübungen und Atemtechniken, die ihnen helfen sollten, seelischen Frieden oder gar spirituelle Erleuchtung und einen Platz im Jenseits zu finden. Ausländische Beobachter waren genauso überrascht wie die chinesischen Sicherheitskräfte und konnten nicht entscheiden, ob es sich um eine Sekte, einen Kult oder eine Religion handelte.

Meister Li lebte in New York im Exil, stammte aber aus Changchun, einer Stadt im industriellen Rostgürtel des chinesischen Nordwestens. Er hatte die Bewegung 1992 gegründet und mit seiner Mischung aus buddhistischen und taoistischen Ideen und langsamen Kampfkunstübungen eine wachsende Zahl von Anhängern gewonnen. Im Jahr 1999 hatte er in China und im Ausland viele Millionen Anhänger. Seine Organisation hatte, ganz ähnlich wie die Kommunistische Partei Chinas, zahlreiche Desillusionierte und Entrechtete in ihren Reihen, verfügte aber auch über hochgebildete Mitglieder, von denen manche aus den höchsten Rängen der Partei stammten. Einer von ihnen, Li Chang, ein pensionierter Beamter aus dem Ministerium für öffentliche Sicherheit, leitete gemeinsam mit anderen Mitgliedern der Bewegung ein hochdisziplinertes, in Zellen organisiertes Netzwerk, das Tausende von Anhängern betreute. Als im April eine beliebte Zeitschrift in Tianjin ihre Leser vor einem Phänomen warnte, das sie als Sekte bezeichnete, fühlten sich die Anhänger von Falun Gong bedroht. Und bei ihrer Machtdemonstration in Peking forderten sie rechtliche Anerkennung.[73]

Im Gespräch mit Ministerpräsident Zhu Rongji meinten die Demonstranten, dass Falun Gong und nicht der Kommunismus die Nation retten könne. Jiang Zemin kochte vor Wut und kritisierte heftig die Sicherheitsorgane, weil sie ein hartes Durchgreifen gegen die Opposition sabotiert hätten. »Wir haben verlangt, dass Stabilität höchste Priorität haben muss, aber es wurde keine Stabilität erreicht«, sagte er.[74]

Unter der Führung von Vizepräsident Hu Jintao, einem farblosen und hölzernen, aber harten Parteifunktionär wurde eine Arbeitsgruppe gebildet. Hu hatte sich in Tibet erste Sporen verdient, wo er im März 1989 das Kriegsrecht verhängt und zur Niederschlagung von Massenprotesten Truppen eingesetzt hatte. Der Schlag gegen Falun Gong erfolgte am 20. Juli: Die Bewegung wurde verboten, ihre Versammlungen aufgelöst, Zehntausende ihrer Anhänger vorübergehend interniert und mehr als hundert wichtige Mitglieder verhaftet. Alte Frauen wurden in Polizeibussen abtransportiert. Häuser wurden geplündert, Material beschlagnahmt, Bücher verbrannt, Bilder von Li Hongzhi zerschlagen. In den folgenden Monaten wurden Tausende weiterer Mitglieder in Arbeitslager geschickt.[75]

Ende Oktober verabschiedete der Nationale Volkskongress hastig ein Gesetz gegen »bösartige Sekten«. Sie wurden als »illegale Organisationen« definiert, die »ihre Gründer vergöttern und Aberglauben und Ketzerei verbreiten, um andere in die Irre zu führen, oder die ihre Mitglieder zur Gefährdung der Gesellschaft verleiten«. Wieder gingen Zehntausende von Jüngern auf die Straße und blockierten in stillem Protest Regierungsstellen in mehr als dreißig Städten. Die Polizei nahm sie fest und führte weitere Blitzrazzien gegen die Führung der Bewegung durch. Die Zahl der Internierten schwoll massiv an und belief sich bis Ende des Jahres auf 35 000 Personen. Der Propaganda-Apparat startete eine unerbittliche Verleumdungskampagne.[76]

Dennoch gingen aus dem scheinbar unerschöpflichen Reservoir unerschütterlicher Anhänger weitere an die Öffentlichkeit. Am 25. April 2000, genau ein Jahr nach der Umzingelung Zhongnanhais, demonstrierten hundert Mitglieder der Bewegung kurzzeitig auf dem Tiananmen-Platz, bis sie von Beamten in Zivil abgeführt wurden. Sechs Monate darauf, als am 1. Oktober der Nationalfeiertag begangen wurde, störten Hunderte von Falun-Gong-Anhängern trotz strenger Sicherheitsmaßnahmen die sorgfältig organisierte Feier auf dem Platz. Kaum war eine Gruppe von schlagenden und tretenden Polizisten vertrieben, schälte sich schon die nächste aus der Menge. Einigen Demonstranten gelang es unter dem Porträt Maos vor den Augen zehntausender Parteimitglieder und ausländischer Ehrengäste ein Transparent mit der Aufschrift »Falun Gong ist gut« zu entrollen.[77]

Als jedoch fünf Mitglieder der Bewegung am Vorabend des neuen Mondjahrs im Januar 2001 auf dem Tiananmen-Platz eine Selbstverbrennung inszenierten, gelangten viele chinesische Normalbürger zu der Ansicht, dass es sich tatsächlich um eine gefährliche Sekte handelte.[78]

Nach den Selbstverbrennungen wurde der Zermürbungskrieg weiter verschärft durch den systematischen Versuch der Sicherheitskräfte, die Anhänger der Bewegung Zelle für Zelle aufzuspüren und auszuschalten. Die Polizei kämmte systematisch ganze Stadtviertel durch und schickte potenzielle Anhänger der Bewegung in ein Netzwerk von Umerziehungskursen. Systematische Gewaltanwendung war inzwischen gang und gäbe: Mitglieder der Bewegung wurden geschlagen und mit elektrischen Schlagstöcken malträtiert, oder sie mussten stundenlang auf dem Boden sitzen. »Ich bin ein gebrochener Mann«, sagte ein Elektroingenieur, der neun Tage lang ununterbrochen an einer Wand hatte stehen müssen. »Immer wenn ich jetzt einen Polizisten und diese elektrischen Schlagstöcke sehe, wird mir schlecht, und ich könnte mich erbrechen.«[79]

Für einzelne Städte, Kreise und Provinzen wurden Festnahmequoten gesetzt. Parteisekretären, die in ihrem Gebiet das Soll nicht erfüllten, wurde mit Disziplinarmaßnahmen gedroht. Pragmatisch wie immer gestattete die Führung den Lokalverwaltungen, die bei der Bekehrung von Falun-Gong-Mitgliedern die größten Erfolge erzielten, ihre Dienste an andere zu verkaufen. Entlassene Arbeiter wurden angeheuert, um bei der Suche nach Gläubigen zu helfen; allein in Peking wurden Tausende rekrutiert. Der hemmungslose Einsatz von Gewalt wirkte wahre Wunder, und die Mitgliedschaft der Bewegung schmolz rasch dahin. Am 20. Juli 2001, dem zweiten Jahrestag des Verbots, erschien nur noch eine Handvoll verlorener Demonstranten auf dem Platz.[80]

Das Regime nutzte außerdem die Gelegenheit, auch andere religiöse Organisationen zu disziplinieren. Für Jiang Zemin war die Religion eine Bedrohung des Sozialismus, und er hatte gleich nach seinem Amtsantritt im Jahr 1989 einen fanatischen Kreuzzug gegen sie geführt. Wie bei vielen anderen politischen Kampagnen, etwa dem Kampf gegen das Verbrechen oder die Korruption, hörte die Verfolgung nie ganz auf, sondern wurde je nach Bedarf und Gelegenheit immer wieder abgeschwächt oder intensiviert.

Etwa vierzigtausend chinesische Christen praktizierten in geheimen Hauskirchen ihre Religion, und die Staatsführung betrachtete ihre Zusammenkünfte als potenzielle Gefährdung ihrer Autorität. Wenige Monate nach dem neuen Gesetz gegen Falun Gong wurden zehn Untergrundkirchen als »bösartige Sekten« gebrandmarkt und mehr als hundert ihrer führenden Mitglieder verhaftet und in Arbeitslager geschickt.[81]

Der Kampf gegen die Religion breitete sich im folgenden Jahr weiter aus. Allein in der Provinz Zhejiang wurden etwa 1200 Tempel, Kirchen und Ahnenhallen abgerissen oder in die Luft gesprengt. Die Stadt Wenzhou, die inzwischen sieben Millionen Einwohner hatte, war mit etwa zweihundert Kirchenschließungen hart getroffen; unter anderem wurde eine vierhundert Quadratmeter große Kirche gesprengt. Gelegentlich wehrte sich die Lokalbevölkerung, obwohl sie völlig chancenlos war. Als die Behörden die Zerstörung eines 1986 errichteten Tempels planten, wurde das Gebäude von einer großen Menschenmenge besetzt und bewacht. Doch der Widerstand war für die lokalen Sicherheitskräfte kein Problem.[82]

Auch Parteimitglieder wurden in Bezug auf ihre religiösen Überzeugungen überprüft. Der Marxismus, erklärte Jiang Zemin am 1. Juli 1999, sei der »geistige Ballast«, der Parteimitglieder davor bewahre, in feudalen Aberglauben oder Anbetung des Geldes abzudriften. China sei zum Untergang verurteilt, wenn die Parteimitglieder den Glauben an den Kommunismus verlören. Ein paar Wochen darauf wies das Zentralkomitee gemeinsam mit dem Propagandaministerium alle Parteimitglieder an, dialektischen Materialismus und Atheismus zu studieren, um den gefährlichen und weit verbreiteten Einfluss von Falun Gong in der Partei zu bekämpfen.[83]

Die Kampagne hatte die Bezeichnung »Drei Betonungen«: Betonung des marxistischen Kanons, Betonung der Politik und Betonung der persönlichen Rechtschaffenheit. Hu Jintao, inzwischen offenbar Jiang Zemins designierter Nachfolger, übernahm die Leitung der Kampagne. Doch es war nicht ganz ausreichend, allein die Ideologie der Partei zu stärken. Auch ihre Organisation musste gestärkt werden. Im marxistischen Jargon wurde dies als »Parteiaufbau« bezeichnet. Dieser war laut Jiang Zemin in der Hast des schnellen Wirtschaftswachstums vernachlässigt worden, weshalb die Überwachung der Parteimitglieder ebenfalls vernachlässigt worden war. Das Gegenstück zur Leitlinie der »Drei Betonungen« war das sogenannte »Dreifache Vertreten«, das im Mai 2000 erstmals propagiert wurde. Ghostwriter des Konzepts war Wang Huning, der doktrinäre Ideologe, der einige Jahre zuvor bereits Jiang Zemins Rede »Über die korrekte Behandlung der Zwölf wichtigsten Beziehungen« verfasst hatte.[84]

Zwar wusste kaum jemand genau, was das »Dreifache Vertreten« zu bedeuten hatte, doch im Allgemeinen wurde die Formulierung so verstanden, dass die Partei ihre Macht nicht vergeuden und dafür sorgen sollte, dass sie in sämtlichen Lebensbereichen an der Spitze blieb. Dazu gehörte sowohl die »fortschrittliche Kultur« des Landes als auch »das grundlegende Interesse der Mehrheit des Volkes«. Und ein drittes Prinzip lautete, dass die Partei »für die fortschrittlichsten Produktivkräfte« des Landes stehen sollte. Ausländischen Experten blieb vor Bewunderung der Mund offen stehen, weil das »Dreifache Vertreten« auch den Beschluss beinhaltete, private Geschäftsleute nicht mehr von einer Mitgliedschaft in der Partei auszuschließen. Dennoch war die Kampagne in typisch Orwellschem »Neusprech« darauf angelegt, die Macht des Staates zu erweitern und nicht etwa zu reduzieren, schon gar nicht, was den privaten Sektor betraf. Wenn Zehntausende von Staatsunternehmen Aktiengesellschaften wurden und dabei Millionen Arbeitskräfte entließen, wollte die Partei unbedingt die Kontrolle behalten. »Dreifaches Vertreten« bedeutete, dass auch in Privatunternehmen Parteizellen gegründet werden mussten, die das Unternehmen einer engeren Überwachung durch die Partei unterwarfen. Die Parteizellen sollten »die Arbeit der Privatunternehmen vereinheitlichen, instruieren und leiten«. Sie sollten außerdem sicherstellen, dass die Unternehmen sich »an die Gesetze hielten« und zudem die »Politik der Partei unterstützten und zu »Staat und Gesellschaft ihren Beitrag leisteten«, wie Jiang Zemin verkündete.[85]

Zum Start der Kampagne »Dreifaches Vertreten« besuchte Jiang Zemin im Mai 2000 Wenzhou. Etwa achtzig Prozent der Industrieproduktion dieses industriellen Mekkas kamen aus dem privaten Sektor, aber nur zwei Prozent der Arbeiter in den privat geführten Fabriken waren Parteimitglieder. Der Generalsekretär gab klare Anweisungen, als er die Stadt verließ: In jedem Privatunternehmen musste eine Parteizelle aufgebaut werden, denn: »Wenn wir in diesen Unternehmen nicht ordentliche Parteistrukturen aufbauen, geben wir die Führungsposition der Partei auf.«[86]

Weitere Besucher folgten, auch Hu Jintao und Funktionäre der Organisationsabteilung der Kommunistischen Partei. Ein Jahr darauf war Wenzhou eine der ersten Städte, wo einige private Geschäftsleute offiziell in die Partei aufgenommen wurden. Unter ihnen war auch Zhou Dahu, der Besitzer einer Fabrik, die Tiger-Feuerzeuge herstellte. Man hatte ihn sorgfältig überprüft, und er brannte darauf, sich als vorbildlicher Kommunist zu beweisen. Als ihn die Funktionäre aus der Organisationsabteilung fragten, was er mit seinem Reichtum anzufangen gedenke, gab er die richtige Antwort: »Ich sagte, letztlich gehört alles der Partei«. Zhou wurde einer der ersten »roten Kapitalisten« des Landes.[87]

Das »Dreifache Vertreten« festigte die Vorrangstellung der Partei in der Ordnungspolitik noch stärker. Ein klassisches leninistisches Prinzip lautete, dass die Partei von der Partei, nicht jedoch von irgendeiner außenstehenden Institution, geschweige denn von einem unabhängigen Justizsystem, überwacht werden sollte. Laut Wen Jiabao stand die Vorschrift, dass »die Partei die Partei überwacht«, in der Präambel der Verfassung. Wenn die Partei sowohl ihre Ideologie als auch ihre Organisation stärkte, war sie in der Lage, sämtliche Geschäfte, im staatlichen Sektor wie auch außerhalb, genauer zu überwachen und strenger zu regulieren.[88]

Dennoch waren ein paar eingefleischte Maoisten, darunter auch der inzwischen 86-jährige Deng Liqun darüber empört, dass die Partei Unternehmer aufnahm. Für Yuan Mu, der mehr als zehn Jahre zuvor als Sprecher der Regierung Vorträge für Studenten gehalten hatte, war das Ereignis ein Versuch, »den Kapitalismus wieder einzuführen«. Als zwei Parteizeitungen einige dieser kritischen Ansichten veröffentlichten, befahl Jiang Zemin wutentbrannt, sie zu schließen: Sie hatten sich nicht an den Grundsatz gehalten, dass die Partei bei der Förderung »fortschrittlicher Kultur« eine führende Rolle spielen sollte. Jiang machte auch das Studium des »Dreifachen Vertretens« jedem Parteimitglied zur Pflicht.[89] Auf dem Sechzehnten Parteitag im November 2002 wurde das »Dreifache Vertreten« in die Satzung der Partei aufgenommen und bekamen damit als ideologische Richtschnur der Partei denselben Rang wie die Mao-Zedong-Ideen und die Deng-Xiaoping-Theorie.

★

Am Freitag, dem 7. Mai 1999, weniger als zwei Wochen, nachdem zehntausend praktizierende Mitglieder von Falun Gong die chinesische Staatsführung umzingelt hatten, warfen mehrere Tarnkappenbomber über Belgrad fünf Lenkbomben ab. Sie trafen das südliche Ende der chinesischen Botschaft. Der mitternächtliche Angriff zerstörte das Büro des Militärattachés, doch das nördliche Ende des Botschaftsgeländes blieb unversehrt – auch der Mercedes des Botschafters und vier Blumentöpfe. Bei den Bombenangriffen auf Jugoslawien, die die NATO nach dem Scheitern der Friedensgespräche zur Beendigung der Verfolgung ethnischer Albaner im Kosovo durchführte, wurden Hunderte von Luftabwehrstellungen, Kommandozentralen der Armee und andere militärische Ziele getroffen. Der amerikanische Verteidigungsminister William Cohen bezeichnete die Angriffe als »den präzisesten Einsatz von Luftmacht in der Geschichte«. Doch der Angriff auf die chinesische Botschaft entpuppte sich als tragischer Fehler aufgrund falscher Informationen, die aus einer veralteten Karte stammten. Drei chinesische Journalisten kamen ums Leben und zwanzig Menschen wurden verletzt. In einer Stellungnahme der NATO vom selben Tag hieß es, man habe die Botschaft nicht bombardieren wollen (genauso wenig wie einen Klinikkomplex und einen Marktplatz in Niš) und man bedaure den angerichteten Schaden und den Verlust von Menschenleben.[90]

Peking verurteilte sofort den »barbarischen« Angriff und das »verbrecherische Verhalten« der NATO. Zeitungen und andere Medien stießen in dasselbe Horn und bezeichneten den Bombenangriff als einen sorgfältig geplanten kriegerischen Akt, der die wirtschaftliche Entwicklung Chinas behindern solle, indem man es zu erhöhten Militärausgaben zwinge. China, so der Vorwurf, sei für seine Unterstützung Jugoslawiens bestraft worden. Die Vereinigten Staaten versuchten China im Zaum zu halten, »indem sie Berge erschütterten, um den Tiger zu erschrecken«.[91]

Sofort gab es wütende Massendemonstrationen. In Peking marschierten Zehntausende empörter Studenten zur amerikanischen Botschaft und bewarfen das Gebäude mit Steinen, Flaschen und Abfällen. Passanten jubelten, als sie sie die amerikanische Flagge verbrannten. In Chengdu wurden aus einer riesigen Menschenmenge selbstgebastelte Benzinbomben auf das amerikanische Konsulat geworfen, sodass auf dem Grundstück ein Feuer ausbrach. Ähnliche Szenen spielten sich auch in Schanghai, Hangzhou und Guangzhou ab. Auch amerikanische Firmen wurden angegriffen. In Changsha, der Hauptstadt der Provinz Hunan, demolierte ein wütender Mob ein McDonald's und zwei Kentucky Fried Chicken Restaurants. Vizepräsident Hu Jintao solidarisierte sich in einer seiner seltenen Fernsehansprachen mit den Demonstranten und erklärte auf seine hölzerne Art, dass »die Regierung in Übereinstimmung mit dem Gesetz alle legalen Proteste unterstützt und beschützt«. Abgesehen von gelegentlichem Schieben und Schubsen begegneten sich Polizisten und Demonstranten dieses eine Mal offenbar durchaus friedlich.[92]

Präsident Bill Clinton entschuldigte sich am 10. Mai öffentlich für den Angriff und sprach den Opfern und ihren Familien sein »tiefes Beileid« aus. *Renmin Ribao* erwähnte die Entschuldigung nicht und behauptete weiterhin, es habe sich um einen absichtlichen Angriff gehandelt. »China lässt sich nicht einschüchtern!«, lautete die Überschrift des Leitartikels auf der Titelseite.[93]

Die Ansicht, dass China sich nicht einschüchtern lassen sollte, wurde im ganzen Land von vielen geteilt, auch von der Führung. Am Tag nach dem Bombenangriff hatte Jiang Zemin den Ständigen Ausschuss des Politbüros einberufen und gesagt, der Angriff sei »ganz bestimmt nicht zufällig« erfolgt. »Sie zeigen es nicht, aber tief in ihren Knochen haben sie einen tödlichen Hass auf uns« fuhr er fort und kam auf die Bedrohung zu sprechen, die die Vereinigten Staaten für das Land darstellten. Belgrad sei eine Lektion: »Wir müssen die Wirtschaftskraft, die militärische Stärke und die nationale Einheit unseres Landes weiter steigern. Wir müssen unsere Vorbereitungen auf einen militärischen Konflikt intensivieren.« Er schloss mit der Parole: »China lässt sich nicht einschüchtern!«[94]

Am folgenden Tag, dem 9. Mai, tagte der Ständige Ausschuss erneut. Dieses Mal berief sich Jiang Zemin auf Deng Xiaopings Leitsatz: »Übe dich in Bescheidenheit und Zurückhaltung«. Man brauche mehr Zeit, erklärte er, auch wenn sich der Abstand zwischen China und den Vereinigten Staaten verringert habe. »Wir müssen die Vereinigten Staaten bekämpfen, aber nicht bis zu dem Punkt, wo wir die Beziehung abbrechen«, sagte er. »Wir müssen uns der WTO (Welthandelsorganisation) anschließen, ohne ihren Forderungen nachzugeben«, fuhr er fort. Die Aufrechterhaltung der gesellschaftlichen Stabilität sei von überragender Bedeutung, da feindliche ausländische Kräfte nur allzu sehr darauf brannten, die Unruhen auszunutzen, um eine politische Verschwörung durchzuführen, mit der sie China »verwestlichen« und »das Land spalten« wollten.[95]

Der Bombenangriff war ein Wendepunkt, weil Jiang Zemins Botschaft von einem antagonistischen kapitalistischen Lager, das darauf aus sei, eine aufsteigende sozialistische Macht zu zerstören, nunmehr unablässig wiederholt wurde. So warnten Jiang Zemin und Zhu Rongji auf einer im April 2001 einberufenen Nationalen Sicherheitskonferenz vor der »Subversion und Infiltration durch feindliche ausländische Kräfte« und insbesondere vor deren Versuch, »das Land zu spalten«. Echte Diktaturen gab es laut Jiang nur im Westen, wo die kapitalistische Klasse seit Jahrhunderten herrschte, indem sie alle Institutionen in ihrem eisernen Griff hielt. »Die Regierung, die Gerichte, die Polizei und die Armee. Im Westen nutzen sie die Legislative und die Exekutive sowie moderne Technologie, um eine Diktatur aufrechtzuerhalten.«[96]

Dieselbe Vorstellung einer tief verwurzelten Feindschaft wurde auf allen Regierungsebenen propagiert. So verkündete Jiang Jufeng, der Parteisekretär von Chinas liberalster Stadt Wenzhou, am achtzigsten Geburtstag der Kommunistischen Partei im Sommer 2001, dass »feindliche Kräfte im Westen es nicht gern sehen, dass ein sozialistisches China wächst und stärker wird«, und dass sich deren Strategie, »das Land zu spalten und zu verwestlichen, niemals ändern wird«.[97]

Am 14. Mai gelang es Bill Clinton endlich, Jiang Zemin zu erreichen und sich nochmals telefonisch bei ihm zu entschuldigen. Der chinesische Propaganda-Apparat stellte das Gespräch als »schweren Schlag gegen die arrogante Hegemonie Amerikas« dar. Es gab einen Silberstreif am Horizont: nationale Einheit und Patriotismus. »Wir haben das Volk in patriotischer Erziehung weiter vereint«, verkündete das Zentralkomitee später in einer geheimen Direktive, denn die »große Mehrheit der Menschen« könne nun sogar mit noch größerer Klarheit den heuchlerischen Charakter von »Menschenrechten«, »Humanismus«, »Freiheit« und »Demokratie« erkennen – der hohlen Werte, mit denen das imperialistische Lager hausieren gehe.[98]

Das Zentralkomitee hatte gar nicht so unrecht: Die Studenten, die die amerikanische Botschaft in Peking angriffen, unterschieden sich tatsächlich deutlich von ihren Vorgängern. Die patriotische Erziehung, die ein

Jahrzehnt zuvor eingeführt worden war, hatte sich in allen Bereichen der Parteipropaganda durchgesetzt, von Schulbüchern und Radioprogrammen bis zur Unterhaltung im Fernsehen. Es gab hundert patriotische Filme, hundert patriotische Lieder, hundert patriotische Bücher, alle, wie der Staat es vorschrieb. Als Karoline Kan in den 1990er Jahren zur Schule ging, standen in allen Klassenräumen patriotische Zitate an der Tafel und Parolen an den Wänden. Wie alle kleinen Kinder musste auch Karoline unablässig dasselbe Mantra wiederholen: »Liebe das Land, liebe das Volk und liebe die Kommunistische Partei.« »Ich wurde ständig zur Loyalität aufgefordert. Nur die Partei könne das Leben der Chinesen verbessern und China vor der Bedrohung durch feindliche Länder wie Japan und Amerika schützen.« Nach dem Bombenangriff in Belgrad wurde die Nationalflagge vor ihrer Schule auf Halbmast gesetzt, und der Direktor hielt den versammelten Schülern einen Vortrag über die Übel des amerikanischen Imperialismus. Einige Freiwillige klebten später antiamerikanische Plakate vor Schulen, Einkaufszentren, Postämtern und Krankenhäusern.[99]

Nach der Woche mit den von der Regierung angeheizten Demonstrationen folgte ein Boykott amerikanischer Produkte. In Peking wurden zwei amerikanische Filme abgesetzt und durch patriotischere Filme über den Koreakrieg ersetzt. Doch der Kampagne begann nach ein paar Tagen die Luft auszugehen. Fremdenfeindliche Parolen zu rufen war eine Sache, doch der Verzicht auf begehrte Produkte, vom Nike-Turnschuh bis zum Hamburger von McDonald's, stand auf einem anderen Blatt. Auch die Staatsführung ging allmählich zu den Demonstrationen auf Distanz. Die Asche der drei in Belgrad getöteten Journalisten wurde nach China überführt und Bill Clintons Entschuldigung im landesweiten Fernsehen übertragen. Am 11. Mai drängte das chinesische Außenministerium die Vereinigten Staaten, den Beitritt Chinas zur Welthandelsorganisation voranzutreiben, und in einem Leitartikel der einflussreichen Wirtschaftszeitung *Diyi caijing ribao* hieß es, Washington könne für den Bombenangriff Wiedergutmachung leisten, wenn es die Gespräche über den Beitritt Pekings in die WTO (Welthandelsorganisation) beschleunige.[100]

9 »Going Global« 2001–2008

Am 15. November 1999, sechs Monate, nachdem eine wütende Menge die amerikanische Botschaft in Peking belagert hatte, war das Botschaftsgelände erneut umzingelt, diesmal jedoch von Kamerateams, die unbedingt den Moment der Unterzeichnung eines Abkommens zwischen China und den Vereinigten Staaten festhalten wollten. Der »United States – China Relations Act« aus dem Jahr 2000 garantierte der Volksrepublik China dauerhafte normale Handelsbeziehungen mit den USA – eine Regelung, die man früher als Meistbegünstigungsstatus bezeichnet hatte. Sie ebnete den Weg für Chinas Mitgliedschaft in der Welthandelsorganisation (WTO) am 11. Dezember 2001.

Der Zeitpunkt hätte nicht günstiger gewählt sein können. Viele der wirtschaftlichen Probleme, die der Ministerpräsident Zhu Rongji seit seinem Amtsantritt zu lösen versuchte, erwiesen sich als sehr viel hartnäckiger, als er erwartet hatte. Trotz eines umfangreichen Programms von Fusionen und Übernahmen, das mit massiven Subventionen und weiteren Kreditaufnahmen verbunden war, schrieben die Staatsunternehmen noch immer rote Zahlen. Auf dem Land stellten noch immer Millionen dörflicher Unternehmen Produkte her, die nicht mit Gewinn verkauft werden konnten. Die Überkapazität war so stark, dass 2001 die Deflation zurückkehrte. Sie wurde vorsichtig auf drei Prozent geschätzt, wenngleich einige Experten vermuteten, dass sie in Wirklichkeit viel höher war, aber durch die hohen Preise für Dienstleistungen wie beispielsweise Bankdienstleistungen verschleiert wurde.[1]

Die ländlichen Banken, die lokale Unternehmen durch Kredite unterstützten, waren technisch insolvent, deshalb war ein massives Eingreifen der Zentralbank erforderlich geworden. Auch vier staatliche Banken waren durch faule Kredite so stark geschädigt, dass sie mit 270 Milliarden Yuan rekapitalisiert werden mussten. In weiten Teilen des Landes konnte die Regierung ihre Bediensteten nicht pünktlich bezahlen. Um die Wirtschaft auf dem Land in Schwung zu halten, investierte sie mehr Geld in Infrastrukturprojekte wie den Bau von Straßen, Brücken und Dämmen und legte zusätzlich zu den ursprünglich geplanten 150 Milliarden Yuan weitere Staatsanleihen auf. Doch im Jahr 2000 waren die Kassen so gut wie leer, und die Banken steckten so tief in roten Zahlen, dass sie praktisch insolvent waren. In einer Studie von Ernst & Young wurde der Gesamtbetrag der nicht gedeckten Kredite im Finanzsystem auf 44 Prozent des gesamten Kreditvolumens geschätzt, was 480 Milliarden Dollar oder 48 Prozent der chinesischen Jahresproduktion von einer Billion Dollar entsprach.[2]

Nach Angaben der Weltbank hatte im Jahr 1976 das chinesische Bruttoinlandsprodukt pro Kopf der Bevölkerung gerechnet weltweit auf Platz 123 rangiert. Im Jahr 2001, nachdem ein Vierteljahrhundert lang das Wirtschaftswachstum unablässig hervorgehoben worden war, war es auf Platz 130 zurückgefallen. Vom Internationalen Währungsfonds kamen leicht abweichende Zahlen, aber auch er wies darauf hin, dass der chinesische Pro-Kopf-Output insgesamt kaum mit dem Rest der Welt Schritt gehalten hatte. Angesichts des Mangels an Transparenz und des Fehlens ordentlich ausgebildeter Buchhalter, die unabhängig von der Regierung operiert hätten, waren die Zahlen vermutlich zweifelhaft, ließen aber dennoch den Schluss zu, dass die von manchen Ausländern als Wirtschaftswunder gefeierte Entwicklung extrem langsam verlief.

Hinter den Zahlen verbarg sich außerdem ein strukturelles Problem: Der Anteil der privaten Haushalte an der Bruttoinlandsproduktion war einer der niedrigsten, den eine große Volkswirtschaft in der modernen Geschichte je aufgewiesen hatte. Die große Mehrheit der Chinesen, vor allem die einfachen Menschen auf dem Lande, arbeiteten sehr hart, profitierten aber nur von einem unverhältnismäßig kleinen Teil des Wachstums. Sie mussten so viel wie möglich sparen, um über die Runden zu kommen, und außerdem überhöhte Gebühren für grundlegende Dienstleistungen wie Schulen und Krankenhäuser zahlen. Trotz sinkender Preise wollten oder konnten sie nicht mehr Geld ausgeben. Sie konnten ihre Ersparnisse bei staatlich kontrollierten Banken einzahlen oder die vom Staat ausgegeben Anleihen kaufen. Auch von Privatunternehmen konnten sie Aktien kaufen, aber Betrug und Korruption waren so verbreitet, dass nur wenige Dorfbewohner bereit waren, das Risiko einzugehen.

Dennoch hatte China Deng Xiaopings Ziel erreicht, die Größe seiner Volkswirtschaft bis zur Jahrhundertwende zu viervierfachen, und das Land war dadurch ein wichtiger, nicht mehr zu ignorierender Akteur im Welthandel geworden. Obwohl die unter Jiang Zemin und Zhu Rongji geschaffenen Aktien-, Rohstoff- und Anleihemärkte eher von der Hand des Staates als von den Kräften des Marktes getragen wurden, vermittelten sie den Eindruck, als befinde sich das Land eindeutig auf dem Weg von der Plan- zur Marktwirtschaft. Als ab 1997 durch die Börsengänge in New York sogar Fusionen und Übernahmen von Staatsunternehmen gefördert wurden, erschien die Zukunft des privaten Sektors strahlender denn je. Insbesondere waren die Mitglieder der Welthandelsorganisation (WTO) von Zhu Rongjis Versprechen beeindruckt, die heißbegehrte Aufnahme in die WTO werde die chinesischen Wirtschaftsreformen beschleunigen, weil sie den staatlichen Sektor verstärkter Konkurrenz aussetze. Wie Zhus stellvertretender Finanzminister Jin Liqun feststellte, »wirkt die WTO-Mitgliedschaft wie eine Abrissbirne, die alles zertrümmert, was vom alten Gebäude der Planwirtschaft noch übrig ist«. Immer wieder wurde von neuem zugesichert, die Rechtsstaatlichkeit zu verbessern, die Rechte am geistigen Eigentum zu stärken und eine transparentere Regierungsleitung einzuführen.[3]

Die WTO begrüßte Chinas Zusage, die Einfuhrzölle zu senken, die staatlichen Subventionen zu kürzen und andere Handelshemmnisse abzuschaffen, um damit den Zugang zu seinem Markt von den Finanzdienstleistungen bis zur Telekommunikationsindustrie zu erleichtern. So stark war die Überzeugung, dass die WTO-Mitgliedschaft zu mehr Reformen führen würde, dass man China den Beitritt ermöglichte, ohne dass es seinen Wechselkurs freigeben, seine Kapitalbilanz konvertibel machen oder seine Staatsunternehmen reformieren musste.

Es gab durchaus Gegner des Abkommens, insbesondere Gewerkschaften, die wegen möglicher Arbeitsplatzverluste besorgt waren, und Menschenrechtsgruppen, die wegen Chinas schlechter Bilanz beunruhigt waren: »Wie kann es freien Handel ohne ohne freie Gewerkschaften geben?«, fragte ein Gewerkschaftler. Andere Gegner fürchteten massenhafte Produktfälschungen und erzwungenen Technologietransfer sowie das Risiko und die Kosten, in einem Land mit endemischer Korruption Geschäfte zu machen. Peter Humphrey, ein in Schanghai ansässiger Experte für Risikomanagement, der später wegen angeblicher Spionage festgenommen wurde, nannte die Beitrittsvereinbarung »einen Honigtopf voll klebriger Versprechungen«, und verwies auf den chaotischen Rechtsrahmen. Einige fragten sich, wie Gerichte unabhängig entscheiden konnten, wenn deren Richter Parteimitglieder waren und vom lokalen Parteisekretär ernannt wurden. Auch die Fähigkeit des Regimes, in allen Provinzen und Städten des riesigen Landes seinen Willen durchzusetzen, wurde angezweifelt, ganz zu schweigen von den »unabhängigen Königreichen« lokaler Machthaber, die die Vorschriften aus Peking schon früher so erfolgreich hintertrieben oder abgewehrt hatten.[4]

Doch die Verlockung eines riesigen Marktes siegte. Alle Wirtschaftszweige, von der Landwirtschaft bis zur Industrie, wollten mehr Produkte nach China verkaufen. Jahrelang hatten sich multinationale Firmen um einen besseren Zugang bemüht. Sie alle, vom Telekommunikationsunternehmen über die Versicherungsgesellschaft bis zur Halbleiterfabrik freuten sich nun über die Aussicht, den letzten unerschlossenen Markt der Welt zu erobern. Einige Privatbankiers spekulierten sogar, dass die vielen Chinesen, die bis jetzt keine andere Wahl hatten, als ihre Ersparnisse bei lokalen Banken anzulegen, ihr Geld alle auf einen Schlag abziehen und es bei der ausländischen Konkurrenz anlegen könnten, was den staatlichen Sektor in den Bankrott treiben würde.

Auch Wirtschaftswissenschaftler meldeten sich zu Wort und wiesen darauf hin, dass das Abkommen das Handelsbilanzdefizit zwischen den Vereinigten Staaten und China verringern würde. Laut Nicholas Lardy, Chinaspezialist an der »Brookings Institution«, hatten chinesische Unternehmen bereits unbegrenzten Zugang zum amerikanischen Markt. Nun aber werde die Volksrepublik ebenfalls verpflichtet, ihre Tore zu öffnen und ihre Zölle zu senken, wodurch der chinesische Beitritt für amerikanische Unternehmen höchst profitabel werde. Fred Bergsten, ein Wirtschaftswissenschaftler, der unter Henry Kissinger als Assistent für internationale ökonomische Beziehungen gedient hatte, berechnete sehr genau, dass die Ausfuhren aus den Vereinigten Staaten nach China um 3,1 Milliarden Dollar steigen würden. Dazu schrieb ein Kommentator: »Sie geben. Wir nehmen. Was gibt es da nicht zu mögen?« Beobachter in den Vereinigten Staaten hielten den Beitritt für »ein Kinderspiel«.[5]

Die Ökonomen verfügten nicht nur über die ausgeklügelten Instrumente, mit denen sie das künftige Handelsbilanzdefizit der Vereinigten Staaten mit wissenschaftlicher Präzision vorhersagen konnten, sondern sie konnten auch mit großer Zuversicht über die Entfaltung breiterer historischer Kräfte sprechen. Ganz ähnlich wie Karl Marx den Zusammenbruch des Kapitalismus vorausgesagt hatte, erwarteten einige von ihnen die unvermeidliche Ausbreitung freier Gesellschaften im Gefolge des Freihandels. Auf die politischen würden ökonomische Reformen folgen, das war so sicher wie das Amen in der Kirche. Ein Wissenschaftler rechnete aus, dass China »etwa im Jahr 2015« eine Demokratie werden würde. Die Politiker waren vorsichtiger, aber sowohl bei den Demokraten als auch bei den Republikanern glaubten viele, Zeugen der folgenschweren Umwandlung einer staatlich kontrollierten Wirtschaft in eine Marktwirtschaft zu werden, die Peking klare Regeln auferlegen würde.[6]

Diese Ansicht war weit verbreitet. Wenngleich unilaterale Handelssanktionen gegen Länder, die die Menschenrechte verletzten, in der Welthandelsorganisation verboten sind, äußerten sich sogar einige Demokratie-Aktivisten vorsichtig optimistisch. In New York spekulierte Human Rights Watch, dass sich durch die Mitgliedschaft »der Druck in Bezug auf mehr Offenheit, mehr Pressefreiheit, mehr Arbeitnehmerrechte und eine unabhängige Justiz erhöhen« könnte. In Hongkong schloss sich der pro-demokratische Abgeordnete Martin Lee dem Chor der Optimisten an und meinte, dass der Beitritt »den Weg für baldige Fortschritte hinsichtlich der Rechtsstaatlichkeit in China bahnen könnte«.[7]

★

Innerhalb von weniger als einem Jahr stieg der chinesische Überschuss im Handel mit den Vereinigten Staaten massiv auf beinahe elf Milliarden Dollar im Monat. Bis 2008 betrug er mehr als 266 Milliarden Dollar, da China Güter im Wert von 338 Milliarden Dollar exportierte, aber nur 71,5 Milliarden für Importe ausgab. Die Vereinigten Staaten waren nicht der einzige Staat, dem es so erging. In Mexiko, wo Kleidung, Schuhe und Elektronik produziert wurden, stieg das Handelsbilanzdefizit zwischen 2000 und 2007 um das Zehnfache, und das Land sah sich veranlasst, bei der WTO eine Beschwerde einzureichen. Insgesamt stieg die Handelsbilanz zwischen China und anderen Mitgliedern der WTO von 28 Milliarden Dollar im Jahr 2002 auf 348 Milliarden Dollar im Jahr 2008.[8]

Seit 1976 hatte China hartnäckig immer dieselbe Strategie verfolgt, nämlich ausländische Investitionen anzulocken, seine Produktionskapazität zu erhöhen und die Produkte ins Ausland zu exportieren, um Arbeitsplätze zu schaffen und die Rücklagen im eigenen Land zu vergrößern. Wenige Monate nach Unterzeichnung des Abkommens mit den Vereinigten Staaten im November 1999 stiegen die Auslandsinvestitionen in China sprunghaft an, und der stete Niedergang, der die chinesische Wirtschaft seit dem Beginn der Finanzkrise von 1997 beeinträchtigt hatte, machte einem Aufschwung Platz. Dies war der erste spürbare Nutzen der Entscheidung, in die Welthandelsorganisation einzutreten. Selbst als sich die Weltwirtschaft nach den koordinierten terroristischen Angriffe auf die USA am 11. September 2001 verlangsamte, flossen immer noch Investitionen in nie gekanntem Ausmaß nach China; sie stiegen in diesem Jahr um 15 Prozent auf 47 Milliarden Dollar. China war ein Magnet für das internationale Kapital, und seine Anziehungskraft sollte weiterhin zunehmen.[9]

Der Zustrom an ausländischem Kapital kam zu den massiven Überkapazitäten hinzu. Im Jahr 2001 war China in der Lage, jährlich sechsunddreißig Millionen Fernsehapparate zu produzieren, konnte aber nur fünfzehn Millionen absetzen. Es stellte zwanzig Millionen Kühlschränke her, obwohl die Binnennachfrage bei zwölf Millionen stagnierte. Jahrzehntelang hatten sowohl die Zentralregierung als auch lokale Funktionäre das Wirtschaftswachstum um jeden Preis gefördert und den Unternehmen starke Anreize geliefert, weiter zu produzieren, selbst wenn sie keine Gewinne machten. Nur wenige Fabriken wurden jemals zur Schließung gezwungen, was zu mehr Krediten, mehr Schulden und mehr unverkauften Waren führte – Waren, deren Bandbreite sich von Stahl und Zement über Ventilatoren und Fahrräder bis zu Matratzen erstreckte. Günstige Kredite, verhätschelte Unternehmen und Lagerhäuser, die mit ungewollten Gütern vollgestopft waren, all das gehörte zusammen. Eine unausgewogene Produktion war typisch für die Planwirtschaft: Der Staat gab Ziele vor und die Parteifunktionäre überschlugen sich förmlich, um einander bei der Erfüllung und Übererfüllung des Plans zu übertreffen, was in manchen Bereichen Verschwendung und in anderen riesige Defizite verursachte. Durch die Welle von Auslandsinvestitionen entstanden nun sogar noch mehr Fabriken mit noch mehr Ausrüstung und einer noch größeren Produktionskapazität. Bis 2005 waren ungefähr neunzig Prozent aller Industriegüter in chronischem Überangebot.[10]

Da das Angebot weit größer als die Nachfrage war, fielen die Preise, eine wichtige Ursache der 29 Monate währenden Rekorddeflation. Sie klang im März 2000 ab, doch die Überkapazitäten waren so groß, dass die Preise im Jahr 2001 erneut sanken. Ein Überangebot an billigen Arbeitskräften verstärkte den Trend noch, nachdem durch die mehrere Jahre lange Phase von Fusionen und Übernahmen Zehntausende ihre Arbeit verloren hatten. Die Preise für chinesische Motorräder fielen um ein Drittel, die für Videoplayer um zwanzig bis dreißig Prozent. Bei einer großen Bandbreite von Produkten konkurrierten die Hersteller gegeneinander, indem sie rücksichtslos die Preise senkten. Tatsächlich verkauften viele unter den Produktionskosten. Um zu überleben hatten sie nur eine Möglichkeit: die Exporte nach Übersee zu steigern.[11]

Die billigen Exporte in Verbindung mit einer schwachen Weltwirtschaft führten auch im Rest der Welt zu einer Deflation. Asien war zuerst betroffen, aber selbst in den Vereinigten Staaten fiel der Verbraucherpreisindex im Jahresvergleich so stark wie seit der Großen Depression in den 1930er Jahren nicht mehr, abgesehen von einem kurzen Einbruch im Jahr 1955. Im Juni 2002 kostete ein durchschnittliches Kleid genauso viel, wie es 1984 gekostet hatte. In einer Vielzahl von Bereichen, vom Golfschläger bis zum Fernsehapparat, stürzten die Preise ab, beispielsweise bei den PCs bis zu dreißig Prozent.[12]

Die Verbraucher hätten sich eigentlich freuen müssen, doch die durch Chinas gewaltigen Export entfesselten deflationären Kräfte verursachten einen massiven Einbruch der Unternehmensgewinne, was wiederum Lohnkürzungen und Entlassungen zur Folge hatte. Hersteller auf der ganzen Welt standen vor einer schweren Entscheidung. Sie konnten nicht mit den billigen Arbeitskräften in China konkurrieren, wo eine Armee von über hundert Millionen Wanderarbeitern nach Lust und Laune eingestellt und wieder entlassen werden konnte. Deshalb hatten sie nur die Wahl, unterzugehen oder selbst nach China zu gehen.

Ausländische Unternehmen kamen in Scharen in das gelobte Land, lagerten über Subunternehmer Arbeit aus oder eröffneten eigene Fabriken. Nach dem Handelsabkommen, das Bill Clinton Ende 1999 schloss, verließen innerhalb von nur zwei Jahren mehr als fünfhundert Firmen, die nicht in mexikanischem Besitz waren, ihren Sitz in Mexiko und wechselten in die Volksrepublik. So etwa ein Golfschlägerhersteller aus Tijuana, wo ein neuer Arbeiter eineinhalb bis zwei Dollar in der Stunde verdiente – im Vergleich zu nur 25 Cents pro Stunde in manchen chinesischen Regionen. In den Vereinigten Staaten waren die Kosten sogar noch höher. Dort schlossen in Teilen von Ohio, Illinois, Colorado und Massachusetts so viele Fabriken, dass bis 2004 ganze Industriezentren – darunter einige mit attraktiven Fabrikgebäuden aus Backstein und jahrhundertealten Steingebäuden – ausgehöhlt wurden. Zwar wurden auch Arbeitsplätze nach Indien, Mexiko und Kanada verlagert, aber die überwiegende Mehrheit ging nach China. Die Vereinigten Staaten und Mexiko gehörten zu den ersten Ländern, die ihre Produktion verlagerten, aber andere folgten schon bald ihrem Beispiel. So eröffnete 2004 fast jede Woche eine neue japanische Fabrik in China, was nicht nur in Japan, sondern auch in Südostasien auf Kosten der dort ansässigen Betriebe und Arbeiter ging.[13]

Schon 2003 wurden etwa siebzig Prozent der von Wal-Mart verkauften Waren in China beschafft. Unter Druck gesetzte Hersteller aus einer ganzen Reihe von Bereichen schrien: »Foul!« und verlangten, dass bei der Welthandelsorganisation eine offizielle Beschwerde eingereicht werde. Demgegenüber waren amerikanische Firmen und multinationale Konzerne, die in China investiert hatten und gute Gewinne machten, wenig geneigt, in Peking irgendwie Missfallen zu erregen. Eine ähnliche Spaltung gab es auch in anderen Ländern, denn fast die Hälfte der chinesischen Exporte wurde von Fabriken produziert, in denen erhebliche amerikanische, europäische oder japanische Auslandsinvestitionen steckten.[14]

Die ausländischen Hersteller profitierten von den billigen Arbeitskräften und weniger strengen Umwelt- und Sicherheitsnormen, doch diese Vorteile hatten ihren Preis. Nach einem bekannten Muster, das von Insidern als »Chinapreis« bezeichnet wurde, brachte ein ausländisches Unternehmen ein neues Produkt auf den Markt, und schon nach wenigen Monaten stellten einheimische Hersteller massenhaft Kopien her. Sie konkurrierten dabei sogar untereinander, was die Kosten noch weiter senkte. Die Preise fielen nun rasant, bis sie den Punkt erreichten, an dem die Waren unter den Produktionskosten verkauft wurden. Heftiger unternehmerischer Eifer in Verbindung mit moderner ausländischer Technologie brachte eine weit verbreitete Kopierkultur hervor, in der praktisch jedes ausländische Produkt sein chinesisches Gegenstück fand. Durch das hemmungslose Streben nach Kostensenkung waren Forschung und Innovation einfach nicht mehr rentabel, es sei denn, man verfügte über das Wissen, das für Fälschungen und Nachkonstruktionen erforderlich war. Die Produktpiraterie war freilich kein Randphänomen im Bestreben, möglichst schnell zu produzieren, sondern der Kern des wirtschaftlichen Booms.[15]

Der Diebstahl von geistigem Eigentum hatte eine lange Geschichte und wurde von den höchsten Regierungsebenen gefördert. China war 1980 der Weltorganisation für geistiges Eigentum (WIPO bzw. OMPI) beigetreten, beschränkte sich aber auf reine Lippenbekenntnisse, was seine vertraglichen Verpflichtungen betraf. Schon 1989 bezeichnete das amerikanische Handelsministerium die chinesische Produktpiraterie als »zügellos«, weil chinesische Staatskonzerne Teams von Ingenieuren einsetzten, um die raffinierten Codes zum Schutz ausländischer Software zu knacken. Im Jahr 1992 trat das Land dem Welturheberrechtsabkommen (Universal Copyright Convention) bei. Auch darauf folgte ein sprunghafter Anstieg der Produktpiraterie in den Bereichen Musik, Filme, Bücher und Computersoftware.[16]

Ein vertrautes Muster wurde zum Selbstläufer. Wieder und wieder stellten ausländische Handelsvertreter fest, dass zügellos Produktpiraterie betrieben wurde, reichten Beschwerden ein und drohten mit Handelssanktionen. Danach wurden tatsächlich mehrere Fabriken durchsucht und in Anwesenheit ausländischer Journalisten Raubkopien von Videos vernichtet. In Peking verschwanden die gefälschten Cartier-Uhren und Louis-Vuitton-Handtaschen aus der berühmtem Seidengasse. Ein chinesischer Außenminister betonte feierlich die Wichtigkeit von geistigem Eigentum und Rechtsstaatlichkeit. Ein neues Abkommen wurde unterzeichnet, und man verfeinerte die Urheberrechtsgesetze –

auf dem Papier. Noch während nämlich die Politiker im Ausland den Durchbruch priesen, ging es mit der Produktpiraterie und dem Diebstahl von Handelsgeheimnissen wieder von vorne los. Die geschätzten Kosten für die USA betrugen Milliarden Dollar und stiegen jedes Jahr. China war zwar keineswegs das einzige Land, in dem Produktpiraterie üblich war, doch der Diebstahl war in jeder Hinsicht dreister und umfangreicher als irgendwo sonst. Im Jahr 2001, als das Land im Begriff war, der Welthandelsorganisation beizutreten, wurde es als der »der größte Fälscher der Welt« bezeichnet.[17]

Paradoxerweise begrüßten die Mitglieder der WTO den Beitritt Chinas, weil sie hofften, dass das Land danach die für die Mitgliedschaft erforderlichen substanziellen Änderungen seines Marken-, Urheber- und Patentrechts durchführen würde. Doch die Kluft zwischen den Versprechungen auf dem Papier und der Piraterie in der Praxis wurde nur noch größer. Im November 2002 bezeichneten Experten China als »das schlimmste Land der Welt, was Verletzungen des Urheber- und des Markenrechts betrifft«, dies koste »Künstler, Schriftsteller, Computersoftware-Entwickler, Designer, Arzneimittel- und Shampoo-Hersteller, ja einfach alle, die ein Produkt zum Verkauf anbieten, Milliarden Dollar im Jahr«.[18]

Von einigen in China verkauften pharmazeutischen Produkten waren mehr als die Hälfte Fälschungen. Von verschreibungspflichtigen Medikamenten, die im Ausland noch nicht zugelassen waren, konnte man das gefälschte Produkt bereits kaufen. Fast alle »Blockbuster« aus Hollywood erschienen in China als DVD, bevor sie in den Vereinigten Staaten als DVD auf den Markt kamen.

Ähnlich verhielt es sich auch mit der chemischen, und insbesondere mit der agrochemischen und petrochemischen Industrie, die stark auf Nachahmung und Nachkonstruktion zurückgriffen. Sogar Fälschungen wurden für weitere Fälschungen kopiert. Ein Beispiel war *Harry Potter:* Mehrere Autoren schrieben gemeinsam die Bände fünf, sechs und sieben, als auf Englisch erst vier Bände erschienen waren. Eines dieser Bücher, in dem der bebrillte junge Zauberer in einen haarigen Troll verwandelt wird, war eine von einer Fälschung angefertigte Kopie. Gefälschte Bücher waren ein großes Geschäft: Anfang 2005 wurden hundert Titel publiziert.[19]

Das Kopieren blieb nicht auf relativ einfache Objekte beschränkt. Im Jahr 2002 besaß China hochqualifizierte Ingenieure, die für mächtige Staatsunternehmen arbeiteten. Als Führungskräfte von »General Motors« 2003 auf der Schanghaier Autoausstellung einen neuen Familienbus vorstellten, präsentierte der staatliche Autohersteller »Chery« an einem anderen Stand in derselben Reihe ein ähnliches Fahrzeug, das ein Drittel weniger kostete.[20]

Bis 2004 wurden die Verluste nicht-chinesischer Firmen nach verschiedenen Schätzungen auf sechzig Milliarden Dollar beziffert, eine viel größere Summe, als die der direkten Auslandsinvestitionen. Doch der Schaden beschränkte sich nicht auf die Originalproduzenten. Wenn ärmere Länder von Billigfälschungen überflutet wurden, wirkte sich das auf die dortige Wirtschaft verheerend aus. Nach Angaben der kenianischen Steuerbehörde »Kenya Revenue Authority« kamen in Kenia etwa achtzig Prozent der gefälschten Produkte aus China. Das kenianische Unternehmen, das die Lizenz für die Produktion von BIC-Stiften besaß, konnte mit den billigeren Fälschungen nicht konkurrieren. Da die Masse der gefälschten Produkte über die Grenze geschmuggelt wurde, wurden nicht nur lokale Unternehmen, sondern auch finanzschwache Regierungen jedes Jahr um Millionen Dollar geprellt.[21]

Weitere indirekte Kosten wurden im Allgemeinen von den Kunden getragen. Elektrische Wasserkocher explodierten, Golfschläger brachen, Bremsbeläge versagten. Gefälschtes Motorenöl verursachte Kolbenfresser, und gefälschtes Shampoo hinterließ wunde Stellen und Blasen auf der Kopfhaut. Da immer mehr chinesische Fälschungen über die Grenzen geschmuggelt wurden, gefährdeten sich überall Verbraucher durch den Erwerb von Produkten, die von der Billigbatterie über die Rasierklinge bis hin zum verschreibungspflichtigen Medikament reichten. Niemand war den Gesundheitsrisiken der Kopierkultur freilich stärker ausgesetzt als der chinesische Normalbürger. Gewürze enthielten Paraffin, Nudeln waren mit einer krebserregenden roten Farbe behandelt, und Reiswein wurde aus billigem Industriealkohol hergestellt. Falsches Schweinefleisch, falscher Reis, ja sogar falsche Eier kamen auf den Markt. Im Jahr 2004 wurde festgestellt, dass eine Billigmilch für Säuglinge zu wenig Eiweiß enthielt. Etwa fünfzig Babys starben an Unterernährung, weil ihre Eltern die Symptome fälschlicherweise für Anzeichen von Überfütterung gehalten hatten. Da der Zentralregierung die Macht fehlte, lokale Parteisekretäre zur Einhaltung ihrer Anweisungen zu zwingen, und diese ihre Unternehmen vor einer gründlicheren Kontrolle schützten, kam es einige Jahre darauf zu einer noch größeren Katastrophe: Babynahrung wurde mit Melamin versetzt, und die Zentralregierung vertuschte den Skandal mehrere Monate lang. Berichten zufolge erkrankten dadurch dreihunderttausend Babys, wobei die wirkliche Zahl vermutlich noch höher lag. Insgesamt schätzte die chinesische Regierung, dass im Jahr 2007 ein Fünftel der Nahrungsmittel und Konsumartikel, die sie überprüfen konnte, minderwertig oder verunreinigt waren.[22]

Bereits durch den Versuch, möglichst billig zu produzieren, wurden Menschen verletzt, noch bevor die Ware überhaupt die Fabrik verließ. Als Lohnkürzungen verboten wurden, wurden die Sicherheitsstandards ausgehöhlt oder völlig abgeschafft. Auch in diesen Fall wurde das Problem durch fehlendes Durchsetzungsvermögen der Regierung verschärft, da lokale Parteifunktionäre mit den Leitern staatlicher wie privater Firmen gemeinsame Sache machten. Der größte Missstand war jedoch, dass die zig Millionen Wanderarbeiter in den Fabriken an der Küste nicht einmal die elementarsten Menschenrechte besaßen. Sie waren quasi an die Scholle gebunden, hatten nicht das Recht, in der Stadt zu wohnen und wurden nur geduldet, wenn ihre Arbeitskraft gebraucht wurde. Wie alle Chinesen hatten sie kein Versammlungsrecht, vom Streikrecht ganz zu schweigen. Sie machten zahlreiche Überstunden ohne jede Versicherung und manchmal in nicht genehmigten Fabriken, deren Leiter ihnen die Ausweise wegnehmen und den Lohn verweigern konnten. Sowohl in schlecht beleuchteten Ausbeuterbetrieben als auch in technologisch fortschrittlichen Unternehmen bestand die Arbeit oft in der endlosen Wiederholung stupider Tätigkeiten, sei es, dass die Beschäftigten Metallstücke unter einen mechanischen Hammer schieben oder aus verschiedenen Teilen eine Gussform zusammensetzen mussten. »Wenn du nur eine Sekunde lang abwesend bist, ist es aus«, sagte Wang Chenghua, dem es einen Ringfinger und einen Mittelfinger zerquetscht hatte. Finger gingen am häufigsten verloren, aber den Maschinen fielen auch Hände und Arme und manchmal sogar Beine zum Opfer, was zu einem Boom der Replantationschirurgie führte. In Yongkang, Chinas »Hauptstadt der Metallwaren« im Süden von Schanghai, stellten etwa siebentausend private Fabriken Scharniere, Radkappen, Töpfe und Pfannen oder Stecker und andere Waren mit metallischen Innenteilen her. Inoffiziellen Angaben zufolge gab es in diesen Fabriken jedes Jahr um die zweitausend Unfälle. Im ganzen Land starben 2003 hundertvierzigtausend Personen an Arbeitsunfällen, weit mehr noch wurden verletzt. Das Gesetz schrieb eine Entschädigung vor, aber in der Praxis erhielten nur wenige eine ordentliche Zahlung, wenn sie nicht ein kostspieliges Schiedsverfahren anstrengten, das Jahre dauern konnte.[23]

Wanderarbeiter mit fehlenden Fingern waren nutzlos, aber Kinder hatten flinke Hände, die man für einen attraktiven Preisabschlag bekommen konnte. In einem internen Bericht vom Januar 2003 hieß es, in Wenzhou würden relativ häufig in Werkstätten Kinder eingesetzt, die Schuhe, Schirme, Spielzeug und Lampen produzierten.[24] Statistiken waren schwer aufzutreiben, aber 2005 stieg die Nachfrage an der Küste, weil eine wachsende Zahl der Wanderarbeiter angesichts der niedrigen Löhne und schlechten Arbeitsbedingungen lieber zu Hause blieben und ihr Land bebauten, als in einer Fabrik ihr Leben und ihre Glieder zu riskieren. Es gab Berichte über Entführungen und Zwangsarbeit, von denen auch Kinder ab zehn Jahren betroffen waren. Jedes Jahr kam ein neuer Skandal ans Licht, sei es, dass Minderjährige aus der Sklavenarbeit in einer Ziegelhütte befreit wurden, oder dass Banden in verarmten ländlichen Gebieten Kinder entführten und sie dreihundert Stunden im Monat in den Fabriken der Provinz Guandong arbeiten ließen.[25]

In einigen Dörfern arbeitete aus jeder Familie jeweils ein Kind in einer Fabrik. Da das Wirtschaftssystem auf dem Land kurz vor dem Zusammenbruch stand, vermittelten manche Schulen ganze Klassen als Arbeitskräfte an Fabriken in der Stadt, damit ihre Familien die Rechnungen zahlen konnten. Auf dem Land gab es viel Heimarbeit, bei der die Familien für einen Stücklohn arbeiteten. Auch die Kinder machten mit und falteten beispielsweise Papier oder bogen Bambus.[26]

Die Exporteure in China waren erfreut, die Importeure eher nicht, denn sie waren nicht konkurrenzfähig. In den Fabriken prallten zwei Ideologien aufeinander. Auf der einen Seite vertraten die Befürworter des Freihandels die Ansicht, dass unbehinderte Importe und Exporte dem Gemeinwohl dienten, eine Ansicht, die sich nicht durchsetzte, da freier Handel in einem unfreien Land ein Widerspruch war. Auf der anderen Seite betonten die Vertreter des Sozialismus ebenfalls im Namen des Gemeinwohls, dass der Staat sein Monopol über die Produktionsmittel behalten müsse. Diese Ansicht setzte sich durch. Da der Staat direkt oder indirekt sämtliche Produktionsmittel kontrollierte, konnte er sie, versteckt oder offen, grenzenlos subventionieren. Lokalverwaltungen, die die industrielle Entwicklung fördern wollten, konnten kostenlos Land pachten. Die Kosten mancher Waren wurden künstlich niedrig gehalten, und der Staat versorgte die Unternehmen mit billiger Energie. So massiv waren die Subventionen, dass die beiden riesigen staatlichen Energiekonzerne, Sinopec im Süden und PetroChina im Norden des Landes, kaum noch Gewinne machten, obwohl man sie in dem Bestreben, nationale Champions zu schaffen, aus Tausenden früherer Produzenten zusammengeschustert und in Hongkong und New York an die Börse gebracht hatte. Im Jahr 2005 waren die Preise für Energieprodukte im Einzelhandel so niedrig, dass sie die Kosten der Raffinerien nicht deckten. Im Jahr 2008, als ein starker Preisanstieg beim Treibstoff rund um den Erdball die Verbraucher zur Verzweiflung brachte, lagen die Preise für raffiniertes Öl in China etwa auf der Hälfte des internationalen Niveaus. Auch das Kapital befand sich in staatlicher Hand und wurde großzügig für lokale oder landesweite politische Ziele ausgegeben. Schon durch einen kleinen Wink der sprichwörtlichen Hand des Staates konnten private oder staatliche Unternehmen, oft sogar ohne Verstoß gegen irgendwelche WTO-Regeln, aufgebaut oder am Leben gehalten werden.[27]

Die erstmals 1985 eingeführten Steuerermäßigungen waren ein wichtiges Instrument, um die Exportdynamik und damit das schnelle Wirtschaftswachstum aufrechtzuerhalten. Sie wurden im Gefolge der asiatischen Finanzkrise aufgestockt und betrugen zwischen fünf und siebzehn Prozent. Für die Zentralregierung waren sie eine hohe finanzielle Belastung, weil sie zwischen einem Fünftel und einem Drittel der Gesamtausgaben ausmachten. Andere Haushaltsposten, insbesondere das Bildungswesen und das soziale Netz, hatten darunter zu leiden.[28]

Von Anfang an gab es Proteste gegen die Subventionen, oft sogar von den größten China-Verteidigern. »Die Flitterwochen sind vorbei«, verkündete die amerikanische Handelskammer in Peking im Jahr 2003. Aber Beschwerden bei der Welthandelsorganisation waren teuer und zeitraubend, vor allem jedoch waren sie beinahe nutzlos. Zum Beispiel konnte das chinesische Finanzministerium die Mittel problemlos durch verschiedene Organisationen schleusen, statt sie direkt an staatliche Unternehmen zu überweisen. »Wenn die WTO sagt, wir könnten etwas nicht auf eine bestimmte Art tun«, erläuterte ein Beamter des Ministeriums, »ändern wir einfach die Methode.« Angesichts des undurchsichtigen Charakters finanzieller Transaktionen und nahezu aller anderen Regierungsmaßnahmen in einem Einparteienstaat konnten Außenseiter bei diesem Spiel kaum gewinnen.[29]

Ein ehernes Gesetz des freien Handels lautet, dass die von einem Land eingenommenen Devisen im Ausland wieder ausgegeben werden müssen, damit alle Beteiligten davon profitieren. Leider untergrub jedoch die eiserne Hand des Staates den gegenseitigen Austausch, der der Sinn des freien Handels ist. Statt Geld auszugeben, sah sich China zum Sparen gezwungen. Es häufte riesige Überschüsse an, noch gesteigert durch einen festen Wechselkurs, der darauf abzielte, Importe zu verteuern und Exporte billig zu halten. Auch zu diesem Zweck waren massive staatliche Eingriffe nötig, weil sich der künstliche Wechselkurs nur durch eine ständige Vergrößerung der Geldmenge aufrechterhalten ließ. Die ökonomischen Erfordernisse waren eigentlich klar: Jeder Dollar, der in das Land kam, musste es letztlich auch wieder verlassen. Da durch Exporte und Auslandsinvestitionen sehr viele Devisen ins Land kamen, hätte der Preis des Dollar im Vergleich zum Yuan eigentlich fallen und der des Yuan steigen müssen. Um zu verhindern, dass der Kurs des Yuan im Handel stieg, musste die Zentralbank die erforderliche Menge an Devisen bereitstellen, indem sie alle unerwünschten Dollar zu einem festen Kurs von 8,28 Yuan aufkaufte und in amerikanische Staatsanleihen investierte. Unterdessen nahm der Umlauf an Yuan ständig zu. Er stieg im August 2003 im Vergleich zu Vorjahr um 21,6 Prozent, und das Bargeld stapelte sich in den Banken. Da der Yuan um 15 bis 25 Prozent unterbewertet war, konnte nicht einmal mehr Bangladesch mit China konkurrieren, obwohl die Löhne dort 20 bis 30 Prozent niedriger waren.[30]

Erst ab Juli 2005 wurde zugelassen, dass der Kurs des Yuan um eine Bandbreite von zwei Prozent schwankte. Dennoch setzte man auf strikte Kapitalkontrollen, mit denen man den Kurs der Währung steuerte und verhinderte, dass sie gegenüber dem Dollar schneller an Wert gewann.

Die Zentralbank kaufte weiterhin in enormem Umfang Dollar und hatte bis 2007 Devisen im Wert von 1,2 Billionen Dollar angehäuft.[31]

Ausländische Unternehmer, die sich vorgestellt hatten, riesige Mengen ihrer Produkte verkaufen zu können, wurden enttäuscht. Wenn sie überhaupt einen Markt fanden, erschienen zahllose einheimische Konkurrenten mit besseren Verbindungen zum lokalen Parteisekretär auf der Bildfläche und verdrängten sie. Selbst die internationalen Konzerne, die mit einem Goldrausch gerechnet hatten, mussten kämpfen, um wenigstens einen kleinen Marktanteil zu erringen. So waren etwa 2002 mehr als hundert internationale Banken in China tätig und boten den Hunderten Millionen Kunden technisch insolventer Staatsbanken ihre Dienste an. Ihr erstes Ziel waren die Neureichen des Landes. Am 21. März wurde Tang Haisong, ein in Harvard ausgebildeter Geschäftsführer eines Internetportals, der erste chinesische Kunde der Citibank, als er in der neuen Filiale im berühmten Peace Hotel am Bund in Schanghai ein Konto eröffnete. Der Chinavorstoß der Bank war nicht der erste, hatte sie doch 1902 als erste ausländische Bank im kolonialen Schanghai eine Filiale gegründet, dann jedoch 1949 nach dem Sieg der Kommunisten die Flucht ergriffen.[32] Doch die ausländischen Banken waren mit strengen neuen Restriktionen und komplexen Vorschriften, die sich ständig änderten, konfrontiert. Lokale Funktionäre verschleppten ihre Angelegenheiten und begünstigten chinesische Konkurrenten. Insbesondere jedoch gelang es den ausländischen Banken nie, ein großes Filialnetz aufzubauen, mit dem sie inländische Kunden hätten gewinnen können. Wie sich herausstellte, waren nur wenige Kunden bereit, den weiten Weg auf den Bund in Schanghai zu machen, um eine Einzahlung zu tätigen. Selbst 2011 verfügten ausländische Banken trotz der WTO-Mitgliedschaft Chinas nur über zwei Prozent des gesamten chinesischen Finanzvermögens. Das chinesische Bankensystem war eine uneinnehmbare Festung, die durch das Regime vor ausländischer Konkurrenz geschützt wurde.[33]

Auch in der Telekommunikationsbranche hatte die Senkung der Zölle große Erwartungen geweckt, da eine Milliarde Kunden auf den Zugang zu einem 3G-Netz warteten. Aber ausländische Netzbetreiber wurden von Anfang an nicht zugelassen und konnten bestenfalls auf den Verkauf von Geräten hoffen. China entwickelte jedoch rasch Standards, die es mit dem Rest der Welt in Konflikt brachten. Im Dezember 2003 wurde eine neue Politik vorgestellt, nach der alle importierten Telekommunikationsgeräte dem Verschlüsselungsstandard des Regimes für drahtlose Netzwerke entsprechen mussten. Industriegiganten von Intel über Nokia bis zu Sony versuchten verzweifelt, die Auswirkungen auf ihr Geschäft abzuschätzen. Erst als die Vereinigten Staaten drohten, eine Beschwerde bei der WTO einzureichen, wurde die Maßnahme aufgeschoben.[34]

Genau wie der chinesische Staat seine Banken schützte, schirmte er auch die eigene Telekommunikationsindustrie aggressiv gegen ausländische Konkurrenz ab. Nokia, Alcatel und anderen blieb kaum eine andere Wahl, als Joint Ventures zu gründen, das Mittel, mit dem das Regime seinen Unternehmen traditionell den Transfer und die gemeinsame Nutzung ausländischer Technologie ermöglichte. Außerdem förderte der Staat mit einer ganzen Palette von Maßnahmen den Export von Huawei und ZTE, zwei der größten chinesischen Hersteller. Zwischen 2000 und 2008 sank der globale Anteil der Vereinigten Staaten, der Europäischen Union und Japans am weltweiten Export von Telekommunikationsgeräten von zusammen 60 Prozent auf 43 Prozent, wohingegen der chinesische Anteil bei Wachstumsraten von jährlich 30 Prozent von 6,8 auf mehr als 27 Prozent anstieg.[35]

*

Um die gigantische Produktion aufrechtzuerhalten, war ein steter Strom von Materialien und Energie erforderlich. China entwickelte einen nahezu unstillbaren Appetit auf Rohstoffe, von Öl, Kohle, Holz und Eisenerz bis zu Baumwolle. Selbst als viele Herstellerländer riesige Handelsdefizite entwickelten, florierten die Exporteure von Rohstoffen. Ein Netz von Frachtern überspannte den Pazifik von Brasilien bis Australien und versorgte China mit mehr als hundertsechzig Millionen Tonnen Eisenerz, einer wichtigen Komponente des Stahls, der in der Auto- und Bauindustrie verbraucht wurde. Obwohl China schon der größte Stahlproduzent der Welt war, kaufte es dennoch große Mengen Stahlschrott und verursachte einen weltweiten Rückgang der Metallvorräte auf den niedrigsten Stand aller Zeiten. Im verzweifelten Bestreben, mehr Kupfer zu gewinnen, das unter anderem in Klimaanlagen verwendet wurde, importierte es sogar französische Münzen und schmolz sie ein. Auch der

Import von Baumwolle wuchs in den ersten neun Monaten des Jahres 2003 um das Siebenfache. Die Rohstoffpreise stiegen sprunghaft an und dämpften die durch den Exportboom verursachte Deflation. Der Preis von Aluminiumoxid, dem aus Bauxit extrahierten Rohstoff für die Aluminiumproduktion, verdoppelte sich nach dem chinesischen WTO-Beitritt in weniger als zwei Jahren, und auch der Preis für Nickel stieg um hundert Prozent. Auf der ganzen Erde wurde die gesamte Lieferkette für Rohstoffe belastet. »China hat den Schrank mit den Rohstoffen leergesaugt« sagte Jim Lennon, der bei der Macquarie Bank Ltd. in London für Rohstoffe zuständig war.[36]

Die größten Importe waren Öl und Kohle. Sie wurden von riesigen Tankern der Größe von drei Fußballfeldern in die chinesischen Häfen gebracht. Keine Menge war je wirklich groß genug, um den unersättlichen Energiehunger eines Landes zu befriedigen, wo die Stromversorgungsunternehmen nicht mit der Nachfrage Schritt halten konnten. Das Netz war so stark belastet, dass es häufig zu Engpässen kam und manche Fabriken ihre Produktion einschränken mussten. Viele Betriebe schafften sich Generatoren an, was wiederum die Nachfrage nach Öl anheizte. Da auch legaler Diesel knapp war, kauften manche Betriebsleiter auf dem Schwarzmarkt und verzichteten auf die großzügigen Treibstoffsubventionen des Staates.[37]

Um seine zunehmende Abhängigkeit vom Rest der Welt zu bewältigen, hatte China einen Plan unter dem Motto »Go Out« entwickelt, was man auch mit »Going Global« wiedergeben kann. Der Plan stammte aus dem Jahr 1997, als der Fünfzehnte Parteitag verkündet hatte, dass es »zwei Arten von Märkten und zwei Arten von Ressourcen« gebe. Zusammengefasst bedeutete dies, dass China auf der Weltbühne die Initiative ergreifen und dabei die relativen Vorteile des sozialistischen Marktes im eigenen Land und des kapitalistischen Marktes im Ausland voll ausnutzen sollte, indem es eine optimale Nutzung der jeweiligen Möglichkeiten anstrebte. Genauer gesagt sollten die chinesischen Staatsunternehmen gemäß dem Plan die Rohstoffe exportieren, die auf dem heimischen Markt reichlich vorhanden waren und sich zugleich im Ausland die Rohstoffe sichern, die im eigenen Land knapp waren. Einige Monate darauf prägte Jiang Zemin den Begriff »Going Global«. Er vertrat die Ansicht, dass es nicht ausreiche, Ausländer zu Investitionen und zum Kauf von

Fabriken in China zu ermuntern. Vielmehr müsse der Staat zudem auch »mächtige inländische Unternehmen aktiv anleiten und organisieren, damit sie ins Ausland gehen und dort investieren, Fabriken gründen und globale Märkte und Ressourcen nutzen.« »Going Global« wurden auf allen Parteiebenen gebilligt und schließlich im Jahr 2001 in den Fünfjahresplan aufgenommen.[38]

Einer der Ersten, die sich »globalisierten«, war Hu Jintao, der Jiang Zemin im November 2002 als Generalsekretär ablöste. Er reiste nach Lateinamerika, Südostasien und Afrika, um Treibstoff zu organisieren, den sein Land brauchte, um weiter auf Hochtouren zu laufen. Im Juni 2005 machte er seine dritte Russlandreise und verhandelte über eine Pipeline, die sibirisches Rohöl direkt zu den Raffinerien in der Mandschurei transportieren sollte.[39]

Legionen von Vermessern, Prospektoren und Ingenieuren traten in seine Fußstapfen und arbeiteten für staatliche Unternehmen, die von staatlichen Banken bevorzugt finanziert wurden. Vor 2001 hatten nur etwas mehr als zweihundert Unternehmen die Genehmigung für Investitionen im Ausland besessen. Ihre Zahl vervierfachte sich in drei Jahren. Da China dank seines riesigen Handelsbilanzüberschusses über eine enorme Menge an Devisen verfügte, stiegen seine Auslandsinvestitionen rasant von fünfhundert Millionen im Jahr 2000 auf sieben Milliarden im Jahr 2005.[40] Die Höhe der investierten Summen erinnerte an Japan in den 1980er Jahren, doch die Strategie war viel kühner. Im Bestreben, seinen Rohstoffbedarf zu sichern, verfolgte das Regime kein geringeres Ziel, als sich von dem grob als »der Westen« definierten kapitalistischen Lager unabhängig zu machen. Ein Ziel, das es zu erreichen suchte, indem es seine Dollarvorräte nutzte, um eine alternative Versorgungskette mit Schwellenländern aufzubauen.

Von den Sandwüsten Nordafrikas bis zu den Küsten des Kaspischen Meers wurden für große Geschäfte riesige Geldsummen ausgegeben. In nur zwei Jahren wurde China bei Fusionen und Übernahmen rund um den Erdball ein wichtiger Akteur. Es übernahm in Not geratene Unternehmen wegen ihrer Marken, ihrer Technologie oder ihrer Märkte, gründete Joint Ventures mit lokalen Rohstoffproduzenten, schloss exklusive Verträge über die Lieferung von Rohstoffen ab und kaufte Raffinerien und Hafenanlagen. Im Jahr 2000 war Chinas einziger energiepolitischer

Fußabdruck in Afrika eine Pipeline, die PetroChina im Sudan gebaut hatte. Wenige Jahre später arbeiteten Chinas Ölkonzerne in fast zwanzig Ländern auf dem ganzen Kontinent. Die Beschaffung von Öl war als nationales Sicherheitsinteresse eingestuft, das heißt der Staat setzte alle verfügbaren Mittel ein, um den Bedarf des Landes zu sichern. Auch in andere Rohstoffe wurde investiert, so förderten Dutzende staatlicher Firmen Kupfer, Mangan, Kobalt, Zink, Chrom, Gold und andere Metalle. Manager von Staatsunternehmen durchkämmten den Kontinent und kauften Rohbaumwolle, um sie an die einheimischen Webereien zu liefern. Selbst wenn sie Rohstoffe ins Ausland exportierten, brachten sie riesige Mengen billiger Waren mit und ruinierten damit die in armen Ländern dringend benötigten einheimischen Hersteller. Wie niedrig die Löhne vor Ort auch sein mochten, sie konnten nicht mit dem Yuan konkurrieren. Die chinesischen Unternehmen und die Banken, die hinter ihnen standen, hatten einen kaum zu unterschätzenden Vorteil: Ihre Kredite und Hilfsleistungen waren kaum an Bedingungen geknüpft. Sie beruhten auf einer Doktrin der Nichteinmischung, die bei den Diktaturen im Sudan, in Simbabwe, in Eritrea und in anderen Ländern auf begeisterte Zustimmung stieß.[41]

China suchte auf der ganzen Welt nach Metallen, Mineralen und Energie, aber mit dem Wachstum seiner Wirtschaft wuchs auch sein Appetit auf Schweine-, Geflügel- und Rindfleisch. Sojabohnen wurden als Tierfutter gebraucht. Für ein Land, in dem das Wasser knapp war, machte es Sinn, Wasser in Form von Agrarprodukten zu importieren. Als Hu Jintao 2004 Lateinamerika besuchte, versprach er, im Lauf von zehn Jahren hundert Milliarden Dollar zu investieren (Planwirtschaften formulieren ihre Ziele und Quoten immer in runden Zahlen). Während Ecuador und Venezuela Öl und Peru und Chile Kupfer lieferten, umwarb man Argentinien und Brasilien wegen ihrer proteinreichen Sojabohnen, deren Export sich zwischen 2000 und 2005 vervierfachte. Brasilien, zuvor schon ein wichtiger Eisenerzlieferant, lieferte 2006 auch elf Millionen Tonnen Soja nach China und überholte damit die Vereinigten Staaten als größter Soja-Exporteur.[42]

Die Politik der »zwei Arten von Märkten und zwei Arten von Ressourcen« diente nicht nur der strategischen Nutzung von Rohstoffen aus Übersee, sondern sollte auch eine besser abgestimmte Nutzung einheimischer Vermögenswerte bewirken. Als Jiang Zemin die Forderung »Go Out« erhob, kompensierte er sie durch die Forderung »Go West«. Im Nordwesten Chinas lockten nämlich gewaltige Ressourcen, und nirgends gab es mehr davon als in Xinjiang. Warum sollte man über die Berge und durch die Wüsten des Sudan eine 1600 Kilometer lange Pipeline legen, wenn das Gas aus Xinjiang nicht einmal in die Fabriken von Schanghai gelangte?

Der »Westen« erstreckte sich von Peking aus gesehen von den subtropischen Wäldern Yunnans bis zu den Wüsten und Graslandschaften Gansus und umfasste mehr als die Hälfte der Fläche Chinas, aber weniger als ein Viertel seiner Bevölkerung. Er war viel ärmer als die Küstenprovinzen und zog kaum Auslandsinvestitionen an. Insbesondere in der Region Xinjiang, die dreimal so groß ist wie Frankreich, beherrschte der Staat große Teile der Wirtschaft. Größter Landbesitzer war das Xinjiang Produktions- und Aufbau-Korps (eine Entwicklungsgesellschaft, die das Militär nach 1949 gegründet hatte, um das wilde Land und seine Bewohner zu zähmen. Zehntausende demobilisierter Soldaten, politischer Gefangener und Landflüchtiger wurden damals nach Westen geschickt, wo sie in riesigen Kollektiven Bewässerungskanäle bauten, Weizen pflanzten und Baumwolle anbauten. Das Korps wurde praktisch zu einem Staat im Staate, dessen Tentakeln überall hinreichten, mit eigenen Schulen, Krankenhäusern, Laboratorien, Polizeikräften und Gerichten und mit einem riesigen Netz von Gefängnissen und Arbeitslagern. Es leitete eines der erfolgreichsten Kolonialisierungsprogramme der modernen Geschichte. Im Jahr 1949 machten Siedler aus dem Osten nicht mehr als drei Prozent der einheimischen Bevölkerung aus, etwa vier Jahrzehnte danach jedoch hatte sich ihr Anteil auf vierzig Prozent der siebzehn Millionen Einwohner der Region ausgeweitet. Viele der Neuankömmlinge waren entlassene Häftlinge oder Migranten. Sie waren mit kaum mehr als den Kleidern auf dem Leib in die Region gekommen, aber dennoch ging es den meisten besser als den Uiguren, die unter der Herrschaft Pekings zu leiden hatten.[43]

Die Spannungen verschärften sich, als die Staatsmacht eine Erweiterung der Baumwollproduktion forderte. Zhao Ziyang hatte sich, als er 1982 den Westen besuchte, bewundernd über Mittelasien geäußert, weil dort der Baumwollertrag pro Quadratkilometer höher als in den Vereinigten Staaten war.[44] Die Sowjetunion hatte die Region als Anbaugebiet für Baumwolle genutzt, um ihre Importabhängigkeit zu vermindern, und Zwangsarbeiter auf die Felder geschickt. Die statistischen Daten, die Zhao Ziyang so beeindruckten, waren, wie die meisten Wunder in Einparteienstaaten, natürlich falsch. Lokale Beamte hatten die Zahlen erfunden und dafür Mittel aus Moskau bezogen, mit denen sie ihre Taschen füllten. Der Schwindel flog auf, als im Herbst 1983 Satellitenbilder zeigten, dass die Felder leer waren.[45]

Zhao Ziyang und Hu Yaobang machten 1983 eine Rundreise durch Xinjiang und bezeichneten die Region als ein »neues Grenzland, das gezähmt werden muss«. Das Gebiet verfüge über gewaltige natürliche Ressourcen, die geeignet seien, die chinesische Wirtschaft ins 21. Jahrhundert zu führen.[46] In den folgenden Jahren wurde dennoch den Küstenregionen Vorrang eingeräumt. Nach den Unruhen von 1989 wurden jedoch die Anstrengungen, Xinjiang zu entwickeln, wieder aufgenommen. Im Jahr 1990 versprach Jiang Zemin der Region mehr Finanzmittel, während zugleich schärfer gegen die dortigen Rebellen vorgegangen wurde. Xinjiang, erklärte der Generalsekretär, solle sich zu einer »Produktionsbasis« für Baumwolle, Getreide, Zucker und Viehzucht sowie Erdöl und Erdgas entwickeln. In den folgenden Jahren zogen etwa fünfhunderttausend Baumwollspinner in die Region, was die Spannungen mit der Lokalbevölkerung weiter verschärfte. In dem Bestreben, das riesige Gebiet enger an den Rest des Landes zu binden, wurde 1995 im neunten Fünfjahresplan festgelegt, dass Xinjiang bis zur Jahrtausendwende zum wichtigsten Baumwollproduzenten des Landes werden sollte. Das Ziel war mit Beihilfen und Subventionen in Höhe von fast zehn Milliarden Yuan verbunden, durch die unter anderem Dünen eingeebnet und in Felder umgewandelt wurden.[47]

Die wirtschaftliche Entwicklung sollte, wie die chinesische Führung glaubte, auch soziale Sicherheit und nationale Einheit bringen. Doch der Hass der Lokalbevölkerung schwelte weiter, führte gelegentlich zu offenem Protest und erreichte 1997 einen Höhepunkt, als in mehreren Städten Aufstände losbrachen und Urumqi, die Hauptstadt der Region von Explosionen erschüttert wurde. Auf der alten Seidenstraße wurden aus Afghanistan und Pakistan Waffen, Sprengstoff und religiöse Traktate ins Land gebracht. Die Staatsmacht reagierte brutal, mit Tausenden von Festnahmen in den folgenden zwei Jahren und der Hinrichtung von schätzungsweise hundertneunzig Separatisten. Allein schon von Unabhängigkeit zu sprechen wurde zu einem Verbrechen.[48]

Der Kosovo-Konflikt wurde in China als ein weiteres Warnzeichen vor den Gefahren ethnischer Zersplitterung betrachtet, und der Bombenangriff auf die chinesische Botschaft in Belgrad steigerte die Angst vor separatistischen Aufständen noch weiter. Jiang Zemin warnte davor, dass feindliche Kräfte aus dem Ausland das Land spalten wollten. »Es ist deshalb unsere heilige Aufgabe und Pflicht, die großartige Einheit der 56 Nationalitäten Chinas zu wahren«, tönte er am Vorabend der Feierlichkeiten zum fünfzigsten Jahrestag der kommunistischen Herrschaft. Einige Monate darauf, im Jahr 1999, prägte er die Parole »Go West« und versprach im Rahmen des zehnten Fünfjahresplans, dafür jährlich hundert Milliarden Yuan zu investieren. Die Gesamtstrategie zur Entwicklung des Westens war auf fünfzig Jahre angelegt.[49]

Öl und Baumwolle standen ganz oben auf der Liste der staatlichen Planer. Im Jahr 2002 begann der Bau einer viertausend Kilometer langen Pipeline, die Erdgas von Xinjiang nach Schanghai transportieren sollte, und die PetroChina Ende 2004 in Betrieb nahm. Nachdem Hu im Juni 2003 Kasachstan besucht hatte, wurde schriftlich vereinbart, die Pipeline bis zu den Ölfeldern am Kaspischen Meer zu verlängern. Turkmenistan und Usbekistan schlossen sich bis 2007 dem Abkommen an, und Schanghai war nun mit einem Großteil Zentralasiens verbunden. Schon bald erstreckte sich ein ganzes Netz von Pipelines kreuz und quer über den Sand, durch die gewaltige Mengen an flüssigem Gold gepumpt wurden.[50]

Autobahnen durchschnitten die Wüste, eine neue Bahnlinie wurde eingeweiht, und etwa zehn Flughäfen wurden eröffnet. Ströme von Migranten trafen ein. Die Gebiete mit Baumwollanbau wurden um fünfzig Prozent erweitert, und an billigen Pflückern herrschte kein Mangel. Die Produktion wurde mehr als verdoppelt und stieg bis 2007 von knapp 18 Millionen Ballen auf 37 Millionen Ballen. Bis 2008 war China nicht mehr nur mit einem Verbrauch von 43 Prozent der Weltproduktion der größte Baumwollverbraucher, sondern mit 33 Prozent der Weltproduktion auch der größte Produzent.[51]

*

Noch bevor ausländische Investitionen ins Land flossen, wurde eine neuer Bauboom entfesselt, der an die Bauwelle nach Dengs Südtour im Jahr 1992 erinnerte. Die ersten Ausgaben waren nach Juni 1997 erfolgt, als das Regime die Auswirkungen der asiatischen Finanzkrise fürchtete. Anstatt die Bautätigkeit einzustellen, wurden nach dem März 2000 sogar noch ehrgeizigere Infrastrukturprojekte in Angriff genommen, um den globalen wirtschaftlichen Einbruch nach dem Platzen der »Dotcom-Blase« zu bewältigen. Überall griffen die Parteiführer tief in die Staatskasse und finanzierten große Projekte. Sie wollten das Wachstum unbedingt über der Marge von sieben Prozent halten, der magischen Zahl, die angeblich ausreichte, um in den Städten Massenarbeitslosigkeit und Unruhen zu vermeiden. Diese Zahl entsprach dem Tempo, das das Regime seit 1982 wie besessen verfolgt hatte, nachdem Deng Xiaoping gefordert hatte, das chinesische Bruttosozialprodukt bis zum Jahr 2000 zu vervierfachen. Als das neue Jahrtausend begann, beschwor das Regime weiterhin wie ein Mantra dieselbe Wachstumsrate und erhöhte sie ein paar Jahre später sogar auf acht Prozent. Trotz der Einbrüche bei den Exporten gelang es Schanghai, im Jahr 2001 eine Wachstumsrate von mehr als zehn Prozent zu erreichen, weil die Stadt ihre Autobahnen verbreiterte, ein Museum für Wissenschaft und Technologie baute, eine neues Flughafengebäude eröffnete, ihr Stromnetz modernisierte, ihr U-Bahn-System erweiterte und mit der Arbeit an einer Magnetschwebebahn begann, die ihren zweiten Flughafen mit dem Finanzdistrikt Pudong verbinden sollte. Ähnliche Projekte wurden auch in anderen Städten durchgeführt: Guangzhou, Tianjin und andere Städte untertunnelten Wohngebiete, um U-Bahnen zu bauen.[52]

Der Trend setzte sich fort: In nur elf Monaten des Jahres 2002 investierten die Regierung, staatliche Banken, Firmen und ausländische Investoren zusammen zweihundert Millionen Dollar in offiziell geförderte Infrastrukturprojekte. Geplant war, bis 2005 rund vierzehntausend Kilometer Schienenwege zu bauen, darunter auch eine Hochgeschwindigkeitsstrecke zwischen Peking und Schanghai. In Zentralchina wurde für sechzig Milliarden Dollar ein gigantisches System von Kanälen und Pumpstationen errichtet, das Wasser aus dem Jangtse in den Gelben Fluss leitete. Zugleich wurde Erdgas aus dem Westen an die Küste transportiert.[53]

Die Parteifunktionäre orientierten sich an dem sogenannten »Schanghaier Modell«, mit dem die massive finanzielle Unterstützung gemeint war, die Schanghai unter der Führung Jiang Zemins und Zhu Rongjis erhalten hatte. Nirgends wurde dies deutlicher als in Chongqing, einer etwa 1500 Kilometer von der Küste entfernt gelegenen Stadt in der Provinz Sichuan am Jangtse. Die chinesische Führung hatte das von Bergen umgebene Chongqing zur Hauptstadt der Go-West-Kampagne erkoren. Zu diesem Zweck war eine Komplettrenovierung erforderlich, und so flossen jedes Vierteljahr Milliarden Staatsgelder in die Stadt. Huang Qifan, der in den 1990er Jahren Vizebürgermeister von Schanghai gewesen war, war Pekings Mann, der damit betraut war, das Geld so schnell wie möglich auszugeben. Da die Acht als Glückszahl galt, wurden acht Autobahnen und acht Bahnlinien geplant, die zum Teil durch die Berge führten. Acht Brücken wurden entworfen, um bis zum Ende des Jahrzehnts die Flüsse der Stadt zu überspannen. Verwaltungszentren, Wolkenkratzer und Flughäfen entstanden, aber auch Parks, Boulevards und Uferpromenaden. Huang prahlte damit, dass er mehr als eine Milliarde Dollar pro Monat verbrauchte. Es gab keine Grenzen: »Wir werden zehn Jahre lang so viel ausgeben«, sagte er einem ausländischen Journalisten.[54]

Der Bauboom beschränkte sich nicht allein auf die Infrastruktur. In Erwartung eines steigenden Geschäftsvolumens infolge des Handelsabkommens stiegen die Investitionen auch bei den Immobilien sprunghaft an. Von Dalian bis Shenzhen entstanden Hunderte Millionen Quadratmeter neuer Eigentumswohnungen, Luxushotels und Bürogebäude. In Peking erhoben sich überall Baukräne über staubigen Baustellen. Ein Beobachter zählte mehrere tausend Kräne in seinem Blickfeld. Ganze Stadtviertel wurden abgerissen und die Bewohner vertrieben. In der ersten Hälfte des Jahres 2002 nahmen die Investitionen in Wohnungen um 42 Prozent auf 2,6 Milliarden zu, obwohl der Markt unter Leerständen von 5,7 Millionen Quadratmeter litt. Auch die Einkaufszentren, von denen es bereits viele gab, vervielfältigten sich noch einmal. In Schanghai entstand an der Uferpromenade von Pudong die »Super Brand Mall«, ein zehnstöckiges Einkaufszentrum mit Markenartikeln, nach eigenen Angaben das größte in ganz Asien. Seine Korridore waren mit Marmor verkleidet, aber überwiegend menschenleer. Mindestens zehn weitere

Einkaufszentren waren allein in Schanghai im Bau, fast alle durch Bankkredite finanziert.[55]

Diese hektische Vorbereitung auf die Zukunft verschlang riesige Mengen an Stahl, Zement und anderen Baumaterialien. Die Zeiten des Überangebots waren schon lange vorbei. »Überall werden Stahlwerke hochgezogen«, murrte ein früherer Direktor beim Ministerium für Metallurgie. Im Jahr 2003 verbrauchte China etwa die Hälfte des weltweit produzierten Zements, ein Drittel des Stahls, ein Viertel des Kupfers und ein Fünftel des Aluminiums.[56]

Das Geld kam von den staatlichen Banken, die über enorme Mittel verfügten. Die meisten Ausländer investierten, und die meisten Chinesen sparten. Vor allem jedoch wurden wegen des festen Wechselkurses riesige Summen in das System gepumpt, um die Dollarbindung aufrechtzuerhalten. Das Regime setzte die Banken unter Druck, das Geld auszugeben. Also vergaben die Banken eifrig Kredite, und zwar nicht nur an staatliche Unternehmen und Infrastrukturprojekte, sondern auch an wohlhabende Verbraucher, oft mit minimaler Bonitätsprüfung und nur symbolischen Strafen bei Zahlungsausfällen. Insbesondere in den Immobiliensektor floss leicht verdientes Geld, weil die wohlhabenderen Verbraucher in den Städten ihre Ersparnisse in die Abzahlung von Wohnungen steckten, die sie von Zeit zu Zeit weiterverkauften. »Jeder glaubt, dass die Immobilienpreise weiter steigen, deshalb hat niemand das Gefühl, ein Risiko einzugehen«, kommentierte ein Forscher von der Universität Zhejiang die Lage.[57]

Wirtschaftswissenschaftler fragten sich, ob die Wirtschaft außer Kontrolle geriet, oder ob es klug war, in die Zukunft zu investieren. Selbst die Regierung machte sich Sorgen. In einem Bericht des Statistikamts wurde geklagt, dass eine einzige Provinz gleichzeitig 800 Industrieparks im Bau hatte, die mehrheitlich nicht gebraucht wurden. Der hektische Bau von Flughäfen hatte dazu geführt, dass 127 der 143 Flughäfen des Landes Verluste machten.[58]

Die massiven Investitionen erfolgten, ohne dass wesentliche Veränderungen im Wirtschaftssystem vorgenommen wurden. Die Immobilienblase nach Deng Xiaopings Südtour im Jahr 1992 hatte eine zweistellige Inflation verursacht und schließlich zu einem massiven Anstieg notleidender Kredite geführt, als die spekulativen Investitionen in Immobilien scheiterten. Zusammen mit den Verlusten von Staatsunternehmen war der Umfang der faulen Kredite so groß gewesen, dass Zhu Rongji das Bankensystem hatte reformieren müssen, indem er vier Gesellschaften gründete, die sie übernahmen. Nun entstand eine Tranche fauler Kredite, da zwischen 500 und 750 Milliarden der insgesamt ausstehenden Kredite von beinahe zwei Billionen Dollar nicht zurückgezahlt werden konnten. Zusammen mit den faulen Krediten der Staatsbanken und den nicht finanzierten Renten der Staatsbediensteten beliefen sich die Staatsschulden auf 140 Prozent der Wirtschaftsleistung und entsprachen damit der Belastung, die Japan lahmgelegt hatte.[59]

Die Schulden waren neu, doch der Wille, das System zu ändern, war nicht mehr da. Zhou Xiaochuan, der Zentralbanker, der das Amt von Dai Xianglong übernommen hatte, gründete ein staatliches Unternehmen mit dem Namen »Central Huijin Investment«. Huijin wiederum gehörte die Tochtergesellschaft »China Jianyin« zu hundert Prozent. Beide Unternehmen waren unabhängig von den vier Vermögensverwaltungsgesellschaften, die Zhu 1999 gegründet hatte, um die toxischen Vermögenswerte der vier Staatsbanken zu verwalten. Huijin und seine Tochtergesellschaft rekapitalisierten 2004 die »China Construction Bank« und die »Bank of China« mit 45 Milliarden Dollar aus den Devisenreserven. Als jedoch Zhou Xiaochuan vorschlug, internationalen Investoren die Möglichkeit zu geben, mit den rekapitalisierten Banken Partnerschaften einzugehen und ihnen dabei zu helfen, ihre Unternehmensführung und ihr Risikomanagement zu verbessern, scheiterte dies an dem Einwand, dass Ausländer die finanzielle Sicherheit des Landes gefährden würden. In der Folge blieben die Banken von den lokalen Parteifunktionären abhängig und vergaben weiterhin Kredite auf deren Geheiß.[60]

Als Huijin und seine Tochtergesellschaft bankrotte Wertpapierfirmen aufgekauft hatten, hoffte die Chinesische Volksbank, ihr Geld zurückzubekommen, indem sie die Firmen sanierte und an neue Investoren, darunter auch ausländische Banken, verkaufte. Doch im Oktober 2005 legte der Staatsrat auch hier sein Veto ein.[61]

Vier Jahre nach dem Beitritt Chinas zur Welthandelsorganisation wurden die Reformanstrengungen praktisch beendet. Das Programm zur Umstrukturierung der Banken, das dem Regime 1998 durch die Umstände aufgezwungen wurde, kam zum Stillstand, als die Finanzschwäche das gesamte System bedrohte. Jetzt boomte die Wirtschaft. Was konnte an riesigen Devisenreserven und einem massiven Handelsüberschuss schon falsch sein?

Auch die Reform der Staatsunternehmen wurde auf Eis gelegt. Die Wirtschaft wurde von den nationalen Champions beherrscht, die man erfolgreich geschaffen hatte, als Jiang Zemin 1997 die Parole »das Große ergreifen und das Kleine loslassen« ausgegeben hatte. Bis 2004 entfielen 96 Prozent der Vermögenswerte der fünfhundert größten Konzerne auf staatliche Unternehmen. In jedem Wirtschaftszweig, von der Telekommunikation über Öl, Gas, Kohle, Strom, Tabak und Schifffahrt bis hin zur Luftfahrt, herrschten eine Handvoll riesiger Flaggschiffe, von denen viele an den Börsen von Hongkong und New York notiert waren.[62]

Ihre Protektion durch den Staat wurde weiter verstärkt, als 2005 strengere Bestimmungen für direkte Auslandsinvestitionen erlassen wurden. Im Oktober jenes Jahres versuchte erstmals eine ausländische Kapitalgesellschaft ein chinesisches Unternehmen zu kaufen. Ein lokaler Konkurrent verhinderte die Übernahme, doch das Regime sah sich dennoch veranlasst, eine Reihe von Regeln und Vorschriften zu erlassen, die ausländische Investitionen einschränkten, wenn sie als Bedrohung für die »nationale wirtschaftliche Sicherheit« angesehen wurden. Die Beschränkungen erstreckten sich auf die Öl- und die Telekommunikationsindustrie, auf Anlagenbauer und die Autoindustrie sowie auf weitere »wichtige Branchen« und »bekannte Marken«, die freilich größtenteils nicht genannt wurden.[63]

Der Aufbau von Parteizellen in Privatunternehmen, den Jiang Zemin im Rahmen des »Dreifachen Vertretens« angeordnet hatte, wurde zügig fortgesetzt. Schon wenige Tage, nachdem Hu Jintao zum Generalsekretär gewählt worden war, machte er eine Inspektionsreise nach Xibaipo, einer Kultstätte der Revolution, wo Mao Zedong sein Hauptquartier aufgeschlagen hatte, bevor er 1949 in Peking einzog. Hu hielt bei seinem extrem symbolträchtigen Besuch eine Rede, die an eine frühere Ansprache des Vorsitzenden Mao erinnerte, in der dieser vor Selbstzufriedenheit im Falle eines Sieges gewarnt und die Wichtigkeit der Parteilinie betont hatte. Am 3. Januar 2003 veröffentlichte *Renmin Ribao* die Ermahnungen von Hu.[64]

Einen Monat darauf startete Hu eine Antikorruptionskampagne, die in erster Linie Parteifunktionäre, aber auch, zum ersten Mal, eine Anzahl von Industriebossen zu Fall brachte, ein Warnschuss für den privaten Sektor. Yang Bin, ein gerissener Geschäftemacher, der auf dem Höhepunkt seiner Laufbahn neunhundert Millionen Dollar besessen hatte, wurde des Betrugs und der Bestechung angeklagt und zu achtzehn Jahren Gefängnis verurteilt. Auch weitere wichtige Akteure kamen zu Fall, darunter Immobilienhändler und Führungskräfte der Automobilindustrie. Im Jahr 2003 wurde Sun Dawu, ein sozial engagierter Milliardär, der sich für die Rechte armer Dorfbewohner einsetzte, der Annahme von Bestechungsgeldern beschuldigt und zu drei Jahren Gefängnis verurteilt. Die Verhaftungen hatten die gewünschte Wirkung, denn die Zahl der Personen, die ein Unternehmen besaßen, nahm ab. Im Jahr 2004 wurden überall im Land diverse private Projekte eingestellt oder zu einer langsameren Entwicklung gezwungen, da die Regierung den Eigentümern vorwarf, sie hätten gegen Vorschriften zur Flächennutzung verstoßen. Im Jahr 2006 war der private Sektor um fünfzehn Prozent geschrumpft und betraf bei einer Gesamtbevölkerung von 1,3 Milliarden Menschen nur noch 26 Millionen.[65]

Unter Hu Jintao wurden die Worte »Reform« und »Öffnung« kaum noch miteinander in Verbindung gebracht. Der Begriff »Öffnung« verschwand sogar allmählich ganz und wurde durch den ständigen Ruf nach einer »harmonischen Gesellschaft« ersetzt. Damit gemeint war die soziale Stabilität, die Parteifunktionäre bei der Verfolgung ihrer besonderen Interessen benötigten.

*

Die Kehrseite des Wachstums war die Umweltverschmutzung, obwohl der Angriff auf die Natur schon lange vor der Reform-Ära begonnen hatte. Mao hatte Staudämme als einen Grundpfeiler der wirtschaftlichen Entwicklung angesehen und auf dem Höhepunkt des »Großen Sprungs nach vorn« riesige Wasserwirtschaftsprojekte durch Hunderte von Millionen Dorfbewohner durchführen lassen. Viele dieser Projekte waren schlecht geplant und schlecht gebaut, was zu Erdrutschen, zur Versandung von Flüssen, zur Bodenversalzung und zu verheerenden Überschwemmungen führte. Die anhaltenden und intensiven Angriffe auf die

Natur, die als eine Macht, die zu zähmen war, betrachtet wurde, hatten manche Provinzen die Hälfte ihres Baumbestands gekostet. In der Hektik, eine vorwiegend landwirtschaftlich geprägte Gesellschaft so schnell wie möglich in eine blühende Industriegesellschaft zu verwandeln, die das kapitalistische Lager weit in den Schatten stellen sollte, stieg die Menge von Abwässern und Industriemüll, die in die Gewässer geleitet wurden, sprunghaft an. Ganze Flüsse im industrialisierten Norden verwandelten sich in übelriechende Kloaken mit Giftstoffen, die die Fische töteten und die lokale Bevölkerung vergifteten. Schadstoffe drangen tief in den Boden ein, wenn sie durch endlose Leitungen und Kanäle umgeleitet wurden. Und rauchende Schornsteine hüllten die Industriestädte in einen braunen Dunst.[66]

Nach 1976 kam es zu weiteren Möglichkeiten der Umweltverschmutzung. Als 1979 in der Provinz Zhejiang neunzehn Papierfabriken eröffnet wurden, kamen zu den 1,5 Millionen ungeklärten Industrieabfällen, die überall in der Provinz täglich in die Flüsse geleitet wurden, weitere hunderttausend Tonnen hinzu. Mehr als zwei Drittel des Trinkwassers waren damals schon gesundheitsgefährlich. Auch an die Luft wurde in der Provinz Tausende von Tonnen Industrieabgase abgegeben. In Hangzhou, der Hauptstadt von Zhejiang, überschritt die Feinstaubkonzentration in der Luft die internationalen Grenzwerte um das Zehnfache. Doch dieser Wert war für chinesische Verhältnisse noch relativ gering: In Pingyang, wo chemische Fabriken Schwefel herstellten, war die Luft so ätzend, dass sie Kleidung, Ziegelsteine und Fliesen zerfraß. »Ein Segel verrottet in weniger als zwei Jahren« berichtete ein Bewohner der Stadt. In Teilen der Provinz wurde nicht einmal der radioaktive Müll ordentlich entsorgt, wodurch Zehntausende von Menschen erkrankten.[67]

Zhejiang war keineswegs eine Ausnahme. Saurer Regen war in vielen Städten ein Problem, von Chongqing im Inland bis Nanjing nahe der Küste. In Lanzhou, wo sich auf einem schmalen Streifen am Ufer des Gelben Flusses Hunderte von Fabriken drängten, war die Sonne im Winter wegen des Smogs monatelang nicht zu sehen. Im Jahr 1981 wurden laut einer vermutlich sehr konservativen Schätzung landesweit 24 Milliarden Tonnen Industriemüll in die Gewässer geleitet – etwa viermal mehr als in Japan, das damals über eine viermal so große Volkswirtschaft verfügte.[68]

Versprechen wurden gemacht, Gesetze verabschiedet und Abfallaufbereitungsanlagen installiert. Aber wie Qu Geping, Umweltschutzpionier und Vorsitzender der Staatlichen Umweltschutzverwaltung, 1991 mit Recht feststellte, gab es für den Schutz der Umwelt keine Anreize. Von allen Einrichtungen, die für das Müllmanagement gegründet waren, funktionierte nur ein Drittel wie beabsichtigt. Ein weiteres Drittel war so defekt, dass die Anlagen nur mit Unterbrechungen arbeiteten, der Rest war völlig funktionsgestört. Der Staatsrat schätzte die wirtschaftlichen Verluste, die jährlich durch Luftverschmutzung verursacht wurden, auf fünfzig Milliarden Yuan und die durch Wasserverschmutzung verursachten Verluste auf vierzig Milliarden.[69]

Im Laufe des folgenden Jahrzehnts ging der Trend immer weiter nach oben. Bis zum Ende des Jahrhunderts erreichte die Menge der Abwässer, die ungeklärt in Chinas Wasserwege geleitet wurden, mehr als vierzig Milliarden Tonnen, die Luft wurde mit dreiundzwanzig Millionen Tonnen Schwefeldioxid verschmutzt. Zwei von drei Städten überschritten den höchsten Grenzwert für Feinstaubverschmutzung, und allein der Schaden durch sauren Regen wurde auf hundertzehn Milliarden Yuan pro Jahr geschätzt. 38 Prozent der Gesamtfläche Chinas oder mehr als 3,6 Millionen Quadratkilometer waren von Bodenerosion durch Entwaldung, Verwüstung und Versalzung betroffen.[70]

Nachdem China der Welthandelsorganisation beigetreten war, eskalierten die Umweltprobleme. Die schlechte ökologische Überwachung war eine zentrale Voraussetzung für den Verkauf von Gütern im Wert von einer Billion Dollar an den Rest der Welt, denn die marktbeherrschenden Unternehmen waren zugleich die größten Umweltverschmutzer, gleichgültig, ob sie Stahl, Aluminium, Zement, Chemikalien, Plastik, Leder oder Papier produzierten. Bis nach Peking war der Horizont von dem bräunlichen Rauch eingetrübt, den die Erdgasraffinerien und Kohlekraftwerke in Xinjiang in die Luft spien, und der jeden Sommer von gefährlichen Sandstürmen, die den Himmel gelb färbten, über das Land getrieben wurde. Laut einem Gutachten der Regierung hatten dreihundert Millionen Menschen auf dem Land keine andere Wahl, als von Chemikalien und anderen Stoffen verseuchtes Wasser zu trinken. In ganzen Flüssen war das Wasser gefährlich für die Haut. Manche Flüsse trockneten aus, bevor sie das Meer erreichten. In etwa neunzig Prozent aller Großstädte war das Grundwasser verseucht. In Schanghai sprudelten die Abwässer in den Kanälen aufgrund der Verschmutzung selbst bei kaltem Wetter. Das Leitungswasser hatte einen üblen Geruch. Und etwa ein Drittel des Landes war saurem Regen ausgesetzt.[71]

Wie alles andere globalisierte sich auch die Umweltverschmutzung. Schwefeldioxid aus chinesischen Kohlekraftwerken verursachte sauren Regen in Seoul und Tokio. Selbst in Los Angeles konnte laut der amerikanischen Umweltbehörde für ein Viertel des Feinstaubs, der dort den Himmel verschmutzte, eine chinesische Herkunft nachgewiesen werden. Natürlich gab es lokale Vorteile, aber keine globalen Gewinne. Als Deutschland seine umweltschädlichsten Fabriken schloss, wurden sie manchmal buchstäblich zerlegt und nach China verschifft, wo man sie wieder aufbaute. Deutschland wurde zum Musterland der grünen Bewegung und Bundeskanzlerin Angela Merkel bekam den Spitznamen, »Klimakanzlerin«, weil sie sich für internationale Abkommen zu Reduktion des Kohlendioxidausstoßes stark machte. Im einst von Kohlebergwerken und Stahlwerken dominierten Ruhrgebiet wurden die Flüsse saniert und verseuchter Boden gesäubert und in Parks verwandelt. Auch andere Länder profitierten von geringeren Kohlenstoffemissionen, da die Produktion nach China verlagert wurde. Nach Angaben des europäischen Parlaments stießen die weniger effizienten chinesischen Werke jedoch dreimal so viel Kohlendioxid pro Tonne Stahl aus wie ihre deutschen Gegenstücke. Außerdem hatte China eine sozialistische Wirtschaft, und deshalb machte ein Stahlwerk dort ganz unabhängig von den Märkten und der Nachfrage kaum je wieder zu, wenn es erst einmal aufgebaut war. Im Jahr 2007 besaß das Land 77 große Eisen- und Stahlwerke und Hunderte kleinerer Werke, die wieder einmal einen solchen Überschuss produzierten, dass sich manche grundlegenden Stahlprodukte weder in China noch im Ausland noch mit Gewinn verkaufen ließen.[72]

Im Jahr 2004 verfügte die Staatliche Umweltschutzverwaltung in China über etwa ein Prozent des Personals der US-amerikanischen Umweltschutzbehörde. Wie andere staatliche Institutionen produzierte auch sie auf dem Papier wohlklingende Erklärungen, aber ihre Anweisungen galten nur so lange, wie einer ihrer Beamten vor Ort war. Wenn die Umweltbehörde eine Fabrik schloss, machte diese manchmal schon binnen weniger Wochen wieder auf. Lokale Funktionäre drückten oft ein Auge zu, wenn es um Umweltauflagen ging, um sich bei den lokalen Dreckschleuderfabriken beliebt zu machen, von denen sie Steuergelder bezogen.[73]

Im ganzen Land kam es zu Protesten gegen die Umweltzerstörung und manchmal sogar zu Schlachten mit der Polizei. In Xinchang, einer etwa achtzig Kilometer südlich von Hangzhou gelegenen Industriestadt, trotzten fünfzehntausend Menschen dem Tränengas, bewarfen die Polizeikräfte mit Steinen und stürzten Polizeifahrzuge um. Sie forderten die Verlegung einer pharmazeutischen Fabrik, die im Verdacht stand, das Trinkwasser mit gefährlichen Chemikalien zu verseuchen. Zhou Yongkang, der chinesische Minister für öffentliche Sicherheit, meldete für das Jahr 2004 74 000 ähnliche Zwischenfälle gegenüber 58 000 im Jahr zuvor. Im Jahr 2005 stieg die Zahl noch einmal auf 87 000. Einmal eröffnete die Polizei bei einem Zusammenstoß mit Dorfbewohnern, die gegen den Bau eines Kraftwerks protestierten, das Feuer auf die Demonstranten und tötete mindestens drei Menschen. Die meisten Proteste erregten keine große öffentliche Aufmerksamkeit, und nicht alle betrafen die Umwelt, weil Zwangsräumungen, nicht bezahlte Löhne, Landraub und Korruption der Behörden die Menschen ebenfalls empörten. Doch die Umweltverschmutzung war ein wichtiger Grund für die Unruhen – auch deshalb, weil keine öffentlichen Anhörungen stattfanden, wenn potenziell schädliche Fabriken gebaut wurden.[74]

Selbst in Bezug auf das Protestieren herrschte in China keine Gleichberechtigung. Die Volkswirtschaft war ungleichgewichtig: Einem schmalen Streifen entlang der Küste, von Dalian bis hinunter nach Shenzhen im Süden, wurde eine schnelle Entwicklung erlaubt. Dagegen blieb ein Großteil der ländlichen Gebiete in Armut versunken, und ganze Dörfer überlebten nur von den Überweisungen ihrer Wanderarbeiter. Lokale Verwaltungen konnten Umweltvorschriften missachten, aber sie konnten auch beschließen, sie buchstabengetreu einzuhalten, wenn sie von ihrer eigenen Bevölkerung unter Druck gesetzt wurden – und über genügend Geldmittel verfügten. Die Zentralregierung hatte gewaltige Summen bewilligt, um die Infrastruktur in Vorzeigestädten wie Guangzhou and Schanghai zu modernisieren. Diese Städte nutzten ihre finanziellen Möglichkeiten zunehmend, um die Verschmutzung von Luft, Boden und Wasser in weniger entwickelte Teile des Landes zu exportieren.

Die Gas-Pipeline von Xinjiang nach Schanghai, die am 30. Dezember 2004 eröffnet wurde, verschob einen Teil Luftverschmutzung in Schanghai mit sofortiger Wirkung um etwa viertausend Kilometer nach Westen. Als die Verschmutzung des Taihu-Sees, von dem die Wasserversorgung Schanghais abhing, zu stark wurde, begann man 2007 mit dem Bau von vier riesigen Stauseen, die den den Hauptstrom des Jangtse auffingen. Der Qingcaosha-Stausee, der ab 2010 Wasser lieferte, kostete die Kommune siebzehn Milliarden Yuan.[75]

Auch andere Städte begannen damit, die Verschmutzung in andere Regionen auszulagern. Im Delta des Perlflusses, wo etwa ein Drittel der chinesischen Exporte produziert wurden, gab man Milliarden für die Errichtung von Kläranlagen und die Verlagerung aller wichtigen Industriebetriebe in entlegenere Teile der Provinz aus. Shenzhen und Guangzhou führten im Jahr 2006 neue Umweltbestimmungen ein, durch die kleine umweltschädliche Unternehmen gezwungen wurden, weiter ins Inland abzuwandern. Einige Fabriken zogen auch freiwillig aufs Land, angelockt von den niedrigeren Grundstückspreisen und Steuern, die ihnen lokale Funktionäre anboten, um das Wachstum anzukurbeln.[76]

Keine Stadt jedoch unternahm mehr als Peking, um sauber zu werden. Der Grund war einfach: Die Hauptstadt war als Gastgeberin der Sommerolympiade 2008 ausgewählt worden, ein Ereignis, das allgemein als Chinas »Coming-out-Party« für die Welt betrachtet wurde.

*

Das ganze Land hatte gejubelt, als das Internationale Olympische Komitee am 13. Juli 2001 bekannt gab, dass Peking den Zuschlag für die Ausrichtung der Olympischen Spiele im Jahr 2008 bekommen hatte. Die Abstimmung hatte im schwer bewachten »World Trade Center« in Moskau stattgefunden – mit ein paar protestierenden Tibeter Aktivisten vor der Tür. In Peking tanzten, jubelten und hüpften die Menschen vor Freude, und das Ereignis wurde mit einem gigantischen Feuerwerk gefeiert. Jiang Zemin gratulierte den Pekingern in einer Fernsehansprache und sprach den »Freunden in aller Welt« seinen Dank aus.[77]

Monatelang hatte der chinesische Propaganda-Apparat mit einer Flut von Werbespots im Fernsehen und im Radio die öffentliche Begeisterung für die Bewerbung des Landes angeheizt. »Neues Peking, großartiges Olympia«, lautete das Motto der Kampagne, die als Angelegenheit des Nationalstolzes präsentiert wurde, an der jeder Chinese Teil hatte. Kritiker der chinesischen Menschenrechtsverletzungen vertraten freilich die Ansicht, dass die Rolle als Gastgeber der Spiele die Legitimität eines Regimes stärkte, das nach wie vor seine Bevölkerung unterdrückte. Unterstützer dagegen waren der Ansicht, dass die größere internationale Öffentlichkeit Chinas Wandel zur Demokratie beschleunigen werde, ähnlich wie der Beitritt Chinas zur Welthandelsorganisatio seine Rechtsstaatlichkeit hatte fördern sollen. Peking gab beruhigende Erklärungen ab. So erklärte Liu Jingmin, der Vizebürgermeister der Stadt, in etwas plumper Ausdrucksweise: »Der Aufbau der Demokratie und die Rechtsstaatlichkeit werden verbessert und entwickeln sich.«[78]

Einen ersten Test gab es zwei Jahre später, als das Coronavirus SARS-CoV-2, dessen Ursprung später auf eine Zibetkatze zurückgeführt wurde, Mitte November 2002 in der Provinz Guangdong Menschen infizierte. Hunderte wurden von einer Krankheit befallen, die zunächst als »atypische Lungenentzündung« bezeichnet wurde. Die Regierung unterdrückte die Nachricht von dem Ausbruch und hinderte chinesische Mediziner daran, internationale Organe, einschließlich der Behörden im benachbarten Hongkong, zu informieren. Als ein erkrankter Fischhändler am 31. Januar 2003 im Sun Yat-sen Memorial Hospital in Guangzhou Hilfe suchte, wurden Dutzende Mitarbeiter des Krankenhauses infiziert. Bis zum 16. Februar waren die Gerüchte über einen geheimnisvollen Erreger so heftig, dass Millionen Menschen Essigvorräte anlegten, weil dieser angeblich die Luft desinfizierte, wenn man ihn zum Kochen brachte. Mehrere starben an tödlichen Dämpfen, als sie den sauren Stoff nächtelang auf dem Kohleofen kochen ließen. Den Läden in Guangzhou gingen die Gesichtsmasken aus, und die Bewohner der Region horteten Reis, Speiseöl und Salz. Regierungsvertreter erschienen in Funk und Fernsehen, um die Panik zu beschwichtigen: »Schenken Sie Gerüchten keine Beachtung und vertrauen Sie der Regierung«, verkündete Vizebürgermeister von Guangzhou Chen Chuanyu.[79]

Am 21. Februar fuhr Liu Jianlun, ein infizierter Arzt aus dem Sun Yatsen Memorial Hospital, nach Hongkong, wo er ein Hochzeitsfest besuchte. Er stieg im Metropole Hotel ab und steckte mehr als zwanzig weitere Hotelgäste an, darunter Reisende, die dann über Hanoi, Toronto und Singapur das Virus in der Welt verbreiteten.

Am 1. März gab die Weltgesundheitsorganisation eine weltweite Warnung heraus. Aber Peking verweigerte die Zusammenarbeit: »Nichts deutet darauf hin, dass das Virus aus der Provinz Guangdong stammt«, verkündete der stellvertretende Gesundheitsminister. Selbst als die Welt das Problem zur Kenntnis nahm und die Forschungslabore rund um den Erdball sich um Material von Patienten bemühten, durften die Medien in China die Warnung noch immer nicht veröffentlichen. Am 21. März bestätigten Gesundheitsinspektoren der Stadt Hongkong, dass Liu Jianlun die Krankheit auf andere übertragen hatte. Fünf Tage später gestand das chinesische Gesundheitsministerium endlich ein, dass das Virus sehr viel gefährlicher war, als bis dahin eingeräumt. Dennoch wurde einem Team der Weltgesundheitsorganisation immer noch der Zugang zur Provinz Guangdong verweigert.[80]

Das ganze Ausmaß der Vertuschung kam ans Licht, als Jiang Yanyong, ein pensionierter Arzt der Volksbefreiungsarmee, der mehrere Krankenhäuser angerufen hatte, um ein klareres Bild von der Zahl der infizierten Patienten zu bekommen, am 4. April eine lange E-Mail an »Phoenix TV« in Hongkong schickte. Sie wurde einige Tage später im Ausland veröffentlicht, was zum Rücktritt des chinesischen Gesundheitsministers und des Pekinger Bürgermeisters führte. Als jedoch ein Leitartikel im *Wall Street Journal* dazu aufforderte, Reisen von und nach China vorerst einzustellen, bezeichnete *Renmin Ribao* am 17. April die Forderung als »böswillige, wenig hilfreiche Einmischung« und wiederholte die offizielle Behauptung, es gebe keinen Beweis dafür, dass das Virus aus China stamme.[81]

Letztendlich verhinderten nur die energischen Maßnahmen der Hongkonger Gesundheitsbehörden, dass SARS außer Kontrolle geriet. Insgesamt wurden mehr als achttausend Menschen infiziert, und mehr als siebenhundert Fälle verliefen tödlich – die meisten davon in Hongkong, wo die traumatische Erfahrung das Misstrauen gegen das Festland weiter vertiefte. Ein früherer WHO-Mitarbeiter sagte in diesem Zusammenhang: »SARS ist die Pandemie, die es nicht gab.«[82]

Der Rest der Welt lernte, mit Ausnahme von Hongkong, nur sehr wenig aus der Erfahrung. Der chinesischen Staatsmacht gelang es jedoch immer besser, Informationen zu unterdrücken, die destabilisierend wirken konnten. Zwei Jahre nach der SARS-Pandemie drohte man dem Virologen Jiang Yanyong, dessen Forschungsergebnisse zur Vogelgrippe stark von den offiziellen Erklärungen abwichen, mit Gefängnis wegen des Verrats von »Staatsgeheimnissen«. Er wurde 2004 bei einer der routinemäßigen Verhaftungswellen, die das Regime immer vor dem 4. Juni veranstaltete, vorübergehend festgenommen. Sechzehn Jahre darauf, im Februar 2020, als sich ein weiteres Coronavirus anschickte, um die Welt zu reisen, wurde er erneut unter Hausarrest gestellt.[83]

Eine Folge des SARS-Ausbruchs war, dass Peking den Beginn seiner Marketingkampagne für die Olympiade 2008 verschieben musste. Es gab noch weitere Gründe für die Verschiebung, unter anderem eine Frist für einen Wettbewerb, bei dem das offizielle Lied für die Olympiade in Peking ausgewählt werden sollte.[84] Doch der Bau aller Veranstaltungsorte schritt zügig voran. Überall in der ganzen Stadt tauchten glänzende avantgardistische Gebäude auf, oft von internationalen Architekten entworfen, darunter auch Albert Speer jr, der Sohn von Adolf Hitlers Lieblingsarchitekten, der am Bau des Stadions für die Olympiade 1936 beteiligt gewesen war. Wie sein Vater, der eine gewaltige Prachtstraße durch das Berliner Stadtzentrum geplant hatte, entwarf der Sohn einen acht Kilometer langen Boulevard, der sich in Peking vom neuen Bahnhof über den Tiananmen-Platz bis zum Olympia-Park erstreckte.

Ausgaben in Höhe von vierzig Milliarden Dollar, eine Summe, die kein früherer Gastgeber jemals für Olympia ausgegeben hatte, gaben der Hauptstadt ein neues Gesicht. Straßen wurden erweitert, neue U-Bahnlinien gebaut und Dutzende gewaltiger Bauwerke errichtet – ein massiver Einsatz von Stahl und Beton, der den Horizont durch aufgewirbelten Staub trübte. Das Ausmaß der Bauarbeiten war gigantisch. Ab 2002 wurden neue Bauwerke mit einer Gesamtfläche von 158 Millionen Quadratmeter errichtet. Alte Stadtviertel, Gassen und ummauerte Wohnhäuser wurden abgerissen und die Bewohner wurden, manchmal unter Gewaltanwendung, weit vom Stadtzentrum entfernt angesiedelt. Dutzende von Möbelwagen und Polizeibussen wurden mobilisiert, um die Räumungen durchzuführen. Das »Centre on Housing Rights and Evictions« (Zentrum für Wohnrechte und Zwangsräumungen), eine Nichtregierungsorganisation mit Sitz in Genf, schätzte, dass 1,5 Millionen Menschen, ein Zehntel der Einwohner, zum Verlassen der Hauptstadt gezwungen wurden. Das chinesische Außenministerium bestritt diese Angabe und nannte die vergleichsweise beruhigende Zahl von 6037 Umgesiedelten.[85]

Die Umweltverschmutzung war ein Problem, weil die Veranstalter eine grüne Olympiade versprochen hatten. Kampagnen wurden gestartet, um die Autoabgase zu reduzieren, indem man dieselgetriebene Busse durch neue, mit Erdgas betriebene ersetzte. Hunderte besonders umweltschädliche Industrien wurden aus der Stadt hinaus verlegt. Kohleöfen wurden durch neue mit Strom betriebene Geräte ersetzt. Dennoch lag wenige Wochen vor der Eröffnung der Spiele immer noch ein brauner Dunst über der in einem von Bergen umgebenen Talkessel gelegenen Stadt. Notmaßnahmen wurden ergriffen, und sogar Fabriken, die Hunderte Kilometer im Norden in der Mandschurei oder am Rand der Wüste Gobi in der Inneren Mongolei lagen, wurden angewiesen, die Produktion einzustellen. Die Schließung von Bergwerken verursachte eine Knappheit der Kohle, aus der etwa achtzig Prozent des chinesischen Stroms gewonnen wurden. Die Preise für Kraftwerkskohle verdoppelten sich fast, sodass die Zentralregierung neue Preiskontrollen verhängte.[86]

Am Tag der Eröffnungsfeier war der Himmel über der Stadt immer noch grau. Aber kein Athlet musste beim Einmarsch ins Stadion eine Maske tragen. Die Feier mit Feuerwerk, Trommlern, Kindern, Tänzern, mehreren Sängern und einem Pianisten war allen Berichten zufolge überwältigend. Insgesamt fünfzehntausend Menschen traten im Nationalstadion auf, das wegen seiner Außenwand, einem verschlungenen Stahlgerüst, im Volksmund als »Vogelnest« bezeichnet wird. Hunderttausend Sicherheitsleute sorgten für einen reibungslosen Ablauf. Menschen auf der ganzen Welt waren fasziniert von der Feier, die in zahlreichen begeisterten Berichten als die »großartigste« in der Geschichte der Olympischen Spiele bezeichnet wurde.[87]

Teile der Feier zogen auch Kritik auf sich: Ein engelhaftes Mädchen in einem roten Kleid, das ein populäres Lied zum Lob des Vaterlands sang und die Herzen viele Zuschauer eroberte, imitierte, wie sich herausstellte, nur die Lippenbewegungen der eigentlichen Sängerin, einer Siebenjährigen, deren schiefe Zähne man als potenziell schädlich für das chinesische Image im Ausland angesehen hatte. Ein Mitglied des Politbüros hatte in letzter Minute verfügt, dass sie ausgetauscht wurde. Das auf riesigen Bildschirmen und im Fernsehen gezeigte Feuerwerk mit seiner imposanten Abfolge von Eruptionen, die sich vom Tiananmen-Platz bis zum »Vogelnest« erstreckten, wurde als computergeneriert entlarvt. Die meisten der 56 Kinder, die in ethnischen Trachten jeweils eine der chinesischen Minderheiten repräsentierten, waren in Wirklichkeit Han-Chinesen, die 92 Prozent der chinesischen Bevölkerung ausmachen. Die meisten der mehreren Milliarden Zuschauer rund um den Erdball nahmen diese Details mit einem Achselzucken zur Kenntnis, und die Kritik im Internet des chinesischen Festlands war schärfer als die in Übersee. Nach ein paar Tagen besserte sich sogar das Wetter. Der Wind drehte sich und bescherte einigen Sportereignissen doch noch einen kristallblauen Himmel.[88]

Dennoch traten durch die Olympischen Spiele trotz ihres offensichtlichen Erfolges schwelende Spannungen mit dem Westen zu Tage. Die Chinesen waren stolz auf das Ereignis, das der Welt zeigte, wie weit sie gekommen waren, aber sie waren auch wütend darüber, was sie als unfaire Versuche von Ausländern empfanden, ihren historischen Moment zu sabotieren. Ein Grund zunehmenden Ärgers waren die ausländischen Proteste zur Unterstützung Tibets. Am 10. März 2008, dem 49. Jahrestag eines Aufstands gegen Peking im Jahr 1959, hatten Hunderte buddhistischer Nonnen und Mönche friedlich in Lhasa demonstriert. Als die Polizei gewaltsam gegen die Demonstranten vorging, geriet die Situation außer Kontrolle. Demonstranten demolierten Geschäfte und zerstörten Polizeifahrzeuge. Es folgten brutale Vergeltungsmaßnahmen, bei denen elektrische Schlagstöcke und Tränengas zum Einsatz kamen und scharf geschossen wurde. Auf den Straßen patrouillierten nun bewaffnete Soldaten, fest entschlossen, einen vom Regime so bezeichneten »Volkskrieg« gegen »feindliche Kräfte« und »reaktionäre separatistische Kräfte« zu entfesseln – separatistische Kräfte, zu denen auch der Dalai Lama gezählt wurde. Es gab Dutzende von Opfern, doch die genaue Zahl ließ sich nur vermuten, da ausländische Journalisten nicht über die Zusammenstöße berichten durften. Tausende kamen ins Gefängnis.[89]

Die rigorose Unterdrückung sämtlicher Formen des Protests in dem von ethnischen Minderheiten bevölkerten Gürtel an der Nordwestgrenze Chinas war schon seit langem Routine gewesen, aber dieses Mal fanden in Großstädten rund um den Erdball Demonstrationen zur

Unterstützung der Tibeter statt. In London, Paris, Delhi und Sydney versuchten Demonstranten, die chinesische Botschaft zu stürmen und riefen zum Boykott der Olympiade auf. Am 24. März wurde die Zeremonie zur Entzündung der olympischen Fackel in Athen gestört. Die Flamme wurde auch auf ihrem Weg nach Peking immer wieder Ziel von Demonstrationen, wobei es zu Handgreiflichkeiten zwischen Unterstützern und Gegnern des Regimes kam. Jin Jing, eine an den Paralympics teilnehmende Rollstuhlfahrerin wurde zur chinesischen Nationalheldin, weil sie in Paris Demonstranten abwehrte, während sie die Fackel trug. In Canberra demonstrierten mehr als zehntausend Australier chinesischer Abstammung für Peking, indem sie in sechs Reihen die sechzehn Kilometer lange Route der olympischen Fackel säumten und mit Hunderten von Autos mit chinesischen Flaggen durch die Stadt fuhren. In Seoul reichten achttausend Polizisten nicht aus, um chinesische Studenten daran zu hindern, einen alten südkoreanischen Demonstranten mit Füßen zu treten und Steine auf eine Gruppe zu werfen, die mit ihren Transparenten Peking kritisierte. Auf chinesischen Websites erschienen wütende Botschaften mit der Forderung, dass »China nicht gedemütigt werden dürfe«. Für sehr viele durch die patriotische Erziehung indoktrinierte Chinesen war jede Unterstützung Tibets ein unerträglicher Angriff auf die Einheit ihres Landes und ein unverhohlener Schachzug, um den historischen Aufstieg ihres Landes zu wahrer Größe zu verhindern. Anscheinend hatte sich die ganze Welt gegen China verschworen.[90]

Das Regime machte sich die starke nationalistische Strömung zunutze und stellte sich durch seinen Propaganda-Apparat als Verteidiger des Vaterlands dar. Aber Leidenschaften können gefährlich sein und sich leicht nach innen wenden. Ab Mitte April begannen die Zensoren deshalb die Flut von Postings, Blogs, Internet Chats und anderen Manifestationen der Wut auf den Westen einzudämmen.[91]

Die chinesische Führung sorgte auch dafür, dass die Spiele durch keine Form von Protest gestört werden konnten. Peking wurde in eine riesige Festung verwandelt und mit Zehntausenden von Überwachungskameras ausgestattet, die an Laternenmasten befestigt und in Internet-Cafés und Bars installiert wurden. Unerwünschte Elemente wie Migranten, Straßenhändler, Bettler oder Wahrsager, wurden vertrieben. Und es wurden Zivilisten rekrutiert, die mit roten Armbändern auf den Straßen patrouillierten. Im ganzen Land versetzte man sämtliche Fabriken und Schulen in Alarmzustand und ließ sie nach Unruhestiftern Ausschau halten, die vielleicht auf dem Weg in die Hauptstadt waren. Hu Jia, ein Demokratie-Aktivist, der die Regierung kritisierte, weil sie die Menschenrechtslage vor den Spielen nicht verbessert hatte, wurde zu mehreren Jahren Gefängnis verurteilt.[92]

Wie man dem Internationalen Olympischen Komitee zugesagt hatte, wurden in drei Parks »besondere Zonen« ausgewiesen, wo man sich angeblich frei äußern durfte. Aber keiner von 77 Bewerbern erhielt die für die Nutzung der Zonen erforderliche Genehmigung, und zwei Großmütter im Alter von 77 und 79 Jahren wurden festgenommen. Einer Handvoll ausländischer Aktivisten gelang es, die Sicherheitsmaßnahmen zu unterlaufen und Transparente mit der Aufschrift »Free Tibet« zu entfalten, bevor sie von Zivilpolizisten weggeschleppt wurden. Unmittelbar vor dem Ende der Spiele nutzte die amerikanische Botschaft die Gelegenheit, die chinesische Regierung zu rügen, weil sie nicht »mehr Toleranz und Offenheit« gezeigt hatte.[93] Dennoch hatte die chinesische Führung, als sie über die Abschlusszeremonie der Spiele wachte, allen Grund, stolz auf ihren Erfolg zu sein. Sie hatte ihre Volkswirtschaft nach vorne katapultiert, einen massiven Handelsüberschuss genutzt, um die Hauptstadt umzugestalten, sämtliche Boykottaufrufe abgewehrt, die Opposition zerschlagen, die Umweltverschmutzung im Zaum gehalten, die Bevölkerung für die Unterstützung der Spiele mobilisiert und das Ausland mit einer Olympiade verblüfft, die wie ein Uhrwerk ablief. Weniger Offenheit, und nicht mehr, war eindeutig der Schlüssel zum Erfolg.

10 Hybris 2008–2012

Am 15. September 2008 beantragte die 1847 gegründete Investmentbank Lehman Brothers Gläubigerschutz. Das Unternehmen war mit mehr als sechshundert Milliarden Dollar verschuldet. Auch Merrill Lynch, einer weiteren Investmentbank, gelang es nicht, in letzter Minute eine Einigung mit der Bank of America herbeizuführen, um eine Finanzkrise zu vermeiden. Die Insolvenz von zwei der mächtigsten Firmen der Wall Street kam kaum eine Woche, nachdem die US-Regierung die Kontrolle über Fannie Mae und Freddie Mac übernommen hatte, zwei staatlich geförderte Hypothekenbanken, die durch die Vergabe von Subprime-Krediten riesige Verluste gemacht hatten.

Sieben Jahre zuvor hatte die Federal Reserve Bank aus Angst vor einer Deflation den Leitzins auf 1,75 Prozent gesenkt, den niedrigsten Wert seit 1961. Ein zweiter Schnitt im November 2002 hatte ihn auf 1,25 Prozent reduziert. Gleichzeitig waren mit minimalen Sicherheiten Hypotheken erhältlich geworden, für die man nur die Zinsen zahlen musste. Sie wurden von Hausbesitzern aufgenommen, die sich herkömmlichere Darlehen nicht leisten konnten. Da die Kredite billig und leicht zu bekommen waren, stieg die Nachfrage nach Hypotheken, was wiederum die Immobilienpreise nach oben trieb. Der Anteil der Subprime-Hypotheken verdoppelte sich. Als jedoch der Leitzins wieder zu steigen begann, auf 5,25 Prozent im Juni 2006, konnten viele Hausbesitzer ihre monatlichen Hypothekenzinsen nicht mehr zahlen. Im Jahr 2007 entwickelte sich eine Hypothekenkrise, die zu fallenden Immobilienpreisen und eingefrorenen Kreditmärkten führte und enorme Verluste in der Finanzbranche verursachte. Dies galt insbesondere für Hedgefonds und

Investmentbanken. Sie unterlagen nicht denselben Vorschriften wie Geschäftsbanken und hatten die Sicherheiten für die Subprime-Kredite neu verpackt, um neue Anlageprodukte zu schaffen.

Durch die dramatische Wendung der Ereignisse trat die Fragilität des amerikanischen Finanzsystems, das einst als unerschütterlich gegolten hatte, deutlich zutage. Die Märkte auf der ganzen Welt brachen ein, weil befürchtet wurde, dass noch weitere Banken zusammenbrechen könnten. Als die Banken sich gegenseitig keine Kredite mehr gewährten, griff die US-Notenbank ein, bald gefolgt von den Zentralbanken in Japan und Europa. Allein in den Vereinigten Staaten beliefen sich die Kosten des Rettungspakets auf fast 1,5 Billionen Dollar, von denen allerdings ein Drittel später wieder hereingeholt wurde, als die während der Krise erworbenen Vermögenswerte mit Gewinn weiterverkauft wurden. Nach Jahren der leichten Kreditvergabe verursachte nun eine schwere Rezession enorme wirtschaftliche Schäden und großes menschliches Leid: Die Arbeitslosigkeit in den USA stieg auf zehn Prozent und Millionen Menschen verloren ihre Häuser.

Als die Vereinigten Staaten, Europa und Japan in die Rezession abrutschten, wurde auch das stark exportabhängige China hart getroffen. Zehntausende kleinerer und mittlerer Fabriken mussten schließen, und ihre Beschäftigten gingen zurück aufs Land, wo sie verzweifelt nach Arbeit suchten. Laut einer internen Untersuchung der Chinesischen Volksbank brachen die Gewinne in Wenzhou im letzten Quartal des Jahres 2008 um fünfzig Prozent ein. Im März 2009 lag die Rate bei sechzig Prozent, und die Unternehmen der Region mussten zehn Prozent ihrer Arbeitskräfte entlassen. An der ganzen chinesischen Küste kehrten sich die Verhältnisse an den Bahnhöfen radikal um. Während es dort sonst von Neuankömmlingen nur so gewimmelt hatte, kehrten die Fahrgäste nun scharenweise nach Hause zurück. Einige Unternehmer machten sich einfach aus dem Staub. Andere weigerten sich, ausstehende Löhne zu zahlen. Dies führte zu einer schnellen Zunahme von Protesten und Arbeitskämpfen. Lokale Funktionäre, die unter Druck standen, die soziale Stabilität aufrechtzuerhalten, verteilten entweder Geld oder schalteten die Polizei ein.[1]

Schon vor der globalen Finanzkrise hatten viele Fabrikbesitzer unter den steigenden Arbeits- und Materialkosten gelitten, da der Yuan an Wert gewann, als im Juli 2005 bei einem Wechselkurs von 8,28 Yuan pro

Dollar Kursschwankungen um plus/minus zwei Prozent erlaubt wurden. Danach gewann der Yuan stetig an Wert, bis er im Juli 2008 bei 6,83 Yuan pro Dollar stand und der Kurs wieder für zwei Jahre eingefroren wurde. In Nordchina hatten strenge Umweltschutzstandards und zeitweilige Betriebsschließungen vor den Olympischen Spielen mit zu dem Einbruch beigetragen.

Die Inflation verschwand mit der Finanzkrise, aber als die Rohstoffpreise weltweit einbrachen, sahen die Stahl-, Zement- und Bauunternehmen des Landes ihre Gewinne schwinden. Bauprojekte kamen zum Stillstand, Hochöfen standen still.[2]

Die chinesische Führung hatte nach den Spielen mit einem wirtschaftlichen Boom gerechnet und wurde von der Finanzkrise kalt erwischt. Panik setzte ein, als die Wirtschaft schrumpfte und wütende Arbeiter auf die Straße gingen. Es wurden Steuererleichterungen für Exportprodukte eingeführt, die zusammen mit einer Intervention auf den Devisenmärkten, um eine weitere Aufwertung des Yuan zu verhindern, dazu führten, dass die chinesischen Exporte im Ausland noch wettbewerbsfähiger wurden. Die Banken erhielten die Anweisung, kleinen Unternehmen größere Kredite zu günstigeren Zinsen zu geben. Zur Aufrechterhaltung des Wirtschaftswachstums, das die Grundlage für Beschäftigung und Stabilität bildete, schlug Wen Jiabao ein Programm zur Förderung des Binnenkonsums vor, um China von seiner Exportabhängigkeit zu befreien. Da die Normalbevölkerung zu arm war, um ihren Konsum zu steigern, brachte er ein Konjunkturpaket im Wert von 586 Milliarden Dollar (vier Billionen Yuan) auf den Weg, das hauptsächlich in neue Infrastrukturprojekte investiert werden sollte. Die Summe entsprach vierzehn Prozent der Gesamtproduktion, wohingegen das in Washington durchgesetzte Konjunkturprogramm nur sechs Prozent der amerikanischen Wirtschaftsleistung ausmachte. »Die werden Geld ausgeben, als gäbe es kein Morgen«, sagte der Chefökonom der HSBC (Hongkong and Shanghai Banking Corporation).[3]

Im zweiten Quartal 2009 begann sich die beispiellos hohe Kreditvergabe auszuwirken. Die Wachstumsrate stieg wieder an, obwohl der Wert der Exporte im Jahresvergleich um 22 Prozent zurückgegangen war. Hundert Milliarden Dollar wurden allein für neue Zugverbindungen ausgegeben. Und im Geist der »Go West«-Kampagne wurden 17,6 Milliarden Dollar in eine Eisenbahnlinie durch die Wüsten der Provinz Xinjiang investiert. Mehr als achtzig Milliarden Dollar waren für Intercity-Strecken vorgesehen, darunter auch eine Hochgeschwindigkeitsstrecke von Peking nach Guangzhou. Als sich die Wirtschaft ab dem Frühjahr 2004 zu überhitzen begann, hatte das Regime den Lokal- und Provinzregierungen verboten, weiteres Geld in die Infrastruktur zu stecken. Als nun der Kredithahn aufgedreht wurde, entstanden in allen Städten des Landes gewaltige Bauprojekte.[4]

Im Gegensatz zu den Vereinigten Staaten verfügte China über genug Geld, um sein Konjunkturprogramm zu finanzieren. Die Zentralbank hatte den Markt jahrelang daran gehindert, durch Dollarkäufe eine Aufwertung des Yuan herbeizuführen. Während sich immer größere Dollarreserven ansammelten, war das Land in der Lage, das Finanzierungsungleichgewicht aufrechtzuerhalten, das sein schnelles Wachstum begünstigte. Um zu verhindern, dass die großen Summen Yuan, mit der die Zentralbank Dollar kaufte, die Geldmenge erhöhten, hatte sie die Banken angewiesen, ihre Reserven zu erhöhen und Zentralbankanleihen zu kaufen, bei denen es sich im Grunde um Sterilisationsanleihen handelte. Dieses riesige, im Bankensystem aufgestaute Liquiditätsreservoir, wurde nun freigesetzt.[5]

Im Jahr 2010 verbrauchte China vierzig Prozent der Weltproduktion an Stahl und Zement. In den drei Jahren nach dem Konjunkturpaket verbrauchte es mehr Zement als die USA im gesamten 20. Jahrhundert. In China gab es 221 Großstädte mit mehr als einer Million Einwohnern, und alle waren auf sämtliche Errungenschaften der Moderne erpicht: Einkaufszentren, Kinos und Luxushotels, möglichst in glänzendes Metall verpackt und mit einem gläsernen Aufzug an der Außenseite. Allein im Jahr 2011 wurden 390 neue Museen eröffnet: große und kleine, öffentliche und private. Überall schossen Wolkenkratzer aus dem Boden, manchmal in Gruppen von ein oder zwei Dutzend. Städte wetteiferten, wer die höchsten Wolkenkratzer baute. Schließlich siegte Schanghai mit dem 127-stöckigen Schanghai Tower in Pudong, während Pläne für neue Türme in Chicago, Moskau, Dubai und anderen Städten rund um den Erdball der Finanzkrise zum Opfer fielen.[6]

Das Geld für die Bauten stammte von den Banken, aber auch aus Landverkäufen. Wie schon bei den fieberhaften Aktivitäten nach der Südtour von Deng Xiaoping im Jahr 1992 verkauften lokale Verwaltungen zu lukrativen Preisen Land an Bauherren und verwendeten die Einnahmen für den Ausbau der Infrastruktur. Im Jahr 2009 nahmen sie 219 Milliarden Dollar aus dem Verkauf von Bodennutzungsrechten ein, eine Steigerung von mehr als vierzig Prozent gegenüber dem Jahr zuvor. Im Jahr 2010 stieg die Summe noch einmal sprunghaft auf 417 Milliarden Dollar. In ihrer Gier nach Wachstum beschlagnahmten sie bei den Bauern hemmungslos Land. Nach den Berechnungen des renommierten Wirtschaftswissenschaftlers Wu Jinglian verloren die chinesischen Bauern durch die Beschlagnahmungen seit 1978 Land im Wert 20 bis 35 Billionen Yuan oder 3,1 bis 5,4 Billionen Dollar. Das war die Fortsetzung eines vertrauten Musters, nämlich des Vermögenstransfers vom Land in die Stadt, der schon 1949 begonnen hatte.[7]

Bevor gebaut wurde, kam es zu wahren Orgien der Zerstörung. Die lokalen Verwaltungen rissen alles und jedes nieder, was nicht ihrem Bild von der Zukunft entsprach. Es lief ab, wie man es schon gewohnt war: Ein Dorf wachte morgens auf, und die Bewohner fanden Abbruchsbescheide an ihren Häusern. Nachdem sie die angebotene magere staatliche Entschädigung zurückgewiesen hatten, wurden sie heftig schikaniert, bis schließlich mitten in der Nacht die Bulldozer anrückten. Danach waren sie vertrieben und oft ihrer Habseligkeiten beraubt. Gelegentlich sah man auch eine Familie in einem halb abgerissenen Haus zusammengekauert beim Essen. Die Fassade war schon weg, aber eine Ecke des Esszimmers und eine gezackte Wand um die Küche herum standen noch. Doch die Geschichte nahm eine ungeahnte Entwicklung, weil sich unter den Opfern zunehmend auch Privilegierte befanden: Ärzte, Finanziers oder pensionierte Parteifunktionäre.[8]

Manchmal waren die für die Abrissbirne markierten Gebäude keine fünf Jahre alt. In einem Pekinger Stadtviertel wurden mehrere Familien aus Wohnungen vertrieben, die im gleichen Jahr erst fertiggeworden waren. Laut der Schätzung eines Wirtschaftsberatungsinstituts riss China zwischen 2005 und 2010 sechzehn Prozent seines Wohnraums ab. Auf dem Höhepunkt der Konjunkturmaßnahmen wurden jährlich mehr als zweitausend Quadratkilometer (etwa die Fläche der Insel Mauritius) enteignet. Im ganzen Land standen brillante neue Büro- und Wohnhochhäuser neben abgezäunten Trümmerfeldern, wo verbogene Eisenstangen aus Betonblöcken ragten und zerbrochene Keramikplatten in der Sonne glänzten.[9]

Denkmalgeschützte Gebäude und andere Kulturdenkmäler, die Krieg und Revolution überstanden hatten, wurden abgerissen. Durch die Enteignungen erreicht man, was dem Vorsitzenden Mao auf dem Höhepunkt der Kulturrevolution versagt geblieben war: die Auslöschung der letzten Überbleibsel der alten Gesellschaft. Alte Tempel, Hofhäuser aus der Kaiserzeit oder Art-Deco-Villen, alles kam unter den Presslufthammer. Laut Li Xiaojie, dem Chef des Staatsamts für Kulturerbe, einer Behörde mit noch weniger Personal als die Staatliche Umweltschutzverwaltung, verschwanden etwa 44 000 von Chinas 766 000 registrierten Baudenkmälern. Die Bauherren zahlten die vorgeschriebene Maximalstrafe von 500 000 Yuan mit Vergnügen.[10]

Viele Bauherren pfuschten, um Geld zu sparen. Minderwertige Baumaterialien und schlechte Planung verkürzten die durchschnittliche Lebensdauer von Geschäftsgebäuden auf etwa 25 Jahre, nur etwa ein Drittel der Zeit, die man in Japan, Europa oder den Vereinigten Staaten erwarten konnte. Immer wieder gab es Nachrichten von spektakulären Fehlschlägen: sei es der Zusammenbruch einer achtspurigen Hängebrücke, ein Gebäude, das wie ein Kartenhaus in sich zusammenstürzte, oder ein Opernhaus, bei dem die Glasscheiben aus den Fenstern fielen. Dürftig ausgeführte Bauprojekte wurden als »Tofu-Gebäude« bezeichnet, weil sie unter widrigen Bedingungen zusammenbrachen, wie wabbelige Blöcke aus Sojabohnenquark. Als Sichuan 2008 von einem Erdbeben heimgesucht wurde, dem 87 000 Menschen zum Opfer fielen, stellte man fest, dass ein erheblicher Teil der 7000 eingestürzten Schulgebäude wegen schlechter Bauqualität zusammenberochen war.[11]

Es wurde viel spekuliert, und die Anleger trieben die Preise in die Höhe, da die Menschen kaum andere Möglichkeiten hatten, ihr Geld auszugeben. In diesem Bereich fand die versteckte Inflation statt. Nach Schützungen eines Experten lag in Hangzhou etwa die Hälfte des Wohnungsmarkts in den Händen einer kleinen Gruppe von Spekulanten, die sich gegenseitig immer wieder dieselben Immobilien verkauften, um deren Wert hochzutreiben. Mit jeder Transaktion bekam der nächste Verkäufer die Möglichkeit, eine noch höhere Hypothek aufzunehmen. Die Gewinne wurden aufgeteilt, sobald die Wohnhäuser schließlich an Außenstehende verkauft wurden, wobei viele Eigentümer die Gebäude ungenutzt ließen. Im ganzen Land waren leere Wohntürme und verlassene Einkaufszentren gang und gäbe.[12]

Dank großzügiger Steuererleichterungen boomten die Exporte. Zusätzlich zu dem 586 Millionen Dollar schweren Konjunkturpaket wurde die Industrie mit einer Flut neuer Bankkredite in Höhe von insgesamt 1,27 Billionen Dollar auf Hochtouren gehalten. Der niedrige Kurs des Yuan begünstigte ebenfalls den Export. Auch als der Dollar im Gefolge der Finanzkrise gegenüber dem Euro, dem Yen und den meisten anderen Währungen stark an Wert verlor, intervenierte die chinesische Zentralbank weiterhin und hielt den Yuan fest an den Dollar gebunden. Allein von März bis Oktober 2009 verlor der Yuan 16 Prozent seines Werts gegenüber dem Euro und 31 Prozent gegenüber dem australischen Dollar.[13]

Die meisten Kredite gingen an große Staatsunternehmen. In Anlehnung an Jiang Zemins Maxime »das Große ergreifen und das Kleine loslassen« befürwortete Hu Jintao energisch einen Ansatz, der im Volksmund mit »der Staat schreitet vorwärts, die Privatwirtschaft geht rückwärts« ausgedrückt wurde. Riesige Summen wurden in die Schlüsselbereiche Luftfahrt, Stahl, Kohle, Aluminium, ja sogar in Windkraftanlagen gesteckt. In Fortsetzung der Fusionen und Übernahmen, durch die 1998 die staatlichen Riesenunternehmen entstanden waren, übten die Staatskonzerne politischen Druck aus und nutzten ihre wirtschaftliche Macht, um kleinere private Konkurrenten zu übernehmen. In einer ganzen Reihe von Bereichen, von der Stahlindustrie bis zum Immobiliensektor, wurden die privaten Akteure ausgeschaltet. Bei mehreren von quasi feindlichen Übernahmen schluckten defizitäre staatliche Konkurrenten die meisten der in den Jahren zuvor gegründeten privaten Fluggesellschaften.[14]

Den größten Teil des Jahrzehnts über hatten die Staatsunternehmen vom WTO-Beitritt am meisten profitiert. Auf dem Papier waren sie ihren notleidenden Vorgängern in den 1990er Jahren haushoch voraus. Von 2000 bis 2010 versiebenfachten sich ihre Gewinne. Sie erreichten knapp zwei Billionen Yuan und generierten doppelt so viel Aktionärswert für den chinesischen Staat. Als jedoch zwei Wirtschaftswissenschaftler des »Hong Kong Institute for Monetary Research« die offiziellen Zahlen für 250 000 Staatsunternehmen prüften, kamen sie zu dem Schluss, dass die Gewinne überbewertet waren. Hätten die Unternehmen dieselben Kreditzinsen zahlen müssen wie ihre privaten Konkurrenten, wären ihre Gewinne fast völlig aufgezehrt worden. Mit anderen Worten: Die eigentliche Struktur der Wirtschaft hatte sich kaum geändert, weil die Ersparnisse der Normalbevölkerung und die von den Exportfirmen an der Küste erwirtschafteten Devisen dazu verwendet wurden, den staatlichen Sektor über Wasser zu halten.[15]

Die billigen Kredite gingen wie immer auf Kosten der Effizienz. Anlageinvestitionen staatlicher Unternehmen kosteten zwanzig bis dreißig Prozent mehr als die von Privatfirmen und nahmen etwa fünfzig Prozent mehr Zeit in Anspruch. Da die Staatsunternehmen die Gesamtwirtschaft fest im Griff hatten, konnten sie außerdem zusätzliche Gebühren und höhere Preise verlangen, die für die Verbraucher wie eine Steuer wirkten.[16] In Schlüsselindustrien wie der Stahl- und Aluminiumindustrie und natürlich auch bei den Windkraftanlagen kam es erneut zu Überkapazitäten. Die Hersteller waren bestrebt, ihre Überproduktion im Ausland abzusetzen, was die Spannungen mit ihren Handelspartnern weiter verschärfte. In den Vereinigten Staaten verhängte Präsident Barack Obama Strafzölle auf importierte Reifen. Washington begann auch mit der Suche nach Beweisen für Dumpingpreise bei Stahlrohren, die aus China importiert waren.[17]

Peking schlug zurück, indem es bei der Welthandelsorganisation eine Beschwerde wegen Protektionismus einreichte. Und als Brüssel im Jahr 2009 Anti-Dumping-Zölle für Eisen- und Stahlimporte verhängte, strengte China erstmals auch gegen die Europäische Union ein Verfahren an. Die Formulierungen des Regimes klangen vertraut: Es waren genau dieselben Beschwerden, wie sie US-amerikanische und europäische Behörden zuvor gegen China erhoben hatten.[18]

Hybris machte sich breit. Das vielgelobte Finanzsystem der Vereinigten Staaten hatte versagt. Und die sechzehn Mitglieder der Eurozone waren offenbar nicht in der Lage, einen Rettungsplan für Griechenland auszuarbeiten, dem der Staatsbankrott drohte. Es sah ganz danach aus, als ginge die Vorhersage von Karl Marx über den Zusammenbruch des Kapitalismus doch noch in Erfüllung: Im Westen stieg die Arbeitslosigkeit, und die Wachstumsraten fielen. Führende Parteifunktionäre griffen die Vereinigten Staaten an und warfen ihnen vor, ihre Märkte nicht ordentlich zu regulieren und ihr Haushaltsdefizit nicht unter Kontrolle zu halten. Auf dem Weltwirtschaftsforum in Davos im Januar 2009 machte Wen Jibao den Kapitalismus für ein nicht nachhaltiges Entwicklungsmodell verantwortlich, das auf »der blinden Jagd nach Profit« beruhe, und sprach von einem »Versagen der Finanzaufsicht«. Zhou Xiaochuan, Gouverneur der Chinesischen Volksbank, ging noch weiter. Er kritisierte die von den Vereinigten Staaten geführte Weltordnung, indem er im April 2009 erklärte, die schnelle Reaktion seines Landes auf die Krise habe die Überlegenheit seines politischen Systems bewiesen. Die chinesische Führung fühlte sich bestätigt. Peking hielt Washington den Spiegel vor, indem es sich als Berater aufspielte und der Welt Ratschläge in guter Wirtschaftsführung erteilte. Das kapitalistische Modell sei nicht haltbar, hieß es in Peking, und es sei nun an der Zeit, einen neuen Ansatz zu verwirklichen, der sich letztlich als weit überlegen erweisen werde, nämlich einen »Sozialismus chinesischer Prägung«. Hu Jintao bezeichnete ihn als den »chinesischen Weg«.[19]

*

Am 18. Dezember 2008 versammelte sich die chinesische Führung in der Großen Halle des Volkes und feierte den dreißigsten Jahrestag der Politik der offenen Tür. Hu Jintao hielt die Hauptrede und forderte das Land auf, sich an die »Vier Grundprinzipien«, darunter die »absolut korrekte« Führung der Partei und die »Diktatur des Proletariats« zu halten. Peking, warnte er, »werde niemals das politische System und das Modell des Westens kopieren«, sondern auch weiterhin die »große Fahne des Sozialismus hochhalten«. Stabilität, sagte er, sei die oberste Aufgabe der Partei, »denn nichts kann ohne Stabilität erreicht werden«. Die von vielen chinesischen Führern unaufhörlich wiederholte Botschaft war in diesem Fall von der Befürchtung veranlasst, dass die globale Krise soziale Unruhen verschärfen könnte.[20]

Stabilität bedeutete einerseits Repression und andererseits patriotische Erziehung. Schon bevor Hu Jintao seine Rede hielt, war der Knüppel zum Einsatz gekommen. Wenige Wochen vor der Feier war Liu Xiaobo wegen »Anstiftung zum Umsturz der Staatsmacht« verhaftet worden. Sein Verbrechen hatte darin bestanden, dass er einen Beitrag zur sogenannten

Charta 08 verfasst hatte, die von der Charta 77 inspiriert war, die Václav Havel und andere Dissidenten mehr als dreißig Jahre zuvor in der Tschechoslowakei verfasst hatten. Die ursprünglich von mehr als dreihundert Menschen unterzeichnete Charta 08 war nach ihrer Veröffentlichung am 10. Dezember 2008, dem Jahrestag der Allgemeinen Erklärung der Menschenrechte, von Tausenden weiteren Personen unterzeichnet worden. Unter anderem wurden in dem Dokument Gewaltenteilung, Unabhängigkeit der Justiz, die Abschaffung des Systems der Haushaltsregistrierung, Koalitions-, Rede- und Religionsfreiheit sowie die Einführung staatsbürgerlichen Unterrichts gefordert. Ein Jahr darauf wurde Liu zu elf Jahren Gefängnis verurteilt.

Als Nächstes folgte ein Schlag gegen das Internet. China verfügte bereits über einen ausgeklügelten Kontrollmechanismus, da alle Kabel, die das Land mit der Außenwelt verbanden, eines von drei großen Computerzentren passieren mussten. Dort fingen Terminals der Regierung alle eingehenden Daten ab und glichen sie mit einer ständig wachsenden Liste verbotener Adressen und verbotener Schlüsselwörter ab. Dies war der sogenannte »Große Firewall«. Dennoch gab es noch Millionen aktiver Blogger in China. Einige von ihnen führten Online-Kampagnen gegen korrupte Parteifunktionäre und veröffentlichten kompromittierendes Material oder belastende Beweise. Viele waren freilich schon verstummt, als das Regime im Januar 2009 Tausende von Websites geschlossen hatte.[21]

Dennoch waren die meisten Beobachter sowohl in China als auch anderswo immer noch überzeugt, dass das Internet den Weg zu einer offeneren und verantwortungsbewussteren Gesellschaft ebnen würde. Fest davon überzeugt war der der Künstler Ai Weiwei, der das »Vogelnest« für die Olympischen Spiele mitgestaltet hatte. Ai, ein prominenter Aktivist, der die Menschenrechtspolitik der Regierung offen kritisierte, meinte, dass eine harte Unterdrückung des Internets die Attraktivität der Demokratie nur steigern würde. Sein eigener Blog hatte viele Leser. Doch im Dezember 2009 kam es zu einem zweiten Schlag gegen das Internet: Durch neue Maßnahmen wurde die Möglichkeit von Einzelpersonen, eigene Websites einzurichten, beschnitten. »Das Internet ist zu einem wichtigen Weg geworden, über den antichinesische Kräfte das Land infiltrieren, sabotieren und ihre Zerstörungskraft verstärken«, erklärte Meng Jianzhu, der Minister für öffentliche Sicherheit, mit ernster Miene. Ein Jahr darauf wurde Google aus dem Land getrieben, weil es sich weigerte, seine Suchergebnisse zu zensieren. Auch Facebook, YouTube und Twitter wurden gesperrt und durch staatlich gesteuerte Klone ersetzt. Eine kleine Armee von Zensoren überwachte nicht nur das Internet, sondern überflutete auch die Chatrooms mit regierungsfreundlichen Online-Kommentaren. Die Zensoren waren überall, wo es eine Internetverbindung gab. In Jiaozuo, einer Bergbaustadt mit rund drei Millionen Einwohnern in der Provinz Henan waren 35 Internetüberwacher und 120 Polizeibeamte zur Zensur von Online-Nachrichten eingesetzt. Im Jahr 2009 schrieb Peking Stellen für 10 000 Internet-Zensoren aus.[22]

Aktivisten jeder Couleur wurden verstärkt überwacht oder gleich verhaftet. Nach dem Erdbeben in Sichuan im Mai 2008 hatte das Regime mit der Entsendung von mehr als 130 000 Soldaten und Hilfskräften, dem größten Einsatz seit dem Vierten Juni, hervorragende Arbeit geleistet. Wen Jiabao, der sich als studierter Geologe mit Geomechanik auskannte, traf innerhalb weniger Stunden im Krisengebiet ein und leitete die Rettungsarbeiten. Doch die Soldaten waren für einen möglichen Krieg gegen Taiwan gedrillt und nicht als Katastrophenhelfer ausgebildet. Sie durchkämmten mit schlechter Ausbildung und dürftiger Ausrüstung die Berge und versuchten, mit bloßen Händen die Trümmer zu räumen. Nach ein paar Tagen bat das Regime ungewöhnlich offen um internationale Hilfe. Rettungsmannschaften und Hilfsgüter kamen zunächst aus Taiwan und dann aus Japan, Korea, den Vereinigten Staaten und anderen Ländern. Auch Spenden flossen reichlich. Bei weitem am großzügigsten waren die Einwohner Hongkongs. Sie sammelten innerhalb einer Woche mehr als eine Milliarde Hongkongdollar, die vom Legislativrat bereitgestellten neun Milliarden nicht mitgerechnet.[23]

Lokale Verwaltungen in der Katastrophenzone versprachen zu untersuchen, warum viele Schulen so schlecht gebaut waren, dass sie zusammenbrachen und Tausende von Kindern ums Leben kamen. Doch als die Journalisten wieder nach Hause gefahren waren, passierte sehr wenig. Wer die Verantwortlichen kritisierte, wurde schikaniert oder eingesperrt, und einige Kritiker wurden wegen »Anstiftung zum Umsturz« angeklagt. Polizeikräfte lösten Demonstrationen auf, die die Eltern der beim Einsturz ihrer Schulen erschlagenen Kinder organisiert hatten. Huang Qi und Tan Zuoren, zwei Menschenrechtsaktivisten, die versuchten, den Opfern eine Stimme zu verleihen, wurden im August 2009 wegen »Gefährdung der nationalen Sicherheit« angeklagt.[24]

Einer der bekanntesten Aktivisten, die die Rettungsanstrengungen der Regierung kritisierten, war Ai Weiwei. In seinem Blog veröffentlichte er seine eigene Liste der durch das Erdbeben ums Leben gekommenen Kinder, damit alle Opfer einen Namen hatten. »Niemand hat bis jetzt eine Erklärung dafür, warum sich Mr. Ai auf einer von der Regierung kontrollierten Website so offen äußern darf«, schrieb ein Journalist im März 2009. Zwei Monate später wurde Ai Weiweis Blog geschlossen, und als er versuchte, bei Tan Zuorens Prozess auszusagen, wurde er von der Polizei zusammengeschlagen. Außerdem wurde sein Studio zu einem illegalen Bauwerk erklärt und im Januar 2011 dem Erdboden gleichgemacht.[25]

Auch die Unterdrückung oppositioneller Juristen wurde verschärft. Im Jahr 2006 kam der blinde Rechtsanwalt Chen Guangcheng vier Jahre ins Gefängnis, weil er die Rechtmäßigkeit der Ein-Kind-Politik in seiner Geburtsregion Linyi infrage gestellt hatte. Auch nach seiner Freilassung stand er praktisch unter Hausarrest: Hunderte unbekannter Agenten schotteten ihn von der Außenwelt ab, schlugen ihn wiederholt zusammen, stellten ihm den Strom ab und verschlossen die Fenster seines Hauses mit Metallplatten. Auch gegen andere oppositionelle Juristen wurden die Schrauben angezogen. Als die Kampagne, in Privatbetrieben Parteizellen aufzubauen, auf Hochtouren lief, bekamen die kommunistischen Parteikomitees in Anwaltsbüros die Aufgabe, renitente Mitglieder im Zaum zu halten und blockierten die Erneuerung ihrer Zulassung. Wenn eine Anwaltspraxis sich weigerte, die Forderungen des zuständigen Komitees zu erfüllen, wurde sie geschlossen.[26]

Die Unterdrückung wurde durch neue Sicherheitsmaßnahmen unterstützt, nicht zuletzt durch die sogenannten »Ämter zur Aufrechterhaltung der sozialen Sicherheit und Wiederherstellung von Recht und Ordnung«. Der Name war schwerfällig, wie bei so vielen anderen Institutionen in einem Einparteienstaat, doch die Aufgabe der neuen Ämter war einfach: »Parteifeindliche Elemente« aufspüren und alle »destabilisierenden Kräfte im Keim ersticken«. Im Jahr 2009 verbreiteten sich diese Büros wie ein Ausschlag. In den meisten Küstenstädten machten in allen Bezirken und manchmal sogar in allen wichtigen Straßen welche auf. Große und mittelgroße Städte gründeten außerdem Führungsgruppen für Staatssicherheit, die vom Parteisekretär der Stadt geleitet wurden. Der Minister für Staatssicherheit Geng Huichang bezeichnete sie als »die Frontlinie des Volkes zum Schutz der nationalen Sicherheit«.[27]

Ziel des unaufhörlich wachsenden Staatssicherheitsapparats war es, ein absolut zuverlässiges Netzwerk zur Bekämpfung von Infiltration und Subversion zu entwickeln. Als Drahtzieher dieser dunklen Kräfte wurden der Westen oder, genauer gesagt, »feindliche ausländische Kräfte« vermutet, die durch eine sorgfältig organisierte Verschwörung versuchten, eine »friedliche Evolution« des Landes in Richtung Kapitalismus herbeizuführen. Liu Xiaobo, Ai Weiwei oder Chen Guangcheng, sie alle hatten anscheinend mächtige Unterstützer in Washington, London und Brüssel. Als die Europäische Union im Dezember 2008 dem Dissidenten Hu Jia den Sacharow-Preis verlieh, wurde das als klarer Beweis für eine Kampagne zur Unterminierung des sozialistischen Systems gewertet. Noch schlimmer war die offene Unterstützung für den Dalai Lama, die der französische Präsident Nicolas Sarkozy im Rahmen seiner EU-Präsidentschaft auf einer Versammlung von Nobelpreisträgern zum Ausdruck brachte. Ein Jahr darauf, im November 2010, wurde Liu Xiaobo der Friedensnobelpreis verliehen. Der chinesische Vizepräsident Cui Tiankai bezeichnete die Verleihung als Angriff auf das aufsteigende China und erklärte, dass Länder, die das chinesische Rechtssystem kritisierten, »die Folgen zu tragen« hätten. *Renmin Ribao* stieß in das gleiche Horn und bezeichnete den Preis als »Werkzeug der westlichen Länder, um Mächten, die ihren Maßstäben nicht entsprechen, eine ›friedliche Evolution‹ aufzuzwingen«.[28]

Die Ausgaben für öffentliche Sicherheit stiegen massiv an und erreichten 2010 schätzungsweise 77 Milliarden Dollar. Laut verschiedenen Berichten in den Medien verwendete die Provinz Liaoning im nördlichen Rostgürtel fünfzehn Prozent ihres Haushalts für innere Sicherheit. Eine Stadt in der Provinz Guangdong gab allein im Jahr 2010 genauso viel für die »Aufrechterhaltung der Stabilität« aus wie in den fünf Jahren zuvor. Sie installierte Überwachungskameras an wichtigen Kreuzungen und engagierte Tausende ihrer Bewohner als Spitzel, die der Staatmacht bei der Niederschlagung von Unruhen helfen sollten. In Urumqi, wo tödliche Zusammenstöße zwischen den Uiguren und chinesischen Migranten im Juli 2009 brutale Unterdrückungsmaßnahmen des Sicherheitsministers Zhou Yongkang ausgelöst hatten, wurden 17000 Kameras installiert. In Chongqing, der Vorzeigehauptstadt der Go-West-Kampagne, wurden 200 000 weitere Kameras installiert, sodass sich deren Gesamtzahl auf 510 000 erhöhte. In Peking und Schanghai gab es insgesamt drei Millionen Kameras. In London, der Stadt mit der schärfsten Kameraüberwachung in Europa, hatte die Polizei Zugriff auf 7000 Videoüberwachungskameras.[29]

Eine Bewährungsprobe für den Sicherheitsapparat kam 2011, als eine breite zivile Widerstandbewegung in Tunesien zum Sturz des langjährigen Präsidenten Zine al-Abidine Ben Ali führte. Die Jasminrevolution, wie sie auch bezeichnet wurde, löste in einem Großteil der arabischen Welt eine große Protestwelle aus, die mit dem Sturz der Diktatoren von Ägypten, Libyen und dem Jemen ihren Höhepunkt erreichte. Nach einem anonymen Online-Aufruf zu einer »Jasminrevolution« in China gingen am 20. Februar 2011 in einem Dutzend Städte, einschließlich Pekings und Schanghais, Hunderte von Demonstranten für mehr Demokratie auf die Straße. Sie wurden von Zehntausenden Polizisten empfangen, die sie auseinandertrieben. Universitäten in mehreren Provinzen erhielten den Befehl, ihre Tore zu schließen, damit die Studenten den Campus nicht verlassen konnten. Eine Woche später kehrten die Demonstranten unter den Augen eines riesigen Polizeiaufgebots in stummem Protest zurück. Da die schweigenden Spaziergangsdemonstranten nicht von normalen Passanten zu unterscheiden waren, nahmen sich die Polizeikräfte ausländische Journalisten vor. Sie beschlagnahmten deren Kameras, schlugen eine Kamera-Crew der BBC zusammen und verhafteten etwa fünfzehn ausländische Journalisten. Das Regime hatte eindeutig schreckliche Angst vor jeder Art von Unruhen. In den folgenden Wochen wurden Dutzende von Menschenrechtlern festgenommen und viele weitere vorgeladen und von der Polizei unter strenge Überwachung oder Hausarrest gestellt. Außerdem wurde der Verkauf von Jasminblüten verboten, weshalb der Großhandelspreis für das delikate Teeblatt zusammenbrach.[30]

Prominentestes Opfer der Verfolgungsmaßnahmen war Ai Weiwei. Er wurde am 3. April auf dem Flughafen festgenommen, mit einem Sack über dem Kopf in einen Polizeibus geworfen, drei Monate gefangen gehalten und mindestens fünfzigmal verhört. Nach einem internationalen Aufschrei der Empörung wurde er schließlich freigelassen, musste aber eine enorme Strafe wegen Steuerhinterziehung zahlen und wurde streng überwacht.[31]

Erschrocken über die Aufstände in Nordafrika und dem Nahen Osten zog das Regime auch bei der Populärkultur die Zügel an. Während die Zensoren die politische Meinungsäußerung stets fest im Griff hatten, duldeten sie den immer freier werdenden Bereich der Unterhaltung, von der wilden Talent- oder Tanzshow im Fernsehen bis zum Mikroblog mit Millionen von Followern. Nun jedoch äußerte sich Zhou Yongkang besorgt über »soziale Integrität« und »soziale Moral« und ordnete im November ein hartes Durchgreifen an. Fernsehsender erhielten die Anweisung, ihre Unterhaltungssendungen pro Abend auf maximal zwei Fernsehshows von je neunzig Minuten zu beschränken, die im Wechsel mit jeweils zwei Stunden staatlicher Pflichtprogramme ausgestrahlt wurden. Das Ziel, so behauptete jedenfalls die in Orwellscher Manier organisierte Staatliche Verwaltung von Funk, Film und Fernsehen, bestand darin, »exzessive Unterhaltung und vulgäre Tendenzen« auszumerzen. Einige der zensierten Talentshows erregten freilich noch aus einem anderen Grund Anstoß. Die Sender forderten ihre Zuschauer auf, per SMS für ihren jeweiligen Lieblingskünstler zu stimmen. Doch den Zensoren war jede Form von Wahlen ohne enge staatliche Kontrolle suspekt. Zhou rief außerdem zu einer strengen und schnellen Zensur der Unterhaltung im Internet auf, und zwar insbesondere bei solchen Blogs, die Gerüchte über die Skandale von Parteifunktionären weitergaben. Als Ergänzung zu den Überwachern, die das Internet bereits nach verbotenen Botschaften durchsuchten, erweiterten einige Internetfirmen ihre Abteilungen für die »Widerlegung von Gerüchten« und besetzten sie mit Redakteuren, die den Auftrag hatten, Informationen, die als »falsch« galten, zu untersuchen und zu widerlegen. Einige Monate zuvor hatte China eine Frist verstreichen lassen, die die Welthandelsorganisation gesetzt hatte, um eine Lockerung der staatlichen Kontrolle im Zugang zu Filmen, Musik und Büchern aus dem Ausland herbeizuführen.[32]

Am 5. März 2012 wurde wieder einmal Lei Feng hervorgeholt, damit das Volk von dem vorbildlichen Soldaten lernte. Die Kampagne erschien dem Publikum wenig glaubwürdig und löste im Netz eine Welle des Spotts aus. Beobachter stellten jedoch fest, dass es sich bei diesem Spott um den letzten Ausbruch anonymer Kritik im Internet handelte, denn keine zwei Wochen darauf traten neue Vorschriften in Kraft. Sie besagten, dass man sich mit einem überprüfbaren Konto registrieren müsse und dass Posts, die als »schädlich« für die nationalen Interessen galten, binnen fünf Minuten gelöscht werden mussten.[33]

Im Jahr 2012, als ein Jahrzehnt unter der Führung Hu Jintaos und Wen Jiabaos zu Ende ging, war das Land eine fest im Sattel sitzende Diktatur mit einem ausgedehnten Sicherheitsapparat und dem modernsten Überwachungssystem der Welt, einem System, von dem die Vorgänger der beiden führenden Politiker nicht einmal zu träumen gewagt hätten. Dennoch hatte während ihrer gesamten Amtszeit eine Vielfalt von Experten, vom Universitätsprofessor bis zum angesehenen Politiker, die baldige Durchführung politischer Reformen vorausgesagt. Der Mechanismus solcher Fehleinschätzungen war recht einfach: Immer wieder einmal hatte einer der beiden Führer ein Lächeln aufgesetzt und den Begriff »Reform« gebraucht, was bei Chinaexperten die übereilte Spekulation auslöste, dass der wahre Übergang nun unmittelbar bevorstünde, weil die bis dahin sorgfältig verborgenen Kräfte innerhalb des Parteiapparats endlich die lang erwartete Oberhand gewonnen hätten. Ein derartiger Wirbelsturm von Vermutungen kam beispielsweise auf, als Wen Jiabao am 3. Oktober 2010 in einem Interview mit dem CNN-Journalisten Fareed Zakaria verkündete, dass Redefreiheit »unverzichtbar« sei. Seine Worte fielen in China der Zensur anheim, ohnehin glaubten nur wenige Dissidenten, dass er es ernst meinte. Yu Jie zum Beispiel, ein damals schon unter Hausarrest gestellter Schriftsteller, hatte wenige Monate zuvor eine Schmähschrift mit dem Titel *Chinas bester Schauspieler: Wen Jiabao* veröffentlicht. Im März 2011 zerschlugen sich schließlich erneut alle Hoffnungen auf Reformen, als Wu Bangguo, der Vorsitzende des Nationalen Volkskongresses, wieder einmal jede »Gewaltenteilung« kategorisch ablehnte: das »System, in dem sich verschiedene Parteien im Amt abwechseln«, oder »das System mit zwei Kammern« oder ein »föderales System«. Er warnte auch vor Versuchen, »Privatisierungen durchzuführen«. »Wir müssen die richtige politische Orientierung bewahren und dürfen bei Schlüsselfragen wie dem grundlegenden System des Staates niemals schwanken«, erklärte er den dreitausend Delegierten in seiner jährlichen Ansprache auf dem Kongress.[34]

*

Mit der zunehmenden Unterdrückung nach den Olympischen Spielen ging eine weitere Indoktrinationsoffensive einher. Der Zufall wollte es, dass das Zentralkomitee seine Kampagne ausgerechnet am 14. September 2008 startete, genau einen Tag vor dem Zusammenbruch der Lehman Brothers: In einer Welt im Wandel sei ein korrektes Verständnis des Marxismus-Leninismus, der Mao-Zedong-Ideen, der Deng-Xiaoping-Theorie und des »Dreifachen Vertretens« von Jiang Zemin wichtiger denn je, verkündete die Führung der Volksrepublik. Die Parteimitglieder hätten die Pflicht, sich tief in das Studium der Klassiker zu versenken. Außerdem wurden die Werke von Marx, Engels und Lenin für die Verteilung an den Sekundarschulen neu aufgelegt.[35]

Ein Jahr darauf feierte das Regime den sechzigsten Jahrestag der kommunistischen Herrschaft mit üppigen Zeremonien und einer Militärparade. »Die Entwicklung und der Fortschritt des neuen China in den letzten sechzig Jahren sind der beste Beweis dafür, dass nur der Sozialismus China retten kann und die Entwicklung Chinas, des Sozialismus und des Marxismus nur durch Reform und Öffnung gesichert werden können«, verkündete der im Mao-Stil gekleidete Hu Jintao von der Tribüne herab. »Heute steht ein sozialistisches China, den Blick in die Zukunft gerichtet, groß und fest im Osten«, erklärte er stolz. Riesige Porträts der führenden Politiker des Landes wurden über den Platz getragen. Auf Tausende von Soldaten, die im Stechschritt vorbeimarschierten, folgte eine Demonstration militärischer Macht einschließlich neuer ballistischer Raketen. Kampfflugzeuge donnerten in dichter Formation über die Stadt.[36]

Ein paar Monate nach den Feiern schickte Xi Jinping in seiner Eigenschaft als Chef der Zentralen Parteischule, die bei der ideologischen Indoktrination traditionell die Führung innehatte, einen Gratulationsbrief an eine Studiengruppe mit der Bezeichnung »China-Marxismus-Forum«. In dem Schreiben rief er Wissenschaftler auf der ganzen Welt dazu auf, das Studium des Marxismus zu fördern. Der Marxismus, so erklärte er in seinem Schreiben, sei die ideologische Grundlage der Partei und der Nation. »Der Marxismus ist die grundlegende Leitideologie für den Aufbau unserer Partei und unserer Nation«, echote die Zeitschrift *Qiushi* (Suche nach Wahrheit), das Organ des Zentralkomitees. »Wir müssen den Marxismus wirklich studieren, verstehen und an ihn glauben. Insbesondere jedoch müssen wir uns, wenn wir die Sinisierung, Modernisierung und Popularisierung des Marxismus fördern, mit den Fragen des richtigen Verständnisses und der wissenschaftlichen Interpretation des Marxismus befassen.«[37]

Xi Jinping, ein großer, stämmiger Mann mit stets pomadisierten Haaren, war kurzzeitig Parteisekretär von Schanghai gewesen, hatte sich damals jedoch bedeckt gehalten und auf eine Reihe nichtssagender Verlautbarungen beschränkt. Er stammte aus der Provinz Shaanxi und hatte an der Tsinghua-Universität eine technische Ausbildung mit einem Abschluss als Chemieingenieur absolviert. Wie andere Technokraten hatte er sich allmählich hochgearbeitet, von einem Posten in der ländlichen Provinz Hunan bis zum Parteisekretär der Provinz Zhejiang, wo Privatunternehmen die Küste beherrschten.

Xi hatte mehrere Vorteile, insbesondere die Fähigkeit, kaum etwas von Bedeutung zu sagen oder zu tun und sich so der Aufmerksamkeit potenzieller Rivalen zu entziehen. Er ergriff selten Partei, sondern legte eine neutrale Haltung und ein freundlichesLächeln zutage, das nichts verriet. Weil er harmlos wirkte, war er für die verschiedenen Fraktionen innerhalb der Partei akzeptabel. Außerdem hatte er noch einen Trumpf in der Hand. Er war ein sogenannter »Prinzling«, Sohn des Revolutionsveteranen Xi Zhongxun, der dreißig Jahre zuvor an der Entwicklung der Sonderwirtschaftszone Shenzhen mitgewirkt hatte. Ein weiterer Vorteil waren seine engen Beziehungen zur Volksbefreiungsarmee, die ihn als ihren Mann betrachtete. So kam es, dass er im Alter von 57 Jahren als nächster Generalsekretär gehandelt wurde.[38]

Die Indoktrination im Inland war normal, doch das Regime begann auch im Ausland, seine eigene Imagepflege offensiv zu betreiben. Im Januar 2008 hatte die Führung beschlossen, auch die ideologische Arbeit zu globalisieren. Ziel dieser Charmeoffensive war es, »die herrschende internationale Meinung über Themen wie Taiwan, Tibet, Xinjiang, Menschenrechte und die böse Organisation ›Falun Gong‹ zu bekämpfen und in diesen Bereichen die Meinungsführerschaft zu übernehmen«. »Kultur« war das Schlüsselwort bei dieser Ausübung von Softpower, zu der auch Begriffe wie »Jahr der chinesischen Kultur«, »Chinesische Kulturwoche« und »Kultur in China« gehörten. Eine wichtige Rolle spielten bei diesem Projekt die Konfuzius-Institute. Das erste war 2004 in Usbekistan gegründet worden, gefolgt von einem weiteren auf dem Gelände der Universität Maryland bei Washington. Die Institute wurden immer zahlreicher und sollten die ideologische Arbeit des Regimes »organisieren und entwickeln«.[39]

Die Propagandakampagne im Ausland war sehr großzügig finanziert. Im Jahr 2009 wurden etwa zehn Milliarden Dollar in das Projekt gesteckt, obwohl die Medien in Europa und den Vereinigten Staaten stark unter der wirtschaftlichen Abwärtsspirale litten. Der Löwenanteil der Mittel wurde allerdings vom teuersten Gebäude Chinas verschlungen, der 230 Meter hohen neuen Sendezentrale von CCTV (China Central Television). Der 2010 in CGTN (China Global Television Network) umbenannte Sender hatte Zugriff auf sechs Satelliten und konnte mit seinen in mehreren Sprachen ausgestrahlten Programmen die ganze Welt erreichen. Auch Xinhua (die Nachrichtenagentur Neues China) erweiterte ihre Tätigkeit und erhöhte die Zahl ihrer Auslandsvertretungen von 100 auf 186. *Renmin Ribao* brachte die neue englischsprachige Ausgabe *People's Daily* und die deutsche Ausgabe *People's Daily*^Deutsch^ heraus. Mit den Worten eines chinesischen Propagandaexperten: »Wir müssen der ganzen Welt mitteilen, was die chinesischen Bürger über Demokratie, Freiheit, Menschenrechte und Rechtsstaatlichkeit in ihrem Land zu sagen haben«.[40]

Ende 2010 arbeiteten 280 Konfuzius-Institute in achtzig Ländern, alle unter der Oberaufsicht des Büros für die Verbreitung der chinesischen Sprache in Peking.[41] Konsulate und Botschaften im Ausland organisierten mit Hilfe des chinesischen Kulturministeriums »Chinesische Kulturwochen«. Im Jahr 2011 wurde in Australien ein »Jahr der chinesischen Kultur« ausgerufen und ein Jahr später in Italien, Deutschland und der Türkei. Hin und wieder gab es skeptisches Stirnrunzeln und besorgte Anfragen wegen Ai Weiwei und Liu Xiaobo. Insgesamt jedoch wurden die staatlich geförderten Programme in den Bereichen Tanz, Theater und sozialistischer Staatskunst gut aufgenommen. Dabei lobten Xinhua und die *Global Times* die Veranstaltungen natürlich immer in den höchsten

Tönen, weil sie bei der »Förderung von Verständnis und Freundschaft zwischen den Völkern Chinas« und dem Rest der Welt höchst erfolgreich seien.

»Kultur« war nur eine Abkürzung für »sozialistische Kultur«, die wiederum für »Sozialismus chinesischer Prägung« stand. Hu Jintao nannte dies den »chinesischen Weg«. In China selbst war der »chinesische Weg« durch die strenge Beachtung der »Vier Grundprinzipien« definiert. Im Ausland wurde er als ausgewogeneres Verhältnis zwischen Staat und Markt präsentiert – im Gegensatz zum gescheiterten Modell des Westens mit seinem Vertrauen in eine Begrenzung der staatlichen Macht und in freie Märkte. Der Ansatz wurde bald schon als das »chinesische Modell« oder als »Pekinger Konsens« bezeichnet und als alternative Ideologie und natürliches Gegengewicht zum »Washingtoner Konsens« gehandelt. Das 20. Jahrhundert war das »amerikanische Jahrhundert« gewesen, das 21. sollte nun China gehören.

Artikel, Broschüren und Bücher zum Thema wurden massenweise veröffentlicht und zahllose Konferenzen und Seminare darüber abgehalten. Eines der einflussreichsten Bücher war *The China Model: A New Interpretation of Sixty Years of the People's Republic* von Pan Wei, Professor für internationale Politik an der Universität Peking. Ein weiteres viel gelesenes Werk war *The China Wave: Rise of a Civilizational State* von Zhang Weiwei, Professor für internationale Beziehungen an der Fudan-Universität in Schanghai. »China hatte die Fähigkeit, vom Westen zu lernen, doch der Westen hat diese Lernfähigkeit nicht«, verkündete Professor Zhang. »Wir brauchen ein neues Denken, und China kann in aller Bescheidenheit einiges Wissen anbieten.« Chinesische Akademiker reisten um die halbe Welt, boten überall ihren Rat an und priesen das neue Modell und den wirtschaftlichen Erfolg ihres Landes. »Das chinesische Modell hat Wunder vollbracht«, jubelte *Renmin Ribao,* »es hat den Glauben an ein überlegenes ›amerikanisches Modell‹ abgelöst und dessen Untergang besiegelt.«[42]

Auf die Softpower folgte mehr Hardpower. Da die chinesischen Devisenreserven nach dem Beitritt zur Welthandelsorganisation massiv angewachsen waren, kaufte das Land auf der ganzen Welt Waffen, um seine militärische Schlagkraft zu verbessern. Der Militärhaushalt stieg zunächst um mehr als das Doppelte: von 20 Milliarden Dollar im Jahr

2001 auf 42 Milliarden im Jahr 2007, um dann 2011 auf 90 Milliarden hochzuschnellen. Allerdings waren die Zahlen, die das stets auf Geheimhaltung erpichte Regime veröffentlichte, nur etwa ein Drittel oder halb so hoch wie die inoffiziellen Schätzungen mehrerer internationaler Organisationen.[43]

Eine der Prioritäten des Regimes war die Volksbefreiungsmarine, da das Militär stark vom Land auf die See verlagert wurde. China war von ausländischem Öl abhängig, von dem ein großer Teil die enge Straße von Malakka zwischen Sumatra und der Malaiischen Halbinsel passieren musste. Auch riesige Mengen anderer Rohstoffe wie Kupfer, Kohle oder Eisenerz kamen über das Meer, und eine Flotte von Handelsschiffen brachte die Exporte des Landes an ihre Bestimmungsorte. Gleichgültig, ob es sich um Containerschiffe oder Tanker handelte, sie brauchten Schutz. Insbesondere jedoch hatten die Vereinigten Staaten Flugzeugträgerverbände in die Region geschickt, nachdem Jiang Zemin 1996 in der Nähe von Taiwan Raketentests durchgeführt hatte. Die chinesische Führung war fest entschlossen, die militärischen Kräfteverhältnisse im Südchinesischen Meer und im Westpazifik zu verändern und die Vereinigten Staaten daran zu hindern, Taiwan, Japan und Südkorea, ihre alten Verbündeten in der Region, militärisch zu unterstützen.[44]

Die chinesische Hochseeflotte wurde auf zweihundertsechzig Schiffe vergrößert, darunter Fregatten, Lenkraketenzerstörer und andere Kriegsschiffe. Dazu kam eine Flotte von mehr als sechzig Unterseebooten, von denen einige mit russischen Marschflugkörpern ausgestattet waren, mit denen sie Flugzeugträger angreifen und versenken konnten. Auch die Arbeit an ballistischen Interkontinentalraketen machte 2012 schnelle Fortschritte und verbesserte die chinesische Fähigkeit, die USA mit Atomsprengköpfen anzugreifen. Ende des Jahres fanden Erprobungsfahrten mit dem ersten Flugzeugträger des Landes statt, einem modernisierten Schiff aus der Sowjet-Ära, das *Liaoning* benannt war, nach einer Provinz im Nordosten Chinas.[45]

Das von Rotchina an der Taiwan gegenüberliegenden Küste stationierte Raketenarsenal des Regimes hat sich nach 2002 mehr als verdoppelt und erreichte im Jahr 2007 rund 900 und 2011 sogar 1200 Raketen. Washington brachte immer wieder seine Besorgnis zum Ausdruck, setzte aber seine Politik der »strategischen Ambiguität« fort und ließ die

Welt bewusst im Unklaren, ob es im Falle eines Konflikts mit Taiwan einschreiten würde. Das Ziel dieser Politik, die im Zuge der Normalisierung entwickelt worden war, bestand darin, Zeit zu gewinnen in der Hoffnung, dass die Angelegenheit von selbst eine friedliche Lösung finden würde. Peking machte das Beste daraus, indem es seine militärische Schlagkraft kontinuierlich erhöhte.

Auch in der Luft und im Weltraum erweiterte China seine militärischen Fähigkeiten. Es fügte seiner Luftwaffe Hunderte neuer Kampfflugzeuge einschließlich eines vom Radar kaum zu erfassenden Tarnkappenflugzeugs hinzu. Auch verfolgte es die Strategie, kinetische und zielgerichtete Energiewaffen zu entwickeln, die in der Lage waren, Satelliten und andere im Weltraum stationierte Anlagen des Feindes zu zerstören. Große Fortschritte machte es außerdem in der Cyberkriegsführung: Experten registrierten weltweit eine Zunahme erfolgreicher Cyberangriffe auf Computersysteme, von denen viele offensichtlich von China ausgingen.[46]

Mit zunehmendem Selbstvertrauen und wachsenden Fähigkeiten ließ sich Peking immer häufiger auf Konfrontationen ein. Vor allem im Südchinesischen Meer, das China für sich beanspruchte, ließ das chinesische Militär seine Muskeln spielen. Dies führte zu Auseinandersetzungen mit Japan wegen der unbewohnten Senkaku-Inseln, zu Zusammenstößen mit Fischern in indonesischen Gewässern, zu kaum verhüllten Invasionsdrohungen gegen Taiwan und zu Streitigkeiten mit Vietnam über die Spratly- und die Paracel-Inseln. Als die US-amerikanische Außenministerin Hillary Clinton im Juli 2010 Partei für südostasiatische Länder bezog, die Pekings Anspruch auf das gesamte Südchinesische Meer nicht anerkannten, konnte der chinesische Außenminister Yang Jiechi seine Wut kaum verbergen und nannte Clintons Haltung einen »Angriff auf China«. Er tat die anderen Länder in der Region als bloße Nebenfiguren ab: »China ist ein großes Land und andere Länder sind klein, das ist einfach eine Tatsache.« Jahre zuvor hatte Deng Xiaoping seine Kollegen ermahnt, »bescheiden und klug« zu sein. Seine Strategie, auf den richtigen Zeitpunkt zu warten, wurde nun durch eine neue Form der Selbstbehauptung abgelöst, die auf der festen Überzeugung beruhte, dass China die führende Weltmacht sein würde.[47]

Auch in internationalen Gewässern scheute Peking nicht vor Konfrontationen mit der US-amerikanischen Flotte zurück. Im März 2009 umzingelten fünf chinesische Schiffe etwa hundertzwanzig Kilometer südlich der Insel Hainan das U-Boot-Überwachungsschiff *Impeccable* und warfen ihm Holzabfälle in den Fahrweg. Dies war nur eine von mehreren Konfrontationen, die von gefährlichen Beinahe-Kollisionen bis zu Vorbeiflügen mit Kampfflugzeugen reichten.[48]

Zu schweren Spannungen kam es Ende 2012 im Südchinesischen Meer, als China in Streitigkeiten mit Indien, Vietnam, den Philippinen und Japan verwickelt wurde. Als Leiter einer kleinen Gruppe von Politikern, die im Büro für Seerechte des Zentralkomitees arbeiteten, hatte Xi Jinping offenbar ein besonderes Interesse am Südchinesischen Meer, einem Gebiet, das auch unter die Zuständigkeit der Führungsgruppe »Auswärtige Angelegenheiten« fiel, die er ebenfalls leitete. Im Dezember gab die Insel Hainan bekannt, dass sie neue Vorschriften erlassen hatte, die es ihr erlaubten, in den umstrittenen Gebieten des Südchinesischen Meers Schiffe anzuhalten, an Bord zu gehen und sie zu durchsuchen. Weniger als einen Monat nach Xis Amtsantritt als neuer Generalsekretär war diese Eskalation der Vorbote für einen noch härteren Kurs in der Zukunft.[49]

Epilog

Anfang der 2010er Jahre, als Peking bereits begann, sein riesiges Konjunkturprogramm, das es zur Bekämpfung der weltweiten Finanzkrise aufgelegt hatte, zurückzufahren, häuften die lokalen Verwaltungen weiterhin riesige Schulden an, um das Wirtschaftswachstum aufrechtzuerhalten. Dutzende von Städten nahmen gewaltige Infrastrukturprojekte in Angriff, fest entschlossen, sich als leuchtende Beispiele für das gefeierte Wirtschaftswunder des Landes zu profilieren. Wuhan zum Beispiel verfolgte einen hundertzwanzig Milliarden Dollar schweren Masterplan, der zwei neue Flughafengebäude, einen brandneuen Finanzdistrikt mit extravaganten Regierungsbüros, sowie neue Autobahnen, Brücken und ein ehrgeiziges U-Bahn-System umfasste. Selbstverständlich gab es Regeln, die festlegten, wie viel eine Lokalregierung entleihen durfte. Um sie zu umgehen, gründeten Städte und Bezirke spezielle Investitionsgesellschaften, die auch als Finanzierungsvehikel der lokalen Verwaltungen bezeichnet wurden. Diese Körperschaften nahmen neue staatliche Kredite auf und gaben Anleihen aus, doch ihre Schulden tauchten nie in der offiziellen Bilanz einer Kommunalverwaltung auf. Im ganzen Land gab es mehr als zehntausend solcher Instrumente. Einer Schätzung zufolge belief sich die Gesamtverschuldung lokaler Verwaltungen, schon bevor Xi Jinping am 15. November 2012 offiziell Hu Jintaos Nachfolge antrat, auf beinahe drei Billionen Dollar, was in etwa dem Umfang der chinesischen Kriegskasse an Währungsreserven entsprach.[1]

Als Sicherheit diente das Land vor Ort. Es schien ganz einfach: Wenn die lokale Verwaltung einen Kredit brauchte, verkaufte sie Land an lokale Bauunternehmer. Die örtlichen Banken wiederum bewerteten das Land großzügig, obwohl die Preise seit fast einem Jahrzehnt in die Höhe geschossen waren. Weil sich die Verbindlichkeiten anhäuften, wurde immer mehr Land verkauft und immer mehr Geld geliehen, um die alten Schulden zu verlängern. Der Vorgang war so verlockend, dass bis 2010 grob geschätzt die Hälfte der Einnahmen lokaler Verwaltungen aus Übertragungsgebühren und Landverpachtung stammte. Die Sache hatte jedoch einen Haken: Wenn der Immobilienmarkt einbrach, würden die lokalen Verwaltungen auf ihren hohen Verbindlichkeiten sitzen bleiben. Das brachte wiederum die Zentralregierung in eine Zwickmühle. Wenn sie danach trachtete, die Inflation auf dem Wohnungsmarkt zu bremsen, ging sie das Risiko ein, notgedrungen weitere ungedeckte Schulden von lokalen Verwaltungen übernehmen zu müssen. Weil die Verwaltungen es ihrerseits für selbstverständlich hielten, dass eine höhergestellte Behörde ihnen aus der Klemme helfen würde, falls sie ihre Schulden nicht mehr bedienen konnten, gab es kaum Beschränkungen für die Kreditaufnahme.[2]

Wie hoch die Kreditsumme genau war, lässt sich in Anbetracht der endlosen Vernebelung und kreativen Buchführung auf jeder Ebene der Regierung kaum bestimmen, ganz zu schweigen vom Ausmaß des Schattenbankwesens. Die Regierung war ratlos und wies den Nationalen Rechnungshof 2013 an, Inspektionsteams zu entsenden, um die ausstehenden Schulden zu registrieren. Liu Yuhui, ein Wirtschaftsexperte bei der Chinesischen Akademie für Gesellschaftswissenschaften, schätzte im September 2013, dass sich die lokalen Schulden innerhalb von nur zwei Jahren auf rund zwanzig Billionen Yuan (3,3 Billionen Dollar) verdoppelt hätten, darunter 9,7 Billionen Yuan an direkten Bankkrediten, vier bis fünf Billionen Yuan über Schattendarlehen und weitere sechs bis sieben Billionen Yuan über verschiedene Formen von Schuldscheinen. Weil die Zentralregierung implizit diese Verpflichtungen deckte, betrachteten einige Ökonomen sie als Teil der Staatsverschuldung, sodass diese auf 200 Prozent des Bruttoinlandsprodukts anstieg, im Vergleich zu 129 Prozent Ende 2008.[3]

Da die Gelder in Richtung der lokalen Verwaltungen und der großen Staatskonzerne flossen, blieb den staatlichen Banken zu wenig Geld übrig, um den Bedarf der realen Wirtschaft zu decken, insbesondere die Bedürfnisse kleinerer Unternehmen. Außerdem reichte deren Guthaben nicht aus, um neue Investitionen zu finanzieren. Bekannte Probleme wie die »Dreiecksschulden« tauchten im Jahr 2012 erneut auf, und einmal mehr wurden Schuldscheine zum gängigen Zahlungsmittel. Das Ausmaß dieser Wechsel war längst nicht so beunruhigend wie die Tatsache, dass sie auf die Unfähigkeit oder den Widerwillen der Zentralregierung schließen ließen, den Verbrauch anzukurbeln und den privaten Sektor zu unterstützen.[4]

Ein weiterer wiederkehrender Nebeneffekt der hierarchischen Befehlskette des Landes war die chronische Überkapazität, weil verhätschelte Staatsbetriebe nicht gerne sparten. Im Jahr 2014 schätzte die Regierung, dass seit 2009 6,8 Billionen Dollar für »ineffektive Investitionen«, darunter Stahlwerke und leere Stadien, verschwendet wurden. Die Überkapazität wiederum führte zu sinkenden Preisen, wodurch das Finanzsystem stärker unter Druck geriet und der Übergang zu einem vom Konsum getriebenen Wachstum wiederum verzögert wurde.[5]

Doch genau in dem Moment, als sich das Wirtschaftswachstum abschwächte und die Unternehmensgewinne zurückgingen, explodierte der Aktienmarkt. Jahrelang waren die Börsen ein unbedeutender Teil der Wirtschaft, weil die große Mehrheit der Wertpapiere sorgsam von ausländischen Investoren abgeschirmt war. Im Jahr 2014 gestattete der für die Wirtschaft zuständige Ministerpräsident Li Keqiang, die Nummer Zwei des Landes, ausländischen Investoren, direkt mit den Aktien von Unternehmen zu handeln, die an einheimischen Börsen gelistet waren. Die Führung spornte auch die einfache Bevölkerung an, ihre Ersparnisse zu investieren. Millionen von Anlegern ließen sich darauf ein, manche liehen sich sogar Geld, um Aktien zu kaufen. In weniger als einem Jahr schnellten die Kurse beinahe um das Dreifache nach oben. Auf dem Höhepunkt wurde die Hälfte der in Shenzhen und Schanghai gelisteten Unternehmen mit mehr als dem 85-fachen des Kursgewinnverhältnisses gehandelt. Die Führung spornte die Anleger an, Warnhinweise zu ignorieren. Im Juli 2015 kam es zu einem Absturz. Die Zentralbank senkte die Zinssätze und die Mindestanforderungen an die Reserve der Banken, um mehr Geld zur Rettung des Marktes freizusetzen – aber ohne Erfolg. Daraufhin wies die Regierung große Maklerbüros an, Aktien im Wert von neunzehn Milliarden Dollar aufzukaufen. Als auch diese Maßnahme scheiterte, tat das Regime das, was es am besten konnte: Es ächtete den Verkauf von Wertpapieren und drohte, jeden zu verhaften, der die Bemühungen Pekings, die Preise zu stützen, torpedierte. Parteifunktionäre warfen darüber hinaus »ausländischen Kräften« vor, absichtlich den Markt zu manipulieren, und kündigten ein hartes Vorgehen an. Wie ein Wirtschaftsexperte trefflich sagte: Das Regime »zerschlug den eigenen Aktienmarkt, um ihn zu retten«. Nach und nach verstummten die ausländischen Experten, die sich zuvor so zuversichtlich über die unausweichliche Entwicklung des Landes zu einer Marktwirtschaft geäußert hatten.[6]

Im August und September, als der Devisenmarkt immer noch schwankte, wertete die Zentralregierung den Yuan schrittweise um knapp 4,5 Prozent ab, um Exportfirmen zu unterstützen. Die Aktienkurse fielen daraufhin wieder. Es folgte eine Kapitalflucht, wobei Einzelpersonen insgesamt fast eine Billion Dollar aus dem Land abzogen, weil sie über den sinkenden Wert ihrer Ersparnisse alarmiert waren. Die Kapitalflucht setzte den Yuan unter Druck und zwang die Regierung, in die Märkte einzugreifen, indem sie Dollar aus den eigenen Währungsreserven verkaufte, um größere Mengen Yuan zu erwerben. Prompt wurden noch schärfere Kapitalkontrollen eingeführt; allerdings hatten viele unternehmerische Personen im Lauf der Jahrzehnte ihre Fertigkeiten verbessert und Mittel und Wege entwickelt, um sich dem Zugriff des Staates zu entziehen: vom Erstellen irreführender Rechnungen bis hin zum Einsatz von Freunden und Angehörigen, um Bargeld zu transferieren.[7]

Das Jahr 2015 war nicht nur ein Schlüsselmoment in der Volkswirtschaft des Landes, sondern es markierte auch einen Wechsel in der Politik. Jeder neu angetretene Führer hatte in der Regel ein massives Vorgehen gegen Korruption eingeleitet, um seine potenziellen Widersacher auf Vordermann zu bringen. Xi Jinping versprach in seiner Antrittsrede, die Korruption zu bekämpfen und forderte von hohen Parteifunktionären ebenso wie von gewöhnlichen Parteimitgliedern strenge Disziplin. Wang Qishan, der als Apparatschik in den staatlichen Banken Karriere gemacht hatte und eng mit Zhu Rongji zusammenarbeitete, wurde gebeten, die Zentrale Disziplinarkommission zu leiten. Er schickte Teams im ganzen Land aus und brachte weit über hundert führende Kader in einer ganzen Reihe von Institutionen zu Fall. Ein besonders prominentes Opfer war Bo Xilai, der ehemalige Bürgermeister von Dalian, den man 2007 nach Chongqing versetzt hatte. Dort entwickelte er einen Regierungsstil, der als das »Chongqing-Modell« bezeichnet wurde, zu dem ein maoistisches Wiederaufleben der »roten Kultur« ebenso gehörte wie ein massiver Feldzug gegen das organisierte Verbrechen und gegen Korruption im Amt. Als sein Polizeichef im Februar 2012 im amerikanischen Konsulat Asyl beantragte und enthüllte, dass Bo Xilai und seine Frau Gu Kailai am Mord eines britischen Geschäftsmannes eng beteiligt waren, wurde er gestürzt. Sein naher Verbündeter Zhou Yongkang, der Sicherheitschef, wurde ein Jahr später verhaftet, zusammen mit anderen großen »Tigern« aus dem Militär. Bis Oktober 2015 waren mehr als hunderttausend Personen in die Fänge der Einheiten zur Korruptionsbekämpfung geraten.[8]

Nachdem einige Übeltäter auf höchster Ebene verhaftet und Parteimitglieder verwarnt worden waren, lief jede Kampagne gegen Korruption normalerweise aus. Doch Xi Jinping ging viel weiter als seine Vorgänger und machte den Kampf gegen Korruption zu einem beständigen Merkmal der politischen Landschaft. Im Jahr 2015 richtete sich die Kampagne gegen die Wirtschaft, als eine Reihe von Unternehmensführern wegen betrügerischer Investitionen im Ausland verhaftet wurden. Mehrere Milliardäre tauchten unter und überließen es den anderen, ihre Loyalität gegenüber der Partei unter Beweis zu stellen.

Die Zentrale Disziplinarkommission wurde genau wie andere Einrichtungen der Partei aufgestockt. In den 1950er Jahren war eine Reihe spontaner kleiner Führungsgruppen ins Leben gerufen worden, um die Partei zu beraten und bei der Koordination der Parteilinie zu helfen. Die Gruppen rekrutierten sich aus mehreren Ministerien und Regierungsabteilungen. Wörtlich übersetzt handelte es sich um »kleine Gruppen von Führern«: Sie saßen an der Spitze der Machtstruktur, dem Nervenzentrum der Partei, das alle anderen Behörden überlagerte. Die Parteiführer nutzten sie, um die Opposition zu umgehen und ihren Willen durchzusetzen. Die berüchtigteste dieser Gruppen war die »Zentrale Gruppe Kulturrevolution« unter Führung von Maos Privatsekretär Chen Boda und der Frau des Vorsitzenden Jiang Qing.

Zu den wichtigsten dieser inoffiziellen Organe zählte die »Zentrale Führungsgruppe für Außenpolitik«, die Xi Jinping schon vor 2012 geleitet hatte. Im Jahr 2014 wurden zwei weitere Gruppen ins Leben gerufen, um seinem engeren Kreis die Macht zu übertragen. Die eine befasste sich mit der nationalen Sicherheit und führte ein Sammelsurium aus Behörden zusammen, die für die innen- und außenpolitische Sicherheit zuständig waren. Die zweite, die »Führungsgruppe für die umfassende Vertiefung der Reform«, wurde gegründet, um die großen Veränderungen in der Politik zu überwachen. Im Jahr 2018 wurden vier kleine Führungsgruppen, einschließlich jener, die zur Revision der Außenpolitik diente, zu Kommissionen aufgewertet und erhielten noch größere Macht.[9]

Die kleinen Führungsgruppen und Kommissionen waren Teil des Bestrebens von Xi, die Macht wieder ins Zentrum zu verlagern. Xi hatte persönlich in elf von ihnen den Vorsitz, mehr als jeder andere Parteiführer seit Mao. Das verlieh ihm unter anderem einen viel stärkeren Einfluss auf die nationale Sicherheit, die Außenpolitik, die Finanzaufsicht, den Verteidigungssektor, die Militärreform und die ideologische Kontrolle. In dem Maße, wie er seinen Einfluss verstärkte, nahm auch die Zahl seiner Titel zu. Bereits im Jahr 2017 hatte er nicht weniger als sieben Ehrentitel erworben: vom »Kreativen Führer«, »Herz der Partei« und »Diener, der nach dem Glück des Volkes strebt«, bis hin zum »Führer eines großen Landes« und »Architekt der Modernisierung in der neuen Ära«. Xi wurde der »Vorsitzende von Allem«, wie ein Kommentator sich ausdrückte.[10] Im Jahr 2018 wurde er Vorsitzender auf Lebenszeit, als der Nationale Volkskongress euphorisch dafür stimmte, die Obergrenzen für die Amtszeit des Führers abzuschaffen.

Ein Personenkult keimte allmählich auf, auch wenn Parteifunktionäre unerschütterlich darauf beharrten, dass die Liebe der einfachen Bevölkerung für ihren Staatschef völlig natürlich und aufrichtig sei. »Dir zu folgen, heißt der Sonne folgen«, hieß ein neues Lied, das 2017 in Peking präsentiert wurde. Die Meinungen des Vorsitzenden Xi wurden noch im selben Jahr Pflichtlektüre für Schulkinder. Sein Bild war allgegenwärtig, es wurde auf Modeschmuck, Abzeichen und Plakate gedruckt und prangte auf der Titelseite jeder Zeitung.[11]

Anfangs bejubelte die Bevölkerung noch das harte Vorgehen gegen die allgegenwärtige Korruption, Schmiergeldzahlungen, Unterschlagung und Verschwendung öffentlicher Mittel, doch es zeichnete sich schon bald ab, dass die Kampagne sich keineswegs nur gegen korrupte Beamte und Wirtschaftsbonzen richtete. Im Jahr 2015 wurden Anwälte, Menschenrechtsaktivisten, Journalisten und führende Geistliche zu Tausenden in Gewahrsam genommen, außer Landes verwiesen und verhaftet.

Ein Kommentator sprach von dem härtesten Vorgehen seit Jahrzehnten.[12]

Die Repression wurde von einer einzigen, alles überragenden Überzeugung seitens des Regimes geschürt: »Feindliche ausländische Kräfte« unter Führung der Vereinigten Staaten hätten sich verschworen, um die Kommunistische Partei zu untergraben. Allein im Jahr 2014 brachte *Renmin Ribao* 42 Artikel, die »westlichen«, »fremden« und »ausländischen« Kräften die Schuld an allen möglichen Übeln gaben. Hinter jeder innenpolitischen Herausforderung, so unscheinbar sie auch scheinen mochte, konnte eine ausländische Verschwörung ausgemacht werden, die eine prompte und umfassende Reaktion des Sicherheitsapparats erforderte.[13]

In einer Art Nachhall auf die maoistische Ära wurden ausländische Korrespondenten als verdeckte Geheimagenten angesehen, die das Regime untergraben wollten. Im März 2014 sagte eine Sprecherin des Nationalen Volkskongresses zu ausländischen Reportern, sie wisse wohl, dass es ihr Ziel bei der Berichterstattung über China sei, »unser Regierungssystem zu stürzen«. Ein Jahr später wurden die ersten Auslandskorrespondenten zur Ausreise gezwungen. Von Jahr zu Jahr stieg die Zahl an, mit einem Rekord von siebzehn Ausweisungen im Jahr 2020. Ein einziger Korrespondent der *New York Times* blieb noch übrig, um über ein Land mit rund 1,4 Milliarden Menschen zu berichten.[14]

Die Schreibfeder sei, hatte Mao einst erklärt, eine ebenso gefährliche Waffe wie das Gewehr. Von den einheimischen Reportern wurde zur selben Zeit, als ihre ausländischen Kollegen zunehmend Einschüchterung und Vertreibung ausgesetzt waren, »absolute Loyalität« verlangt. Die Nachrichtenagenturen des Landes, so meinte Xi Jinping, »müssen die Partei lieben, die Partei beschützen und sich eng an die Seite der Parteiführung stellen«. Universitätsprofessoren hingegen wurden angewiesen, die Zahl der ausländischen Lehrbücher für Studenten zu begrenzen und ihnen marxistische Werte »direkt in ihre Köpfe« einzutrichtern.[15]

In diesem neuen ideologischen Kalten Krieg wurde die Zensur verschärft. Die beiden Romane *Farm der Tiere* und *1984* von George Orwell wurden verboten, sogar das Kinderbuch *Pu der Bär,* von dem gemunkelt wurde, dass er Ähnlichkeit mit Xi Jinping hatte, musste in den Untergrund gehen. Die Kinderzeichentrickserie *Peppa Wutz (Peppa Pig)* wurde aus dem Fernsehen und den Büchern verbannt, da sie als subversives

Symbol einer gefährlichen ausländischen Ideologie angesehen wurde. Im Juli 2020 führten Grund- und Mittelschulen im ganzen Land eine Säuberungskampagne durch und entfernten sämtliche Bücher, die als politisch nicht korrekt galten. Die ausgemusterten Exemplare wurden durch neue Bücher aus einer Liste ersetzt, die das Bildungsministerium zusammengestellt hatte, darunter das Kommunistische Manifest und Gedichte des Vorsitzenden Mao.[16]

Der Zugang zum Internet wurde eingeschränkt: Im Jahr 2019 wurden sogar die meisten ausländischen Apps – Google, Facebook, Dropbox, Twitter, YouTube, Reddit, Spotify – und ausländischen Nachrichtenmedien – BBC, *Financial Times, Wall Street Journal, Reuters*, CNN – gesperrt. Allmählich entstanden zwei separate Netze: eines für die Welt und eines, das von der Welt abgeschottet war. Menschen, die ins Ausland reisten, nahmen ihre Geräte mit, was hieß, dass sie digital rund um die Uhr überwacht wurden, selbst wenn sie sich im Ausland aufhielten.[17]

Die größte Bedrohung stellten jedoch die feindlichen ausländischen Kräfte entlang der Grenzen dar, die schonungslose Repressionen unerlässlich machten. Nachdem militante Uiguren im April 2014 auf einem Bahnhof Dutzende von Menschen erstochen hatten, rief Xi zu einem bedingungslosen »Kampf gegen Terrorismus, Infiltration und Separatismus« auf und forderte, dass die »Organe der Diktatur« »ohne Gnade« vorgehen sollten. Über eine Million Uiguren und andere muslimische Minderheiten verbrachten einige Zeit in Umerziehungslagern mit der offiziellen Benennung »berufliche Qualifizierungs- und Ausbildungszentren«.[18]

In Hongkong gingen im September 2014 Protestierende auf die Straße und forderten, dass der »Chief Executive« oder Verwaltungschef nach dem allgemeinen Wahlrecht gewählt werde, und besetzten das Stadtzentrum in einer friedlichen Kampagne des zivilen Ungehorsams. *Renmin Ribao* bezeichnete »Occupy Central« als eine von den Vereinigten Staaten manipulierte, antichinesische Bewegung. Ein General glaubte, die Demonstrationen seien Teil »einer beispiellosen direkten und indirekten westlichen Einkreisung« des Landes.[19]

Im Juni 2019 kam es in Hongkong erneut zu Protesten gegen Pläne, Auslieferungen an das chinesische Festland zuzulassen. Über eine Million Menschen gingen auf die Straße, doch diesmal entwickelte sich eine

Spirale der Gewalt zwischen Polizei und Demonstranten. In den Straßen, Einkaufszentren und Universitäten kam es zu regelrechten Schlachten. Als noch im selben Jahr drei Millionen Menschen von ihrem Wahlrecht zu Bezirksräten Gebrauch machten, verschafften sie dem Demokratielager einen erdrutschartigen Sieg. Die Wahl wurde in Peking als weiterer Beweis dafür gewertet, dass feindliche, ausländische Kräfte in der Stadt starken Einfluss hätten. Noch während die Proteste unter der Corona-Pandemie nachließen, führte Peking am 30. Juni 2020 ein Nationales Sicherheitsgesetz mit umfangreichen Befugnissen ein. Damit wurde so gut wie jede Form eines demokratischen Widerstands unterbunden und der »Legislative Council« oder Stadtrat zu dem fügsamen Instrument gemacht, das Peking schon am Tag der Übergabe vor 23 Jahren einzuführen versucht hatte. Die Staatsmänner auf der ganzen Welt reagierten rasch und verurteilten die neue Gesetzgebung als Verstoß gegen das »Basic Law«. Eine Reihe von Ländern führte Sanktionen und Visa-Beschränkungen ein. Die Vereinigten Staaten kündigten die Sonderregelungen für die Stadt auf, zu denen Ausnahmeregelungen bei Exportlizenzen und niedrigere Handelszölle gehörten.

In der Überzeugung, dass feindliche Kräfte ihr Land umzingelten, ging die Regierung in Peking ebenfalls zu einer aggressiveren Außenpolitik über. Sie forcierte Grenzkonflikte mit Indien, den Philippinen, Indonesien, Vietnam, Japan, Südkorea, Nordkorea, Singapur, Brunei, Nepal, Bhutan, Laos, der Mongolei und Myanmar, von Taiwan ganz zu schweigen.

Die langjährigen Spannungen mit den Vereinigten Staaten erreichten mit der Einführung von Zöllen und anderen Handelsschranken durch Washington im Jahr 2018 einen Höhepunkt, als das Handelsdefizit 621 Milliarden US-Dollar betrug. Die USA warfen China unfaire Handelspraktiken, Diebstahl von geistigem Eigentum, erzwungene Technologietransfers und mangelnden Marktzugang vor. Aber auch ohne den Handelskrieg verließen bereits weitere ausländische Unternehmen das Land. Die steigenden Kosten waren ein Grund, die endlose Maßregelung ein zweiter. Außerdem schien es immer riskanter, mit China Geschäfte zu machen, weil auch ausländische Unternehmen ins Visier der Kampagne gegen Korruption gerieten. Peter Humphrey, der Experte für Risikomanagement mit Sitz in Schanghai, wurde 2013 mit seiner Frau verhaftet, im Fernsehen zu einem Geständnis gezwungen, und ins Gefängnis gesteckt. Er kam nur wegen der Diagnose Prostatakrebs vorzeitig wieder frei. Auch andere ausländische Staatsbürger wurden in Gewahrsam gehalten, teilweise jahrelang ohne Anklage.

Als in den ersten Monaten des Jahres 2020 der Ausbruch des Coronavirus in Wuhan rasch auf den Rest der Welt übergriff, vertiefte sich in den Vereinigten Staaten das Misstrauen gegenüber Peking. Im Juli 2020 kündigte US-Außenminister Mike Pompeo an, dass die Ära des Engagements in China vorüber sei. Die Überzeugung Pekings, dass die Vereinigten Staaten eine feindliche Kraft seien, die China eindämmen wolle, bewahrheitete sich nunmehr – das glich fast schon einer selbsterfüllenden Prophezeiung. Entgegen aller Erwartung war es dem Regime gelungen, sich nicht nur einen seiner stärksten Unterstützer zum Feind zu machen, sondern auch gerade eben jene Macht, die die Bedingungen geschaffen hatte, auf die es für das eigene Überleben angewiesen war. Vom globalen Dollar bis zum globalen Erdöl, den globalen Waren und globalen Märkten für die eigenen Produkte war das Regime tief in eine von den Vereinigten Staaten geschaffene Weltordnung eingebunden. Deng Xiaoping hatte seine Kollegen ermahnt, sich zurückzuhalten und den geeigneten Zeitpunkt abzuwarten. Stattdessen hatten sie sich mit einem Giganten angelegt.

Das Coronavirus, im Verein mit einer derart aggressiven Haltung, dass sie als »Wolfskrieger-Diplomatie« bezeichnet wurde, entfremdete auch andere Länder von China, nicht zuletzt Indien, Japan, Australien, Großbritannien und die Europäische Union. Peking beschwor aus dem Nichts Feinde herauf, von Papua-Neuguinea bis hin zu Brasilien. Es gelang ihm sogar, einer totgesagten NATO neues Leben einzuhauchen, nachdem Generalsekretär Jens Stoltenberg wiederholt gewarnt hatte, dass ein stärkeres Bündnis gegen ein Land, »das unsere Werte nicht teilt« und »unsere Sicherheit bedroht«, unerlässlich sei.[20]

Im Jahr 2021 kam es zu einem Exodus ausländischer Firmen aus China. Japan bezahlte seine Unternehmen sogar dafür, dass sie ihre Produktion in ein anderes Land verlegten.[21] Der internationale Rückschlag kam ausgerechnet in einem Moment, als das Land in der eigenen Wirtschaft an einem toten Punkt angelangt war. Das Wachstum hatte sich jahrzehntelang auf Schulden gestützt, die von einem sehr niedrigen Stand zwischen 1980 und 2010 allmählich angestiegen waren. Von 2010 bis 2020 hatte sich das Wachstum verdoppelt, der Schuldenstand jedoch verdreifacht und mittlerweile 280 Prozent des Bruttoinlandsprodukts erreicht. Die Abhängigkeit des Landes von Krediten hätte durch eine Verlagerung der Nachfrage von Investitionen in Infrastrukturprojekte hin zu einem höheren Binnenkonsum verringert werden müssen. Doch der Privatkonsum konnte nicht massiv gesteigert werden, und das aus einem einfachen Grund: Der größte Teil des Vermögens floss in die Staatskasse, nicht zu den Menschen. Wie Li Keqiang im Mai 2020 darlegte, lebten immer noch über sechshundert Millionen Menschen in China von lediglich hundertvierzig Dollar im Monat, was bei weitem nicht ausreichte, um in einer Stadt ein Zimmer zu mieten. Eine massive Umverteilung des Einkommens von Parteimitgliedern hin zur einfachen Bevölkerung wäre notwendig gewesen, um mehr Konsum anzukurbeln, doch das war unwahrscheinlich.[22]

Hinzu kommt die demographische Entwicklung. Mit einer wachsenden Bevölkerung war die Arbeitskraft jahrzehntelang billig gewesen, doch dieser Trend kehrte sich um 2010 um, als die Zahl der Beschäftigten aufgrund der Ein-Kind-Politik im Schwinden begriffen war. Eine schrumpfende Arbeiterschaft erforderte eine höhere Produktivität, aber auch diese schrumpfte stetig.[23] Das Hinterland war jahrzehntelang vernachlässigt worden und hatte als Reservoir für billige, ungelernte Arbeitskräfte gedient. Lokale Regierungen hatten Unsummen in eine städtische Infrastruktur gesteckt, aber kaum etwas für die eigene Bevölkerung getan, ganz zu schweigen von den Menschen in dörflichen Gegenden. Im ganzen Land besuchte nur jedes dritte Kind eine weiterführende Schule, und nur ein Bruchteil der ländlichen Bevölkerung mit Kurzsichtigkeit kann sich eine Brille leisten. Der Bildungsstand der Arbeiterschaft war aufgrund einer jahrzehntelangen vorsätzlichen Vernachlässigung niedriger als in fast allen vergleichbaren Ländern.[24]

Die einfachen Optionen – Aufnahme ausländischen Kapitals, Ausbeutung ungeschützter Arbeitskräfte, Verkauf von Land, um Geld zu beschaffen, Produktion subventionierter Exportartikel, Börsengang von Staatsbetrieben im Ausland, Aufahme von Krediten für den Aufbau und Rückzahlung in der Zukunft – standen nicht länger zur Verfügung. Die Kommunistische Partei Chinas sah sich mit der Herausforderung konfrontiert, eine ganze Reihe langjähriger struktureller, selbstgemachter Probleme anzugehen, ohne dabei das eigene Machtmonopol und die Kontrolle über die Produktionsmittel aufzugeben. Das Ganze erweckte sehr stark den Eindruck einer Sackgasse.

Anhang

Dank

Ich bedanke mich für ein Hsu Long-sing Forschungsstipendium der geisteswissenschaftlichen Fakultät der University of Hong Kong. An dieser Stelle möchte ich einer Reihe von Personen danken, die Entwürfe dieses Buches gelesen und kommentiert haben, namentlich Gail Burrowes, Fraser Howie, Christopher Hutton, Willy Lam und Priscilla Roberts, sowie noch weiteren Lesern, die aber nicht genannt werden möchten. Peter Baehr, Paul Gregory, Charles Hill, Carsten Holz, Jean Hung, Li Nanyang und Michael Sheng unterstützten mich sehr freundlich mit Kommentaren, Vorschlägen und Antworten auf Anfragen. Rodney Jones bei Wigram Capital Advisors Limited hat nicht nur das ganze Manuskript gelesen, sondern mir auch unschätzbare Datenmengen zur Verfügung gestellt. Von Freunden und Kollegen auf dem chinesischen Festland erhielt ich ebenfalls Unterstützung, ziehe es jedoch aus naheliegenden Gründen vor, deren Namen nicht anzugeben.

Das Personal in der Bibliothek und im Archiv der Hoover Institution half mir bereitwillig weiter, insbesondere beim Zugang zu den Tagebüchern Li Ruis. Im Archiv des Ministère des Affaires Étrangères in Courneuve war mir Ariane Morais-Abreu eine große Hilfe, nicht zuletzt, indem sie die Freigabe eines ganzen Stapels von Dokumenten bis ins Jahr 1992 ermöglichte. Ferner bin ich meinen Verlegern, insbesondere Michael Fishwick in London und Ben Hyman in New York, zu Dank verpflichtet, sowie Francisco Vilhena und dem ganzen Team bei Bloomsbury. Auch bei meinen Literaturagenten Andrew Wylie in New York und James Pullen in London möchte ich mich hier bedanken. Und ich danke, wie immer in Liebe, meiner Frau Gail Burrowes.

Anmerkungen

Vorwort

1 James Palmer, »Nobody Knows Anything About China: Including the Chinese Government«, in: *Foreign Policy*, 21. März 2018.
2 Zhao Ziyang, »Yanzhe you Zhongguo tese de shehuizhuyi daolu qianjin« (Fortschritt auf dem Pfad des Sozialismus chinesischer Prägung), *Renmin Ribao,* 4. November 1987; BA, Berlin, DY 30/2437, Treffen zwischen Erich Honecker und Zhao Ziyang in Berlin, 8. Juni 1987, S. 10–20, hier zitiert nach: Werner Meißner (Hg.), *Die DDR und China* 1949 *bis* 1990. *Politik – Wirtschaft – Kultur. Eine Quellensammlung,* Berlin 1995, Dok. 189, S. 387; Charlotte Gao, »Xi: China Must Never Adopt Constitutionalism, Separation of Powers, or Judicial Independence«, *The Diplomat*, 19. Februar 2019.
3 Wenzhou, J1-28-51, Konferenz über Guangdong und Fujian, 24. Dezember 1980, Transkript vom 21. Januar 1981, S. 43–47.
4 Barry Rubin, *Modern Dictators: Third World Coup Makers, Strongmen, and Populist Tyrants*, New York 1987.
5 »China Has Over 600 Millions Poor with $140 Monthly Income«, *PTI News*, 28. Mai 2020.
6 Xiang Songzuo, »The Pitiful State of the Chinese Economy«, *AsiaNews*, 21. Januar 2019.

1 Von einem Diktator zum nächsten (1976–1979)

1 Zur Architekturgeschichte des Tiananmen-Platzes sollte man Adrian Hornsby, »Tiananmen Square: The History of the World's Largest Paved Open Square«, *Architectural Review*, 12. Oktober 2009 lesen; siehe dazu auch Wu Hung, *Remaking Beijing. Tiananmen Square and the Creation of a Political Space*, London 2005.
2 Zur größeren Rede-, Versammlungs-, Religions- und Bewegungsfreiheit nach 1911 siehe Frank Dikötter, *The Age of Openness. China Before Mao*, Berkeley, CA 2008.
3 Lu Xun, *Diary of a Madman and Other Stories*, übers. William A. Lyell, Honolulu 1990, S. xxvii.

4 Frank Dikötter, *The Tragedy of Liberation. A History of the Chinese Revolution 1945–1957*, London 2013.

5 Jin Chongji (Hg.), *Zhou Enlai zhuan,* 1898–1949 (Eine Biografie von Zhou Enlai, 1898–1949), Peking 1989, Bd. 2, S. 1908.

6 Roderick MacFarquhar und Michael Schoenhals, *Mao's Last Revolution*, Cambridge, MA 2006, S. 393–397.

7 Li Zhisui, *The Private Life of Chairman Mao. The Memoirs of Mao's Personal Physician*, New York 1994; deutsch: *Ich war Maos Leibarzt. Die persönlichen Erinnerungen des Dr. Li Zhisui an den Großen Vorsitzenden*, Bergisch-Gladbach 1994, S. 25.

8 Yan Jiaqi und Gao Gao, *Turbulent Decade. A History of the Cultural Revolution*, Honolulu 1996, S. 489–492.

9 Roger Garside, *Coming Alive. China after Mao*, London 1981, S. 115–128.

10 Hoover Institution, »Zhongguo Gong Chan Dang Issuances«, Box 1, Protokolle der Politbürositzung, 1. April 1976, Transkript vom 2. April 1976.

11 Ebenda, 4. April 1976.

12 Hoover Institution, »Zhongguo Gong Chan Dang Issuances«, Box 1, Mao Yuanxin zu Mao Zedong, 5. April 1976.

13 Hoover Institution, »Zhongguo Gong Chan Dang Issuances«, Box 1, Protokolle der Politbürositzung, 6. April 1976; siehe auch Ezra F. Vogel, *Deng Xiaoping and the Transformation of China*, Cambridge, MA 2011, S. 168.

14 Hoover Institution, »Zhongguo Gong Chan Dang Issuances«, Box 1, Protokolle der Politbürositzung, 5. April 1976; Hoover Institution, Li Rui Papers, Tagebuch, 18. Mai 1995.

15 Hoover Institution, »Zhongguo Gong Chan Dang Issuances«, Box 1, Mao Yuanxin zu Mao Zedong, 6. April 1976. Die Rolle, die Hua Guofeng bei den Ereignissen spielte, kam erst einige Jahre später ans Licht; siehe Schanghai, B250-5-128, Chen Guoding, Bericht auf der 6. Plenartagung, 13. bis 15. Juli 1981, S. 39–71. Li Zhisui, Maos Leibarzt, sah, wie Jiang Qing die Menge durch ein Fernglas beobachtete: Li, *Ich war Maos Leibarzt*, S. 633; zum Inhalt der Durchsagen und noch offenen Fragen zu Huas Beteiligung an dem Tiananmen-Vorfall, siehe PRO, FCO 21/1609, »Your Telno 953: Hua's –1 Watergate«, 21. Dezember 1978.

16 Hoover Institution, »Zhongguo Gong Chan Dang Issuances«, Box 1, Mao Yuanxin zu Mao Zedong, 7. April 1976; zur Rolle Hua Guofengs bei den Ereignissen siehe Schanghai, B250-5-128, Chen Guoding, Bericht auf der 6. Plenartagung, 13. bis 15. Juli 1981, S. 39–71.

17 Pamela Tan, *The Chinese Factor: An Australian Chinese Woman's Life in China from* 1950 *to* 1979, Dural, New South Wales 2008, S. 228; PRO, FCO 21/1552, 25. Februar 1977, »Internal Situation«; siehe auch MacFarquhar und Schoenhals, *Mao's Last Revolution*, S. 431 f.

18 Der einzige Verweis in Maos offizieller Biografie auf diesem Zettel ist das unveröffentlichte Tagebuch Zhang Yufengs, das sorgsam in den Gewölben der Zentralarchive weggeschlossen wurde; siehe Pang Xianzhi und Jin Chongji (Hg.), *Mao Zedong zhuan,* 1949–1976 (Eine Biografie Mao Zedongs, 1949–1976), Peking 2003, Bd. 2, S. 1778 f. Qin

Chuan, ein Redakteur bei der Zeitung *Renmin Ribao,* der das Tagebuch gelesen hatte, behauptete jedoch das Gegenteil; siehe Hoover Institution, Li Rui Papers, Unterhaltung zwischen Li Rui und Qin Chuan, Tagebuch, 27. April 2000.

19 MacFarquhar und Schoenhals, *Mao's Last Revolution*, S. 443–447.

20 PRO, FCO 21/1493, »Confidential Wire«, 25. Oktober 1976; Hoover Institution, Hongda Harry Wu Collection, Box 2, Vom Zentralkomitee veröffentlichtes Dokument, zhongfa (1976) Nr. 16, 18. Oktober 1976 sowie vom Zentralkomitee veröffentlichtes Dokument, zhongfa (1977) Nr. 10, 6. März 1977; zur Löschung sämtlicher Verweise auf die Viererbande siehe Hubei, SZ120-4-380, 23. Oktober 1976.

21 Hoover Institution, »Zhongguo Gong Chan Dang Issuances«, Box 1, Deng Liqun, Rede vor der Garnison der Hauptstadt, 7. und 8. Juli 1981, S. 37–42; zu Plakaten in Peking, siehe PRO, FCO 21/1550, Roger Garside, »The Force of Public Opinion«, 17. Januar 1977.

22 Hoover Institution, »Zhongguo Gong Chan Dang Issuances«, Box 1, Deng Liqun, Rede vor der Garnison der Hauptstadt, 7. und 8. Juli 1981, S. 37 f.

23 Ebenda; Li Xiannians Angriff auf Deng wird dokumentiert in Ruan Ming, *Deng Xiaoping: Chronicle of an Empire*, London 2018, S. 40.

24 PRO, FCO 21/1551, Roger Garside, »Where Are Hua's Men?«, 7. März 1977.

25 Es existieren mehrere Versionen der Rede, sowie drei verschiedene englische Übersetzungen, keine einzige vollständig; eine am 16. Mai 1956 in Umlauf gebrachte Originalfassung ist zu finden in Shandong, A1-2-387, S. 2–17. Eine deutsche Fassung findet sich in Mao Tse-tung, *Ausgewählte Werke,* Band V, Peking 1978, S. 320–346, hier S. 343. Ausführlicher zum historischen Kontext der Rede und der Hundert-Blumen-Bewegung siehe Dikötter, *The Tragedy of Liberation*, Kapitel 14.

26 Dikötter, *The Tragedy of Liberation*, Kapitel 14.

27 Mao Zedong, *Jianguo yilai Mao Zedong wengao* (Die Manuskripte Mao Zedongs seit der Gründung der Volksrepublik), Peking 1998, Bd. 13, S. 444.

28 PRO, FCO 21/1550, R. F. Wye, »Mao Tse-tung's Speech on the 10 Major Relationships«, 14. Januar 1977.

29 MAE, 752INVA/2118, »La Chine se tourne de nouveau vers les pays occidentaux«, 8. November 1976.

30 John P. McKay, »Foreign Enterprise in Russian and Soviet Industry: A Long Term Perspective«, in: *Business History Review* 48 (Herbst 1974), Nr. 3, S. 353; eine großartige Pirmärquelle ist die fesselnde Schilderung von Eugene Lyons, *Assignment in Utopia*, London 1938.

31 Frank Dikötter, *Mao's Great Famine. The History of China's Most Devastating Catastrophe, 1958–62*, London 2010; deutsch: *Maos Großer Hunger. Massenmord und Menschenexperiment in China (1958–1962)*, Stuttgart 2014; vor allem Kapitel 10 (»Im Kaufrausch«) und Kapitel 37 (»Die Endabrechnung«). Siehe auch Kapitel 20 (»Bauten«) dazu, wie aus der Hauptstadt eine riesige Baustelle wurde.

32 Dikötter, *Maos Großer Hunger*, S. 124.

33 Frank Dikötter, *The Cultural Revolution. A People's History,* 1962–1976, London und New York 2016, S. 260 f.; deutsch: *Mao und seine verlorenen Kinder. Chinas Kulturrevolution,* Darmstadt 2017, S. 341; zum damaligen Lebensstandard siehe auch die

Schlussfolgerung von Lein-Lein Chen und John Devereux, »The Iron Rice Bowl: Chinese Living Standards 1952–1978«, in: *Comparative Economic Studies* (2017), Nr. 59, S. 261–310.

34 Frederick C. Teiwes und Warren Sun, »China's New Economic Policy Under Hua Guofeng: Party Consensus and Party Myths«, in: *China Journal*, Nr. 66 (Juli 2011), S. 7.

35 PRO, FCO 21/1553, John Gerson, »The Chinese Leadership Observed«, 11. Oktober 1977; Gerson nahm an einem Bankett teil, das später im Oktober 1977 stattfand.

36 PRO, FCO 21/1554, »PRC Internal Situation«, 17. Oktober 1977; zu den »Vier Modernisierungen« siehe Lawrence C. Reardon, *The Reluctant Dragon: Crisis Cycles in Chinese Foreign Economic Policy*, Hong Kong 2002, Kapitel 3.

37 Hoover Institution, »Zhongguo Gong Chan Dang Issuances«, Box 1, Protokolle der Politbürositzung, 9. Februar 1978.

38 Teiwes, »China's New Economic Policy«, S. 11. Schanghai, B250-5-128, Chen Guoding, Bericht auf der 6. Plenartagung, 13. bis 15. Juli 1981, S. 39–71.

39 Dikötter, *Mao und seine verlorenen Kinder*, S. 162 f.

40 Schanghai, B1–8-11, Bericht des Staatsrats, 6. November 1978, S. 14 ff.; Hebei war so eine Provinz, siehe Hebei, 919-1-148, 11. Dezember 1968.

41 O. Arne Westad, »The Great Transformation«, in: Niall Ferguson, Charles S. Maier, Erez Manela und Daniel J. Sargent (Hg.), *The Shock of the Global: The 1970s in Perspective*, Cambridge, MA 2010, S. 79.

42 Dikötter, *Tragedy of Liberation*, S. 137 f.

43 Hebei, 979-10-512, Rede von Gu Mu, 13. April 1980, S. 51–60.

44 »Interest in Technology«, *South China Morning Post*, 24. September 1977.

45 Guangdong, 235-2-242, Bericht über die Handelsmission, 20. Oktober 1977, S. 157–180.

46 Wenzhou, J1-27-60, Landesweite Konferenz zum Außenhandel, 18. Dezember 1979, S. 189; Hoover Institution, Milton Friedman Papers, Box 188, »Report of Trip to the People's Republic of China«, S. 6 f. und 20.

47 Ruan, *Deng Xiaoping*, S. 28.

48 Ebenda, S. 36.

49 PRO, FCO 21/1609, Roger Garside, »The April the Fifth Movement«, 12. Dezember 1978; Percy Cradock, »The Politburo and ›Democracy Wall‹«, 18. Dezember 1978.

50 Robert D. Novak, »China's Saviour«, *Washington Post*, 24. Februar 1997.

51 Hubei, SZ1-4-808, zhongfa 1978 (77), 28. Dezember 1978, einschließlich Hua Guofengs Rede auf der Zentralen Arbeitskonferenz am 25. November 1978 und der Äußerungen Hua Guofengs und Ye Jianyings auf der 3. Plenartagung am 13. und 18. Dezember 1978; eine detaillierte Abhandlung sowohl zu der Arbeitskonferenz als auch zur anschließenden Plenartagung aufgrund amtlich frei gegebener Unterlagen ist enthalten in Vogel, *Deng Xiaoping*, S. 229–247; siehe auch Ruan, *Deng Xiaoping*, S. 44–48.

52 Westad, »The Great Transformation«, S. 76.

53 Siehe, unter anderen, Katherine G. Burns, »China and Japan: Economic Partnership to Political Ends«, unveröffentlichtes Arbeitspapier, Stimson Center, eingesehen am

25. September 2020; Tomozo Morino, »China-Japan Trade and Investment Relations«, in: *Proceedings of the Academy of Political Science*, 38, Nr. 2 (1991), S. 87–94; Wang Hong, *China's Exports since* 1979, London 1993, S. 143.

54 Richard L. Walker, »What We Should Know About China«, *National Review*, 2. Mai 1980; Walker zitiert auch László Ladány, *China News Analysis*, 14. Juni 1974, S. 1 f.

55 Hoover Institution, Henry S. Rowen Papers, Box 62, Protokoll der Sitzung mit dem Komitee zur aktuellen Gefahr, 27. November 1977; siehe auch Box 62, »Hao Te-chings Diskussion mit Goverveur Edmund G. Brown«, 16. Juli 1977.

56 Fox Butterfield, »Brzezinski in China«, *New York Times*, 24. Mai 1978.

57 Dokument 191, »Telegram from the Liaison Office in China to the Department of State«, 11. Januar 1979, und Dokument 208, »Memorandum of Conversation«, 30. Januar 1979, *Foreign Relations of the United States*, 1977 – 1980, Bd. XIII, Washington 2013, S. 709 f. und 778.

58 Zur Normalisierung und zur Meistbegünstigungsklausel ist überaus aufschlussreich Jean A. Garrison, »Explaining Change in the Carter Administration's China Policy: Foreign Policy Adviser Manipulation of the Policy Agenda«, in: *Asian Affairs*, 29, Nr. 2 (Sommer 2002), S. 83–98.

59 Don Oberdorfer, »Teng and Khrushchev«, *Washington Post*, 5. Februar 1979.

60 PRO, FCO 21/1686, J. S. Wall, »Secretary of State's Talks with Mr Vance: China«, 23. Mai 1979.

61 MAE, 752INVA/2090, Claude Arnaud, »Manifestation paysanne à Pékin«, 15. Januar 1979; PRO, FCO 21/1685, »Peking's Democracy Wall«, Januar 1979; Roger Garside, »April 5th Movement: Organisation and Attitudes«, 6. Januar 1979.

62 Der Aufsatz ist auf Englisch erschienen in Gregor Benton (Hg.), *Wild Lilies, Poisonous Weeds: Voices from People's China*, London 1982; interessierte Leser sollten auch eine weitere unschätzbare Sammlung von Primärquellen zu Rate ziehen: Geremie Barmé und John Minford (Hg.), *Seeds of Fire: Voices of Conscience*, New York 1988.

63 MAE, 752INVA/2093, Claude Arnaud, »Politique intérieure de la Chine du 9 mars au 5 avril 1979«, 4. April 1979; siehe auch »Strains of Gershwin in Peking«, *South China Morning Post*, 17. März 1979.

64 PRO, FCO 21/1685, Percy Cradock, »My Telno 354: The Internal Situation«, 9. April 1979; FCO 21/1686, »Tightening Political Control«, April 1979.

65 Deng Xiaoping, »Uphold the Four Cardinal Principles«, 30. März 1979, *Selected Works of Deng Xiaoping*, Bd. 2, mehrere Ausgaben.

66 Liu Yan und Wang Tao, »›Jianchi sixiang jiben yuanze‹ de xingcheng yu lishi diwei« (Die Entstehung und historische Stellung der ›Vier Grundprinzipien‹), in: *Dangdai Zhongguo shi yanjiu*, 22, Nr. 2 (März 2015), S. 21.

67 PRO, FCO 21/1686, Christopher O. Hum, »May Day and After«, 7. Mai 1979.

68 Nigel Wade, »Brave Editor Who Defied Hua«, *Sunday Telegraph*, 21. Oktober 1989; siehe auch den gesamten Ordner in PRO, FCO 21/1689, »Political Prisoners in China«, 1979; zur Unterredung über die Meistbegünstigungsklausel siehe »Trial, Conviction and Imprisonment of Wei Jingsheng«, *Hearing before the Subcommittee on International Operations and Human Rights, 18 December* 1995, Washington 1996, S. 5.

69 Tianjin, X211-1-503, Zentrale Arbeitskonferenz zur öffentlichen Sicherheit, 25. April 1981.

70 Pitman Potter, *From Leninist Discipline to Socialist Legalism: Peng Zhen on Law and Political Authority in the PRC*, Stanford, CA 2003, S. 113; Tan, *The Chinese Factor*, S. 257.

71 James H. Mann, About Face: *A History of America's Curious Relationship with China, from Nixon to Clinton*, New York 1998, S. 103.

72 Grobe Messungen der Umweltverschmutzung sind enthalten in MAE, 752INVA/2117, Claude Martin, »Pékin: Les embarras d'une capitale«, 20. August 1979.

73 Bryan Johnson, »First Week in Peking is Mental Overload«, *Globe and Mail*, 5. Oktober 1979.

74 Wenzhou, J1-27-60, Bericht des Kulturministeriums, 4. Januar 1980, S. 150–156.

75 PRO, FCO 21/1552, Mark Fenn, »Culture in China«, 13. Juni 1977; FCO 21/1800, Percy Cradock, »Youth in China«, 27. Juni 1980; Earl Vinecour, »The Teresa Teng Craze«, *South China Morning Post*, 23. Mai 1982.

76 Timothy McNulty, »China Has TV Thirst«, *Boston Globe*, 1. Januar 1980.

77 Bryan Johnson, »Status in China Now Requires TV and Fan to Cool It«, *Globe and Mail*, 1. Januar 1980.

78 Bryan Johnson, »Masses Hypnotized by a Doctored Medium«, *Globe and Mail*, 2. Dezember 1980.

79 Paul Theroux, *Riding the Iron Rooster: By Train through China*, New York 1988, S. 127; deutsch: *Das chinesische Abenteuer. Reise durch das Reich der Mitte*, Düsseldorf 1989.

80 Zur Entstehung der Resolution sollte man lesen Robert L. Suettinger, »Negotiating History: The Chinese Communist Party's 1981«, Project 2049 Institute, Washington 2017.

81 Siehe Hoover Institution, »Zhongguo Gong Chan Dang Issuances«, Box 1, Skizze für die 6. Plenartagung, S. 19–22, zitiert Deng Xiaopings Rede auf der Sitzung der viertausend Kader am 25. Oktober 1980, um über den Resolutionsentwurf zu diskutieren.

82 »Resolution on Certain Questions in the History of Our Party since the Founding of the People's Republic of China«, 27. Juni 1981, History and Public Policy Program Digital Archive, Wilson Center, übersetzt aus *Beijing Review*, 24, Nr. 27, 6. Juli 1981, S. 10–39; deutscher gekürzter Wortlaut: »Resolution über einige Fragen zur Geschichte der KP Chinas seit 1949«, 27. Juni 1981, hrsg. Verlag für fremdsprachige Literatur, Peking 1981, hier S. 63 und 81.

83 Obwohl eine zensierte Version einer Sitzung später veröffentlicht wurde, sind alle konkreten Details geheim geblieben; allerdings wurde von Deng Liqun in einer langen Rede, die er im Juli 1981 vor der Garnison der Hauptstadt hielt, eine Zusammenfassung präsentiert; siehe Hoover Institution, »Zhongguo Gong Chan Dang Issuances«, Box 1, Deng Liqun, Rede vor der Garnison der Hauptstadt, 7. und 8. Juli 1981, insbesondere S. 37–42; die zensierte Fassung von Hu Yaobangs Rede am 19. November 1980 ist zu finden in Zhonggong zhongyang wenxian yanjiushi (Zentrale Literaturrecherchebehörde der chinesischen kommunistischen Partei) (Hg.), *Sanzhong quanhui yilai*

zhongyao wenjian huibian (Sammlung wichtiger Dokumente seit der 3. Plenartagung), Peking 1982, Bd. 2, S. 735–747; siehe auch Schanghai, B250-5-128, Chen Guoding, Bericht auf der 6. Plenartagung, 13. bis 15. Juli 1981, S. 39–71.

84 »Resolution über einige Fragen«, S. 54 ff.

2 Sparkurs (1979–1982)

1 Dikötter, *The Tragedy of Liberation*, S. 215 ff.

2 Li, Ich *war Maos Leibarzt*, S. 422.

3 Patrick Tyler, »Chen Yun, Who Slowed China's Shift to Market, Dies at 89«, *New York Times*, 12. April 1995.

4 Die bei weitem beste Analyse der unbeabsichtigten Folgen der Rehabilitierungen unter Hu Yaobang bietet Ruan, *Deng Xiaoping*, Kapitel 2.

5 Wenzhou, J1-26-84, Bericht aus dem Finanzministerium, 5. Mai 1979, S. 7–25.

6 Nai-Ruenn Chen, *China's Economy and Foreign Trade, 1979–81*, Washington 1982, S. 1 f.

7 Robert Service, *Comrades: A History of World Communism*, Cambridge, MA 2007, S. 6.

8 Dikötter, *Maos Großer Hunger*, Kapitel 23, »Mauschelei und Beschaffungskriminalität«.

9 Ebenda, S. 283.

10 Hebei, 979-10-512, Han Guang, Bericht über das Bauwesen, 23. März 1980, S. 22–46.

11 Hubei, SZ43-6-183, Rede von Zhao Ziyang auf der Nationalkonferenz der Provinzsekretäre, 15. November 1980, S. 1–5.

12 Wenzhou, J1-26-81, 26. September 1979, S. 31–46, sowie Bericht des Provinzplanungskomitees von Zhejiang, 31. Mai 1979, S. 120–152.

13 Hebei, 979-10-512, Gu Mu, Rede zum Bauwesen, 13. April 1980, S. 51–60.

14 Die Kürzung im Staatshaushalt ist belegt in Wenzhou, J1-26-81, 27. März 1979, S. 6–30; die Zahlen aus lokalen Investitionen wurden veröffentlicht und sind dokumentiert in Chen, *China's Economy and Foreign Trade*, 1979–81, Washington 1982, S. 1 f.

15 Wenzhou, J51-29-40, 7. November 1979, S. 90–93.

16 Nanjing, 5093-4-69, 10. Dezember 1979, S. 1–4; Wenzhou, J1-28-51, 7. März 1981, S. 49–54; Tianjin, X199-2-1958, 6. Juli 1979, S. 37–40.

17 Hubei, SZ48-2-310, Bericht über Ermittlung zu den Preisen, 16. Januar 1979, S. 20–29; die Schätzungen der HSBC sind enthalten in MAE, 2882TOPO/2936, »L'économie chinoise en 1981«, Mai 1982, S. 6.

18 Nanjing, 5054-5-216, 4. August 1982, S. 29–33; Hubei, SZ43-6-183, Rede von Gu Mu auf der Arbeitskonferenz zu Importen und Exporten, 23. Dezember 1980, S. 134–139; MfAA, Berlin, ZR481/86, »Sozialökonomische Widersprüche in China«, April 1982, S. 4.

19 Hubei, SZ43-6-183, Rede von Gu Mu auf der Arbeitskonferenz zu Importen und Exporten, 23. Dezember 1980, S. 134–139; die Auslandsschulden werden detailliert aufgeführt in Yao Yilin, Bericht an das Politbüro, 28. November 1980, S. 31–37.

20 Hubei, SZ34-11-91, 22. Mai 1980, Bericht des Staatsrats über Spekulation und Schmuggel, S. 46–51.

21 Wenzhou, J87-31-25, 22. Januar 1981, S. 249 ff.

22 Zum Haushalt siehe Hubei, SZ43-6-183, Rede von Zhao Ziyang auf der Nationalkonferenz der Provinzsekretäre, 15. November 1980, S. 1–15, sowie Rede von Wang Bingqian, 21. Dezember 1980, S. 76–81.

23 Ruan, *Deng Xiaoping*, S. 98.

24 Hubei, SZ43-6-183, Rede von Zhao Ziyang auf der Nationalkonferenz der Provinzsekretäre, 15. November 1980, S. 1–15.

25 Dikötter, *The Tragedy of Liberation*, S. 81.

26 Dikötter, *Maos Großer Hunger*, S. 130 f.

27 PRO, FCO 21/1687, Christopher O. Hum, »Back to Basics«, 13. November 1979.

28 Hubei, SZ43-6-183, Rede von Zhao Ziyang auf der Nationalkonferenz der Provinzsekretäre, 15. November 1980, S. 1–15; Ruan, *Deng Xiaoping*, S. 98.

29 Michael Parks, »Dream for a Steel Complex Turns into a Nightmare«, *Los Angeles Times*, 29. November 1981; Jonathan Sharp, »Baoshan: Model of a Planning Disaster«, *South China Morning Post*, 24. Juli 1981; Takashi Oka, »Peking Shelves Grandiose Plans«, *Christian Science Monitor*, 8. Dezember 1980.

30 MAE, 2882TOPO/2935, »Statistiques monétaires chinoises pour 1981«, 19. April 1982, S. 5; Wenzhou, J34-32-57, Nationalkonferenz zum Bankwesen, 30. April 1982, S. 126–136.

31 Wenzhou, J20-17-23, Bericht des Staatlichen Statistikamts, 31. Oktober 1979, S. 76 ff.; die Zahlen sind zu finden in MAE, 2882TOPO/2936, François Lemoine, »Réformes économiques et finances publiques en Chine«, Dezember 1983, S. 5.

32 Wenzhou, J34-32-36, Bericht des Staatsrats, 9. Dezember 1982, S. 20–26, sowie Bericht über Probleme mit Alltagsartikeln, 24. Juli 1982, S. 66–69; Nanjing, 5020-5-208, 6. September 1982, S. 94–98.

33 Wenzhou, J1-27-60, Nationalkonferenz zum Außenhandel, 18. Dezember 1979, S. 197.

34 Ebenda, S. 201.

35 Schanghai, B76-5-112, Anmerkungen zum Außenhandel von Zhao Ziyang, Gu Mu und Yao Yilin, 11. Dezember 1980; Schanghai, B1-9-1340, Dokument des Staatsrats und der Staatlichen Wirtschaftsplanungskommission, 18. Oktober 1984, S. 28 ff.

36 Siehe Lin Guijun und Ronald M. Schramm, »China's Foreign Exchange Policies since 1979: A Review of Developments and an Assessment«, in: *China Economic Review*, 14, Nr. 3 (Dezember 2003), S. 250–258; siehe auch Nicholas R. Lardy, *Foreign Trade and Economic Reform in China*, 1978–1990, Cambridge 1992.

37 Lin Guijun und Ronald M. Schramm, »China's Foreign Exchange Policies since 1979«, S. 251.

38 Dikötter, *Mao und seine verlorenen Kinder*, Kapitel 21, »Die stille Revolution«.

39 Ebenda, S. 285 f. und 292.

40 Ebenda, S. 291 ff.

41 MAE, 2882TOPO/2951, »Production et consommation des produits agricoles en Chine«, 1. September 1986, S. 4; Guangdong, 235-2-284, Bericht des Staatsrats, 12. März

1978, S. 144–148; Hubei, SZ107-6-52, Bericht des zentralen Landwirtschaftskomitees, 15. August 1979, S. 3–8.

42 Die Käufe im Ausland sind genau aufgeführt in Fox Butterfield, »China's New Dialectic: Growth«, *New York Times*, 5. Februar 1978; MAE, 2882TOPO/2951, »Production et consommation des produits agricoles en Chine«, 1. September 1986, S. 3 ff.; Dong Fureng, *Industrialization and China's Rural Modernization*, Washington 1992, S. 91.

43 Wenzhou, J1-26-81, Nationalkonferenz zur Preisentwicklung, 4. Oktober 1979, S. 188–218; die Schätzung von acht Milliarden stammt aus Schanghai, Nationalkonferenz zur Planung, B1-8-113, 17. Januar 1980, S. 40–54; die Schätzung über dreißig Milliarden ist enthalten in MAE, 2882TOPO/2951, »La fin des communes populaires«, 23. Februar 1983, S. 6.

44 Wenzhou, J1-26-83, Entwurf des Zentrums zu Entscheidungen, um die Entwicklung auf dem Land zu beschleunigen, 22. Dezember 1978, S. 13.

45 Hebei, 979-10-508, Äußerung von Deng Xiaoping, anhand der Notizen von Deng Liqun, 2. April 1980, S. 10–23.

46 Wenzhou, J1-27-32, Dokument Nr. 75 über das Land, 14. November 1980, S. 113–126.

47 Wenzhou, J87-31-25, Nationalkonferenz zur Landwirtschaft, Januar 1981, S. 153–158.

48 Wenzhou, J87-31-25, Untersuchung zur Lage auf dem Land, Januar 1981, S. 159–164; Hebei, 925-2-188, Bericht über den Bezirk Lulong, 27. Oktober 1982, S. 1–7.

49 Zum Lebensstandard siehe Dong, *Industrialization*, S. 36; MfAA, ZR 2629/90, Bericht von Bernd Jordan, 7. Dezember 1983; Kate Zhou, *How the Farmers Changed China: Power of the People*, Boulder, CO 1996; siehe auch Daniel Kelliher, *Peasant Power in China: The Era of Rural Reform, 1979–1989*, New Haven, CT 1992.

50 Dikötter, *The Tragedy of Liberation*, S. 224 f.

51 MAE, 2882TOPO/2951, »La fin des communes populaires«, 23. Februar 1983, S. 20; die Zahl hundert Millionen wird auch genannt in Dong, *Industrialization*, S. 8.

52 Gansu, 216-4-164, 17. Oktober 1983, S. 136 f.; Hebei, 925-2-166, Wan Li, Rede vor dem staatlichen Agrarkomitee, 11. März 1981, S. 349–354.

53 Hubei, SZ118-5-324, Sekretariat der Kommunistischen Partei Chinas, Arbeitskonferenz zur Bildung, 8. bis 12. Mai 1981, S. 1–20.

54 Ebenda.

55 Dikötter, *Mao und seine verlorenen Kinder*, S. 275 f.

56 Ebenda, S. 295 ff.; das Beispiel Chuansha stammt aus Lynn T. White, *Unstately Power: Local Causes of China's Economic Reforms*, Armonk, NY 1998, S. 94 und 101; siehe dazu auch Zhang Qi und Liu Mingxing, *Revolutionary Legacy, Power Structure, and Grassroots Capitalism under the Red Flag in China*, Cambridge 2019, S. 189–196.

57 Hubei, SZ43-6-183, Xu Jing'an, Forschungsbericht in Umlauf gebracht von Zhao Ziyang, 8. November 1980, S. 82–86.

58 Schanghai, B250-5-542, Bericht über Wuxi, Jiangyin und Shazhou, 9. Juli 1984, S. 1–10.

59 Schanghai, B250-5-542, Bericht über Guangdong, Dezember 1984, S. 48–65.

60 Ebenda.

61 Li Rui, Tagebuch, 19. September 1994.

62 Hubei, SZ43-6-183, Xu Jing'an, Forschungsbericht in Umlauf gebracht von Zhao Ziyang, 8. November 1980, S. 82–86; die Importe in Tabellenform finden sich in Chen, *China's Economy and Foreign Trade, 1979–81*, S. 31.

63 Ruan, *Deng Xiaoping*, S. 101.

64 Martin King Whyte, Feng Wang und Yong Cai, »Challenging Myths About China's One-Child Policy«, in: *China Journal*, Nr. 74 (Juli 2015), S. 144–159. Die Zahl für Shandong ist enthalten in Shandong, A188-1-2, 12 und 30. Dezember 1972, S. 50 und 155.

65 MAE, 2882TOPO/2917, »Le contrôle des naissances en Chine«, 27. August 1982.

66 Wenzhou, J11-7-20, Kommentare von Chen Yun auf der Sitzung des Politbüros, 2. September 1980, S. 215 f.

67 Chen Yun, »Pay Attention to Grain Work«, übersetzt von Mao Tong und Du Anxia in: Chen Yun, *Chen Yun's Strategy for China's Development*, Armonk, NY 1983, S. 67–72.

68 Thomas Sharping, *Birth Control in China 1949–2000: Population Policy and Demographic Development*, London 2003, S. 42.

69 Der Begriff »Pseudowissenschaft« wird benutzt und gerechtfertigt in Whyte, »Challenging Myths About China's One-Child Policy«.

70 MAE, 2882TOPO/2917, »Le contrôle des naissances en Chine«, 27. August 1982.

71 MAE, 2882TOPO/2917, »Renforcement du contrôle des naissances«, 14. Januar 1982.

72 Gansu, 141-1-30, Zhao Ziyangs Äußerungen zur Geburtenkontrolle, 18. August und 8. September 1982, S. 70–79.

73 Whyte, »Challenging Myths About China's One-Child Policy«.

3 Reform (1982–1984)

1 Deng Xiaoping, »Eröffnungsansprache auf dem XII. Parteitag der KP Chinas«, 1. September 1982, in: Ders., *Ausgewählte Schriften*. 1975–1982, Peking 1985, S. 454–458, hier S. 456.

2 Deng Xiaoping, »Ansprache auf einem Forum der Militärkommission des Zentralkomitees der KP Chinas«, 4. Juli 1982, in: Ebenda, S. 445–450, hier S. 446.

3 Dikötter, *Mao und seine verlorenen Kinder*, S. 33–37.

4 Yang Zhongmei, *Hu Yao-Bang: A Chinese Biography*, London 1989, S. 111 f.

5 MAE, 752INVA/2117, »Quelques aspects du problème des jeunes en Chine«, 9. April 1980; Linda Matthews, »Young Soldier Is New China Hero«, *Los Angeles Times*, 1. Mai 1980.

6 Stanley Oziewicz, »China Youth Have a New Model Hero«, *Washington Post*, 2. November 1982; Christopher Wren, »Peking's New Line Calls for New Heroes«, *New York Times*, 16. Januar 1983.

7 Christopher Wren, »Peking's New Line Calls for New Heroes«, *New York Times*, 16. Januar 1983.

8 Eine ausgezeichnete Analyse ist erschienen in Wang Jing, *High Culture Fever: Politics, Aesthetics, and Ideology in Deng's China*, Berkeley, CA 1996.

9 Song Yuehong, »Sixiang jiben yuanze cong tichu dao xieru xianfa«, *Guangming ribao*, 25. April 2015.

10 Li Rui, Tagebuch, 18. und 21. März 1983.

11 »30,000 Jailed in Clamp on Economic Crime«, *South China Morning Post*, 26. Juli 1983; das Zitat ist enthalten in Amanda Bennett, »China Starts New Drive Against Crime«, *Wall Street Journal*, 24. August 1983.

12 MAE, 2882TOPO/2913, Claude Martin, »Crime et châtiment«, 14. Oktober 1983; Amanda Bennett, »China Starts New Drive Against Crime«, *Wall Street Journal*, 24. August 1983.

13 MAE, 2882TOPO/2913, Claude Martin, »Crime et châtiment«, 14. Oktober 1983; es ist nicht ganz klar, ob in der Zahl 80 000 auch die 30 000 Personen enthalten sind, die wegen Wirtschaftsverbrechen verurteilt wurden; siehe auch Murray Scot Tanner, »State Coercion and the Balance of Awe: The 1983–1986 ›Stern Blows‹ Anti-Crime Campaign«, in: *China Journal*, Nr. 44 (Juli 2000), S. 93–125.

14 Deng Xiaoping, »The Party's Urgent Tasks on the Organisational and Ideological Fronts«, 12. Oktober 1983, in: Ders., *Selected Works*, Bd. 3, mehrere Auflagen; deutscher Wortlaut nach: »Die dringenden Aufgaben der Partei an der organisatorischen und ideologischen Front«, in: Deng Xiaoping, *Die grundlegenden Fragen im heutigen China,* Peking 1988, S. 27–46.

15 Michael Weisskopf, »China Moves to Rescue Itself from Outside ›Spiritual Pollution‹«, *Washington Post*, 2. Dezember 1983.

16 Schanghai, B243-3-149, Bericht des Amts für höhere Bildung in Schanghai, 31. Oktober 1983, S. 51–54; Gansu, 107-5-152, 9. November 1983, S. 93–96; Schanghai, A76-4-271, 31. Oktober 1983, S. 1–6.

17 Christopher Wren, »China's Prey, ›Spiritual Pollution‹, Proves Elusive«, *New York Times*, 20. Dezember 1983.

18 MAE, 2882TOPO/2914, »La réforme agricole et l'évolution du monde rural en Chine«, 28. Februar 1984.

19 Jonathan Mirsky, »Get Rich Quick Is All the Rage in China«, *Observer*, 10. Juli 1983.

20 Keun Lee, »The Chinese Model of the Socialist Enterprise: An Assessment of Its Organization and Performance«, in: *Journal of Comparative Economics*, 14, Nr. 3 (September 1990), S. 385.

21 Ebenda, S. 386.

22 Wenzhou, J34-32-71, Bericht der Filiale in Wenzhou der chinesischen Volksbank, 19. November 1983, S. 181–184; Tianjin, X110-1-823, 27. Februar 1985, S. 109 ff.; Tianjin, X95-2-2099, Bericht des Handelsministeriums, 5. Januar 1985, S. 8–13; das Beispiel aus Taizhou ist enthalten in MAE, 2882TOPO/2936, United States Mission, »Tax Reform in China's Provinces«, 5. Dezember 1983.

23 MAE, 2882TOPO/2936, United States Mission, »Attacking China's Deficit Enterprises«, 8. Dezember 1983.

24 Hubei, SZ69-7-469, Nationalkonferenz über die zweite Phase des Steuersystems (22. Juni bis 7. Juli 1984), 13. Juli 1984, S. 9–22.

25 Vogel, *Deng Xiaoping*, S. 450; siehe auch Li Rui, Tagebuch, 21. Januar 1984.

26 Chen Yulu, Guo Qingwang, Zhang Jie, *Major Issues and Policies in China's Financial Reform*, Honolulu 2016, Bd. 3, S. 24.

27 Lee Zinser, »The Performance of China's Economy«, in: Joint Economic Committee (Hg.), *China's Economic Dilemmas in the* 1990s, Washington 1991, Bd. 1, Zahlen 3 und 4, S. 112 f.

28 Chen, Guo u. a., *Major Issues and Policies in China's Financial Reform*, Bd. 3, S. 24; dazu auch Internationaler Währungsfond, International Financial Statistics und Wigram Capital Advisors Limited.

29 Das war die Zahl, die Wang Renzhong bei einer Begegnung mit Erich Honecker nannte; er fügte hinzu, dass die Inflation für die ersten fünf Monate von 1985 bei sechs Prozent liege; siehe BA, Berlin, DY 30/2436, Protokolle der Gespräche zwischen Erich Honecker und Wang Renzhong, 27. Juni 1985, S. 28–34.

30 Hubei, SZ73-6-393, Bericht über die Provinz Henan, der von der chinesischen Volksbank in Umlauf gebracht wurde, 3. September 1985, S. 78–81; Dokument über die Provinz Jilin, das von der chinesischen Volksbank in Umlauf gebracht wurde, 29. Mai 1985, S. 23–27.

31 Hubei, SZ73-6-599, 1987, S. 1–15.

32 Ebenda.

33 Ebenda, S. 47–57 sowie 21. Februar 1987, S. 82; dazu auch Hubei, SZ73-6-623, 24. Dezember 1987, S. 1–11.

34 Siehe auch Donald Hay, Derek Morris, Guy Liu und Shujie Yao, *Economic Reform and State-Owned Enterprises in China* 1979 – 87, Oxford 1994, S. 178.

35 BA, Berlin, DY 30/2436, Protokolle der Gespräche zwischen Erich Honecker und Wang Renzhong, 27. Juni 1985, S. 28–34.

36 Hubei, SZ73-6-599, 1987, S. 47–57.

37 Tianjin, X87-2-1673, 26. Dezember 1984, S. 3–9.

38 MAE, 2883TOPO/3791, »L'économie chinoise, vers un réformisme de gauche«, 14. März 1987.

39 Gansu, 116-4-362, 1985, S. 58–65.

40 Gansu, 128-7-215, Zhao Ziyang zu den Sekretären der Provinzen und Gemeinden, 11. April 1985, S. 67–76.

41 Tianjin, X110-1-818, 25. November 1985, S. 55 f.

42 Tianjin, X110-1-820, Bericht des städtischen Wirtschaftskomitees, 23. August 1985, S. 107–116; X110-1-804, Tianjin, Bericht des Leichtindustriebüros Nr. 1, Juli 1985, S. 259–269.

43 Hubei, SZ1-9-285, 27. November 1984, S. 114–132.

44 Schanghai, B182-3-199, Februar 1975, S. 23 f.; Zitat aus Schanghai, B248-2-1056, 4. Februar 1977, S. 3–7.

45 Schanghai, B248-2-810, 11. April 1975, S. 6–9.

46 Schanghai, B248-2-1056, 4. Februar 1977, S. 3–7.

47 Schanghai, B248-4-219, 19. August 1977, S. 18–27.

48 Ebenda.

49 Schanghai, B102-3-57, 13. Dezember 1979, S. 49.

50 Schanghai, B1-9-210, Bericht über Shenyang, 29. Juli 1980, S. 25–34.

51 Nanjing, 5003-4-459, 3. März 1984, S. 92–103.

52 Schanghai, B123-11-1329, 14. September 1985, S. 166–170; die Schätzung zu den Straßenverkäufern ohne Lizenz ist anhand einer Ermittlung zur Gesamtzahl der Obstverkäufer hochgerechnet worden; siehe Schanghai, C47-4-136, 14. März 1986, S. 22.

53 Wenzhou, J51-30-22, 1. September 1980, S. 252–258.

54 Wenzhou, J34-32-71, 1. Juni 1983, S. 127–131.

55 Wenzhou, J80-16-12, Bericht über Zhao Ziyangs Besuch in Wenzhou, 1. Dezember 1985, S. 2–10; Bericht über Hu Qiaomus Besuch in Wenzhou, 12. November 1986, S. 39–45.

56 Kate Xiao Zhou und Lynn T. White III, »Quiet Politics and Rural Enterprise in Reform China«, in: *Journal of Developing Areas*, 29, Nr. 4 (Juli 1995), S. 477.

57 Hubei, SZ80-2-221, 23. September 1985, S. 124 f.

58 Das geschah beispielsweise im Dienstleistungssektor in Schanghai; siehe Schanghai, B1-10-317, 4. Mai 1985, S. 46–49.

59 Jan Prybyla, »A Systemic Analysis of Prospects for China's Economy«, in: Joint Economic Committee (Hg.), *China's Economic Dilemmas in the* 1990s, Washington 1991, Bd. 1, S. 221.

60 Liu Guoguang, »A Sweet and Sour Decade«, in: *Beijing Review*, 2.–6. Januar 1989, S. 22–29, zitiert in Prybyla, »A Systemic Analysis«, S. 221.

61 Nanjing, 5020-4-76, 24. September 1985, S. 46–53.

62 Schanghai, B1-10-317, 27. September 1985, S. 56–62.

63 Michael Weisskopf, »Private Squalor and Public Lives«, *Guardian*, 23. Februar 1985.

64 Susan Young, »Policy, Practice and the Private Sector in China«, in: *Australian Journal of Chinese Affairs*, Nr. 21 (Januar 1989), S. 61 f.; die Zahl der von Dorfbetrieben beschäftigten Personen wird genannt in MAE, 2883TOPO/3800, 21. Dezember 1988.

65 Wenzhou, J34-32-180, Stellungnahme des Vize-Bürgermeisters von Wenzhou, 4. März 1987, S. 82 und 85.

66 Terry Cheng, »A Tale of One City's Rise to Fame«, *South China Morning Post*, 5. Juni 1984.

67 Wenzhou, J1-28-51, Konferenz über Guangdong und Fujian, 24. Dezember 1980, S. 43–47; Wenzhou, J87-31-25, Stellungnahme von Chen Yun, 18. Januar 1981, S. 189–192.

68 Terry Cheng, »A Tale of One City's Rise to Fame«, *South China Morning Post*, 5. Juni 1984.

69 Guangdong, 235-2-242, September 1977, S. 181–188.

70 Guangdong, 229-6-323, 14. März 1978, S. 1–31; Schanghai, B1-8-3, 24. November 1977, S. 34.

71 Dikötter, *Maos Großer Hunger*, S. 162.

72 Schanghai, A33-7-141, Bericht auf der Nationalkonferenz zur Einheitsfront, vom 15. August bis 3. September 1979, 6. November 1979, S. 1–12; Schanghai, B1-8-130, Konferenz zu Überseechinesen, 15. Oktober 1981, S. 114–119.

73 Schanghai, A33-7-141, Bericht auf der Nationalkonferenz zur Einheitsfront, vom

15. August bis 3. September 1979, 6. November 1979, S. 147; MAE, 752INVA/2117, Yves Rodrigues, »Visite à la municipalité de Shum Chun«, 19. Juni 1979.

74 Frank Ching, »China Seen Ready to Join Foreign Firms in Ventures in Hong Kong, Macao, China«, *Wall Street Journal*, 31. August 1979.

75 Guangdong, 235-2-286, Resolution des Staatsrats, 1. September 1978, S. 46.

76 Frank Ching, »Problems Hobble China Joint Venture«, *Wall Street Journal*, 31. August 1979.

77 Barry Kramer, »Harpers International, China to Establish Vehicle-Assembly Plant near Hong Kong«, *Wall Street Journal*, 13. Februar 1979; MAE, 752INVA/2117, Yves Rodrigues, »Visite à la municipalité de Shum Chun«, 19. Juni 1979.

78 Guangdong, 253-2-332, Bericht der Sonderbehörde für Zhuhai und Bao'an, 20. Oktober 1978, S. 102–109.

79 »Where a Different Kind of War Is Being Fought«, *South China Morning Post*, 19. August 1979.

80 Reardon, *The Reluctant Dragon*, S. 207 f.

81 MAE, 2882TOPO/2938, »Performances économiques et commerciales de la Chine en 1985«, 5. Mai 1986, S. 30 ff.; Schanghai, B1-9-1481, 28. April 1984, S. 1–6.

82 PRO, FCO 21/3738, »China's Trade and Economic Relations«, 1987; die Schätzung über eine Milliarde Dollar jährlich ist enthalten in MAE, 2882TOPO/2938, »Nuages sur les zones économiques spéciales?«, 11. Juli 1985; MAE, 2882TOPO/2938, »Performances économiques et commerciales de la Chine en 1985«, 5. Mai 1986, S. 30 ff.

83 Wenzhou, J153-1-27, Rede von Zhao Ziyang auf der Konferenz des Staatsrats zur Vierten Industriellen Revolution, 9. Oktober 1983, S. 14–23.

84 Wenzhou, J153-1-27, Ma Hong, »On a Development Strategy for Our Country«, ohne Datum, S. 29–39; MAE, 2882TOPO/2914, Hervé Ladsous, »La Chine et le choc du futur«, 22. März 1984.

85 Schanghai, A33-6-247, Konferenz zu den Küstenstädten, 16. April 1984, S. 17 f.; MAE, 2882TOPO/2938, »Nuages sur les zones économiques spéciales?«, 11. Juli 1985, schätzte die Investionen aus Peking auf eine Milliarde Yuan im Jahr.

86 Reardon, *The Reluctant Dragon*, S. 199.

87 Schanghai, A33-6-247, Konferenz zu den Küstenstädten, 16. April 1984, S. 19.

88 Schanghai, B76-5-824, 25. Februar 1983, S. 28–31.

89 Schanghai, Notiz über Spezialmaterial, B76-5-433, 18. März 1982, S. 4–8.

90 David S. Bennahum, »Heart of Darkness«, *Wired*, 11. Januar 1997.

91 Schanghai, B103-4-1238, 4. Oktober 1980, S. 19–22; Schanghai, B1-8-94, 15. November 1980, S. 65.

92 Schanghai, B43-1-70, Oktober 1982, S. 55 ff.

93 Tianjin, X172-2-2292, Juli 1985, S. 32–42.

94 Schanghai, B76-5-433, Direktive der Staatsverwaltung für die Wahrung von Staatsgeheimnissen, 25. Mai 1982, S. 12–19; zur genauen Struktur dieser Institution siehe Chen Yongxi, »Circumventing Transparency: Extra-Legal Exemptions from Freedom of Information and Judicial Review in China«, in: *Journal of International Media & Entertainment Law*, 7 (2018) Nr. 2, S. 213.

95 Schanghai, B1-10-62, Instruktionen des Schanghai-Komitees zur Wahrung von Staatsgeheimnissen, 20. Oktober 1985, S. 55 f.

96 MAE, 2882TOPO/2927, École Nationale des Ponts et Chaussées, »Un voyage en Chine«, 1. Dezember 1986.

97 MAE, 2882TOPO/2937, Charles Malo, »Réforme des structures du commerce extérieur chinois«, 20. September 1984; MAE, 2882TOPO/2938, François Gipouloux, »Les réserves en devises de la Chine«, 25. Oktober 1985.

98 Gansu, 128-7-215, Zhao Ziyang zu den Leitern der Provinzen und Gemeinden, 11. April 1985, S. 67–76.

99 MAE, 2882TOPO/2938, François Gipouloux, »Les réserves en devises de la Chine«, 25. Oktober 1985; siehe auch International Monetary Fund, International Financial Statistics and Wigram Capital Advisors Limited.

100 John Burns, »Scandal Blights Hainan Hope«, *New York Times*, 12. November 1985.

101 Die Zahl 3,20 Yuan für einen Dollar wurde von Yao Yilin genannt; siehe Schanghai, A76-4-351, Dokumente auf der 2. Plenartagung, Reaktionen auf Yao Yilins Vortrag auf der Nationalen Arbeitskonferenz zur Wirtschaft, 6. Oktober 1983, S. 56–59.

102 Schanghai, B1-9-1505, 17. März 1984, S. 59–65.

103 Lin und Schramm, »China's Foreign Exchange Policies since 1979«, S. 254 ff.

104 Tianjin, X78-3-2551, 18. Januar 1985, S. 38.

105 Schanghai, B1-10-282, 24. Juni 1985, S. 2–5; Schanghai, B1-10-62, Bericht über den Außenhandel, 9. August 1985, S. 75–81.

106 Cui, »China's Export Tax Rebate Policy«, S. 340; zum Jahr 1959, siehe Tabelle XXIV, United Nations Statistical Division, *International Trade Statistics*, 1900–1960, 1962.

107 Wang, *China's Exports since 1979*, S. 145.

108 Louis Kraar, »A Little Touch of Capitalism«, in: *Fortune* 107, Nr. 8, 18. April 1983, S. 125.

109 Margaret Thatcher Foundation, PREM 19/789, »Mr Heath's Call on Deng Xiaoping«, Telno 202, 6. April 1982.

110 Margaret Thatcher Foundation, PREM 19/789, »Call on the Prime Minister by Lord Maclehose«, 23. Juli 1982.

111 Margaret Thatcher Foundation, PREM 19/790, »Record of a Meeting Between the Prime Minister and Premier Zhao Ziyang«, 23. September 1982.

112 Margaret Thatcher Foundation, PREM 19/790, »Record of a Meeting Between the Prime Minister and Vice Chairman Deng Xiaoping«, 24. September 1982.

113 Margaret Thatcher Foundation, PREM 19/790, »Record of a Meeting Between the Prime Minister and Officials of the Executive Council of Hong Kong«, 26. September 1982.

114 Margaret Thatcher Foundation, PREM 19/788, »Hong Kong: Sir Y. K. Pao«, 28. September 1982.

115 Margaret Thatcher Foundation, PREM 19/1059, »Chinese Remarks«, 7. November 1982.

116 Margaret Thatcher Foundation, PREM 19/1057, »Future of Hong Kong: Second Phase, Round Four«, 22. September 1983.

117 Margaret Thatcher Foundation, PREM 19/1058, »Future of Hong Kong«, 21. Oktober 1983.

118 Deng Xiaoping, »China Will Always Keep Its Promises«, 19. Dezember 1984, in: Ders., *Selected Works of Deng Xiaoping*, Bd. 3, mehrere Auflagen.

119 MAE, 2882TOPO/2914, Charles Malo, »Le triomphe de Deng Xiaoping«, 2. Oktober 1984; Deng Xiaoping, »Rede zum 35. Nationalfeiertag der Volksrepublik China«, 1. Oktober 1984, in: Ders., *Die grundlegenden Fragen im heutigen China*, Peking 1988, S. 71 ff.

4 Von Menschen und Preisen (1984–1988)

1 Mao Tse-tung, *Ausgewählte Werke*, Bd. 2, Peking 1968, S. 27–30, online verfügbar unter https://www.marxists.org/deutsch/referenz/mao/1937/09/gegenlib.html.

2 Hoover Institution, Hongda Harry Wu Collection, Box 1, Deng Xiaoping, Vortrag über die dringenden Aufgaben der Partei an der organisatorischen und ideologischen Front, 12. Oktober 1983.

3 Ronald Reagan Library, Executive Secretariat: Country File China, Box 6–7, Chas Freeman, »Situation Message«, 31. August 1981.

4 Mao Min, *The Revival of China*, Kindle Direct Publishing 2017, Bd. 3, S. 421.

5 Ebenda; MAE, 2882TOPO/2915, »Discours de Hu Yaobang sur la propaganda«, 16. April 1985; siehe auch Vogel, *Deng Xiaoping*, S. 566.

6 Mao Min, *Revival of China*, Bd. 3, S. 422; Li Rui, Tagebuch, 15. und 20. Dezember 1995.

7 Li Rui, Tagebuch, 20. und 24. Dezember 1995.

8 Zhao Ziyang, *Prisoner of the State*, New York 2009, S. 192 f.; siehe auch David Bachman, »Institutions, Factions, Conservatism, and Leadership Change in China: The Case of Hu Yaobang«, in: Ray Taras (Hg.), *Leadership Change in Communist States*, Boston 1989, S. 95.

9 Li Rui, Tagebuch, 29. November 1998.

10 John F. Burns, »1,000 Peking Students March in Resentment Against Japan«, *New York Times*, 19. September 1985.

11 Hubei, SZ118-9-195, Bericht über Studentenunruhen, mit Stellungnahmen von Li Peng und Hu Qili, Februar 1986, S. 25–33; John F. Burns, »Students in Peking Renew Protests against Japan«, *New York Times*, 21. November 1985.

12 Hubei, SZ1-9-488, Vortrag über Studentenproteste von Hu Qili, 4. Oktober 1985.

13 PRO 21/3305, »Student Unrest in China«, 19. März 1986.

14 Tianjin, X41-1-721, Parteidokument über die Ziele des Fünfjahresplans, gefolgt von Vortrag durch Zhao Ziyang, 18. und 23. September 1985, S. 133 und 196 f.

15 Instruktionen von Deng Xiaoping an den Ständigen Ausschuss, Li Rui, Tagebuch, 24. Januar 1986.

16 Liang Heng und Judith Shapiro, »China, the Year – and Claws – of the Tiger«, *New York Times*, 8. März 1986; »2 Sentenced to Death in China Crackdown«, *Boston Globe*, 22. Januar 1986.

17 Hoover Institution, Hongda Harry Wu Collection, Box 3, Bericht von Gu Qiliang auf der nationalen Arbeitskonferenz zu Laogai und Laojiao, 17. Juni 1986.

18 »More Flak at Western ›Pollution‹«, *South China Morning Post*, 20. März 1986; Daniel Southerland, »Popular Singer Is Banned in China«, *Washington Post*, 23. November 1985.

19 PRO, FCO 21/1800, Christopher O. Hum, »Election Fever«, 22. Oktober 1980.

20 »China Tries to Muzzle Students Demanding More Democratic Government«, *Ottawa Citizen*, 15. Dezember 1986; Julia Kwong, »The 1986 Student Demonstrations in China: A Democratic Movement?«, in: *Asian Survey* 28, Nr. 9 (September 1988), S. 973.

21 Scott Savitt, *Crashing the Party: An American Reporter in China*, Berkeley, CA, 2016, S. 106; sowie PRO, FCO 21/3308, Vertrauliche Berichte von Richard Evans, 23., 24., 29. und 31. Dezember 1986.

22 »Zhenxi he fazhan anding tuanjie de zhengzhi jumian« (Politische Stabilität und Einigkeit schätzen und entwickeln), *Renmin Ribao*, 23. Dezember 1986.

23 Wenzhou, J201-5-70, Direktive des Zentralkomitees an alle Provinzen, 24. Dezember 1986, S. 151 ff.

24 »Zhengzhi tizhi gaige zhi neng zai dang de lingdao xia jinxing« (Reform des politischen Systems kann nur unter der Leitung der Partei durchgeführt werden), *Renmin Ribao*, 25. Dezember 1986.

25 Kwong, »The 1986 Student Demonstrations in China«, S. 972.

26 Li Rui, Tagebuch, 26. Dezember 1986.

27 Ebenda, 30. Dezember 1986.

28 »Main Points of Deng Xiaoping's Speech on the Current Problem of Student Disturbance«, 30. Dezember 1986, ins Englische übersetzt in *Chinese Law and Government*, 21, Nr. 1 (Frühjahr 1988), S. 18–21; siehe auch Li Rui, Tagebuch, 3. Januar 1987.

29 Zheng Zhongbing, *Hu Yaobang nianpu ziliao changbian* (Eine Chronologie des Lebens von Hu Yaobang), Hongkong 2005, Bd. 2, S. 1183 ff.

30 Diese Anklage wurde erhoben in dem Dokument Nr. 8 des Zentralkomitees, laut Li Rui; siehe Li Rui, Tagebuch, 19. April 1989; dazu auch »New Offensive from the Left«, *Asiaweek*, 19. April 1987, S. 28 f., und Lu Keng, *Lu Keng huiyi yu chanhuilu* (Memoiren und Bekenntnisse von Lu Keng), Taipei 1997, S. 205.

31 Li Rui, Tagebuch, 19. Juli 1987.

32 Ebenda, 29. März 1987. Die Glasflaschen werden erwähnt in Savitt, *Crashing the Party*, S. 183

33 Die unzähligen Arten, wie im Vorfeld von Hu Yaobangs Rücktritt gegen die Parteisatzung verstoßen wurde, werden diskutiert in Yang, *Hu Yao-Bang*, S. 155–158; siehe auch Lowell Dittmer, »China in 1989: The Crisis of Incomplete Reform«, in: *Asian Survey*, 30, Nr. 1 (Januar 1990), S. 25–41.

34 Andrew Nathan, Perry Link und Liang Zhang (Hg.), *The Tiananmen Papers: The Chinese Leadership's Decision to Use Force against Their Own People*, London 2002, S. xxxv (auf Deutsch erschienen unter dem Titel: *Die Tiananmen-Akte. Die Geheimdokumente der chinesischen Führung zum Massaker am Platz des Himmlischen Friedens*, München, Berlin 2001, hier S. 33); abgesehen von der Einleitung stütze ich

mich sonst nicht auf The Tiananmen Papers, weil die Echtheit einiger Dokumente fragwürdig ist.

35 László Ladány, »China's Communist Old Guard Are Still in Command«, in: *Far Eastern Economic Review*, 17. Dezember 1987.

36 Savitt, *Crashing the Party*, S. 117.

37 Julian Baum, »Peking Propagandists Bring Back Their '60s Hero«, *Christian Science Monitor*, 6. März 1987; Marlowe Hood, »Tarnished Myth of Socialism's ›Rustless Screw‹ «, *South China Morning Post*, 8. März 1987.

38 Hoover Institution, »Zhongguo Gong Chan Dang Issuances«, Box 1, Direktive des Propagandaministeriums, 9. Januar 1987; zu Liu Xiaobo im Jahr 1986, siehe Geremie Barmé, »Confession, Redemption, and Death: Liu Xiaobo and the Protest Movement of 1989«, in: George Hicks (Hg.), *The Broken Mirror: China After Tiananmen*, London 1990, S. 52–99.

39 PRO, FCO 21/3738, »China's External Economic Relations«, Oktober 1987.

40 BA, Berlin, DY 30/2437, Protokolle der Begegnung zwischen Erich Honecker und Zhao Ziyang, 8. Juni 1987, S. 10–20.

41 PRO, FCO 21/3738, »China's External Economic Relations«, Oktober 1987.

42 Chen, Guo et al., *Major Issues and Policies in China's Financial Reform*, Bd. 3, S. 26.

43 PRO, FCO 21/3738, Peter Wood, »Economic Policy After the Congress«, 24. November 1987.

44 PRO, FCO 21/3738, Peter Wood, »Deja Vu: Overheating in the Chinese Economy«, 5. November 1987.

45 Thomas M. H. Chan, »China's Price Reform in the Period of Economic Reform«, in: *Australian Journal of Chinese Affairs*, 18 (Juli 1987), S. 85–108.

46 Schanghai, B1-10-409, Bericht von Ye Gongqi, 14. September 1985, S. 117–121; Bericht auf der Nationalkonferenz zur Preiskontrolle, 13. August 1985, S. 122–125; siehe auch Schanghai, B1-10-40, Direktiven des staatlichen Preisbüros, 23. Juli 1985, S. 2–7.

47 Tianjin, X81-1-700, Juni 1985, S. 121–130; X81-1-663, 21. Mai 1984, S. 25 ff.

48 Schanghai, B1-10-409, Bericht von Ye Gongqi, 14. September 1985, S. 117–121.

49 PRO, FCO 21/3738, Peter Wood, »Bread and Circuses«, 3. September 1987.

50 Ebenda.

51 Marlowe Hood, »Deng's Burden«, *South China Morning Post*, 15. Oktober 1988.

52 MAE, 2883/TOPO3772, Gérard Chesnel, »Le protectionnisme provincial en Chine«, 29. November 1990.

53 PRO, FCO 21/3736, Charles Parton, »Investment«, 26. März 1987.

54 PRO, FCO 21/3739, Peter Wood, »China: Economy«, 7. Dezember 1987; siehe auch International Monetary Fund, International Financial Statistics and Wigram Capital Advisors Limited.

55 Hubei, SZ273-6-618, Bericht aus der Filiale in Hubei der Bank von China, 9. April 1987, S. 30–38.

56 PRO, FCO 21/4002, Peter Wood, »The Right Price«, 27. Januar 1988.

57 »Rationing of Pork and Sugar in Beijing«, *South China Morning Post*, 2. Dezember 1987.

58 MAE, 2883TOPO/3791, »Les difficultés de la réforme économique en Chine«, 1. Dezember 1988.
59 Ebenda.
60 Hubei, SZ69-8-339, Vortrag von Xiang Huaicheng auf der Nationalkonferenz zur Kontrolle der Sozialausgaben, 6. April 1988, S. 28–44.
61 Hubei, SZ69-8-339, Stellungnahme von Zhao Ziyang, wie sie auf der Nationalkonferenz zur Kontrolle der Sozialausgaben wiedergeben wurde, 6. April 1988, S. 28–44.
62 »Protest Action on the Increase by Students«, *South China Morning Post*, 30. August 1988.
63 Ruan, *Deng Xiaoping*, S. 197.
64 Ebenda, S. 192.
65 Li Rui, Tagebuch, 24. April 1989.
66 »Women de xiwang jiu zai zheili« (Darin liegt unsere Hoffnung), *Renmin Ribao*, 19. August 1988.
67 »Panic Buying Prompts Run on Banks in China«, *Chicago Tribune*, 2. September 1988; Wenzhou, J202-8-117, 8. September 1988, S. 66 f.
68 Wenzhou, J202-8-117, 30. September und 11. Oktober 1988, S. 114 f. und 118 f.
69 »Panic Buying Prompts Run on Banks in China«, *Chicago Tribune*, 2. September 1988; Wenzhou, J202-8-117, 8. September 1988, S. 66 f.; Robin Pauley, »Inflation Wounds China's Reformers«, *South China Morning Post*, 21. September 1988.
70 Li Rui, Tagebuch, 23. August 1988.
71 Wenzhou, J202-8-117, 30. September und 11. Oktober 1988, S. 114 f. und 118 f.
72 Larry Jagan, »Industrial Unrest Plagues China«, *Guardian*, 26. August 1988.
73 Chen, Guo et al., *Major Issues and Policies in China's Financial Reform*, Bd. 3, S. 26.
74 Hubei, SZ43-7-433, Direktive des Staatsrats zur Wirtschaftsdisziplin, 4. Oktober 1988, S. 59–63.
75 MAE, 2883TOPI/3800, OECD, Directorate for Food, Agriculture and Fisheries, »Some Comments on the Grain Crisis in China«, 30. Oktober 1989; das Zitat von Zhao Ziyang findet sich in Hubei, SZ1-9-332, Nationalkonferenz zur Landwirtschaft, 21. Dezember 1984, S. 25–29.
76 MfAA, ZR 2629/90, Bernd Jordan, Bericht über ökonomische und soziale Probleme in der Landwirtschaft, 27. Februar 1986.
77 MAE, 2883TOPI/3800, OECD, Directorate for Food, Agriculture and Fisheries, »Some Comments on the Grain Crisis in China«, 30. Oktober 1989.
78 MfAA, ZR 2629/90, Bernd Jordan, Bericht über ökonomische und soziale Probleme in der Landwirtschaft, 27. Februar 1986; Gansu, 216-4-256, Protokolle der Konferenz über Landarbeit, 18. Dezember 1985, S. 49–68; der zwanghafte Charakter des neuen Systems wurde vom Staat im Jahr 1986 ausdrücklich betont; siehe PRO, FCO 21/3387, Charles Parton, »Agriculture: Contracts Are a National Duty«, 18. Juni 1986.
79 PRO, FCO 21/3736, Charles Parton, »The Rural Sector in 1986«, 18. Juni 1986.
80 MAE, 2883TOPI/3800, OECD, Directorate for Food, Agriculture and Fisheries, »Some Comments on the Grain Crisis in China«, 30. Oktober 1989.
81 Hubei, SZ68-4-362, 26. Oktober 1988, S. 48–78; sowie 27. Oktober 1988, S. 165–209;

zum Bezirk Yueqing siehe Wenzhou, J34-32-224, 5. Januar 1989, S. 95–101; das Thema der Schuldscheine wird fachkundig erörtert in D. Gale Johnson, »The People's Republic of China 1978 – 90«, in: *Country Studies*, Nr. 8, International Centre for Economic Growth, San Francisco 1990, S. 1–14.

82 Hubei, SZ108-6-271, Nationalkonferenz zur Landwirtschaft, 14. November 1988, S. 43–51.

83 Gansu, 128-8-236, 28. Dezember 1988, S. 56–61, gefolgt von 128-8-389, 3. April 1989, S. 1–10.

84 Zhu Rongji, *On the Record: The Shanghai Years,* 1987–1991, Washington 2018, S. 240–246; Zinser, »The Performance of China's Economy«, S. 102–118.

85 Ein Beispiel dafür ist Hubei, SZ43-7-462, Dokument zum Geist der dritten Plenartagung des Dreizehnten Parteitages, 11. November 1988, S. 56–62.

86 PRO, FCO 21/4251, Peter Wood, »China: Pre NPC Economic Situation«, 9. März 1989.

87 Hubei, SZ108-6-271, Nationalkonferenz zur Landwirtschaft, 14. November 1988, S. 43–51; eine Schätzung der gekürzten Projekte ist enthalten in Lee Zinser, »The Performance of China's Economy«, S. 109; die Zahl der fünfzig Millionen stammt aus MAE, 2883TOPO/3800, »Evolution de l'emploi en China«, 9. März 1989.

88 FCO 21/4192, »NPC Meeting: Comment«, 5. April 1989.

89 Savitt, *Crashing the Party*, S. 157.

90 Ebenda.

91 Ebenda, S. 155.

92 »China Slaps Ban on Video Tapes of Controversial TV Series«, *South China Morning Post*, 9. Oktober 1988; der Spitzname »Bazooka« wird erwähnt in Ruan, *Deng Xiaoping*, S. 27.

93 Savitt, *Crashing the Party*, S. 157.

94 Zhao Ziyang, »Yanzhe you Zhongguo tese de shehuizhuyi daolu qianjin« (Schreiten wir voran auf der Straße des Sozialismus chinesischer Prägung), *Renmin Ribao*, 4. November 1987.

95 Ren Wanding, »Beijing Must Bring Out the Ballot Boxes«, *South China Morning Post*, 29. November 1988; siehe auch Savitt, *Crashing the Party*, S. 167.

96 Roderick MacFarquhar (Hg.), *The Politics of China*, Cambridge, S. 433; »Graft ›at Worst level in Forty Years‹«, *South China Morning Post*, 24. Januar 1989.

97 Marlowe Hood, »Growing Internal Disquiet Again Focuses on Outsiders«, *South China Morning Post*, 11. Dezember 1988.

98 Frank Dikötter und Olivier Richard, »Joint Witness Account, 26. Mai 1986«, Sammlung des Autors.

99 Tim Luard, »China Wrestles with Student Racial Unrest«, *Christian Science Monitor*, 28. Dezember 1988; »China Racial Unrest Moves to Beijing«, *Los Angeles Times*, 3. Januar 1989.

100 Wenzhou, J201-8-47, Nationalkonferenz über gesetzliche und politische Arbeit, 19. Januar 1989, S. 2–20.

5 Das Massaker (1989)

1 FCO 21/3951, Peter Clark, »Street Level China«, Dezember 1988.
2 Kate Phillips, »Springtime in Tiananmen Square, 1989«, *Atlantic*, 29. Mai 2014.
3 FCO 21/3951, Peter Clark, »Street Level China«, Dezember 1988; Ann Scott Tyson, »China Sit-In Spotlights Education«, *Christian Science Monitor*, 11. April 1988.
4 FCO 21/3951, Peter Clark, »Street Level China«, Dezember 1988.
5 FCO 21/4251, Peter Clark, »China Economy«, 2. Februar 1989; Uli Schmetzer, »Chinese Greet New Year with Old Traditions«, *Chicago Tribune*, 6. Februar 1989.
6 »Subdued Welcome for the Year of the Snake«, *South China Morning Post*, 8. Februar 1989.
7 Richard M. Nixon, 1999: *Victory Without War*, New York 1988, S. 251.
8 Siehe die offizielle Erklärung und Chronologie der Ereignisse bis zum 4. Juni, die im Namen der Partei vom Bürgermeister von Peking für den Nationalen Volkskongress zusammengestellt wurde, Chen Xitong, »Guanyu zhizhi dongluan he pingxi fan geming baoluan de jueyi«, 6. Juli 1989, *Guowuyuan gongbao*, 1989, Nr. 11 (18. Juli 1989), S. 454 f.
9 Fang Lizhi, »China's Despair and China's Hope«, *New York Review of Books*, 2. Februar 1989; Wenzhou, J201-8-46, Rundschreiben aus dem Büro des Zentralkomitees, 23. Februar 1989, S. 174 ff.
10 Die ganze Episode wird ausgezeichnet rekonstruiert in Mann, *About Face*, S. 176–179.
11 Seth Faison und Marlowe Hood, »Keep Out of Our Affairs, Zhao Warns«, *South China Morning Post*, 27. Februar 1989.
12 Ruan, *Deng Xiaoping*, S. 203.
13 Li Rui, Tagebuch, 15. März 1989; sowie Ruan, *Deng Xiaoping*, S. 209.
14 Nicholas Kristof, »Power War, Chinese Way«, *New York Times*, 23. März 1989.
15 Li Rui, Tagebuch, 18. März und 15. April 1989.
16 MAE, 2883/TOPO3772, Charles Malo, »Disparition de Hu Yaobang«, 17. April 1989; zum Tod von Hu Yaobang auch Hartwig Bögeholz, *»Gebt uns Demokratie oder gebt uns den Tod«. China – das Massaker und die Folgen,* Reinbek bei Hamburg 1989, S. 31.
17 MAE, 2883/TOPO3772, Charles Malo, »Après la mort de Hu Yaobang«, 18. April 1989; »Agitation étudiante«, 19. April 1989.
18 Wenzhou, J201-8-47, Direktiven des Büros für öffentliche Sicherheit, 18. April 1989, S. 58–61.
19 MAE, 2883/TOPO3772, Charles Malo, »Agitation étudiante«, 19. April 1989; sowie Wenzhou, J201-8-47, Li Ximing, »Guanyu Peking xuechao qingkuang de tongbao« (Bericht über die Umstände der Studentenbewegung in Peking), 19. Mai 1989, S. 66–81; eine zuverlässige englische Übersetzung tauchte auf unter »Internal Speech of Li Ximing, Secretary of the Peking Municipal Party Committee (Mai 20, 1989)«, in: *Chinese Law and Government,* 23, Nr. 1 (Frühjahr 1990), S. 58; Eddie Cheng, *Standoff at Tiananmen*, Highlands Ranch, CO, 2009, S. 74 f.
20 MAE, 2883/TOPO3772, Charles Malo, »Poursuite de l'agitation étudiante«, 21. April

1989; Kate Phillips, »Springtime in Tiananmen Square, 1989«, *Atlantic*, 29. Mai 2014; Cheng, *Standoff at Tiananmen*, S. 76 f.; David Holley, »Thousands Join Peking March for Democracy«, *Los Angeles Times*, 22. April 1989.

21 MAE, 2883/TOPO3772, Charles Malo, »Funérailles de Hu Yaobang et agitation sociale«, 24. April 1989; sowie Gansu, 128-8-344, Bericht von Mu Yongji, Stellvertretender Provinzgouverneur, 14. Juli 1989, S. 37–50.

22 Li Peng, Tagebuch, 21./22. April 1989; Jonathan Mirsky, »People Power«, *Observer*, 23. April 1989.

23 Jonathan Mirsky, »People Power«, *Observer*, 23. April 1989.

24 »Zhao Ziyang zong shuji zai Hu Yaobang tongzhi zhuidaohui shang zhi daoci«, *Guowuyuan gongbao*, 13. Mai 1989, S. 293–296; »Can China Find Its Gorbachev?«, *Guardian*, 24. April 1989; die Entscheidung, nicht den Titel »Großer Marxist« zu vergeben, fiel einen Tag zuvor; siehe Li Peng, Tagebuch, 21. April 1989, sowie Li Rui, Tagebuch, 21. April 1989; zu den verschiedenen Titeln und Rängen, die auf Begräbnissen vergeben wurden, siehe Wen-hsuan Tsai, »Framing the Funeral: Death Rituals of Chinese Communist Party Leaders«, in: *China Journal*, Nr. 77 (Januar 2017), S. 51–71; der Nachruf wurde am 22. April in *Renmin Ribao* veröffentlicht.

25 Li Rui, Tagebuch, 27. April 1989.

26 Li Peng, Tagebuch, 22. April 1989.

27 »Chinese Bid Adieu to Hu Yaobang«, *Times of India*, 23. April 1989.

28 MAE, 2883/TOPO3772, Charles Malo, »Funérailles de Hu Yaobang et agitation sociale«, 24. April 1989; Uli Schmetzer, »Chinese Riots Leave Trail of Looting, Damage«, *Chicago Tribune*, 24. April 1989; Seth Faison, »Students Fear Backlash after Riots in Two Cities«, *South China Morning Post*, 24. April 1989; das Telegramm des Parteisekretärs wird erwähnt in Li Peng, Tagebuch, 22. April 1989.

29 Li Peng, Tagebuch, 23. April 1989.

30 Chen Xitong, »Guanyu zhizhi dongluan he pingxi fangeming baoluan de qingkuang baogao« (Bericht über die Niederschlagung der konterrevolutionären Unruhen), *Zhonghua renmin gongheguo guowuyuan gongbao*, 11, Nr. 592 (18. Juli 1989) S. 453–476; Li Peng, Tagebuch, 24. April 1989; Li Rui, Tagebuch, 24. April 1989; zu den Studentengruppen siehe auch MAE, 2883TOPO/3772, Charles Malo, »Mouvement étudiant«, 26. April 1989; Freiwillige werden erwähnt in Cheng, *Standoff at Tiananmen*, S. 119.

31 Deng Xiaopings Äußerungen fanden weite Verbreitung; eine Übersetzung erschien in der *South China Morning Post*, nachgedruckt in Michael Oksenberg, Lawrence R. Sullivan und Marc Lambert (Hg.), *Peking Spring,* 1989*: Confrontation and Conflict. The Basic Documents*, London 1990, S. 203 f.; der hier zitierte Wortlaut beruft sich auf Chen, »Guanyu zhizhi dongluan«, S. 460.

32 Charles Malo, »Mouvement étudiant«, 26. April 1989; der Leitartikel liegt auf Englisch vor in Oksenberg, *Peking Spring*, Dok. 25, allerdings weicht der Wortlaut hier leicht davon ab.

33 MAE, 2883TOPO/3773, »Mouvement étudiant«, 28. April 1989; siehe auch Li Rui, Tagebuch, 28. April 1989; Cheng, *Standoff at Tiananmen*, S. 111 ff.

34 MAE, 2883TOPO/3773, »Mouvement étudiant«, 28. April 1989; Zhao Ziyang dokumentierte Dengs Missfallen in seinen Memoiren; siehe Zhao, *Prisoner of the State*, S. 46.

35 Oksenberg, *Peking Spring*, S. 217; siehe auch Cheng, *Standoff at Tiananmen*, S. 117 f.

36 Cheng, *Standoff at Tiananmen*, S. 117 f.; »Workers Urged to Support Stability«, *South China Morning Post*, 2. Mai 1989.

37 Daniel Southerland, »Students Planning New Protest«, *Washington Post*, 30. April 1989.

38 Chen, »Guanyu zhizhi dongluan«, S. 461.

39 Li Rui, Tagebuch, 22. April 1989, berichtet von einem Treffen reformorientierter Intellektueller im Saal der Wissenschaft, das am Abend des 22. April stattfand; Li Peng, Tagebuch, 30. April 1989.

40 Li Peng, Tagebuch, 1. Mai 1989; Li Rui, Gespräch mit Qin Chuan, Tagebuch, 6. Mai 1989; Zhao, *Prisoner of the State*, S. 18 f.

41 Li Peng, Tagebuch, 3. Mai 1989.

42 Li Rui, Tagebuch, Notizen von dem Treffen im Saal der Wissenschaft, 3. Mai 1989.

43 Li Peng, Tagebuch, 4. Mai 1989; siehe auch Oksenberg, *Peking Spring*, S. 251 f.

44 MAE, 2883TOPO/3773, Charles Malo, »70ème Anniversaire du Mouvement du 4 Mai«, 5. Mai 1989; »Conciliatory Words after the Marches«, *South China Morning Post*, 5. Mai 1989.

45 Siehe die erstklassige Analyse von Kate Wright, »The Political Fortunes of Shanghai's *World Economic Herald*«, in: *Australian Journal of Chinese Affairs*, Nr. 23 (Januar 1990), S. 121–132.

46 Chen, »Guanyu zhizhi dongluan«, S. 462; sowie Li Peng, Tagebuch, 5. Mai 1989; »Zhao Ziyang fenxi dangqian guonei xingshi« (Zhao Ziyang analysiert die innenpolitische Lage), *Renmin Ribao*, 4. Mai 1989.

47 »China Students Show Restraint«, *Guardian*, 8. Mai 1989.

48 Chen, »Guanyu zhizhi dongluan«, S. 465.

49 Cheng, *Standoff at Tiananmen*, S. 126.

50 Seth Faison, »10,000 Cyclists in Peking Demand More Press Freedom«, *South China Morning Post*, 11. Mai 1989.

51 Li Rui, Tagebuch, 7. Mai 1989.

52 Chen, »Guanyu zhizhi dongluan«, S. 462.

53 Cheng, *Standoff at Tiananmen*, S 130 f.

54 Dikötter, *Mao und seine verlorenen Kinder*, S. 66 f.

55 Cheng, *Standoff at Tiananmen*, S. 74.

56 Ebenda, S. 132–135; »3,500 Students Go on Hunger Strike in China«, *Chicago Tribune*, 14. Mai 1989; »Huyushu« (Appell), in: *Huo yu xue zhi zhenxiang: Zhongguo dalu minzhu yundong jishi* (Die Wahrheit über Feuer und Blut. Eine wahre Dokumentation der Demokratiebewegung in Festland-China), Taipei 1989, Abschnitt 4, S. 22; sowie Chen, »Guanyu zhizhi dongluan«, S. 465.

57 Li, »Internal Speech of Li Ximing«, S. 64.

58 Peter Gumbel und Adi Ignatius, »Widening Demonstrations Disrupt Historic

Chinese-Soviet Meeting«, *Wall Street Journal*, 16. Mai 1989; Cheng, *Standoff at Tiananmen*, S. 181 ff.

59 Siehe beispielsweise Seth Faison, »China and USSR Normalize Ties«, 17. Mai 1989; das Zitat stammt aus PRO, FCO 21/4193, »Activities of Chinese Leadership«, Juni 1989; siehe auch Li Peng, Tagebuch, 16. Mai 1989; Zhao, *Prisoner of the State*, S. 47.

60 Cheng, *Standoff at Tiananmen*, S. 179; der Text ist enthalten in »5.17 xuanyan« (Erklärung vom 17. Mai), *Huo yu xue zhi zhenxiang*, Teil 4, S. 14 f.

61 Li Peng, Tagebuch, 16. Mai 1989.

62 Li Peng, Tagebuch, 17. Mai 1989; sowie Zhao, *Prisoner of the State*, S. 27 ff.

63 Nicholas Kristof, »Chinese Premier Issues a Warning to the Protesters«, *New York Times*, 19. Mai 1989; siehe auch Oksenberg, *Peking Spring*, S. 268.

64 PRO, FCO 21/4193, »Peking Troubles«, 23. Mai 1989; »China's Premier Takes Hard Line«, *San Francisco Chronicle*, 18. Mai 1989; Nicholas Kristof, »Chinese Premier Issues a Warning to the Protesters«, *New York Times*, 19. Mai 1989.

65 PRO, FCO 21/4197, A. N. R. Millington, »China: Student Demonstrations«, 30. Mai 1989; Li Rui, Tagebuch, 22. Mai 1989.

66 Li Rui, Tagebuch, 18. Mai 1989; Wenzhou, J201-8-47, Li Zemin, Provinzparteisekretär, Vortrag vor dem Provinzparteikomitee, 9. September 1989, S. 100–103; *Tiananmen-Akte*, S. 437.

67 Wenzhou, J201-8-47, Bericht von Li Zemin, Provinzparteisekretär, 9. September 1989, S. 88–121, Gansu, 128-8-344, Bericht von Mu Yongji, Stellvertretender Provinzgouverneur, 14. Juli 1989, S. 37–50.

68 PRO, FCO 21/4199, »Disturbances in Xinjiang Autonomous Region«, 21. Mai 1989.

69 Oksenberg, *Peking Spring*, S. 313; dazu auch Bögeholz, *»Gebt uns Demokratie ...«*, S. 62 ff.

70 Li Rui, Tagebuch, 20. Mai 1989.

71 Genaue Zahlen aus PRO, FCO 21/4194, »PLA Operations in Peking«, 3. Juli 1989; Li Peng, Tagebuch, 20. Mai 1989.

72 »People Search for Truth«, *South China Morning Post*, 24. Mai 1989; Cheng, *Standoff at Tiananmen*, S. 201; PRO, FCO 21/4199, »China: Student Demonstrations«, 25. Mai 1989.

73 »Demonstrations Growing in South China Cities«, *Los Angeles Times*, 24. Mai 1989; MAE, 2883TOPO/3773, »Situation à Shanghai«, 23. und 24. Mai 1989; »Clampdown on Protests in Wuhan«, *South China Morning Post*, 23. Mai 1989; zu Lanzhou siehe Gansu, 128-8-344, Bericht von Mu Yongji, 14. Juli 1989, S. 37–50.

74 Der Truppenaufmarsch wird detailliert geschildert in PRO, FCO 21/4194, »PLA Operations in Peking«, 3. Juli 1989; Yao Yilins Äußerungen werden auch erwähnt in Li Rui, Tagebuch, 25. Mai 1989; Li Pengs Auftritt im Fernsehen wird beschrieben in David Holley, »Premier Li Peng«, *Los Angeles Times*, 27. Mai 1989.

75 Yang Shangkuns Rede vor der Zentralen Militärkommission fand weite Verbreitung; Li Rui stieß an einem Telefonmasten auf eine Kopie (Li Rui, Tagebuch, 30. Mai 1989); darauf wies auch die britische Botschaft hin (PRO, FCO 21/4197, Alan Donald, »Telno 981«); eine auszugsweise englische Übersetzung ist enthalten in Oksenberg, *Peking*

Spring, S. 320–327; in Auszügen existiert eine deutsche Übersetzung der Rede in Bögeholz, *»Gebt uns Demokratie . . .«*, S. 95–102.

76 Li Peng, Tagebuch, 21. und 22. Mai 1989; sowie PRO, FCO 21/4194, »PLA Operations in Peking«, 3. Juli 1989.

77 MAE, 2883TOPO/3773, Charles Malo, »Situation intérieure«, 29. Mai 1989.

78 Gansu, 259-2-368, »Chuanda Li Peng, Yang Shangkun, Yao Yilin de jianghua« (Die Übertragung von Reden Li Pengs, Yang Shangkuns und Yao Yilins), 26. Mai 1989, S. 106; sowie 264-1-61, Wu Jian, »Chuanda Li Peng, Yang Shangkun de jianghua« (Die Übertragung von Reden Li Pengs und Yang Shangkuns), 1. Juni 1989, S. 91.

79 Gansu, 238-1-211, Bericht des Provinzbüros für Umweltschutz, 3. Juni 1989, S. 1–4.

80 Li Rui, Tagebuch, 27. Mai 1989.

81 PRO, FCO 21/4194, »PLA Operations in Peking«, 3. Juli 1989.

82 MAE, 2883TOPO/3773, »Situation à Shanghai«, 22., 23. und 24. Mai 1989; sowie Jay Matthews, »In Shanghai and Other Cities, Fervor for Democracy Seems to Wane«, *Washington Post*, 28. Mai 1989.

83 Eamonn Fitzpatrick und Dean Nelson, »Cash and Tears Flow at Concert«, *South China Morning Post*, 28. Mai 1989; Chris Yeung, »Another Vast Crowd Joins World-Wide Show of Solidarity«, *South China Morning Post*, 29. Mai 1989.

84 Jay Mathews, »Goddess of Democracy Rises«, *Washington Post*, 31. Mai 1989; Uli Schmetzer, »Torch of China's Lady Liberty Rekindles Fervor«, *Chicago Tribune*, 31. Mai 1989.

85 Nicholas Kristof, »Chinese Students in About-Face«, *New York Times*, 30. Mai 1989; PRO, FCO 21/4194, »PLA Operations in Peking«, 3. Juli 1989.

86 David Holley, »Peking Students' Bravery Sparked Epic Drama«, *Los Angeles Times*, 2. Juni 1989.

87 Amnesty International, »People's Republic of China: Preliminary Findings on Killings of Unarmed Civilians, Arbitrary Arrests and Summary Executions since 3 June 1989«, London, Dokument vom 14. August 1989; Li Rui, Tagebuch, 2. Juni 1989; siehe auch PRO, FCO 21/4194, »PLA Operations in Peking«, 3. Juli 1989.

88 Amnesty International, »People's Republic of China«, S. 275; PRO, FCO 21/4194, »PLA Operations in Peking«, 3. Juli 1989; Jonathan Mirsky, »China's Old Men Use Force to Stay in Power«, *Guardian*, 4. Juni 1989; Uli Schmetzer und Ronald Yates, »Peking Residents Repel Troops«, *Chicago Tribune*, 3. Juni 1989.

89 PRO, FCO 21/4194, »PLA Operations in Peking«, 3. Juli 1989, gibt die Uhrzeit mit 2.30 Uhr an; PRO, FCO 21/4197, Alan Donald, »Telno 1002«, 3. Juni 1989, und Amnesty International, »People's Republic of China«, sprechen von vier oder fünf Uhr; Jay Mathews, »Chinese Students Waited Quietly in Tiananmen for Army Action«, *Washington Post*, 3. Juni 1989, sah mit eigenen Augen einen Bus im Bezirk Liubukou; Amnesty International meldete zwei Busse; Alan Donald, »Telno 1002«, 3. Juni 1989, erwähnt mindestens drei Orte, wo Militärbusse erbeutet wurden; der zuverlässigste Bericht stammt von Daniel Southerland, der vier Militärbusse am Westrand des Platzes zählte: »Chinese Citizens Block Troops from Reaching Central Square«, *Washington Post*, 3. Juni 1989; die Armeelastwagen in der Nähe des Platzes

werden erwähnt in Colin Nickerson, »Chinese Civilians Repulse Army Advance on the Square«, *Boston Globe*, 3. Juni 1989.

90 PRO, FCO 21/4194, »PLA Operations in Peking«, 3. Juli 1989.

91 PRO, FCO 21/4197, Alan Donald, 3. Juni 1989, »Telno 1002«; PRO, FCO 21/4194, »PLA Operations in Peking«, 3. Juli 1989; Amnesty International, »People's Republic of China«.

92 Li Peng, Tagebuch, 3. Juni 1989; auch wenn Li Peng in seinen Notizen nicht den Begriff »konterrevolutionärer Krawall« verwendet, wurde er in einer zwei Tage später vom Zentralkomitee und Staatsrat veröffentlichten Anmerkung zitiert; siehe PRO, FCO 21/4197, Alan Donald, »Chinese Internal Situation«, 5. Juni 1989.

93 PRO, FCO 21/4197, Alan Donald, 3. Juni 1989, »Telno 1002«; PRO, FCO 21/4194, »PLA Operations in Peking«, 3. Juli 1989; Amnesty International, »People's Republic of China«.

94 PRO, FCO 21/4194, »PLA Operations in Peking«, 3. Juli 1989; Savitt, *Crashing the Party*, S. 192 ff.

95 Southerland, »Remembering Tiananmen«.

96 Li Rui, Tagebuch, 3. und 7. Juni; sowie »Voices from Tiananmen«, *South China Morning Post*, S. 1.

97 Liang Jingdong, »Witness to History«, *Salt Lake Tribune*, 3. Juni 1999; Amnesty International, »People's Republic of China«.

98 PRO, FCO 21/4194, »PLA Operations in Peking«, 3. Juli 1989; sowie Amnesty International, »People's Republic of China«.

99 PRO, FCO 21/4194, »PLA Operations in Peking«, 3. Juli 1989.

100 Liang, »Witness to History«; PRO, FCO 21/4194, Brief mit Augenzeugenbericht an Alan Donald, 11. Juli 1989.

101 Liang, »Witness to History«.

102 Augenzeugenberichte stimmen in sehr wenigen Punkten überein; das gilt auch für die Uhrzeit, zu der die Lichter ausgeschaltet wurden: 4.40 Uhr wird genannt in PRO, FCO 21/4197, Telnos 1010 und 1012, »China Internal«, 4. Juni 1989; sowie Cheng, *Standoff at Tiananmen*, S. 263; Wu Renhua, der bekannteste Historiker der Ereignisse, sagt »genau 4.00 Uhr«; siehe Wu Renhua, *Liusi shijian quancheng shilu* (Eine vollständige Schilderung des Vorfalls vom 4. Juni), Taipei 2019, o. S.

103 Savitt, *Crashing the Party*, S. 197.

104 Ebenda; dazu auch Liang, »Witness to History«.

105 PRO, FCO 21/4194, Augenzeugenbericht vom 14. September 1989.

106 PRO, FCO 21/4194, »PLA Operations in Peking«, 3. Juli 1989.

107 Ebenda; sowie PRO, FCO 21/4194, Brief mit Augenzeugenbericht an Alan Donald, 11. Juli 1989; und PRO, FCO 21/4197, Telno 1012, 4. Juni 1989.

108 PRO, FCO 21/4194, »PLA Operations in Peking«, 3. Juli 1989.

109 Ebenda.

110 Ebenda.

111 Savitt, *Crashing the Party*, S. 194.

112 Phillips, »Springtime in Tiananmen Square, 1989«; PRO, FCO 21/4197, »Telno 1011«,

4. Juni 1989; PRO, FCO 21/4199, Alan Donald, »Telno 1196«, 22. Juni 1989; Amnesty International, S. 282; Li Rui schätzte in einem Tagebucheintrag vom 25. Juni 1990 die Zahl der Todesopfer ebenfalls auf zwischen 2700 und 3400.

113 PRO, FCO 21/4194, M. H. Farr, Commander Royal Navy, »PLA Operations in Peking«, 3. Juli 1989.

114 Phillips, »Springtime in Tiananmen Square, 1989«.

6 Wasserscheide (1989–1991)

1 Claudia Rosett, »Anything Could Happen Next in Tiananmen«, *Wall Street Journal*, 7. Juni 1989.

2 Yuan Mu, »State Council Spokesman Yuan Mu Holds News Conference«, in: Oksenberg, *Beijing Spring*, S. 348 f.

3 Rosett, »Anything Could Happen Next in Tiananmen«.

4 James Sterba, »Chasing for Evidence of China's ›Civil War‹«, *Washington Post*, 7. Juni 1989.

5 Daniel Williams, »China Hard-Liners Appear in Control«, *Los Angeles Times*, 9. Juni 1989.

6 David Chen und Geoffrey Crothall, »Unrest Growing in the Provinces«, *South China Morning Post*, 7. Juni 1989; dieser Artikel und andere meldeten, es wären mindestens dreihundert Menschen umgekommen; siehe auch Louisa Lim, *The People's Republic of Amnesia: Tiananmen Revisited*, Oxford 2015.

7 Chen und Crothall, »Unrest Growing in the Provinces«; Gansu, 128-8-344, Bericht von Mu Yongji, 14. Juli 1989, S. 37–50.

8 MAE, 2883TOPO/3773, Barroux, »Situation à Shanghai«, 6. Juni 1989.

9 MAE, 2883TOPO/3773, Barroux, »Le maire de Shanghai«, 9. Juni 1989; sowie Charles Goddard, »Shanghai Protest as Calm Returns«, *Guardian*, 10. Juni 1989.

10 Colin Smith, »Would-Be Martyrs in Retreat – For Now«, *Observer*, 11. Juni 1989.

11 Hoover Institution, Jim Mann Papers, Box 2, »Secretary's Morning Summary«; PRO, FCO 21/4197, »Telno 723« und »Telno 596«, 5. Juni 1989; zur Äußerung Kohls siehe *Hannoversche Allgemeine Zeitung*, 6. Juni 1989.

12 Werner Meißner (Hg.), *Die DDR und China* 1949 *bis* 1990. *Politik – Wirtschaft – Kultur. Eine Quellensammlung*, Berlin 1995, Dok. 190. S. 397; dazu auch Daniel Schorr, »Washington Notebook«, *New Leader*, 12. Juni 1989.

13 »Excerpts of President Bush's News Conference«, *Washington Post*, 6. Juni 1989; James Gerstenzang, »Bush Rejects China Curbs, Urges Respect for Rights«, *Los Angeles Times*, 9. Juni 1989.

14 Gansu, 259-2-381, Deng Xiaopings Rede vom 9. Juni zu den Truppen, 22. Juni 1989, S. 1–8.

15 PRO, FCO 21/4194, »PLA Operations in Beijing«, 3. Juli 1989; Harrison E. Salisbury, *Tiananmen Diary: Thirteen Days in June*, London 1989, S. 88; deutsch: *Tiananmen-Tagebuch.* 13 *Tage im Juni*, Frankfurt am Main 1989, S. 120.

16 PRO, FCO 21/4194, »PLA Operations in Beijing«, 3. Juli 1989; Salisbury, *Tiananmen-Tagebuch,* S. 148 f.

17 Daniel Southerland, »Chinese Citizens Block Army Troops in Beijing«, *Washington Post*, 3. Juni 1989.

18 Mann, *About Face*, S. 201 ff.

19 Kissinger schickte die Botschaft über Huang Hua, den ehemaligen Außenminister und Botschafter, der maßgeblich an der Einladung Nixons nach Peking beteiligt war; siehe Li Rui, Tagebuch, 16. Juni 1989.

20 The National Security Archive, George Washington University, »Memorandum of Conversation: LTG Brent Scowcroft, Deng Xiaoping et al., July 2, 1989«.

21 Mann, *About Face*, S. 209.

22 PRO, FCO 21/4193, »Political Situation«, 9. Juni 1989; Amnesty, S. 284; MAE, 2883TOPO/3773, Charles Malo, »Après la révolte des étudiants«, 19. Juni 1989.

23 »Intellectual Accuses Deng of ›Extermination Plan‹«, *South China Morning Post*, 26. Juni 1989.

24 Jeffie Lam, » ›Operation Yellow Bird‹: How Tiananmen Activists Fled to Freedom through Hong Kong«, *South China Morning Post*, 26. Mai 2014.

25 Kommentare von Huo Shilian dokumentiert in Li Rui, Tagebuch, 19. Juni 1989; »Western Leaders Condemn Executions in Shanghai«, *South China Morning Post*, 22. Juni 1989.

26 Wenzhou, J201-8-47, Direktive aus dem Zentralkomitee, zhongfa (1989) Nr. 3, 30. Juni 1989, S. 122–127; Amnesty International, »People's Republic of China«.

27 Liao Yiwu, *Bullets and Opium: Real-Life Stories of China After the Tiananmen Massacre*, New York 2019, S. 33–40, 57 f. und 73–88; deutsch: *Die Kugel und das Opium. Leben und Tod am Platz des Himmlischen Friedens*, Frankfurt am Main 2012, S. 32–39,56–61, 82–92.

28 Liao, *Die Kugel und das Opium*, S. 88.

29 Wenzhou, J201-9-70, Bericht des stellvertretenden Ministers für öffentliche Sicherheit Gu Linfang, 5. Mai 1990, S. 209–224.

30 Schanghai, B76-7-872, Jiang Zemin, Yao Yilin, Qiao Shi und andere über Gewerkschaften, 28. Juli 1989, S. 2–10.

31 Schanghai, A33-6-466, Jiang Zemin, Yao Yilin, Qiao Shi und andere auf der Konferenz zur Einheitsfront, 11. bis 15. Juni 1990, S. 1–28.

32 James Tyson, »China Arrests Leaders of Catholic Church«, *Christian Science Monitor*, 2. Februar 1990.

33 Susan Man Ka-po, »Iron Fist Tightens Around the Church«, *South China Morning Post*, 23. September 1990; Beverley Howells, »How Catholic Cells Will Fight Repression«, *South China Morning Post*, 29. Dezember 1991.

34 Justin Hastings, »Charting the Course of Uyghur Unrest«, in: *China Quarterly*, Nr. 208 (Dez. 2011), S. 900; dazu auch Pablo Adriano Rodriguez, »Violent Resistance in Xinjiang (China): Tracking Militancy, Ethnic Riots and ›Knife-Wielding‹ Terrorists (1978–2012)«, in: HAO, Nr. 30 (Winter 2013), S. 137.

35 Wenzhou, J201-9-70, Zentralkomitee, Dokument zur Stärkung der juristischen Arbeit

zum Schutz der sozialen Stabilität, 2. April 1990, S. 1–12; das Zitat von Li Peng findet sich in Wenzhou, J201-9-70, Rede über Justiz und Politik von Li Zemin, Parteisekretär der Provinz Zhejiang, 31. März 1990, S. 31–44; »Wending yadao yique« (Soziale Stabilität vor allem anderen), *Renmin Ribao*, 3. Juni 1990.

36 Zhao, *Prisoner of the State.*

37 Li Rui, Tagebuch, 15. und 16. Juni 1989 und die folgenden Monate.

38 Vogel, *Deng Xiaoping*, S. 642.

39 Li Rui, Tagebuch, 27. Juni 1989.

40 Li Peng, Tagebuch, 19. bis 21. Juni 1989; Zhao, *Prisoner of the State*, S. 49 f.

41 Li Peng, Tagebuch, 24. Juni 1989; Li Rui, Tagebuch, 24. Juni 1989.

42 Zu den Reaktionen in Schanghai auf Jiangs Aufstieg im Juni 1989, siehe Sheryl WuDunn, »An Urbane Technocrat«, *New York Times*, 25. Juni 1989.

43 Wenzhou, J201-8-46, zhongfa (1989) Nr. 7, 28. Juli 1989, S. 1–17.

44 »Economic Aid for Backward Countries«, *South China Morning Post*, 12. Mai 1957; »Spending Fails to Curb Reds«, *Chicago Daily Tribune*, 7. Januar 1957; »Secretary Bars Recognition as Defense Peril«, *Washington Post*, 5. Dezember 1989.

45 Pang Xianzhi und Jin Chongji (Hg.), *Mao Zedong zhuan*, 1949–1976 (Eine Biographie Mao Zedongs, 1949–1976), Peking 2003, Bd. 2, S. 1027.

46 Schanghai, A76-3-645, 28. August 1989, S. 20–30.

47 PRO, FCO 21/4194, S. C. Riordan, »How to Quell a Counter-Revolution: The True Story«, 1. August 1989; sowie MAE, 2883TOPO/3772, »Expositions sur la répression de Pékin«, 14. August 1989; eine kleinere Ausstellung wurde vom Museum für Kunst organisiert.

48 MAE, 2883TOPO/3772, »Culte de la personnalité de Deng Xiaoping«, 14. August 1989.

49 Ebenda, »Les étudiants chinois entre la faucille et le marteau«, 11. September 1989.

50 Ebenda, »Les étudiants de l'université de Pekin à l'ombre des fusils«, 7. November 1989; »Les étudiants chinois entre la faucille et le marteau«, 11. September 1989.

51 Wenzhou, J201-8-46, Li Ruihuan, Telefonkonferenz zur Kampagne gegen Pornographie, 29. August 1989, S. 196–200; dazu auch Staatsrat und Büro des Zentralkomitees, 16. September 1989, S. 178–187; »Anti Porn Drive Is Only the Start of Campaign«, *South China Morning Post*, 1. November 1989.

52 »Anti Porn Drive Is Only the Start of Campaign«, *South China Morning Post*, 1. November 1989; Frederic Moritz, »China Shackles Its Freer Press«, *Christian Science Monitor*, 4. August 1989; siehe auch Richard Curt Kraus, *The Party and the Arty in China: The New Politics of Culture*, Lanham, MD 2004, S. 93.

53 Wenzhou, J201-8-46, Li Zemin, Provinzparteisekretär in einer Telefonkonferenz, 5. September 1989, S. 215–222; Willy Lam, »Smut Is Only Start of Campaign«, *South China Morning Post*, 1. November 1989.

54 MAE, 2883TOPO/3772, Charles Malo, »Célébrations du 40ème anniversaire«, 2. Oktober 1989.

55 Wenzhou, J201-8-46, Telegramm des Propagandaministeriums über die Vorbereitungen zum 40. Jahrestag, 29. August 1989, S. 42–55.

56 MAE, 2883TOPO/3772, Charles Malo, »Célébrations du 40ème anniversaire«, 2. Oktober

1989; sowie David Holley, »Under Tight Wraps, China Marks 40th Anniversary of Communist Rule«, *Los Angeles Times*, 2. Oktober 1989.

57 PRO, FCO 21/4194, Susan Morton, »Life Returns to Normal in Peking?«, 7. August 1989.

58 »Asian Games«, *South China Morning Post*, 8. Juli 1989.

59 Rajdeep Sardesai, »Emotional Roller-Coaster«, *Times of India*, 14. Oktober 1990; Mark Fineman, »Beijing Changes Tune«, *Los Angeles Times*, 25. Januar 1990.

60 Ann Scott Tyson, »Beijing Marshals City Residents to Spruce Up for Asian Games«, *Christian Science Monitor*, 21. September 1990.

61 John Kohut, »Jubilant Beijing Leaders Preside over Asiad Closing«, *South China Morning Post*, 8. Oktober 1990.

62 »Buyao dangtou, jia weiba zuoren, taoguang yangmei, zuotou bishi zhudong«; Li Rui, Tagebucheintrag vom 28. Dezember 1991, Notizen auf einem Dokument, das eine Begegnung vom 24. Dezember zwischen Deng Xiaoping, Jiang Zemin, Yang Shangkun und Li Peng zusammenfasst.

63 Wenzhou, J201-8-46, zhongfa (1989) Nr. 7, 28. Juli 1989, S. 1–17; Telegramm des Propagandaministeriums zu den Vorbereitungen auf den vierzigsten Jahrestag, 29. August 1989, S. 42–55.

64 Ann Scott Tyson, »Beijing Marshals City Residents to Spruce Up for Asian Games«, *Christian Science Monitor*, 21. September 1990; Chen Xitongs Zitat in Simon Long, »Beijing Washes Whiter for Asian Games Showcase«, *Guardian*, 7. August 1990.

65 Willy Lam, »Role for ›United Front‹ Parties«, *South China Morning Post*, 2. Januar 1990.

66 » ›Hero‹ Lei Resurrected to Win People's Support«, *South China Morning Post*, 11. Dezember 1989; Seth Faison, »A Nation Going Backwards with Tale of Simple Hero«, *South China Morning Post*, 4. März 1990.

67 »Model Soldier's Inspiration«, *South China Morning Post*, 12. März 1990.

68 »Party Leader Calls on Chinese Youth to Keep Patriotism Alive«, *Xinhua News Agency*, 4. Mai 1990; sowie »Party Leader Praises Students«, *South China Morning Post*, 4 Mai 1990.

69 MAE, 2883TOPO/3775, »150ème anniversaire de la Guerre de l'Opium«, 8. Juni 1990; sowie »Beijing Revives ›Opium War‹ to Combat Liberalism«, *Christian Science Monitor*, 31. Mai 1990.

70 »When a Five-Year-Old Becomes a Victim of History«, *South China Morning Post*, 14. Dezember 1991.

71 Schanghai, A33-6-440, Arbeit an der Einheitsfront auf der 4. Plenartagung, 8/9. August 1989, S. 50–58.

72 Willy Lam, »Role for ›United Front‹ Parties«, *South China Morning Post*, 2. Januar 1990.

73 Schanghai, A33-6-440, Arbeit an der Einheitsfront auf der Vierten Plenartagung, 8/9. August 1989, S. 50–58.

74 Schanghai, A33-6-466, Jiang Zemin, Yao Yilin, Qiao Shi und andere auf der Konferenz zur Einheitsfront, 11. bis 15. Juni 1990, S. 1–28 und 127–130.

75 Margaret Scott, »Hong Kong on Borrowed Time«, *New York Times*, 22. Oktober 1989.

76 Schanghai, A33-6-466, Jiang Zemin, Yao Yilin, Qiao Shi und andere auf der Konferenz zur Einheitsfront, 11. bis 15. Juni 1990, S. 1–28 und 127–130.

77 Christine Loh, *Underground Front: The Chinese Communist Party in Hong Kong*, Hongkong 2019.

78 »Lee, Szeto Subversive, Says China«, *South China Morning Post*, 22. Juli 1989.

79 Loh, *Underground Front*, S. 176.

80 Deng Xiaoping, »Speech at a Meeting with Members of the Committee for Drafting the Basic Law of the Hong Kong Special Administrative Region«, 16. April 1987, in: Ders., *Selected Works of Deng Xiaoping*, Bd. 3, mehrere Auflagen.

81 Wenzhou, J201-8-46, Bericht darüber, wie über die politische Lage in Osteuropa berichtet werden soll, 21. Dezember 1989, S. 56–61; der Bericht von Wang Fang wird erwähnt in Li Rui, Tagebuch, 8. Dezember 1989.

82 MAE, 2883TOPO/3773, Claude Martin, »La montée des inquiétudes«, 27. August 1991.

83 Ebenda; sowie Li Rui, Tagebuch, 8. Oktober 1991; Willy Lam, »Beijing Set to Fight ›Capitalist Trends‹«, *South China Morning Post*, 26. August 1991.

84 Nicolas Kristof, »Beijing's Top Priority: Maintain Communism«, *New York Times*, 15. September 1991; Li Rui, Tagebuch, 7. Oktober 1991; siehe auch Henry He, *Dictionary of the Political Thought of the People's Republic of China*, London 2000, S. 24.

85 Willy Lam, »Cultural Revolution Re-Run Waiting in the Left Wing«, *South China Morning Post*, 18. Juli 1991.

86 Ebenda.

87 »Chen Yun Urges Restraint in Economic Construction«, 5. Dezember 1991, in: FBIS (FBIS-CHI-91-239), 12. Dezember 1991; Willy Lam, »Ideology ›Boosted‹ in 390,000 Villages«, *South China Morning Post*, 16. November 1991; Daniel Kwan, »Socialism Ideology Stepped Up«, *South China Morning Post*, 28. August 1991; das Zitat von Li Peng ist enthalten in Wenzhou, J201-9-68, Bericht über die dörfliche Wirtschaft des Provinzparteikomitees, 22. Januar 1990, S. 69–108.

88 Willy Lam, »Revival for Mao Crusade Against West«, *South China Morning Post*, 27. Dezember 1991.

89 PRO, FCO 21/4194, Alan Donald, Brief ohne Überschrift vom 11. Juli 1989.

90 Library of Congress, »Meeting With Vice Premier Deng Xiaoping, Beijing, April 15, 1980«, Robert S. McNamara Papers, Box 199; meine Kollegin Priscilla Roberts wies mich freundlicherweise auf die McNamara Papers in der Library of Congress hin.

91 Mann, *About Face*, S. 239.

92 PRO, FCO 21/4253, »Fall in Reserves at End June«, 29. September 1989.

93 Seth Faison, »New Rules on Imports«, *South China Morning Post*, 7. August 1989; »China Tightens Curbs to Narrow Trade Gap«, *South China Morning Post*, 18. Juli 1989; Joint Committee, *China's Economic Dilemmas*, S. 749.

94 Gansu, 151-3-74, Zheng Tuobin, Außenhandelsministerium, Konferenz zum Außenhandel, 1. August 1990, S. 44–89.

95 Gansu, 151-3-43, Zheng Tuobin, Außenhandelsministerium, Nationalkonferenz zum

Außenhandel, 23. Dezember 1989, S. 85–112; siehe auch Joint Committee, *China's Economic Dilemmas*, S. 749.

96 Gansu, 151-3-74, Zheng Tuobin, Außenhandelsministerium, Konferenz zum Außenhandel, 1. August 1990, S. 44–89.

97 Wenzhou, J34-32-327, Dokument des Staatsrats, 4. Februar 1990, guofa (1990) Nr. 11, S. 8–15.

98 PRO, FCO 21/4550, PRO, FCO 21/4550, »Economic Development and Reform Policy in mid-1990«, Oktober 1990; »CIA Report on China's Economy«, 20. August 1990; John F. Cooper, »Tiananmen June 4, 1989: Taiwan's Reaction«, *Taiwan Insight*, der Artikel wurde am 10. Juni 2019 veröffentlicht.

99 Wenzhou, J201-9-70, Dringendes Telegramm bezüglich Fang Lizhi, 23. Juni 1990, S. 305–308; siehe auch Fang Lizhi, »The Chinese Amnesia«, *New York Review of Books*, 37, Nr. 14 (27. September 1990), S. 30.

100 MAE, 2883TOPO/3798, Charles Malo, »Visite à Pékin du vice-président de la Banque Mondiale«, 6. April 1990.

101 Mann, *About Face*, S. 240 f.

102 MAE, 2883TOPO/3793, Claude Martin, »Rumeurs de dévaluation du yuan«, 20. Dezember 1991.

103 Gansu, 151-3-43, Zheng Tuobin, Außenhandelsministerium, Nationalkonferenz über den Außenhandel, 23. Dezember 1989, S. 85–112.

104 PRO, FCO 21/4253, Peter Wood, »Not at Any Price: Markets, Monopolies and Price Controls«, 4. September 1989.

105 Ebenda.

106 PRO, FCO 21/4253, Peter Wood, »Spinning a Yarn: Cotton and the Textile Industry«, 28. September 1989.

107 Gansu, 151-3-81, Dokument der Import- und Exportgesellschaft für Textilien von Gansu, 15. Mai 1990, S. 4 f.; PRO, FCO 21/4253, Peter Wood, »Spinning a Yarn: Cotton and the Textile Industry«, 28. September 1989.

108 PRO, FCO 21/4253, Peter Wood, »Not at Any Price: Markets, Monopolies and Price Controls«, 4. September 1989.

109 Die Schätzung von vierzig Prozent ist enthalten in PRO, FCO 21/4550, Andrew Seaton, »China: Economic Reporting«, 7. Dezember 1990; zur Geldmenge siehe MAE, 2883 TOPO/3793, »Situation économique et financière de la Chine«, 19. April 1991; dieses Dokument beziffert die Höhe der Subventionen auf dreißig bis vierzig Prozent des Haushalts.

110 PRO, FCO 21/4550, »Economic Development and Reform Policy in mid-1990«, Oktober 1990; offiziell wuchs das BIP 1989 um 4,2 Prozent und 1990 um 3,9 Prozent.

111 PRO, FCO 21/4550, »Economic Development and Reform Policy in mid-1990«, Oktober 1990.

112 Qu Qiang, »Triangular Debts«, in: Chen und Guo (Hg.), *Major Issues and Policies in China's Financial Reform*, Bd. 3, S. 19–36.

113 Wenzhou, J202-12-96, 28. Dezember 1992, S. 46–57.

114 Siehe PRO, FCO 21/4550, M. Wright, »China Economy«, 12. Juli 1990.

115 Wenzhou, J202-12-96, 28. Dezember 1992, S. 46–57.

116 Gansu, 128-9-60, Stellungnahmen von Li Peng und Zhu Rongji zu den »Dreiecksschulden«, 4. September 1991, S. 1–11; Li Rui, Tagebuch, 2. November 1991.

117 Li Rui, Tagebuch, 2. August 1991: »Wang Bingqian hat nicht einmal Grundkenntnisse von der Buchhaltung (Kredit, Schulden) und sollte zurücktreten; Li Guixian hat sogar noch weniger Ahnung von Banken«.

118 Willy Lam, »Zhu ›Finds Solution to State-Run Firms‹ «, *South China Morning Post,* 1. Oktober 1991.

119 Willy Lam, »Faction Fighting Out in the Open«, *South China Morning Post,* 27. November 1991.

7 Kapitalistische Werkzeuge in sozialistischen Händen (1992–1996)

1 Paul Marriage, »Roadshow Points to New Era of Reform«, *South China Morning Post,* 2. Februar 1992.

2 Deng Xiaoping, »Excerpts from Talks Given in Wuchang, Shenzhen, Zhuhai and Shanghai«, 18. Januar bis 21. Februar 1992, *Selected Works of Deng Xiaoping,* Bd. 3, verschiedene Ausgaben.

3 Bruce Gilley, *Tiger on the Brink: Jiang Zemin and China's New Elite,* Berkeley, CA, 1998, S. 185 f.; »China to Speed Economic Reform«, *Chicago Tribune,* 6. Februar 1992; Willy Lam, »Beijing Breaks Taboo by Calling for Capitalism«, *South China Morning Post,* 24. Februar 1992.

4 Gilley, *Tiger on the Brink,* S. 185 f.; »China to Speed Economic Reform«, *Chicago Tribune,* 6. Februar 1992; Willy Lam, »Beijing Breaks Taboo by Calling for Capitalism«, *South China Morning Post,* 24. Februar 1992.

5 Willy Lam, »Deng Takes Fight to Headquarters«, *South China Morning Post,* 18. März 1992.

6 Shanghai, B109-6-288, Pläne für Pudong, 30. Juni 1991, S. 28–32; »Pudong, Symbol of the Future«, *South China Morning Post,* 29. April 1991; Geoffrey Crothall, »Skeptical Greeting for Latest Shanghai Plan«, *South China Morning Post,* 10. August 1990; auch MAE, 2883TOPO/3793, »Pudong«, April 1991.

7 John Kohut, »Mayor Expects Shanghai Will Pass Shenzhen«, *South China Morning Post,* 11. März 1992; Kenneth Ko, »Foreign Investment Pours into Pudong«, *South China Morning Post,* 3. April 1992.

8 Manoj Joshi, »Shanghai, City of Contrasts«, *Times of India,* 10. September 1993.

9 Martin Wollacott, »Shanghai Aims to Reclaim Its Greatness«, *Ottawa Citizen,* 9. August 1993.

10 Geoffrey Crothall, »Pudong Status Starts Internal Economic War«, *South China Morning Post,* 28 Mai 1990.

11 Kent Chen, »Development Zones ›Wasteful‹«, *South China Morning Post,* 30. März 1993.

12 Ebenda.

13 Meg E. Rithmire, *Land Bargains and Chinese Capitalism: The Politics of Property Rights*

under Reform, Cambridge 2015; siehe auch Minxin Pei, *China's Crony Capitalism: The Dynamics of Regime Decay*, Cambridge, MA, 2016.

14 »Kumagai Granted Further Rights on Hainan Island«, *South China Morning Post*, 18. Mai 1992; Carl E. Walter und Fraser J. T. Howie, *Red Capitalism: The Fragile Financial Foundation of China's Extraordinary Rise*, New York, 2012, S. 38; Matthew Miller, »Real Estate Sector Clean-Up in Hainan«, *South China Morning Post*, 21. Juli 1999.

15 Gansu, 136-1-127, 13. Januar 1995, S. 112–130; 136-1-99, 8. Februar 1993, S. 111–120.

16 Gansu, 128-9-374, Dokument des Staatsrats über Immobilien, 26. Mai 1995, S. 99–104.

17 »China: Will the Bubble Burst?«, *South China Morning Post*, 25. Mai 1993; John Gittings, »The Patient Has China Syndrome«, *Guardian*, 10. Juli 1993; Zahlen über Auslandsinvestitionen aus Sheryl WuDunn, »Booming China Is Dream Market for West«, *New York Times*, 15. Februar 1993.

18 Sheryl WuDunn, »Booming China Is Dream Market for West«, *New York Times*, 15. Februar 1993; Hoover Institution, Milton Friedman Papers, Box 188, »1993 Hong Kong-China Trip«, unveröffentlichtes vom Tonband transkribiertes Typoskript, diktiert im Oktober 1993.

19 MAE, 2883TOPO/3772, Charles Malo, »Où va la Chine?«, 29. November 1989.

20 Wenzhou, J34-32-332, Wichtiges Telegramm aus dem Finanzministerium, 14. Juni 1990, S. 32 f.; ebenso: Staatsrat, 13. Oktober 1990, S. 64 f.; die Gesamtsummen werden errechnet in: Marc G. Quintyn und Bernard J. Laurens et al. (Hg), *Monetary and Exchange System Reforms in China: An Experiment in Gradualism*, International Monetary Fund, Washington, 1996, S. 24–36.

21 Walter and Howie, *Red Capitalism*, S. 100.

22 Ebenda, S. 11–14.

23 WuDunn, »Booming China Is Dream Market for West«, *New York Times*, 15. Februar 1993.

24 Ebenda.

25 »Building Boom Sends Cement Price Soaring«, *South China Morning Post*, 26. Januar 1993; Marissa Lague, »China Aims to Control Cost of Construction«, *South China Morning Post*, 10. März 1993.

26 John Gittings, »The Patient Has China Syndrome«, *Guardian*, 10. Juli 1993.

27 Richard Holman, »China Lifts Coal Controls«, *Wall Street Journal*, 4. August 1992; Sheryl WuDunn, »China Removes Some Price Controls on Food«, *New York Times*, 29. November 1992.

28 Lin und Schramm, »China's Foreign Exchange Policies since 1979«, S. 257 f.; Joon San Wong, »Yuan's Rate Further Inflates the Bubble«, *South China Morning Post*, 7. Januar 1993.

29 »China: Will the Bubble Burst?«, *South China Morning Post*, 25 Mai 1993.

30 »China Crisis Looms Over IOUs«, *South China Morning Post*, 9. Dezember 1992.

31 PRO, FCO 21/4550, »Teleletter on Record Harvest«, 23. November 1990; John Gittings, »The Patient Has China Syndrome«, *Guardian*, 10. Juli 1993.

32 Geoffrey Crothall, »Yang Supports Liberal Calls for Faster Reform«, *South China Morning Post*, 6. Februar 1992.

33 Gilley, *Tiger on the Brink*, S. 195 f.; ebenso Li Rui, Tagebuch, 30. Januar, 27. Februar und 18. April 1993.
34 Sheryl WuDunn, »Chinese Party Congress Replaces Nearly Half of Central Committee«, *New York Times*, 19. Oktober 1992; David Holley, »China's New Leaders Get a Blessing From Deng«, *Los Angeles Times*, 20. Oktober 1992.
35 Geoffrey Crothall und Willy Lam, »Advisory Body to Be Disbanded«, *South China Morning Post*, 12. Oktober 1992.
36 David Holley, »China Completes Its Biggest Shake-Up of Military Chiefs«, *Los Angeles Times*, 16. Dezember 1992; Gilley, *Tiger on the Brink*, S. 196–199.
37 Gilley, *Tiger on the Brink*, S. 203 f.
38 »China in Austerity Moves«, *New York Times*, 5. Juli 1993; »China Names Vice-Premier Bank Governor«, *Daily News* (Halifax), 3. Juli 1993.
39 Patrick Tyler, »China Austerity Drive is Hurting US Ventures«, *New York Times*, 11. November 1993; Willy Lam, »Zhu Hits Some Bumps on China's Road to Recovery«, *South China Morning Post*, 15. September 1993.
40 Willy Lam, ebenda.
41 Steven Mufson, »As China Booms, Fear of Chaos Fuels New Force«, *Washington Post*, 11. November 1995.
42 Wang Shaoguang, »China's 1994 Fiscal Reform: An Initial Assessment«, in: *Asian Survey*, 37, Nr. 9 (Sept. 1997), S. 801–817; siehe auch Pei, *Crony Capitalism*, S. 53–56.
43 Lin and Schramm, »China's Foreign Exchange Policies since 1979«, S. 258.
44 »Clinton Advisor Says GATT Entry Is Highly Desirable«, *South China Morning Post*, 2. Juni 1994; Sheila Tefft, »GATT Chief Calls for Chinese Membership«, in: *Christian Science Monitor*, 11. Mai 1994.
45 Lin und Schramm, »China's Foreign Exchange Policies since 1979«, S. 258 f.
46 Rowena Tsang, »Rumours Fail to Dislodge Forex Chief«, *South China Morning Post*, 9. Mai 1995.
47 Willy Lam, »Zhu Toils to Counter Inflation«, *South China Morning Post*, 1. Dezember 1994; »Inflation and Spiralling Wages Giving Zhu Sleepless Nights«, *South China Morning Post*, 9. Mai 1995; Inflationszahlen in: Li Rui, Tagebuch, 26. September 1994.
48 »Inflation and Spiralling Wages Giving Zhu Sleepless Nights«, *South China Morning Post*, 9. Mai 1995.
49 Ebenda und »Bank Head Urges Lower Inflation«, *South China Morning Post*, 27. Juli 1995.
50 Wenzhou, J202-13-120, Wang Zhongshu in einer Telefonkonferenz über die Verluste der Industrie, 10. März 1994, S. 94 ff.
51 Teresa Poole, *Independent*, 23. Dezember 1994.
52 Willy Lam, »Unrest on the Cards«, *South China Morning Post*, 6. Dezember 1995.
53 Patrick Tyler, »China's First Family Comes Under Growing Scrutiny«, *New York Times*, 2. Juni 1995; Seth Faison, »Deng's Son Sidesteps Row«, *South China Morning Post*, 19. Januar 1989.
54 Peter Goodspeed, »China's »Princelings«, *Toronto Star*, 12. Juni 1994; Li Rui, Tagebuch, 12. Dezember 1993.

55 Patrick Tyler, »12 Intellectuals Petition China on Corruption«, *New York Times,* 26. Februar 1995.

56 Uli Schmetzer, »Chinese Executives Find That Deng Connection Is No Longer Protection«, *Chicago Tribune,* 23. März 1995.

57 Steven Mufson, »China's Corruption ›Virus‹«, *Washington Post,* 22. Juli 1995.

58 Harry Wu Akten, Box 1, Bericht des Zentralkomitees über Chen Xitong, 28. September 1995.

59 Patrick Tyler, »Jiang Leads Purge of Beijing Party«, *Guardian,* 9. Mai 1995.

60 Jiang Zemin, »Lingdao ganbu yiding yaojiang zhengzhi« (Führende Kader müssen das Politische betonen), 27. September 1995, *Jiang Zemin wenxuan* (Ausgewählte Werke von Jiang Zemin), Peking 2006, Bd. 1, S. 455–459; Jiang Zemin, »Zhengque chuli shehuizhuyi xiandaihua jianshe zhong de ruogan zhongda guanxi« (Über die korrekte Behandlung einer Reihe wichtiger Beziehungen bei der Modernisierung des Sozialismus), *Jiang Zemin wenxuan,* Bd. 1, S. 460–475; Willy Lam, »Jiang's Act Runs into Problems«, *South China Morning Post,* 11. Oktober 1995; Kathy Chen, »China Applies the Brakes to Reforms«, *Wall Street Journal,* 7. April 1995.

61 Li Rui, Tagebuch, 3. August 1995.

62 Ebenda, 28. Januar 1995.

63 PRO, FCO 21/1371, W. G. Ehrman, »Mr Teng Hsiao-P'ing on the Situation in China«, 5. Februar 1975 und »Teng Hsiao-P'ing Discusses Economy, Cultural Revolution, Taiwan«, 10. Dezember 1974; Selig S. Harrison, »Taiwan After Chiang Ching-Kuo«, in: *Foreign Affairs,* 66, Nr. 4 (Frühjahr 1988), S. 790–808; außerdem: »Hu: Force Last Resort Against Taiwan«, *South China Morning Post,* 1. Juni 1985.

64 Nicholas Kristof, »A Dictatorship That Grew Up«, *New York Times,* 16. Februar 1992.

65 Patrick Tyler, »For Taiwan's Frontier Island, the War Is Over«, *New York Times,* 4. Oktober 1995.

66 Nicholas Kristof, »A Dictatorship That Grew Up«, *New York Times,* 16 Februar 1992.

67 Gilley, *Tiger on the Brink,* S. 248.

68 Rone Tempest, »China Threatens U. S. Over Taiwan Leader's Visit«, *Los Angeles Times,* 26. Mai 1995.

69 »Taiwan Leader to Leave U. S.«, *Los Angeles Times,* 11. Juni 1995.

70 Simon Beck, »Strengths Across the Strait«, *South China Morning Post,* 4. November 1995; Gilley, *Tiger on the Brink,* S. 254.

71 »Taiwan's Democratic Election«, *New York Times,* 24. März 1996.

72 Document 219, »Message from the Government of the United States to the Government of the People's Republic of China«, undatierte Botschaft vom Abend des 3. April 1972, 30. Januar 1979, *Foreign Relations of the United States,* 1969–1972, Bd. XVII, US Government Printing Office, Washington, 2006, S. 873 f.

73 Nayan Chanda, *Brother Enemy: The War After the War,* San Diego, 1987, S. 19–21.

74 Harvey Stockwin, »Mischief Reef a Scene of Power Politics«, *Times of India News Service,* 9. April 1995; Robert Manning, »China's Syndrome: Ambiguity«, *Washington Post,* 19. März 1995.

75 Siehe, neben anderen Augenzeugenberichten, die Artikel von Liz Sly, »Something

New in China«, *Chicago Tribune,* 28. Oktober 1996; Jasper Becker, »A Journey Through Jiang's Utopia«, *South China Morning Post,* 28. Januar 1996; Joseph Kahn, »Envying Singapore, China's Leaders Turn One City Into a Model«, *Wall Street Journal,* 19. Dezember 1995; die Kameras werden erwähnt in: Maggie Farley, »The Polite Patriots of China«, *Los Angeles Times,* 14. September 1996.

76 Rone Tempest, »Insults, Spitting, Pigeon Poaching Not Allowed«, *Los Angeles Times,* 25 Januar 1997.

77 »Jiang Calls for Return to Socialist Orthodoxy«, *Korea Times,* 26. Januar 1996; Willy Lam, »The Party Returns to Mao's Heroes«, *South China Morning Post,* 24. April 1996.

78 Willy Lam, »Liberal Fears Over ›Strike Hard‹ Policy«, *South China Morning Post,* 18. Juli 1996.

79 »Mickey Mouse and Donald Duck Are on the Run in China«, *Times of India,* 25 Oktober 1996; Steven Mufson, »China's ›Soccer Boy‹ Takes on Foreign Evils«, *Washington Post,* 9. Oktober 1996; Joseph Kahn, »He's the Very Model of a Modern Plumber and a Hero in China«, *Wall Street Journal,* 1. Juli 1996.

80 Wenzhou, J202-15-168, Bericht des Staatsrats über ausländische Marken, 10. Dezember 1995, S. 1–6.

81 Josephine Ma, »Beijing to Protect Domestic Brands«, *South China Morning Post,* 8. August 1996; Cheung Lai-Kuen, »Foreign Limits to Go in Stages«, *South China Sunday Morning Post,* 28. April 1996.

82 Seth Faison, »Citing Security, China Will Curb Foreign Financial News Agencies«, *New York Times,* 17. Januar 1996; Sandra Sugawara, »China Restricts Filmmakers«, *Washington Post,* 29. Juni 1996; Teresa Poole, »China's Hooligan Author«, *South China Morning Post,* 21. Dezember 1996.

83 »Dissident Liu Xiaobo Released and Banished to Dalian«, *South China Morning Post,* 20 Januar 1996; Steven Mufson, »China Detains Dissident During Party Meeting«, *Washington Post,* 9. Oktober 1996.

84 Uli Schmetzer, »New China Dream«, *Chicago Tribune,* 19. Juni 1996.

85 Willy Lam, »The Power Players of Beijing«, *South China Morning Post,* 12. March 1997.

86 »TV Tribute to Deng's Role Sets the Tone for Next Congress«, *South China Morning Post,* 2. Januar 1997; »Series on Patriarch Offers No New Glimpse«, *South China Morning Post,* 13. Januar 1997; Willy Lam, »Shenzhen Plays Up Deng's Reform Views«, *South China Morning Post,* 2. Januar 1997.

87 Seth Faison, »Beijing after Deng«, *New York Times,* 21. Februar 1997; Kathy Chen, »After Deng's Death, It's Business as Usual«, *Wall Street Journal,* 21. Februar 1997.

8 »Big is Beautiful« (1997–2001)

1 Rod Mickleburgh, »The Handover of Hong Kong«, *Globe and Mail,* 1. Juli 1997.

2 PRO, CAB128/99/13, Kabinettssitzung, 11. April 1991; siehe auch Loh, *Underground Front,* S. 179 f.

3 PRO, PREM 19/3626, 6. März 1992.

4 Fan Cheuk-Wan, »Hurd Responds to Li Peng Attack with Offer of Talks«, *South China Morning Post*, 16. März 1993; Jonathan Mirsky, »Buddha-Serpent Patten Feels His Colony Tremble«, *South China Morning Post*, 28. März 1993.

5 David Holley, »China's Agenda: Reforms and Dictatorship«, *Los Angeles Times*, 6. März 1993.

6 John Kohut, »One Step Forward, One Step Back«, *South China Morning Post*, 13. März 1993; Willy Lam, »Patriotism Has Now Become the Last Refuge of Li Peng«, *South China Morning Post*, 24. März 1993.

7 Willy Lam, »Activists Bid to Speed Up Democracy«, *South China Morning Post*, 13. März 1993.

8 Li Rui, Tagebuch, 19. September 1994, Notizen über einen Besuch in Guangzhou.

9 Jonathan Dimbleby, *The Last Governor*, London 1997, S. 310.

10 Steven Mufson, »Hong Kong: The Return to China«, *Washington Post*, 1. Juli 1997.

11 »Too Much at Stake to Accept Cheaper Yuan's Temptations«, *South China Morning Post*, 2. Januar 1998.

12 Liz Sly, »Bloom Is Off China's Boom«, *Chicago Tribune*, 4. Februar 1997; sechzig Prozent der Produktionskapazität, zitiert in: Joseph Kahn, »China's Overcapacity Crimps Neighbors: Glut Swamps Southeast Asia's Exports«, *Wall Street Journal*, 14. Juli 1997; Li Rui, Tagebuch, 9. Januar 1998.

13 Joseph Kahn, »China's Overcapacity Crimps Neighbors: Glut Swamps Southeast Asia's Exports«, *Wall Street Journal*, 14. Juli 1997; Somchai Jitsuchon und Chalongphob Sussangkarn, »Thailand's Growth Rebalancing«, Tokio 2009.

14 Liz Sly, »China's Growth May Slip Further«, *Chicago Tribune*, 7. März 1998; Kathy Chen, »China's Retailers Multiply in Spite of Weak Sales«, *Wall Street Journal*, 7. Januar 1998.

15 Wenzhou, J34-33-480, Bericht von Dai Xianglong, 26. September 1998, S. 19–31.

16 Wang Xiangwei, »Fears Grow as China Slides Into Deflation«, *South China Morning Post*, 12. November 1997; »Deflation Worsens as Prices Dip 3.3 PC«, *South China Morning Post*, 14. September 1998; Karby Leggett, »The Outlook«, *Wall Street Journal*, 13. März 2000.

17 Henny Sender, »China Faces Flood of Cheap East Asian Imports«, *Wall Street Journal*, 24. Juli 1998; Peter Seidlitz und David Murphy, »Asian Flu Reaches Mainland«, *South China Morning Post*, 19. Juli 1998.

18 Wenzhou, J34-33-480, Bericht von Dai Xianglong, 26. September 1998, S. 19–31.

19 Peter Seidlitz und David Murphy, »Frustration Rises Over Flood of Forex Edicts«, *South China Sunday Morning Post*, 6. Dezember 1998.

20 Mark O'Neill, »Flat Forex Growth Blamed on Smuggling, Reporting Errors«, *South China Morning Post*, 7. Oktober 1998; Seth Faison, »China Attacks ›Hidden‹ Crime: Smuggling«, *New York Times*, 17. Juli 1998.

21 Howard Balloch, *Semi-Nomadic Anecdotes*, Morrisville, NC, 2013, S. 548 f.

22 Ebenda, S. 547 f.

23 Wang Jikuan zitiert in: Li Rui, Tagebuch, 4. März 1996; Gansu, 145-12-303, Vortrag von Zhu Rongji auf einer Konferenz zur Reform von Staatsunternehmen, 16. Mai 1998, S. 38–59.

24 John Bartel und Huang Yiping, »Dealing with the Bad Loans of the Chinese Banks«, Columbia University, APEC Study Center: Discussion Paper Series. Juli 2000; Walter und Howie, *Red Capitalism,* S. vxii; zu den notleidenden Krediten siehe auch Carsten A. Holz, »China's Bad Loan Problem', Manuskript, Hong Kong University of Science and Technology, April 1999.

25 Wenzhou, J34-33-480, Bericht über die Banken, 27. Oktober 1998, S. 225–244; Vortrag von Dai Xianglong, 26. September 1998, S. 19–31; zu den Ermittlungen in Wenzhou, siehe Wenzhou, J34-33-456, 12. Oktober 1998, S. 13–23.

26 Wenzhou, J202-16-163, Erklärung des Staatsrats über ausstehende Auslandskredite, 6. November 1997, S. 1–6; Erklärung der Provinz Zhejiang über ausstehende Auslandskredite, 4. September 1997, S. 35–7.

27 Hong Zhaohui und Ellen Y. Yan, »Trust and Investment Corporations in China«, in: Chen Beizhu, J. Kimball Dietrich und Yi Fang (Hg.), *Financial Market Reform in China: Progress, Problems and Prospects,* Boulder, CO, 2000, S. 290, sowie Zhu Jun, »Closure of Financial Institutions in China«, in: Bank für Internationalen Zahlungsausgleich (Hg.), *Strengthening the Banking System in China: Issues and Experience,* Basel 1999, S. 311 ff.

28 »BoC Digs Deep for CADTIC Debts«, *South China Morning Post,* 10. Januar 1997; Tony Walker, »China Shuts Debt-Ridden Investment Group«, *Financial Times,* 15. Januar 1997.

29 Wenzhou, J202-17-139, Bericht der Chinesischen Volksbank über Investmentfondsgesellschaften, 26. August 1998, S. 76 ff.

30 Walter und Howie, *Red Capitalism,* S. 57 f.

31 MAE, 2883TOPO/3772, »Réflections de M. Guy Sorman sur la situation en Chine«, 28. November 1989.

32 Gansu, 136-1-114, Bericht der Staatlichen Kommission für die Umstrukturierung der Wirtschaft, 1. Dezember 1993, S. 122–138.

33 Foo Ghoy Peng, »Ambitious Economic Reformists Decree ›Big is Beautiful‹«, *South China Morning Post,* 19. September 1997.

34 Leslie Chang, »Big Is Beautiful«, Wall Street Journal, 30. April 1998.

35 Steven Mufson, »China to Cut Number of State Firms«, *Washington Post,* 15. September 1997; »China: Merger, Acquisition Timely«, *China Daily,* 13. Januar 1998; »China: Administrative Reform«, *Oxford Analytica Daily Brief Service,* 8. Mai 1998; Russell Smyth, »Should China Be Promoting Large- Scale Enterprises and Enterprise Groups?«, Department of Economics, Monash University, Januar 1991, S. 24.

36 Daniel Kwan, »Jiang Backs Shareholding System«, *South China Morning Post,* 1. April 1997.

37 Walter und Howie, *Red Capitalism,* S. 178 f.

38 Erik Guyot und Shanthi Kalanthil, »China Telecom's IPO Lures Investors«, *Wall Street Journal,* 6. Oktober 1997.

39 Walter und Howie, *Red Capitalism,* S. 182 ff.

40 Karby Leggett, »The Outlook«, *Wall Street Journal,* 13. März 2000; Peter Wonacott, »China's Privatization Efforts Breed New Set of Problems«, *Wall Street Journal,* 1. November 2001.

41 »Rust-Belt Unemployment Hits 10pc«, *South China Morning Post,* 18. November 1997; Jasper Becker, »Old Industry Dies Hard«, *South China Morning Post,* 9. August 1997.

42 Gansu, 145-12-303, Bericht von Wu Bangguo über die Reform der Staatsunternehmen, 14. Mai 1998, S. 60–87.

43 Ebenda.

44 Mark O'Neill, »No Work, No Future«, *South China Morning Post,* 20. Juni 2000; Mark O'Neill, »The Growing Pains of Change«, *South China Morning Post,* 13. August 1998; Jasper Becker, »The Dark Side of the Dream«, *South China Morning Post,* 12. Oktober 1997.

45 Gansu, 136-1-189, Bericht von Yao Yugen, Leiter des Wirtschaftskomitees der Provinz, 25. Juli 1998, S. 74–81.

46 Craig Smith, »Municipal-Run Firms Helped Build China«, Wall Street Journal, 8. Oktober 1997.

47 Gansu, 128-9-235, Bericht des Arbeitsministeriums, 29. Dezember 1992, S. 1–9.

48 Zahlen in Gansu, 128-10-175, 5. Dezember 1998, S. 17–21; siehe auch »Coal Mines to Face Safety Measures Blitz«, *South China Morning Post,* 12. Februar 1997; zur Fusion staatlicher Bergwerke siehe Mark O'Neill, »Coal Mines Closed as Beijing Cleans Up Inefficient Sector«, *South China Morning Post,* 14. September 2000.

49 Jasper Becker, »A Collapse of the Working Class«, *South China Morning Post,* 8. August 1998; siehe auch Qin Hui, »Looking at China from South Africa«, unter https://www.readingthechinadream.com/qin-hui-looking-at-china-from-south-africa.html, (letzter Zugriff 9. September 2022).

50 Gansu, 128-10-289, Dokument des Staatsrats über Schulden auf dem Land, 6. Mai 1999, S. 70–77.

51 Jasper Becker, »Slump in Countryside Deepens as Bubble Bursts for Rural Enterprises«, *South China Morning Post,* 27. August 1999; Gansu, 128-10-232, Bericht des stellvertretenden Provinzgouverneurs Wu Bilian, 9. Mai 1998, S. 10–32.

52 Gansu, 128-10-551, Ansprache von Zhu Rongji vor dem Wirtschaftsausschuss der Konsultativkonferenz des Volkes, 28. August 2001, S. 120–128; siehe auch Gerard Greenfield und Tim Pringle, »The Challenge of Wage Arrears in China«, in Manuel Simón Velasco (Hg.), *Paying Attention to Wages,* Genf 2002, S. 30–38.

53 Wenzhou, J34-33-318, Dokument über ländliche Genossenschaftsfonds, 10. März 1997, S. 40–59; Wenzhou, J34-33-417, Februar 1997, S. 156–175; zur Schließung der Fonds siehe Carsten A. Holz, »China's Monetary Reform: The Counterrevolution from the Countryside«, in: *Journal of Contemporary China,* 10, Nr. 27 (2001), S. 189–217; siehe auch Wen Tiejun, »Nongcun hezuo jijinhui de xingshuai, 1984–1999« (Aufstieg und Fall der ländlichen Genossenschaftsfonds, 1984–1999), University Services Centre, Chinese University of Hong Kong, Dezember 2000.

54 Zuo Xuejin, »The Development of Credit Unions in China: Past Experiences and Lessons for the Future«, Konferenz über die Reform des Finanzsektors in China, Harvard University, Cambridge, MA, S. 11–13. September 2001; Lynette H. Ong, *Prosper or Perish: Credit and Fiscal Systems in Rural China,* Ithaca, NY, 2012, S. 156.

55 Ong, *Prosper or Perish*, S. 159.

56 Gansu, 128-10-475, Dokument über Staatsschulden und Wandeldarlehen, 14. Mai 2001, S. 90–98; siehe auch Feng Xingyuan, »Local Government Debt and Municipal Bonds in China: Problems and a Framework of Rules«, in: *Copenhagen Journal of Asian Studies,* 31, Nr. 2 (2013), S. 23–53.

57 Gansu, 136-1-189, Bericht von Zhong Zhaolong, Vorsitzender der Volkskonsultativkonferenz von Gansu, 25. Juli 1998, S. 41.

58 Gansu, 128-10-464, Staatsrat, Dokument 62, 28. August 2001, S. 72 f., gefolgt von einem Bericht des Disziplinarausschusses, 27. Juli 2001, S. 74–87.

59 Ong, *Prosper or Perish,* S. 138; was die Armut auf dem Land betrifft, sind die beiden folgenden Bücher unverzichtbar: Cao Jinqing, *China along the Yellow River: Reflections on Rural Society,* London 2005, S. 4; Chen Guidi und Wu Chuntao, *Will the Boat Sink the Water?: The Life of China's Peasants,* New York 2006.

60 Steven Mufson, »China's Beefed-Up Private Sector«, *Washington Post,* 12. April 1998; Liz Sly, »China Granting ›Important‹ Private Sector Room to Grow«, *Chicago Tribune,* 10. März 1999.

61 Ebenda.

62 Liz Sly, »China Granting ›Important‹ Private Sector Room to Grow«, *Chicago Tribune,* 10. März 1999.

63 Jasper Becker, *The Chinese,* New York 2000, S. 148–160; Richard McGregor, *The Party: The Secret World of China's Communist Rulers,* New York 2010, S. 43.

64 Die chinesischen Begriffe lauteten *suoyouzhi gaozao* oder einfach *zhuanzhi* oder *gufenhua.*

65 Carsten Holz und Tian Zhu, »Reforms Simply Shifting Burden«, *South China Morning Post,* 1. Oktober 1999.

66 Erik Eckholm, »Unrest Grows at China's Old State Plants«, *New York Times,* 17. Mai 2000; John Pomfret, »Chinese Workers Are Showing Disenchantment«, *Washington Post,* 23. April 2000.

67 Ted Plafker, »Incidence of Unrest Rising in China«, *Washington Post,* 18. Juli 2000.

68 Willy Lam, »Nip Protest in the Bud, Jiang Tells Top Cadres«, *South China Morning Post,* 17. November 1998; Jasper Becker, »Jiang Rejects Political Reform«, *South China Morning Post,* 19. Dezember 1998.

69 John Harris, »Jiang Earns Clinton's High Praise«, *Washington Post,* 4. Juli 1998.

70 Liz Sly, »On Human Rights, China Takes a 2-Tack Strategy«, *Chicago Tribune,* 6. Oktober 1998; John Pomfret, »Politics Stirs Crackdown in China«, *Washington Post,* 3. Januar 1999; lesen Sie die ergreifende Geschichte eines der Gründer der Demokratischen Partei Chinas in: Zhao Jianying, »Enemy of the State«, *Tide Players: The Movers and Shakers of a Rising China,* New York 2011.

71 Liz Sly, »On Human Rights, China Takes a 2-Tack Strategy«, *Chicago Tribune,* 6. Oktober 1998; Henry Chu, »Chinese Rulers Fear Angry Workers May Finally Unite«, *Los Angeles Times,* 4. Juni 1999.

72 John Gittings, »Cult Descends on Heart of Beijing«, *Guardian,* 26. April 1999.

73 Craig Smith, »Influential Devotees at Core of Chinese Movement«, *Wall Street Journal,* 30. April 1999.

74 Charles Hutzler, »Beijing Seeks to Rein in Falun Gong«, *South China Morning Post,* 9. Mai 1999; siehe auch allgemeiner James Tong, »Anatomy of Regime Repression in China: Timing, Enforcement Institutions, and Target Selection in Banning the Falungong, July 1999«, *Asian Survey,* 42, Nr. 6 (Dezember 2002), S. 795–820.

75 Kevin Platt, »Another Tiananmen Ahead«, *Christian Science Monitor,* 23. Juli 1999.

76 John Pomfret, »Cracks in China's Crackdown«, *Washington Post,* 12. November 1999; Cindy Sui, »Falun Gong Holds Jail Hunger Strike«, *Washington Post,* 15. Februar 2000. Ted Plafker, »Falun Gong Stays Locked in Struggle with Beijing«, *Washington Post,* 26. April 2000; »Cult Protests Upstage Festivities«, *South China Morning Post,* 2. Oktober 2000.

77 John Pomfret, »Cracks in China's Crackdown«, *Washington Post,* 12. November 1999; Cindy Sui, »Falun Gong Holds Jail Hunger Strike«, *Washington Post,* 15. Februar 2000. Ted Plafker, »Falun Gong Stays Locked in Struggle with Beijing«, *Washington Post,* 26. April 2000; »Cult Protests Upstage Festivities«, *South China Morning Post,* 2. Oktober 2000.

78 Philip Pan, »Five People Set Themselves Afire in China«, *Washington Post,* 24. Januar 2001.

79 John Pomfret und Philip Pan, »Torture Is Tearing at Falun Gong«, *Washington Post,* 5. August 2001.

80 Mark O'Neill, »Thousands of Unemployed Recruited to Round Up Falun Gong«, *South China Morning Post,* 31. Januar 2001; Robert Marquand, »In Two Years, Falun Gong Nearly Gone«, *Christian Science Monitor,* 6. August 2001.

81 Michael Sheridan, »China Crushes the Church«, *Sunday Times,* 1. Juli 1999; Kevin Platt, »The Wrong Churches in China«, *Christian Science Monitor,* 21. Dezember 1999.

82 Vivien Pik-Kwan Chan, »Officials ›Mask Extent of Church Closures‹«, *South China Morning Post,* 14. Dezember 2000; Wenzhou, J202-20-126, 4. Januar 2001, S. 16 f.

83 Daniel Kwan, »Nation Doomed if Cadres Lose Faith in Communism«, *South China Morning Post,* 1. Juli 1999; Wenzhou, J34-34-93, Dringendes Telegramm mit Anweisungen zum Studium wichtiger Dokumente, 15. Juli 1999, S. 60–62.

84 Li Rui, Tagebuch, 27. April 2000.

85 »Party Chief Makes ›Important Speech‹ on Party Building in Shanghai«, *BBC Monitoring Asia Pacific,* 5. Mai 2000.

86 Wenzhou, J201-25-9, Dokument über den Parteiaufbau, 5. Juli 2000, S. 124–163.

87 Clara Li, »City's Rich Line Up to Be ›Red Capitalists‹«, *South China Morning Post,* 13. August 2001.

88 Wenzhou, J34-34-84, Rede von Wen Jiabao über den Parteiaufbau innerhalb des Finanzsystems, 5. April 1999, S. 5–15, im selben Ordner befindet sich auch seine Rede vom 14. September 1999, S. 67–82.

89 Li Rui, Tagebuch, 2. August und 11. September 2001; Mark O'Neill, »Party Closes Leftist Journal That Opposed Jiang«, *South China Morning Post,* 14. August 2001.

90 Steven Lee Myers, »Deaths Reported«, *New York Times,* 8. Mai 1999.

91 Mark O'Neill, »Politics, Patriotism and Laying the Blame«, *South China Morning Post,* 11. Mai 1999.

92 Elisabeth Rosenthal, »China Protesters Rage at America«, *New York Times,* 9. Mai 1999; Erik Eckholm, »Tightrope for China«, *New York Times,* 10. Mai 1999.
93 John Pomfret und Michael Laris, »China Suspends Some U. S. Ties«, *Washington Post,* 10. Mai 1999.
94 Wenzhou, J201-24-74, Jiang Zemin, Rede vor dem Ständigen Auschuss des Politbüros, 8. Mai 1999, S. 33–39.
95 Ebenda, S. 39–47.
96 Wenzhou, J201-26-51, Nationale Konferenz über öffentliche Sicherheit, 5. April 2001, S. 89–116.
97 Wenzhou, J232-18-17, Rede des Parteisekretärs Jiang Jufeng, 29. Juni 2001, S. 181–197.
98 Wenzhou, J201-24-74, Reihe von Telegrammen des Büros des Zentralkomitees, 17. Juni 1999, S. 25–28.
99 Karoline Kan, *Under Red Skies: Three Generations of Life, Loss, and Hope in China,* New York 2019, S. 83–87.
100 John Pomfret, »Ashes Returned to China«, *Washington Post,* 12. Mai 1999.

9 »Going Global« (2001–2008)

1 Jasper Becker, »First Money, Then Enlightenment«, *South China Morning Post,* 8. November 2001.
2 Clay Chandler, »Trying to Make Good on Bad-Debt Reform«, *Washington Post,* 15. Januar 2002.
3 Gene Epstein, »The Tariff Trap«, in: *Barron's,* 82, Nr. 28 (15. Juli 2002), S. 21 f.
4 Alexander Delroy, »Industries Foresee World Trade Welcome for China«, *Chicago Tribune,* 11. Oktober 2001; Peter Humphrey, »Honey Pot Full of Sticky Promise«, *South China Morning Post,* 17. Juli 2000; Jerome Cohen, »China's Troubled Path to WTO«, in: *International Financial Law Review,* 20, Nr. 9 (September 2001), S. 71–74.
5 Paul Blustein, »China's Trade Moves Encourage U. S. Firms«, *Washington Post,* 6. April 1999; Ian Perkin, »A New Long March in the Offing«, *Hong Kong Business,* Dezember 1999; Steve Chapman, »The Empty Case Against the China Trade Deal«, *Chicago Tribune,* 18. Mai 2000.
6 Einige dieser Ansichten sind zusammengefasst in: Chalmers Johnson, »Breaching the Great Wall«, in: *American Prospect,* Nr. 30 (Februar 1997), S. 24–29. Paul Blustein, »China's Trade Moves Encourage U. S. Firms«, *Washington Post,* 6. April 1999; Ian Perkin, »A New Long March in the Offing«, *Hong Kong Business,* Dezember 1999; Steve Chapman, »The Empty Case Against the China Trade Deal«, *Chicago Tribune,* 18. Mai 2000.
7 Kevin Platt, »A Deal That May Transform China«, *Christian Science Monitor,* 16. November 1999; Will Hutton, »At Last, the Fall of the Great Wall of China«, *Observer,* 21. November 1999.
8 United States Census Bureau, Foreign Trade: Trade in Goods with China, unter www.

census.gov; Marla Dickerson, »Mexico Files Trade Grievance«, *Los Angeles Times,* 27. Februar 2007.

9 Karby Leggett, »Economy Stirs as China Gears for WTO«, *Wall Street Journal,* 12. April 2000; Karby Leggett, »Foreign Investment Not a Panacea in China«, *Wall Street Journal,* 14. Januar 2002.

10 Jasper Becker, »Best-Laid Plans Go Astray«, *South China Morning Post,* 16. März 2001; James Kynge, *China Shakes the World: The Rise of a Hungry Nation,* London 2006, S. 61.

11 Jason Booth und Matt Pottinger, »China's Deflation Puts Pressure on WTO Nations«, *Wall Street Journal,* 23. November 2001.

12 Jon Hilsenrath und Lucinda Harper, »Deflation Fears Make a Comeback«, *Wall Street Journal,* 13. August 2002.

13 Mary Jordan, »Mexican Workers Pay for Success«, *Washington Post,* 20. Juni 2002; Ken Belson, »Japanese Capital and Jobs Flowing to China«, *New York Times,* 17. Februar 2004.

14 Peter Wonacott und Leslie Chang, »As Fight Heats Up Over China Trade, Business Is Split«, *Wall Street Journal,* 4. September 2003.

15 Eine hervorragende Darstellung dieser Entwicklung findet sich in: Kynge, *China Shakes the World.*

16 »U. S. Businesses Urge Trade Sanctions to Stop Piracy of Software in China«, *Washington Post,* 11. April 1989; Daniel Southerland, »Piracy of U. S. Software in China Is Big Problem, Commerce Officials Warn«, *Washington Post,* 14. Januar 1989.

17 »U. S. Sidesteps Piracy Trade Issue with China Until After Rights Deadline«, *Washington Post,* 1. Mai 1994; Teresa Poole, »Peking Backs off US Trade War«, *Independent,* 27. Februar 1995; Miriam Donohoe, »China Faces Up to Its Counterfeiters«, *Irish Times,* 29. Juni 2001.

18 John Pomfret, »Chinese Pirates Rob ›Harry‹ of Magic, and Fees«, *Washington Post,* 1. November 2002; siehe auch allgemeiner: William C. Hannas, James Mulvenon und Anna B. Puglisi, *Chinese Industrial Espionage: Technology Acquisition and Military Modernization,* London 2013, und: William C. Hannas und Didi Kirsten Tatlow (Hg.), *China's Quest for Foreign Technology: Beyond Espionage,* London 2021.

19 Li Yahong, »The Wolf Has Come: Are China's Intellectual Property Industries Prepared for the WTO?«, in: *Pacific Basin Law Journal,* 20, Nr. 1, 2002, S. 93; John Pomfret, »Chinese Pirates Rob ›Harry‹ of Magic, and Fees«, *Washington Post,* 1. November 2002; Kynge, *China Shakes the World,* S. 57.

20 Karby Leggett, »U. S. Auto Makers Find Promise and Peril in China«, *Wall Street Journal,* 19. Juni 2003.

21 Janet Moore, »Intellectual Property«, *Star Tribune,* 28. November 2005; Andrew England, »Counterfeit Goods Flooding Poorer Countries«, *Washington Post,* 30. Dezember 2001.

22 Mike Hughlett, »Counterfeits Pose Real Risks«, *Chicago Tribune,* 29. September 2006; Joseph Kahn, »Can China Reform Itself?«, *New York Times,* 8. Juli 2007; Tania Branigan, »Chinese Figures Show Fivefold Rise in Babies Sick from Contaminated Milk«,

Guardian, 2. Dezember 2008; David Barboza, »China Finds Poor Quality in Its Stores«, *New York Times*, 5. Juli 2007.

23 Joseph Kahn, »China's Workers Risk Limbs in Export Drive«, *New York Times*, 7. April 2003.

24 Wenzhou, J202-20-59, Bericht über Kinderarbeit in der Provinz Zhejiang, 24. Januar 2003, S. 7–12.

25 David Barboza, »China Says Abusive Child Labor Ring Is Exposed«, *New York Times*, 1. Mai 2008.

26 Ching-Ching Ni, »China's Use of Child Labor Emerges from the Shadows«, *Los Angeles Times*, 13. Mai 2005.

27 Keith Bradsher, »Fuel Shortages Put Pressure on Price Controls in China«, *New York Times*, 18. August 2005; Don Lee, »China Braces for Leap in Gas Prices«, *Los Angeles Times*, 9. Juni 2008.

28 Cui Zhiyuan, »China's Export Tax Rebate Policy«, *China: An International Journal*, 1, Nr. 2 (September 2003), S. 339–349; siehe auch Usha C. V. Haley und George T. Haley, *Subsidies to Chinese Industry: State Capitalism, Business Strategy, and Trade Policy*, New York, 2013.

29 Peter Wonacott und Phelim Kyne, »Shifty, U. S. Investors Intensify Criticism of China Trade Policies«, *Wall Street Journal*, 6. Oktober 2003.

30 »China's Money Supply Soars«, *Asian Wall Street Journal*, 12. September 2003; David Francis, »Will China Clothe the World?«, *Christian Science Monitor*, 5. August 2004.

31 Keith Bradsher, »China Finds a Fit with Car Parts«, *New York Times*, 7. Juni 2007.

32 Ching-Ching Ni, »Citibank Enters China's Consumer Banking Market«, *Los Angeles Times*, 22. März 2002.

33 Walter und Howie, *Red Capitalism*, S. 27.

34 Kathy Chen, »China Sets Own Wireless Encryption Standard«, *Wall Street Journal*, 3. Dezember 2003; Evelyn Iritani, »U. S. Accuses China of Hampering Trade«, *Los Angeles Times*, 19. März 2004.

35 World Trade Organization, *International Trade Statistics* 2009, Geneva2009, Schaubild II.50, S. 88.

36 Peter Wonacott, »China Saps Commodity Supplies«, Wall Street Journal, 24. Oktober 2003.

37 Mark Magnier, »China Courts the World to Slake a Thirst«, *Los Angeles Times*, 17. Juli 2005.

38 Wenzhou, J156-19-11, Report by the Office for Overseas Affairs, 20. Juli 2002; siehe auch Li Zhongjie, *Gaige kaifang guanjian ci* (Schlüsselworte der Reform und Öffnung), Peking, 2018, S. 350 f.

39 Joseph Kahn, »Behind China's Bid for Unocal: A Costly Quest for Energy Control«, *New York Times*, 27. Juni 2005.

40 Zhongguo guoji maoyi cujin weiyuanhui jingji xinxibu (Hg.), »Woguo ›zou chuqu‹ zhanlüe de xingcheng ji tuidong zhengce tixi fenxi« (Eine Analyse der von unserem Land verfolgten Strategie »Going Global«), Januar 2007, S. 1–3.

41 Mark Magnier, »China Courts the World to Slake a Thirst«, *Los Angeles Times*, 17. Juli

2005; James Traub, »China's African Adventure«, *New York Times,* 19. November 2006.

42 Ebenda.

43 Christian Tyler, *Wild West China: The Taming of Xinjiang*, London, 2003.

44 Gansu, 128-6-320, Zhao Ziyangs Treffen mit Feng Jixin, Chef der Provinz Gansu, 28. Juli 1982, S. 113–20.

45 Derek Edward Peterson, »When a Pound Weighed a Ton: The Cotton Scandal and Uzbek National Consciousness«, Dissertation, Ohio State University, 2013; siehe auch: Riccardo Mario Cucciolla, »The Crisis of Soviet Power in Central Asia: The ›Uzbek Cotton Affair‹ (1975–1991)«, Dissertation, Scuola IMT Alti Studi Lucca, Italien 2017.

46 MAE, 2882TOPO/2936, »Controverse sur l'exploitation du Nord-Ouest chinois«, 30. September 1983.

47 Willy Lam, »Jiang Woos Uighurs With Aid Promise«, *South China Morning Post,* 4. September 1990; Ivan Tang, »Boom in Cotton Sows Seeds of Discontent«, *South China Morning Post,* 10. Juni 1997.

48 Liz Sly, »Ethnic Crisis Brews in China«, *Chicago Tribune,* 19. Oktober 1999.

49 Ebenda und: Josephine Ma, »Go West«, *South China Morning Post,* 18. Mai 2001.

50 Elizabeth Van Wie Davis, »Uyghur Muslim Ethnic Separatism in Xinjiang«, *Asian Affairs,* 35, Nr. 1 (Frühjahr 2008), S. 15–29.

51 »Half Harvest Remains Unsold in China Major Cotton Producing Region«, Xinhua, 6. November 2008; Cotton Economics Research Institute Policy Modeling Group, *Global Cotton Baseline,* Cotton Economics Research Institute, Lubbock, TX, 2009, S. 11.

52 William Kazer, »Ambitious Building Boom Fuels Growth«, *South China Morning Post,* 28. Dezember 2001.

53 Joseph Kahn, »China Gambles on Big Projects for Its Stability«, *New York Times,* 13. Januar 2003.

54 Ron Glucksman, »Business: The Chinese Chicago«, *Newsweek,* 24. Mai 2004; Joseph Kahn, »China Gambles on Big Projects for Its Stability«, *New York Times,* 13. Januar 2003.

55 Phelim Kyne und Peter Wonacott, »As Investment in China Booms, Some Fear a Real-Estate Bust«, *Wall Street Journal,* 10. Oktober 2002; Kathy Chen und Karby Leggett, »Surge in Lending in China Stokes Economic Worries«, *Wall Street Journal,* 3. Oktober 2003.

56 Peter Goodman, »Booming China Devouring Raw Materials«, *Washington Post,* 21. Mai 2004.

57 Kathy Chen und Karby Leggett, »Surge in Lending in China Stokes Economic Worries«, *Wall Street Journal,* 3. Oktober 2003.

58 Joseph Kahn, »China Gambles on Big Projects for Its Stability«, *New York Times,* 13. Januar 2003.

59 Kathy Chen und Karby Leggett, »Surge in Lending in China Stokes Economic Worries«, *Wall Street Journal,* 3. Oktober 2003; Joseph Kahn, »China Gambles on Big Projects for Its Stability«, *New York Times,* 13. Januar 2003.

60 Walter und Howie, *Red Capitalism,* S. 17 ff.

61 Ebenda, 19 f.

62 Peter Goodman, »Manufacturing Competition«, *Washington Post,* 11. August 2004.

63 Jian Dong, »Foreign Capital M&A to Be Further Regulated«, *Jingji daobao,* 2. April 2007; siehe auch Mure Dickie, »China Moves to Combat Threat of Foreign-Owned Monopolies«, *Financial Times,* 11. November 2006; »China Regulations: Problems with China's New M&A Law«, *EIU ViewsWire,* 6. November 2006.

64 Hu Jintao, »Jianchi fayang jianku fendou de youliang zuofeng« (Den erstklassigen Stil der Arbeit des mühseligen Kampfes verfolgen und weiterentwickeln), *Renmin Ribao,* 3. Januar 2003.

65 John Gittings, »China Launches Drive Against Party Corruption«, *Guardian,* 21. Februar 2003; Jia Hepeng, »The Three Represents Campaign: Reform the Party or Indoctrinate the Capitalists?«, in: *Cato Journal,* 24, Nr. 3 (Herbst 2004), S. 270; Peter Goodman, »Manufacturing Competition«, *Washington Post,* 11. August 2004; Derek Scissors, »Deng Undone«, in: *Foreign Affairs,* 88, Nr. 3 (Juni 2009), S. 24–39.

66 Zur Umweltverschmutzung und Naturzerstörung während des »Großen Sprungs nach vorn« siehe Dikötter, *Maos Großer Hunger,* Kapitel 21; siehe auch Judith Shapiro, *Mao's War against Nature: Politics and the Environment in Revolutionary China,* New York 2001.

67 Wenzhou, J1-27-61, Bericht über die Umweltverschmutzung in der Provinz Zhejiang, 2. Februar 1980, S. 167–170.

68 Shanghai, B184-2-732, Nationale Konferenz über industrielle Umweltverschmutzung, 21. Januar 1983, S. 211–220; Gansu, 238-1-117, Bericht über Umweltverschmutzung, März 1985, S. 101.

69 Gansu, 238-1-268, Qu Geping, Bericht über die Umweltverschmutzung, 19. April 1992, S. 87–101; Song Jian, Bericht über die Umweltverschmutzung, 19. April 1992, S. 72–87.

70 Wenzhou, J173-5-109, 15. Dezember 1998, S. 140–149; Gansu, 128-10-177, Bericht des Staatsrats, 7. November 1998, S. 4–28.

71 Jim Yardley, »Pollution Darkens China's Prospects«, *International Herald Tribune,* 31. Oktober 2005; »Millions in China Drink Foul Water, Beijing Discloses«, *Wall Street Journal,* 30. Dezember 2005; siehe auch Elizabeth Economy, *The River Runs Black: The Environmental Challenge to China's Future,* Ithaca, NY, 2004; was die jüngere Zeit betrifft, siehe Huang Yanzhong, *Toxic Politics: China's Environmental Health Crisis and Its Challenge to the Chinese State,* Cambridge 2020.

72 Joseph Kahn und Mark Landler, »China Grabs West's Smoke-Spewing Factories«, *New York Times,* 21. Dezember 2007.

73 Joshua Kurlantzick, »China's Blurred Horizon«, *Washington Post,* 19. September 2004.

74 Howard French, »Riots in a Village in China as Pollution Protest Heats Up«, *New York Times,* 19. Juli 2005; Howard French, »Land of 74,000 Protests«, *New York Times,* 24. August 2005; Ching-Ching Ni, »China Finds Chemical Plants Pose Widespread Risk to Rivers«, *Los Angeles Times,* 25. Januar 2006.

75 Zhao Xu, Liu Junguo, Hong Yang, Rosa Duarte, Martin Tillotson und Klaus Hubacek,

»Burden Shifting of Water Quantity and Quality Stress from Megacity Shanghai«, in: *Water Resources Research,* 52, Nr. 9 (September 2016), S. 6916–6927.

76 Simon Montlake, »China's Pearl River Smells, but Mayor Vows to Swim«, *Christian Science Monitor,* 5. Mai 2006.

77 Mark O'Neill, »Beijing Wins Olympics in Moscow«, *South China Morning Post,* 14. Juli 2001.

78 Alan Abrahamson, »Bidding Its Time«, *Los Angeles Times,* 1. Juli 2001.

79 John Gittings, »Mystery Bug Causes Panic Across China«, *Observer,* 16. Februar 2003.

80 John Pomfret und Peter Goodman, »Outbreak Originated in China«, *Washington Post,* 17. März 2003; Matt Pottinger, »Hong Kong Hotel Was a Virus Hub«, *Wall Street Journal,* 21. März 2003; Michael Lev, »China Not Sharing Data on Outbreaks, Health Group Says«, *Chicago Tribune,* 22. März 2003; Lawrence Altman und Keith Bradsher, »China Bars W. H. O. Experts from Origin Site of Illness«, *New York Times,* 26. März 2003.

81 Matt Pottinger, »Outraged Surgeon Forces China to Take a Dose of the Truth«, *Wall Street Journal,* 22. April 2003; »China's Other Disease«, *Wall Street Journal,* 22. April 2003; »Eyi chaozuo, yushi wubu« (Böswillige Einmischung ist nicht hilfreich), *Renmin Ribao,* 17. April 2003.

82 »A Shot of Transparency«, *The Economist,* 12. August 2006.

83 Cheryl Miller, »The Red Plague«, *New Atlantis* (Winter 2007); Verna Yu, »Doctor Who Exposed Sars Cover-Up Is Under House Arrest in China, Family Confirm«, *South China Morning Post,* 9. February 2020.

84 Peter Wonacott, »Beijing Postpones Marketing Launch for '08 Olympics«, *Wall Street Journal,* 15. Mai 2003.

85 Jim Yardley, »Beijing's Olympic Quest«, *New York Times,* 29. Dezember 2007; John Boudreau, »A Marathon of Building for Beijing Olympics«, *McClatchy-Tribune News,* 16. August 2007; »Chinese Spokesman: Has No Forced Evictions for Beijing Olympics«, *BBC Monitoring Asia Pacific,* 5. Juni 2007.

86 Don Lee, »Chinese Hope Pre-Games Cleanup Will Be Fresh Start«, *Los Angeles Times,* 6. August 2008.

87 »Press Hails ›Greatest Ever‹ Olympic Opening Show«, *Agence France Presse,* 9. August 2008.

88 Tania Branigan, »Olympics: Child Singer Revealed as Fake«, *Guardian* 12. August 2008; Jonathan Watts, »China Faked Footprints of Fire Coverage in Olympics Opening Ceremony«, *Guardian,* 11. August 2008; Belinda Goldsmith, »Ethnic Children Faked at Games Opening«, *Reuters,* 15. August 2008.

89 »China Declares ›People's War‹ as Tibet Riots Spread«, *Times of India,* 17. März 2008; Robert Barnett, »The Tibet Protests of Spring 2008: Conflict Between the Nation and the State«, *China Perspectives,* Nr. 3 (September 2009), S. 6–23.

90 »Olympic Torch Protests Around the World«, *Reuters,* 28. April 2008; Howard French, »Unrest in Tibet Exposes a Clash of Two Worlds«, *New York Times,* 20. März 2008; Jim Yardley, »Nationalism at Core of China's Angry Reaction to Tibetan Protests«, *New York Times,* 30. März 2008.

91 Mark Magnier, »Dialing Back Chinese Anger«, *Los Angeles Times,* 19. April 2008.

92 Edward Wong und Keith Bradsher, »As China Girds for Olympics, New Violence«, *New York Times,* 4. August 2008; Howard French, »China to Curb Dissidents in Shanghai During Games«, *New York Times,* 26. Juni 2008; »Olympic Hangover: The Games Are Over, But Hu Jia Is Still in Prison«, *Washington Post,* 24. Oktober 2008.

93 »U. S. Seeks Release of Olympic Protesters«, *Korea Times,* 25 August 2008.

10 Hybris (2008–2012)

1 Wenzhou, J202-22-817, 14. Mai 2009, S. 1–14; Don Lee, »China's Bosses Are Abandoning Ship«, *Los Angeles Times,* 3. November 2008; Edward Wong, »Factories Shut, China Workers Are Suffering«, *New York Times,* 4. November 2008.

2 David Barboza, »Great Engine of China Slows«, *New York Times,* 26. November 2008.

3 Edward Wong, »Factories Shut, China Workers Are Suffering«, *New York Times,* 14. November 2008; Keith Bradsher, »China's Route Forward«, *New York Times,* 23. Januar 2009.

4 Keith Bradsher, »China's Route Forward«, *New York Times,* 23. Januar 2009.

5 Patrick Chovanec, »China's Hidden Inflation«, *Bloomberg,* 22. Oktober 2010.

6 Michael Wines und David Barboza, »Fire Trips Alarms About China's Building Boom«, *New York Times,* 17. November 2010; Ana Swanson, »How China Used More Cement in 3 Years Than the U. S. Did in the Entire 20th Century«, *Washington Post,* 24. März 2015; Holland Cotter, »A Building Boom in China«, *New York Times,* 21. März 2013.

7 Didi Kirsten Tatlow, »A Challenge to China's Self-Looting«, *International Herald Tribune,* 23. Juni 2011.

8 Andrew Jacobs, »Harassment and Evictions Bedevil Even China's Well-Off«, *New York Times,* 28. Oktober 2011.

9 Andrew Jacobs, »Harassment and Evictions Bedevil Even China's Well-Off«, *New York Times,* 28. Oktober 2011; Wade Shepard, »During Ist Long Boom, Chinese Cities Demolished an Area the Size of Mauritius Every Year«, *CityMonitor,* 22. September 2015, dort wird das Wirtschaftsberatungsinstitut GK Dragonomics zitiert.

10 Adrian Wan, »Hong Kong's Architectural Heritage Conservation Is Praised«, *South China Morning Post,* 24. Juli 2013.

11 Christina Larson, »The Cracks in China's Shiny Buildings«, *Bloomberg Businessweek,* 27. September 2012; Choi Chi-yuk, »The Shame of Sichuan's Tofu Schools«, *South China Morning Post,* 6. Mai 2013.

12 David Pierson, »A Boom Muffled in China«, *Los Angeles Times,* 7. September 2010.

13 Keith Bradsher, »It's All About the Dollar«, *New York Times,* 16. Oktober 2009; David Pierson, »China Bounces Back, But Is It for Real?«, *Los Angeles Times,* 21. Oktober 2009.

14 Jamil Anderlini und Geoff Dyer, »Beijing Accused of Launching Attack on Private Enterprise«, *Financial Times,* 26. November 2009; Michael Wines, »China Fortifies State Businesses to Fuel Growth«, *New York Times,* 30. August 2010.

15 Neil Gough, »What Trade Overhaul?«, *South China Morning Post,* 10. Dezember 2011.

16 »Awash in Cash«, *China Economic Review,* August 2012.

17 David Pierson, »China Bounces Back, But Is It for Real?«, *Los Angeles Times,* 21. Oktober 2009.

18 Stephen Castle und David Jolly, »China Escalates Trade Fight Over European Shoe Tariff«, *New York Times,* 5. Februar 2010.

19 Edward Wong, »Confidence and Disdain Toward U.S. from China«, *International Herald Tribune,* 17. Juni 2008; Carter Dougherty und Katrin Bennhold, »Russia and China Blame Capitalists for Crisis«, *New York Times,* 29. Januar 2009; Barry Naughton, »In China's Economy, The State's Hand Grows Heavier«, in: *Current History,* 108, Nr. 719 (September 2009), S. 277–283; zum »chinesischen Weg« (Zhongguo daolu), siehe etwa »Zhongguo dalu« (Der chinesische Weg), *Renmin Ribao,* 26. Juni 2012; siehe auch Wang Xiangping, »›Zhongguo moshi‹ yu Zhongguo tese shehuizhuyi daolu«, in: *Dangdai Zhongguo shi yanjiu,* 2013, Nr. 5, S. 89–97.

20 Willy Lam, »Hu Jintao's Great Leap Backward«, in: *Far Eastern Economic Review,* 172, Nr. 1 (Januar 2009), S. 19–22.

21 Andrew Jacobs, »Chinese Learn Limits of Online Freedom as the Filter Tightens«, *New York Times,* 5. Februar 2009.

22 Sharon LaFraniere, »In Second Internet Crackdown, China Squelches Multimedia«, *International Herald Tribune,* 18. Dezember 2009; Michael Wines und Sharon LaFraniere, »Web Censors in Mainland Everywhere But Nowhere«, *International Herald Tribune,* 8. April 2010.

23 Jake Hooker, »Quake Revealed Deficiencies of China's Military«, *New York Times,* 2. Juli 2008; Jennifer Ngo, »Hong Kong Responds Generously After Latest Sichuan Earthquake«, *South China Morning Post,* 21. April 2013.

24 »U.S. House Overwhelmingly Passes Rep. Wu Resolution in Support of Jailed Sichuan Earthquake Activists«, *US Fed News Service,* 20. November 2009.

25 David Barboza, »Prominent Artist Pushes for Candor on Sichuan Earthquake«, *International Herald Tribune,* 20. März 2009; »The Artist's Blog Banned by the Chinese Government«, *The Times,* 23. April 2011.

26 Tania Branigan, »Chen Guangcheng«, *Guardian,* 27. April 2012; Peter Ford, »China's Blind Activist Lawyer, Chen Guangcheng, Released From Prison«, *Christian Science Monitor,* 9. September 2010.

27 Willy Lam, »The Politics of Liu Xiaobo's Trial«, in: Jean-Philippe Béja, Fu Hualing und Eva Pils (Hg.), *Liu Xiaobo, Charter* 08 *and the Challenges of Political Reform in China,* Hong Kong University Press, Hong Kong, 2012, S. 262 f.; Hu Ben, »Weiwenban rujie jincun« (Die Büros zur Aufrechterhaltung der sozialen Sicherheit breiten sich in Straßen und Dörfern aus), *Nanfang zhoumo,* 18. August 2010.

28 »Beijing Denounces Nobel Prize«, *Capital,* 6. November 2010.

29 Andrew Jacobs und Jonathan Ansfield, »Well-Oiled Security Apparatus in China Stifles Calls for Change«, *New York Times,* 1. März 2011; »China's Urumqi to Install 17,000 Surveillance Cameras«, *BBC Monitoring Asia Pacific,* 25. Januar 2011; »China:

Chongqing Will Add 200,000 Surveillance Cameras«, *New York Times,* 10. März 2011; »The Good and Bad of TV Surveillance«, *Kamloops Daily News,* 3. Oktober 2011.

30 »Hundreds Join ›Jasmine Revolution‹«, *South China Morning Post,* 21. Februar 2011; Andrew Jacobs, »Catching Scent of Revolution, China Moves to Snip Jasmine«, *New York Times,* 10. Mai 2011.

31 Tania Branigan, »Ai Weiwei Interrogated by Chinese Police ›More Than 50 Times‹«, *Guardian,* 10. August 2011.

32 Sharon LaFraniere, Michael Wines und Edward Wong, »China Reins in Entertainment and Blogging«, *New York Times,* 27. Oktober 2011; »China Cracks Down on ›Fake Journalists and News‹«, *Dow Jones Institutional News,* 14. November 2011; David Pierson, »China Fails to Ease Controls«, *Los Angeles Times,* 23. März 2011.

33 Andrew Jacobs, »Chinese Heroism Effort Is Met with Cynicism«, *New York Times,* 6. März 2012.

34 Barbara Demick, »Chinese Perk Up at Wen's Words: The Premier Has Spoken Out on Political Reform. Some Doubt His Sincerity«, *Los Angeles Times,* 16. Oktober 2010; Shi Jiangtao, »Beijing Slams Door on Political Reform«, *South China Morning Post,* 11. März 2011.

35 Wenzhou, J202-22-450, zhongfa (2008) 14, Central Committee Directive on the Study of Marxism, 14. September 2008, S. 1–16.

36 »China Marks 60 Years of Communist Rule«, *Korea Times,* 2–4. Oktober 2009.

37 »Chinese VP Calls for Enhancing Study of Marxism«, Xinhua, 10. Dezember 2009; »Chinese Journal on Sinicization, Modernization, Popularization of Marxism«, *BBC Monitoring Asia Pacific,* 19. Dezember 2009.

38 »Xi Jinping: Man for All Factions Is Tip for Top«, *South China Morning Post,* 23. Oktober 2007; Jane Perlez, »China Leader with Close Army Ties Would Be Force for U. S. to Contend With«, *New York Times,* 4. November 2012.

39 Wenzhou, J202-22-450, 15. Januar 2008, zhongban (2008) Nr. 2, Direktive des ZK-Büros über die Globalisierung der ideologischen Arbeit, S. 17–32.

40 Rowan Callick, »China Splashes $10bn in Push for ›Soft Power‹«, *Australian,* 23. Februar 2009.

41 Zhang Yuwei, »Confucian Way of Spreading Chinese Culture«, *Chicago Tribune,* 21. Januar 2011.

42 »Beware the Beijing Model«, *The Economist,* 26. Mai 2009; »Chinese Party Paper Views World's Fascination with ›China Model‹«, *BBC Monitoring Asia Pacific,* 30. Juni 2009.

43 »China's Real 2010 Defense Spending Estimated at US$240 Bln«, *Asia Pulse,* 11. März 2011.

44 Tom Vanden Brook und Calum MacLeod, »China's Military Flexes Its Muscle«, *USA Today,* 28. Juli 2011.

45 Robert Maginnis, »China Lies About Its Huge Military Buildup«, in: *Human Events,* Bd. 67, Nr. 14, 11. April 2011, S. 8; Nuclear Threat Initiative, »China Missile Technology«, Juni 2012.

46 Elisabeth Bumiller, »U. S. Official Warns About China's Military Buildup«, *New York Times,* 25. August 2011.

47 »China's Aggressive New Diplomacy«, Wall Street Journal, 1. Oktober 2010.
48 Don Lee, »Run-In at Sea U.S. Fault, Beijing Says«, *Los Angeles Times,* 11. März 2009.
49 Jane Perlez, »Alarm as China Issues Rules for Disputed Area«, *New York Times,* 2. Dezember 2012.

Epilog

1 David Barboza, »China's Cities Piling Up Debt to Fuel Boom«, *New York Times,* 7. Juli 2011.
2 Lynette H. Ong, »State-Led Urbanization in China: Skyscrapers, Land Revenue and ›Concentrated Villages‹«, in: *China Quarterly,* Nr. 217 (März 2014), S. 175; Gabriel Wildau, »Legacy of Chinese Government's Economic Stimulus Is Mixed«, *Financial Times,* 20. November 2015.
3 »Researcher Puts China's Local Government Debt at 20 Trillion Yuan«, *Dow Jones Institutional News,* 17. September 2013; Hong Shen, »China Seeks Clearer View of Government Debt Mountain«, *Wall Street Journal,* 21. Oktober 2013; »China's Hidden Debt Risk«, *Korea Times,* 26. März 2013.
4 Dinny McMahon, »With Cash Scarce in China, IOUs Proliferate«, *Wall Street Journal,* 4. April 2014; siehe auch die unverzichtbare Studie von Dinny McMahon, *China's Great Wall of Debt,* London 2018.
5 Josh Noble und Gabriel Wildau, »Fear of a Deflationary Spiral«, *Financial Times,* 1. Dezember 2014.
6 Patrick Chovanec, »China Destroyed Its Stock Market in Order to Save It«, *Foreign Policy,* 16. Juli 2015.
7 Keith Bradsher, »China's Wealthy Move Money Out as Country's Economy Weakens«, *New York Times,* 14. Februar 2016.
8 »Robber Barons, Beware«, *The Economist,* 24. Oktober 2015.
9 Gary Huang, »How Leading Small Groups Help Xi Jinping and Other Party Leaders Exert Power«, *South China Morning Post,* 20. Januar 2014; Nis Grünberg, »The CCP's Nerve Center«, *Merics,* 30. Oktober 2019.
10 »Chairman of Everything«, *The Economist,* 2. April 2016, mit einem Zitat von Geremie Barmé.
11 »No Cult of Personality Around Xi, Says Top China Party Academic«, *Reuters,* 6. November 2017; Rowan Callick, »No Turning Back the Tide on Xi Jinping Personality Cult«, *The Australian,* 25. November 2017; Viola Zhou, »›Into the Brains‹ of China's Children: Xi Jinping's ›Thought‹ to Become Compulsory School Topic«, *South China Morning Post,* 23. Oktober 2017; Jamil Anderlini, »Under Xi Jinping, China is Turning Back to Dictatorship«, *Financial Times,* 11. Oktober 2017; siehe dazu auch allgemeiner: François Bougon, *Inside the Mind of Xi Jinping,* London 2018.
12 Tom Phillips, »Xi Jinping: Does China Truly Love ›Big Daddy Xi‹ – or Fear Him?«, *Guardian,* 19. September 2015; Teng Biao, »What Will This Crackdown on Activists Do to China's Nascent Civil Society?«, *Guardian,* 24. Januar 2015.

13 Peter Ford, »From Occupy Central to Tibet, China Sees ›Hostile Foreign Forces‹«, *Christian Science Monitor,* 9. November 2014.

14 Edward Wong, »China Freezes Credentials for Journalists at U.S. Outlets, Hinting at Expulsions«, *New York Times,* 6. September 2020.

15 Lucy Hornby und Charles Clover, »China's Media Pressed Into Service«, *Australian Financial Review,* 4. April 2016; »Foreign Journalists Forced to Leave China as Diplomatic Tensions Worsen«, *Reuters,* 8. September 2020; Leo Lewis, »Axe Foreign Textbooks, China Tells Universities«, *The Times,* 31. Januar 2015.

16 Robert Fulford, »Pooh Bear Goes Underground in Xi's China«, *National Post,* 17. März 2018; Wu Huizhong, »In Echo of Mao Era, China's Schools in Book-Cleansing Drive«, *Reuters,* 9. Juli 2020.

17 Siehe Elizabeth C. Economy, *The Third Revolution: Xi Jinping and the New Chinese State,* Oxford 2018.

18 »The Xinjiang Papers«, *New York Times,* 16. November 2019.

19 Peter Ford, »China Targets ›Hostile Foreign Forces‹ in Crescendo of Accusations«, *Christian Science Monitor,* 9. November 2014.

20 »China ›Does Not Share Our Values‹, NATO Chief Says«, *Reuters,* 30. Juni 2020; »Important to ›Strengthen‹ Common Policy on China, Says NATO Chief«, *ANI,* 14. Juni 2021.

21 Adam Dunnett, »Three Reasons China Is Losing Its Allure for the Foreign Business Community«, *South China Morning Post,* 28. Mai 2021; Shannon Brandao, »Yes, Manufacturing Really Is Leaving China – And Authorities Are Scrambling to Slow Down the Exodus«, *Arabian News,* 11. April 2021.

22 Michael Pettis, »Xi's Aim to Double China's Economy Is a Fantasy«, *Financial Times,* 22. November 2020; »China Has Over 600 Million Poor with $140 Monthly Income«, *PTI News,* 28. Mai 2020.

23 Michael Pettis, »Xi's Aim to Double China's Economy Is a Fantasy«, *Financial Times,* 22. November 2020.

24 Scott Rozelle und Natalie Hell, *Invisible China. How the Urban-Rural Divide Threatens China's Rise,* Chicago 2020.

Verzeichnis der Archive

Wichtigste nichtchinesische Archive

BA – Bundesarchiv, Berlin
HIA – Hoover Institution Library and Archives, Palo Alto
MfAA – Politisches Archiv des Auswärtigen Amts, Berlin
MAE – Ministère des Affaires Étrangères, Paris
PRO – The National Archives, London

Provinzarchive

Gansu – Gansu sheng dang'anguan, Lanzhou
91 Zhonggong Gansu shengwei (Gansu – Parteikomitee der Provinz)
107 Gongqingtuan Gansu sheng weiyuanhui (Gansu – Komitee des chinesischen Jugendverbands)
116 Zhongguo renmin zhengzhi xieshang huiyi Gansu sheng weiyuanhui (Gansu – Provinzkomitee der Beratungskonferenz des Volkes)
128 Gansu sheng renmin zhengfu (Gansu – Volksprovinzverwaltung)
136 Gansu sheng zhengfu jingji tizhi gaige weiyuanhui (Gansu – Provinzkomitee für Wirtschaftsreform)
141 Gansu sheng jihua shengyu weiyuanhui (Gansu – Provinzkomitee für Geburtenkontrolle)
145 Gansu sheng laodongju (Gansu – Provinzbüro für Arbeit)
151 Gansu sheng duiwai maoyiju (Gansu – Provinzbüro für Außenhandel)
216 Gansu sheng nongyeting (Gansu – Provinzbüro für Landwirtschaft)
238 Gansu sheng huanjing baohuju (Gansu – Provinzbüro für Umweltschutz)
259 Gansu sheng tiyu yundong weiyuanhui (Gansu – Provinzkomitee für Sport)

Guangdong – Guangdong sheng dang'anguan, Guangzhou
235 Guangdong sheng renmin weiyuanhui (Volkskongress der Provinz Guangdong)

Hebei – Hebei sheng dang'anguan, Shijiazhuang

879 Zhonggong Hebei shengwei nongcun gongzuobu (Hebei – Provinzparteikomitee für Landarbeit)

925 Hebei sheng nongye shengchan weiyuanhui (Hebei – Provinzkomitee für Agrarproduktion)

979 Hebei sheng nongyeting (Hebei – Landwirtschaftsbüro der Provinz)

1021 Hebei sheng duiwai jingji maoyiting (Hebei – Provinzbüro für Außenhandel

Hubei – Hubei sheng dang'anguan, Wuhan

SZ1 Zhonggong Hubei sheng weiyuanhui (Hubei –Parteikomitee der Provinz)

SZ29 Hubei sheng zonggonghui (Hubei – Gewerkschaftsverband der Provinz)

SZ34 Hubei sheng renmin weiyuanhui (Volkskongress der Provinz Hubei)

SZ75 Hubei sheng liangshiting (Hubei – Getreidebüro der Provinz)

SZ81 Hubei sheng shangyeting (Hubei – Handelsbüro der Provinz)

SZ90 Hubei sheng gongyeting (Hubei – Industriebüro der Provinz)

SZ107 Hubei sheng nongyeting (Hubei – Landwirtschaftsbüro der Provinz)

SZ115 Hubei sheng weishengting (Hubei – Gesundheitsbüro der Provinz)

Shandong – Shandong sheng dang'anguan, Jinan

A1 Zhonggong Shandong shengwei (Shandong – Provinzparteikomitee)

Stadtarchive

Hangzhou – Hangzhou shi dang'anguan, Hangzhou, Zhejiang

J101 Zhongguo renmin yinhang Hangzhou zhihang (Filiale der chinesischen Volksbank in Hangzhou)

J132 Hangzhou shi minzhengju (Hangzhou – Stadtverwaltung)

Nanjing ich – Nanjing shi dang'anguan, Nanjing, Jiangsu

4003 Nanjing shiwei (Nanjing – Stadtparteikomitee)

5003 Nanjing shi renmin zhengfu (Nanjing – Städtische Volksregierung)

5019 Nanjing shi jihua weiyuanhui (Nanjing – Stadtplanungskomitee)

5020 Nanjing shi jingji weiyuanhui (Nanjing – Stadtwirtschaftskomitee)

5023 Nanjing shi tongjiju (Nanjing – Städtisches Statistikbüro)

5054 Nanjing shi caizhengju (Nanjing – Städtisches Finanzbüro)

5071 Nanjing shi nonglinju (Nanjing – Städtisches Büro für Forst- und Landwirtschaft)

5093 Nanjing shi duiwai maoyiju (Nanjing – Städtisches Büro für Außenhandel)

Schanghai – Schanghai shi dang'anguan, Schanghai

A36 Schanghai shiwei gongye zhengzhibu (Schanghai – Büro des Stadtparteikomitees für Industrie und Politik)

A38 Schanghai shiwei gongye shengchan weiyuanhui (Komitee für Industrieproduktion des Schanghaier Stadtparteikomitees)
B1 Schanghai shi renmin zhengfu (Schanghai – Städtische Volksregierung)
B3 Schanghai shi renmin weiyuanhui wenjiao bangongshi (Schanghai – Büro für Kultur und Erziehung des städtischen Volkskongresses)
B6 Schanghai shi renmin weiyuanhui cailiangmao bangongshi (Schanghai – Büro für Finanzen, Getreide und Handel des städtischen Volkskongresses)
B45 Schanghai shi nongyeting (Schanghai – Stadtbüro für Landwirtschaft)
B50 Schanghai shi renwei jiguan shiwu guanliju (Schanghai – Arbeitsbüro des städtischen Volkskongresses)
B74 Schanghai shi minbing zhihuibu (Schanghai – Kommando der städtischen Milizen)
B92 Schanghai shi renmin guangbo diantai (Schanghaier Stadtradio)
B98 Schanghai shi di'er shangyeju (Handelsbüro Nr. 2 der Stadt Schanghai)
B104 Schanghai shi caizhengju (Schanghai – Städtisches Finanzbüro)
B105 Schanghai shi jiaoyuju (Schanghai – Städtisches Erziehungsbüro)
B109 Schanghai shi wuzi (Schanghai – Städtisches Waren- und Materialbüro)
B120 Schanghai Shi renmin fangkong bangongshi (Schanghai – Städtisches Amt für Luftabwehr)
B123 Schanghai shi diyi shangyeju (Handelsbüro Nr. 2 der Stadt Schanghai)
B127 Schanghai shi laodongju (Schanghai – Städtisches Arbeitsbüro)
B134 Schanghai shi fangzhi gongyeju (Schanghai – Städtisches Büro für Textilindustrie)
B163 Schanghai shi qinggongyeju (Schanghai – Städtisches Büro für Leichtindustrie)
B167 Schanghai shi chubanju (Schanghai – Städtisches Verlagsbüro)
B168 Schanghai shi minzhengju (Schanghai – Städtisches Verwaltungsbüro)
B172 Schanghai shi wenhuaju (Schanghai –Städtisches Kulturbüro)
B173 Schanghai shi jidian gongye guanliju (Schanghai – Städtisches Büro für Maschinenbau und Elektronik)
B182 Schanghai shi gongshanghang guanliju (Schanghai – Städtisches Büro für Wirtschaftsaufsicht)
B227 Schanghai shi geming weiyuanhui laodong gongzizu (Schanghai – Lohnabteilung des städtischen Revolutionskomitees)
B228 Schanghai shi renmin zhengfu zhishi qingnian shangshan xiaxiang bangongshi (Schanghai – Büro der städtischen Volksregierung zur Entsendung Jugendlicher auf das Land)
B244 Schanghai shi jiaoyu weisheng bangongshi (Schanghai – Städtisches Bildungs- und Gesundheitsbüro)
B246 Schanghai shi renmin zhengfu jingji weiyuanhui (Schanghai –Wirtschaftskomitee der städtischen Volksregierung)
B248 Schanghai shi renmin zhengfu caizheng maoyi bangongshi (Schanghai – Amt für Finanzen und Handel der städtischen Volksregierung)
B250 Schanghai shi nongye weiyuanhui (Schanghai – Stadtkomitee für Landwirtschaft)

Tianjin – Tianjin shi dang'anguan, Tianjin

X43 Tianjin shi gongshangye lianhehui (Tianjin – Städtische Industrie- und Handelsvereinigung)

X78 Tianjin shi jihua weiyuanhui (Tianjin – Städtisches Planungskomitee)

X81 Tianjin shi wujiaju weiyuanhui (Tianjin – Städtisches Komitee des Preisbüros)

X87 Tianjin shi caizhengju (Tianjin – Städtisches Finanzbüro)

X95 Tianjin shi liangshiju (Tianjin – Städtisches Getreidebüro)

X110 Tianjin shi jingji weiyuanhui (Tianjin – Städtisches Wirtschaftskomitee)

X172 Tianjin shi yiqingju (Tianjin – Städtisches Büro für Leichtindustrie Nr. 1)

X175 Tianjin shi duiwai maoyiju (Tianjin – Städtisches Büro für Außenhandel)

X199 Tianjin shi wenhuaju (Tianjin – Städtisches Kulturbüro)

X211 Tianjin shiwei bangongting (Tianjin – Städtisches Büro des Parteikomitees)

X213 Tianjin shi xuanchuanju (Tianjin – Städtisches Propagandabüro)

Wenzhou – Wenzhou shi dang'anguan, Wenzhou

J1 Zhonggong Wenzhou shiwei (Wenzhou – Stadtparteikomitee)

J20 Wenzhou shi jihua weiyuanhui (Wenzhou – Städtisches Planungskomitee)

J27 Wenzhou shi caimao bangongting (Wenzhou – Städtisches Finanz- und Handelsbüro)

J34 Zhongguo renmin yinhang Wenzhou shi zhihang (Chinesische Volksbank, Filiale Wenzhou)

J51 Wenzhou shi renmin zhengfu (Wenzhou – Städtische Volksregierung)

J80 Wenzhou shi dang'anju (Wenzhou – Städtisches Archivbüro)

J87 Wenzhou diqu weiyuanhui (Wenzhou – Regionalkomitee)

J153 Wenzhou shi xingzheng ganxiao (Wenzhou – Städtische Schule für Verwaltungskader)

J156 Wenzhou shi qiaowu bangongshi (Wenzhou – Städtisches Büro für chinesische Überseeangelegenheiten)

J173 Wenzhou shi huanbaoju (Wenzhou – Städtisches Umweltschutzbüro)

J201 Wenzhou shiwei bangongshi (Amt des Stadtparteikomitees von Wenzhou)

J202 Wenzhou shizheng bangongshi (Büro der städtischen Volksregierung von Wenzhou)

J232 Wenzhou shi jingji tizhi gaige bangongshi (Wenzhou – Städtisches Amt für Wirtschaftsreform)

Bibliographie (Auswahl)

Amnesty International, »People's Republic of China: Preliminary Findings on Killings of Unarmed Civilians, Arbitrary Arrests and Summary Executions since 3 June 1989«, London, Dokument vom 14. August 1989.

Bachman, David, »Institutions, Factions, Conservatism, and Leadership Change in China: The Case of Hu Yaobang«, in: Ray Taras (Hg.), *Leadership Change in Communist States,* Boston 1989.

Barmé, Geremie, »Confession, Redemption, and Death: Liu Xiaobo and the Protest Movement of 1989«, in: George Hicks (Hg.), *The Broken Mirror: China After Tiananmen,* London 1990, S. 52–99.

Barmé, Geremie und John Minford (Hg.), *Seeds of Fire: Dissident Voices of Conscience.* New York 1988.

Barnett, Robert, »The Tibet Protests of Spring 2008: Conflict Between the Nation and the State«, in: *China Perspectives*, Nr. 3 (Sept. 2009), S. 6–23.

Becker, Jasper, *The Chinese.* New York 2000.

Becker, Jasper, *City of Heavenly Tranquillity: Beijing in the History of China.* Oxford 2008.

Béja, Jean-Philippe, Fu Hualing und Eva Pils (Hg.), *Liu Xiaobo, Charter 08 and the Challenges of Political Reform in China.* Hongkong 2012.

Benton, Gregor (Hg.), *Wild Lilies, Poisonous Weeds: Dissident Voices from People's China.* London 1982.

Bougon, François, *Inside the Mind of Xi Jinping.* London 2018.

Burns, Katherine G., »China and Japan: Economic Partnership to Political End«, unveröffentlichter Aufsatz, Stimson Center, Zugriff am 25. September 2020.

Cao Jinqing, *China along the Yellow River: Reflections on Rural Society.* London 2005.

Callick, Rowan, *The Party Forever: Inside China's Modern Communist Elite.* London 2013.

Chang, Leslie T., *Factory Girls: From Village to City in a Changing China.* New York 2009.

Chen Guidi und Wu Chuntao, *Will the Boat Sink the Water?: The Life of China's Peasants,* New York 2006; deutsch: *Zur Lage der chinesischen Bauern. Eine Reportage.* Frankfurt am Main 2006.

Chen Lein-Lein und John Devereux, »The Iron Rice Bowl: Chinese Living Standards 1952–1978«, in: *Comparative Economic Studies* 2017, Nr. 59, S. 261–310.

Chen, Nai-Ruenn, *China's Economy and Foreign Trade, 1979–81.* Washington 1982.

Chen Yongxi, »Circumventing Transparency: Extra-Legal Exemptions from Freedom of Information and Judicial Review in China«, in: *Journal of International Media & Entertainment Law* 7 (2018), Nr. 2, S. 203–251.
Chen Yulu, Guo Qingwang und Zhang Jie, *Major Issues and Policies in China's Financial Reform.* Honolulu 2016.
Cheng, Eddie, *Standoff at Tiananmen.* Highlands Ranch, CO, 2009.
Creemers, Rogier, »Cyber China: Upgrading Propaganda, Public Opinion Work and Social Management for the Twenty-First Century«, in: *Journal of Contemporary China* 26, Nr. 103 (Sept. 2016), S. 85–100.
Cui Zhiyuan, »China's Export Tax Rebate Policy«, in: *China: An International Journal* 1, Nr. 2 (Sept. 2003), S. 339–349.
Day, Alexander, *The Peasant in Postsocialist China: History, Politics, and Capitalism.* Cambridge 2013.
Dikötter, Frank, *The Age of Openness: China Before Mao.* Berkeley 2008.
—, *Mao's Great Famine: The History of China's Most Devastating Catastrophe, 1958–62*, London 2010; deutsch: *Maos Großer Hunger. Massenmord und Menschenexperiment in China (1958–1962).* Stuttgart 2014.
—, *The Tragedy of Liberation: A History of the Chinese Revolution 1945–1957.* London 2013.
—, *The Cultural Revolution: A People's History, 1962–1976*, London und New York 2016; deutsch: *Mao und seine verlorenen Kinder. Chinas Kulturrevolution.* Darmstadt 2017.
Dimbleby, Jonathan, *The Last Governor*, London 1997.
Dong Fureng, *Industrialization and China's Rural Modernization.* Washington 1992.
Economy, Elizabeth C., *The River Runs Black: The Environmental Challenge to China's Future.* Ithaca, NY, 2004.
—, *The Third Revolution: Xi Jinping and the New Chinese State.* Oxford 2018.
Fang Lizhi, *The Most Wanted Man in China: My Journey from Scientist to Enemy of the State.* New York 2016.
Feng Xingyuan, »Local Government Debt and Municipal Bonds in China: Problems and a Framework of Rules«, in: *Copenhagen Journal of Asian Studies* 31, Nr. 2 (2013), S. 23–53.
Garrison, Jean A., »Explaining Change in the Carter Administration's China Policy: Foreign Policy Adviser Manipulation of the Policy Agenda«, in: *Asian Affairs* 29, Nr. 2 (Sommer 2002), S. 83–98.
Garside, Roger, *Coming Alive: China after Mao.* London 1981.
Gilley, Bruce, *Tiger on the Brink: Jiang Zemin and China's New Elite.* Berkeley, CA, 1998.
Greenfield, Gerard und Tim Pringle, »The Challenge of Wage Arrears in China«, in: Manuel Simón Velasco (Hg.), *Paying Attention to Wages*, Genf 2002, S. 30–38.
Haley, Usha C. V. und George T. Haley, *Subsidies to Chinese Industry: State Capitalism, Business Strategy, and Trade Policy.* New York 2013.
Hannas, William C., James Mulvenon und Anna B. Puglisi, *Chinese Industrial Espionage: Technology Acquisition and Military Modernization.* London 2013.
Hannas, William C. und Didi Kirsten Tatlow (Hg.), *China's Quest for Foreign Technology: Beyond Espionage.* London 2021.

Hastings, Justin, »Charting the Course of Uyghur Unrest«, in: *China Quarterly*, Nr. 208 (Dez. 2011), S. 893–912.
Hay, Donald, Derek Morris, Guy Liu und Shujie Yao, *Economic Reform and State-Owned Enterprises in China* 1979–87. Oxford 1994.
He, Henry, *Dictionary of the Political Thought of the People's Republic of China*. London 2000.
He, Rowena Xiaoqing, *Tiananmen Exiles: Voices of the Struggle for Democracy in China*. London 2014.
He Qinglian, The Fog of Censorship: *Media Control in China*. New York 2008.
Holz, Carsten A., »China's Bad Loan Problem«, Manuskript, Hong Kong University of Science and Technology, April 1999.
—, »China's Monetary Reform: The Counterrevolution from the Countryside«, in: *Journal of Contemporary China* 10, Nr. 27 (2001), S. 189–217.
Hong Zhaohui und Ellen Y. Yan, »Trust and Investment Corporations in China«, in: Chen Beizhu, J. Kimball Dietrich und Yi Fang (Hg.), *Financial Market Reform in China: Progress, Problems and Prospects*. Boulder, CO 2000, S. 285–298.
Hornsby, Adrian, »Tiananmen Square: The History of the World's Largest Paved Open Square«, in: *Architectural Review*, 12. Oktober 2009.
Huo yu xue zhi zhenxiang: Zhongguo dalu minzhu yundong jishi (Die Wahrheit über Feuer und Blut. Eine wahre Dokumentation der Demokratiebewegung in Festland-China). Taipei 1989.
Huang Yanzhong, *Toxic Politics: China's Environmental Health Crisis and Its Challenge to the Chinese State*. Cambridge 2020.
Jia Hepeng, »The Three Represents Campaign: Reform the Party or Indoctrinate the Capitalists?«, in: *Cato Journal* 24, Nr. 3 (Herbst 2004), S. 261–275.
Jin Chongji (Hg.), *Zhou Enlai zhuan*, 1898–1949 (Eine Biographie von Zhou Enlai, 1898–1949). Peking 1989.
Kan, Karoline, *Under Red Skies: Three Generations of Life, Loss, and Hope in China*. New York 2019.
Kelliher, Daniel, *Peasant Power in China: The Era of Rural Reform, 1979–1989*. New Haven, CT, 1992.
Kraus, Richard Curt, *The Party and the Arty in China: The New Politics of Culture*. Lanham, MD, 2004.
Kwong, Julia, »The 1986 Student Demonstrations in China: A Democratic Movement?«, in: *Asian Survey* 28, Nr. 9 (Sept. 1988), S. 970–985.
Kynge, James, *China Shakes the World: The Rise of a Hungry Nation*, London 2006; deutsch: *China. Der Aufstieg einer hungrigen Nation*. Hamburg 2006.
Lam, Willy Wo-Lap, *Chinese Politics in the Era of Xi Jinping: Renaissance, Reform, or Retrogression?* London 2015.
Lardy, Nicholas R., *Foreign Trade and Economic Reform in China, 1978–1990*. Cambridge 1992.
Lee, Felix, *Macht und Moderne. Chinas großer Reformer Deng Xiaoping. Die Biographie*. Berlin 2014.

Lee, Keun, »The Chinese Model of the Socialist Enterprise: An Assessment of Its Organization and Performance«, in: *Journal of Comparative Economics* 14, Nr. 3 (Sept. 1990), S. 384–400.

Li Zhisui, *The Private Life of Chairman Mao: The Memoirs of Mao's Personal Physician*, New York 1994; deutsch: *Ich war Maos Leibarzt. Die persönlichen Erinnerungen des Dr. Li Zhisui an den Großen Vorsitzenden*. Bergisch-Gladbach 1994.

Li Zhongjie, *Gaige kaifang guanjian ci* (Zentrale Begriffe der Reform und Öffnung). Peking 2018.

Liang Zhongtang, *Zhongguo shengyu zhengce yanjiu* (Studien zu Chinas Politik der Geburtenkontrolle). Taiyuan 2014.

Liao Yiwu, *Bullets and Opium: Real-Life Stories of China After the Tiananmen Massacre*, New York 2019; deutsch: *Die Kugel und das Opium. Leben und Tod am Platz des Himmlischen Friedens*. Frankfurt am Main 2012.

Lim, Louisa, *The People's Republic of Amnesia: Tiananmen Revisited*. Oxford 2015.

Lin Guijun und Ronald M. Schramm, »China's Foreign Exchange Policies Since 1979: A Review of Developments and an Assessment«, in: *China Economic Review* 14, Nr. 3 (Dez. 2003), S. 246–280.

Liu Binyan, *A Higher Kind of Loyalty: A Memoir by China's Foremost Journalist*. New York 1990.

Loh, Christine, *Underground Front: The Chinese Communist Party in Hong Kong*. Hongkong 2019.

Lu Keng, *Lu Keng huiyi yu chanhuilu* (Memoiren und Bekenntnisse von Lu Keng). Taipei 1997.

MacFarquhar, Roderick und Michael Schoenhals, *Mao's Last Revolution*. Cambridge, MA 2006.

Mann, James H., *About Face: A History of America's Curious Relationship with China, from Nixon to Clinton*. New York 1998.

Mao Zedong, *Jianguo yilai Mao Zedong wengao* (Mao Zedongs Manuskripte seit Gründung der Volksrepublik). Peking 1998.

McKay, John P., »Foreign Enterprise in Russian and Soviet Industry: A Long Term Perspective«, in: *Business History Review* (Herbst 1974), 48, Nr. 3, S. 336–356.

McMahon, Dinny, *China's Great Wall of Debt*, London 2018.

McGregor, Richard, *The Party: The Secret World of China's Communist Rulers*, New York 2010; deutsch: *Der rote Apparat. Chinas Kommunisten*. Berlin 2012.

Morino, Tomozo, »China-Japan Trade and Investment Relations«, in: *Proceedings of the Academy of Political Science* 38, Nr. 2 (1991), S. 87–94.

Naughton, Barry, »In China's Economy, The State's Hand Grows Heavier«, in: *Current History* 108, Nr. 719 (Sept. 2009), S. 277–283.

Ogden, Suzanne, Kathleen Hartford, Nancy Sullivan und David Zweig, *China's Search for Democracy: The Students and Mass Movement of* 1989. New York 1992.

Oksenberg, Michael, Lawrence R. Sullivan und Marc Lambert (Hg.), *Beijing Spring, 1989: Confrontation and Conflict. The Basic Documents*. London 1990.

Ong, Lynette H., *Prosper or Perish: Credit and Fiscal Systems in Rural China*. Ithaca, NY 2012.

Ong, Lynette H., »State-Led Urbanization in China: Skyscrapers, Land Revenue and ›Concentrated Villages‹«, in: *China Quarterly*, Nr. 217 (März 2014), S. 162–179.
Osnos, Evan, *Age of Ambition: Chasing Fortune, Truth, and Faith in the New China*, New York 2014; deutsch: *Große Ambitionen. Chinas grenzenloser Traum*. Berlin 2015.
Pai Hsiao-Hung, Scattered Sand: *The Story of China's Rural Migrants*. London 2012.
Pan, Philip, Out of Mao's Shadow: *The Struggle for the Soul of a New China*. Basingstoke 2009.
Pang Xianzhi und Jin Chongji (Hg.), *Mao Zedong zhuan*, 1949–1976 (Eine Biographie von Mao Zedong, 1949–1976). Peking 2003.
Pei Minxin, *China's Crony Capitalism: The Dynamics of Regime Decay*. Cambridge, MA 2016.
Potter, Pitman, *From Leninist Discipline to Socialist Legalism: Peng Zhen on Law and Political Authority in the PRC*. Stanford, CA 2003.
Prybyla, Jan, »A Systemic Analysis of Prospects for China's Economy«, in: Joint Economic Komitee (Hg.), *China's Economic Dilemmas in the* 1990s. Washington 1991, Bd. 1, S. 209–225.
Qin Hui, »Looking at China from South Africa«, unter www.readingthechinadream.com, Zugriff am 28. September 2019.
Quintyn, Marc G. und Bernard J. Laurens et al. (Hg.), *Monetary and Exchange System Reforms in China: An Experiment in Gradualism*. Washington 1996.
Reardon, Lawrence C., *The Reluctant Dragon: Crisis Cycles in Chinese Foreign Economic Policy*. Hongkong 2002.
Rithmire, Meg E., *Land Bargains and Chinese Capitalism: The Politics of Property Rights under Reform*. Cambridge 2015.
Rodriguez, Pablo Adriano, »Violent Resistance in Xinjiang (China): Tracking Militancy, Ethnic Riots and ›Knife-Wielding‹ Terrorists (1978–2012)«, in: *HAO*, Nr. 30 (Winter 2013), S. 135–149.
Rozelle, Scott und Natalie Hell, *Invisible China: How the Urban-Rural Divide Threatens China's Rise*. Chicago 2020.
Ruan Ming, Deng Xiaoping: *Chronicle of an Empire*. London 2018.
Rubin, Barry, *Modern Dictators: Third World Coup Makers, Strongmen, and Populist Tyrants*. New York 1987.
Savitt, Scott, *Crashing the Party: An American Reporter in China*. Berkeley, CA 2016.
Salisbury, Harrison E., *Tiananmen Diary: Thirteen Days in June*, London 1989; deutsch: *13 Tage im Juni. Tiananmen-Tagebuch; als Augenzeuge in China*. Frankfurt am Main 1989.
Shapiro, Judith, *Mao's War against Nature: Politics and the Environment in Revolutionary China*. New York 2001.
Strittmatter, Kai, *Die Neuerfindung der Diktatur: wie China den digitalen Überwachungsstaat aufbaut und uns damit herausfordert*. München 2018.
Suettinger, Robert L., »Negotiating History: The Chinese Communist Party's 1981«, Project 2049 Institute, Washington 2017.
Sullivan, Lawrence R., »Assault on the Reforms: Conservative Criticism of Political and Economic Liberalization in China, 1985–86«, in: *China Quarterly*, Nr. 114 (Juni 1988), S. 198–222.

Tan, Pamela, *The Chinese Factor: An Australian Chinese Woman's Life in China from 1950 to 1979*. Dural, New South Wales, 2008.

Tanner, Murray Scot, »State Coercion and the Balance of Awe: The 1983 – 1986 ›Stern Blows‹ Anti-Crime Campaign«, in: *China Journal*, Nr. 44 (Juli 2000), S. 93–125.

Teiwes, Frederick C. und Warren Sun, »China's New Economic Policy Under Hua Guofeng: Party Consensus and Party Myths«, in: *China Journal*, Nr. 66 (Juli 2011), S. 1–23.

Theroux, Paul, *Riding the Iron Rooster: By Train Through China*, New York 1988; deutsch: *Das chinesische Abenteuer. Reise durch das Reich der Mitte*. Düsseldorf 1989.

Tong, James, »Anatomy of Regime Repression in China: Timing, Enforcement Institutions, and Target Selection in Banning the Falungong, July 1999«, in: *Asian Survey* 42, Nr. 6 (Dez. 2002), S. 795–820.

Tsai, Wen-hsuan, »Framing the Funeral: Death Rituals of Chinese Communist Party Leaders«, in: *The China Journal*, Nr. 77 (Jan. 2017), S. 51–71.

Tyler, Christian, *Wild West China: The Taming of Xinjiang*. London 2003.

Vogel, Ezra F., *Deng Xiaoping and the Transformation of China*. Cambridge, MA, 2011.

Vogelsang, Kai, *Geschichte Chinas*, Stuttgart 2012.

Walter, Carl E. und Fraser J. T. Howie, *Red Capitalism: The Fragile Financial Foundation of China's Extraordinary Rise*. New York 2012.

Wang Hong, *China's Exports since 1979*. London 1993.

Wang Jing, *High Culture Fever: Politics, Aesthetics, and Ideology in Deng's China*. Berkeley, CA 1996.

Wang Shaoguang, »China's 1994 Fiscal Reform: An Initial Assessment«, in: *Asian Survey* 37, Nr. 9 (Sept. 1997), S. 801–817.

Westad, O. Arne, »The Great Transformation«, in: Niall Ferguson, Charles S. Maier, Erez Manela und Daniel J. Sargent (Hg.), *The Shock of the Global: The 1970s in Perspective*. Cambridge, MA 2010, S. 65–79.

White, Lynn T., *Unstately Power: Local Causes of China's Economic Reforms*. Armonk, NY 1998.

Whyte, Martin King, Feng Wang und Yong Cai, »Challenging Myths About China's One-Child Policy«, in: *China Journal*, Nr. 74 (Juli 2015), S. 144–159.

Wright, Kate, »The Political Fortunes of Shanghai's *World Economic Herald*«, in: *Australian Journal of Chinese Affairs*, Nr. 23 (Jan. 1990), S. 121–132.

Wu Hung, *Remaking Beijing: Tiananmen Square and the Creation of a Political Space*. London 2005.

Wu Renhua, *Liusi tusha neimu jiemi: Liusi shijian zhong de jieyan budui* (Die Insider-Story des Massakers am 4. Juni: Die Soldaten des Kriegsrechts vom 4. Juni). Taipei 2016.

—, *Liusi shijian quancheng shilu* (Eine vollständige Schilderung des Vorfalls vom 4. Juni). Taipei 2019.

Yan Jiaqi und Gao Gao, *Turbulent Decade: A History of the Cultural Revolution*. Honolulu 1996.

Yan Pengfei und Ding Xia (Hg.), *Makesizhuyi jingjixue yu Zhongguohua yanjiu* (Studien zur marxistischen Wirtschaftswissenschaft und Sinisierung). Peking 2015.

Yang Zhongmei, Hu Yao-Bang: *A Chinese Biography*. London 1989.

Zha Jianying, *Tide Players: The Movers and Shakers of a Rising China*. New York 2011.

Zhang Qi und Liu Mingxing, *Revolutionary Legacy, Power Structure, and Grassroots Capitalism under the Red Flag in China*. Cambridge 2019.

Zhao Xu, Liu Junguo, Yang, Hong, Rosa Duarte, Martin Tillotson und Klaus Hubacek, »Burden Shifting of Water Quantity and Quality Stress from Megacity Shanghai«, in: *Water Resources Research* 52, Nr. 9 (Sept. 2016), S. 6916–6927.

Zhao Ziyang, *Prisoner of the State: The Secret Journal of Premier Zhao Ziyang*. New York 2010.

Zheng Zhongbing, *Hu Yaobang nianpu ziliao changbian* (Eine Chronologie des Lebens von Hu Yaobang). Hongkong 2005.

Zhonggong zhongyang wenxian yanjiushi (Zentrale Literaturforschungsbehörde der Kommunistischen Partei Chinas), (Hg.), *Sanzhong quanhui yilai zhongyao wenjian huibian* (Sammlung der wichtigsten Dokumente seit dem 3. Plenum). Peking 1982.

Zhou, Kate Xiao, *How the Farmers Changed China: Power of the People*. Boulder, CO 1996.

Zhou, Kate Xiao und Lynn T. White III, »Quiet Politics and Rural Enterprise in Reform China«, in: *Journal of Developing Areas* 29, Nr. 4 (Juli 1995), S. 461–490.

Zinser, Lee, »The Performance of China's Economy«, in: Joint Economic Committee (Hg.), *China's Economic Dilemmas in the 1990s*. Washington 1991.

Zhu Jun, »Closure of Financial Institutions in China«, in: Bank for International Settlements (Hg.), *Strengthening the Banking System in China: Issues and Experience*, Basel 1999, S. 304–319.

Bildnachweise

Tafelteil

1, 10: AFP / Freier Fotograf
2, 3: Bettmann / Kontributor
4: François Lochon / Kontributor
5, 18: Freier Fotograf (Quelle: Getty Images)
6: The Asahi Shimbun / Kontributor
7: Sovfoto / Kontributor
8: Michael Reinhard / Kontributor
9: Jean-Marc Charles / Kontributor
11: Catherine Henriette / Staff
12: Peter Turnley / Kontributor
13: Peter Charlesworth / Kontributor
14: Stuart Franklin/Magnum Photos/Agentur Focus
15: Langevin Jacques / Kontributor
16, 17: David Turnley / Kontributor
19: Serge Attal / Kontributor
20: Andrew Holbrooke / Kontributor
21: John Stillwell / Staff
22: South China Morning Post / Kontributor
23: Kevin Lee / Freier Fotograf
24, 30: Stephen Shaver / Staff
25: Andrew Holbrooke / Kontributor
26: Guang Niu / Staff
27: STR / Freier Fotograf
28: Jacques Lange / Kontributor
29: Guang Niu / Staff
31: Mark Ralston / Staff
32: Heiko Junge / Kontributor

Register

C

F

G

L

M

R

S

T

U

V

W

X

Y

Z